Richard Hauser
Wolfgang Glatzer
Stefan Hradil
Gerhard Kleinhenz
Thomas Olk
Eckart Pankoke

Ungleichheit und
Sozialpolitik

**Berichte der Kommission
für die Erforschung des sozialen und politischen Wandels
in den neuen Bundesländern e.V. (KSPW)**

Herausgegeben vom Vorstand der KSPW:
Hans Bertram, Hildegard Maria Nickel,
Oskar Niedermayer, Gisela Trommsdorff

Bericht 2

Die Veröffentlichungen der Kommission zur Erforschung des sozialen und politischen Wandels in den neuen Bundesländern (KSPW) umfassen folgende drei Reihen:

- Berichte zum sozialen und politischen Wandel
  in Ostdeutschland
- Beiträge zu den Berichten
- Reihe „Transformationsprozesse"

Richard Hauser, Wolfgang Glatzer, Stefan Hradil,
Gerhard Kleinhenz, Thomas Olk, Eckart Pankoke

Ungleichheit und Sozialpolitik

Unter Mitarbeit von
Susanne von Below, Wolfgang Knoke,
Raj Kollmorgen und Joachim Ritter

Leske + Budrich, Opladen 1996

Die Deutsche Bibliothek – CIP-Einheitsaufnahme
Hauser, Richard:
Ungleichheit und Sozialpolitik / Richard Hauser ; Wolfgang Glatzer ; Stefan Hradil ;
Gerhard Kleinhenz ; Thomas Olk ; Eckart Pankoke. – Opladen : Leske und Budrich,
1996
　　(Berichte zum sozialen und politischen Wandel in Ostdeutschland ; Bd. 2)
　　ISBN 3-8100-1637-3
NE: Hauser, Richard; GT

Redaktion: Wolfgang Knoke

Das Werk einschließlich aller seiner Teile ist urheberrechtlich geschützt. Jede Verwertung außerhalb der engen Grenzen des Urheberrechtsgesetzes ist ohne Zustimmung des Verlages unzulässig und strafbar. Das gilt insbesondere für Vervielfältigungen, Übersetzungen, Mikroverfilmungen und die Einspeicherung und Verarbeitung in elektronischen Systemen.

Satz: Leske + Budrich
Druck: Druck Partner Rübelmann, Hemsbach
Printed in Germany

Inhalt

Editorial VII

1. Einführung 1

2. Der Transformationsprozeß im Überblick 17

2.1 Der Weg zur politischen und wirtschaftlichen Einheit 17
2.2 Soziodemographische Entwicklung 22
2.3 Wirtschaftliche Entwicklung 31
2.4 Grundzüge der Übertragung des Systems der sozialen Sicherung 52
2.4.1 Arbeitslosenversicherung und Arbeitsmarktpolitik 54
2.4.2 Krankenversicherung und Unfallversicherung 75
2.4.3 Rentenversicherung und Absicherung im Pflegefall 81
2.4.4 Familienpolitische Maßnahmen 88
2.4.5 Kommunale Sozialpolitik 96
2.4.6 Freie Träger und subsidiäre Sicherungselemente 112
2.4.7 Sozialpolitischer Systemwechsel: Von der sozialistischen zur marktwirtschaftlichen Sozialpolitik 118

3. Entwicklung und Verteilung von Lebenslagen in den neuen Bundesländern 131

3.1 Theoretische Einführung: Dimensionen sozialer Ungleichheit und Lebenslagen 131
3.2 Die wichtigsten Dimensionen sozialer Ungleichheit 134
3.2.1 Erwerbstätigkeit und Arbeitseinkommen 134
3.2.2 Haushaltseinkommen und Konsum 138
3.2.3 Vermögen 156
3.2.4 Bildung 181
3.2.5 Wohnen 196
3.2.6 Gesundheit 213

3.2.7	Regionale Disparitäten	226
3.3	Lebenslagen	234

4. Die Entwicklung der Lebenslagen ausgewählter Gruppen und ihre sozialpolitische Beeinflussung ... 249

4.1	Arbeitslose	249
4.2	Alleinerziehende	262
4.3	Sozialhilfeempfänger und Arme	274
4.4	Behinderte und Pflegebedürftige	290
4.5	Ältere Menschen und Rentner	300
4.6	Jugendliche	312
4.7	Frauen	327

5. Ausgewählte sozialpolitische Dimensionen des Transformationsprozesses ... 339

5.1	Wandel der Arbeit: Systemwechsel und Beschäftigungskrise	339
5.2	Mobilitätsprozesse	360
5.3	Soziale Milieus und Lebensstile	381
5.4	Kommunale Sozialpolitik und freie Wohlfahrtsverbände	393
5.5	Öffentliche Sicherheit und Schutz vor Kriminalität	412
5.6	Wahrgenommene Lebensqualität: Zufriedenheit und Anomie	426
5.7	Werte- und Einstellungswandel	440
5.8	Die Problematik sozialpolitischer West-Ost-Transfers	454
5.9	Theoretische Aspekte postsozialistischer Transformationen	468

6. Zukunftsperspektiven für Ost- und Westdeutschland ... 483

Literatur ... 513

Die Autoren dieses Bandes ... 551

Editorial

"Die deutsche Vereinigung vom 3. Oktober 1990 ist ein merkwürdiges Zwittergebilde, obwohl sie ein historisches Ereignis ist, kein physikalischer Vorgang, sind doch nahezu alle davon überzeugt, daß sie mit Naturgesetzlichkeit geschah. Das Urteil hingegen, ob dieses Ereignis als gelungen, als vollendet zu betrachten sei, ist offenbar jeder Erfahrung enthoben: es existiert bei jedem Urteilenden in fester Form a priori. Jeder nimmt sich aus den empirischen Gegebenheiten die für das vorfabrizierte Urteil Passenden heraus und garniert es mit ihnen."

Jens Reich 1995 in „DIE ZEIT"

Zwar konnte der Wissenschaftsrat 1990 bei der Evaluation der sozialwissenschaftlichen Forschungseinrichtungen der Akademie der Wissenschaften der DDR noch nicht vorhersehen, wie widersprüchlich die Beurteilung des Transformationsprozesses in den neuen Bundesländern sich entwickeln würde. Jedoch wurde mit dem Vorschlag, eine Kommission von Sozialwissenschaftlern einzurichten, die diesen Transformationsprozeß wissenschaftlich systematisch untersuchen, eine Möglichkeit aufgezeigt, wie man möglicherweise auf Dauer die Fülle der Entwicklungen zunächst höchst widersprüchlich erscheinender Prozesse so aufbereiten kann, daß sie einer empirisch fundierten Deutung zugänglich sind.

Die Mitglieder der Kommission, die sich interdisziplinär aus Soziologen, Psychologen, Juristen und Volkswirten zusammensetzte, waren sich sehr schnell darin einig, daß die Komplexität des Transformationsprozesses eigentlich nur dann in angemessener Weise untersucht werden kann, wenn man von vornherein die unterschiedlich verlaufenden Prozesse in den verschiedenen institutionellen Bereichen in einzelnen Schwerpunkten untersucht und zwischen den Prozessen unterscheidet, die einerseits die Veränderungen der Makrostruktur, des politischen, wirtschaftlichen und kulturellen Systems und andererseits die individuellen Lebensbedingungen und Orientierungsmuster der Bevölkerung betreffen. Die Mitglieder waren sich auch einig darin, daß es nicht Aufgabe einer Kommission sein kann, alle Prozesse in den verschiedenen Bereichen des Transformationsprozesses selbst zu untersuchen, sondern solche Untersuchungen anzuregen und nur dann von seiten der Kommission durchzuführen, wenn gravierende Defizite bestehen. Ihrem Selbstverständnis nach hat die Kommission den Versuch unternommen, die Untersuchungen, die in den letzten Jahren entstanden sind, zur Kenntnis zu nehmen und – soweit dies überhaupt möglich war – unter bestimmten Fragestellungen systematisch in die eigene Berichtsarbeit zu integrieren.

Der Anspruch der Kommission, ein möglichst differenziertes Bild der Entwicklung in den neuen Bundesländern und der Entwicklung der Transformation zu entwerfen und darin vorhandene Wissensstände zu systematisieren, hat zu einer Berichtsstruktur mit insgesamt sechs *Berichten zum sozialen und politischen Wandel in Ostdeutschland geführt*:

Band 1
Burkart Lutz u.a.: *Arbeit, Arbeitsmarkt und Betriebe*
Opladen: Leske + Budrich, 1996 – ISBN 3-8100-1636-5

Band 2
Richard Hauser, Wolfgang Glatzer, Stefan Hradil, Gerhard Kleinhenz, Thomas Olk, Eckart Pankoke: *Ungleichheit und Sozialpolitik*
Opladen: Leske + Budrich, 1996 – ISBN 3-8100-1637-3

Band 3
Max Kaase, Andreas Eisen, Oscar W. Gabriel, Oskar Niedermayer, Hellmut Wollmann: *Politisches System*
Opladen: Leske + Budrich – ISBN 3-8100-1638-1

Band 4
Stefan E. Hormuth, Walter R. Heinz, Hans-Joachim Kornadt, Hubert Sydow, Gisela Trommsdorff: *Individuelle Entwicklung, Bildung und Berufsverläufe*
Opladen: Leske + Budrich, 1996 – ISBN 3-8100-1639-X

Band 5
Wendelin Strubelt, Joachim Genosko, Hans Bertram, Jürgen Friedrichs, Paul Gans, Hartmut Häußermann, Ulfert Herlyn, Heinz Sahner: *Städte und Regionen. Räumliche Folgen des Transformationsprozesses*
Opladen: Leske + Budrich, 1996 – ISBN 3-8100-1640-3

Band 6
Bernd von Maydell, Winfried Boecken, Wolfgang Heine, Dirk Neumann, Jürgen Pawelzig, Winfried Schmähl, Rolf Wank: *Die Umwandlung der Arbeits- und Sozialordnung*
Opladen: Leske + Budrich, 1996 – ISBN 3-8100-1641-1

Editorial

Diese sechs Berichte sind insgesamt so abgefaßt, daß sie jeweils einen Überblick über die Entwicklung zu dem dort behandelten Themengebiet geben. Dabei ist allen Mitgliedern der Kommission natürlich auch bewußt, daß der Transformationsprozeß weitergeht und noch längst nicht abgeschlossen ist und daher auch noch längst nicht die Möglichkeit gegeben ist, zu Entwicklungen in den einzelnen Teilbereichen ein endgültiges und abschließendes Urteil liefern zu können. Dies wird mit Sicherheit eine Aufgabe der Historiker in 40 oder 50 Jahren sein.

Dennoch gehen die Mitglieder der Kommission davon aus, daß nach 6 Jahren Transformationsprozeß die Vorlage solcher Berichte nicht nur wissenschaftlich sinnvoll ist, sondern auch für die weitere politische Diskussion von Bedeutung sein kann. Denn der Versuch, Entwicklungstendenzen in bestimmten Bereichen zu systematisieren, ergibt bereits die Möglichkeit, die sozialen, wirtschaftlichen und teilweise individuellen Konsequenzen politischer Entscheidungen zu beurteilen.

Als eine wissenschaftliche Kommission haben die Mitglieder in den Berichten zwar solche politischen Entscheidungen analysiert und ihre Konsequenzen aufgezeigt, jedoch sich einer politischen Bewertung dieser Vorgänge enthalten. Eine politische Bewertung kann und muß außerhalb der Kommission im Rahmen der Politik und der entsprechenden gesellschaftlichen Gruppen und Institutionen geschehen. Dennoch haben die Kommissionsmitglieder in den einzelnen Berichten durchaus den Versuch unternommen, auch bestimmte Entwicklungslinien oder die Wahrscheinlichkeiten bestimmter Entwicklungslinien zu thematisieren, um deutlich zu machen, welche Handlungsräume sich möglicherweise in bestimmten Bereichen in Zukunft ergeben können. Obwohl sich die Kommissionsmitglieder, entsprechend der Fachdisziplinen, ganz unterschiedlichen wissenschaftlichen Positionen zuordnen lassen, bestand in der Kommission von Anbeginn an auch ein Konsens darüber, daß jede auch noch so evidente Deutung bestimmter Entwicklungen des Transformationsprozesses auf der Basis breiter empirischer Untersuchungen und Materialien zu überprüfen sei, bevor man solche Deutungen als Basis für politisches Handeln heranziehen kann. Daher hat die Kommission entschieden, daß zu den einzelnen Kommissionsberichten, die eine Systematisierung und Synthetisierung der Entwicklungsprozesse darstellen, relevante Materialien und zusätzliche Untersuchungen publiziert werden, um die empirische Basis der Interpretationen und Vorstellungen der Kommissionsmitglieder darzulegen.

Diese Zweiteilung systematisierter Berichte auf der einen Seite und Materialien und Untersuchungsergebnisse in zusätzlichen Bänden auf der anderen Seite ergibt aber nicht nur die Möglichkeit, die Urteile und Aussagen der Kommission zu überprüfen, sondern soll auch die Möglichkeit schaffen, daß in zukünftigen Forschungen die Quellen, mit denen die Kommission gearbeitet hat, so vorliegen, daß auch unabhängig von den Einschätzungen der Kommission in den einzelnen Berichten sich die wissenschaftliche Öffentlichkeit diese Urteile einer eigenen Bewertung unterziehen können. So mag es denn auch unter dieser Perspektive nicht verwundern, wenn die Kommission neben diesen sechs Berichten weitere 27 Bände im Kontext der Berichte sowie 30 Bände in der Reihe „Transformationsprozesse" im Verlag Leske + Budrich, 16 Hefte im Rahmen der Grauen Reihe im Berliner GSFP-Verlag, 5 Hefte des Berliner Journals für Soziologie sowie eine Vielzahl von Aufsätzen publiziert hat. Die Kommissionsmitglieder waren der Meinung, daß der Auftrag des Wissenschaftsrates, diesen Prozeß sozialwissenschaftlich zu begleiten, nur dann wirklich gut erfüllt werden kann, wenn die Materialien, mit denen die Kommission gearbeitet hat, so transparent aufbereitet und öffentlich zugänglich sind, daß hier sowohl in der Gegenwart wie auch in der Zukunft die Arbeit der Kommission von anderen Kollegen kritisch überprüft werden kann.

Gegenwärtig wird immer wieder darauf hingewiesen, daß die Sozialwissenschaften in ihrer Prognosefähigkeit hinsichtlich der historischen Ereignisse von 1989 versagt haben, weil Sozialwissenschaftler, die sich mit dem Ostblock auseinandergesetzt haben, die Entwicklungen von 1989 nicht vorhergesagt haben. Hieraus wird häufig der Schluß gezogen, daß dieses Versagen der Sozialwissenschaften deutlich macht, daß sie im Grunde genommen auch für die jetzige und zukünftige Entwicklung nur wenig an Erkenntnissen beitragen können. Sowohl die Aussage über das Versagen der Prognosefähigkeit der Sozialwissenschaften ist falsch wie aber auch die Schlußfolgerung.

Gerade die empirisch orientierten Sozialwissenschaften benötigen für die Analyse, Bewertung und Schlußfolgerung bzw. Prognose über bestimmte Entwicklungen Daten, die nach objektiv wissenschaftlichen Kriterien gewonnen werden. Diese Daten und die Möglichkeit, solche Daten zu erheben, fehlten in dem geschlossenen System der früheren DDR oder – soweit Daten vorhanden waren – waren sie der Analysen durch westliche Sozialwissenschaftler nicht zugänglich. So läßt sich beispielsweise aus den Datensätzen des Zentralinstituts für Jugendforschung in Leipzig schon Anfang der 80er Jahre ableiten, daß das Systemvertrauen der Jugend in den damaligen Staat systematisch schwand; aus den Daten ist auch klar erkennbar, wo sich die oppositionellen Gruppen sammelten.

Glücklicherweise wurden diese Daten von den damals Herrschenden so gut wie gar nicht zur Kenntnis genommen, und von den westlichen Sozialwissenschaftlern konnten sie nicht zur Kenntnis genommen werden, weil sie geheim waren.

Ähnlich wie der Naturwissenschaftler zur Vorhersage z.B. von Erdbeben genaueste Messungen im Erdbebengebiet benötigt, benötigt auch der Sozialwissenschaftler in den Themenbereichen, in denen er Entwicklungen untersuchen und möglicherweise prognostizieren soll, genaueste Messungen. Die Kommission hat sich daher in vielen Teilbereichen bemüht (und dabei auch teilweise eigene Untersuchungen finanziert), möglichst genaue Daten zu Entwicklungstendenzen zu erhalten und von anderen vorgenommene Messungen sorgfältig auszuwerten. Es bleibt allerdings festzustellen, daß es der Kommission nicht gelungen ist und auch in dem kurzen Zeitraum nicht gelingen konnte, in allen relevanten Teilbereichen auf kontinuierliche, d. h. längsschnittliche Messungen zurückzugreifen, so daß manche Aussagen aufgrund der zu Grunde liegenden Querschnittsdaten sehr vorsichtig in bezug auf Entwicklungen formuliert worden sind. Weiter sind manche Daten bisher nicht eindeutig zu interpretieren. Schließlich sind auch Messung und Analysen durch subjektive Sichtsweisen verzerrt. Dies hat häufig zu Diskussionen innerhalb der Kommission geführt.

Trotz all dieser Schwächen und Bedenken sind die Kommissionsmitglieder davon überzeugt, daß sie dem Auftrag des Wissenschaftsrates gerecht geworden sind, die Entwicklungsprozesse des Transformationsprozesses sozialwissenschaftlich zu begleiten und die Fülle der Materialien so aufzubereiten, daß auch zukünftige Wissenschaftlergenerationen im In- und Ausland nach gegebenen Möglichkeiten damit arbeiten können.

Allerdings müssen die Mitglieder der Kommission auch feststellen, daß die zweite Aufgabenstellung, die der Wissenschaftsrat der Kommission gestellt hat, nämlich für die Entwicklung der Forschungslandschaft in den neuen Bundesländern einen signifikanten Beitrag zu leisten, nur ansatzweise erfüllt werden konnte.

Dies allein auf die reduzierte Finanzierung und die deutlichen Einschränkungen der Kommissionsarbeit sowohl zeitlicher wie finanzieller Art durch den Bundestag zurückzuführen, wäre zu einfach. Die Kommission mußte im Laufe ihrer Versuche, hier positiv zu wirken, einfach erkennen, daß die Förderung der außeruniversitären Forschung in den neuen Bundesländern, insbesondere bei der sozialwissenschaftlichen Forschung, an bestimmte strukturelle Bedingungen geknüpft ist, die eine im wesentlichen vom Bund finanzierte Kommission nicht wahrnehmen kann.

Die Kommission hat zwar teilweise sehr erfolgreich Sozialwissenschaftlern, die versucht haben, im sozialwissenschaftlich orientierten privatwirtschaftlichen Forschungsmarkt Fuß zu fassen, durch gezielte Forschungsförderungen Übergangschancen in den ersten Jahren zu gegeben. Diese Forschungsförderung erfolgte auf der Basis fachlicher Kriterien und hat dazu geführt, daß sich die privatwirtschaftlich organisierten Forschungsinstitute etablieren konnten.

Außeruniversitäre sozialwissenschaftliche Forschung ist in den alten Bundesländern entweder in enger Kooperation mit den Universitäten organisiert oder im wesentlichen durch Institute getragen, die entweder Bund und Länder gemeinsam in der „Blauen Liste" fördern oder die einzelne Länder beispielsweise als Sozialforschungsstellen oder Staatsinstitute betreiben. Entwicklungstendenzen in bestimmten Teilbereichen der Sozialwissenschaften lassen sich nur genau und hinreichend politikrelevant analysieren, wenn die jeweiligen regional- und länderspezifischen Besonderheiten von Entwicklungen berücksichtigt werden. Anders als 1990 erwartet, haben sich so gut wie alle Hoffnungen zerschlagen, daß die Universitäten in der Lage sein werden, durch die Gründung von Instituten einen Teil der früher in außeruniversitären Einrichtungen beschäftigten Sozialwissenschaftler zu übernehmen; gleichzeitig haben sich die meisten neuen Bundesländer, anders als die alten Bundesländer, hinsichtlich der Unterstützung sozialwissenschaftlicher Forschungseinrichtungen sehr zurückhaltend gezeigt. Daher ist die gegenwärtige sozialwissenschaftliche Forschungslandschaft in den neuen Bundesländern, sofern die Universitäten eigene Forschung oder von der DFG geförderte Forschung betreiben, noch lange nicht so entwickelt wie in den alten Bundesländern.

Ähnlich wie die Kommission im Bereich der Forschungsförderung bestimmte strukturelle Hindernisse nicht überwinden konnte, konnte sie auch nicht – wie ursprünglich vom Wissenschaftsrat gewünscht und sicherlich auch außerordentlich wichtig – eine Einbeziehung der Transformationsprozesse der östlichen Nachbarstaaten der Bundesrepublik Deutschland erreichen.

Dafür mag es viele Gründe geben, wie vor allem die völlig andere Struktur des Transformationsprozesses in den neuen Bundesländern. Weiter sind Forschungskontakte zu und Forschungskooperationen mit den östlichen Nachbarländern der Bundesrepublik unzureichend entwickelt. Somit konnte die Analyse der Entwicklungstendenzen auch in den östlichen Nachbarländern der Bundesrepublik und vor allem ein Vergleich mit den Entwicklungen in den neuen und alten Bundesländern, die eine wichtige und zukünftige Aufgabe der Sozialwissenschaften ist, in der begrenzten Zeit vom 4 ½ Jahren von der Kommission nicht geleistet werden.

Daß trotz dieser beiden Einschränkungen die Kommission insgesamt den ihr gestellten Auftrag seitens des Wissenschaftsrates in der relativ kurzen Zeit von 4 ½ Jahren in dieser Weise erfüllen konnte, hängt sicherlich zum einen damit zusammen, daß die beiden Ministerien, die die Kommission gefördert haben, nämlich das Bundesministerium für Bildung, Wissenschaft, Forschung und Technologie und das Bundesministerium für Arbeit und Sozialordnung, der Kommission und den Organen der Kommission – Kuratorium, Mitgliederversammlung, Vorstand, und Forschungsausschuß – einen ungewöhnlich großen Freiheitsspielraum ließen. Die Abstimmungsprozesse innerhalb der Kommission waren primär interdisziplinär fachlicher Natur, wenngleich auch politische Überlegungen mit reflektiert wurden. Daher konnte die Kommission ihre Überlegungen und Aussagen trotz begrenzter Ressourcen zügig systematisieren und zusammenfassen.

Die Kommission hätte allerdings auch nicht ohne die intensive Unterstützung der Geschäftsstelle der Kommission in Halle mit dem Geschäftsführern Friedrich Hauß (bis 1994) und Wolfgang Kreher (seit 1994) sowie den wissenschaftlichen Mitarbeiterinnen und Mitarbeitern Kimberly Crow, Raj Kollmorgen, Sabine Schenk und Uta Schlegel sowie den technischen Mitarbeiterinnen Ursula Banse, Thea Sprung, Erika Wendt und Gisela Weiß so effektiv arbeiten können. Dies verdient deswegen hervorgehoben zu werden, weil sich diese Mitarbeiterinnen und Mitarbeiter in das bürokratische Forschungsfördersystem des Bundes einfügen mußten, ohne dies vorher abschätzen zu können. Die Mitarbeiter und Mitarbeiterinnen der Geschäftsstelle haben dieses aber nicht nur mit Erfolg gemeistert, sondern haben allen Kommissionsmitgliedern immer wieder auch das Gefühl vermittelt, daß durch die Geschäftsstelle als ein hilfreicher Partner viele Probleme und Schwierigkeiten, die eine solche Kommission mit insgesamt 70 Mitgliedern hat, ausgeräumt werden können. Daher gilt ihnen der Dank der gesamten Kommission.

Der Verleger der sechs Berichte, Herr Budrich, hat die Kommission nicht nur hinsichtlich ihrer Publikationen beraten, sondern sich auch engagiert auf dieses Abenteuer, in kürzester Zeit neben den sechs Berichten mit den dazugehörigen Bänden noch eine Vielzahl von Büchern im Rahmen unserer Reihe „KSPW: Transformationsprozesse" zu produzieren, eingelassen und uns immer wieder das Gefühl vermittelt, daß das, was die Kommissionsmitglieder erarbeiten, einen Markt im Bereich der sozialwissenschaftlichen und allgemeinen Diskussion hat. Wir danken ihm dafür.

Wir wünschen uns, daß die Arbeit der Kommission in Wissenschaft, Politik und den Medien jene Würdigung erfährt, die der Qualität dieser Arbeit angemessen ist und hoffen, daß die Berichte zu einem besseren Verständnis für die hochkomplexen Prozesse dieses historisch einmaligen Ereignisses des Beitritts einer Gesellschaft zu einer anderen Gesellschaft mit einer gemeinsamen Kultur beitragen und daß das Verständnis dafür wächst, warum dieser Prozeß so abgelaufen ist, und daß sich die empirischen Gegebenheiten schließlich zu einem kohärenten Bild zusammenfügen lassen, das nicht von dem persönlichen Urteil des einzelnen abhängig ist.

Halle, im August 1996
Hans Bertram
für den Vorstand der
Kommission für die Erforschung des sozialen und
politischen Wandels in den neuen Bundesländern e.V.

Vorwort der Autoren

Die Berichtsgruppe II „Soziale Ungleichheit und Sozialpolitik" in der „Kommission für die Erforschung des sozialen und politischen Wandels in den neuen Bundesländern" (KSPW) hat sich seit 1994 mit dem Problem „Soziale Ungleichheit und ihre sozialpolitische Beeinflussung im Transformationsprozeß Ostdeutschlands" befaßt. Sie legt hiermit ihren Endbericht zum Thema „Ungleichheit und Sozialpolitik" vor.

Der Bericht stützt sich auf von der Berichtsgruppe an Sozial- und Wirtschaftswissenschaftler in den neuen und alten Bundesländern vergebene Expertisen, auf Ergebnisse anderer Forscher sowie auf eigene Untersuchungen. Die vorliegenden Expertisen wurden unter den Namen und in der Verantwortung ihrer Verfasserinnen und Verfasser von Mitgliedern der Berichtsgruppe in drei Bänden mit den Titeln „Wohlstand für alle?", „Aufstieg für alle?" und „Soziale Sicherheit für alle?" herausgegeben.

Der Berichtsgruppe II gehörten an: Prof. Dr. Richard Hauser (Universität Frankfurt am Main), Prof. Dr. Wolfgang Glatzer (Universität Frankfurt am Main), Prof. Dr. Stefan Hradil (Universität Mainz), Prof. Dr. Gerhard Kleinhenz (Universität Passau), Prof. Dr. Thomas Olk (Universität Halle) und Prof. Dr. Eckart Pankoke (Universität-Gesamthochschule Essen). Die Berichterstatter wurden unterstützt durch die Mitarbeiter Dipl.-Soz. Susanne v. Below, Dipl.-Volksw. Wolfgang Knoke, Dipl.-Soz. Joachim Ritter sowie durch den zuständigen Mitarbeiter der Geschäftsstelle der KSPW, Dipl.-Phil. Raj Kollmorgen.

Die Berichtsgruppe dankt den weiteren Mitgliedern der urspünglichen Arbeitsgruppe, insbesondere Prof. Dr. Stephan Leibfried, die in einer ersten Phase Forschungsaufträge an ostdeutsche Wissenschaftler betreuten, sowie dem Vorstand und den Mitarbeitern der KSPW für vielfältige Unterstützung. Auch die studentischen Hilfskräfte Wanda Grabe, Jörg Hafer, Kerstin McCauley und Konstanze Mörsdorf, die an der Erstellung dieses Bandes mitgewirkt haben, sind in diesen Dank eingeschlossen.

Der vorliegende Bericht versucht, ökonomische, sozialpolitische und soziologische Ansätze und Betrachtungsweisen zu verbinden, um damit eine umfassendere Analyse des Transformationsprozesses zu leisten. Daß hierdurch angesichts der unterschiedlichen Fachterminologien und -perspektiven manche „Brüche" entstehen, muß als „Preis" für diesen Versuch in Kauf genommen werden. Die Berichtsgruppe hofft, mit dem Bericht einen Beitrag zur wissenschaftlichen Erforschung des bisherigen Transformationsprozesses zu leisten und der Öffentlichkeit und der Politik Informationen und Anregungen zu geben.

Frankfurt am Main, 30. Juni 1996

Richard Hauser, Wolfgang Glatzer, Stefan Hradil, Gerhard Kleinhenz, Thomas Olk, Eckart Pankoke

1. Einführung

Dieser Bericht behandelt einige Aspekte des in der Deutschen Demokratischen Republik eingeleiteten und nach der Vereinigung in den neuen Bundesländern sich fortsetzenden Transformationsprozesses von einem sozialistischen zu einem freiheitlich-demokratischen und sozialstaatlichen Gesellschafts- und Wirtschaftssystem. Obgleich es sich hierbei um einen Sonderfall des in allen ehemals sozialistischen Ländern Mittel- und Osteuropas ablaufenden Transformationsprozesses handelt, erscheint es wichtig, zunächst einige allgemeine Charakteristika postsozialistischer Umbrüche zu skizzieren.[1]

Zur Kennzeichnung der epochalen gesellschaftlichen Umbruchprozesse in Mittel- und Osteuropa wurden und werden verschiedene Begriffe verwendet. Die Palette reicht von „friedlicher Revolution" über „nachholende Modernisierung" bis hin zu „Reform", „Transition" (also Übergang), „radikaler Systemwechsel" oder „Transformation". Während einige Begriffe – wie Revolution oder Transition – sich offensichtlich nur auf bestimmte Abschnitte beziehen, heben andere – wie nachholende Modernisierung – einzelne Aspekte hervor oder bleiben – wie Wandel oder Reform – allgemein.

Als Leitbegriff verwendet die Berichtsgruppe das Konzept der *Gesellschafts-* bzw. *Systemtransformation* (abkürzend auch einfach: Transformation), da es den epochalen Umbruch als gesamtgesellschaftlichen Prozeß versteht und auch regionale und nationale Besonderheiten der Entwicklungen zu fassen vermag. Außerdem hat es sich in der europäischen sozialwissenschaftlichen Literatur der letzten Jahre weitgehend durchgesetzt.

Wir definieren *Transformationen* oder synonym: *Transformationsprozesse* als mittel- bzw. längerfristige, sukzessive und komplexe Formwandlungsprozesse von Gesellschaften oder gesellschaftlichen Teilbereichen von einem „Ausgangszustand in einen angebbaren Folgezustand unter bestimmten Übergangserscheinungen" (Hartfiel/Hillmann 1982: 770). Transforma-

---

1 Die folgenden Ausführungen zu den allgemeinen Charakteristika postsozialistischer Transformationen basieren auf den Argumentationen von Kollmorgen 1996b. Dort finden sich auch Hinweise zur aktuellen Diskussion und Literatur.

tionsprozesse stellen mithin eine Unterklasse von Phänomenen sozialen Wandels bzw. gesellschaftlicher Entwicklung dar.

Betreffen Transformationen ganze Gesellschaften, d.h. deren konstitutive gesellschaftliche Formbestimmtheiten, kann von *Formations-* bzw. *Systemwechseln* gesprochen werden. Gesellschaftliche Transformationen heben sich vom Wandel innerhalb bestehender Formationen oder Gesellschaftssysteme („Systemwandel") sowohl durch den Zusammenbruch oder mindestens die relativ rasche Umwälzung des alten Systems als auch durch die von relativ klar identifizierbaren Akteuren intendierten und „getragenen" Konstitutionsveränderungen fundamentaler gesellschaftlicher Formbestimmtheiten (in Wirtschaft, Recht, Politik, Kultur) ab. Sie können nicht als Adaptionen, historische Formen oder Phasen innerhalb eines Gesellschaftssystems gedeutet werden.

Unter *postsozialistischen Transformationen* soll begrifflich[2] die sachliche und zeitliche Gesamtheit der spezifischen und zielgerichteten sozialen Wandlungsprozesse in den postsozialistischen Gesellschaften seit Beginn der politischen Revolutionen bzw. tiefgreifenden Reformen verstanden werden, deren angestrebtes Ende die Konstitution von funktionsfähigen demokratischen Gesellschaften darstellt. Dies schließt die Etablierung eines überwiegend marktwirtschaftlichen Wirtschaftssystems, einer freiheitlichen Staats- und Rechtsordnung, einer parlamentarischen Demokratie sowie einer zivilgesellschaftlichen Kultur ein, wobei deren Gestaltungen aufeinander bezogen sind. Das angestrebte „Ziel" wird keineswegs zwangsläufig erreicht, sondern kennzeichnet lediglich – zumindest für die mittelosteuropäischen und einige südosteuropäische Staaten – einen in den Gesellschaften breit getragenen Imperativ.[3]

Für die bisherigen Verläufe postsozialistischer Transformationen lassen sich in idealtypischer Form drei Phasen identifizieren. Die folgenden Phasenbeschreibungen orientieren sich dabei an eher „erfolgreichen" Transformationen.

---

2   Es ist wichtig festzuhalten, daß Begriffsdefinitionen immer eine Klarheit und Abgeschlossenheit der Inhalte suggerieren, die empirisch-analytisch nicht haltbar sind. Für die folgend genannten Ziel- und Endbestimmungen trifft dies ganz besonders zu. Mit solchen theoretischen „Übersteigerungen" muß allerdings leben können, wer nicht zu schieren Leerformeln wie O'Donnell/Schmitter (1986: 7, 64) greifen will, die eine Transition bestimmen als: „the interval between one political regime and another" oder noch „prägnanter" unter den „conclusions": „transition in regime type implies movement from something to something else".

3   Für andere ehemals sozialistische Staaten – wie in Transkaukasien, in den asiatischen GUS-Republiken sowie Rumänien und Albanien – dürfte dieses Ziel weniger Bedeutung haben. Für diese Gesellschaften ist der Ausgang der Umstürze und Wandlungen z.Zt. entweder völlig offen („Anokratien") oder es deuten sich nationalistisch-autokratische „Lösungen" an.

Einführung

Erste Phase: Die *Initiierungsphase*, d.h. die Phase der *politischen Revolution oder der tiefgreifenden politischen Reformen*, in der das bestehende politische Regime gestürzt und der Machtwechsel eingeleitet wird. Die Initiierungsphase beginnt mit der wie immer gearteten Aufweichung (z.B. Zulassung von Oppositionsparteien) bzw. des Sturzes der autoritären Macht und „endet" mit Formen der bereits abgesicherten „Doppelherrschaft" („Runde Tische") oder sofort mit den ersten freien Wahlen („opening elections").

Zweite Phase: Die *Transitionsphase* im engeren Sinne („period of transition"), d.h. die Übergangsphase der Umgestaltung des politisch-rechtlichen Ordnungsgefüges auf den entscheidenden Ebenen, mithin die letztlich immer rechtlich verfaßten und damit sanktionierten Institutionalisierungen der Ergebnisse der politischen Revolution bzw. der Reformen. Diese Institutionalisierungen sind Ergebnis der Auseinandersetzungen in und zwischen den alten und neuen Akteursgruppen, insbesondere von Bewegungen, Parteien, Gewerkschaften, anderen Verbänden, Teilen des Staats- und Wirtschaftsapparates, gegebenenfalls auch der Militärführung. Umkämpfte und unter dem „Dilemma der Gleichzeitigkeit" (Elster 1990) stehende Bereiche dieser Transitionen sind:

1. Institutionalisierung einer demokratischen politischen Ordnung und deren rechtliche Verankerung,
2. die Schaffung der rechtlichen, wirtschaftspolitischen und administrativen Grundlagen für eine marktwirtschaftliche Gestaltung der Wirtschaft.

Mit diesen beiden Transitionsbereichen wird zugleich die Basis für die Entwicklung einer „bürgerlichen Gesellschaft" (civil society) gelegt. Plurale und wirksame zivile Akteure (Parteien, Verbände, Vereine, Protestbewegungen und intervenierende Individuen) entstehen nur auf Grundlage sozioökonomischer und sozialstruktureller Differenzierungsprozesse, mithin der Ausdifferenzierung gruppenspezifischer Interessenlagen, die politisch-rechtlich assoziationsfähig sind und die nach Verfahrensregeln der Konfliktaustragung bzw. der Konsens- und Kompromißfindung über gesellschaftspolitische Einflußmöglichkeiten verfügen.

Als Ende der zweiten Transformationsphase kann die *verfassungs*mäßige Sanktionierung und *basis*institutionelle Verankerung der politischen Demokratisierung sowie der Umgestaltung der Wirtschaftsordnung – wie Einrichtung der drei Gewalten auf Grundlage freier Wahlen, Erlaß grundlegender wirtschaftsordnender Gesetze, Beginn der (Re-)Privatisierungen – betrachtet werden.

Dritte Phase: Die längerfristige *Strukturierungsphase*, d.h. die Phase der komplexen Umbildung der gesamten Gesellschaft hin zu einer freiheitlich-demokratischen, überwiegend marktwirtschaftlich organisierten Gesellschaft. Die Bezeichnung Strukturierungsphase bezieht sich insbesondere auf zwei Prozeßmomente. Zum einen geht es in dieser Phase postsozialistischer Transformationen um die Strukturierung im Sinne einer tiefgestaffelten *Kon-Struktion*, um die „Zusammenfügung" der in den vorhergehenden Phasen grundlegend umgewälzten gesellschaftlichen Bereiche (Politik, Recht, Wirtschaft etc.) sowie deren „Zementierung" durch die bzw. innerhalb der Alltagskultur, wodurch der Systemwechsel erst wirklich und dauerhaft vollzogen wird. Neue Strukturen stellen insofern nicht nur die Voraussetzungen, sondern auch die Ergebnisse sozialen Handelns in Transformationen dar. Zum anderen sind in den vorherigen Phasen soziale Strukturen – wie soziale Netzwerke, Gewohnheiten – zerstört worden, die es nun unter veränderten Rahmenbedingungen neu zu *strukturieren* gilt. Daß Strukturierung auch *Re-Strukturierung* bedeutet, zeigt sich nicht nur am Erstarken reformierter kommunistischer Parteien, sondern auch am Sichtbarwerden all jener mentalen und kulturellen Erbschaften (legacies), die unter dem Wirbel der bisherigen Ereignisse schier weggefegt bzw. schnell „transformiert" schienen. Die Strukturierungsphase trägt langfristigen Charakter und vermischt sich in diesem Zeitraum mit anderen sozialen Evolutionsprozessen auf verschiedensten Ebenen.

Besonderheiten des ostdeutschen Transformationsprozesses

Mit der „friedlichen Revolution" im Jahr 1989 begann in der Deutschen Demokratischen Republik ein Prozeß der Systemtransformation, der zunächst innerhalb der Gesellschaft und der Institutionen der DDR anlief, aber dann mit dem Vertrag über die Währungs-, Wirtschafts- und Sozialunion mit der Bundesrepublik Deutschland und schließlich mit dem Einigungsvertrag eine neue Qualität gewann. Dieser Transformationsprozeß ist daraufhin angelegt – ausgehend von zwei Staaten mit je eigener, teils gegensätzlich ausgerichteter 40jähriger Geschichte und unterschiedlichen politischen, rechtlichen, wirtschaftlichen und sozialen Systemen – zu einer ungeteilten Gesellschaft und zu einem einheitlichen, demokratischen und föderalistisch gegliederten Sozialstaat zu führen, dessen Teilsysteme weitestgehend an den in der alten Bundesrepublik geltenden Verfassungsnormen und grundlegenden ordnungspolitischen Festlegungen orientiert sind.

Der damit eingeleitete Transformationsprozeß wird zu einer Annäherung in den politischen, ökonomischen und kulturellen Gegebenheiten zwischen den alten und den neuen Bundesländern führen. Dies muß allerdings keine völlige Angleichung in allen Lebensbereichen bedeuten. Die in vieler Hinsicht erwünschte regionale Vielfalt stellt nur insoweit ein Problem für die

Einführung

Wirtschafts- und Sozialpolitik dar, als diese im Interesse einer regionalen Gleichwertigkeit der Lebensverhältnisse intervenieren muß. Daher kann der Transformationsprozeß erst dann als abgeschlossen betrachtet werden, wenn nicht nur die Rechts-, Wirtschafts- und Sozialordnungen völlig vereinheitlicht sein werden – dies ist der bereits weit fortgeschrittene institutionelle Aspekt des Transformationsprozesses –, sondern wenn auch die Unterschiede der öffentlichen Infrastruktur und die ökonomischen und sozialen Disparitäten zwischen den alten und den neuen Bundesländern auf ein auch unter den alten Bundesländern für vertretbar gehaltenes Maß zurückgegangen sein werden und damit eine annähernde Gleichwertigkeit der Lebensverhältnisse (Artikel 72 des Grundgesetzes) in West- und Ostdeutschland hergestellt sein wird.

Dieser Transformationsprozeß, dessen bisheriger Verlauf in diesem Band in sozialstruktureller und sozialpolitischer Perspektive untersucht wird, beruht auf zwei sorgfältig zu trennenden Ursachenkomplexen: Erstens, auf der in der DDR unter dem Reformdruck seit 1989 selbst in Gang gesetzten Demokratisierung und dem Wechsel von einem sozialistisch-planwirtschaftlich organisierten Wirtschaftssystem zu einem überwiegend marktwirtschaftlich orientierten System. Zweitens, auf dem schließlich mit der Vereinigung endenden politischen Wechsel, der die Rahmenbedingungen für den Transformationsprozeß im Bereich des politischen Systems sowie des Wirtschafts- und Sozialsystems grundlegend anders gestaltet hat, als sie sich für die Transformationsprozesse in anderen postsozialistischen Ländern Zentral- und Osteuropas darstellen. Diese Unterschiede, die den deutschen Transformationsprozeß wesentlich mitbestimmen, lassen sich in sechs Thesen zusammenfassen:

(1) Aus der von vielen Bürgern der DDR angestrebten Vereinigung resultierte eine abrupte Änderung des Rechts- und Wirtschaftssystems entsprechend dem vorgegebenen, allerdings selbst zukunftsoffenen und in sich pluralistisch angelegten „Modell" der Bundesrepublik, an das sich Bürger und Wirtschaft ohne wesentlichen Veränderungsspielraum möglichst schnell anpassen mußten. Demgegenüber besteht in den anderen östlichen Reformstaaten eine weit größere Variationsbreite möglicher Entwicklungen auf Basis der Grundentscheidung für Demokratie und ein überwiegend marktwirtschaftlich organisiertes Wirtschaftssystem; über einzelne Elemente des neuen Systems muß im politischen Prozeß des jeweiligen Landes erst Schritt für Schritt entschieden werden, so daß die Entwicklung viel offener ist.

(2) Es stehen in großem Umfang finanzielle, personelle und administrative Hilfen von außen – d.h. von der alten Bundesrepublik – zur Verfügung, die Ostdeutschland bei der Währungsumstellung, bei der Übernahme der Auslandsschulden, beim Verwaltungsaufbau, bei der Verbesserung der Infrastruktur, bei der Wirtschaftsförderung und bei der sozialpolitischen Abfede-

rung des Strukturumbruchs durch großzügige Sozialleistungen gewährt werden. Demgegenüber erhalten die anderen Reformstaaten nur sehr begrenzt Hilfen von außen.

(3) In Ostdeutschland bestanden umfassende Möglichkeiten, Führungskräfte für Politik, Verwaltung und Wirtschaft aus den alten Bundesländern zu gewinnen, die mit der neu eingeführten Ordnung vertraut waren, so daß eine schnelle Umstellung der Administration und eine Einarbeitung der ostdeutschen Führungskräfte erleichtert wurde. Damit war allerdings auch die Gefahr einer gewissen „Fremdbestimmtheit" gegeben. Gleichwohl stellt dies gegenüber den anderen Reformstaaten, die einen großen Teil ihrer bisherigen Führungskräfte selbst umschulen und neue heranbilden müssen, einen Vorteil dar.

(4) In den neuen Bundesländern kam es nach der Vereinigung zu einem abrupten Übergang in die westliche Weltwirtschaftsordnung, so daß in kürzester Zeit harte Konkurrenz durch Anbieter aus der alten Bundesrepublik und aus dem Ausland auftrat; gleichzeitig entfiel ein wesentlicher Teil der traditionellen Exporte in die ehemals sozialistischen Staaten, die dem „Rat für gegenseitige Wirtschaftshilfe" angehörten. Demgegenüber können die östlichen Reformstaaten ihren Wechselkurs und die nationale Außenwirtschaftspolitik weiterhin in beachtlichem Maß als Schutzinstrumente einsetzen und auf diese Weise den Umstellungsprozeß „strecken"; auch scheint die Neuorientierung in den außenwirtschaftlichen Beziehungen dort nicht so übergangslos erfolgt zu sein.

(5) Politisch bedingte Mobilitäts- und Wanderungshemmnisse für Personen, Unternehmen und Kapital bei der Überschreitung der ehemaligen Grenzen zwischen der DDR und den alten Bundesländern entfielen, so daß die potentielle innerdeutsche Mobilität der Bevölkerung von Beginn an die temporäre Aufrechterhaltung unterschiedlicher Arbeitsmarktpolitik sowie Lohn- und Transferniveaus stark begrenzte. Dagegen ist es den östlichen Reformstaaten möglich, die Mobilität faktisch gering zu halten und damit die wirtschaftspolitischen Steuerungsmaßnahmen für wichtige gesamtwirtschaftliche Größen besser durchzusetzen.

(6) In der politischen Zieldiskussion dominiert die Forderung nach einer weitgehenden Angleichung der Lebensverhältnisse zwischen den beiden Landesteilen. Dem entsprechen überwiegend die Erwartungen der Bevölkerung in den neuen Bundesländern, die diese *kurzfristig* realisiert sehen möchte. Demgegenüber wird in den östlichen Reformstaaten bereits auf kleinere Verbesserungen positiv reagiert, ohne daß ein hohes Anspruchsniveau kleine Schritte relativiert.

Einführung

Diese Sonderbedingungen des ostdeutschen Transformationsprozesses führen einerseits dazu, daß nur begrenzt Vergleiche mit den Transformationsprozessen in anderen postsozialistischen Ländern gezogen werden können. Andererseits ergeben sich klar identifizierbare Phasen des Systemwechsels. Die *Initiierungsphase* läßt sich für die DDR vom 7./8. Oktober 1989 bis Anfang Februar 1990 datieren (siehe auch Abschnitt 2.1). Die *Transitionsphase* dauerte von Januar/Februar 1990 bis zum 3. Oktober 1990, d.h. bis zum staatsrechtlichen Beitritt der DDR zur Bundesrepublik Deutschland, was im Kern die Übertragung der Institutionenordnung der Bundesrepublik auf die neuen Länder bedeutete. Diese zweite Phase wurde durch den „Beitritt" zeitlich gerafft (siehe die Abschnitte 2.4.1 bis 2.4.7). Auch die dritte Phase, die *Strukturierungsphase*, wird durch den Institutionentransfer beträchtlich abgekürzt. Aber die Akteurslandschaft ist in Ostdeutschland noch immer in Bewegung; bedeutende soziokulturelle und wirtschaftliche Entwicklungen sind noch im Gange. Auf keinen Fall kann man heute schon von einem Abschluß des Transformationsprozesses sprechen.

Einige frühe Prognosen über den Verlauf des Transformationsprozesses

Schon kurz nach Beginn des Transformationsprozesses wurden von wissenschaftlicher und politischer Seite Prognosen über seinen Verlauf, seinen Endpunkt und seine wirtschaftlichen, sozialpolitischen, sozialstrukturellen und soziokulturellen Auswirkungen aufgestellt. Diese Prognosen dienten einerseits zur Vorbereitung der Entscheidungen über die Währungs-, Wirtschafts- und Sozialunion, andererseits aber auch zur Information der Bevölkerung und zur Beeinflussung der ersten freien Wahlen in der DDR. Nahezu sechs Jahre nach der Vereinigung kann man nunmehr fragen, inwieweit die in diesen Prognosen skizzierten Entwicklungen eingetreten sind oder die darauf gegründeten Erwartungen enttäuscht wurden. Eine der Aufgaben des vorliegenden Berichts wird es sein, dieser Frage auf der Basis von objektiven Daten und von subjektiven Einschätzungen, die aus Bevölkerungsumfragen ermittelt wurden, nachzugehen.

Im wissenschaftlichen Bereich dominierten zwar die Prognosen zur wirtschaftlichen Entwicklung, aber es wurden auch einige auf die gesellschaftliche und sozialstrukturelle Dimension des Transformationsprozesses gerichtete Vorhersagen formuliert. Hier können nur einige Prognosen stellvertretend für viele weitere genannt werden, um wenigstens das Spektrum der dadurch hervorgerufenen Erwartungen aufzuzeigen.

Die politischen Veränderungen der Jahre 1989 und 1990 forderten in der wirtschaftswissenschaftlichen Literatur viele Stellungnahmen heraus. Der Sachverständigenrat zur Begutachtung der gesamtwirtschaftlichen Entwicklung (SVR) veröffentlichte bereits im Januar 1990 ein Sondergutachten, in dem er die rasche und konsequente Neuordnung der DDR-Wirtschaft nach marktwirtschaftlichen Grundsätzen als wesentliche Voraussetzung für eine Verbesserung der wirtschaftlichen Lage in der damaligen DDR begründete (vgl. SVR 1990b). Dabei ging er noch vom Fortbestand des Staates DDR aus und äußerte sich eher zurückhaltend, was den Zeitbedarf für eine Angleichung des Wohlstandsgefälles betraf, sah jedoch die Schaffung einer klaren Perspektive als wichtigstes Mittel zur Eindämmung des Übersiedlerstromes. Daß er die sich bald darauf konkretisierende Idee einer raschen Währungsunion in dieser Hinsicht für ungeeignet hielt, legte der Rat wenig später in einem Brief an den Bundeskanzler ausführlich dar (vgl. SVR 1990c). Darin sah er – dies deckte sich im übrigen weitgehend mit der damaligen Haltung der Bundesbank – im wesentlichen Entwicklungen voraus, die anschließend tatsächlich die grundlegenden ökonomischen Probleme der ersten Vereinigungsjahre begründeten. Dies waren z.B. die Nachfrageverschiebung zuungunsten ostdeutscher Produkte, die mangelnde Wettbewerbsfähigkeit der DDR-Betriebe auf dem Weltmarkt und der Druck auf zügige Anpassung der Löhne an das westdeutsche Niveau sowie auf Subventionen und Transferzahlungen aus Westdeutschland.

Auch der Präsident des Deutschen Instituts für Wirtschaftsforschung, Lutz Hoffmann, bezog im Februar 1990 eine recht pessimistische Position: Da die wirtschaftlichen Voraussetzungen für eine Währungsunion nicht gegeben seien, führe sie in absehbarer Zeit zu 4,5 bis 5 Mio. Arbeitslosen (vgl. Frankfurter Allgemeine Zeitung vom 10.2.1990). Auch Hickel und Priewe (1991) schätzten die Entwicklung der neuen Länder auf mittlere Sicht als ungünstig ein: Die Aussichten bewegten sich zwischen den Extremen einer langfristigen Diskrepanz, wie sie zwischen Süd- und Norditalien besteht, und einer Lage, wie sie die schwächsten westdeutschen Regionen kennzeichnet. Sinn und Sinn diagnostizierten 1991: „Die ökonomische ist ungleich mühsamer als die politische Transformation. Sie durchzustehen, erfordert einen langen Atem. Daß die ostdeutsche Wirtschaftskraft in ‚drei, vier, fünf' Jahren an das Westniveau angeglichen sein wird, kann nur glauben, wer es kraft Amtes muß. ... Es müssen offenbar extrem günstige Bedingungen hergestellt werden, wenn der Osten den Westen in nur 10 bis 20 Jahren eingeholt haben soll. Wahrscheinlich wird der Aufholprozeß noch mehr Zeit beanspruchen." (Sinn/Sinn 1991: 122f.)

Beispielhaft für die Gegenposition zu den vom Sachverständigenrat formulierten Bedenken ist das Gutachten „Vorteile der wirtschaftlichen Einheit Deutschlands" von Willgerodt (1990), das im Auftrag des Bundeskanzleram-

Einführung

tes erstellt wurde. Willgerodt bekräftigt darin seine klare Absage an ordnungspolitische Experimente eines „Dritten Weges" und bezeichnet marktwirtschaftliche Reformen in der DDR als einzige denkbare Grundlage einer Wirtschaftsunion. Die Erfolgsaussichten der Einführung der D-Mark im Hinblick auf die zügige Erneuerung der DDR-Wirtschaft und die Anhebung des Lebensstandards der Bevölkerung schätzt er dabei jedoch als gut ein. Der Einkommens- und Produktivitätsrückstand zur DDR liege in erster Linie nicht in unterschiedlichen Niveaus bezüglich Qualifikation der Bevölkerung und vorhandenem Kapitalstock begründet, sondern vielmehr in der wenig effektiven Nutzung des Potentials. Willgerodt hielt zum damaligen Zeitpunkt eine Stagnation oder gar ein Absinken des Sozialprodukts als Folge der Währungsumstellung für unwahrscheinlich. Durch die damit verbundene Liberalisierung des Wirtschaftsgeschehens sah er sogar die Voraussetzungen für einen Anstieg der wirtschaftlichen Aktivität als gegeben an.

Adler (1991a: 205ff.) prognostizierte Ende 1990/Anfang 1991: „Im Vergleich zum früheren Zustand wird die Sozialstruktur im Osten Deutschlands differenzierter, ungleicher, offener und vor allem – zumindest für einen längeren Zeitraum – beweglicher sein. ... Zunehmen werden – vor allem im Jahrzehnt des raschen Wandels, der Umstrukturierung, des Ost-West-Wohlstandsgefälles – die zeitweiligen, transitorischen sozialen Positionen." Konkret sieht er einen Umbau des sozialen Positionsgefüges, eine tiefe Umstrukturierung der Erwerbstätigen, einschließlich 3,2 Mio. Arbeitslosen (nach „Süddeutsche Zeitung" vom 28.09.1990) und eine deutliche Verschlechterung der Arbeitsmarktchancen für die über 45jährigen voraus. Darüber hinaus prognostizierte Adler eine Umschichtung der unteren Randschichten: Ein Teil der Rentner wird aufsteigen – ihren Platz werden Dauerarbeitslose einnehmen. Für Alleinerziehende, Kinderreiche und Ausländer erhöht sich das Armutsrisiko. Erwartet werden kann nach Adler auch eine Dynamisierung und Differenzierung der Lebensstile.

Was die sozialstrukturellen Wandlungsprozesse – auch auf Basis der wirtschaftlichen Veränderungen – betrifft, sah z.B. Hauser (1992: 69f.) die „Verteilung der Primäreinkommen" aufgrund von Arbeitslosigkeit, der geringeren Erwerbsquote von Frauen, der neuen Selbständigen, von Löhnen der im Osten temporär beschäftigten Westdeutschen, der unvermeidlichen allgemeinen Spreizung der Lohnstruktur im Osten sowie der schichtspezifischen Einkommenszuwächse aus Sachvermögen „deutlich ungleichmäßiger werden". Infolgedessen wird, so Hauser, auch die Verteilung der Haushaltsnettoeinkommen ungleicher werden. Diese allgemeine „Tendenz zu größerer Ungleichheit" wird jedoch durch die insgesamt großzügigen sozialpolitischen Leistungen im Transformationsprozeß (Arbeitslosenabsicherungen, Kindergeld, Sozialhilfe, Renten) „abgemildert".

Zapf (1991) prognostizierte aus modernisierungstheoretischer Sicht im Herbst 1990 für den sozialen Umwälzungs- und Vereinigungsprozeß: Man „kann ... auch die für die DDR und das einheitliche Deutschland zu erwartenden Übergangszeiten realistischer mit einer Zeitspanne von 5-10 Jahren abschätzen. Aber im Transformationsprozeß der Vereinigung wird sich das Tempo der Verwestlichung der Bundesrepublik sicher verringern, und eine Reihe von Entwicklungsschritten wird wiederholt werden, muß sozusagen nochmals gegangen werden: Ausbau der Infrastruktur, Sanierung von Wohnungen und Städten, Wellen der Konsumexpansion, Wellen von Streiks und Protest. Was die sozialstrukturelle Angleichung betrifft, werden gemäß Modernisierungstheorie die meisten Entwicklungen der DDR in westdeutsche Richtung gehen: Rückgang der Frühehen und Frühscheidungen, eine erhebliche Bildungsexpansion, ein Wachstum nicht-öffentlicher Dienstleistungen, eine Vergrößerung der Ungleichheit, eine Differenzierung der Lebensformen und Lebensstile." (Zapf 1991: 31) Eine Rückwirkung auf Westdeutschland sah Zapf bei der Steigerung des Anteils der Konfessionslosen von etwa 10% auf 20%, in einer neuerlichen Debatte um Frauenerwerbsarbeit, in der möglichen Verkürzung von Schulzeiten, insbesondere bis zum Erlangen des Abiturs, und der möglichen Vermehrung von Ganztagsschulen.

Für die soziokulturelle Dimension der Vereinigung von Ost- und Westdeutschen entwarf Koch (1991: 321) folgendes Bild: „Absehbar sind eine wechselseitige Verunsicherung der Lebensstile, kulturelles Mißverstehen angesichts einer unterscheidbaren Welt der Bedeutungen. Es wird auch an handfesten Kulturkonflikten nicht mangeln." Insgesamt „zeichnet sich im Osten Deutschlands eine Entwicklung ab, im Verlaufe derer sich die Ostdeutschen überproportional unter den Geleiteten wiederfinden, Personen aus der Alt-Bundesrepublik hingegen Leitungspositionen aller Art einnehmen." (Koch 1991: 334) Indes: „Eine ‚Gegenreformation' im Sinne einer Restauration staatssozialistischer Verhältnisse ist in der ehemaligen DDR nicht zu erwarten, wohl aber eine vielstimmige ‚DDR-Nostalgie' und differenzierte Neubewertung der untergegangen DDR".

Auch aus dem Bereich der Politik seien zwei Prognosen zitiert:

– Lothar de Maizière: „Und niemand soll sich über die tiefe Krise der DDR-Wirtschaft Illusionen machen. ... Aber niemandem wird es schlechtergehen als bisher. Im Gegenteil. ... Ich bin davon überzeugt, daß im Ergebnis des Einigungsprozesses kein Deutscher ärmer wird, sondern daß es uns allen gemeinsam bessergehen wird." (de Maizière 1990: 10f.)
– Helmut Kohl: „Nur die rasche Verwirklichung der Währungs-, Wirtschafts- und Sozialunion bietet die Chance, daß Mecklenburg/Vorpommern, Sachsen-Anhalt, Brandenburg, Sachsen und Thüringen bald wieder blühende Landschaften sein werden, in denen es sich zu leben und zu

arbeiten lohnt. ... Viele unserer Landsleute in der DDR werden sich auf neue und ungewohnte Lebensbedingungen einstellen müssen – und auch auf eine gewiß nicht einfache Zeit des Übergangs. Aber niemandem werden dabei unbillige Härten zugemutet. ... Für die Deutschen in der Bundesrepublik gilt: Keiner wird wegen der Vereinigung Deutschlands auf etwas verzichten müssen." (Kohl 1990: 57f.)

Zur Untersuchungsperspektive des Berichts

Bei der Untersuchung des deutschen Transformationsprozesses kann eine weitere oder eine engere Perspektive gewählt werden: Die weitere Perspektive umfaßt auch die Frage, was denn im Prozeß der Vereinigung hätte anders vereinbart werden können und wie diese andersartigen Verträge den weiteren Transformationsprozeß beeinflußt hätten. Beispielsweise hätten die Währung und die Währungsgrenzen der DDR aufrechterhalten oder ein anderes Umtauschverhältnis gewählt werden können. Es ist auch vorstellbar, daß die Übertragung der Rechts-, Wirtschafts- und Sozialordnung der alten Bundesrepublik nicht in einem einzigen Schritt in kürzester Frist, sondern in mehreren Schritten, verteilt über mehrere Jahre, vollzogen worden wäre. Auch das Grundgesetz der alten Bundesrepublik Deutschland hätte geändert werden können, um einige der in der Verfassung der DDR enthaltenen sozialen Grundrechte – wie etwa das Recht auf Arbeit – aufzunehmen. Eine solche erweiterte Perspektive würde es z.B. erforderlich machen, die Vereinbarkeit derartiger Verfassungsartikel mit den übrigen Bestimmungen rechtlich zu überprüfen und ihre zu vermutenden kurz- und langfristigen Auswirkungen auf den Wirtschaftsablauf im Gesamtzusammenhang des neuen Wirtschafts- und Sozialsystems abzuschätzen. Das Gleiche gilt für die Untersuchung anderer Abläufe, die bei veränderten Ausgangsbedingungen oder bei einem langsameren Vereinigungsprozeß zustande gekommen wären. Bei einer derart ausgeweiteten Fragestellung hätte man auch nicht umhin gekonnt, zu prüfen, ob denn die außenpolitischen Rahmenbedingungen einen anderen, aus innerdeutscher Sicht vielleicht präferierten Weg zur deutschen Einheit überhaupt zugelassen hätten.

Auf eine derartige, in Teilen notwendigerweise spekulative, erweiterte Perspektive, die sich in einem breiten Rahmen mit den Möglichkeiten und Grenzen des vieldiskutierten „Dritten Weges" auseinandersetzt, verzichtet der vorliegende Bericht. Hier wird die engere Perspektive gewählt, die von den im Staatsvertrag über die Schaffung einer Währungs-, Wirtschafts- und Sozialunion und im Einigungsvertrag enthaltenen Festlegungen ausgeht und den dadurch in Gang gesetzten Transformationsprozeß verfolgt und interpretiert. Außerdem konzentriert sich der Bericht auf einen von mehreren Aspekten des Transformationsprozesses: Die Analyse der sozialen Ungleichheit und deren Beeinflussung durch die Sozialpolitik. Sozialpolitik wird dabei in einem weiten Sinn als Lebenslagenpolitik, inbesondere als Politik zur Verbesserung der Lage gesellschaftlich schwacher Personengruppen (Lampert), verstanden. In diesem Sinn ist Sozialpolitik auch Gesellschaftspolitik (Achinger). Weitere Berichte der KSPW behandeln andere Aspekte, so daß sich erst bei einer Gesamtbetrachtung ein umfassendes Bild der bisherigen gesellschaftlichen Veränderungen ergibt (vgl. Lutz u.a. 1996, Kaase u.a. 1996, Strubelt u.a. 1996, Hormuth u.a. 1996 und von Maydell u.a. 1996).

Fragestellungen des Berichts

Die Leitfragen des Berichts lauten:

1. Welche grundlegenden Entwicklungen in den sozialstrukturellen und sozialpolitischen Dimensionen des Transformationsprozesses haben sich gegenüber dem Ausgangszustand in der DDR 1989 ergeben und welche sozialpolitischen Problemlagen und Problemgruppen sind im bisherigen Verlauf sichtbar geworden?
2. Inwieweit hat der durch den Systemwechsel und die Vereinigung in Gang gesetzte Transformationsprozeß bisher zu einer Gleichwertigkeit der Lebensbedingungen und Lebensverhältnisse in Ost und West geführt? Welchen Beitrag hat dabei die Sozialpolitik geleistet?
3. Wird der Transformationsprozeß auf mittlere Sicht zu einer Gleichwertigkeit der Lebensverhältnisse und der Sozialstruktur der beiden Teilgesellschaften führen, so daß die Unterschiede auf ein auch zwischen den alten Bundesländern für vertretbar gehaltenes Maß zurückgehen, das keine unterschiedlich ausgeprägte Gesellschafts- und Sozialpolitik mehr erforderlich macht? Dabei müssen auch Entwicklungstendenzen aufgezeigt werden, die zur Verschärfung der gegenwärtig sichtbaren gesellschafts- und sozialpolitischen Probleme oder zur Entstehung neuartiger Problemkonstellationen führen könnten, aus denen sich also neue Herausforderungen für eine präventive Umsteuerung durch die Gesellschafts-, Wirtschafts- und Sozialpolitik ergeben.

Bei der Frage nach den sozialen Auswirkungen des Transformationsprozesses ist es allerdings keineswegs von vornherein klar, welche Bevölkerung der Analyse zugrunde liegen soll. Drei Möglichkeiten bieten sich an:

1. Die zum Zeitpunkt der Vereinigung in den östlichen und westlichen Gebieten lebenden Bevölkerungen, auch wenn einzelne Mitglieder anschließend

Einführung

von Ost nach West oder von West nach Ost gewandert sind; dies bedeutete die Verwendung eines *personen- und herkunftsbezogenen Konzepts*, das am ehesten dem Alltagsverständnis bei der Frage nach dem Wohlergehen der ehemaligen DDR-Bürger im Transformationsprozeß entspricht.

2. Die im jeweiligen Betrachtungsjahr in den östlichen und westlichen Gebieten lebenden Bevölkerungsteile; dies wäre ein *territoriumsbezogenes Konzept*, das zumindest künftig vielen sozial- und regionalpolitischen Maßnahmen zugrunde gelegt werden dürfte.
3. Drei Gruppen nach einem *mobilitätsbezogenen Konzept*, nämlich
   - die in den neuen Bundesländern Gebliebenen;
   - die in den alten Bundesländern Gebliebenen;
   - die mobile Gruppe, die sich in die Ost-West-Wanderer und in die West-Ost-Wanderer unterteilt; hinzukommen könnten die Gruppen der ständigen Ost-West- und West-Ost-Pendler.

Für die Analyse des Transformationsprozesses scheint es vorläufig noch angemessen, das personen- und herkunftsbezogene Konzept zu verwenden, soweit es sich aus Datengründen überhaupt realisieren läßt. Jedoch sollte in Zukunft das territoriale Konzept zunehmend an Bedeutung gewinnen. Das mobilitätsbezogene Konzept dürfte sich nur für spezielle Fragestellungen eignen.

Der Bericht stützt sich auf von der KSPW geförderte Studien, auf von der Berichtsgruppe in Auftrag gegebene Expertisen, auf Ergebnisse anderer Wissenschaftler und auf eigene Untersuchungen. Dabei wurden eine Vielzahl von Datenquellen herangezogen. Neben den offiziellen Statistiken des Statistischen Bundesamtes und der Deutschen Bundesbank wurden insbesondere Daten verwendet, die auf folgenden wissenschaftlichen Erhebungen beruhen:

- Das Sozio-ökonomische Panel, das kurz vor der Währungsunion auf die damalige DDR ausgedehnt werden konnte;
- die Wohlfahrtssurveys, die mehrmals in den alten Bundesländern und zweimal in den neuen Bundesländern erhoben wurden;
- die KSPW-Mehrthemenumfrage;
- die in den neuen Bundesländern regelmäßig durchgeführte Umfrage „Leben in Ostdeutschland".

Eine knappe Charakterisierung dieser Untersuchungen findet sich im Anhang.

Zur Gliederung des Berichts

Der Bericht setzt die in den Vertragswerken zur Vereinigung festgelegte Übertragung der westdeutschen Rechts-, Wirtschafts- und Sozialordnung in die neuen Bundesländer als gegeben voraus. Er stellt zwar die Übertragung der sozialpolitischen Regelungen überblicksartig dar,[4] konzentriert sich aber vor allem auf die Darstellung der Veränderungen der Lebensverhältnisse und der Sozialstruktur sowie auf die Auswirkungen der neuen sozialpolitischen und wirtschaftlichen Rahmenbedingungen auf gesellschaftliche und wirtschaftliche Prozesse und auf die hieraus resultierenden sozialpolitischen Probleme. Die übrigen maßgeblichen Determinanten werden nur soweit skizziert, daß sichtbar wird, wie die hierdurch mitverursachten Ungleichheitsphänomene durch sozialpolitische Regelungen und Interventionen verhindert, kompensiert oder gemildert werden. Dies gilt insbesondere für

- die demographische Entwicklung mit dem drastischen Rückgang der Geburtenhäufigkeit,
- die wirtschaftliche Entwicklung mit der in ihrem Gefolge auftretenden Arbeitslosigkeit und
- die Herausarbeitung der unterschiedlichen Bedeutung einzelner Ungleichheitsfaktoren im alten und im neuen Wirtschafts- und Gesellschaftssystem der DDR bzw. der neuen Bundesländer.

Eine Analyse des sozialpolitischen Systemwechsels, der beim Übergang von einer sozialistischen zu einer marktwirtschaftlichen Sozialpolitik erforderlich ist, reflektiert theoretisch die verschiedenen Elemente und Beziehungen, die für eine zielgerichtete neue Sozialpolitik maßgeblich sind. Dabei ist auch der Rückgriff auf die ökonomische Forschungstradition des Vergleichs von Wirtschaftssystemen hilfreich (vgl. Hedtkamp 1974, Leipold 1988 und Kirschen 1974).

Die Darstellung der veränderten Rahmenbedingungen im zweiten Kapitel bereitet das dritte Kapitel des Berichts vor, das sich an dem theoretischen Hintergrund der Sozialberichterstattung orientiert (vgl. Zapf/Habich 1996, Winkler 1995a und Weidenfeld/Zimmermann 1989). Hier werden die durchschnittliche Entwicklung und die Verteilung der Lebenslagen in den neuen Bundesländern seit dem Beginn des Transformationsprozesses analysiert. Dabei konzentriert sich der Blick auf die wichtigsten Dimensionen der Lebenslagen und die hierin liegenden Ungleichheiten (vgl. Bertram/Hradil/ Kleinhenz 1995, Geißler 1994, Glatzer/Noll 1995, Statistisches Bundesamt 1994b):

- Erwerbstätigkeit und Arbeitseinkommen,
- Haushaltseinkommen und Konsumstrukturen,
- Vermögen und Vermögensarten,
- Bildung und Bildungschancen,

---

4 Eine ausführliche Darstellung der Übertragung und Implementierung des westdeutschen Sozialrechts in die neuen Bundesländer findet sich in von Maydell u.a. 1996.

Einführung 15

- Wohnungsbestand und Wohnbedingungen,
- Gesundheitszustand und Gesundheitsversorgung,
- regionale Disparitäten,
- Kombinationen von Dimensionen der Lebenslage unter Einbeziehung subjektiver Indikatoren.

Der Überblick über die Entwicklung und die Unterschiede in den Lebenslagen der gesamten Bevölkerung der neuen Bundesländer wird im vierten Kapitel durch eine detaillierte Analyse der Lebenslage ausgewählter Gruppen und der hierauf einwirkenden sozialpolitischen Regelungen vertieft:

- Arbeitslose,
- Alleinerziehende,
- Sozialhilfeempfänger und Arme,
- Behinderte und Pflegebedürftige,
- ältere Menschen und Rentner,
- Jugendliche,
- Frauen.

Die auf die Verteilung der Lebenslagen der Gesamtbevölkerung und ausgewählter Gruppen gerichtete Sichtweise wird im fünften Kapitel durch eine Analyse ausgewählter Dimensionen des Transformationsprozesses ergänzt. An erster Stelle steht dabei eine Analyse der Arbeitsbeziehungen in dem geänderten institutionellen Rahmen der neuen Arbeitsmarktordnung und der Probleme, die der Systemwechsel auf individueller Ebene hervorrief. Weiterhin werden untersucht:

- Mobilitätsprozesse, die sich in beruflichen und ökonomischen Auf- und Abstiegen äußern,
- soziale Milieus und Lebensstile,
- kommunale Sozialpolitik und freie Wohlfahrtsverbände,
- öffentliche Sicherheit und Kriminalität,
- wahrgenommene Lebensqualität: Zufriedenheit und Anomie,
- Wertewandel und Gerechtigkeitsvorstellungen,
- die Problematik sozialpolitisch motivierter West-Ost-Transfers.

Auch bei diesen Problemdimensionen geht es um die jeweilige Ausgangslage und die Veränderungen im Transformationsprozeß, um Annäherung und Unterschiede zu Westdeutschland sowie um vermutete Einflußfaktoren. Bei einigen Punkten tauchen auch Fragen nach der Effizienz und dem Zielerfüllungsgrad der neuen Regelungen auf. Der letzte Abschnitt dieses Kapitels widmet sich der Präzisierung einiger im Verlauf der Arbeiten sichtbar gewordener theoretischer Aspekte des Transformationsprozesses.

Das abschließende sechste Kapitel beschäftigt sich mit Zukunftsperspektiven. Es werden wichtige Trends der gesellschaftlichen Entwicklung herausgearbeitet und sich daraus möglicherweise ergebende gesellschafts- und sozialpolitische Probleme und Aufgaben diskutiert sowie darauf bezogene Perspektiven sozialwissenschaftlicher Forschung benannt.

2. Der Transformationsprozeß im Überblick

2.1 Der Weg zur politischen und wirtschaftlichen Einheit

Die „friedliche Revolution" in der DDR im Herbst 1989, in der ökonomischer Niedergang und Entlegitimierung der „SED-Herrschaft" kulminierten, stellt den Ausgangspunkt einer Entwicklung dar, in deren Verlauf die DDR der Bundesrepublik Deutschland nach Artikel 23 des Grundgesetzes (GG) beitrat und die Integration einer vormals sozialistischen Planwirtschaft in den marktwirtschaftlich orientierten Wirtschaftsraum der Bundesrepublik erfolgte.

Meilensteine der staatsrechtlichen Vereinigung

Die im Oktober 1989 begonnene „Wende" trat in eine neue Phase, als am 9. November 1989 die „Mauer" unter skurril zu nennenden Umständen[5] „am Rande" einer Sitzung des Politbüros der SED geöffnet wurde (vgl. zum folgenden Bahrmann/Links 1994, Glaeßner 1992 und Staritz 1996: 380ff.).

Angesichts der neuen Freiheiten und des Wohlfahrtsstaatsmodells „Bundesrepublik Deutschland" wurde fortan die Existenz der DDR, auch als grundsätzlich politisch und wirtschaftlich reformierter Staat, von vielen Bürgern und auch politischen Akteuren zunehmend in Frage gestellt. Diese Infragestellung gewann aufgrund der gewaltigen Migrationsströme in den Westen und der seit Dezember 1989 immer massenhafter artikulierten Forderungen nach Wiedervereinigung schnell eine neue politische Dimension und verlangte rasches, konzeptgeleitetes Handeln.

Viele Organisationen der Bürgerbewegung, wie maßgebliche Gruppen des „Neuen Forum", „Demokratie Jetzt", „Unabhängiger Frauenverband", sowie große Teile der SED-PDS[6] hielten dennoch lange und einige bis zum

---

5 Näheres zu diesem nichtintendierten Fall der Mauer und seinen nachfolgenden Interpretationen bei Staritz 1996: 380ff.
6 Sozialistische Einheitspartei Deutschlands – Partei des Demokratischen Sozialismus. Diese Doppelbezeichnung gab sich die SED auf dem Sonderparteitag im Dezember 1989. Seit Februar 1990 führt die Partei nur noch die Bezeichnung PDS.

Schluß an der Vorstellung einer eigenständigen DDR fest. Demgegenüber schwenkten sowohl die wichtigen alten „Blockparteien" (zuerst die CDU schon Ende November 1989, dann die liberalen Parteien), die neuen eher bürgerlich-konservativen Parteien bzw. Bewegungen („Demokratischer Aufbruch", DSU) sowie die SDP (später Ost-SPD) auf den Vereinigungskurs ein, den Bundeskanzler Helmut Kohl mit seinem 10-Punkte-Plan[7] programmatisch prägte und zielstrebig verfolgte.[8]

Obwohl die SED-PDS als nach wie vor herrschende politische Partei sowie die durch sie dominierte Volkskammer und die neue Regierung der DDR unter Ministerpräsident Hans Modrow zwischen November 1989 und Januar 1990 eine ganze Reihe von Gesetzen, Verordnungen und politischen Maßnahmen beschlossen bzw. durchführten, die die DDR-Gesellschaft zugleich „demokratisch-sozialistisch" reformieren und stabilisieren sollten, verschärfte sich der politische und ökonomische Problemdruck. Dieser konnte weder durch Formen der „Doppelherrschaft", d.h. durch die steuernde Einflußnahme des zentralen „Runden Tisches" bzw. später durch die Beteiligung der Bürgerbewegungen und neuen Parteien an der „Regierung der nationalen Verantwortung" unter Hans Modrow (5. Februar 1990), noch durch die Vorziehung der ersten demokratischen Parlamentswahlen in der DDR auf den 18. März 1990 entscheidend gemindert werden.

Vor diesem Hintergrund strebte auch die Regierung Modrow seit Anfang 1990 eine wenn auch grundsätzlich anders gedachte Vereinigung beider Teile Deutschlands an. Indes stagnierten die Regierungsverhandlungen zu deutschdeutschen Verträgen und Finanzhilfen seit der am 28. Januar 1990 getroffenen Entscheidung über die Vorziehung der Volkskammerwahlen, da die Bundesregierung zunächst deren Ausgang abwarten und durch indirekte Unterstützung der Modrow-Regierung keine falschen Signale aussenden wollte.

Die politischen Parteien und Bewegungen formulierten zu dieser Zeit unter maßgeblicher Einflußnahme ihrer (soweit vorhanden) westdeutschen Pendants ihre Wahlprogramme, die sich im Kern an den ordnungspolitischen Leitvorstellungen (demokratischer) Sozialismus vs. Demokratie und Soziale Marktwirtschaft ausrichteten. Die gewählte Position verband sich in der Regel mit einer bestimmten Stellung zu Frist und Form der deutschen Vereini-

---

7 Der Plan wurde am 28. November 1989 dem Deutschen Bundestag präsentiert.
8 Die Möglichkeiten für das beidseitige regierungspolitische Handeln in Richtung auf eine wenn auch anfänglich mittelfristig gedachte Vereinigung waren wesentlich mitbestimmt durch die außenpolitische Zustimmung der alliierten Mächte, insbesondere der Sowjetunion unter Präsident Gorbatschow. Die Zwei-plus-Vier-Gespräche begannen dann offiziell im Mai 1990; der Vertrag über die volle Souveränität Deutschlands wurde von den vier Siegermächten am 12. September 1990 in Moskau unterzeichnet.

Der Weg zur wirtschaftlichen und politischen Einheit

gung. Während die „linken" Bürgerbewegungen (Bündnis 90) und die PDS eine langsamere Gangart und eine Vereinigung zwischen zwei gänzlich gleichgestellten Partnern in Anlehnung an Artikel 146 GG anvisierten, favorisierte am anderen Ende der politischen Skala die DSU einen schnellstmöglichen „Beitritt" der DDR nach Artikel 23 GG.[9]

Nach der Volkskammerwahl am 18. März 1990, aus der die „Allianz für Deutschland" unter Führung der CDU mit über 48% der Stimmen als eindeutige Siegerin hervorging, wurde vom neuen Ministerpräsidenten Lothar de Maizière eine Koalitionsregierung unter Beteiligung der liberalen Parteien und der SPD gebildet. Diese legte sich bereits in den Koalitionsvereinbarungen nach Rücksprache mit der bundesdeutschen Seite auf eine rasche Vereinigung nach Artikel 23 GG fest („Beitritt zur Bundesrepublik Deutschland").

Vor diesem Hintergrund fanden zügig Gespräche über eine Währungs-, Wirtschafts- und Sozialunion statt, die bereits im Mai mit der Vorlage des Vertragswerkes abgeschlossen wurden. Durch die Inkraftsetzung des „Vertrages über die Schaffung einer Währungs-, Wirtschafts- und Sozialunion" („erster Staatsvertrag") am 1. Juli 1990 waren rechtlich, politisch und wirtschaftlich die Weichen hin zu einer schnellen Vereinigung der beiden deutschen Staaten gestellt.

Die Verhandlungen über deren konkrete Modalitäten („zweiter Staatsvertrag" bzw. Einigungsvertrag) begannen offiziell im Juli 1990. Breitere Kritik an dem grundsätzlichen Weg, der Geschwindigkeit und den in vielen Bereichen notwendigen Übergangsbestimmungen äußerten vor allem die PDS, die im „Bündnis 90" zusammengeschlossenen Bürgerbewegungen, in einer Reihe von Fragen aber auch die SPD.[10] Die beachtliche Mehrheit der „Allianz für Deutschland" und der liberalen Parteien in der Volkskammer verhinderte indes eine Umkehr bzw. tiefer reichende Modifikationen, so daß am 23. August 1990 die Volkskammer den Beitritt zum 3. Oktober 1990 beschloß und am 20. September dem Einigungsvertrag (EVertr) zustimmte. Da auch der Deutsche Bundestag am gleichen Tag – mit analogem parteipolitischem Zustimmungs- bzw. Ablehnungsverhalten – und der Bundesrat am 21. September dem Vertragswerk ihre Zustimmung erteilten, wurde am 3. Oktober die Vereinigung nach Artikel 23 GG feierlich vollzogen.

Mit der staatsrechtlichen Vereinigung beider deutscher Staaten im Modus des „Beitritts" (Art. 1 EVertr) trat das Grundgesetz der Bundesrepublik Deutschland mit den im Einigungsvertrag enthaltenen Übergangsbestim-

---

9 Dies führte am 17. Juni 1990 zum Antrag der DSU in der Volkskammer, den sofortigen Beitritt nach Artikel 23 GG zu beschließen. Die Mehrheit der Volkskammer lehnte diesen Antrag ab.

10 Die Ost-SPD trat wegen anhaltender Differenzen zum Regierungskurs am 18. August 1990 aus der Großen Koalition aus.

mungen und Änderungen in den neu gebildeten fünf ostdeutschen Ländern und Ost-Berlin in Kraft (Art. 3 und 4 EVertr). Mit diesem Vertrag und ausdrücklichen Kommentaren bzw. Erklärungen der Regierungen ist als entscheidendes Ziel der weiteren Gestaltung der deutschen Einheit die Angleichung bzw. „Gleichwertigkeit der Lebensverhältnisse" von west- und ostdeutschen Bürgern, und zwar im Kern als Anpassung an das westdeutsche Niveau, formuliert worden.[11]

Die wirtschaftlichen und sozialpolitischen Schritte zur Vereinigung

Die Einleitung des Transformationsprozesses auf wirtschaftlichem Gebiet wird in besonderem Maße durch die uneingeschränkte Zulassung privaten Eigentums an Produktionsmitteln in der geänderten Verfassung der DDR vom 12. Januar 1990 markiert. Ebenfalls von großer Bedeutung war in dieser Hinsicht die Verpflichtung der Staatsbank auf die Geldwertstabilität sowie die Gründung der Treuhandanstalt, deren Auftrag allerdings zunächst nicht in der durchgreifenden Privatisierung, sondern vornehmlich in der „Verwaltung" und „Wahrung" des Volkseigentums bestand.[12]

Nachdem durch den Ausgang der Volkskammerwahlen vom März 1990 bald feststand, daß sich die Vereinigung als „Beitritt", d.h. als weitgehend vollständige Übernahme des ordnungspolitischen Rahmens der Bundesrepublik, vollziehen würde, galten die nächsten Wochen der Vorbereitung der Währungs-, Wirtschafts- und Sozialunion. Hierbei ist insbesondere der allmählich eingeleitete Abbau des administrierten Preissystems durch Aufhebung der produktgebundenen Abgaben und Subventionen zu nennen, die dann zum 1. Juli 1990 mit Ausnahme der Mieten sowie der Energie- und Verkehrstarife vollständig wegfielen.

Eine im Vorfeld des ersten Staatsvertrages in der Öffentlichkeit viel diskutierte Frage betraf die Ausgestaltung der Sozialunion. Trotz der beabsichtigten umfangreichen Übergangsregelungen bestanden Befürchtungen eines massiven Leistungsabbaus nach Einführung des westdeutschen Sozialsy-

---

11 Siehe z.B. die diesbezüglich prozeduralen Bestimmungen in den Artikeln 1, 3 und 4 oder auch die z.T. mit entsprechenden materialen Aussagen versehenen Artikel 7, 33, 34 und 37. Das Ziel der „Herstellung gleichwertiger Lebensverhältnisse" ist im veränderten Art. 72 GG formuliert. Die Notwendigkeit „gleicher Lebensverhältnisse" in Ost und West wurde von Regierungsseite dezidiert durch Bundeskanzler Kohl in seiner Regierungserklärung vom 30. Januar 1991 herausgestellt.

12 Beschluß zur Gründung der Anstalt zur Treuhänderischen Verwaltung des Volkseigentums (Treuhandanstalt) vom 1. März 1990 (vgl. Gesetzblatt der DDR I, 1990: 107).

stems. Dies mündete schließlich in dem Vorhaben, im Rahmen einer Verfassungsdiskussion u.a. auch die Aufnahme sozialer Sicherungsrechte wie das Recht auf Arbeit, Bildung und Wohnung als Staatszielbestimmungen in das Grundgesetz zu prüfen (vgl. hierzu Prützel-Thomas 1995).

Ebenfalls einer intensiven öffentlichen Erörterung unterlagen die Modalitäten der Währungsumstellung. Der auf 120 bis 150 Mrd. Mark geschätzte Geldüberhang der ostdeutschen privaten Haushalte ließ inflationäre Tendenzen befürchten; es gab Ängste vor Vermögenseinbußen bestimmter Bevölkerungsgruppen und nicht zuletzt auch Bestrebungen, über die Wahl des Umtauschkurses die Schuldenlast der Betriebe zu reduzieren. Der am 1. Juli 1990 in Kraft getretene Staatsvertrag enthielt schließlich für die Währungsunion im Gegensatz zu den übrigen Bereichen sehr konkrete Festlegungen von Maßnahmen (Art. 10 StaatsV). Die Stromgrößen Löhne, Gehälter, Stipendien, Mieten und Pachten sowie Sozialtransfers wurden im Verhältnis 1:1 (Mark der DDR : DM) umgestellt, alle anderen auf Mark der DDR lautenden Forderungen und Verbindlichkeiten grundsätzlich im Verhältnis 2:1. Die Guthaben bei den Geldinstituten konnten nach Lebensalter gestaffelt und bis zu bestimmten Beträgen (höchstens 6.000 DM pro Person) zum Satz von 1:1 umgetauscht werden; für darüber hinausgehende Beträge galt das Verhältnis 2:1. Hieraus kann für die Nettogeldvermögensbestände ein durchschnittlicher Umtauschkurs von 1,53:1 ermittelt werden (vgl. Ebert 1993: 323). Im Hinblick auf die Wirtschafts- und Sozialunion wurden im Staatsvertrag überwiegend lediglich marktwirtschaftliche Rahmenbedingungen festgelegt und Aufträge an die Regierung der DDR formuliert, die Rechtsangleichung in Einzelschritten vorzunehmen.

Die Zeit bis zum Inkrafttreten des Einigungsvertrages am 3. Oktober 1990 war von hoher gesetzgeberischer Aktivität der DDR-Regierung gekennzeichnet (vgl. hierzu Kalich/Sigmund 1995: 85ff.). Der sich aus dem Staatsvertrag ergebende gesetzgeberische Auftrag wurde in den verschiedenen Bereichen umgesetzt. Für die Herstellung marktwirtschaftlicher Rahmenbedingungen von Bedeutung waren u.a. die Einführung der freien Preisbildung für die Unternehmen sowie die Freigabe des grenzüberschreitenden Wirtschaftsverkehrs bei Waren, Dienstleistungen und Kapital sowie des Zahlungsverkehrs. Der Einigungsvertrag stellte schließlich Rechtsgleichheit zwischen beiden Teilen Deutschlands her. So galt fortan in den neuen Ländern das westdeutsche System der sozialen Sicherung, die westdeutsche Arbeitsmarktordnung, das westdeutsche Handels- und Gesellschaftsrecht sowie eine einheitliche Finanzverfassung der öffentlichen Haushalte, allerdings mit der Ausnahme des Länderfinanzausgleichs und der Regelungen zu den Bundesergänzungszuweisungen (vgl. Geske 1992). Statt dessen wurde die Finanzausstattung der ostdeutschen Länder und Gemeinden über den neu eingerichteten Fonds Deutsche Einheit gesichert; die Staatsschulden der DDR gingen auf den Kreditabwicklungsfonds über. Wie schon bei der Währungsunion genossen auch im Einigungsvertrag die außenwirtschaftlichen Beziehungen der DDR zu den Staaten des Rates für gegenseitige Wirtschaftshilfe (RGW) besonderen Vertrauensschutz, was insbesondere die Einhaltung der vertraglichen Verpflichtungen der DDR betraf.

In die Zeit der Verhandlungen zum Einigungsvertrag fiel auch die Verabschiedung des Gesetzes zur Regelung offener Vermögensfragen (Vermögensgesetz) durch die Volkskammer. Das Gesetz regelt die vermögensrechtlichen Ansprüche auf Vermögenswerte auf dem Gebiet der ehemaligen DDR, die den Eigentümern durch entschädigungslose Enteignung, Enteignung gegen geringe Entschädigung, Überführung in Volkseigentum oder durch unlautere Machenschaften, wie Korruption, Nötigung, Täuschung, entzogen wurden. Ausgenommen waren dabei ausdrücklich die auf besatzungsrechtlicher Grundlage zwischen 1945 und 1949 durchgeführten Enteignungen. Der im Vermögensgesetz festgeschriebene Grundsatz „Rückgabe vor Entschädigung", der auch durch die seit 1990 mehrfach vorgenommenen Gesetzesänderungen im Kern erhalten blieb, war starker Kritik ausgesetzt, da darin ein wesentliches Investitionshemmnis gesehen wurde (vgl. hierzu Reimann 1996).

2.2 Soziodemographische Entwicklung

Demographische Veränderungen vollziehen sich zumeist in langfristigen Trends und es bedarf längerer Zeiträume, bis sie die Struktur einer Bevölkerung – beispielsweise ihren Altersaufbau – nachhaltig verändern. Dennoch reagieren demographische Variablen z.T. sehr deutlich auf existentielle Veränderungen oder Umbrüche, die in die Lebensentwürfe von weiten Teilen der Bevölkerung eingreifen und sie zur Neuorientierung zwingen. So ist die Entscheidung über die Realisierung eines Kinderwunsches auch von äußeren Rahmenbedingungen mitbestimmt, auf die gesellschaftliche Veränderungen ebenso wie die Sozialpolitik Einfluß nehmen. Der Transformationsprozeß in Ostdeutschland stellt ein besonders herausragendes Beispiel für diese hohe Sensibilität des demographischen Verhaltens dar.

Bevölkerungsstand

Am Jahresende 1994 lebte rund jeder fünfte Bundesbürger in Ostdeutschland (siehe Tabelle 2.2.1). Der Bevölkerungsstand betrug dort 15,5 Mio. Einwoh-

Soziodemographische Entwicklung 23

ner und markiert damit den vorläufigen Endpunkt einer Bevölkerungsentwicklung, die seit der Staatsgründung der DDR durchgängig rückläufig war (vgl. Winkler 1990: 10ff.). Während die negativen Wachstumsraten seit dem Mauerbau 1961, der die anhaltend hohen Wanderungsverluste gegenüber Westdeutschland zum Stillstand brachte, im Durchschnitt der Jahre bis 1980 bei etwa -0,15% lagen (vgl. Statistisches Bundesamt 1995a: 46) und nur gering um diesen Wert schwankten, nahmen sie in den achtziger Jahren, in denen sich die ökonomische Krise in der DDR zuspitzte, zu (1988: -1,5%). Der Fall der Mauer schließlich führte zu einem sprunghaften Anstieg des Übersiedlerstromes, der bereits im Laufe des Sommers 1989 wesentlich zur politischen Destabilisierung der DDR beigetragen hatte.

Tabelle 2.2.1: Bevölkerungsentwicklung in Ost- und Westdeutschland 1990 bis 1994 – in Tausend

Jahr	Ostdeutschland	Westdeutschland
1990	16.027,6	63.725,7
1991	15.789,8	64.484,8
1992	15.685,4	65.289,2
1993	15.589,4	65.739,7
1994	15.531,4	66.007,2

Quelle: Dorbritz/Gärtner 1995: 389.

Die Verteilung der Bevölkerung auf städtische und ländliche Regionen wies dabei eine hohe Stabilität auf. Tabelle 2.2.2 zeigt weitgehend gleichbleibende Anteile der in den einzelnen Gemeindegrößenklassen lebenden Einwohner an der Gesamtbevölkerung.[13]

Der Vergleich mit Westdeutschland läßt auf den ersten Blick auf einen wesentlich höheren Anteil der Landbevölkerung in Ostdeutschland schließen. Doch dürfte die Differenz von knapp 20 Prozentpunkten in der Besetzung der untersten Größenklasse (Gemeinden mit weniger als 2.000 Einwohnern) zu einem wesentlichen Teil dadurch zu erklären sein, daß in Westdeutschland die kleinen Gemeinden zu größeren Einheiten zusammengefaßt worden sind.

---

13 Die deutlichste Veränderung stellt die Reduzierung des Anteilswertes in der obersten Größenklasse (Städte mit mehr als 500.000 Einwohnern) von 1991 auf 1992 um rund 3 Prozentpunkte dar. Bei näherer Betrachtung offenbart sich dies jedoch als statistischer Effekt der vorgenommenen Klasseneinteilung, da im Fall der Stadt Leipzig ein Rückgang der Einwohnerzahl um wenige Tausend Personen ausreichte, um sie in die nächstniedrigere Klasse absinken zu lassen. Dies erklärt gleichzeitig auch den seit 1992 erhöhten Anteil in der Klasse von 100.000 bis 500.000 Einwohner.

24　　　　　　　　　　　　　Der Transformationsprozeß im Überblick

Tabelle 2.2.2: Bevölkerungsstand nach Gemeindegrößenklassen in Ost- und Westdeutschland 1991 bis 1993 – in %

Jahr	Gemeindegrößenklasse von ... Einwohner bis unter ... Einwohner				
	unter 2.000	2.000 – 20.000	20.000 – 100.000	100.000 – 500.000	über 500.000
Ostdeutschland					
1991	24,0	26,5	22,2	16,0	11,3
1992	24,2	26,6	21,9	19,1	8,2
1993	23,5	27,4	21,7	19,1	8,3
Westdeutschland					
1991	5,4	34,6	26,5	16,9	16,6
1992	5,6	34,5	26,6	16,1	17,3
1993	5,5	34,3	27,1	16,7	16,4

Quelle: Statistisches Bundesamt 1992a: 59, 1993a: 63 und 1994a: 63; eigene Berechnungen.

Geburten, Eheschließungen, Ehescheidungen

Einen wesentlichen Aspekt der Bevölkerungsentwicklung in Ostdeutschland seit der Vereinigung stellt der drastische Geburtenrückgang dar, der in seiner Schärfe für das Territorium der neuen Bundesländer einmalig ist (vgl. Liebscher/Menning/Nowossadeck 1995: 49). Abbildung 2.2.1 dokumentiert dies anhand des Indikators „Lebendgeborene je 1.000 Einwohner". Bis 1993 war hier ein Rückgang auf weniger als 40% des Standes des Jahres 1988 zu verzeichnen. Seither ist eine Stabilisierung auf dem erreichten niedrigen Niveau eingetreten.

Die Enquete-Kommission „Demographischer Wandel" (1994: 25) führt als Ursachen dieser Entwicklung vor allem drei Aspekte an:

– Für viele Menschen stellten die Wende und der Transformationsprozeß mit seinen wirtschaftlichen und sozialen Folgen einen biographischen Bruch dar, der zu einer Verschiebung der Realisierung des Kinderwunsches geführt hat, wobei z.Zt. noch fraglich ist, inwieweit es hier zu Nachholeffekten kommen wird.
– Die finanzielle Förderung und Begünstigung von Heirat und Geburt durch die staatliche Bevölkerungspolitik der DDR ist im vereinten Deutschland weggefallen. Die materielle Basis der Entscheidung für oder gegen ein Kind hat sich dadurch grundlegend verschlechtert.
– Ebenfalls verschlechtert haben sich gegenüber der Situation in der DDR die Möglichkeiten der Realisierung eines Kinderwunsches und gleichzeitiger Erwerbsarbeit. Dies trifft insbesondere auf Frauen zu.

Soziodemographische Entwicklung

Abbildung 2.2.1: Lebendgeborene je 1.000 Einwohner in Ost- und Westdeutschland 1980 bis 1994

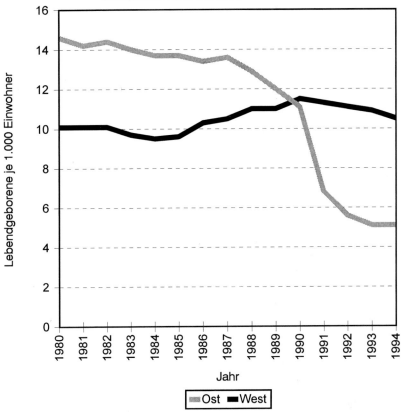

Quelle: Dorbritz/Gärtner 1995: 363.

Für die ersten Jahre des Transformationsprozesses war neben dem drastischen Einbruch der Geburten in Ostdeutschland auch ein Rückgang der Eheschließungs- und Scheidungshäufigkeit charakteristisch, der ebenfalls 1993 annähernd zum Stillstand gekommen ist. Allerdings deutet das noch immer niedrige Niveau auf die weiterhin hohe Anomalität dieser Situation hin (vgl. Dorbritz/Gärtner 1995: 345 und 355). In der DDR lagen in beiden Fällen die Häufigkeiten noch deutlich über westdeutschen Vergleichswerten, während sie beispielsweise 1992 bei den Eheschließungen je 1.000 Einwohner weniger als die Hälfte (Ost: 3,0; West: 6,2) und bei den Ehescheidungen je 10.000 bestehenden Ehen etwa ein Drittel betrugen (Ost: 26,4; West: 80,4).

Die bis zum Jahr 1994 vorliegenden Daten enthalten noch keine verläßlichen Anhaltspunkte dafür, daß im Hinblick auf das demographische Verhalten eine Angleichung an westdeutsche Verhaltensmuster stattfindet. Der Anpassungsprozeß dürfte sich eher generationenspezifisch vollziehen, d.h. durch zunehmendes Hineinwachsen der jüngeren Generation, die westdeutsche Muster bereits angenommen hat bzw. gerade annimmt, in die für Heirat, Geburten und Eheschließung relevanten Lebensalter (vgl. Dorbritz/Gärtner 1995). Die für den obengenannten drastischen Rückgang „verantwortlichen" Geburtsjahrgänge hingegen passen ihre diesbezüglichen Verhaltensweisen anscheinend kaum an; insbesondere ist von einem Nachholeffekt – beispielsweise in bezug auf die Geburtenhäufigkeit – bislang kaum etwas zu spüren (vgl. Dorbritz/Gärtner 1995: 367).

Wanderungen und Pendler

Seit dem „Wendejahr" 1989 bis Ende 1994 haben insgesamt rund 1,5 Mio. Menschen aus der DDR bzw. den neuen Bundesländern ihren Wohnsitz nach Westdeutschland verlegt (siehe Tabelle 2.2.3). Gemessen an der Bevölkerung des Jahres 1988 hat damit knapp jeder zehnte Einwohner das Gebiet Ostdeutschlands verlassen. Der Höhepunkt dieser Entwicklung lag im November 1989, als die Zahl der Übersiedler knapp 100.000 Personen betrug. Eine Untersuchung der Altersstruktur der Migranten ergibt, daß sich unter ihnen besonders in den ersten Jahren des Transformationsprozesses überdurchschnittlich viele junge Menschen befanden. Der Anteil der unter 25jährigen an den Ost-West-Migranten (über 18 Jahre) erreichte 1991 mit 42% seinen bisherigen Höhepunkt (vgl. Grundmann 1995: 27).

Tabelle 2.2.3: Wanderungen zwischen Ost- und Westdeutschland 1989 bis 1994

Jahr	Ost-West-Wanderungen	West-Ost-Wanderungen	Wanderungssaldo Ost gegenüber West	Wanderungssaldo Ost gegenüber Ausland – in 1.000 Personen	Pendlersaldo Ost gegenüber West – in 1.000 Personen
1989	388.396	5.135	-383.261	n.v.	2
1990	395.343	3.6217	-359.126	n.v.	-79
1991	249.743	80.267	-169.476	21,5	-269
1992	199.170	111.345	-87.825	89,8	-338
1993	172.386	119.100	-53.286	77,0	-325
1994	163.034[a]	135.774[a]	-27.260[a]	62,3[a]	-326

Anmerkungen: a) vorläufiges Ergebnis; n.v. = nicht verfügbar.
Quelle: Dorbritz/Gärtner 1995: 387 und Statistisches Bundesamt 1995b: 10.

Die Tabelle 2.2.3 weist aber auch einen seit 1989 stetig wachsenden Wanderungsstrom von West- nach Ostdeutschland aus. Bis zum Jahresende 1994 verlegten knapp 500.000 Menschen ihren Wohnsitz aus den alten in die neuen Bundesländer. Handelte es sich dabei anfangs neben wenigen Spitzenbeamten und am Aufbau Ost beteiligten Führungskräften überwiegend um Rückkehrer (vgl. Grundmann 1995: 39), so dürfte inzwischen der Anteil von in Westdeutschland aufgewachsenen Personen, die in die neuen Länder umziehen, gestiegen sein. Dies spricht ebenso wie die zunehmende Angleichung der Altersstruktur und der Quellgebiete der Ost-West-Migration (städtische vs. ländlich geprägte Regionen) an westdeutsche Muster für eine allmählich eintretende Normalisierung der Binnenwanderungen, die in den ersten Jahren des Transformationsprozesses noch sehr stark von den hohen Unterschieden des Lebensstandards zwischen Ost- und Westdeutschland verursacht waren.

Bemerkenswert ist, daß trotz des negativen Wanderungssaldos zwischen den alten und neuen Bundesländern die ostdeutsche Bevölkerung seit 1992 insgesamt keine Wanderungsverluste mehr verkraften muß. Der Grund hierfür ist die seit der Vereinigung stark gestiegene Zuwanderung aus dem Ausland. Seit 1991 ist die Bilanz der Zu- und Fortzüge aus Ostdeutschland über die Bundesgrenzen hinaus positiv und liegt 1994 bei rund 62.300 Personen (vgl. Dorbritz/Gärtner 1995: 381). Für 1994 ergab sich unter Einschluß der Binnenwanderung somit ein Wanderungsgewinn von etwa 35.700 Personen.

Gegenüber der Migration, die durch den Umzug hohe Kosten materieller, aber auch immaterieller Art verursacht, und dem Verbleib am bisherigen Wohn- und Arbeitsort, haben seit 1990 viele ostdeutsche Arbeitnehmer den Mittelweg des Pendelns gewählt. Die Tabelle 2.2.3 zeigt, daß sich ihre Zahl nach kräftigem Anstieg seit 1992 bei einem *Saldo* von rund 330.000 Personen stabilisiert hat. Die Gruppe der Pendler unterschied sich im Jahr 1991 noch deutlich von den übrigen Erwerbstätigen: es handelte sich dabei vorwiegend um junge männliche Arbeitnehmer mit höchstens mittlerer Schulbildung, die überdurchschnittlich oft als un- oder angelernte Arbeitnehmer tätig waren (vgl. Sandbrink/Schupp/Wagner 1994). Doch bereits 1993 waren diese Unterschiede weitgehend verschwunden.

Altersstruktur

Inwieweit die Bevölkerungsentwicklung in den vergangenen 100 Jahren durch die Effekte von demographischen Variablen wie Geburtenhäufigkeit, Sterblichkeit sowie Zu- und Abwanderungen beeinflußt wurde, wird im Altersaufbau der Bevölkerung sichtbar (vgl. Dorbritz/Gärtner 1995: 391ff.). Abbildung 2.2.2 ist die vereinfachte Darstellung der „Alterspyramiden" für

Ost- und Westdeutschland für das Jahr 1993. Für beide Landesteile gleichermaßen zu beobachten ist der höhere Frauenanteil unter den Älteren ab 60 Jahren, der sowohl durch die höhere Lebenserwartung der Frauen als auch durch die höheren Verluste unter den Männern durch den Ersten und Zweiten Weltkrieg bedingt ist.

Abbildung 2.2.2: Altersaufbau der Wohnbevölkerung in Ost- und Westdeutschland am Jahresende 1993 – in Tausend

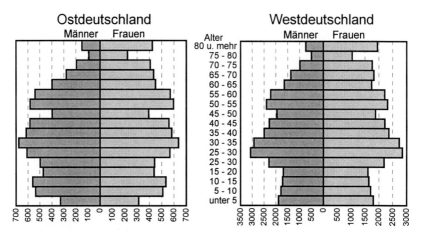

Quelle: Statistisches Bundesamt 1995c: 311 und 348.

Im Vergleich zu Westdeutschland fallen einige Besonderheiten der ostdeutschen Altersstruktur auf. Zum einen ist festzuhalten, daß die ostdeutsche Bevölkerung „jünger" ist als die Bevölkerung in den alten Bundesländern. Dies drückt sich sowohl in einem höheren Anteil der Jüngeren (6- bis 24jährige) als auch in einem geringeren Anteil der Älteren (ab 60 Jahre) aus. Besonders deutlich ist in Abbildung 2.2.2 außerdem der beschriebene starke Rückgang der Geburten in den Jahren des Transformationsprozesses erkennbar.

Haushaltsgröße

Die Entwicklung von Anzahl und Struktur der privaten Haushalte vollzieht sich in der DDR und in der Bundesrepublik seit den siebziger Jahren entlang gleichförmiger Trends. Kennzeichen der Veränderungen ist zum einen der Anstieg der absoluten Anzahl der Haushalte, zum anderen der zunehmende

Soziodemographische Entwicklung 29

Anteil der Ein-Personen-Haushalte sowie ein Rückgang der durchschnittlichen Haushaltsgröße (vgl. Winkler 1990: 44ff. und Dorbritz/Gärtner 1995: 405ff.).
Die Tabelle 2.2.4 zeigt, daß sich diese langfristigen Trends auch im vereinten Deutschland behaupten konnten. Trotz der im Transformationsprozeß spürbaren Verschärfung des Bevölkerungsrückgangs in Ostdeutschland nahm die Anzahl der Privathaushalte im Zeitraum von 1991 bis 1994 um 1,7% zu. Damit sind 18,5% aller deutschen Haushalte in den neuen Bundesländern angesiedelt. Dieser Wert liegt knapp unter dem ostdeutschen Bevölkerungsanteil, was auf eine höhere durchschnittliche Haushaltsgröße als im Westen hindeutet. Sie lag 1994 im Osten bei 2,3 Personen, im Westen bei 2,2 Personen.

Tabelle 2.2.4: Privathaushalte in Ost- und Westdeutschland nach der Haushaltsgröße 1991 bis 1994 – in Tausend

Jahr	Anzahl der Personen im Haushalt					Insgesamt
	1 Person	2 Pers.	3 Pers.	4 Pers.	5 u. mehr Personen	
Ostdeutschland						
1991	1.839	2.133	1.337	1.098	266	6.672
1992	1.873	2.161	1.303	1.066	254	6.657
1993	1.970	2.198	1.285	1.040	242	6.743
1994	2.045	2.216	1.284	1.012	231	6.788
Westdeutschland						
1991	10.019	8.730	4.680	3.644	1.511	28.584
1992	10.171	8.995	4.715	3.664	1.498	29.043
1993	10.409	9.191	4.710	3.658	1.528	29.496
1994	10.702	9.408	4.618	3.657	1.522	29.907

Datenbasis: Mikrozensus.
Quelle: Dorbritz/Gärtner 1995: 406.

Die Anzahl der kleinen Haushalte mit weniger als drei Personen hat sich in den neuen Bundesländern deutlich überproportional entwickelt, allein bei den Ein-Personen-Haushalten betrug die Zunahme zwischen 1991 und 1994 rund 11%. Bei gleichzeitigem, absolutem und relativem Bedeutungsverlust der größeren Haushalte hat sich der Anteil der Ein-Personen-Haushalte und der Zwei-Personen-Haushalte spürbar erhöht. 1994 waren rund 63% der Haushalte zu dieser Gruppe zu rechnen. In dieser Hinsicht kann somit eine Annäherung an westdeutsche Verhältnisse festgestellt werden.

Stellung im Beruf

Die Turbulenzen des ostdeutschen Arbeitsmarkts haben die ostdeutsche Sozialstruktur gründlich verändert. Aus einer vollbeschäftigten Gesellschaft mit hohem Facharbeiteranteil – als DDR-Spezifikum auch außerhalb des Industriesektors – und einer hohen Erwerbsbeteiligung der Frauen ist eine „zerklüftete Beschäftigungsstruktur" (Habich/Noll/Zapf 1994: 575) entstanden, die auch in Zukunft spürbaren Veränderungen unterliegen dürfte.

Die Tabelle 2.2.5 informiert in traditioneller, angesichts der hohen Komplexität moderner Arbeitsgesellschaften aber stark vereinfachter Darstellung über die soziale Struktur der Erwerbstätigen in Ost- und Westdeutschland. Darin sind die jeweils in den Jahren 1991 bis 1993 selbständig oder unselbständig Beschäftigten nach der beruflichen Stellung, die sie durch ihre Tätigkeit innehaben, aufgeschlüsselt. Deutlich tritt der absolute Rückgang der Zahl der ostdeutschen Arbeiter und Angestellten hervor, der bei den Arbeitern zusätzlich auch mit einem Rückgang ihres Anteils verbunden war; bezogen auf alle Erwerbstätigen verringerte dieser sich im betrachteten Zeitraum um gut 3 Prozentpunkte, während alle anderen Gruppen ihren Anteil konstant halten oder sogar steigern konnten. Die Ursache für diese Entwicklung dürfte zum einen im dramatischen Produktionsrückgang der ostdeutschen Industrie seit 1990 zu finden sein, zum anderen aber auch massive Veränderungen der Wirtschaftsstruktur im Transformationsprozeß reflektieren (siehe Abschnitt 2.3). So handelt es sich bei den Beamten und Selbständigen um Berufsgruppen, die im planwirtschaftlichen sozialistischen System keine bzw. nur eine marginale Rolle spielten.

Tabelle 2.2.5: Erwerbstätige nach Stellung im Beruf in Ost- und Westdeutschland 1991 bis 1993

Jahr	Arbeiter		Angestellte		Beamte		Selbständige	
	in Tsd.	in %	in Tsd.	in %	in Tsd.	in %	in Tsd.	in %
Ostdeutschland								
1991	3.523	45,4	3.794	49,1	90	1,2	348	4,5
1992	2.923	42,7	3.412	49,8	108	1,6	392	5,7
1993	2.788	42,2	3.241	49,1	131	2,0	429	6,5
Westdeutschland								
1991	11.045	37,2	13.014	43,8	2.421	8,2	2.689	9,1
1992	11.945	36,7	13.449	44,7	2.384	7,9	2.699	9,0
1993	10.681	35,9	13.530	45,4	2.352	7,9	2.746	9,2

Datenbasis: Mikrozensus; die Werte beziehen sich jeweils auf den Monat April.
Quelle: Statistisches Bundesamt 1993a: 117, 1994a: 116 und 1995a: 110; eigene Berechnungen.

Soziodemographische Entwicklung 31

Zieht man zum Vergleich die westdeutschen Anteilswerte heran, so ist gerade bei den ostdeutschen Selbständigen trotz ihrer gewachsenen Bedeutung noch immer ein nennenswerter „Rückstand" zu verzeichnen. Dies ist bei dieser Gruppe von Erwerbstätigen, der eine besonders wichtige Funktion beim wirtschaftlichen Neuanfang in Ostdeutschland zugeschrieben wird, als erheblicher Mangel anzusehen. Auffällig sind auch die gegenüber dem Westniveau deutlich höheren Anteile der Arbeiter.

2.3 Wirtschaftliche Entwicklung

Die ökonomische Entwicklung in den neuen Bundesländern bildet den Hintergrund für die vielfältigen gesellschaftlichen Prozesse und die Veränderungen in der Ungleichheit der Lebenslagen, die Gegenstand diese Berichts sind. Der fünfte Jahrestag der Vereinigung hat bereits vielfach Anlaß gegeben, den bisherigen Verlauf des Transformationsprozesses aus ökonomischer Sicht rückblickend zu bewerten (vgl. u.a. DIW 1995, R. Pohl 1995a und Andreß 1996). Eine Zwischenbilanz ist dabei vor allem durch die nach Sektoren, Branchen und Regionen differenzierte Entwicklung erschwert, deren Auswirkungen je nach dem verwendeten Maßstab und der Perspektive des Betrachters unterschiedlich beurteilt werden. Nachstehend wird lediglich ein knapper Überblick gegeben. Es wird zunächst die Ausgangslage der Wirtschaft der DDR geschildert, wie sie sich am Vorabend der Währungs-, Wirtschafts- und Sozialunion darstellte. Daran schließt sich eine kurze Übersicht über die seither erfolgten Veränderungen einiger globaler gesamtwirtschaftlicher Indikatoren an, bevor wichtige Einzelaspekte der Entwicklung gesondert betrachtet werden.

Die systembedingten Schwächen der DDR-Wirtschaft

Zu den wesentlichen Ursachen des politischen Zusammenbruchs der DDR gehört sicherlich die tiefgreifende ökonomische Krise des Landes, die sich gegen Ende der achtziger Jahre dramatisch zuspitzte. Ihre Begründung fand sie in systembedingten Schwächen des sozialistischen planwirtschaftlichen Wirtschaftssystems, dessen negative Folgen lange Zeit nicht sichtbar wurden (vgl. zum folgenden Kusch u.a. 1991, SVR 1990b: 280ff. und Sinn/Sinn 1993: 41ff.). Zu den grundlegenden Ursachen zählten die durch die planwirtschaftliche Verfahrensweise verzerrten Preisrelationen, die an falschen Leitbildern ausgerichtete Entwicklung der Wirtschaftsstruktur, der fehlende Wettbewerb und die ungenügende Inkorporierung des technischen Fortschritts sowie – damit verbunden – ein nicht ausreichendes Anreizsystem in bezug auf den Arbeitsmarkt und die weitgehend in Staatshand befindlichen Produktionsmittel.

Die in der DDR gültigen Preise wurden nicht auf Märkten gebildet und drückten weder Knappheit noch Überangebot an Gütern aus. Für den Handel, den die volkseigenen Betriebe untereinander mit Vorprodukten oder Rohstoffen führten, wurden durch die Planungskommission Preise festgesetzt, die sich an den Kosten der oft monopolistisch produzierenden Betriebe orientierten. Auf der anderen Seite standen die Verbraucherpreise und Transporttarife, deren Höhe weitgehend sozialpolitisch motiviert war und die durch Subventionen und produktgebundene Abgaben von den volkswirtschaftlich entstandenen Kosten losgelöst wurden. Als Folge dieses planwirtschaftlich administrierten Preisbildungssystems fehlte ein effizienter Koordinierungsmechanismus, mit dem individuelles wirtschaftliches Handeln hätte aufeinander abgestimmt werden können.

Die Koordinierungsmängel des zentralen Planungssystems führten zu häufigen Engpässen bei der Versorgung mit Energie, Rohstoffen und Vorprodukten. Die Kombinate reagierten darauf mit der Ausdehnung ihrer Fertigungstiefe, indem sie die Produktion dringend benötigter Vorprodukte und später auch zunehmend die Herstellung von Investitionsgütern aufnahmen. Daraus ergab sich eine gesamtwirtschaftliche Arbeitsteilung, die nicht durch Rentabilitätskriterien oder Produktivitätsvorteile einzelner Unternehmen bestimmt war und die Realisierung von Kosteneinsparungsmöglichkeiten oder Produktivitätsreserven weitgehend verhinderte. Im Jahr 1985 erreichte der Anteil der Eigenfertigung an den Ausrüstungsinvestitionen einen Stand von 18%; die Planungen bis 1990 gingen sogar noch von einer Steigerung auf ein Viertel aus (vgl. Kusch u.a. 1991: 47). Die Strukturplanung führte die begrenzten verfügbaren Ressourcen zumeist einer nach ökonomischen Maßstäben wenig effizienten Verwendung zu. Grundlegende Prinzipien strukturbestimmender Maßnahmen waren zum einen die starke Betonung der Eigenversorgung und zum anderen die weitgehend auf die Staaten des Rates für gegenseitige Wirtschaftshilfe (RGW) gezielte Ausrichtung der industriellen Produktion und des hierauf konzentrierten Außenhandels. Hinzu kam, daß eine politisch begründete Zurückhaltung bestand, Betriebsstillegungen vorzunehmen. So erschöpfte sich die Strukturpolitik weitgehend in der gezielten Investitions- und Arbeitskräftelenkung in bestimmte Bereiche, denen eine hohe Priorität zuerkannt wurde und bei deren Auswahl z.T. auch persönliche Motive der Staatsführung eine Rolle spielten. In den siebziger und achtziger Jahren waren die Investitionen auf die kapitalintensiven Grundstoffindustrien konzentriert, innerhalb derer typischerweise einige ausgewählte Programme gefördert wurden, wie z.B. Anstrengungen zur Substitution des Erdöls durch die heimische Braunkohle als dominierende Quelle der Stromerzeugung. Dringend erforderliche Maßnahmen zur Erhaltung der öffentlichen Infrastruktur unterblieben (vgl. Kusch u.a. 1991: 29ff.).

Die Betriebe der DDR standen weder untereinander noch gegenüber dem Ausland in einem Wettbewerb, der einen ständigen Zwang zur Kostendämpfung und Innovation ihrer Produkte und Produktionstechnologien dargestellt hätte. Statt dessen war das Streben auf die Erfüllung der zentralen Planvorgaben gerichtet, die jedoch selbst nicht auf eine gesamtwirtschaftlich effiziente Verwendung der verfügbaren knappen Ressourcen ausgerichtet waren und daher wenig Anreiz zur Zurückhaltung beim Ressourcenverbrauch boten.

Die Entlohnung der Arbeitnehmer war zwischen den einzelnen Berufsgruppen und Qualifikationsstufen wenig differenziert und bot nur geringen Anreiz zur individuellen Leistungssteigerung, zumal etwaigen Einkommenszuwächsen ein Warenangebot gegenüberstand, das den Präferenzen der Bevölkerung nur wenig entsprach. Ähnliches galt auch auf Betriebsebene: die Verwendung der Erträge aus zusätzlichen Anstrengungen lag meist außerhalb des betrieblichen Entscheidungsbereichs; bei Übererfüllung der Planvorgaben bestand sogar die Gefahr, künftig mit entsprechend höheren Auflagen konfrontiert zu werden.

Zu den Folgen der Wirtschaftsplanung zählte auch der besonders in den achtziger Jahren mangels Reinvestitionen verstärkte Verfall des Kapitalstocks. Der Zustand der gesamten öffentlichen Infrastruktur, der Betriebe und auch des Wohnungsbestandes verschlechterte sich von Jahr zu Jahr. So mußte 1988 ein Anteil von 45,7% des Kapitalstocks der Betriebe als „verschlissen" eingestuft werden (vgl. Kusch u.a. 1991: 55f.). Die durchschnittliche Nutzungsdauer der Ausrüstungen lag mit 20 Jahren um rund ein Viertel höher als in Westdeutschland. Die vorhandenen Investitionsmittel wurden überwiegend zur Kapazitätserweiterung eingesetzt. Zwischen 1971 und 1988 entfiel lediglich ein Anteil von 16% auf den Ersatz ausgedienter Anlagen. Daher war die technische Ausstattung der Arbeitsplätze in der DDR unzureichend. Rückstände gegenüber anderen Industriestaaten bestanden trotz ehrgeiziger und z.T. mit sehr hohen Mitteln ausgestatteter Forschungsprogramme vor allem in der Automatisierung der Produktion.

Charakteristisch für die geringe Produktivität der DDR-Wirtschaft war auch die dauerhafte Überbesetzung der Arbeitsplätze. Das Ausmaß der verdeckten Arbeitslosigkeit wurde auf zuletzt rund 15% der Gesamtbeschäftigung geschätzt; dies entsprach 1,4 Mio. Beschäftigten (vgl. Gürtler/Ruppert/ Vogler-Ludwig 1990). Auf diese Weise konnte zwar das in der Verfassung verankerte Recht auf Arbeit weitgehend gewährleistet werden, aber diese Lösung war mit großen ökonomischen Ineffizienzen und damit letztlich auch

Einkommenseinbußen verbunden. Daneben bestand jedoch gleichzeitig für viele Qualifikationen ein akuter Arbeitskräftemangel. Hierfür waren vor allem die Schwächen des Systems der Arbeitskräftelenkung verantwortlich, das den Einsatz der Arbeitskräfte und die berufliche Bildung planwirtschaftlich festlegte, anstatt dem Arbeitsmarkt die Steuerung zu überlassen (vgl. Frerich/Frey 1993: 175ff.).

Entgegen der propagierten Planung war die jährliche Wachstumsrate des „produzierten Nationaleinkommens" – ein dem Volkseinkommen grob vergleichbarer Indikator auf Basis des volkswirtschaftlichen Rechnungswesens der DDR – spätestens seit den achtziger Jahren rückläufig. Während im Durchschnitt der Jahre 1981 bis 1985 noch nominale Zuwächse von 4,6% erreicht wurden, halbierte sich diese Rate 1989 auf 2,0% (vgl. Kusch u.a. 1991: 19). Die volkswirtschaftliche Konsumnachfrage überstieg das, was tatsächlich im Land produziert wurde. Die Finanzierung dieses Mehrverbrauchs erfolgte seit den siebziger Jahren vor allem über eine rapide wachsende Auslandsverschuldung, während sie in den achtziger Jahren über die Vernachlässigung notwendiger Erhaltungsinvestitionen befriedigt wurde und damit den Verfall des Kapitalstocks beschleunigte. Noch Ende der achtziger Jahre blieb die politische Führung von den zunehmenden Alarmzeichen weitgehend unbeeindruckt und verfolgte ihren Kurs konsequent weiter (vgl. Kusch u.a. 1991: 20f.). Die Höhe der Verbindlichkeiten gegenüber dem westlichen Ausland stieß allmählich an Grenzen, und auch die inländische gegenseitige Verschuldung wuchs rapide. Zum Zeitpunkt der Vereinigung betrug der Schuldenstand des Staatshaushalts der DDR rund 28 Mrd. DM (vgl. Deutsche Bundesbank 1993: 49). Neben das inländische Bankensystem traten als Gläubiger die Betriebe hinzu, die von etwaigen Überschüssen den weitaus größten Teil abführen mußten und sich ansonsten untereinander und im Kreditsystem verschuldeten. Die Kreditvergabekapazität der Banken war hoch, denn aufgrund der Versorgungsmängel im Konsumgüterbereich bestand ein Geldüberhang, der die Bevölkerung zum Sparen zwang. So wiesen einkommensstarke Haushalte Ende der achtziger Jahre Sparquoten von über 25% auf (vgl. Ebert 1996). Schließlich ist die weitgehende Vernachlässigung notwendiger Maßnahmen zum Umweltschutz zu nennen, so daß es zu einer stetigen Verschlechterung der objektiven Umweltbedingungen kam, die als eine Verminderung der natürlichen Ressourcen der künftigen Generationen anzusehen ist.

Die wirtschaftliche Entwicklung im Überblick

Mit der Errichtung der Währungs-, Wirtschafts- und Sozialunion und dem Beitritt zur Bundesrepublik Deutschland wurde auf dem Gebiet der ehemaligen DDR im Jahr 1990 weitgehend übergangslos die Wirtschafts- und Sozial-

Wirtschaftliche Entwicklung 35

ordnung der Sozialen Marktwirtschaft eingeführt. Damit sollte eine kurz- und mittelfristige „Wohlstandsperspektive" für die ostdeutsche Bevölkerung geschaffen werden, um die hohe Abwanderung in die alte Bundesrepublik und den damit verbundenen massenhaften Verlust qualifizierter Arbeitskräfte einzuschränken. Ökonomisch gesprochen gab die DDR auf diese Weise das wirtschaftspolitische Instrument des Wechselkurses als Regulativ gegen das hohe Wohlstands- und Produktivitätsgefälle auf, das zur alten Bundesrepublik herrschte. Die Einführung der D-Mark stellte eine deutliche Aufwertung der ostdeutschen Währung dar und legte in drastischer Weise die grundlegenden Wettbewerbsschwächen der Betriebe des planwirtschaftlichen Systems offen. Deren Güterangebot hielt der einsetzenden Konkurrenz aus Westdeutschland und dem Ausland auch in den Augen der eigenen Bevölkerung größtenteils nicht stand. Die Folge war ein Produktionsrückgang gewaltigen Ausmaßes, der vor allem in der Industrie, dem überdimensionierten Kernbereich der DDR-Wirtschaft, aber auch im Baugewerbe, im Handel und in der Landwirtschaft eintrat. Tiefpunkt dieser Entwicklung war das zweite Halbjahr 1990, in dem sich die industrielle Warenproduktion auf fast die Hälfte reduzierte.[14] Im Verlauf des Jahres 1991 besserte sich die Lage in der Bauwirtschaft und im Dienstleistungssektor und anschließend auch im verarbeitenden Gewerbe.

In den Jahren von 1992 bis 1995 war das wirtschaftliche Wachstum in den neuen Bundesländern[15] aber wieder sehr hoch. Wie die Tabelle 2.3.1 ausweist, erreichten die Wachstumsraten des realen Bruttoinlandsprodukts, des Indikators der gesamtwirtschaftlichen Produktion, internationale Spitzenwerte. Die durchschnittliche jährliche Zunahme betrug in diesem Zeitraum 7,4%. Allerdings war das Ausgangsniveau sehr niedrig, denn vom 2. Halbjahr 1990 bis zum 1. Halbjahr 1991 war das Bruttoinlandsprodukt nochmals um rund ein Zehntel gesunken (vgl. SVR 1995a: 81). Der Indikator „reales Bruttoinlandsprodukt je Einwohner", der auch die Veränderung der Bevölkerungszahl berücksichtigt, nahm in den Jahren 1992 und 1993 sogar noch stärker zu. Allerdings muß auch das Niveau dieses Indikators berücksichtigt werden. Selbst 1994 lag das ostdeutsche Bruttoinlandsprodukt je Einwohner (gemessen in Preisen des Jahres 1991) mit ca. 16.590 DM erst bei

---

14 Dies ergibt sich aus der Entwicklung des Index der industriellen Warenproduktion, der aus der DDR-Statistik stammt und bis Dezember 1990 ermittelt wurde. Der Berechnung des Index liegt die alte Preisstruktur der DDR mit administrierten Preisen, z.B. für viele dauerhafte Konsumgüter, zugrunde. Der mit diesem Indikator bemessene Produktionsrückgang dürfte deshalb insgesamt leicht überzeichnet sein (vgl. Statistisches Bundesamt 1992b: 12f. und SVR 1991: 63).
15 Wenn hier und im folgenden von den „neuen Bundesländern" oder „Ostdeutschland" gesprochen wird, bezieht dies auch Ost-Berlin mit ein.

etwa zwei Fünfteln des westdeutschen Wertes von ca. 41.100 DM; der aufzuholende Rückstand ist also noch gewaltig.

Tabelle 2.3.1: Gesamtwirtschaftliche Indikatoren 1991 bis 1995 für Ost- und Westdeutschland

	1991	1992	1993	1994	1995
Bruttoinlandsprodukt, real [a] – Veränd. gg. Vj. in %					
Ostdeutschland	n.v.	7,8	7,2	8,5	6,3
Westdeutschland	5,0	1,8	-1,8	2,4	1,5
Bruttoinlandsprodukt, real [a] je Einwohner in Tsd. DM					
Ostdeutschland	13,0	14,1	15,4	16,6	n.v.
Westdeutschland	41,3	41,5	40,4	41,1	n.v.
Veränderung gegenüber dem Vorjahr in %					
Ostdeutschland	n.v.	9,0	9,0	7,8	n.v.
Westdeutschland	3,7	0,5	-2,9	1,9	n.v.
Produktivität [b] – in Tsd. DM					
Ostdeutschland	28,1	34,8	38,4	41,0	42,8
Westdeutschland	90,7	91,5	91,2	94,5	96,6
Veränderung gegenüber dem Vorjahr in %					
Ostdeutschland	n.v.	23,6	10,3	6,8	4,4
Westdeutschland	2,5	0,8	-0,3	3,6	2,2
Preisindex f. d. Lebenshaltung – Veränd. gg. Vj. in %					
Ostdeutschland	n.v.	13,5	10,5	3,7	2,1
Westdeutschland	3,6	4,0	3,6	2,7	1,7
Arbeitslosenquote [c] in %					
Ostdeutschland	11,1	15,5	15,6	15,3	14,1
Westdeutschland	5,5	5,8	7,3	8,2	8,3
Saldo der Leistungsbilanz [d] in Mrd. DM					
Deutschland	-31,9	-33,7	-25,8	-34,2	-37,0 [e]

Anmerkungen: a) In Preisen von 1991; b) Bruttoinlandsprodukt in Preisen von 1991 je Erwerbstätigen (Inlandskonzept); c) Anteil der registrierten Arbeitslosen an den zivilen Erwerbspersonen (beschäftigte Arbeitnehmer nach dem Inländerkonzept plus Arbeitslose); d) In der Abgrenzung der Zahlungsbilanzstatistik; e) Schätzung (vgl. DIW u.a. 1995b: 732); n.v. = nicht verfügbar.

Quelle: SVR 1995b: 21, 369ff., 450, Statistisches Bundesamt 1995b: 190ff., 1996a und Bundesanstalt für Arbeit 1996; eigene Berechnungen.

Eine ganz ähnliche Entwicklung zeigt sich bei der Produktivität, die das reale Bruttoinlandsprodukt je Erwerbstätigen und damit die Leistungskraft einer Volkswirtschaft charakterisiert. Zwar gab es in den ersten Jahren nach der Vereinigung in den neuen Bundesländern zunächst große Produktivitätszuwächse, aber diese verringerten sich doch rasch und lagen 1994 und 1995 nur noch beim Doppelten der westdeutschen Produktivitätssteigerung. Wenn die Produktivitätszuwächse der ostdeutschen Wirtschaft nicht wieder deutlich ansteigen, d.h. der Unterschied zum Westen mehr als 3% pro Jahr ausmacht, dürfte ein Erreichen des westdeutschen Produktivitätsniveaus noch etwa eine Generation

Wirtschaftliche Entwicklung

dauern; denn im Jahr 1995 lag das ostdeutsche Produktivitätsniveau erst bei 44% des westdeutschen.[16] Da Produktivitätsunterschiede auch als eine Richtschnur für die wirtschaftlich begründeten Unterschiede in den durchschnittlichen Markteinkommen angesehen werden müssen, ergibt sich hieraus auch eine Perspektive für die ökonomisch tragbare Angleichung der Markteinkommen.

In den ersten Jahren nach der Vereinigung trat ein dramatischer Rückgang der Erwerbstätigkeit in den neuen Bundesländern ein. Die Zahl der Erwerbstätigen ging bis 1992 – z.T. durch Ausscheiden aus dem Arbeitsmarkt über extensive Vorruhestandsregelungen oder Rückzug in Haushaltstätigkeit – gegenüber dem Stand von 1989 um rund ein Drittel zurück. Die Quote der registrierten Arbeitslosen verharrt seitdem auf einem hohen Niveau von rund 15% (siehe Tabelle 2.3.1). Berücksichtigt man zusätzlich jene Personen, die sich in Kurzarbeit und in Arbeitsbeschaffungsmaßnahmen befinden, so läge diese Quote 1995 noch um ca. vier bis fünf Prozentpunkte höher. Der Sachverständigenrat zur Begutachtung der gesamtwirtschaftlichen Entwicklung spricht in diesem Zusammenhang von verdeckter Arbeitslosigkeit; er bezieht dabei noch zusätzlich Personen in Ausbildung, Umschulung und in Vorruhestand etc. ein (vgl. SVR 1995b: 105f.).

Die Preisentwicklung in Ostdeutschland war von zunächst sehr hohen (1992: 13,5%), aber kontinuierlich sich verringernden Preisniveausteigerungen gekennzeichnet, die die allmähliche Niveauanpassung in beiden Landesteilen reflektierte (siehe Tabelle 2.3.1). Nach einer Schätzung des Deutschen Instituts für Wirtschaftsforschung ist jedoch die Kaufkraft in Ostdeutschland – gemessen am Preisindex für die Lebenshaltung aller privaten Haushalte – auch 1995 noch geringfügig höher als im Westen.[17] Zu einem ähnlichen Ergebnis kam 1993 das Statistische Bundesamt in einem Vergleich der Verbraucherpreisniveaus (ohne Wohnungsmieten) in 50 ost- und westdeutschen Städten unterschiedlicher Größe: Im Mittel lag das Preisniveau in Westdeutschland um rund 6 Prozentpunkte höher (vgl. Ströhl 1994: 421).

Die wirtschaftliche Entwicklung in den alten Bundesländern nahm demgegenüber einen anderen Verlauf, wenn auch keineswegs unbeeinflußt von den Abläufen im östlichen Landesteil. Zunächst konnte die Aufwärtsbewe-

---

16 Gemessen am Bruttoinlandsprodukt zu *jeweiligen Preisen* je Erwerbstätigen ergibt sich für Ostdeutschland 1995 eine Produktivität in Höhe von ca. 54% des Westniveaus. Die vom Statistischen Bundesamt bereitgestellten Daten erlauben lediglich den Bezug auf die Anzahl der Erwerbstätigen, nicht jedoch auf die tatsächlich geleisteten Arbeitsstunden. Wegen der höheren durchschnittlichen Jahresarbeitszeit in Ostdeutschland wird der Produktivitätsunterschied zwischen Osten und Westen sogar geringer ausgewiesen als er sich bei der zutreffenden Berechnung je geleistete Arbeitsstunde darstellen würde.
17 Vgl. Krause 1995: 866. Für 1990 wird für Ostdeutschland im Vergleich zu Westdeutschland (= 100%) eine Kaufkraft von 143,3% angegeben.

gung, in der sich die westdeutsche Wirtschaft seit 1983 befand, und die sich gegen Ende der achtziger Jahre noch einmal kräftig steigerte, durch die aus den neuen Bundesländern kommenden Nachfrageimpulse bis 1991 aufrechterhalten werden. Ausschlaggebend war hier der insbesondere im Konsumsektor hohe Nachholbedarf der ostdeutschen Bevölkerung. Hohe Transferzahlungen an die privaten Haushalte, umfangreiche Fördermaßnahmen für Unternehmen und wachsende Ausgaben der öffentlichen Haushalte in den neuen Bundesländern, die zusammen ein gewaltiges Konjunkturprogramm darstellten, bewirkten eine sprunghafte Zunahme der ostdeutschen Nachfrage, die sich teils auf westdeutsche Produkte, teils auf Importprodukte richtete. Die Bundesrepublik nahm damit international eine Sonderstellung ein, denn die Weltkonjunktur erlebte ihren Tiefpunkt 1990/91, als der Vereinigungsboom in höchster Blüte stand. Die allmähliche Beruhigung zeichnete sich jedoch bereits in der zweiten Jahreshälfte 1991 ab. Die kontraktiven Einflüsse der noch schwachen Auslandskonjunktur konnten von der heimischen Nachfrage, die nun weniger stark wuchs als zuvor, nicht mehr kompensiert werden. Die Einführung des Solidaritätszuschlages Mitte 1991 und die zur Aufbringung der hohen Finanztransfers der Sozialversicherungen erforderlichen Beitragssatzerhöhungen wirkten dämpfend auf die Zunahme der verfügbaren Einkommen und der Konsumnachfrage. Hinzu kam eine restriktive Geldpolitik, die durch schrittweise Anhebung der Zinssätze auf den anhaltend hohen Preisanstieg reagierte. Zu der auch 1992 fortdauernden schwachen wirtschaftlichen Entwicklung, die schließlich im darauffolgenden Jahr in eine Rezession mündete – das westdeutsche Bruttoinlandsprodukt sank 1993 real um 1,8% –, trug die weiterhin ausbleibende nachhaltige Belebung der Konjunktur in Europa bei. Diese entfaltete ihre positive Wirkung auf die exportorientierte westdeutsche Volkswirtschaft erst im darauffolgenden Jahr. Orientiert man sich am westdeutschen realen Bruttoinlandsprodukt je Einwohner, so waren die Zuwächse der Jahre bis 1992 deutlich niedriger und auch der Rückgang 1993 ausgeprägter (siehe Tabelle 2.3.1).

Die Gebietskörperschaften, die Privatwirtschaft und die Bevölkerung in Ostdeutschland sind noch stark von Transferzahlungen aus den alten Bundesländern abhängig. Diese Transferzahlungen werden im Rahmen des Finanzausgleichs teils zwischen den Gebietskörperschaften, teils zwischen den Sozialversicherungen finanziert. Auch die staatliche Subventionierung ostdeutscher Unternehmen durch den Bund und die Übernahme von Verlusten ostdeutscher Tochterunternehmen durch westdeutsche oder ausländische Mutterfirmen ist in dieser Sicht ein Transfer. Schließlich kann man die Übernahme von Auslandsschulden der DDR sowie von Schulden der ostdeutschen Staatsunternehmen, des Wohnungssektors und der Gebietskörperschaften durch den Bund oder seine Sonderfonds zu einem wesentlichen Teil als Vermögenstransfer von West nach Ost ansehen. Als Indikatoren für die zu hohen *laufenden* West-Ost-Transfers können gelten:

- ein überhöhter Anteil der Bruttoeinkommen aus unselbständiger Arbeit am Volkseinkommen[18] Ostdeutschlands, da ein angemessener Teil des Volkseinkommens als Einkommen aus Unternehmertätigkeit und Vermögen zur Verfügung stehen muß;
- ein zu hoher Anteil der von privaten Haushalten empfangenen Übertragungen (Transferleistungen und Vermögensübertragungen) an den von ihnen geleisteten Übertragungen in Form von Steuern und Sozialbeiträgen, da ein angemessener Anteil der Übertragungen zur Finanzierung der allgemeinen Staatsaufgaben einschließlich der öffentlichen Infrastrukturinvestitionen zur Verfügung stehen muß.

Wenn auch diese Indikatoren nur Hinweise liefern können, da über den „angemessenen Anteil" politisch entschieden werden muß, so muß man doch sagen, daß sich ihre Werte im Verlauf des deutschen Integrationsprozesses weitgehend annähern sollten, um auch in dieser Hinsicht eine Gleichwertigkeit der Lebensverhältnisse und der Belastungen zu erreichen. Wie Tabelle 2.3.2 zeigt, ist hierbei noch ein weiter Weg zu gehen: Der Anteil der Bruttoeinkommen aus unselbständiger Arbeit am Volkseinkommen ist von 104,5% im Jahr 1991 nur auf 91,5% im Jahr 1994 zurückgegangen, während er in Westdeutschland etwa bei 70% liegt. Der Anteil der von Haushalten empfangenen Übertragungen an den geleisteten Übertragungen, d.h. jener Teil der direkten persönlichen Steuern und Sozialabgaben einschließlich des Arbeitgeberanteils, der in Form von Transferleistungen wieder an die Haushalte zurückfließt, lag in Ostdeutschland 1991 bei 101,3% und ist bis 1994 leicht auf 98,7% zurückgegangen. Demgegenüber betrug dieser Anteil in Westdeutschland mit geringen Schwankungen zwischen 59,5% und 63%.

In Tabelle 2.3.3 werden die Transferleistungen *der öffentlichen Hand* vom Mittelzufluß her betrachtet. Der Ursprung dieser Zahlungen ist vielfältig. Neben Mitteln, die Empfängern in den neuen Bundesländern aus speziellen Förderprogrammen zufließen, die eigens für dieses Gebiet geschaffen wurden, gehören dazu auch reguläre Leistungen des Bundes, der Länder und der Sozialversicherungen, die aus der Gültigkeit der entsprechenden rechtlichen Regelungen in Ostdeutschland resultieren. Insgesamt ergeben sich für 1991 bis 1995 jährliche Transferleistungen von durchschnittlich rund 160 Mrd. DM – nach einem geringen Rückgang 1994 wieder mit steigender Tendenz. Bezogen auf das in Ostdeutschland erzeugte Bruttoinlandsprodukt betrugen die Bruttotransferleistungen im Jahr 1994 47,7%, bezogen auf das

---

18 Ostdeutsches Bruttosozialprodukt abzüglich Abschreibungen und indirekter Steuern, zuzüglich Subventionen.

westdeutsche Bruttoinlandsprodukt machten sie 5,6% aus. Auch in der Nettobetrachtung, d.h. unter Einbeziehung der Einnahmen, die den westdeutschen öffentlichen Haushalten aus den neuen Bundesländern zufließen, ergeben sich hohe Transferzahlungen in der Größenordnung von durchschnittlich rund 120 Mrd. DM bzw. ca. 43% des ostdeutschen oder 4% des westdeutschen Bruttoinlandsprodukts. In Zuge des weiteren Integrationsprozesses wird diese hohe Transferquote allmählich zurückzuführen sein.

Tabelle 2.3.2: Makroökonomische Indikatoren der Transferabhängigkeit der ostdeutschen Volkswirtschaft 1990 bis 1994

	1990	1991	1992	1993	1994
Anteil der Bruttoeinkommen aus unselbständiger Arbeit am Volkseinkommen					
Ostdeutschland	n.v.	104,5	99,6	93,7	91,5
Westdeutschland	69,6	69,6	70,8	71,8	70,1
Anteil der empfangenen Übertragungen an den geleisteten Übertragungen der privaten Haushalte					
Ostdeutschland	n.v.	101,3	102,0	104,5	98,7
Westdeutschland	62,8	59,8	59,5	63,0	63,0

Anmerkung: n.v. = nicht verfügbar.
Quelle: SVR 1995b: 382, 388; eigene Berechnungen.

Tabelle 2.3.3: Transferzahlungen[a] der öffentlichen Hand an Ostdeutschland 1991 bis 1995 – in Mrd. DM

		1991	1992	1993	1994	1995[e]
1	Bruttoleistungen:					
	Gebietskörperschaften[b]	114,6	127,1	158,8	160,8	153,5
	Bundesanstalt für Arbeit	24,6	38,5	39,5	27,6	23,0
	Gesetzliche Rentenversicherung	5,6	12,3	16,9	22,2	28,5
	Europäische Union	4,0	5,0	5,0	6,0	7,0
2	Bruttoleistungen insgesamt[c]	134,4	156,4	166,6	165,3	175,0
	in % des ostdeutschen BIP	65,2	59,6	54,0	47,7	n.v.
3	Einnahmen aus Ostdeutschland:					
	Insgesamt[d]	28,7	33,1	34,9	42,6	50,5
4	Nettoleistungen (Zeile 2 ./. Zeile 3)	104,6	123,3	131,7	122,7	124,5
	in % des ostdeutschen BIP	50,8	47,0	42,7	35,4	n.v.

Anmerkungen: a) Ohne Zins- und Tilgungszahlungen für Altschulden; b) Öffentliche Haushalte von Bund, Ländern und Gemeinden sowie Fonds Deutsche Einheit; c) Ohne Mehrfachzählung der Zuschüsse von Bund und Ländern an den Fonds Deutsche Einheit, die Gesetzliche Rentenversicherung-Ost und an die Bundesanstalt für Arbeit; d) Einschließlich des Aufkommens der Gemeinschaftssteuern in den neuen Bundesländern sowie 20% des Aufkommens der Bundessteuern (ohne Bereinigung um Mindereinnahmen aus steuerlichen Sonderregelungen für Ostdeutschland); e) Schätzung des Sachverständigenrates zur Begutachtung der gesamtwirtschaftlichen Entwicklung, Stand: September 1995; n.v. = nicht verfügbar.
Quelle: SVR 1995b: 151 und Statistisches Bundesamt 1995b: 191ff.; eigene Berechnungen.

Wirtschaftliche Entwicklung 41

Produktionsstruktur

Das hohe Wachstum des ostdeutschen Bruttoinlandsprodukts ab 1992 überdeckt den grundlegenden Strukturwandel, der sich in den neuen Bundesländern in den vergangenen Jahren vollzogen hat und dessen Ende auch aus heutiger Sicht noch nicht absehbar ist. Der Vergleich der Bruttowertschöpfung[19] nach Sektoren in Ost- und Westdeutschland für die Jahre 1991 und 1995 zeigt, daß sich die Veränderungen überwiegend in Richtung auf eine Angleichung der Produktionsstrukturen in beiden Landesteilen entwickelt haben (siehe Tabelle 2.3.4). Dabei handelt es sich um eine aggregierte Darstellung, die den Strukturwandel nur in wenig differenzierter Form beschreibt, denn auch innerhalb der hier zusammengefaßten Bereiche haben tiefgreifende Veränderungen stattgefunden.

Tabelle 2.3.4: Struktur der Bruttowertschöpfung[a)] nach Sektoren in Ost- und Westdeutschland 1991 und 1995[b)] – in %

Wirtschaftssektor	Ostdeutschland		Westdeutschland	
	1991	1995	1991	1995
Land- und Forstwirtschaft, Fischerei	3,3	2,9	1,3	1,3
Produzierendes Gewerbe	36,0	40,5	39,2	35,4
darunter:				
Verarbeitendes Gewerbe	16,7	19,0	30,9	27,7
Baugewerbe	11,6	17,2	5,4	5,1
Handel und Verkehr[c)]	14,0	13,8	15,1	14,7
Dienstleistungsunternehmen[d)]	21,9	23,7	31,2	35,3
Staat, private Haushalte[e)]	24,7	19,2	13,1	13,3
Insgesamt	100	100	100	100

Anmerkungen: a) Unbereinigte Bruttowertschöpfung, d.h. einschließlich unterstellte Entgelte für Bankdienstleistungen, in Preisen von 1991; b) Schätzung des Sachverständigenrats zur Begutachtung der gesamtwirtschaftlichen Entwicklung, Stand Oktober 1995; c) Einschließlich Nachrichtenübermittlung; d) Kreditinstitute, Versicherungsunternehmen, Wohnungsvermietung (einschl. Eigennutzung durch den Eigentümer), sonstige Dienstleistungsunternehmen; e) Einschließlich privater Organisationen ohne Erwerbszweck.

Quelle: SVR 1995b: 79, 377; eigene Berechnungen.

Das Verarbeitende Gewerbe, der Kernbereich der DDR-Wirtschaft, war von dem starken Rückgang der wirtschaftlichen Aktivität im zweiten Halbjahr

---

19 Das Statistische Bundesamt berechnet die reale Bruttowertschöpfung in West- und Ostdeutschland jeweils durch Bezug auf das Basisjahr 1991. Da die Preisniveaus beider Landesteile zu diesem Zeitpunkt einander nicht entsprachen, treten bei einem Vergleich der Werte Verzerrungen auf. So dürfte in Ostdeutschland der Staatsanteil inzwischen höher liegen als ausgewiesen. Ähnliches gilt wegen der damals noch sehr niedrigen Mieten für die Dienstleistungen (vgl. Gornig/Schmidt-Faber 1995).

1990 besonders betroffen. Im Vergleich zu den anderen Wirtschaftsbereichen, die bald von der durch die hohen Transferzahlungen gestützten Nachfrage profitieren konnten, blieb hier zudem eine Verbesserung der Lage zunächst aus. Verantwortlich für diese Entwicklung war, daß vor allem die Betriebe des Verarbeitenden Gewerbes der internationalen Konkurrenz ausgesetzt sind, da sie nicht hauptsächlich oder gar ausschließlich für den lokalen Markt produzieren. Erst seit 1993 nimmt die relative Bedeutung des Verarbeitenden Gewerbes – gemessen als Anteil an der Bruttowertschöpfung – wieder zu.

Dem Baugewerbe wurden anfänglich gute Beschäftigungsaussichten vorhergesagt (vgl. SVR 1990a: 62f.). Doch zunächst kam es auch hier im zweiten Halbjahr 1990 zu einem drastischen Produktionsrückgang. Während sich im privaten Wohnungsbau vor allem das geringe Eigenkapital potentieller Bauherren, die ungeklärten Eigentumsverhältnisse und die nur allmählich gelockerte Mietpreisbindung als Hemmnisse erwiesen, standen der Expansion der öffentlichen Bautätigkeit vor allem Organisations- und Personaldefizite der Verwaltung entgegen. So konnten vom Bund bereitgestellte Mittel vielfach nicht abgerufen werden. Eine grundlegende Verbesserung der Lage trat erst im Frühjahr 1991 ein; die positive Baukonjunktur wurde allerdings weitgehend von öffentlichen Aufträgen getragen. Im Rezessionsjahr 1993 machten sich dann angesichts zunehmender Engpässe in den öffentlichen Kassen Abschwächungstendenzen der Baukonjunktur bemerkbar; seither nimmt auch die Bedeutung des privaten Wohnungsbaus zu. Ausschlaggebend dürften hier die staatlich genehmigten Mieterhöhungen zu Anfang des Jahres 1993, die Verdoppelung des Vergaberahmens zinsverbilligter Förderkredite der Kreditanstalt für Wiederaufbau auf 60 Mrd. DM sowie die Vereinbarung über die Übertragung der Hälfte der auf dem Wohnungsbestand lastenden Altschulden (30 Mrd. DM) auf den Erblastentilgungsfonds gewesen sein (vgl. SVR 1993: 84). Aber auch 1995 deutet der Vergleich mit Westdeutschland noch auf eine besondere Schwäche der ostdeutschen Wirtschaft hin, denn nur für eine Übergangsperiode wird das Baugewerbe den gegenüber Westdeutschland extrem ausgeweiteten Aktivitätsanteil beibehalten können.

Der private Dienstleistungssektor war ein im sozialistischen System nach marktwirtschaftlichen Maßstäben stark unterdimensionierter Bereich. Hier waren denn auch früh gute Expansionsaussichten erkennbar (vgl. SVR 1990a: 62). Entwicklungschancen boten sich neben den Banken und Versicherungen sowohl bei den produktionsorientierten Dienstleistungen, der Beratung in Rechts-, Steuer- und Wirtschaftsfragen, Werbung und Finanzierung als auch im Konsumbereich, beispielsweise im Tourismus- und Gastgewerbe. Im Zuge zahlreicher Unternehmensgründungen stieg das Angebot an Dienstleistungen in den Jahren bis 1992 kräftig an. Da jedoch der Aufbau des Industriesektors nicht im erwarteten Tempo voranschritt und sich auch das

Wachstum der Kaufkraft der privaten Haushalte allmählich verlangsamte, zeigte sich, daß eine Loslösung dieses Bereichs von der allgemeinen wirtschaftlichen Entwicklung nicht möglich ist. Erst die inzwischen breiter gewordene Aufwärtsentwicklung der Industrie hat auch im Dienstleistungssektor die Aussichten wieder verbessert. Demgegenüber kam die Privatisierung und Entflechtung der alten planwirtschaftlichen Strukturen im ostdeutschen Einzelhandel schnell voran und konnte bereits 1991 als abgeschlossen gelten. Bis dahin waren nahezu alle der rund 30.000 Handelsbetriebe, die die Treuhandanstalt in ihr Portfolio übernommen hatte, an Investoren weitergegeben worden (vgl. Köhler 1995: 179). Zu geringe Verkaufsflächen und die massive Konkurrenz der in den Randlagen investierenden Großunternehmen aus Westdeutschland verhinderten jedoch zunächst den erwarteten Aufschwung. Hinzu kam für viele Neugründungen die Belastung durch steigende Mietpreise in den Innenstädten. Im Jahr 1992 trat dann eine Verbesserung der Situation ein. Die Investitionen zur Erhöhung der Produktqualität zahlten sich aus; zudem gelang es den in den neuen Ländern ansässigen Unternehmen, ostdeutsche Produkte in der Gunst der Käufer wieder aufzuwerten. Wegen der weitgehenden Anpassung des Angebots an westdeutsche Standards nahmen auch die Käufe der Ostdeutschen im anderen Landesteil ab.

Die Landwirtschaft der DDR erfuhr den Systemwandel als besonders schmerzhaften Anpassungsprozeß. Sie wurde in die Agrarmarktordnung der Europäischen Union mit ihrem komplizierten System von Markt- und Preisregulierungen integriert. Ein wesentliches Element der Umstrukturierung war die Auflösung der 4.500 Landwirtschaftlichen Produktionsgenossenschaften (LPG) und ihre Überführung in eine heterogene Struktur von Klein-, Mittel- und Großbetrieben unterschiedlicher Rechtsformen neben „wiedereingerichteten" Familienbetrieben (vgl. Bernien 1995). Dies war verbunden mit einem drastischen Beschäftigungsabbau, der mehr als 80% der im Jahr 1989 noch vorhandenen Arbeitsplätze erfaßte (vgl. Mittelbach 1995: 20). Neben dem gerade in diesem Sektor besonders hohen Produktivitätsrückstand war dafür auch der Verlust von Markt- und Produktionsanteilen am heimischen Markt verantwortlich, der bereits unmittelbar nach Beginn der Währungsunion einsetzte. Nach dem starken Produktionseinbruch, der aufgrund der Dominanz des landwirtschaftlichen Sektors in vielen ländlichen Regionen den ehemaligen Beschäftigten oft jegliche Perspektive nahm, werden seit 1993 auch in diesem Sektor wieder positive, z.T. überdurchschnittliche Wachstumsraten realisiert. Da die durchschnittliche Flächenausstattung der Betriebe weit über den westdeutschen Vergleichswerten liegt, erreichte 1994 die Produktivität in der Landwirtschaft der neuen Bundesländer trotz der veralteten Gebäude und Ausrüstungen in vielen Fällen sogar ein höheres Niveau als in Westdeutschland (vgl. Mittelbach 1995: 21).

Insgesamt gesehen deuten die Angaben in Tabelle 2.3.4 darauf hin, daß der wirtschaftliche Strukturwandel in Ostdeutschland noch keineswegs abgeschlossen ist. Es ist es jedoch zweifelhaft, ob die westdeutsche Wirtschaftsstruktur hier trotz des gemeinsamen ordnungs- und wirtschaftspolitischen Rahmens als Referenzmaßstab herangezogen werden kann (vgl. Gornig/ Schmidt-Faber 1995: 461). Regionale Unterschiede in der sektoralen Verteilung der Wertschöpfung bestehen auch innerhalb Westdeutschlands und bilden sich selbstverständlich auch unter den neuen Ländern heraus; sie könnten also auch auf lange Sicht zwischen beiden Landesteilen erhalten bleiben.

Investitionen

Wesentliche Gründe für die nach der Vereinigung zu beobachtende geringe Wettbewerbsfähigkeit der ostdeutschen Unternehmen waren der überalterte Kapitalstock der Betriebe und eine öffentliche Infrastruktur, die vielfach den reibungslosen Ablauf wirtschaftlicher Aktivitäten behinderte. So stand für den Warentransport ein Schienen- und Straßennetz zur Verfügung, dessen Schäden z.T. erhebliche Verkehrseinschränkungen mit sich brachten; knapp ein Fünftel aller Straßen war als kaum noch befahrbar einzustufen (vgl. Kusch u.a. 1991: 61f.). Hohe Defizite bestanden auch im Bereich der Telekommunikation einschließlich der nur geringen Versorgung mit Telefonanschlüssen, hinsichtlich der Effizienz der Energieversorgung sowie im baulichen Zustand und im durchschnittlichen Alter des Wohnungsbestandes.

Die schnelle Erneuerung des öffentlichen und privaten Kapitalstocks wurde als die Kernaufgabe des wirtschaftlichen Aufbaus in den neuen Bundesländern gesehen. Die Politik der Bundesregierung setzte darauf, durch hohen Kapitaleinsatz von öffentlicher und privater Seite den vorhandenen Kapitalstock zu erneuern, um dadurch die Wettbewerbsfähigkeit der ostdeutschen Wirtschaft zu steigern und produktive Arbeitsplätze für die freigesetzten Arbeitskräfte zu schaffen. Die Wahl dieser Strategie des wirtschaftlichen Aufbaus und damit auch der Beschäftigungsförderung bedeutete die Ablehnung alternativer Möglichkeiten, die ebenfalls diskutiert worden waren: die Gewährung allgemeiner Lohnsubventionen und die Einrichtung einer Mehrwertsteuerpräferenz für ostdeutsche Betriebe (vgl. Akerlof u.a. 1991, Mackscheidt 1993 und Heimpold/Junkernheinrich 1995).

Ein Vorteil der getroffenen Entscheidung war, daß sie den Rückgriff auf ein bereits erprobtes Instrumentarium ermöglichte, denn in den alten Bundesländern gab es jahrzehntelange Erfahrungen mit der regionalen Wirtschaftsförderung. So wurde ein Teil des bereits vorhandenen Kanons westdeutscher

Förderinstrumente mit z.T. stark aufgestocktem Finanzrahmen auf das Gebiet Ostdeutschlands übertragen. Hinzu kam eine Anzahl neuer Hilfen, die neben den privaten Investitionen auch die Erneuerung der öffentlichen Infrastruktur förderten, indem sie den Kommunen zur Verfügung gestellt wurden. Die dem finanziellen Umfang nach wichtigsten Programme waren der Investitionszuschuß aus Mitteln der Gemeinschaftsaufgabe „Verbesserung der regionalen Wirtschaftsstruktur", die Investitionszulage für Ausrüstungsinvestitionen, die fünfzigprozentige Sonderabschreibung für angeschaffte Güter des Anlagevermögens sowie die Kreditprogramme des ERP-Beteiligungsprogramms und die Eigenkapitalhilfe der Deutschen Ausgleichsbank. Auf diese fünf Instrumente entfielen bis 1995 zusammen rund 90% des Fördervolumens in Höhe von rund 123 Mrd. DM (vgl. SVR 1995b: 90f.).

Die Gesamtsumme der seit dem 1. Juli 1990 von Unternehmen und Staat (ohne privaten Wohnungsbau) in den neuen Bundesländern getätigten Investitionen in jeweiligen Preisen beläuft sich bis Ende 1994 auf rund 440 Mrd. DM (siehe Tabelle 2.3.5). Die Bruttoinvestitionsquote in bezug auf Anlagen ist in Ostdeutschland seit 1990 durchgängig deutlich höher als im Westen, wobei die Differenz noch 1994 rund 23 Prozentpunkte betragen hat. Im Pro-Kopf-Vergleich wird seit 1992 das westdeutsche Niveau überschritten, das dort jedoch in jenem Jahr aufgrund der Rezession vergleichsweise niedrig ausfiel.[20] Doch auch in der Folgezeit lagen die ostdeutschen Anlageinvestitionen pro Kopf über den westdeutschen Vergleichswerten, der Abstand vergrößerte sich sogar weiter. Bei den Investitionen der öffentlichen Hand erreichte die Relation 1994 einen Wert von 147% (vgl. Beer/Berteit/Wilhelm 1995: 110f.). Unterteilt man die Anlageinvestitionen der Unternehmen in Bau- und Ausrüstungsinvestitionen, so erklärt sich die höhere Pro-Kopf-Relation in Ostdeutschland hauptsächlich aus dem Übergewicht der Bauinvestitionen (vgl. SVR 1995b: 55). Aufgrund der längeren Lebensdauer der Bauten besteht in den alten Bundesländern ein geringerer Ersatzbedarf, während er in Ostdeutschland aufgrund der veralteten Substanz außergewöhnlich hoch war. Zusätzlich steht dort die Kapazitätserweiterung stärker im Mittelpunkt der Investitionsabsichten; dies bringt einen entsprechenden zeitlichen Vorlauf von Baumaßnahmen mit sich.

---

20 Die Bruttoanlageinvestitionen je Erwerbstätigen in Ostdeutschland erreichten bereits 1992 mit 19.837 DM westdeutsches Niveau (19.782 DM) und liegen seitdem deutlich darüber (1994: Ost: 28.510 DM, West: 19.255 DM) (eigene Berechnungen nach Statistisches Bundesamt 1995b: 192ff.).

Tabelle 2.3.5: Bruttoanlageinvestitionen[a] in jeweiligen Preisen in Ostdeutschland in Mrd. DM und Investitionsquote[b] in Ost- und Westdeutschland 1990 bis 1994 – in %

	2. Hj. 1990	1991	1992	1993	1994	Insgesamt
Bruttoanlageinvestitionen insgesamt	26,9	75,2	101,5	116,4	120,0	440,0
davon:						
Unternehmen	22,9	60,0	78,2	93,3	93,7	348,1
Staat	4,0	15,2	23,3	23,1	26,3	91,9
Investitionsquote in %						
Ostdeutschland	27,6	36,5	38,7	37,7	34,6	
Westdeutschland	15,7	15,6	14,7	12,7	11,9	

Anmerkung: a) Ohne privaten Wohnungsbau; b) Anteil der Bruttoanlageinvestitionen (ohne privaten Wohnungsbau) am Bruttoinlandsprodukt in %.
Quelle: Statistisches Bundesamt 1995b: 190ff.; eigene Berechnungen.

Insgesamt betrachtet bewirkte die hohe Förderung der Investitionen – durch Kumulation einiger Programme konnten Zuschüsse bis zu 50% der Investitionssumme erreicht werden – eine teilweise Erneuerung des Kapitalstocks in den neuen Bundesländern. Trotz der bisher erreichten Fortschritte ist der Abstand zu Westdeutschland noch immer groß. Der Anteil der neuen Länder am gesamtdeutschen Bruttoanlagevermögen lag 1994 erst bei knapp einem Zehntel (vgl. DIW u.a. 1995a: 87f.). Dies ist deutlich weniger als der Bevölkerungsanteil, der etwa doppelt so hoch ist.

Arbeitsmarkt

Wie bereits erwähnt, stellen Beschäftigung und Arbeitsmarkt Bereiche dar, in denen die grundlegenden Veränderungen, die der Transformationsprozeß für die Bevölkerung in den neuen Bundesländern bewirkte, in besonderem Maße deutlich wurden. Neben der Erzielung von Einkommen erfüllt die Erwerbsarbeit für die Menschen weitere bedeutsame Funktionen: Sie stellt eine wichtige Möglichkeit zur Erlangung gesellschaftlicher Anerkennung dar, fördert die Entfaltung der persönlichen Fähigkeiten und ist zudem ein Ort der sozialen Kommunikation. Arbeitslosigkeit oder der erzwungene Rückzug aus dem Erwerbsleben bewirken deshalb häufig Gefühle der Frustration und Perspektivlosigkeit, unabhängig davon, ob durch Lohnersatzleistungen oder Rentenzahlungen der frühere Lebensstandard weitgehend aufrechterhalten werden kann.

Vor diesem Hintergrund ist der drastische Beschäftigungsabbau, der auf dem ostdeutschen Arbeitsmarkt bereits Anfang des Jahres 1990 begann und sich bis 1993 fortsetzte (siehe Tabelle 2.3.6), als besonders schwerwiegend einzuschätzen. Der hohe Beschäftigungsstand – in der DDR (1989) betrug der Anteil der Beschäftigten (einschließlich in Ausbildung und Studium befindliche Personen) an der Bevölkerung im erwerbsfähigen Alter 82,8% (vgl. Winkler 1990: 78) – stellte im planwirtschaftlichen System aufgrund der niedrigen Arbeitsproduktivität eine ökonomische Notwendigkeit dar und war gleichzeitig auch eine Folge gesellschaftspolitischer Aktivitäten zur Integration der Frauen in das Erwerbsleben; deren Erwerbsquote lag nahezu gleichauf mit der der Männer. Allerdings herrschte trotz eines partiellen Arbeitskräftemangels gleichzeitig verdeckte Arbeitslosigkeit, die sich aus der ideologisch begründeten Aufrechterhaltung unproduktiver Arbeitsplätze ergab. Die Konfrontation der Betriebe mit marktwirtschaftlichen Wettbewerbsverhältnissen mußte zwangsläufig zur drastischen Reduzierung der Beschäftigung führen. So liegt die Zahl der Erwerbstätigen seit 1992 um etwa ein Drittel unter dem Stand von 1989. Die Zahl der registrierten Arbeitslosen verharrt seit 1992 auf dem hohen Niveau von über einer Million.

Tabelle 2.3.6: Erwerbstätige, Arbeitslose und Personen in arbeitsmarktpolitischen Maßnahmen in der DDR und in den neuen Bundesländern 1989 bis 1995 – in Tausend

	1989	1990	1991	1992	1993	1994	1995
Erwerbstätige[a]	9.745	8.899	7.219	6.387	6.208	6.303	6.406
Arbeitslose		241	913	1.170	1.149	1.142	1.032
Personen in arbeitsmarktpolitischen Maßnahmen:							
Kurzarbeiter		758	1.616	370	181	97	70
Beschäftigte in Arbeitsbeschaffungsmaßnahmen (ABM)			183	388	263	280	312
Fortbildung u. Umschulung (FuU), Einarbeitung			280	491	381	259	257
Vorruhestand/Altersübergang		190	554	808	849	646	370

Anmerkungen: Alle Angaben sind Jahresdurchschnittszahlen; a) Inlandskonzept.
Quelle: SVR 1993: 104, 1995b: 107, Statistisches Bundesamt 1996b: 24ff., Bundesanstalt für Arbeit 1995a und 1996.

Die genannten Zahlen geben jedoch nur ein unzureichendes Bild vom Ausmaß der Unterbeschäftigung ab. Der intensive Einsatz arbeitsmarktpolitischer Maßnahmen verhinderte von Anfang an einen noch höheren Umfang der offenen Arbeitslosigkeit. So wurden die in den alten Ländern – allerdings unter den Bedingungen eines vergleichsweise moderaten Beschäftigungsabbaus – erprobten Instrumente der aktiven Arbeitsmarktpolitik massenhaft eingesetzt: Kurzarbeit, Arbeitsbeschaffungsmaßnahmen, Programme zur Fortbildung und Umschulung und Vorruhestandsregelungen (siehe auch Abschnitt 2.4.1). Zumeist galten hier erleichterte Zugangsbedingungen, die eine erhöhte Inanspruchnahme ermöglichten und – wie bei der Kurzarbeit – die konjunkturpolitischen Ziele um strukturpolitische erweiterten. Anders als in den alten Ländern war beispielsweise die Gewährung von Kurzarbeitergeld durch die Bundesanstalt für Arbeit nicht an den vorübergehenden Charakter des Arbeitsausfalls geknüpft.

Entlastend auf den ostdeutschen Arbeitsmarkt wirkten neben arbeitsmarktpolitischen Maßnahmen auch die Wanderungen von Ost- nach Westdeutschland und die seit der Währungsunion rasch zunehmende Anzahl der Westpendler unter der ostdeutschen Bevölkerung. Seit 1991 hat sich letztere bei rund einer halben Million stabilisiert (vgl. Sandbrink/Schupp/Wagner 1994: 862), während sich der negative Wanderungssaldo nach dem Höhepunkt von fast 400.000 Personen im Jahr 1989 kontinuierlich verringerte und sich 1994 nur noch auf rund 27.000 Personen belief. Insgesamt haben bis zu diesem Zeitpunkt rund 1,5 Millionen Ostdeutsche ihren Wohnsitz in die alten Bundesländer verlegt, rund 500.000 Personen zogen von West- nach Ostdeutschland um (vgl. Statistisches Bundesamt 1995b: 7).

Die Ergebnisse des Arbeitsmarkt-Monitors, einer ab 1989 in Ostdeutschland durchgeführen repräsentativen Längsschnittuntersuchung, belegen eindrucksvoll die hohe Flexibilität, die die ostdeutschen Arbeitnehmer bislang im Transformationsprozeß unter Beweis gestellt haben (vgl. Bielenski/Brinkmann/Kohler 1995). Lediglich ein Viertel der im Jahr 1989 Erwerbstätigen konnte bis November 1994 im selben Betrieb verbleiben, und ein weiteres Drittel war zu diesem Zeitpunkt nicht mehr erwerbstätig, so daß etwa 42% den Betrieb und gegebenenfalls auch den Beruf oder gar den beruflichen Status wechseln mußten. Unter den nicht mehr Erwerbstätigen ist der Anteil der Älteren, die im November 1989 zwischen 52 und 63 Jahre alt waren, besonders hoch. Mehr als vier Fünftel von ihnen haben von der Möglichkeit des vorzeitigen Ruhestandes Gebrauch gemacht, wurden in den vorzeitigen Ruhestand entlassen oder beziehen eine reguläre Altersrente. Lediglich 11% dieser Altersgruppe sind weiterhin erwerbstätig geblieben.

Einkommen und privater Verbrauch

Die Einkommensentwicklung in der DDR war seit den sechziger Jahren durch moderate, aber stetige Zuwächse gekennzeichnet. Das jährliche nominale Einkommenswachstum betrug im Zeitraum 1960-1985 durchschnittlich 3,6% (Schwartau/Vortmann 1989: 293). Die Einkommenserhöhungen wurden vom Staat festgelegt und folgten keiner regelorientierten Tarifpolitik, sondern stellten meist Reaktionen auf die sich verschärfende Situation in bestimmten Wirtschaftszweigen oder Berufsgruppen dar (vgl. Ebert 1993: 320). Eine grundsätzliche Begrenzung des Nutzens aus Einkommensverbesserungen ergab sich zumindest für die einkommensstärkeren Haushalte dadurch, daß ihrer Kaufkraft kein adäquates Güterangebot gegenüberstand. Der Wunsch nach Verbesserung der materiellen Lebensbedingungen kann als wesentliches Motiv für die Flüchtlings- und Übersiedlerwelle der Jahre 1989/90 angesehen werden, deren Dynamik schließlich den Systemzusammenbruch beförderte. Ähnliche Überlegungen standen auch Pate bei der Errichtung der Währungsunion, die den ostdeutschen Bürgern eine Perspektive zur Teilhabe am westlichen Wohlstand bot. Der Veränderung der Einkommen und der Konsummöglichkeiten in Ostdeutschland galt insofern seit der Vereinigung besondere Aufmerksamkeit.

Die Einkommensentwicklung in den neuen Bundesländern seit 1990 zählt zu den positiven Aspekten des Transformationsprozesses. Diese Aussage gilt uneingeschränkt dann, wenn man nicht einzelne Haushaltsgruppen betrachtet, sondern die Analyse auf gesamtwirtschaftliche Indikatoren beschränkt. Die Tabelle 2.3.7 weist anfängliche Zuwachsraten für das durchschnittliche verfügbare Einkommen der privaten Haushalte von jeweils etwa 20% aus. Neben den stark gestiegenen Löhnen und Gehältern waren die Transferzahlungen des Staates, die die privaten Haushalte u.a. in Form von Renten, Altersübergangsgeld oder Arbeitslosengeld erhielten, eine weitere wichtige Quelle des Einkommenszuwachses. Seit 1994 hat sich der Einkommensanstieg deutlich verlangsamt. Hierfür ist vor allem verantwortlich, daß die Tarifanpassungen, die in den ersten Jahren nach der Vereinigung – trotz der Warnungen vieler Ökonomen – auch vom politischen Willen zu einer schnellen Annäherung an westdeutsche Einkommensverhältnisse getragen worden waren, allmählich mehr an dem weit geringeren Produktivitätsniveau orientiert wurden.

Tabelle 2.3.7 weist aus, daß auf dem Weg zu einem gleich hohen durchschnittlichen Einkommensniveau in beiden Landesteilen seit 1990 große Fortschritte erzielt wurden. Die ostdeutsche Nettolohn- und -gehaltssumme je beschäftigten Arbeitnehmer lag 1991 bei 55,7% des westdeutschen Wertes, im Jahr 1994 bereits bei 78%. Die durchschnittlichen verfügbaren Einkommen der ostdeutschen Haushalte betrugen 1991 nur 47,7% des westdeutschen Vergleichswertes, im Jahr 1994 waren es ebenfalls 78%. Die nominale Betrachtung vernachlässigt freilich, daß die Preisniveaus und damit die Kosten der Lebenshaltung in Ost- und Westdeutschland immer noch unterschiedlich hoch sind. Seit der Währungsunion besteht ein Kaufkraftgefälle zugunsten des Ostens; dies bedeutet, daß dort bei gleichem nominellem Einkommen ein höherer Lebensstandard erreicht werden kann als im Westen, d.h., daß der Lebensstandardunterschied geringer ist, als er sich beim Vergleich der nominellen Einkommen darstellt. Diese Diskrepanz, die 1990 unmittelbar nach der Währungsreform am größten war, hat sich seitdem stetig verringert, besteht aber noch immer. Sie ist heute vor allem auf das gegenüber den alten Ländern niedrigere Niveau bei den Wohnungsmieten und bei den Energie- und Verkehrstarifen zurückzuführen (vgl. Krause 1995 und Ströhl 1994).

Tabelle 2.3.7: Einkommensvergleich zwischen Ost- und Westdeutschland 1991 bis 1994

	1991	1992	1993	1994
Bruttolohn- und -gehaltssumme je beschäftigten Arbeitnehmer (Inlandskonzept) – in DM				
Ostdeutschland	22.024	29.908	34.113	36.181
Westdeutschland	44.548	47.119	48.472	49.410
Relation Ost/West in %	49,4	63,5	70,4	73,2
Nettolohn- und -gehaltssumme je beschäftigten Arbeitnehmer (Inlandskonzept) – in DM				
Ostdeutschland	16.728	21.365	24.309	25.182
Westdeutschland	30.052	31.383	32.327	32.276
Relation Ost/West in %	55,7	68,1	75,2	78,0
Verfügbares Durchschnittseinkommen der privaten Haushalte – in DM				
Ostdeutschland	1.765	2.123	2.529	3.196
Westdeutschland	3.700	3.924	4.034	4.096
Relation Ost/West in %	47,7	54,1	62,7	78,0

Quelle: SVR 1995b: 384.

Die starken Zuwächse der verfügbaren Einkommen bildeten die Basis für eine ebenfalls deutliche Ausweitung des privaten Verbrauchs. Die Einführung der D-Mark ermöglichte in Verbindung mit dem sprunghaft verbesserten Warenangebot zunächst die Befriedigung des hohen Nachholbedarfs, der in vielen Bereichen bestand. Gekauft wurden vor allem Konsumgüter, deren Nachfrage zu DDR-Zeiten nicht gedeckt werden konnte, da sie entweder nicht angeboten wurden, nicht in ausreichender Menge oder nicht in befriedigender Qualität vorhanden waren. Die Sparquote – als Anteil des nicht für Konsum verbrauchten verfügbaren Einkommens der privaten Haushalte – lag im zweiten Halbjahr 1990 noch bei Null (siehe Tabelle 2.3.8).

Tabelle 2.3.8: Privater Verbrauch und Sparquote in Ostdeutschland 1990 bis 1994

	2. Hj. 1990	1991	1992	1993	1994
Privater Verbrauch in Mrd. DM	88,3	186,7	212,1	243,3	261,9
Sparquote in %[a]	0	7,2	13,4	13,0	11,9

Anmerkung: a) Anteil des nicht konsumierten verfügbaren Einkommens der privaten Haushalte.
Quelle: Deutsche Bundesbank 1992: 24, 1994: 34 und 1995: 33.

Wirtschaftliche Entwicklung

In den darauffolgenden Jahren stieg der private Verbrauch weiterhin mit zweistelligen Wachstumsraten an, aber sein Anteil am verfügbaren Einkommen ging zurück. Die Sparquote stieg bereits 1991 auf 7,2% an und erreichte bereits 1992 mit 13,4% ein dem Westen vergleichbares Niveau. Seit 1993 nimmt der private Verbrauch wieder etwas stärker zu als die verfügbaren Einkommen, so daß die Sparquote leicht zurückgeht.

Ausblick

Trotz der Enttäuschung der anfänglich überhöhten Erwartungen sind die Erfolge in der Bewältigung der historischen Aufgabe, die die Integration der ehemaligen DDR in die Wirtschaftsordnung der Bundesrepublik darstellte, offensichtlich. Die Einkommen sind – wenn auch bei zunehmender Differenzierung – mit hohen Zuwachsraten gestiegen, das Niveau der materiellen Lebensbedingungen hat sich nachhaltig verbessert. Die Privatisierung des ehemals staatlichen Unternehmenssektors wurde zum Ende des Jahres 1994 nahezu abgeschlossen. Die Erneuerung der öffentlichen Infrastruktur und des Kapitalstocks der Unternehmen ist durch hohe Investitionen weit vorangeschritten, wenngleich auch hier der Rückstand im Niveau der Ausstattung der öffentlichen Infrastruktur gegenüber den alten Bundesländern noch hoch ist. Für viele Menschen sichtbar ist auch eine Verbesserung der Umweltqualität erreicht worden. Auf der anderen Seite der ökonomischen Bilanz stehen jedoch bislang noch unbewältigte Probleme: Erstens, die anhaltend hohe Unterbeschäftigung, deren Folgen für die persönliche Situation der Betroffenen oft sehr schwerwiegend sind. Zweitens, der im Vergleich zu Westdeutschland große Unterschied bei der Arbeitsproduktivität und der dadurch verursachte Rückstand beim realen Bruttoinlandsprodukt je Einwohner, der befürchten läßt, daß der Aufholprozeß noch eine Generation dauern wird. Drittens, die weiterhin hohe Belastung der alten Bundesländer mit West-Ost-Transfers. Viertens schließlich, die noch immer zu geringe Exportbasis der ostdeutschen Unternehmen.

2.4 Grundzüge der Übertragung des Systems der sozialen Sicherung

Der Übertragung des Systems der sozialen Sicherung (im weitesten Sinne[21]) kam eine ganz entscheidende Rolle im Transformationsprozeß Ostdeutschlands zu (vgl. Bundesministerium für Arbeit und Sozialordnung 1994a). Dies ergab sich im einzelnen aus den im folgenden dargestellten Zusammenhängen:

– Die grundsätzliche Interdependenz von Wirtschafts- und Sozialordnung und die systembedingten Unterschiede der Ausgestaltung der Systeme sozialer Sicherung zwischen den beiden deutschen Staaten (trotz z.T. gleicher Bezeichnungen; siehe auch Abschnitt 2.4.7) machten den Aufbau eines neuen Rechts der sozialen Sicherung erforderlich. Dies war nur begrenzt durch Überleitungs- und Angleichungsvorschriften möglich (vgl. von Maydell 1990) und erfolgte überwiegend durch die Übertragung des westdeutschen Rechts der sozialen Sicherung (vgl. von Maydell u.a. 1996). Angesichts der absehbaren sozialen Probleme der Transformation des Wirtschaftssystems einerseits und des Zeitbedarfs für die denkbare (Neu-)Entwicklung eines komplexen, aus miteinander kompatiblen Elementen beider Systeme zusammengesetzten Rechtssystems der sozialen Sicherung andererseits konnte dies wohl auch nicht anders geschehen.

– Die Versprechungen der Politiker und die Erwartungen der Menschen in Ostdeutschland waren auf die Übertragung der wesentlichen Ziele und Standards der westdeutschen Sozialpolitik gerichtet. Das heißt, die Vorstellungen von sozialer Sicherung richteten sich zum einen auf eine Absicherung und Stabilisierung der Lebensverhältnisse und des bisher erworbenen relativen Lebensstandards gegenüber allen normalen Lebensrisiken – auch gegenüber den Risiken des Transformationsprozesses (*Lebensstandardsicherung*). Hinzu kam zum anderen die Erwartung einer *Besserstellung* aller (mit Ausnahme der Kader des früheren Systems) und die *Angleichung* der *Lebensverhältnisse zwischen Ost und West*.

---

21 In der sozialpolitikwissenschaftlichen Literatur wird die Betrachtung des Systems der sozialen Sicherung oft auf die Sozialversicherung mit den Säulen der gesetzlichen Renten-, Kranken- (einschließlich Pflege-) und Unfallversicherung beschränkt. Hier wird jedoch die Sicherung gegen das Risiko der Arbeitslosigkeit, der Familienlastenausgleich und auch die Sicherung eines soziokulturellen Existenzminimums (Sozialhilfe) sowie auch die Tätigkeit der freien Wohlfahrtsverbände mit einbezogen.

Die Übertragung der im Westen entwickelten Sozialpolitik hatte somit nicht nur die Aufgabe einer sozialpolitischen Flankierung[22] oder Abfederung des Systemumbruchs und der Transformation, sondern trug ganz entscheidend die Last der Erwartungen (Hoffnungen) auf das Zusammenwachsen der beiden Gesellschaften und auf die Akzeptanz der neuen Wirtschafts- und Sozialordnung sowie auf die Bewältigung der kaum abwägbaren politischen Risiken (Gefährdung des sozialen Friedens, politische Destabilisierung). Wenn die Sozialpolitik diese Rolle im Transformationsprozeß wirklich erfüllen sollte, bedurfte es für die beiden zur Vereinigung führenden Staatsverträge zwingend der Verknüpfung von politischer Union, Wirtschafts- und Währungsunion einerseits und Sozialunion andererseits.

Die Rechtsgrundlagen für die Übertragung des Rechts der sozialen Sicherung wurden mit den beiden Staatsverträgen gelegt, durch die die Vereinigung der DDR mit der Bundesrepublik Deutschland vollzogen wurde (siehe auch Abschnitt 2.1). Der „Vertrag über die Schaffung einer Währungs-, Wirtschafts- und Sozialunion" vom 18. Mai 1990, wirksam ab 1. Juli 1990, enthält die Grundsätze für die Übertragung des für die Ausgestaltung der Sozialpolitik bedeutsamen Rechts. Der zweite Staatsvertrag „über die Herstellung der Einheit Deutschlands" (Einigungsvertrag) vom 31. August 1990 bestimmt mit Wirkung vom Zeitpunkt der Vereinigung die Bildung gemeinsamer Träger der sozialen Sicherung und deren Aufgaben sowie die Grundzüge für die Angleichung der Sozialleistungen.

Über die Schaffung der Rechtsgrundlagen für das System der sozialen Sicherung hinaus mußten möglichst unverzüglich auch die in der (laufenden) Politik oft vernachlässigten *Implementierungsprobleme* für die Wirksamkeit des Sozialrechts im Beitrittsgebiet gelöst werden:

- Für alle Bereiche der gegliederten Sozialversicherung (siehe die Abschnitte 2.4.1, 2.4.2 und 2.4.3) mußte der *Institutionenrahmen* geschaffen und eine möglichst flächendeckende dezentrale Verwaltungsorganisation für die Beitragseinnahmen und die sozialen Leistungen aufgebaut werden, was mit erheblichen Problemen insbesondere der Beschaffung und Qualifizierung geeigneten Personals verbunden war. Selbst die Sicherung der Auszahlung der Sozialleistungen durch die im Aufbau stehende „Transferbürokratie" gestaltete sich angesichts des raschen und teilweise plötzlichen Anstiegs der Fälle verständlicherweise nicht ohne Friktionen. Im Bereich der Gesundheitssicherung (siehe Abschnitt 2.4.2) bedurfte es daneben der Ergänzung und des Aufbaus eines Systems der

---

22 Vgl. Lampert (1990), der von den jeweiligen Ursachen her vier Arten des sozialpolitischen Handlungsbedarfes aufzeigt: systembedingter, informationsdefizitbedingter, friktionsbedingter und niveaubestimmter Handlungsbedarf.

Sachleistungserbringung für ambulante medizinische Leistungen, stationäre Leistungen, Heil- und Hilfsmittel. Für die Umsetzung der – in der DDR nur am Rande bedeutsamen – Sozialhilfe war die Entwicklung und der Aufbau eines pluralistischen Systems von kommunalen und freien Trägern individualisierter Hilfeleistungen erforderlich (siehe die Abschnitte 2.4.5 und 2.4.6).

- Angesichts der Systemumstellung von einer sozialistischen versorgungsstaatlichen sozialen Sicherung zu einer freiheitlichen, am Subsidiaritätsprinzip orientierten sozialen Sicherung mußte von einem erheblichen *Informationsbedarf* (vgl. Lampert 1990) ausgegangen werden. Die Menschen in den neuen Bundesländern mußten neue Erfahrungen über die Voraussetzungen und Modalitäten der Antragstellung für Sozialleistungen, über Mitwirkungsrechte und -pflichten sowie über die eigene Verantwortung für die Lebenslagensicherung innerhalb einer freiheitlichen Ordnung der sozialen Sicherung sammeln.
- Aufgrund der Transformation des Wirtschaftssystems der DDR und der Währungsunion sowie aufgrund der vorherigen Unterschiede im Niveau der sozialen Absicherung und der politischen Festlegung auf eine rasche Angleichung der Lebensverhältnisse mußte von einem nicht nur kurzfristigen, sondern von einem längerdauernden und quantitativ ganz erheblichen *Transferbedarf* (siehe die Abschnitte 2.3 und 5.8) zur realwirtschaftlichen Aufbringung der Mittel für die soziale Sicherung gerechnet werden, bis einmal die wirtschaftliche Leistungsfähigkeit der ostdeutschen Bundesländer die sozialen Leistungsstandards auf einheitlichem Niveau grundsätzlich selbst würde tragen können.

2.4.1 Arbeitslosenversicherung und Arbeitsmarktpolitik[23]

Nachdem in der DDR – von der Nachkriegsarbeitslosigkeit abgesehen – eher ein Arbeitskräftemangel vorgeherrscht hatte und unter dem verfassungsmäßig verankerten „Recht auf Arbeit" ein hohes Maß an Arbeitsplatzsicherheit gewährleistet war (vgl. Frerich/Frey 1993), erlangte das Problem der Arbeitslosigkeit erst wieder im Jahr 1990 neue Aktualität, als es im Zuge der Lockerung der zentral gesteuerten Arbeitskräftelenkung und der Einführung marktwirtschaftlicher Elemente zu ersten Entlassungen in den volkseigenen Betrieben und damit zur Aufdeckung der früher verdeckten Arbeitslosigkeit kam (vgl. Gürtler/Ruppert/Vogler-Ludwig 1990). Der Schock der System-

---

23 Vgl. zur Problematik der Arbeitslosigkeit im Transformationsprozeß in Ostdeutschland auch Lutz u.a. 1996, Pankoke 1996, Hahn/Schön 1996 sowie die Abschnitte 2.3, 4.1, 5.1 und 5.2.

transformation und die Währungsunion führten zu einem Produktions- und Beschäftigungseinbruch, der die Bevölkerung nun mit dem Phänomen der Massenarbeitslosigkeit konfrontierte. Die Zahl der Erwerbstätigen verringerte sich von 9,7 Mio. 1989 auf 6,4 Mio. 1995. Trotz der Abwanderung und dem Auspendeln nach Westdeutschland sowie trotz des massiven Einsatzes arbeitsmarktpolitischer Instrumente konnte ein Anstieg der offenen Arbeitslosigkeit auf über 1,2 Mio. jeweils im ersten Quartal der Jahre 1992, 1994 und 1996 nicht verhindert werden.

Die Transformation der DDR-Wirtschaft führte zu einem Zusammenbruch der Beschäftigung in den neuen Bundesländern, bei dem das Ausmaß der Arbeitslosigkeit sogar die Vergleichswerte aus der Zeit der Weltwirtschaftskrise überschritt (siehe Abbildung 2.4.1.1).

Abbildung 2.4.1.1: Der Zusammenbruch des Arbeitsmarktes in Ostdeutschland 1990/1991

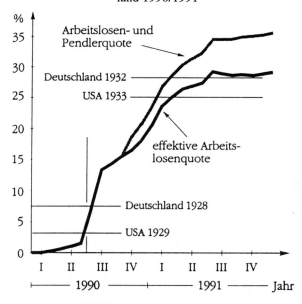

Quelle: Sinn/Sinn 1993: 37.

In den neuen Bundesländern mußte von mangelnder Erfahrung gerade in bezug auf die soziale Notlage durch den Verlust des Arbeitsplatzes und das Risiko der Arbeitslosigkeit ausgegangen werden (vgl. Kleinhenz 1989). Die rasche Ausweitung der Arbeitslosigkeit zur Massenarbeitslosigkeit, insbesondere in regionalen Schwerpunkten (vgl. Strubelt u.a. 1996), stellte daher eine ernste Gefahr für die Akzeptanz des neuen Systems und den sozialen Frieden dar.

Einkommenssicherung bei Arbeitslosigkeit

Die Regierung Modrow hatte noch im Februar 1990 per Verordnung erste Sicherungsmaßnahmen im Falle der Arbeitslosigkeit geschaffen, deren Kern eine aus dem Staatshaushalt finanzierte Unterstützungsleistung bildete.[24] Sie wurde den bei den Ämtern für Arbeit (später: Arbeitsämter) gemeldeten Arbeitsuchenden gewährt, denen keine ihren persönlichen Fähigkeiten entsprechende Beschäftigung vermittelt werden konnte. Die Höhe der Leistung entsprach dem bisherigen Nettoverdienst bis zu einer Höchstgrenze von 500 Mark, die Differenz bis zu 70% des vorherigen Nettolohnes wurde durch eine ergänzende Ausgleichszahlung der (entlassenden) Betriebe übernommen, ebenfalls bis zu einer Maximalleistung von 500 Mark.

Der Staatsvertrag über die Schaffung der Währungs-, Wirtschafts- und Sozialunion sah vor, daß die DDR im Bereich der Arbeitslosenversicherung und der Arbeitsförderung gesetzliche Regelungen traf, die dem westdeutschen Arbeitsförderungsgesetz entsprechen sollten. Dieser Pflicht kam die DDR am 22. Juni 1990 durch die Verabschiedung des Arbeitsförderungsgesetzes der DDR (AFG-DDR) nach. Ebenfalls in die Zeit vor Beginn der Währungsunion fiel die Erfüllung der anspruchsvollen Aufgabe, die Ämter für Arbeit der DDR in Organe der Arbeitsverwaltung nach dem Muster der alten Bundesrepublik umzuwandeln (vgl. hierzu Bundesministerium für Arbeit und Sozialordnung 1994a). Mit der Vereinigung wurde das AFG-DDR durch das AFG vom 25. Juni 1969 abgelöst, in das die Übergangsregelungen und Sonderbestimmungen für das Beitrittsgebiet (insbesondere in den §§ 249b und 249e) eingefügt wurden.

Das Arbeitslosengeld nach dem AFG-DDR hatte bezüglich der Leistungsvoraussetzungen und Berechnungsmodalitäten dem westdeutschen Vorbild entsprochen. Wegen der geringen nominalen Arbeitseinkommen der DDR wurde jedoch für Neuzugänge bis Ende 1991 ebenso wie für die übrigen Lohnersatzleistungen (Unterhaltsgeld, Übergangsgeld und Arbeitslosenhilfe) ein *Sozialzuschlag* gewährt, sofern ein wöchentlicher Betrag von 115 DM unterschritten wurde (§ 242 AFG-DDR). Der Sozialzuschlag wurde aus dem Staatshaushalt finanziert und nicht dynamisiert, so daß er im Zuge der Einkommenssteigerungen schon vor der vorgesehenen Ablauffrist Ende 1995

---

24 Verordnung über die Gewährung staatlicher Unterstützung und betrieblicher Ausgleichszahlung an Bürger während der Zeit der Arbeitsvermittlung vom 8. Februar 1990 (vgl. Gesetzblatt der DDR I, 1990: 41f.).

Übertragung des Systems der sozialen Sicherung 57

an Bedeutung verlor. Zu Beginn des Transformationsprozesses hatten die im Aufbau befindlichen Arbeitsämter allerdings teilweise noch Schwierigkeiten, die Auszahlung für Lohnersatzleistungen an größere Zahlen von Arbeitslosen sicherzustellen (vgl. Heinelt 1994: 13).

Arbeitsmarktpolitisches Instrumentarium und dessen Einsatz[25]

Neben der Einkommenssicherung bei Arbeitslosigkeit wurde bereits durch das Arbeitsförderungsgesetz der DDR auch das Instrumentarium der aktiven Arbeitsmarktpolitik eingeführt. Für die in Ostdeutschland zu erwartenden massiven Belastungen des Arbeitsmarktes war die aktive Arbeitsmarktpolitik nach dem AFG allerdings nicht konzipiert. Die Bundesanstalt für Arbeit kann nach dem AFG aktive Arbeitsmarktpolitik nur zur Ergänzung der gesamtwirtschaftlichen Sicherung eines hohen Beschäftigungsstandes betreiben und nicht die Gesamtlast eines globalen Arbeitsmarktausgleichs tragen. Die politischen Akteure waren sich dieser Einschränkung der Möglichkeiten aktiver Arbeitsmarktpolitik durchaus bewußt, hatten jedoch zum einen keine alternativen Handlungsmöglichkeiten und gingen zum anderen wohl auch überwiegend von der Erwartung aus, daß die bevorstehende Arbeitsmarktkrise kurzfristiger Natur sein würde (vgl. hierzu Weck 1994). Sonderregelungen in der Ausgestaltung bestimmter Maßnahmen oder in den Anspruchsvoraussetzungen, durch die der besonderen Lage in den neuen Bundesländern Rechnung getragen werden sollte, waren dementsprechend meist auf wenige Jahre befristet. Als sich die Beschäftigungskrise weiter verschärfte, reagierte man mit Verlängerungen der Geltungsdauer einzelner Sonderregelungen, entwickelte sie fort oder führte weitere ein. Der Einigungsvertrag, die 10. Novelle des Arbeitsförderungsgesetzes zum 1. Januar 1993 und das Beschäftigungsförderungsgesetz 1994 markieren Eckpunkte dieser arbeitsmarktpolitischen Reaktionen. Der folgende Überblick faßt die Entwicklung bei den wichtigsten Instrumenten zusammen.

Vorruhestand und Altersübergang: Regelungen zum frühzeitigen Ausstieg aus dem Erwerbsleben verfolgten das Ziel, das Erwerbspersonenpotential zu verringern und gezielt älteren Erwerbspersonen einen materiell abgesicherten Rückzug aus dem Erwerbssystem zu ermöglichen. Dadurch sollte diese Personengruppe vor Langzeitarbeitslosigkeit geschützt werden, von der sie im Systemumbruch in besonderem Maße bedroht war. Gleichzeitig kön-

---

25 Einen guten Überblick (und eine volkswirtschaftliche Beurteilung) der Regelungen und des Einsatzes der Arbeitsförderung in den neuen Bundesländern enthalten die Jahresgutachten (ab 1991/92) des Sachverständigenrates zur Begutachtung der gesamtwirtschaftlichen Entwicklung. Vgl. auch Keller 1996.

nen durch die Entlastungswirkung auf dem Arbeitsmarkt die Beschäftigungschancen jüngerer Arbeitnehmer verbessert werden.

Die DDR hatte bereits im Februar 1990 ein aus dem Staatshaushalt finanziertes Vorruhestandsgeld eingeführt.[26] Ältere Arbeitnehmer konnten fünf Jahre vor Erreichen des Rentenalters, das bei den Männern 65 Jahre, bei den Frauen 60 Jahre betrug, frühzeitig aus dem Erwerbsleben ausscheiden und erhielten Unterstützungszahlungen in Höhe von 70% des durchschnittlichen Nettolohnes der letzten zwölf Monate, mindestens jedoch 500 Mark monatlich.

Neuzugänge zu dieser Vorruhestandsregelung ergaben sich nach dem 3. Oktober 1990 nicht mehr, da sie durch die Einführung des Altersübergangsgeldes nach § 249e des Arbeitsförderungsgesetzes, der nur für die neuen Bundesländer galt, abgelöst wurde. Diese Sonderregelung war zunächst bis Ende 1991 befristet, wurde jedoch mehrfach verlängert und endete schließlich am 31. Dezember 1992. Die Höhe des Altersübergangsgeldes war bezüglich der Lohnersatzrate und mit einer an die Rentenanpassung angelehnten Dynamisierung dem Niveau des Arbeitslosengeldes vergleichbar. Unterschiede bestanden in einer verlängerten Bezugsfrist von bis zu fünf Jahren und der nicht erforderlichen Verfügbarkeit für die Vermittlung auf dem Arbeitsmarkt. Die Altersgrenze der Männer lag zunächst bei 57 Jahren und wurde mit Wirkung vom 1. Juli 1991 schließlich auf 55 Jahre gesenkt, womit sie der Altersgrenze der Frauen für das Altersübergangsgeld entsprach.

Das Altersübergangsgeld wird aus Mitteln der Bundesanstalt für Arbeit finanziert, solange die Bezugsdauer nicht die maximale Bezugsdauer für Arbeitslosengeld überschreitet. Ab diesem Zeitpunkt übernimmt der Bund die Zahlungsverpflichtung. Eine Belastung für den Bundeshaushalt fiel daher erstmals im Jahr 1993 an (580 Mio. DM), belief sich aber bereits 1994 auf 3,8 Mrd. DM. Schätzungen gehen von einer Steigerung bis 1997 auf 22 Mrd. DM aus (vgl. Heinelt 1994: 9). Auf die Rentenversicherungsträger kommen ebenfalls zukünftig hohe Kosten aus dem Altersübergangsgeld zu, da es längstens für fünf Jahre gewährt wird und anschließend bis zum Erreichen des regulären Rentenalters eine vorgezogene Altersrente gewährt werden muß.

Die quantitative Entlastung des Arbeitsmarktes durch Vorruhestand und Altersübergang war und ist hoch. So empfingen im Jahr 1993 rund 850.000 Personen eine der beiden Leistungen; das waren mehr, als an Maßnahmen der Arbeitsbeschaffung oder Fortbildung und Umschulung zusammen teilge-

---

26 Verordnung über die Gewährung von Vorruhestandsgeld vom 8. Februar 1990 (vgl. Gesetzblatt der DDR I, 1990: 42).

Übertragung des Systems der sozialen Sicherung 59

nommen haben (siehe Abbildung 2.4.1.2; vgl. auch Statistisches Bundesamt 1995b: 25f.).

Abbildung 2.4.1.2: Der Arbeitsmarkt in Ostdeutschland 1991 bis 1996: Entwicklung der Arbeitslosigkeit und Entlastung durch arbeitsmarktpolitische Maßnahmen und Pendler – Monatsdurchschnitte

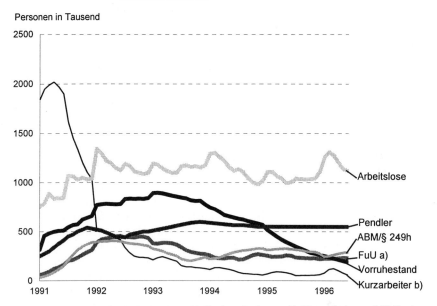

Anmerkungen: a) Nur Teilnehmer an Vollzeitmaßnahmen; b) Kurzarbeiter auf Vollzeitäquivalente umgerechnet.
Quelle: Bach/Jung-Hammon/Otto 1996.

Insgesamt eröffneten Vorruhestandsregelung und Altersübergangsgeld von Arbeitslosigkeit bedrohten älteren Arbeitnehmern, deren Vermittlungschancen auf dem Arbeitsmarkt als eingeschränkt einzuschätzen waren, eine Möglichkeit, den Übergang in den Rentenbezug ohne Rückgriff auf die eine Bedarfsprüfung erfordernde Arbeitslosenhilfe oder Sozialhilfe zu gestalten.[27]

---

27 Die Anzahl der Arbeitslosen unter den über 55jährigen bewegte sich dementsprechend nach 1990 zunächst auf niedrigem Niveau. Erst nach Auslaufen des befristeten Altersübergangsgeldes ist sie mit hohen Zuwachsraten angestiegen und lag 1995 bei

Allerdings gingen von der Existenz der Vorruhestands- und Altersübergangsgeldregelungen auch nicht unbeträchtliche Rückwirkungen auf die Beschäftigungssituation dieser Personengruppe aus, denn in der Rechtspraxis wurde der Kündigungsschutz für Anspruchsberechtigte des Altersübergangsgeldes weitgehend entwertet. Zudem sind bei der Beurteilung von Vorruhestand und Altersübergangsgeld als Instrumente zur Entlastung des Arbeitsmarktes auch die sozialen und psychischen Probleme der Vorruheständler zu berücksichtigen (vgl. Kretzschmar/Valerius 1995). Schließlich kann man die Frage aufwerfen, ob nicht auf längere Sicht gerade die Nutzung des Humanvermögens dieser nahezu komplett in den Vorruhestand entlassenen Jahrgänge mit der akkumulierten Erfahrung eines Arbeitslebens für den Aufbau einer leistungsfähigen Wirtschaft und sozialen Infrastruktur in den neuen Bundesländern dringend geboten gewesen wäre.

Kurzarbeit: In den alten Bundesländern war die Regelung der Kurzarbeit schon seit langem ein wichtiges Instrument der aktiven Arbeitsmarktpolitik. Die Gewährung von Kurzarbeitergeld stellte eine Alternative zur Entlassung bei kurzfristigen Auftragsschwankungen dar, indem sie die Erhaltung der betroffenen Arbeitsplätze erleichtert und somit sowohl die Arbeitnehmer vor Arbeitslosigkeit schützt als auch die Arbeitgeber vor dem Verlust ihrer eingearbeiteten Arbeitskräfte bewahrt. Neben dieser konjunkturpolitischen Variante der Kurzarbeitsregelung, die einen Arbeitsausfall von vorübergehendem Charakter in Betriebseinheiten voraussetzt, ist seit Ende der achtziger Jahre auch ein strukturpolitisches Kurzarbeitergeld geläufig. Seit 1988 (befristet bis 31. Dezember 1997) eröffnete das Arbeitsförderungsgesetz – faktisch beschränkt auf den Bereich der Montanindustrie – die Möglichkeit der Kurzarbeit auch in den Fällen, in denen „der Arbeitsausfall auf einer schwerwiegenden strukturellen Verschlechterung der Lage des Wirtschaftszweiges beruht und der hiervon betroffene Arbeitsmarkt außergewöhnliche Verhältnisse aufweist." (§ 65 Abs. 4 AFG) Eine Funktionserweiterung begründete diese Neuerung vor allem dadurch, daß die Inanspruchnahme von Kurzarbeitergeld auch für längerfristige strukturelle Umstellungen und eine Verknüpfung der Kurzarbeit mit Qualifizierungsmaßnahmen ermöglicht wurde, so daß der Strukturwandel nicht nur passiv durch Lohnersatzleistungen überbrückt, sondern auch aktiv gefördert werden konnte.

Für die neuen Bundesländer mußte von Anfang an von einer hohen strukturellen Arbeitslosigkeit für die Zeit des Transformationsprozesses ausgegangen werden. Dies wurde schon an der Tatsache deutlich, daß die sektorale Beschäftigungsstruktur der DDR im Jahre 1989 recht genau der Beschäf-

---

rund 170.000 Personen; dies entspricht 16,4% aller Arbeitslosen (vgl. Bundesanstalt für Arbeit 1996: 180).

Übertragung des Systems der sozialen Sicherung 61

tigungsstruktur der Bundesrepublik der sechziger Jahre entsprach. Die schockartige Konfrontation mit dem weltweiten Wettbewerb, westlichen Produktions-, Produktivitäts- und Technologiestandards sowie einer veränderten Nachfragestruktur nach Gütern mußte zwangsläufig zu strukturellen Umbrüchen der ostdeutschen Volkswirtschaft führen, die sich zuvor vom weltweiten Wettbewerb weitgehend abgekoppelt hatte. Vereinfachend könnte argumentiert werden, daß die neuen Bundesländer in wenigen Jahren den Strukturwandel, der in den alten Bundesländern in einem Zeitraum von 30 Jahren stattgefunden hatte, „nachholen" mußten und müssen.

Dementsprechend sah bereits das Arbeitsförderungsgesetz der DDR die Zahlung von Kurzarbeitergeld auch in den Fällen vor, in denen der Arbeitsausfall „auf betrieblichen Strukturveränderungen oder betriebsorganisatorischen Maßnahmen im Zusammenhang mit der Schaffung einer Wirtschafts-, Währungs- und Sozialunion mit der Bundesrepublik Deutschland" beruhte (§ 63 Abs. 5 AFG-DDR). Damit war hier ein weitgehend „unbürokratisches" Instrument gefunden worden, auf die transformationsbedingte Arbeitslosigkeit zu reagieren, von dem in hohem Maße und vielfach in der extremen Form der „Nullstunden-Kurzarbeit" Gebrauch gemacht wurde. Diese Sonderregelung galt auch nach der Vereinigung bis Ende 1991 weiter, bevor dann westdeutsches Recht übernommen und einheitliche Regelungen für ein konjunkturelles oder strukturelles Kurzarbeitergeld angewandt wurden. Da zwar weiterhin generell die besondere Betroffenheit der regionalen Arbeitsmärkte anzunehmen war, aber nicht mehr in allen Wirtschaftsbereichen in den neuen Bundesländern eine „klassische" Strukturkrise unterstellt werden konnte, wurden die Vergabemöglichkeiten des Kurzarbeitergeldes in den neuen Bundesländern eingeschränkt. Vom Geltungsbereich der Kurzarbeitsregelung ausgenommen waren künftig die Bauwirtschaft, die Banken und Versicherungen sowie andere Dienstleistungsbereiche. Hinzu kam, daß die Bundesanstalt für Arbeit die Beiträge zur Renten- und Krankenversicherung nicht mehr in vollem Umfang übernahm (vgl. hierzu Heinelt 1994: 12ff.).

Die Höhe des Kurzarbeitergeldes orientiert sich unabhängig vom Grund seiner Gewährung an den Leistungssätzen und Modalitäten der Berechnung des Arbeitslosengeldes, z.Zt. beträgt es also 60% des durch Kurzarbeit entgangenen Nettoarbeitsentgelts, für Leistungsempfänger mit wenigstens einem Kind 67%.

Nach Inkrafttreten der Währungs-, Wirtschafts- und Sozialunion waren die Zahlen für die Inanspruchnahme der Kurzarbeitsregelung zunächst deutlich angestiegen und erreichten ihren Höchststand im zweiten Vierteljahr 1991, als knapp 2 Mio. Arbeitnehmer Kurzarbeitergeld erhielten (vgl. Statistisches Bundesamt 1995b: 25; siehe auch Abbildung 2.4.1.2). Hierzu trug die schnelle Einsetzbarkeit dieses arbeitsmarktpolitischen Instruments bei, da zum einen – wie etwa bei den Maßnahmen zur Fortbildung und Umschulung – die Errichtung einer leistungsfähigen Trägerstruktur nicht erforderlich war, zum anderen die Zahlungen über die Betriebe abgewickelt werden konnten. Die Geltung einheitlicher Regelungen der Arbeitsförderung schlug sich im deutlichen Rückgang des Umfangs der Kurzarbeit ab 1992 nieder. Im zweiten Vierteljahr 1992 betrug die Anzahl der Empfänger von Kurzarbeitergeld rund 440.000 Personen, was gegenüber dem Vorjahreszeitraum einem Rückgang um mehr als drei Viertel gleichkam. Seither hat sich ihre Anzahl nahezu stetig weiter verringert, sie lag im Februar 1996 bei rund 80.000 Personen.

Förderung der beruflichen Bildung: Die institutionelle und individuelle Förderung der beruflichen Bildung stellt ein wesentliches Element aktiver Arbeitsmarktpolitik dar. Sie ist mittelfristig zur Überwindung struktureller Arbeitslosigkeit in dem Maße geeignet, als eine Diskrepanz zwischen den Profilen (Merkmalen) von Arbeitslosen und offenen Stellen besteht („Mismatch-Arbeitslosigkeit"). Berufliche Bildung kann insbesondere dazu beitragen, Ungleichgewichte zwischen der Qualifikationsstruktur der Beschäftigten und den Erfordernissen der Arbeitskräftenachfrage auszugleichen.

Das AFG unterscheidet bei der *individuellen Förderung der beruflichen Bildung* zum einen Maßnahmen einer fundierten beruflichen (Grund-)*Ausbildung* und *Fortbildungsmaßnahmen*, die dazu dienen, beruflich erworbene Kenntnisse und Fertigkeiten zu erhalten, sie auszubauen oder der technischen Entwicklung anzupassen (§ 49 AFG). Zum anderen ist die Möglichkeit der Förderung von *Umschulungsmaßnahmen* gegeben. Hierdurch wird der Übergang in eine andere berufliche Tätigkeit vorbereitet und damit über die Erhöhung der beruflichen Mobilität zur Vermeidung von Arbeitslosigkeit beigetragen (§ 47 AFG).

In der Berufsausbildungsbeihilfe im Rahmen der *beruflichen Ausbildung* werden sowohl der Lebensunterhalt als auch die Ausbildung finanziell unterstützt, wobei sich die Bedarfssätze am Lebensalter, am Familienstand, an Unterrichtsgebühren und anderen Faktoren bemessen. Bezüglich der Leistungen zur Förderung der beruflichen Ausbildung erstreckt sich der förderungsfähige Personenkreis im wesentlichen auf Auszubildende, die außerhalb des Haushaltes der Eltern wohnen. Die Förderleistungen im Rahmen der *beruflichen Fortbildung* orientieren sich ebenfalls am vollständigen oder teilweisen Ersatz der notwendigen Kosten der Maßnahmen sowie (bei ganztägigen Maßnahmen) an der Leistung von Unterhaltsgeld als Lohnersatz. Das Unterhaltsgeld bemißt sich gegenwärtig wie das Arbeitslosengeld am pauschalierten letzten Nettoentgelt und liegt bei einem Anteil von 67% oder 60%, je nachdem, ob der Teilnehmer mindestens ein Kind hat oder nicht.

Der förderungsfähige Personenkreis im Rahmen der beruflichen Fortbildung erstreckt sich auf Arbeitnehmer mit einer abgeschlossenen Berufsausbildung und Arbeitnehmer ohne abgeschlossene Berufsausbildung, wenn sie mindestens drei Jahre berufstätig waren. Zusätzlich dazu ist das Vorliegen von Arbeitslosigkeit oder die unmittelbar drohende Arbeitslosigkeit des Arbeitnehmers Voraussetzung für die Gewährung einer Förderung. Die Höhe der Förderleistungen bemißt sich u.a. nach dem Bedarf für den Lebensunterhalt und dem Bedarf für die Bildungsmaßnahme, wobei die Höhe der Bedarfssätze vom Lebensalter, dem Familienstand und der Art der Unterbringung abhängt. Einkommen des Auszubildenden und seiner Eltern und seines Ehegatten werden nach bestimmten Modalitäten angerechnet.

Schließlich sind im Rahmen der *Förderung der beruflichen Mobilität* die *Einarbeitungszuschüsse* zu nennen, die als befristete Lohnkostenbeihilfen bis zu einem Anteil von 50% (üblicher Satz: 30%) des tariflichen Arbeitsentgelts gewährt werden können, wenn die volle Arbeitsleistung eines Beschäftigten erst nach einer Einarbeitungszeit erbracht werden kann (§ 49 AFG).

Grundsätzlich kann es in der Marktwirtschaft als Aufgabe der privaten Wirtschaftssubjekte, also der Arbeitgeber und der Arbeitnehmer, angesehen werden, Ausbildungsentscheidungen zu treffen, Investitionen in Humankapital vorzunehmen, berufliche Bildung oder berufliche Umschulungen durchzuführen. Die Förderinstrumente des Arbeitsförderungsgesetzes treten dementsprechend auch nur subsidiär hinzu, wenn dies aus arbeitsmarkt- und sozialpolitischen Gründen angezeigt ist und dem einzelnen Arbeitnehmer die berufliche Bildung ansonsten verwehrt wäre. Art, Umfang und Durchführung der Bildungsmaßnahmen werden von der Bundesanstalt für Arbeit festgelegt, wobei hierbei die Lage auf dem Arbeitsmarkt berücksichtigt wird.

Die strukturpolitische Ausrichtung dieser Instrumente ließ ihren Einsatz in den neuen Bundesländern in besonderem Maße geboten erscheinen, wurden doch die formal gut ausgebildeten Beschäftigten nach dem Systemumbruch teilweise mit völlig neuen qualifikatorischen Anforderungen konfrontiert. Der besonderen Situation in den neuen Ländern wurde durch befristete Sonderregelungen entsprochen, deren Gültigkeit schließlich bis zum 31. Dezember 1995 ausgedehnt wurde. So bestand ein Anspruch auf *Unterhaltsgeld* auch dann, wenn die „Unmittelbarkeit" der drohenden Arbeitslosigkeit nicht gegeben war. Erweitert wurde auch der Kreis potentieller Träger von Bildungsmaßnahmen, indem Fachhochschulen, Hochschulen und ähnliche Bildungseinrichtungen für Bildungsmaßnahmen zugelassen wurden.

Diese Regelung deutet an, daß der Mangel an geeigneten Trägern, die bildungspolitische Maßnahmen im Sinne des Arbeitsförderungsgesetzes durchführen konnten, besonders in der Anfangszeit eines der größten Probleme darstellte. Eine Entspannung der Lage trat erst Mitte 1991 ein, als sich, angezogen durch die hohen Fördervolumina der Bundesanstalt für Arbeit, genügend neue Bildungseinrichtungen etabliert hatten bzw. westdeutsche Träger ihre Aktivitäten entsprechend ausdehnten. Dies führte auch dazu, daß sich die Ausgaben der Bundesanstalt für Arbeit für Fortbildung und Umschulung 1992 auf 11,3 Mrd. DM gegenüber dem Vorjahr mehr als verdoppelten. 1992 nahmen durchschnittlich 491.200 Personen an Maßnahmen der beruflichen Bildung teil (vgl. Statistisches Bundesamt 1995b: 26).

Das hohe Maß des Einsatzes und der Inanspruchnahme von Bildungsmaßnahmen legt allerdings auch die Vermutung nahe, daß neben die Funktion der Reintegration Arbeitsloser in das Erwerbsleben durch derartige Aktivitäten auch eine andere, vorrangig sozialpolitische Funktion hinzugetreten ist (vgl. Heinelt 1994: 15). Da bereits die *Teilnahme* an einer Bildungsmaßnahme geeignet ist, für die Betroffenen eine Phase der Arbeitslosigkeit zu unterbrechen und politisch sowie statistisch „entlastend" für den Problemdruck am Arbeitsmarkt zu wirken, mag die tatsächliche Chance auf eine bessere Vermittelbarkeit nach erfolgreichem Abschluß in vielen Fällen ein nachrangiges Motiv für die Gewährung von und die Teilnahme an Bildungsmaßnahmen gewesen sein.

Die 10. Novelle des AFG, in Kraft getreten am 1. Januar 1993, reagierte auf den stark gestiegenen Zuschußbedarf für die Bundesanstalt für Arbeit aus dem Bundeshaushalt mit Einschnitten im Förderungsrecht, die sowohl die alten als auch die neuen Bundesländer betrafen. Restriktiver gestaltet wurden u.a. die Zulassungsprüfung von Bildungsmaßnahmen hinsichtlich ihrer arbeitsmarktpolitischen Zweckmäßigkeit und die Leistungsgewährung bei den Einarbeitungszuschüssen. Die Teilnahme an mehreren aufeinanderfolgenden Maßnahmen wurde durch die Einführung von „Pflichtwartezeiten" erschwert. Ab dem 1. Januar 1994 wurde zudem die Lohnersatzrate beim Unterhaltsgeld im Rahmen der beruflichen Fortbildung, die zuvor 73% für Personen mit mindestens einem Kind bzw. 65% für die übrigen Fälle betragen hatte, auf die dem Arbeitslosengeld entsprechenden Sätze (67% bzw. 60%) gesenkt.

Bezüglich einer Erfolgsmessung der Qualifizierungsmaßnahmen in den neuen Bundesländern liegen keine verläßlichen Indikatoren vor, da aufgrund fehlender Kontrollgruppenvergleiche und Selektionsverzerrungen statistische Erhebungen zumeist nur wenig Aussagekraft besitzen. Gemessen an Hilfsindikatoren verschiedener Studien sind die Qualifizierungsmaßnahmen aber insgesamt doch positiv zu beurteilen. Vor allem bezogen auf spätere Beschäftigungserfolge schneiden Einarbeitungszuschüsse und betriebliche Einarbeitungsprogramme recht gut ab, was daran liegen dürfte, daß diese Programme einen besonders hohen „Realitätsgrad" und einen hohen Bezug zur realen Arbeitswelt besitzen, zumal die Teilnehmer von den geförderten Betrieben selbst ausgewählt werden. Allerdings besteht hier auch in besonderem Maße die Gefahr von Mitnahmeeffekten (vgl. SVR 1995b: 118ff.).

Förderung der Beschäftigung: Maßnahmen der *Arbeitsbeschaffung* (ABM) dienen in der Regel bei jüngeren Arbeitnehmern bzw. nach einer

Unterbrechung der Erwerbsphase der Vorbereitung der beruflichen (Wieder-) Eingliederung, während bei Problemgruppen von Arbeitslosen, deren Vermittelbarkeit auf dem Arbeitsmarkt eingeschränkt ist, zumeist sozialpolitische Aspekte im Vordergrund stehen. Die Förderung durch die Bundesanstalt für Arbeit erfolgt über zeitlich befristete Lohnkostenzuschüsse (§§ 91-96 AFG). In den alten Bundesländern können bis zu 75% der ortsüblichen Lohnkosten erstattet werden; seit Inkrafttreten der 10. Novelle des Arbeitsförderungsgesetzes am 1. Januar 1993 darf das zugrunde gelegte Arbeitsentgelt jedoch nur 90% der Entlohnung für eine vergleichbare ungeförderte Tätigkeit betragen (§ 94 Abs. 1 AFG). In Arbeitsamtsbezirken mit überdurchschnittlicher Arbeitslosigkeit sowie für bestimmte Problemgruppen von Arbeitslosen sind höhere Zuschüsse bis hin zur vollständigen Übernahme der Lohnkosten möglich. Der Einsatz von AB-Maßnahmen darf nur dann erfolgen, wenn öffentliches Interesse vorliegt, die Arbeit sonst nicht oder nur zu einem späteren Zeitpunkt durchgeführt würde und arbeitsmarktpolitische Zweckmäßigkeit gegeben ist (§ 91 Abs. 2 AFG). Die Zulassung juristischer Personen des öffentlichen Rechts als Maßnahmeträger ist nur möglich, wenn die geförderte Arbeit der Vorbereitung, Ermöglichung oder Ergänzung strukturverbessernder Maßnahmen oder aber der Verbesserung der sozialen Infrastruktur oder Umwelt dient (§ 91 Abs. 3 AFG).

Bereits im Arbeitsförderungsgesetz der DDR waren Sonderregelungen vorgesehen, deren Gültigkeit nach der Vereinigung bis Ende 1992 verlängert wurde. Neben höheren Fördersätzen – so war eine vollständige Übernahme der Personalkosten ohne die für Westdeutschland geltende quantitative Begrenzung möglich – wurden sowohl die Zulassung der potentiellen Träger als auch die Förderberechtigung weniger restriktiv gehandhabt. Für den Eintritt in eine ABM-Beschäftigung war weder der Bezug von Arbeitslosengeld oder Arbeitslosenhilfe noch der Nachweis einer bestimmten Dauer der Arbeitslosigkeit erforderlich.

Wie auch bei der Förderung der beruflichen Bildung ergab sich bei der Implementierung der AB-Maßnahmen zunächst das Problem des akuten Mangels geeigneter Träger. Hier wirkte sich neben administrativen Schwierigkeiten und Informationsdefiziten vor allem aus, daß die ABM-Förderung sich nur auf die Lohnkosten bezieht und damit Eigenmittel der potentiellen Träger für die Aufbringung der Sachkosten voraussetzt. Diesem Problem wurde schließlich Mitte 1991 begegnet im Rahmen des „Gemeinschaftswerks Aufschwung Ost", das Mittel zur Finanzierung der Sachkosten von Arbeitsbeschaffungsmaßnahmen bereitstellte. Entsprechend stieg die Zahl der ABM-Beschäftigten an und erreichte 1992 mit durchschnittlich rund 388.000 Personen ihren Höhepunkt, nachdem sie 1991 (ca. 188.000 Beschäftigte) noch deutlich darunter gelegen hatte (vgl. Statistisches Bundesamt 1995b: 25; siehe auch

Abbildung 2.4.1.2). In diesen beiden Jahren entfiel auf sogenannte Mega-ABM, d.h. Maßnahmen mit einem Fördervolumen von insgesamt jeweils über 3 Mio. DM, ein Anteil von 11,4% der Beschäftigten (vgl. Emmerich 1994: 118). Ebenfalls in dieser Zeit sind die „Gesellschaften für Arbeitsförderung, Beschäftigung und Strukturentwicklung" (ABS-Gesellschaften) entstanden. Als Unternehmen, deren Zweck allein in der Durchführung arbeitsmarktpolitischer Maßnahmen – überwiegend Arbeitsbeschaffung, aber auch Qualifizierung – liegt, stellen sie eine wichtige arbeitsmarktpolitische Innovation in den neuen Bundesländern dar (vgl. Knuth 1994). Problematisch ist allerdings, daß hier Trägerstrukturen von einem so großen Ausmaß entstanden sind, daß Verfestigungen und Verdrängungseffekte zu befürchten waren und auch beobachtet werden konnten. Instrumente, die nur für den Übergang geplant waren, wurden häufig verlängert oder nur langsam zurückgefahren; eine Tatsache, die auch aus ordnungspolitischer Sicht kritisch zu bewerten ist.

Die 10. Novelle des AFG enthielt Sonderregelungen für die neuen Bundesländer, die angesichts der stark gestiegenen Ausgaben für AB-Maßnahmen deren Einsatz begrenzen sollten. Interne Erlasse der Bundesanstalt für Arbeit hatten diesen Weg bereits seit Mitte 1991 beschritten (vgl. Heinelt 1994: 25). Die Einschränkungen betrafen u.a. die Gewährung der 100prozentigen Fördersätze und führten Begrenzungen des dabei zugrunde gelegten Arbeitsentgelts sowie der maximalen wöchentlichen Arbeitszeit ein. Gleichzeitig wurde jedoch auch ein neues Instrument geschaffen, und zwar die *produktive Arbeitsförderung-Ost* durch Lohnkostenzuschüsse nach § 249h AFG (vgl. hierzu Bach 1995). Damit konnte die Beschäftigung von Empfängern von Arbeitslosengeld, Arbeitslosenhilfe oder Kurzarbeitergeld sowie Teilnehmern an AB-Maßnahmen durch pauschalisierte Zuwendungen gefördert werden. Ebenso wie bei den ABM dürfen zur Abgrenzung von den Beschäftigungsverhältnissen am „ersten" Arbeitsmarkt die gezahlten Entgelte jedoch nicht mehr als 90% der dort üblichen Löhne oder die Arbeitszeit höchstens 80% der üblichen Arbeitszeit betragen.

Die Einführung des § 249h AFG ist als Reaktion auf das Auslaufen der Förderfrist verschiedener Mega-ABM mit rund 30.000 Teilnehmern zum Jahresende 1992 zu sehen. Die Einsatzmöglichkeiten dieser Regelung sind auf die Bereiche Umweltsanierung und -verbesserung, Breitensport, soziale Dienste und Jugendhilfe begrenzt. Da diese Form der produktiven Arbeitsförderung seit 1994 als § 249s AFG auch für die alten Bundesländer gilt, stellt sie eine vom Einigungsprozeß hervorgebrachte arbeitsmarktpolitische Instrumenteninnovation dar, von der auch unmittelbare Rückwirkungen auf die alten Länder ausgegangen sind.

Genau wie bei den anderen Maßnahmen der Arbeitsförderung dürfte es schwer sein, den Erfolg der Maßnahmen zur Arbeitsbeschaffung exakt zu bestimmen. Insgesamt kann die arbeitsmarkt- und sozialpolitische Bedeutung der besprochenen Instrumente aktiver Arbeitsmarktpolitik (Kurzarbeitergeld, FuU-Maßnahmen, Altersübergangsgeld und AB-Maßnahmen) für die neuen Bundesländer aber kaum hoch genug eingeschätzt werden (siehe Abbildung 2.4.1.3).

Abbildung 2.4.1.3: Arbeitslosigkeit in Ostdeutschland 1990 bis 1995 und Entlastung des Arbeitsmarktes durch aktive Arbeitsmarktpolitik

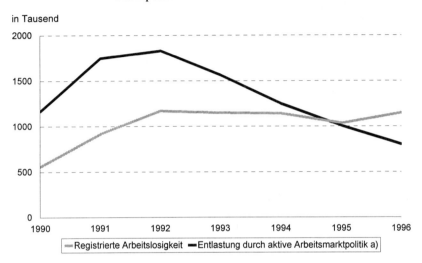

Anmerkung: a) Summe aus: Kurzarbeiter mit dem ausgefallenen Teil ihrer Arbeitsstunden, Teilnehmer in Arbeitsbeschaffungsmaßnahmen, Leistungsempfänger nach § 105 AFG, Teilnehmer an Fortbildungs- und Umschulungsmaßnahmen, Teilnehmer an Deutsch-Sprachlehrgängen, Empfänger von Vorruhestandsgeld und Altersübergangsgeld.

Quelle: SVR 1991, 1993, 1995a und 1995b, Bundesanstalt für Arbeit 1996; 1996 eigene Schätzung.

Ohne diese Maßnahmen hätte die offene Arbeitslosigkeit in den neuen Bundesländern zeitweise das doppelte Niveau erreicht. Die oben angesprochenen Maßnahmen haben so einen wichtigen Beitrag dazu geleistet, den notwendigen und zwangsläufigen Strukturumbruch im Gefolge der Wirtschafts- und Sozialunion sozial zu flankieren. Der schrittweise mäßige Abbau des Umfangs der eingesetzten Instrumente ab 1992 kann aufgrund einer sich stabilisierenden Arbeitslosenquote als volkswirtschaftlich sinnvoll und sozial vertretbar angesehen werden.

Ausgaben zur Bekämpfung der Arbeitslosigkeit in den neuen Bundesländern

Arbeitslosenversicherung und Arbeitsförderung nach dem AFG sind im Gesamtsystem der sozialen Sicherung in der Sozialen Marktwirtschaft – komplementär zur staatlichen Verantwortung für einen hohen gesamtwirtschaftlichen Beschäftigungsstand – auf die Verhütung von Arbeitslosigkeit, auf die produktive Eingliederung Arbeitsloser und auf die Einkommenssicherung im Falle der Arbeitslosigkeit ausgerichtet. Dabei kann die Umlage der sozialen Kosten des Risikos der Arbeitslosigkeit über die Beiträge auf alle abhängig Beschäftigten grundsätzlich nur für friktionelle, saisonale sowie vorübergehende strukturelle und konjunkturelle Arbeitslosigkeit gelingen. Eine relativ langdauernde Arbeitsmarktkrise mit hoher Massenarbeitslosigkeit, wie sie sich im Transformationsprozeß in den neuen Bundesländern entgegen den anfänglichen Hoffnungen ergeben hat, wäre allein nach dem AFG und im Wege der Umlagefinanzierung nicht zu verkraften und noch weniger quantitativ ausreichend zu bekämpfen.

Abbildung 2.4.1.4: Ausgewählte arbeitsmarktpolitische Ausgaben der Bundesanstalt für Arbeit in Ostdeutschland 1990 bis 1995

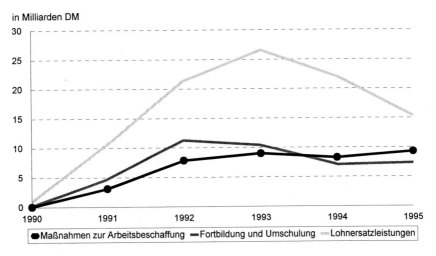

Quelle: SVR 1995b: 119.

Arbeitslosenversicherung und Arbeitsförderung verursachten daher – trotz der zunehmenden Restriktionen der öffentlichen Haushalte – in den neuen

Bundesländern Ausgaben in einer absoluten Höhe und einem relativen Gewicht, für die dieses Instrumentarium an sich nicht angelegt war. So wurden von 1990 bis 1995 insgesamt 256 Mrd. DM durch den Bund und die Bundesanstalt für Arbeit für arbeitsmarktpolitische Maßnahmen in den neuen Bundesländern ausgegeben. Im Jahr 1995 machten diese Ausgaben etwa 2% des gesamtdeutschen Volkseinkommens aus. Die Struktur der Ausgaben kann den Abbildungen 2.4.1.4 und 2.4.1.5 entnommen werden; auffallend sind vor allem die Ausgaben für Lohnersatzleistungen. Allein für Arbeitslosengeld und Arbeitslosenhilfe wurden zwischen 1990 und 1995 insgesamt rund 75 Mrd. DM ausgezahlt (vgl. SVR 1995b: 119).

Abbildung 2.4.1.5: Lohnersatzleistungen des Bundes in Ostdeutschland 1991 bis 1995

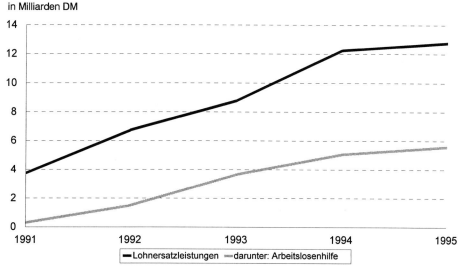

Anmerkung: Lohnersatzleistungen: Arbeitslosenhilfe, Vorruhestandsgeld, Altersübergangsgeld, Sozialzuschläge etc.
Quelle: SVR 1995b: 119.

Diese Ausgaben zur Bekämpfung der transformationsbedingten Arbeitslosigkeit in den neuen Bundesländern konnten letztlich nur durch die Solidargemeinschaft innerhalb der Bundesrepublik Deutschland getragen werden. Ihre (vereinigungs- und sozialpolitisch) notwendigen Dimensionen, die wohl nicht mit den üblichen Maßstäben für die Analyse der Arbeitsförderung beurteilt werden können, führten auch zu einer erneuten und verstärkten Grundsatzdiskussion über die Ziel- und Ordnungskonformität der aktiven Arbeitsmarktpolitik und ihrer Finanzierung sowie ihr Verhältnis zu anderen Handlungsmöglichkeiten, insbesondere auch zur Tarifpolitik.

Beurteilung der Instrumente aktiver Arbeitsmarktpolitik

Arbeitsbeschaffungsmaßnahmen: In den neuen Bundesländern sind erstmals in großem Umfang Beschäftigungs- und Qualifizierungsgesellschaften gegründet worden, die zeitweise in einem flächendeckenden System eine nicht unerhebliche Zahl von Arbeitsplätzen auf dem Arbeitsmarkt bereitgestellt haben. Dabei entlohnen diese Beschäftigungsgesellschaften die Arbeitnehmer mit fast marktüblichen Löhnen und Gehältern, ohne daß ihnen andererseits die marktüblichen Arbeitskosten entstehen, da sie von einer intensiven Förderung profitieren.

Das ordnungspolitische Problem dabei ist offenkundig. Oftmals stehen die ABS-Gesellschaften mit privaten Unternehmern im Wettbewerb, obwohl die Arbeit der ABS-Gesellschaften grundsätzlich „zusätzlich" und im „öffentlichen Interesse" sein soll und eigentlich keine privaten Wettbewerber verdrängen dürfte, weil sich dies jeweils nur schwer abgrenzen und überprüfen läßt. Problematisch war und ist in diesem Zusammenhang auch die Sanierung von Betriebsgeländen von Treuhandunternehmen oder einer Nachfolgegesellschaft durch ABS-Gesellschaften (vgl. SVR 1993: 114f.), da hier eine Sanierung finanziert wird, die später auch durch den Eigentümer vorgenommen werden könnte. Es kam und kommt hier also zu einer indirekten Subventionierung der Treuhandanstalt und ihrer Nachfolgeorganisationen, weil sie die Sanierung nicht mehr selbst vornehmen oder aber keinen entsprechenden Preisnachlaß gewähren mußten. Darüber hinaus läuft die Finanzierung von Arbeitsbeschaffungsmaßnahmen auch auf eine Subventionierung von Gemeinden durch die Bundesanstalt für Arbeit hinaus. Im Sinne einer Effizienzsteigerung der eingesetzten Mittel könnte es sinnvoller sein, den Gemeinden diese Mittel unmittelbar und ungebunden zur Verfügung zu stellen. Sie könnten dann frei entscheiden, ob sie die Verträge an private Unternehmen oder aber an ABS-Gesellschaften vergeben wollen. Ähnliches gilt für AB-Maßnahmen, bei denen Wohlfahrtsverbände die Trägerschaft übernehmen.

Andererseits muß auch betont werden, daß die AB-Maßnahmen einen Beitrag zur Erhaltung von für die Lebenslage der Arbeitslosen sozialpolitisch bedeutsamen Grundqualifikationen geleistet und als ein wichtiges „Auffangbecken" für den ostdeutschen Arbeitsmarkt fungiert haben, ohne die das Ausmaß und die Folgen des Beschäftigungsabbaus viel drastischer gewesen wären.

Produktive Arbeitsförderung-Ost nach § 249h AFG: Mit der zunächst bis zum 31. Dezember 1997 befristeten produktiven Arbeitsförderung-Ost werden gleichzeitig struktur- und regionalpolitische Ziele verfolgt. Bei dieser Maßnahme werden Haushaltsmittel, die normalerweise für Arbeitslosengeld oder Arbeitslosenhilfe ausgegeben werden müßten, für förderungsfähige Tätigkeiten ausgegeben („Finanzierung von Arbeit statt von Arbeitslosigkeit"). Die Gesamtzahl der geförderten Arbeitnehmer hat sich seit der Jahreswende 1994/95 bei einer Größenordnung von gut 100.000 Personen eingependelt (vgl. SVR 1995b: 114f.).

Abgesehen von der Tatsache, daß der Übergang von einem solchen subventionierten „zweiten Arbeitsmarkt" in den primären Arbeitsmarkt (wegen nicht übereinstimmender Qualifikationsanforderungen) vielfach nicht erleichtert, sondern sogar (durch „Stigmatisierung") erschwert werden kann, bleibt vor allem das Problem der Finanzierung (bzw. der realen Lastenübernahme) des zweiten durch den ersten Arbeitsmarkt. Allerdings gilt auch für dieses arbeitsmarktpolitische Instrument, daß es eine wichtige Auffangfunktion für viele von Arbeitslosigkeit Bedrohte erfüllt (hat).

Maßnahmen zur beruflichen Ausbildung, Fortbildung, Umschulung und Einarbeitung: Die Förderung beruflicher Bildung und Einarbeitung ist zwar gerade in den neuen Bundesländern mit dem bekannten Problem der Mitnahmeeffekte und den oben angesprochenen Problemen der arbeitsmarktgerechten Ausrichtung der Maßnahmen und der Qualität der Träger behaftet gewesen. Mißt man die beschäftigungspolitische Effektivität der verschiedenen arbeitsmarktpolitischen Maßnahmen an dem Verbleib ehemals Geförderter in einem Arbeitsverhältnis auf dem ersten Arbeitsmarkt, dann zeigt sich jedoch, daß Maßnahmen zur beruflichen Qualifikation über eine deutlich höhere Effektivität verfügen als z.B. Arbeitsbeschaffungsmaßnahmen. Dieses Ergebnis läßt sich auch damit begründen, daß berufliche Qualifizierungsmaßnahmen viel stärker problemgruppenbezogen ausgestaltet sein können, während ABM in der Regel keine weitergehende Qualifikation vermitteln, sondern allenfalls Qualifikationen aufrechterhalten und vor allem in den neuen Bundesländern dazu dienen, als Auffangbecken für sonst Arbeitslose zu fungieren.

Tarifpolitik und Beschäftigung

Für die Lage der ostdeutschen Wirtschaft, die seit der Währungsunion durch einen starken Einbruch auf dem Arbeitsmarkt gekennzeichnet war, bei dem die Zahl der Arbeitslosen von 1990 bis 1992 von 240.000 auf 1,17 Mio. Personen hochschnellte, um sich dann auf diesem Niveau zu stabilisieren, kann auch die Entwicklung der Arbeitskosten, die der Entwicklung der Produktivität weit vorauseilte, als Mitursache gelten. In welchem Ausmaß dies geschah, wurde in Abschnitt 2.3 gezeigt. Dort wird auch sichtbar, daß z.B. der Anteil der Einkommen aus unselbständiger Tätigkeit am ostdeutschen Volkseinkommen immer noch so hoch ist (ca. 90%), daß er kaum mittelfristig aufrechtzuerhalten sein wird, wenn hinreichende Investitionen aus Renditeüberlegungen attraktiv werden sollen. Eine „Hochlohnstrategie", wie sie in den alten Bundesländern nach anfänglicher Lohnzurückhaltung in den sechziger Jahren anscheinend erfolgreich betrieben worden war und wie sie für die Tarifparteien in den neuen Bundesländern als „politischer Auftrag" aus den beiden Staatsverträgen abgelesen werden konnte, kann nur unter eng begrenzten volkswirtschaftlichen Bedingungen als beschäftigungspolitisch vorteilhaft beurteilt werden.

Die ökonomische Rechtfertigung einer Hochlohnstrategie im Zusammenhang mit der Standortdebatte stellt auf die gegebene hohe Produktivität der Beschäftigten mit gegebener Kapitalausstattung ab und vernachlässigt damit die Anliegen einer Restrukturierung und Vergrößerung des Kapitalstocks sowie einer Ausweitung der Beschäftigung ebenso wie die Anpassungsprobleme und Eingliederungschancen von Arbeitslosen, insbesondere von gering qualifizierten Arbeitslosen. Der Sachverständigenrat zur Begutachtung der gesamtwirtschaftlichen Entwicklung und der Wissenschaftliche Beirat beim Bundeswirtschaftsministerium (1993) haben auf die Bedeutung einer moderaten Lohnpolitik für die Überwindung der Arbeitslosigkeit immer wieder hingewiesen und zu einer Verlangsamung des Prozesses der Angleichung der Arbeitseinkommen geraten.

Für die Auswirkungen einer Hochlohnstrategie auf die zukünftige Beschäftigungsentwicklung (vgl. auch Sinn/Sinn 1993: 193ff.) sind jedoch auch die Reaktionen der Investitionen auf die Lohnentwicklung von Bedeutung: Positive Beschäftigungseffekte sind nur zu erwarten, wenn davon ausgegangen werden kann, daß sich in absehbarer Zeit die Kapitalausstattung als Voraussetzung für Produktivitätswachstum und die Produktivität selbst stark erhöhen und keine Substitution von Arbeit durch Kapital in größerem Ausmaß erfolgt. In der Transformationsphase schnell ansteigende und überhöhte Arbeitskosten dürften ein Hindernis für wachsende Investitionen sein. In ökonometrischen Studien läßt sich zeigen, wie sich die Lohnhöhe auf den gleichgewichtigen Investitionspfad in Ostdeutschland auswirkt. Eine alternative Lohnstrategie mit verlangsamter Anpassung der Löhne an das Westniveau würde demnach dafür sorgen, daß die Kapitalausstattung der neuen Bundesländer schon im Jahr 1998 70% des Westniveaus erreichen würde – und nicht erst im Jahre 2001, wie dies bei der derzeitigen Lohnentwicklung und dem daraus resultierenden Investitionsverhalten zu erwarten ist (siehe Abbildung 2.4.1.6).

Übertragung des Systems der sozialen Sicherung 73

Abbildung 2.4.1.6: Alternative Lohnstrategien und Vorausschätzung der Unternehmensinvestitionen in Ostdeutschland

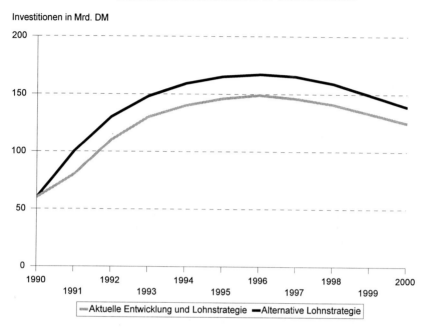

Quelle: Thimann/Breitner 1995: 458.

Hohe Lohnstückkosten können auf volkswirtschaftlicher Ebene die Investitionstätigkeit reduzieren, was wiederum über die Produktivität Einfluß auf die späteren Lohnstückkosten, die Beschäftigung und die später mögliche Lohnhöhe hat. Heute der Produktivitätsentwicklung vorauseilende Löhne werden entsprechend durch zusätzliche Lasten auf dem Arbeitsmarkt und künftig geringere Lohnspielräume erkauft. Bei Beibehaltung der jetzigen Lohnentwicklung ist zu befürchten, daß eine sich selbst tragende Beschäftigungsentwicklung, bei der hohe Löhne durch ein hohes Produktivitätsniveau gerechtfertigt werden können, erst in weiter Zukunft erreicht werden kann. Vor allem aber wird in dem ökonometrischen Modell der Einfluß der Entwicklung der Löhne auf die Höhe der Arbeitslosigkeit deutlich: Bei der moderaten Lohnstrategie würden zu jedem Zeitpunkt etwa 1 Mio. Erwerbstätige mehr Beschäftigung finden und die Kosten der Arbeitslosigkeit deutlich niedriger ausfallen (vgl. Thimann/Breitner 1995: 463).

Auch wenn solche ökonometrischen Modelle die Wirkungen der Lohnhöhe auf die Beschäftigung quantitativ überschätzen sollten, können die Aussagen über den Zusammenhang von Lohn- und Beschäftigungsentwicklung durch Beobachtungen in verschiedenen Volkswirtschaften bestätigt werden. Das kräftige Wirtschaftswachstum der Bundesrepublik Deutschland in den Nachkriegsjahren vollzog sich bei moderaten Lohnsteigerungen, die international eher niedrige Lohnstückkosten ermöglichten. Auch das Wachstum der sogenannten „Tigerstaaten" in Südostasien wurde zu Beginn der Wachstumsphase durch niedrige Löhne ermöglicht, die hinter der Produktivitätsentwicklung zurückblieben.

Unabhängig von der grundsätzlichen Beurteilung der Tarifautonomie als soziales Ordnungsinstrument für den Arbeitsmarkt, von der Einschätzung der Funktionsfähigkeit der Tarifautonomie in den neuen Bundesländern (vgl. Kleinhenz 1992a) sowie unabhängig von der Beurteilung der Zielsetzung rascher Einkommensangleichung zwischen Ost und West wird man nach dem bisherigen Verlauf der Wirtschafts- und Beschäftigungsentwicklung in den neuen Bundesländern die Vermutung nicht leicht widerlegen können, daß die (nicht ausreichend differenzierte) Strategie forcierter Angleichung an das westdeutsche Hochlohnniveau den Marktkräften zu wenig Spielraum ließ und nicht zu den beschäftigungspolitischen Erfordernissen in den neuen Bundesländern paßte (vgl. Wissenschaftlicher Beirat 1993). Aufgrund der Einstiegstarifvereinbarungen und der – später nur selten revidierten – Festlegung der Anpassungsschritte konnte auch eine gewisse Zurückhaltung bei den laufenden Tariflohnrunden (vor allem 1994 und 1995) einen überproportionalen Anstieg der Lohnstückkosten in Ostdeutschland[28] und eine negative Lohndrift[29] nicht verhindern. Geringer Organisationsgrad und Austritte bei den Arbeitgeberverbänden, untertarifliche Entlohnung bei den nicht organisierten Betrieben und Fälle offener Mißachtung von Tarifvereinbarungen sind Anzeichen für Tarifbedingungen, die keine knappheitsgerechten Differenzierungen der Effektivverdienste über den Tarifverdiensten mehr zulassen und für ein im Durchschnitt zu hohes Tariflohnniveau sprechen.

Die Auswirkungen dieser Lohnentwicklung auf Beschäftigung und Arbeitslosigkeit hätten vermutlich nur durch eine massive allgemeine vorübergehende Lohnsubventionierung (vgl. den vieldiskutierten Vorschlag der sogenannten Berkeley-Studie: Akerlof u.a. 1991) kompensiert werden können. Auch das Instrumentarium der „produktiven Arbeitsförderung-Ost" und der

---

28 Die Lohnstückkosten (Bruttoeinkommen aus unselbständiger Arbeit je beschäftigten Arbeitnehmer in Relation zum Bruttoinlandsprodukt in Preisen von 1991 je Erwerbstätigen) lagen 1995 um 39% über dem westdeutschen Niveau (vgl. SVR 1995b: 117).

29 „Lohndrift" bezeichnet die Differenz der jährlichen Steigerungsraten von Effektiv- und Tarifverdiensten der abhängig Beschäftigten.

Arbeitsbeschaffungsmaßnahmen kann teilweise als Kompensation der Auswirkungen der raschen Lohnangleichung auf die Beschäftigung angesehen werden, allerdings gezielt (aber nicht unbedingt effizient) für gesellschaftlich erwünschte Arbeit und für besondere Problemgruppen des Arbeitsmarktes in den neuen Bundesländern.

Im Sommer 1996 zeigt sich in den neuen Bundesländern eine deutlich stärkere Abschwächung der wirtschaftlichen Expansion als in den alten Bundesländern und es mehren sich die Befürchtungen, daß dies keine vorübergehende Schwäche ist, sondern ein Zeichen, daß in den neuen Bundesländern noch (lange) keine vom Anschub aus dem Westen unabhängige, selbsttragende wirtschaftliche Aufwärtsentwicklung erreicht ist. Gerade im Bereich der sozialen Sicherung gegen Arbeitslosigkeit und der aktiven Arbeitsmarktpolitik müssen sich die wirtschafts- und beschäftigungspolitisch verantwortlichen Akteure offenbar von der Vorstellung verabschieden, daß die soziale Absicherung gegen die durch den Transformationsprozeß und die gewählte Transformationsstrategie ausgelöste Massenarbeitslosigkeit die Solidarität der Versichertengemeinschaft im vereinten Deutschland nur kurzfristig belaste und daß mit einer vorübergehenden quantitativen Ausweitung der aktiven Arbeitsmarktpolitik auch die Politik der raschen Einkommensangleichung hinreichend abgestützt werden könnte.

2.4.2 Krankenversicherung und Unfallversicherung

Krankheit und Unfall gehören zu den Standardrisiken, die für einen Arbeitnehmer mit Einkommensausfall und erheblichen Aufwendungen verbunden sein können und für die auch im Einigungsprozeß ein nahtloser Übergang bei laufenden Renten, Gesundheits- und Rehabilitationsmaßnahmen gewährleistet sein mußte. Im Transformationsprozeß Ostdeutschlands hatte daher schon der Staatsvertrag über die Währungs-, Wirtschafts- und Sozialunion die Herauslösung von Krankenversicherung und Unfallversicherung aus der Einheitssozialversicherung der DDR vorgesehen, die von der DDR-Regierung dann mit der Ablösung der Sozialversicherung vom FDGB und ihrer Aufspaltung in eigenständige Sozialversicherungszweige umgesetzt wurde.

Übertragung des Rechts der Gesetzlichen Krankenversicherung und Aufbau der medizinischen Leistungsstrukturen

In bezug auf die Krankenversicherung wurden erste Bemühungen der DDR (nach Art. 21 StaatsV), ihr Krankenversicherungssystem an das der Bundesrepublik anzugleichen, durch die Übergangsbestimmungen des Einigungsvertrages abgelöst. Diese sahen die Übertragung des westdeutschen Rechts der Gesetzlichen Krankenversicherung (GKV) auf das Beitrittsgebiet mit Wirkung vom 1. Januar 1991 vor (vgl. Sozialgesetzbuch (SGB) V) und übertrugen die gegliederte Krankenkassenstruktur ohne Modifikation sowie das Leistungsrecht und das Recht der medizinischen Leistungsstrukturen mit gewissen Modifikationen und Übergangsbestimmungen auf die neuen Bundesländer.

Kassenorganisation: Der Einigungsvertrag hatte die Errichtung der bundesweiten Ersatzkassen, der See-Krankenkasse und der Bundesknappschaft auch für die neuen Länder vorgesehen. Die Errichtung der Allgemeinen Ortskrankenkassen (AOK) folgte – von der AOK Berlin und nur einer Landeskasse im Land Brandenburg abgesehen – den Abgrenzungen der früheren DDR-Bezirke; Betriebs- und Innungskrankenkassen konnten nach vereinfachten Verfahren eingerichtet werden. Dieser Aufbau eines flächendeckenden Netzes von Geschäfts- und Betreuungsstellen der Krankenkassen vollzog sich mit Hilfe einer großen Anzahl von ausgeliehenen Mitarbeitern der westdeutschen Krankenkassen, also eines Humankapitaltransfers, aus den alten Bundesländern (siehe auch Tabelle 2.4.2.1).

Tabelle 2.4.2.1: Anzahl der Mitglieder der Krankenkassen in Ost- und Westdeutschland im Oktober 1994

	Ostdeutschland		Westdeutschland	
	Anzahl	in %	Anzahl	in %
Ortskrankenkassen	6.135.593	55,5	16.341.456	41,3
Betriebskrankenkassen	784.260	7,1	4.491.180	11,4
Innungskrankenkassen	627.847	5,7	2.161.798	5,5
Bundesknappschaft	346.619	3,1	886.093	2,2
Seekasse	8.020	0,1	43.989	0,1
Landwirtsch. Krankenkasse	17.320	0,2	670.383	1,7
Angestellten-Ersatzkassen	3.077.410	27,8	14.138.793	35,7
Arbeiter-Ersatzkassen	58.345	0,5	817.697	2,1
Insgesamt	11.055.414	100,0	39.551.389	100,0

Quelle: Bundesminister für Gesundheit 1995: 283; eigene Berechnungen.

Die private Krankenversicherung, die auch im Westen nur für weniger als ein Zehntel der Bevölkerung als Vollsicherung relevant ist, hatte in den neuen Bundesländern erwartungsgemäß einen vergleichsweise schlechten Start, was u.a. auf den geringen Anteil von Selbständigen und Beamten zurückzuführen sein dürfte (vgl. Henke/Leber 1993: 24f.).

Leistungsansprüche der Versicherten: Für die Versicherten der Gesetzlichen Krankenversicherung (GKV) stellte die Übertragung des Rechts der Bundesrepublik auf die neuen Bundesländer den Übergang aus einem System öffentlicher Gesundheitsvor- und -fürsorge mit kostenloser Inanspruchnahme von Gesundheitsleistungen in ein System mit erkennbar eigener (formal verdoppelter) Beitragsleistung (von der zunächst für die Rentner gewährten Befreiung von einem eigenen Beitragsanteil abgesehen) sowie mit gewissen Zuzahlungsregelungen bei einigen Leistungen dar. Daher können die Übergangsbestimmungen mit modifizierten Zuzahlungsregelungen sowie mit den Sozial- und Überforderungsklauseln als Beiträge zu einer besonders sozialverträglichen Gestaltung des Übergangs im Bereich der Krankenversicherung angesehen werden. So wurden die bei der Vereinigung bestehenden Regelungen für die Zahlung von Wochengeld und Mütterunterstützung sowie für die Unterstützung zur Pflege erkrankter Kinder zunächst beibehalten. Die Zuzahlungen für Arzneimittel, Verband- und Heilmittel, für stationäre Krankenhausbehandlung und Kuren sowie für Fahrtkosten wurden zeitlich abgestuft eingeführt (überhaupt erst ab 1. Januar 1991) und gegenüber den Zuzahlungen im Westen beschränkt (bis 30. Juni 1993). Bezieher niedriger Einkommen wurden von Eigenbeteiligungen ganz oder teilweise befreit.

System der Sachleistungserbringung:[30] Die größten Probleme des sozialpolitischen Systemwechsels im Bereich der Sicherung gegen Krankheit lagen unterhalb der Ebene der Übertragung des Rechts der Gesetzlichen Krankenversicherung insbesondere beim Aufbau eines freiheitlichen Systems der Erbringung von Sachleistungen des Gesundheitswesens. Zur Sicherstellung der ambulanten ärztlichen Versorgung wurden, zunächst bis zum 31. Dezember 1995 befristet, auch die in der DDR bestehenden und das Gesundheitswesen prägenden staatlichen, betrieblichen und freigemeinnützigen Einrichtungen der Gesundheitsversorgung (Polikliniken, Ambulatorien etc.) zur medizinischen Versorgung zugelassen und ihre Finanzierung durch ein Fallpauschalsystem geregelt. Nachdem es den ärztlichen Standesvertretungen gelungen war, mit der Übertragung der Rechtslage dafür zu sorgen, daß auch in den neuen Bundesländern der freiberuflich tätige Arzt zum maßgeblichen Träger der ambulanten Versorgung wurde, kam es recht schnell zur tatsächlichen Umstellung durch eine steigende Zahl niedergelassener Ärzte (19.686 bis Ende 1992; siehe Tabelle 2.4.2.2). Dabei unterscheiden sich die Anteile der Allgemeinmediziner (mit 42,7%) und der Fachärzte (mit 57,3%) etwas von den alten Bundesländern, wo der Spezialisierungsgrad bei 41,6% Allgemeinärzten und 58,4% Fachärzten geringfügig höher ist (vgl. Henke/Leber 1993: 21 und SVRKAiG 1992: 50).

---

30 Vgl. hierzu auch das Jahresgutachten 1991 des Sachverständigenrats für die Konzertierte Aktion im Gesundheitswesen (SVRKAiG 1991) sowie die folgenden Gutachten.

Tabelle 2.4.2.2: Niedergelassene Ärzte in den neuen Bundesländern Ende 1992

	Niedergelassene Ärzte insgesamt	davon: Allg./Prakt. Ärzte		Fachärzte	
		Anzahl	in %	Anzahl	in %
Ost-Berlin	2.034	706	34,7	1.328	65,3
Brandenburg	3.297	1.362	41,5	1.917	58,5
Mecklenburg-Vorpommern	2.497	1.039	41,6	1.458	58,4
Sachsen	5.496	2.445	44,5	3.051	55,5
Sachsen-Anhalt	3.165	1.425	45,0	1.740	55,0
Thüringen	3.197	1.426	44,6	1.771	55,4
Insgesamt	19.686	8.403	42,7	11.265	57,3

Quelle: Henke/Leber 1993: 21.

Die Versorgung im Bereich des Arzneimittelangebots war zwar in den ersten Monaten nach der Vereinigung durch teilweise preisbedingte Versorgungsengpässe gekennzeichnet, erreichte aber nach dem raschen Aufbau des Großhandels und eines Netzes von Apotheken schon im Jahr 1991 grundsätzlich westdeutschen Standard. Bei der Versorgung mit stationärer Heilbehandlung konnte zwar von einem hohen medizinischen Leistungsniveau ausgegangen werden, es wurden aber noch deutliche Rückstände in einigen Bereichen der Apparate-Medizin sowie bauliche Mängel und entsprechender Investitionsbedarf bei insgesamt geringer ausgelasteten Bettenbeständen verzeichnet.

Im Bereich der Versorgung mit Gesundheitsleistungen erschienen auch vielen Sozialpolitikwissenschaftlern im Westen das System der Polikliniken und die Dispensaire-Versorgung mit ihrer ganzheitlichen Betreuung für Schwangere und Kleinkinder sowie für chronisch Erkrankte bewahrenswerte Elemente der ambulanten Versorgung mit ärztlichen Leistungen zu sein, die sowohl als Beitrag zur Kostensenkung als auch als grundsätzliche gesundheitspolitische Beiträge zur Reform der Gesetzlichen Krankenversicherung angesehen werden könnten (vgl. SVRKAiG 1992: 52). Die Gestaltung von Staatsvertrag und Einigungsvertrag ermöglichte die Fortführung der Polikliniken und Ambulatorien, aufgrund von Vereinbarungen zwischen den Spitzenverbänden der Krankenkassen und der Kassenärztlichen Vereinigungen auch über den 31. Dezember 1995 hinaus. Wenn es nicht zu einem überwiegenden und flächendeckenden Fortbestand dieser Einrichtungen des DDR-Gesundheitswesens gekommen ist, kann dies wohl auch den abrechnungstechnischen Schwierigkeiten für solche Einheiten und einem Druck der Kassenärztlichen Vereinigungen und ihrer Bevorzugung der Gründung selbständiger Einzelpraxen niedergelassener Ärzte zugeschrieben, aber nicht dem Einigungsvertrag selbst angelastet werden. Offenbar haben auch die in den neuen Bundesländern ansässig gebliebenen Ärzte weitgehend die freie Einzelpraxis bevorzugt und tatsächlich gewählt, statt „ihre" Polikliniken nun als „Gemeinschaftspraxen" zu betreiben.

Finanzierung: Die für den selbständigen Ausgleich von Einnahmen und Ausgaben verantwortlichen Krankenkassen hatten für das Jahr 1991 mit einem für Ostdeutschland einheitlichen Beitragssatz von 12,8% auszukommen und mußten – soweit sie einen Ost-West übergreifenden Kassenbezirk aufwiesen – eine getrennte Haushaltsführung vornehmen (vgl. Henke/Leber 1993: 16f.). Nach anfänglichen Schwierigkeiten bei der Beitragsabführung erzielten die Krankenkassen mit diesem Beitragssatz 1991 bei vergleichsweise zurückhaltender Leistungsinanspruchnahme einen Überschuß von 2,8 Mrd. DM. 1992 ergab sich bei einer erkennbaren Annäherung der Struktur der Leistungsausgaben und einem Nachholbedarf, z.B. bei Zahnersatz, Hörhilfen und Kuren, zwar eine Unterdeckung der Ausgaben (von 200 Mio. DM) aber insgesamt eine Stabilisierung der Finanzsituation der Kassen (vgl. Henke/Leber 1993: 29ff.). Bei einem schnelleren Anstieg der Leistungsausgaben je Mitglied (von 8,9% 1994/95) in den neuen Ländern gegenüber den alten Bundesländern (von 4,3% 1994/95) und einem konjunkturell verringerten Anstieg der Beitragseinnahmen ergibt sich für die GKV 1995 ein Defizit von insgesamt rund 7 Mrd. DM, davon knapp 2 Mrd. DM in den neuen Bundesländern (vgl. Presse und Informationsamt der Bundesregierung 1996: 13). Angesichts der Festlegung einer getrennten Haushaltsführung waren West-Ost-Transfers aus öffentlichen Kassen – von dem Angebot der Übernahme von Finanzierungsdefiziten durch den Bund abgesehen – in der Krankenversicherung nicht vorgesehen. Die getrennte Haushaltsführung bei den Krankenkassen erwies sich im nachhinein zunächst als vorteilhaft, weil sonst innerhalb der Ersatzkassen und der Krankenversicherung – vor allem der Rentner – ein Rück-Transfer von Ost nach West aus den einheitlichen Leistungen der Rentenversicherung für die Krankenversicherung der Rentner erfolgt wäre (vgl. Henke/Leber 1993: 34).

Indirekte West-Ost-Transfers bei der Krankenversicherung

Die in den Jahren nach der Vereinigung erreichte Stabilisierung der Finanzlage der GKV-Ost und insbesondere die Stabilisierung der Einnahmenentwicklung war jedoch angesichts der sich ausbreitenden und verhärtenden Massenarbeitslosigkeit nur durch die indirekten finanziellen Transfers erreichbar, die durch die Bundesanstalt für Arbeit mit der Beitragszahlung für die Arbeitslosen und durch die Rentenversicherung mit den Beitragsübernahmen für die Rentner erfolgten. Für 1991 allein können diese Übertragungen auf ca. 7,9 Mrd. DM oder ca. 37% der Gesamtausgaben der GKV-Ost geschätzt werden (siehe Tabelle 2.4.2.3).

Tabelle 2.4.2.3: Ausgaben der Gesetzlichen Rentenversicherung (GRV) und der Bundesanstalt für Arbeit für Beitragszahlungen an die Gesetzliche Krankenversicherung in Ostdeutschland – in Mio. DM

Jahr	Von GRV an die Krankenversicherung der Rentner	Von Bundesanstalt für Arbeit an die GKV-Ost
1991	3.714	4.191
1992	2.500 a)	5.620
1993 b)	3.000 a)	5.650

Anmerkungen: a) Ohne knappschaftliche Rentenversicherung; b) Haushaltsansätze
Quelle: Henke/Leber 1993: 36.

Allerdings hätte sich auf der Grundlage des Gesundheitsstrukturgesetzes von 1992 nach der Einführung eines allgemeinen Risikostrukturausgleichs in Verbindung mit dem Kassenwettbewerb eine neue Art des Finanzausgleichs innerhalb der Gesetzlichen Krankenversicherung ergeben, wenn der Gesetzgeber (ausgenommen Bundesland Berlin) nicht die getrennte Haushaltsführung fortgeschrieben und die Zweiteilung des Finanzausgleichs bis zur Angleichung der Bezugsgröße (von Grundlohn und Mitversichertenquote) für die GKV-Ost auf 90% vorgenommen hätte. Dieser interne Finanzausgleich hätte für 1995 rechnerisch einen West-Ost-Transfer in Höhe von ca. 5,5 Mrd. DM ergeben (vgl. Henke/Leber 1993: 45f.).

Unfallversicherung

Das Recht der gesetzlichen Unfallversicherung war nach dem Einigungsvertrag erst zum 1. Januar 1992 durch ein besonderes Bundesgesetz auf das Beitrittsgebiet überzuleiten (vgl. zum folgenden Bundesministerium für Arbeit und Sozialordnung 1995a: 391ff.). Die Träger der gesetzlichen Unfallversicherung, die Berufsgenossenschaften, hatten schon zu Beginn des Jahres 1991 alle Aufgaben (einschließlich der Unfallverhütung) von der „Überleitungsanstalt Sozialversicherung" übernommen, wobei die räumlich und fachlich benachbarten Unfallversicherungsträger des Bundesgebiets ihre Zuständigkeit gemäß Einigungsvertrag auf die neuen Bundesländer ausdehnten und die vor dem 1. Januar 1991 eingetretenen Arbeitsunfälle nach einem pauschalen Verfahren auf die Unfallversicherungsträger aufgeteilt wurden.

Der Kreis der versicherten Personen richtete sich – mit Ausnahme der sofort einbezogenen Kindergartenkinder – bis 1991 noch nach dem weiter geltenden DDR-Recht, und die Finanzierung erfolgte über die sogenannte Unfallumlage von 0,4% des Arbeitsentgelts, multipliziert mit dem Faktor der jeweiligen „Gefahrenklasse". Den in der DDR pflichtversicherten selbständigen Unternehmern wurde ebenso wie den mitarbeitenden Familienangehöri-

Übertragung des Systems der sozialen Sicherung 81

gen und den unternehmerisch tätigen Führungskräften die freiwillige Versicherung eröffnet. Auch die Regelungen für die Abgrenzung von Arbeitsunfällen und Berufskrankheiten und die Berechnung der Renten richteten sich 1991 noch nach dem weiter geltenden DDR-Recht, wobei allerdings das Rentenangleichungsgesetz der DDR schon eine Anpassung an die Struktur und das Niveau der Unfallrenten nach den westdeutschen Berechnungsvorschriften vorgenommen und auch den „Sozialzuschlag" vorgesehen hatte. Für die Anerkennung eines Schadensfalles vor dem 1. Januar 1992 galt – wie in anderen Bereichen der Sozialversicherung ein Vertrauensschutz.

Das Renten-Überleitungsgesetz vom 31. Juli 1991 stellte dann für die gesetzliche Unfallversicherung die Rechtseinheit in beiden Teilen Deutschlands endgültig her.

2.4.3 Rentenversicherung und Absicherung im Pflegefall[31]

Für die Stabilisierung der Lebenslage der ca. 2,8 Mio. Rentner der DDR, deren Renten sich – von den privilegierten Gruppen des früheren Systems abgesehen – überwiegend nahe am Existenzminimum befanden (vgl. Winkler 1990: 224), war im Bereich der Rentenversicherung ein möglichst reibungsloser Übergang im Zuge der Systemtransformation von entscheidender Bedeutung. Die soziale Absicherung im Pflegefall erhielt für den Sozialstaat der Bundesrepublik durch den Vereinigungsprozeß eine zusätzliche Dringlichkeit, da die ostdeutschen Rentner im Vergleich zu den westdeutschen Altersgenossen auch nicht annähernd über die private Vorsorge für eventuelle Pflegekosten verfügten und die früheren, sehr geringen Sätze für die Unterbringung in Pflegeheimen im Zuge der allgemeinen Preisfreigabe nicht beibehalten werden konnten. Da die Pflegeversicherung jedoch erst mehrere Jahre später eingeführt wurde und damit eine „soziale Errungenschaft" *im vereinigten Deutschland* darstellt, kann hier nicht im eigentlichen Sinne von einer *Übertragung* der rechtlichen Regelungen gesprochen werden.

Gesetzliche Rentenversicherung

Nachdem gerade am Tage der Öffnung der Mauer, am 9. November 1989, der Deutsche Bundestag im traditionellen parteiübergreifenden Konsens das Rentenreformgesetz 1992 verabschiedet hatte, eröffneten im Februar 1990 Gespräche zwischen den beiden deutschen Staaten auch eine grundsätzliche

---

31 Eine ausführliche Darstellung der rechtlichen Zusammenhänge enthält von Maydell u.a. 1996; siehe auch Abschnitt 2.4.7.

Diskussion über die Gestaltung eines Rentenversicherungssystems für ein mögliches vereinigtes Deutschland (vgl. zum folgenden Andel 1993). Bald schon zeichnete sich ein Grundkonsens ab, nach dem eine Orientierung an den Grundstrukturen des ostdeutschen Systems für eine einheitliche Rentenversicherung nicht in Frage kam. Ebenso war für die dementsprechend erforderliche Anpassung und Überleitung der Rentenversicherung auf die neuen Bundesländer ein „Rosinenpicken" zu vermeiden, und es konnte eine höchstens partielle Berücksichtigung von „Errungenschaften der DDR" (z.B. bei der eigenständigen Sicherung der Frauen und in Elementen der Mindestsicherung) erfolgen, wenn der politische Konsens in der Rentenversicherung nicht aufgegeben werden sollte.

Umstellungs- und Anpassungsbedarf: Mit der Entscheidung über die Vereinigung der beiden deutschen Staaten ergab sich im Bereich der Rentenversicherung trotz einer formalen Verwandtschaft des Rechts ein erheblicher Umstellungs- und Anpassungsbedarf, der sich im wesentlichen aus den Unterschieden des Rentenversicherungsrechts in bezug auf die systembedingte Organisation, in bezug auf die Beitrags- und Leistungsgestaltung sowie in bezug auf die Niveaus der Leistungen ableiten läßt. Die Rentenversicherung war organisatorisch aus der Einheitssozialversicherung der DDR herauszulösen und eine gegliederte Organisation für die Rentenversicherung der Arbeiter (mit Landesversicherungsanstalten), der Angestellten und der Knappschaft einzuführen sowie die *Selbstverwaltung* aufzubauen. Die Ausgliederung der Rentenversicherung aus dem Staatshaushalt machte eine drastische Verstärkung der Beitragsfinanzierung erforderlich, und für die – von der Witwen-/Witwerrente abgesehen – weitgehend vergleichbaren Leistungsarten Alters-, Invaliden- und Hinterbliebenenrenten mußten die strengeren Bezugsvoraussetzungen an die im Westen bestehenden angeglichen werden. Die Bemessung der Rentenhöhe mußte stärker am Äquivalenzprinzip und an der Zahl der Beitragsjahre sowie an der relativen Einkommensposition des Versicherten ausgerichtet werden. Die infolge unregelmäßiger Anpassung relativ zu den Erwerbseinkommen zurückgefallenen Bestandsrenten in der DDR mußten auf ein aktuelles Niveau und entsprechend der Einkommensanpassung zwischen Ost und West angehoben werden (vgl. Andel 1993: 66ff. sowie Abschnitt 2.4.7).

Übertragung des Rechtsrahmens, Grundsätze und Vollzug des Übergangs: Die Grundlage für die Übertragung des westdeutschen Rechts der Rentenversicherung und für die Angleichung der Lebensverhältnisse für Rentner wurden mit dem Staatsvertrag über die Währungs-, Wirtschafts- und Sozialunion gelegt. Darin wird die Einführung eines gegliederten Sozialversicherungssystems, die Orientierung von Lohnersatzleistungen an der Höhe der versicherten Entgelte – und damit der Beiträge – sowie die befristete Beibehaltung der Regelungen der Versicherungspflicht und die „sozialverträgliche" Gestaltung der neuen erhöhten Beitragspflicht durch einen monatlichen Zuschuß zum Rentenversicherungsbeitrag (bis 31. Dezember 1990) begründet (Art. 18 StaatsV). Artikel 20 verpflichtete die DDR, alle notwendigen Maßnahmen zur Angleichung ihres Rentenrechts an das der Bundesrepublik zu ergreifen, die Zusatz- und Sonderversorgungssysteme zum 1. Juli 1990 zu schließen, bei der Umstellung der Währung die Bestandsrenten auf ein Nettorentenniveau anzuheben, das bei einem „Eckrentner"[32] 70% des durchschnittlichen Nettoarbeitsentgelts in der DDR beträgt, und die Renten der Entwicklung der Nettolöhne und -gehälter anzupassen sowie schließlich die für diese Überführung notwendigen Mehraufwendungen aus dem Staatshaushalt zu erstatten bzw. mit Hilfe der Anschubfinanzierung der Bundesregierung zu tragen.

Die im Staatsvertrag zur Sozialunion übernommenen Verpflichtungen bezüglich der Rentenversicherung erfüllte die DDR durch das „Gesetz über die Sozialversicherung (SVG)" und das „Gesetz zur Angleichung der Bestandsrenten an das Rentenniveau der Bundesrepublik Deutschland und zu weiteren rentenrechtlichen Regelungen (Rentenangleichungsgesetz)", beide durch die Volkskammer am 28. Juni 1990 verabschiedet. Die umfassende Versicherungspflicht in der DDR hat das SVG grundsätzlich nicht geändert, sondern sie entsprechend den Regelungen in den alten Bundesländern auf einige Arbeitnehmergruppen (Auszubildende, Behinderte in anerkannten Werkstätten) erweitert und für besondere Gruppen von Selbständigen (und deren mitarbeitenden Ehegatten) neu begründet (z.B. Handwerker, Erzieher, Hebammen, Künstler, Pflegepersonen, Publizisten). Letzteres galt jedoch nur, wenn die selbständige Tätigkeit nicht erst nach dem 31. Juli 1991 (Verkündung des Renten-Überleitungsgesetzes) erstmalig aufgenommen worden war, wodurch die Möglichkeit der Befreiung von der Versicherungspflicht eröffnet wurde. Diese Regelung der Versicherungspflicht gilt über den 1. Januar 1992 hinaus für denjenigen Personenkreis weiter, der nach den Bestimmungen des Sozialgesetzbuches nicht mehr versicherungspflichtig wäre; bis 31. Dezember 1994 besteht für beide Gruppen von Selbständigen die Möglichkeit, über Befreiung oder Rückkehr in die gesetzliche Rentenversicherung zu entscheiden.

---

32 Als „Eckrentner" oder „Standardrentner" wird für die Rentenversicherung in Westdeutschland ein Rentner definiert, der 45 Versicherungsjahre jeweils den Durchschnittsverdienst der sozialversicherungspflichtig Beschäftigten gehabt hätte; im Fall der Überführung der Bestandsrenten der DDR sind hierbei noch die in voller Höhe entrichteten möglichen Beiträge zur Freiwilligen Zusatzrentenversicherung berücksichtigt.

Das Hauptziel des Rentenangleichungsgesetzes, das relative Rentenniveau aus der Bundesrepublik auf die Bestandsrenten in der DDR zu übertragen, wurde durch die Festlegung der „Regelaltersrente" (bei einem Durchschnittsentgelt von monatlich 960 DM im Zeitpunkt der Angleichung) in Höhe von monatlich 672 DM vollzogen. Die Anzahl der Arbeitsjahre schlug sich differenzierend in der Rentenhöhe nieder, wodurch sich ab Juli 1990 die Bestandsrenten im Durchschnitt um 26% erhöhten (vgl. Bundesministerium für Arbeit und Sozialordnung 1994a: 67). Angesichts der Dynamisierungslücke im DDR-Rentensystem ergaben sich nun für die Bestandsrenten älterer Rentenzugangsjahre stärkere Rentenanhebungen und keine Regelaltersrente für die, die nicht die Möglichkeit der Beiträge zur Freiwilligen Zusatzrentenversicherung ausgeschöpft hatten. Soweit sich keine Rentenerhöhung ergab, wurde mindestens der früher in Mark der DDR gewährte Betrag nun in DM gezahlt („Vertrauensschutz"). Ansprüche und Anwartschaften an die Zusatz- und Sonderversorgungssysteme wurden in die Rentenversicherung überführt und vor dem 30. Juni 1990 festgesetzte Leistungen in unveränderter Höhe weitergewährt, allerdings für „privilegierte" Angehörige der partei- und staatsnahen Organisationen nur bis höchstens monatlich 1.500 DM (vgl. Andel 1993: 74). Um ein für bewahrenswert gehaltenes Element der DDR-Sozialpolitik, eine Mindestsicherung (vgl. Bäcker/Steffen 1991), zu gewährleisten, aber auch weil die Sozialhilfe noch nicht als funktionsfähig eingestuft werden konnte, wurde ein *Sozialzuschlag* zur Aufstockung der Rente auf monatlich 495 DM gewährt, wenn die Summe der ermittelten Anwartschaften unter 495 DM blieb.

Die eigentliche Übernahme des bundesrepublikanischen Rechts der gesetzlichen Rentenversicherung (SGB VI) wurde mit dem Einigungsvertrag eingeleitet, durch den die Überleitungsanstalt Sozialversicherung eingerichtet und zum 1. Januar 1991 der Zuständigkeitsbereich der bundesweiten Träger der Rentenversicherung (Bundesversicherungsanstalt für Angestellte, Bundesknappschaft, Seekasse) auf Ostdeutschland ausgedehnt wurde. Das materielle Rentenversicherungsrecht sollte (von den Rehabilitationsregelungen abgesehen) erst zum 1. Januar 1992 in den neuen Bundesländern wirksam werden, damit eine erneute Änderung durch die Regelungen der Rentenreform 1992 vermieden werden konnte. Der Einigungsvertrag konkretisierte die schon im ersten Staatsvertrag enthaltenen Grundsätze der durch ein eigenes Gesetz zu regelnden Überleitung der Renten, die von der Zielsetzung bestimmt sein sollte, „mit der Angleichung der Löhne und Gehälter ... an diejenigen in den übrigen Ländern auch eine Angleichung der Renten zu verwirklichen" (Art. 30 Abs. 5 StaatsV). Der Vertrauensschutz sollte auf den Rechtsstand vom 30. Juni 1990 bezogen, und die Ansprüche aus Sonder- und Zusatzversorgung auf die nach allgemeinen Regelungen der Sozialversicherung und unter Berücksichtigung der jeweiligen Beitragszahlung „gerechtfertigten" Leistungen begrenzt, ungerechtfertigte und überhöhte Leistungen abgebaut und bei Verstößen gegen die Grundsätze der Menschlichkeit und Rechtsstaatlichkeit aberkannt werden. Die Gewährung des Sozialzuschlags sollte auf Neuzugänge bis zum 31. Dezember 1991 beschränkt und längstens bis Mitte 1995 erfolgen. Die Mehraufwendungen aus der Überführung der Rentenversicherung waren vom Bund zu erstatten (vgl. Andel 1993: 75f.)

Die Übertragung des Rentenversicherungssystems wurde schließlich vollendet mit dem „Gesetz zur Herstellung der Rechtseinheit in der gesetzlichen Renten- und Unfallversicherung (Renten-Überleitungsgesetz – RÜG)" vom 31. Juli 1991, das noch einmal den Vertrauensschutz erweitert (für die Rentenzugänge bis 1. Januar 1997 auf den Rechtsstand im Beitrittsgebiet am 31. Dezember 1991) und die Gewährung des Sozialzuschlags längstens bis zum 31. Dezember 1996 festschreibt. Soweit sich bei der Überführung der Bestandsrenten ein niedrigerer Rentenbetrag ergeben würde, wird in Höhe der Differenz ein sogenannter *Auffüllbetrag* gewährt, der von 1996 an durch die Rentenanpassungen schrittweise abgebaut wird (vgl. Andel 1993: 77f.). Mit dem Renten-Überleitungsgesetz sollten zudem Elemente des früheren Rentenrechts in den neuen Bundesländern im Bestand geschützt werden, die – wie der Sozialzuschlag und die erweiterte Anerkennung von Zeiten der Kindererziehung und der Pflege – vor allem Frauen zugute kommen, bis ein Gesamtkonzept einer Reform und Verbesserung der Alterssicherung der Frauen in der leistungsbezogenen Rentenversicherung verwirklicht werden kann (vgl. Andel 1993: 79).

Besondere Probleme bei der Übertragung der Rentenversicherung: Bei der Übertragung des Rechts der Gesetzlichen Rentenversicherung auf die neuen Bundesländer ergaben sich – neben dem Antragsstau 1992/93 wegen erleichterter Bezugsvoraussetzungen für Erwerbsunfähigkeits-, Hinterbliebenen- und Männer-Altersrenten (vgl. Andel 1993: 89f.) – auf der Ebene der konkreten Durchführung und Anwendung der in den Staatsverträgen und im Renten-Überleitungsgesetz formulierten Grundsätze eine Fülle gravierender Probleme, die sich eigentlich nur im Wege der Einzelfallentscheidung „gerecht" beurteilen lassen, für die aber wegen der Fülle der Fälle und der Eilbedürftigkeit pauschale Lösungen gefunden werden mußten. In der am Äquivalenzprinzip orientierten Rente der gesetzlichen Rentenversicherung schlägt sich letztlich der gesamte Erwerbslebenslauf eines Menschen nieder („Rentenbiographie"). Abgesehen von individuellen Besonderheiten des Lebenslaufes, u.a. von der Frage, ob man die Freiwillige Zusatzrentenversicherung für notwendig erachtet hatte, führte jedoch der Unterschied von sozialistischem und freiheitlichem System zu unterschiedlichen Biographien und zu unterschiedlichen Bewertungen der „Lebensleistung" des einzelnen in seiner relativen Einkommensposition. Die Grundproblematik der Rentenüberleitung als Systemumstellung bestand darin, eine Lösung für den Konflikt zwischen einerseits Vertrauens- bzw. Bestandsschutz und andererseits einer wie auch immer definierten Verteilungsgerechtigkeit zu finden (vgl. Böhm/Pott 1992: 219). Die Ermittlung der zu berücksichtigenden Entgelte nach Qualifikationsgruppen und Wirtschaftszweigen sowie die allgemeine Aufwertung der Entgeltpunkte entsprechend dem Verhältnis der Durchschnittsverdienste der DDR zur Bundesrepublik (vgl. Bundesministerium für Arbeit und Sozialordnung 1995a: 302ff.) dürfte sicher nicht in allen Fällen als letztlich gerecht empfunden werden.

Verstärkt war dieses Problem für die Anrechnung der Anwartschaften aus den Sonder- und Zusatzversorgungssystemen gegeben, denn nicht jeder, der eine Anwartschaft aus diesen Systemen hatte, „war oder ist ein Unterdrücker und Staatsverbrecher." Andererseits sollte gewährleistet sein, daß „die Täter nicht besser dastehen als die Opfer" (Bundesministerium für Arbeit und Sozialordnung 1994a: 77f.). Die Begrenzung der Rentenansprüche aus den Sonder- und Zusatzversorgungssystemen (abgesehen von einem strafrechtlich begründeten Verlust) bei 2.010 DM pro Monat kann wohl als vertretbarer Bestandsschutz angesehen werden.[33]

Ein letztlich nur im Zusammenhang mit der Diskussion über die Leistungsfähigkeit und Reformbedürftigkeit des bundesdeutschen Rentenversicherungssystems zu beurteilendes Element der Überleitung ist der *Sozialzuschlag*. Während aus der Sicht des bisherigen Rentenversicherungssystems und aus einer Reformposition für die Verstärkung des Äquivalenzprinzips der Sozialzuschlag als systemfremd erscheint (vgl. Bundesministerium für Arbeit und Sozialordnung 1994a: 68ff.) und nur vorübergehend begründet und annehmbar war, wird andererseits – unabhängig von der Situation in den neuen Bundesländern oder auch unter Bezug auf „soziale Errungenschaften" der DDR – der generelle Einbau von Mindestsicherungselementen in die Sozialversicherung der Bundesrepublik gefordert.

Niveauanhebung der Renten in den neuen Bundesländern: Mit der Umstellung der Rentenzahlungen im Verhältnis 1:1 bei der Währungsunion, der Mindestsicherung durch den Sozialzuschlag und jeweils 15prozentiger Rentenanpassungen am 1. Januar 1991 und am 1. Juli 1991, durch die Rentenüberleitung und durch die – gegenüber Westdeutschland – häufigeren und wegen der Lohnangleichungsdynamik auch überproportionalen Rentenanpassungen ergab sich in den neuen Bundesländern seit der Vereinigung eine

---

33 Zur Frage der Überleitung der Rentenansprüche aus den Sonder- und Zusatzversorgungssystemen, die auch in der Öffentlichkeit intensiv debattiert wurde, vgl. Bundesministerium für Arbeit und Sozialordnung 1994: 74ff. und Andel 1993: 80ff.

Übertragung des Systems der sozialen Sicherung 87

deutliche Besserstellung bei den Renteneinkommen (siehe auch Abschnitt 3.2.2).

Angleichung der Renten durch West-Ost-Transfers: Die Umstellung der Rentenversicherung, die Absicherung einer Mindestrente durch den (befristeten) Sozialzuschlag und die sehr weitgehende Angleichung der Renten in Ostdeutschland an das westdeutsche Niveau[34] waren nicht ohne erhebliche West-Ost-Transfers innerhalb der Rentenversicherungseinrichtungen und nicht ohne einen stetig ansteigenden Bundeszuschuß möglich (siehe hierzu auch Abschnitt 5.8). Der Bundeszuschuß für die Gesetzliche Rentenversicherung in Ostdeutschland wuchs von 5,6 Mrd. DM im Jahre 1991 stetig bis auf 13 Mrd. DM (1995). Die aus Beitragsmitteln finanzierte Umverteilung zwischen den westdeutschen Versicherten und den ostdeutschen Rentnern stieg von 4,6 Mrd. DM (1992) über 7,9 Mrd. DM (1993) und 10,7 Mrd. DM (1994) auf 15,5 Mrd. DM (1995) und betrug damit bis 1995 zusammen rund 38,7 Mrd. DM (vgl. SVR 1995b: 151). Dabei ist der unerwartete Anstieg des Transferbedarfs für die Rentenversicherung-Ost auf ein Zurückbleiben der eigenen Einnahmen, auf den Anstieg der allgemeinen Rentenleistungen, auf Nachzahlungen infolge der Neuberechnung der Renten und auf die Auswirkungen des arbeitsmarktpolitischen Abbaus des Erwerbspersonenpotentials durch Frühverrentung über die Vorruhestands- und Altersübergangsgeldregelungen zurückzuführen. Im Sommer 1996 zeichnet sich für die Rentenversicherung insgesamt nach Unterschreiten der Schwankungsreserve von einer Monatsausgabe die Notwendigkeit einer Erhöhung der Beiträge auf 20% oder darüber ab.

Pflegeversicherung

Mit der Einführung der Pflegeversicherung (SGB XI) hat der Gesetzgeber 1994 ein bislang unzureichend abgesichertes allgemeines Lebensrisiko aufgegriffen und in einer fünften Säule des gegliederten Sozialversicherungssystems abgesichert. Pflegebedürftigkeit war nicht systematisch als Leistungstatbestand in der Sozialversicherung anerkannt und private Pflegeleistungen für erheblich Pflegebedürftige waren nur in der DDR als versicherungspflichtige Tätigkeit in die Sozialversicherung einbezogen, aber in der Bun-

---

34 Während die durchschnittlichen Alters- und Erwerbsunfähigkeitsrenten von Männern und Frauen (zusammen) im Ergebnis der dargestellten Maßnahmen 1994 rund 96% der durchschnittlichen westdeutschen Renten erreichten, machten die Eckrenten bzw. Renten mit einer vergleichbaren Rentnerbiographie ca. 75% der jeweiligen Westrente aus (vgl. Bundesministerium für Arbeit und Sozialordnung 1995a: 437). Dabei wirkt sich im Westen die große Zahl von Kleinrenten aufgrund kurzer Versicherungszeiten in besonderem Maße als Senkung des Durchschnitts aus.

desrepublik erst durch das Rentenreformgesetz 1992 als „Berücksichtigungszeit" anerkannt. Die Tatsache, daß Pflegebedürftigkeit auch nach einem vollen Berufsleben in der Regel zur Inanspruchnahme von Sozialhilfe führte, wurde in der Öffentlichkeit allgemein als problematisch empfunden.

Mit der Pflegeversicherung hat der Gesetzgeber in vieler Hinsicht Neuland betreten, indem er eine umfassende Versicherungspflicht für nahezu die gesamte Bevölkerung durch die Anknüpfung an die Krankenversicherungspflicht wählte und darüber hinaus eine Versicherungspflicht zum Abschluß einer privaten Pflegeversicherung für alle privat Krankenversicherten einführte; nur ein Anteil von 0,5% der Bevölkerung bleibt damit ungesichert. Der Tatbestand der Pflegebedürftigkeit wird nach dem Schweregrad in drei Stufen eingeteilt, wobei die Einordnung der Pflegefälle aufgrund einer Begutachtung durch die Fachkräfte des medizinischen Dienstes der Krankenkassen erfolgt. Die Leistungen der Pflegeversicherung umfassen Geldleistungen und Sachleistungen von Sozialstationen bei häuslicher Pflege oder Sachleistungen für stationäre Pflege; für Leistungen von privaten Pflegepersonen in häuslicher Umgebung übernimmt die Pflegeversicherung je nach Pflegestufe und Umfang der Pflegetätigkeit die Zahlung von Beiträgen zur Rentenversicherung zwischen 200 DM und 600 DM monatlich (vgl. Bundesministerium für Arbeit und Sozialordnung 1995a: 443). Die Pflegeversicherung ist stufenweise in Kraft getreten mit der Beitragszahlung und den Leistungen zur häuslichen Pflege ab 1995 sowie mit den Leistungen zur stationären Pflege ab 1996.

In den neuen Bundesländern waren im Vorgriff auf das Inkrafttreten der Pflegeversicherung schon am 1. Juni 1994 Vorschriften für eine *Anschubfinanzierung* für die Pflegeeinrichtungen wirksam geworden. Die Situation der stationären Pflegeeinrichtungen in den neuen Bundesländern war dadurch gekennzeichnet, daß praktisch der gesamte Bestand an Pflegeplätzen gründlich saniert oder neu gebaut werden mußte. Die notwendigen Investitionen duldeten keinen Aufschub und wurden durch Finanzhilfen des Bundes an die neuen Bundesländer im Umfang von 800 Mio. DM jährlich oder zusammen 6,4 Mrd. DM für die Zeit von 1995 bis 2002 ermöglicht (vgl. Bundesministerium für Arbeit und Sozialordnung 1995a: 492).

2.4.4 Familienpolitische Maßnahmen

Der Einigungsvertrag enthält in Artikel 31 (Familie und Frauen) nur rudimentäre Festlegungen für die gesamtdeutsche Familienpolitik und keine expliziten Grundsätze für die Überleitung dieses Politikbereiches im Transformations- und Vereinigungsprozeß. Das Vertragswerk (Art. 31 EVertr) ver-

Übertragung des Systems der sozialen Sicherung

pflichtet den gesamtdeutschen Gesetzgeber (nur), (1) die Gesetzgebung zur Gleichberechtigung zwischen Männern und Frauen weiterzuentwickeln, (2) die Rechtslage bei der Erwerbstätigkeit von Müttern und Vätern unter dem Gesichtspunkt der Vereinbarkeit von Familie und Beruf zu gestalten, (3) die Weiterführung der Einrichtungen zur Tagesbetreuung von Kindern im Beitrittsgebiet zu gewährleisten und (4) bis 31. Dezember 1992 eine Regelung zu treffen, die den Schutz vorgeburtlichen Lebens und die verfassungskonforme Bewältigung von Konfliktsituationen schwangerer Frauen, insbesondere durch Beratung und soziale Hilfen, besser gewährleistet. Die seit der Vereinigung in Deutschland eingetretene Belebung der Familienpolitik ist daher nicht eigentlicher Bestandteil der Vereinigungspolitik. Die öffentliche Diskussion über Ausrichtung und Ausgestaltung der Familienpolitik (vgl. Kaufmann 1995) ist allerdings in starkem Maße von den Unterschieden der Familienpolitik in den beiden deutschen Staaten und der verbreiteten Vorstellung ausgegangen, daß die Frauen- und Familienpolitik der DDR der westdeutschen „überlegen" gewesen sei (vgl. Bast/Ostner 1992 und Mittelbach 1994).

Systemtransformation und Familienpolitik

Da Politik, die auf die Verbesserung der Lebensverhältnisse von Familien ausgerichtet ist, notwendigerweise eine viele Bereiche betreffende Querschnittsaufgabe darstellt, schlägt sich in der Familienpolitik zwangsläufig auch der Systemwechsel insgesamt nieder (siehe Abschnitt 2.4.7). Daher erscheint zum einen ein Vergleich konkreter familienpolitischer Einzelmaßnahmen wegen der unterschiedlichen Leitbilder und Zielsetzungen sowie der systembedingten Einordnung und Ausgestaltung als problematisch. Zum anderen muß davon ausgegangen werden, daß eine Systemtransformation von der sozialistischen zur freiheitlichen Ordnung der Sozialen Marktwirtschaft gerade einer ausgeprägten familienpolitischen Flankierung bedarf, weil die Familien den sozialen Raum darstellen, in dem Frauen, Männer und Kinder ihre Alltagserfahrungen auswerten, Problemlösungsstrategien entwickeln und Verhaltensgewohnheiten ausbilden.

Während man unmittelbar nach der Wende noch sagen konnte: „am geringsten und am wenigsten dringend ist der Handlungsbedarf in der Familienpolitik, da diese – auch im Vergleich zur Bundesrepublik Deutschland – stark entwickelt ist" (Lampert 1990: 384), wäre nach der Entscheidung für eine Transformation in einem Zuge sowie für die Vereinigung und die Übernahme des Rechtssystems der Bundesrepublik doch eine größere Bedeutung für eine familienpolitische Flankierung der Transformation und ein höherer Stellenwert der Familienpolitik in der Politik der Angleichung der Lebensverhältnisse (vgl. Bundesministerium für Familie und Senioren 1991) angemessen gewesen. Es kann kaum ausgeschlossen werden, daß die demographisch einmaligen Brüche in der natürlichen Reproduktion und im Eheschließungsverhalten (siehe Abschnitt 2.2) eine Folge der Überforderung der Familien mit den gesamten Anpassungslasten im Vereinigungsprozeß waren (vgl. Bast/Ostner 1992 und Lampert 1996). Der Transformations- und Vereinigungsprozeß hat die Familien in Ostdeutschland jedoch nicht nur mit einer Fülle von neuen und für die Stabilität der Familien belastenden Herausforderungen, wie der Gefährdung und dem Verlust des Arbeitsplatzes, der Unsicherheit in bezug auf die zukünftige Wohnungsversorgung, der Einführung eines neuen Familien-, Scheidungs- und Versorgungsrechts sowie schließlich einer umfassenden Zumutung von Initiative, Eigenverantwortung, Flexibilität und Mobilität konfrontiert (vgl. Lampert 1996). Der sozialpolitische Systemwechsel hat den Familien tatsächlich auch einen Großteil der umfassenden staatlichen Daseinsvorsorge und Fürsorge, wie sie in der DDR vorhanden war, entzogen.

Bevölkerungs- und arbeitsmarktpolitische Ausrichtung von Frauen- und Familienpolitik in der DDR

Bei einem familienpolitischen Leitbild, das der Familie als Keimzelle der Gesellschaft einen hohen Stellenwert bei der Ausprägung sozialistischer Persönlichkeiten und der Entwicklung einer sozialistischen Moral einräumte, waren die konkreten Zielsetzungen der Familienpolitik in der DDR[35] entsprechend der Entwicklung eines allgemeinen Arbeitskräftemangels durch eine explizite bevölkerungs- und arbeitsmarktpolitische Ausrichtung gekennzeichnet: Erreichen einer den Bevölkerungsstand sichernden Geburtenentwicklung und Mobilisierung des Erwerbspersonenpotentials, insbesondere durch eine hohe Erwerbsbeteiligung der Frauen und Mütter. Tatsächlich hat diese Ausrichtung der Frauen- und Familienpolitik in der DDR – unabhängig von einer möglicherweise negativen Bewertung – gewisse gesellschaftliche Wirkungen entfaltet. Die „pronatalistische" Ausrichtung der Familienpolitik hat sich in einer Fülle konkreter mit der Kinderzahl steigender Hilfen für Familien und damit in einer Verbesserung der alltäglichen Lebenssituation der Familien niedergeschlagen und ihre demographischen Anliegen auch nicht völlig verfehlt.[36] Die „arbeitsmarktpolitische" Frauenpolitik hat auch

---

35 Vgl. zum folgenden ausführlich Frerich/Frey 1993: 391ff., Lampert 1996 und Bundesministerium für Familie und Senioren 1991.
36 In der Bundesrepublik gehört es dagegen bis in die Gegenwart zu den Tabus der „political correctness", mit der Familienpolitik auch bevölkerungspolitische Ziele zu verbinden, die dann „unterschwellig" allerdings doch erkennbar sind.

der Emanzipation der Frauen in der DDR gedient und zu ganz konkreten Schritten der Gleichstellung der Frauen und der Förderung der Vereinbarkeit von Mutterschaft und Erwerbstätigkeit geführt. Allerdings ging die faktische Emanzipation der Frauen in der DDR mit einer enormen, auch politisch behandelten *Doppelbelastung* durch Beruf und Familie einher. Diese konnte letztlich auch nicht durch Strategien der Entwicklung gesellschaftlicher Dienstleistungsangebote („Speisenwirtschaft", Wäsche und Reinigung) entscheidend vermindert werden, weil diese Angebote faktisch nicht hinreichend angenommen wurden.

Systemtypische Ausprägung der Familienpolitik in der DDR

Das Spektrum der frauen- und familienpolitischen Maßnahmen reichte über die gesamte Planungs- und Handlungskompetenz des sozialistischen Staates (siehe Abschnitt 2.4.7) und umfaßte Ende der achtziger Jahre:

- die allgemeine „Subventionierung" der Waren des Grundbedarfs der Haushalte und der Kinder;
- wohnungspolitische Fördermaßnahmen wie Mietzuschüsse und vorrangige Wohnraumversorgung von Familien (nach der Personenzahl) im Rahmen der staatlichen Wohnraumbewirtschaftung;
- Familiengründungs- und Geburtsbeihilfen; begünstigte Kredite, deren Rückzahlung entsprechend der Geburt von Kindern teilweise erlassen wurde; steuerliche Entlastungen und ein mit der Ordnungszahl des Kindes steigendes monatliches Kindergeld (erstes Kind bis 12 Jahre: 95 Mark, über 12 Jahre: 115 Mark, zweites Kind: 145 bzw. 165 Mark, dritte und weitere Kinder: 195 bzw. 215 Mark[37]);
- die Orientierung von Lohnersatzleistungen (Krankengeld) und Renten an der Kinderzahl sowie die Berücksichtigung von Erziehungszeiten und „Kinderreichtum" bei der Begründung und Bemessung von Ansprüchen auf Mindestrente, Invaliditäts-, Alters- und Witwenrenten;
- Mutterschaftsurlaub, Erziehungsurlaub (mit Erziehungsgeld) sowie familienbezogene Arbeitnehmerschutznormen (besonderer Kündigungsschutz, keine gesundheitsgefährdende Arbeit, Recht auf Teilzeitbeschäftigung) und differenzierte Arbeitszeitvergünstigungen und Freistellungsregelungen für Mütter (und Pflegepersonen) im Rahmen der betrieblichen Arbeitskräfteplanung;
- die Bereitstellung eines umfassenden Angebots „gesellschaftlicher" (zentralstaatlicher, kommunaler und insbesondere *betrieblicher)* familiener-

---

37 Diese Beträge sind in Relation zu den niedrigen Durchschnittseinkommen und zur Mindestrente von 330 Mark zu sehen.

gänzender Betreuungseinrichtungen und -angebote (Krippen, Kindergärten, Ganztagsschule, Horte, familiengerechte Freizeiteinrichtungen);
- soziale Förderung der Schul- und Hochschulausbildung der Kinder, die allerdings weniger familienbezogene als leistungsbezogene und gesellschaftliche bzw. politische Differenzierungen enthielt.

Mit der Systemtransformation von der sozialistischen Planwirtschaft zur Sozialen Marktwirtschaft der Bundesrepublik und mit der Übernahme des familienrelevanten Rechts der Bundesrepublik sind vor allem einige systemtypische familienpolitische Handlungsmöglichkeiten weggefallen, die sich allerdings allmählich durch freiwillige gesellschaftliche Initiativen und als betriebliche Sozialleistungen wieder entwickeln und Bedeutung erlangen können.

- So bleibt in der Sozialen Marktwirtschaft von der Bewirtschaftung und „Subventionierung" der Güter und Dienstleistungen des Grundbedarfes, die in der DDR nicht unerheblich zur relativen Besserstellung der Familien in der personellen Einkommensverteilung beigetragen hat (vgl. Hauser 1992), in der Regel nur die in Ostdeutschland vorübergehend beibehaltene Regulierung des Wohnungsmarktes (siehe Abschnitt 3.2.5) und der ermäßigte Mehrwertsteuersatz für Nahrungsmittel.
- Besonders bedeutsam für die Familienpolitik ist der systembedingte Wegfall einer unmittelbaren staatlichen Durchgriffsmöglichkeit in die „Sorge um den Menschen" im Betrieb. Hier bleibt das in der Sozialen Marktwirtschaft auch familienpolitisch genutzte, aber weit geringer ausgebildete Instrumentarium der gesetzlichen Arbeitnehmerschutznormen und der familienorientierten Tarifvereinbarungen, bei dessen Einsatz jedoch immer auch beachtet werden muß, daß im Ergebnis nicht eine Diskriminierung der zu Schützenden (Frauen, Mütter, Väter) am Arbeitsmarkt erfolgt.

Verbesserung der Lebenslagen von Familien durch die Vereinigung

Die Systemtransformation und die Vereinigung der beiden deutschen Staaten haben für die Familien in Ostdeutschland jedoch nicht nur „Belastungen" und „Verluste" mit sich gebracht, sondern auch entscheidende positive Veränderungen ihrer Lebenslagen:

- Zu nennen sind nicht nur die ideellen Aspekte der Erhöhung der Wahlfreiheiten, der Freizügigkeit und der Reisemöglichkeiten, der materiell zugänglichen Option partnerschaftlicher Rollenaufteilung und der größeren Freiheit der Wahl von Erziehungs- und Betreuungsangeboten im Sinne einer weltanschaulichen Pluralität.

Übertragung des Systems der sozialen Sicherung 93

– Von Bedeutung sind auch die spürbaren allgemeinen Verbesserungen der Haushaltseinkommen, bei denen auch keine relative Schlechterstellung der Position der Familienhaushalte erfolgte (vgl. Lampert 1996).
– Schließlich sind die überwiegend den Haushalten zufließenden West-Ost-Transfers zu nennen (siehe die Abschnitte 2.3 und 5.8), die eine über die Produktivitätssteigerung weit hinausgehende Angleichung der Nettoeinkommen zwischen Ost und West sowie eine massive soziale und arbeitsmarktpolitische Abfederung der wirtschaftlichen Umstellung in Ostdeutschland ermöglichten.

Ausgestaltung der Familienpolitik in der Sozialen Marktwirtschaft

Innerhalb des Gesamtsystems der Sozialen Marktwirtschaft geht Familienpolitik wie Sozialpolitik überhaupt (siehe Abschnitt 2.4.7) vom Grundsatz der Selbstverantwortlichkeit der Familien und der Subsidiarität der Familienpolitik aus. Familienpolitik basiert dann zum einen auf der wirtschaftlichen Leistungsfähigkeit, zum anderen auf den politischen Möglichkeiten der Startchancengestaltung, der normativen Intervention („Regulierung"), des Angebots öffentlicher Güter sowie der intertemporalen und interpersonellen Umverteilung der im Wirtschaftsprozeß entstehenden Leistungseinkommen (von der „Primärverteilung" zur „Sekundärverteilung") über Beiträge und Sozialleistungen sowie Einkommensteuern und Transfers.

In der Bundesrepublik war in der zweiten Hälfte der achtziger Jahre mit dem Einstieg in den Regelungskomplex Erziehungsgeld, Erziehungsurlaub und Erziehungszeiten in der Rentenversicherung ein neuer Aufbruch in der Familienpolitik begonnen worden. Grundsätzliche Beschlüsse des Bundesverfassungsgerichts zur Familienbesteuerung (September 1992) und zur Berücksichtigung der Kindererziehung in der Alterssicherung (Juli 1992) haben den Gesetzgeber zu einer Neuordnung des zentralen Elements der westdeutschen bundesstaatlichen Familienpolitik, des sogenannten *Familienlastenausgleichs,* veranlaßt (vgl. Bundesministerium für Familien, Senioren, Frauen und Jugend 1995) und zu der Vorstellung von der Notwendigkeit und dem Ausbau eines *Familienleistungsausgleichs* geführt (siehe Übersicht 2.4.4.1).

Übersicht 2.4.4.1: Das System des Familienlasten- und -leistungsausgleichs 1996

Nach der 1996 neu eingeführten „*Optionsregelung*" erhalten Familien entweder:
(1) *Kindergeld* (monatlich)
erstes und zweites Kind 200 DM
drittes Kind 300 DM
viertes und weitere Kinder 350 DM
Das Kindergeld ist nach der jüngsten Reform des bundesdeutschen Familienlastenausgleichs für sich genommen nicht mehr einkommensabhängig. Da es jedoch zugleich die Funktion der Freistellung des Existenzminimums von Kindern von der Einkommensbesteuerung übernimmt, steigt die Steuerentlastung bei der Wahl des Kinderfreibetrages ab einer bestimmten Grenze an.

(2) oder einkommensteuerliche Kinderfreibeträge (monatlicher Gegenwert)
für jedes Kind 135 bis 277 DM
Die Steuerminderung durch den Kinderfreibetrag (6.264 DM) hängt dabei vom individuellen Grenzsteuersatz – hier: 25,9% bis 53% – und somit vom jeweils zu versteuernden Einkommen sowie vom gleichfalls reformierten Steuertarif 1996 ab.
Wegen des *Wahlrechts* zwischen beiden Leistungen – geplant ist für das Kindergeld langfristig auch die sogenannte „Finanzamtslösung", nach der das Kindergeld unmittelbar mit der fälligen Steuerzahlung verrechnet wird – bilden die Kindergeldansprüche in Höhe von 200 bis 350 DM eine feste Untergrenze der effektiven Nettoeinkommenssteigerungen von Familien. Die Wahl des Kinderfreibetrages ist 1996 im Falle zusammen veranlagter Ehepartner mit einem Kind erst ab einem individuellen Grenzsteuersatz von 38,3% (bei zwei/drei/vier Kindern: 38,3%/44,6%/50,3%) vorteilhaft bzw. laut Einkommensteuer-Splittingtabelle ab einem zu versteuernden Jahreseinkommen (*einschließlich* eventueller Kinderfreibeträge) von 146.556 DM (149.688 DM/194.832 DM/234.684 DM). Bei größeren Kinderzahlen lohnt sich die Wahl des Kinderfreibetrages unter keinen Umständen.

Erziehungsgeld (monatlich)
für jedes Kind während der ersten 24 Lebensmonate: 600 DM
(mindestens ein Elternteil darf in dieser Zeit nicht voll erwerbstätig sein;
anderes Einkommen der Eltern wird angerechnet)
Die Einkommensgrenzen während der ersten sechs Lebensmonate liegen für Verheiratete bei 100.000 DM (Alleinerziehende 75.000 DM) zuzüglich 4.200 DM für jedes weitere Kind, wobei sich die Kürzung auf jährlich 40% (monatlich 3,33%) des Überschreitungsbetrages beläuft. Ab dem siebten Monat liegen die Einkommensgrenzen bei 29.400 DM für Verheiratete (23.700 DM für Alleinerziehende).

Anrechnung von drei Erziehungsjahren bei der GRV (monatlich)
für jedes nach dem 1. Januar 1992 geborene Kind
(falls ein Elternteil während der Erziehungszeit nicht renten-versicherungspflichtig erwerbstätig ist).

Anrechnung von einem Erziehungsjahr für früher geborene Kinder
Bewertet werden die Erziehungsjahre mit 75% des Durchschnittsentgelts aller Versicherten. Um einen Rentenanspruch zu begründen, ist eine Versicherungszeit von mindestens fünf Jahren erforderlich, so daß durch das Aufziehen von zwei und mehr Kindern ein eigenständiger Rentenanspruch erworben werden kann (§§ 294ff. SGB VI).

Perspektiven der Familienpolitik im vereinten Deutschland

Der *Familienleistungsausgleich* als gesellschaftliche Anerkennung für die mit der Erziehung und Ausbildung von Kindern der Gesellschaft (vor allem im „Generationenvertrag" der Rentenversicherung) erbrachten „externen Effekte" wird auch in Zukunft weiterentwickelt werden müssen. Die gegenwärtige Renaissance der Familienpolitik in Deutschland dürfte allerdings über den (monetären) Bereich des Familienlasten- und -leistungsausgleichs hinausgehen und die (Politik-)Felder der Beeinflussung der gesellschaftlichen Voraussetzungen der Vereinbarkeit von Familie und Beruf verändern. Aus dem Vereinigungsprozeß ergab sich dabei die Gewährleistung des „sozialen Grundrechts" auf einen Kindergartenplatz für Kinder über drei Jahre, die trotz der Einstellung eines Großteils der betrieblichen Kinderbetreuungseinrichtungen in den neuen Bundesländern und trotz der systembedingten und haushaltspolitischen Restriktionen der Gebietskörperschaften (hier vor allem der zuständigen Bundesländer) für die Zukunft ein deutlich verbessertes und wohl bald weitgehend gleichmäßiges Angebot an Kindergartenplätzen[38] in Deutschland sichern dürfte. Bei der Bereitstellung von Kinderkrippen und Pflegeplätzen für Kinder unter drei Jahren wird allerdings die in der DDR herrschende günstige Situation in absehbarer Zeit nicht wieder erreicht werden.

Tarifvertragliche und *betriebliche Maßnahmen* zugunsten von Familien sind auch in der Marktwirtschaft und unter verschärftem weltwirtschaftlichen Wettbewerb möglich und waren auch in der Vergangenheit vielfach Vorbild für staatliche Maßnahmen. Gerade die betriebliche Förderung der Vereinbarkeit von Berufstätigkeit und Familie (z.B. durch flexible Arbeits- und Arbeitszeitorganisation) erweist sich ja in vielen Fällen auch als Beitrag zur Produktivitätssteigerung und als Möglichkeit der Leistungsförderung, der Anerkennung von Betriebstreue und der Erhaltung betriebsspezifischen Humankapitals. Die Verknappung des Arbeitskräftepotentials Anfang des nächsten Jahrhunderts macht verstärkte Anstrengungen der Betriebe zur familiengerechten Gestaltung von Ausbildung, Weiterqualifikation, Betriebsorganisation und Arbeitszeiten schon jetzt auch betriebswirtschaftlich ratsam.

---

38 Dabei ist in den neuen Bundesländern allerdings darauf hinzuweisen, daß der starke Geburtenrückgang seit der Vereinigung nicht für die Planung des mittel- und langfristigen Bedarfs bestimmend sein sollte.

2.4.5 Kommunale Sozialpolitik[39]

Die Einführung kommunaler Selbstverwaltung und kommunaler Sozialpolitik stellt einen in seinen Integrationswirkungen nicht zu unterschätzenden Bestandteil der Übertragung des Systems der sozialen Sicherung in die neuen Bundesländer dar. Kommunale Politik und (Sozial-)Verwaltung sind die ersten und unmittelbaren Ansprechpartner für Anliegen, Sorgen und Probleme der Bürgerinnen und Bürger. Angesichts der tiefgreifenden wirtschaftlichen und sozialen Umbrüche im Zuge des Transformationsprozesses standen die ostdeutschen (kreisfreien) Städte, Landkreise und kreisangehörigen Gemeinden daher unmittelbar unter einem hohen – keinen Aufschub duldenden – Erwartungsdruck hinsichtlich ihrer sozialpolitischen Problembearbeitungskapazität. Dieser anspruchsvollen Erwartungshaltung der Bürgerinnen und Bürger stand eine – rein äußerlich betrachtet – bemerkenswerte Stabilität des kommunalen Institutionensystems im Vereinigungsprozeß gegenüber. Im Gegensatz zur zentralen Regierung der DDR und den Bezirksverwaltungen, die mit dem Beitritt zur Bundesrepublik zu bestehen aufgehört hatten, überdauerten die Verwaltungen der (kreisfreien) Städte, Kreise und kreisangehörigen Gemeinden das Ende der DDR.

Dennoch standen die ostdeutschen Kommunen – unterhalb der Oberfläche institutioneller Kontinuität – mit der Einführung der Institution der „kommunalen Selbstverwaltung" und dem Um- und Neuaufbau kommunaler Institutionen, Akteure und Leistungen nach dem westdeutschen Modell „kommunaler Sozialstaatlichkeit" vor tiefgreifenden Veränderungen, die Wollmann (1991) zu Recht als einen „paradigmatischen Bruch" mit der kommunalen Sozialpolitik der DDR bezeichnet hat. Der Prozeß der Konstitution kommunaler Sozialpolitik in Ostdeutschland wird also sowohl durch externe Faktoren, die sich aus der spezifischen Logik des „Institutionentransfers" von West- nach Ostdeutschland ergeben, als auch durch interne Faktoren – wie etwa Kontinuitäten bzw. „Hinterlassenschaften" (legacies) – geprägt. Solche Hinterlassenschaften können sowohl in überdauernden Institutionen als auch – auf der personellen Ebene – in fortbestehenden Einstellungen, normativen Orientierungen und Handlungsmustern sowohl der ostdeutschen Bevölkerung als auch des Verwaltungspersonals bestehen.

---

39 In diesem Abschnitt werden die grundsätzlichen Aspekte des Systemwandels von der kommunalen Sozialpolitik der DDR zum bundesdeutschen Modell kommunaler Sozialpolitik behandelt. Zum Um- und Neuaufbau der Organisations-, Personal-, Leistungs- und Finanzstrukturen siehe Abschnitt 5.4. Zur Konstitution kommunaler Sozialpolitik in Ostdeutschland vgl. auch Backhaus-Maul/Olk 1992 und 1993, Wollmann/Schnapp 1995 und die KSPW-Expertise Wahl 1996.

Übertragung des Systems der sozialen Sicherung 97

Das westdeutsche Modell kommunaler Sozialpolitik

Das System der sozialen Sicherung der Bundesrepublik Deutschland ist in seiner vertikalen Dimension „zweistufig" aufgebaut. Seit der Sozialgesetzgebung von Bismarck ist dieses System durch eine Funktions- und Aufgabenteilung zwischen dem allgemeinen sozialen Sicherungssystem auf der (bundes-)staatlichen Ebene einerseits und der kommunalen Fürsorge andererseits charakterisiert. Während die überörtlichen Sozialversicherungssysteme auf der Basis einer Koppelung von Beiträgen und Leistungen an den Erwerbsstatus die Standardrisiken von Arbeitnehmern (Alter, Krankheit, Arbeitsunfähigkeit) absichern sollen, hat die steuerfinanzierte kommunale Fürsorge eine Zuständigkeit für die von den vorgeordneten allgemeinen sozialen Sicherungssystemen nicht erfaßten Fälle von persönlicher Not und Bedürftigkeit (vgl. Leibfried/Tennstedt 1985 sowie Döring 1995). Aus dieser Perspektive gelten Sozial- und Jugendhilfe als die zentralen Handlungsfelder kommunaler Sozialpolitik.[40] Allerdings umfaßt kommunale Sozialpolitik im weiteren Sinne grundsätzlich alle Maßnahmen auf örtlicher Ebene, die dazu beitragen können, die wirtschaftliche Lage oder soziale Situation von benachteiligten bzw. in Not geratenen Personen zu verbessern. Deswegen werden Aufgaben wie der öffentliche Gesundheitsdienst, die persönlichen Hilfen im Rahmen der Entschädigungssysteme der Kriegsopferversorgung, des Lastenausgleichs und der Wiedergutmachung, die Durchführung des Wohngeldgesetzes und des Unterhaltssicherungsgesetzes sowie die Betreuung von Flüchtlingen, Vertriebenen und Aussiedlern ebenso zum Zuständigkeitsbereich kommunaler Sozialpolitik im weiteren Sinne gezählt.

Die sozialpolitische Kompetenzverteilung zwischen Bund und Ländern einerseits und Kommunen andererseits ist durch komplexe Formen der Aufgabenteilung und -verflechtung sowie vor allem – unter dem Druck gesamtgesellschaftlicher und globaler Entwicklungen – durch eine Tendenz zur Zentralisierung der ursprünglich kommunalen Zuständigkeiten gekennzeichnet („Entörtlichungsprozeß"). Im Bereich der sozialen Infrastrukturpolitik und der sozialen Dienste kommt diese Entwicklung z.B. darin zum Ausdruck, daß Bund und Länder im Rahmen ihrer Gesetzgebungs- und Planungskompetenzen immer detailliertere Leistungsgesetze beschließen, die die Kommunen mit einem steigenden Aufgabenvolumen belasten und wachsende Anteile kommunaler Haushaltsbudgets binden („Sozialstaatsüberwälzung").

---

40 Vgl. zur kommunalen Sozialpolitik die Überblicksdarstellungen bei Backhaus-Maul 1993, Pitschas 1988, Trenk-Hinterberger 1989 und Windhoff-Heritiér 1989.

Dennoch stellt die kommunale Sozialpolitik eine verfassungsrechtlich geschützte, wesentliche Angelegenheit der örtlichen Gemeinschaft und damit ein eigenständiges kommunales Politikfeld dar. Der Gestaltungsspielraum kommunaler Sozialpolitik ergibt sich aus der verfassungsrechtlichen Garantie „kommunaler Selbstverwaltung". In Artikel 28 Abs. 2 des Grundgesetzes heißt es: „Den Gemeinden muß das Recht gewährleistet sein, alle Angelegenheiten der örtlichen Gemeinschaft im Rahmen der Gesetze in eigener Verantwortung zu regeln." Mit diesem Artikel der Verfassung erhält die Einrichtung der kommunalen Gebietskörperschaft einen grundsätzlichen Bestandsschutz, wird die eigenständige, nicht vom Staat verliehene Legitimität dieser Institution bekräftigt und die Allzuständigkeit der Gemeinden für ihren eigenen Wirkungskreis bestätigt (vgl. Holtmann 1990: 4).

Hinsichtlich des gemeindlichen Gestaltungs- und Zuständigkeitsspielraums ist zwischen (1) Aufgaben des eigenen kommunalen Wirkungsbereiches, die als Selbstverwaltungsaufgaben verstanden werden können, und (2) solchen Aufgaben zu unterscheiden, die als Auftragsangelegenheiten im übertragenen Wirkungskreis der Gemeinde von Bund und Ländern übertragen wurden und von den Kommunen in deren Auftrag durchgeführt werden. Die erstgenannten eigentlichen Selbstverwaltungsaufgaben im eigenen Wirkungskreis sind wiederum nach (a) freiwilligen Aufgaben und (b) Pflichtaufgaben zu differenzieren. Die genannten Aufgabenarten sind mit unterschiedlichen Formen staatlicher Kontrolle und damit auch mit unterschiedlichen Graden kommunaler Handlungsfreiheit verbunden. Während die Kommunen im Bereich der freiwilligen Aufgaben, zu denen etwa Hilfen für Personengruppen in besonderen Lebenslagen wie z.B. Ausländer, Behinderte, mißhandelte Frauen etc. gerechnet werden, sowohl über das Ob als auch über Quantität und Qualität dieser Leistungen selbst entscheiden können und in dieser Hinsicht lediglich einer allgemeinen Rechtsaufsicht des Staates unterliegen, ist der kommunale Handlungsspielraum bei den weisungsfreien Pflichtaufgaben – zu denen vor allem die im Bundessozialhilfegesetz (BSHG) und im Kinder- und Jugendhilfegesetz (KJHG) vorgeschriebenen Pflichtleistungen gehören – bereits deutlich eingeschränkt. Hier müssen die Kommunen Leistungen erbringen, verfügen aber über Gestaltungsmöglichkeiten hinsichtlich der Art und Weise der Leistungserbringung durch Dienste und Einrichtungen. Abgesehen von der staatlichen Rechtsaufsicht (Gesetzmäßigkeitskontrolle) spielen hier allerdings auch Richtlinien des jeweiligen Bundeslandes eine Rolle, die etwa über bestimmte Versorgungsquoten (z.B. mit Kindergartenplätzen) den Kommunen bestimmte Vorgaben machen.

Von den Aufgaben des eigenen Wirkungskreises (also den echten Selbstverwaltungsaufgaben) sind die Auftragsaufgaben im übertragenen Wirkungskreis zu unterscheiden. Da der Staat bzw. die Länder aus Zweckmäßigkeits-

und Wirtschaftlichkeitserwägungen nicht über ein flächendeckendes Netz von Ortsbehörden verfügen, werden zahlreiche weisungsgebundene Aufgaben und Zuständigkeiten der Ortsstufe gemäß bundes- oder landesgesetzlicher Regelung den kommunalen Verwaltungen zugewiesen (vgl. Trenk-Hinterberger 1989: 215). Bei der Erledigung solcher Aufgaben unterliegen die Gemeinden den Weisungen der zuständigen Staatsbehörden; Art und Weise der Leistungserbringung sind in der Regel detailliert festgelegt. Ein prominentes Beispiel aus dem Bereich kommunaler Sozialpolitik im weiteren Sinne stellt die örtliche Gesundheitsverwaltung dar, „die bei den gesetzlich zugewiesenen Pflichtaufgaben, wie der Vorsorge, Beratung und Rehabilitation für psychisch Kranke und geistig Behinderte als untere staatliche Behörde handelt" (Backhaus-Maul 1993: 532). Hier verfügt die Kommune über keinerlei nennenswerte Gestaltungsspielräume und unterliegt der staatlichen Rechts- *und* Fachaufsicht.

Kommunale Sozialpolitik auf der „örtlichen Ebene" der Staatsorganisation der DDR[41]

Der tiefgreifende Umbruch, den die (kreisfreien) Städte, Kreise und kreisangehörigen Gemeinden beim Übergang vom bisherigen Modell staatssozialistischer Sozialpolitik zum bundesdeutschen Modell kommunaler Sozialstaatlichkeit bewältigen mußten, wird deutlich, wenn die marginale und abhängige Rolle in den Blick genommen wird, die die kommunale Ebene im Staatsaufbau der DDR innehatte.

Der Aufbau des sozialistischen Einheitsstaates der DDR war dem föderalistischen System der Bundesrepublik Deutschland diametral entgegengesetzt. Die Organisation des DDR-Staates beruhte auf dem Prinzip der „Einheit der Staatsorgane", das sowohl in horizontaler als auch in vertikaler Hinsicht – in bewußter Absetzung von dem als „bürgerlich" denunzierten System der Gewaltenteilung – eine Gewalteneinheit sicherstellen sollte. Dieser einheitliche Staatsaufbau war die notwendige Voraussetzung dafür, daß sich die Sozialistische Einheitspartei Deutschlands (SED) den Staatsapparat zu eigen machen konnte, um sämtliche Bereiche des gesellschaftlichen Lebens – dies schließt die (kreisfreien) Städte, Kreise und kreisangehörigen Gemeinden ein – ihren (partei-)politischen Zielen und Weisungen unterwerfen zu können. Dieses instrumentelle Staatsverständnis kommt in dem Konzept der „Kaderverwaltung" sinnfällig zum Ausdruck. Der Führungsanspruch der Partei, also die Leitung von der Partei- und Staatsspitze her, wurde ermög-

---

41 Vgl. zur kommunalen Ebene im DDR-Staatsaufbau Neugebauer 1988, Roggemann 1987 sowie die Überblicksdarstellungen bei Wollmann 1991: 241ff., Neckel 1992 und Backhaus-Maul/Olk 1993: 302ff.

licht, indem die staatliche Verwaltung und das Verwaltungspersonal eine strikt dienende und diszipliniert-ausführende Funktion zugewiesen bekamen. Zentrales Kriterium für die Rekrutierung und Beförderung des Personals war daher die politisch-ideologische Eignung und Ergebenheit, während fachlich-administrative Fähigkeiten und Fertigkeiten, wie sie im Konzept des „Berufsbeamtentums" des Typs der „klassisch-europäischen Verwaltung" (vgl. König 1993) im Zentrum stehen, allenfalls eine nachrangige Bedeutung zugesprochen bekamen. Der Verwaltungsaufbau der DDR, der historisch in mehreren Schritten zunehmend vereinheitlicht und zentralisiert wurde (vgl. Bernet 1991), entsprach in der Konsequenz schließlich voll und ganz dem Modell des „demokratischen Zentralismus": Unterhalb der alles beherrschenden zentralen Regierungsebene wirkten die 14 Bezirke (einschließlich Ost-Berlin) im Sinne einer „Mittelinstanz" als administratives Rückgrat der Herrschaft der Partei- und Staatsführung, und die 27 Stadtkreise und 191 Landkreise stellten die untere administrative Vollzugsebene dar; die 7.500 (kreisangehörigen) Städte und Gemeinden (5.500 von ihnen hatten weniger als 1.000 Einwohner) behielten allenfalls einige administrative Restfunktionen (vgl. Wollmann 1991: 241).

Den (kreisfreien) Städten, Kreisen und Gemeinden mangelte es also in der DDR an jeglichen eigenständigen Entscheidungsbefugnissen und Gestaltungsspielräumen, wie sie etwa den bundesdeutschen Kommunen als Körperschaften des öffentlichen Rechts mit ihrer Selbstverwaltungsgarantie verfassungsrechtlich zugestanden werden. Statt dessen wurden die Kommunen im § 1 des „Gesetzes über die örtlichen Volksvertretungen in der Deutschen Demokratischen Republik" von 1985 als örtliche „Organe der sozialistischen Staatsmacht" definiert, die unter Führung der SED die Politik der zentralen Partei- und Staatsführung umzusetzen haben. Die örtlichen Volksvertretungen waren nicht demokratisch legitimiert und ihre Kompetenzen beschränkten sich weitgehend auf die per Akklamation erfolgende „Wahl" der Ratsmitglieder und die Bestätigung der Leiter der Fachorgane. Eine nennenswerte Bedeutung hatten auf lokaler Ebene nur die örtlichen Räte und die sie beratenden Fachorgane, die eine durchaus umfangreiche Aufgabenpalette durchzuführen hatten. Die Übertragung bestimmter Aufgaben auf die örtlichen Staatsorgane ist jedoch nicht im Sinne einer Garantie kommunaler Selbstverwaltung zu verstehen, sondern sollte lediglich sicherstellen, daß die auf der zentralstaatlichen Ebene gefällten Beschlüsse auch auf lokaler Ebene durchgeführt werden. Die Unterordnung der Gemeinden unter die zentrale Führung und Leitung wurde durch das Prinzip der „doppelten Unterstellung" durchgesetzt. Danach wurde jedes örtliche Fachorgan sowohl horizontal durch den örtlichen Rat und seinen Vorsitzenden als auch vertikal durch die übergeordneten Fachverwaltungen in den Räten der Kreise und Bezirke kontrolliert. Das System der „doppelten Unterstellung" schloß das Recht der jeweils übergeordneten Ebenen auf Aufhebung von Beschlüssen untergeordneter Organe ein, ohne daß dagegen Klage- oder Beschwerdeverfahren möglich waren. Auf diese Weise wurde den politischen Steuerungs- und Kontrollansprüchen der zentralstaatlichen Ebene gegenüber allen nachgeordneten Ebenen Rechnung getragen, während es an einer Fach- und Rechtsaufsicht weitgehend fehlte.

Abgesehen von der politischen Unterordnung trug auch die finanzielle Abhängigkeit der Kommunen von den übergeordneten staatlichen Ebenen zu ihrer Marginalisierung bei. Die Kommunen verfügten kaum über eigene Einnahmen und waren in der Hauptsache auf Zuweisungen aus dem Staats- und Bezirkshaushalt angewiesen. Um sich unter diesen Bedingungen zumindest geringe Gestaltungsmöglichkeiten zu eröffnen, waren die örtlichen Staatsorgane bestrebt, mit ressourcenstarken örtlichen Betrieben bzw. Kombinaten zusammenzuarbeiten. Für derartige Kooperationszwecke konnten die örtlichen Staatsorgane kommunale Zweckverbände bilden und Rahmenvereinbarungen bzw. Kommunalverträge mit lokal tätigen Betrieben abschließen (vgl. Bartsch 1990: 120ff.). Obwohl keine rechtliche Pflicht für die Betriebe bestand, solche Vereinbarungen mit den Kommunen zu schließen, stellten sie durchaus einen Teil der von ihnen erwirtschafteten Mittel nach eigenem Ermessen für die Finanzierung sozialer Dienste und Einrichtungen vor Ort zur Verfügung und führten diese nicht – wie offiziell vorgesehen – an den Staatshaushalt ab. Mit Aufgaben und Leistungen wie Kindertagesstätten, Polikliniken, Kulturhäuser, Kinderferienlager, Urlaubsreisen, Sporteinrichtungen, Vergünstigungen für junge Mütter und Altenbetreuung, Einkaufsmöglichkeiten für Mangelwaren und Berufsverkehr (vgl. Lüders 1991: 337) hatten die Betriebe auf örtlicher Ebene eine gewichtige sozialpolitische Bedeutung, die den sozialpolitischen Funktions- und Aufgabenkreis der Kommunen weit in den Schatten stellte.

(Verfassungs-)rechtliche Grundlagen der Übertragung des Modells „kommunaler Sozialstaatlichkeit" nach Ostdeutschland

Die Gegenüberstellung des bundesdeutschen Modells kommunaler Selbstverwaltung und „kommunaler Sozialstaatlichkeit" im föderalen Staat einerseits und kommunaler Sozialpolitik im zentralistischen Einheitsstaat andererseits macht deutlich, welch weitreichende Veränderungen in diesem Teil des Systems sozialer Sicherung in (verfassungs-)rechtlicher, konzeptioneller, organisatorischer, personeller und instrumenteller Hinsicht bewältigt werden mußten und z.T. noch müssen. So setzt etwa die Realisierung der Aufgaben und Verantwortlichkeiten nach dem BSHG und dem KJHG entsprechende (verfassungs-)rechtliche Garantien eines kommunalen Handlungs- und Gestaltungsspielraums voraus, um die in diesen beiden Gesetzen geregelten Leistungen im Sinne örtlicher Träger der Sozial- und Jugendhilfe sowohl in quantitativer als auch in qualitativer Hinsicht überhaupt umsetzen zu können.

Schon aus diesem Grund war bald nach der „Wende" vom Herbst 1989 abzusehen, daß der grundlegenden Umwandlung der politischen und administrativen Strukturen auf kommunaler Ebene im Kontext des Transformationsprozesses eine erhebliche Dringlichkeit zukam. Durch die Wahlfälschungen bei den Kommunalwahlen vom 7. Mai 1989 hatten die Verwaltungen der örtlichen Staatsorgane einen tiefgreifenden Legitimations- und Akzeptanzverlust erlitten. Ferner war ersichtlich, daß sich die bekannten Funktionsdefizite des kommunalen Politik- und Verwaltungssystems als Hemmfaktoren für die Bewältigung der neuen Aufgaben und Anforderungen erweisen würden. Nach ersten, weitgehend reaktiven rechtlichen Schritten eines Einbezugs von Vertretern der Bürgerbewegungen in die Entscheidungsfindung und Arbeit örtlicher Verwaltungsorgane seit Januar 1990 wurde daher durch die demokratisch legitimierte DDR-Regierung mit der Kommunalverfassung vom 17. Mai 1990 die kommunale Selbstverwaltung wieder eingeführt.[42] Mit dem Ländereinführungsgesetz vom 22. Juli 1990 wurden den Kommunen ihre neuen Rechtspositionen auch verfassungsrechtlich garantiert. Danach wurde den Gemeinden das Recht zuerkannt, alle Angelegenheiten der örtlichen Gemeinschaft im Rahmen der Gesetze in eigener Verantwortung zu regeln und den Kreisen das Recht der kommunalen Selbstverwaltung gewährt. Nach den Regelungen des Einigungsvertrages galt diese Kommunalverfassung vom Zeitpunkt der Vereinigung als Landesrecht in den fünf neuen Bundesländern fort. Sie wirkte daher in den Folgejahren als rechtliche Grundlage für die wichtige Phase der Konstitution kommunaler Selbstverwaltung und kommunaler Sozialpolitik. Sie bildete zugleich – bei allen Abweichungen und Varianzen, die hiermit verbunden waren – den Ausgangs- und Anknüpfungspunkt für die Ausformulierung der „Länderkommunalverfassungen", die die Kommunalverfassung der DDR schließlich ablösten. Wegen ihrer so begründeten grundsätzlichen Bedeutung sollen im folgenden ihre wesentlichen Merkmale knapp skizziert werden.

Die Kommunalverfassung (KV) der DDR, die in der kurzen Zeit zwischen März und Mai 1990 entstanden war, hatte Übergangscharakter und sollte in erster Linie das Gesetz über die örtlichen Volksvertretungen (GöV) aus dem Jahre 1985 außer Kraft setzen, das von den Prinzipien des zentralistisch-autoritären Staatsaufbaus der DDR geprägt war. Sie orientierte sich im

---

42 Zur Kommunalverfassung der DDR vom 17. Mai 1990 vgl. Hauschild 1991, Wollmann 1991: 242ff., Bullmann/Schwanengel 1995: 208ff. sowie die Überblicke bei Bretzinger 1995 und Kaase u.a. 1996.

wesentlichen am bundesdeutschen Kommunalrecht, ohne ein bestimmtes Modell der westdeutschen Kommunalverfassungen zu übernehmen. Daneben sollten auch eigenständige Elemente verwirklicht werden. So war ursprünglich im Entwurf der Kommunalverfassung noch eine Bestimmung (unter § 4) enthalten, die die „Gesamtgesellschaftliche Mitverantwortung" der Kommunen regeln sollte. Hierin waren Aufgaben wie die Verständigung zwischen den Völkern, die Erhaltung des Friedens, die Förderung des Prozesses der europäischen Einigung und die Entwicklung partnerschaftlicher Beziehungen zu Gemeinden und kommunalen Verbänden anderer Staaten als Aufgaben der Gemeinden enthalten. Da es sich hierbei allerdings – bis auf den zuletzt genannten Punkt – um Aufgaben handelt, die weitgehend in die rechtliche Kompetenz des Bundes gehören, sind diese Formulierungen in die endgültige Fassung nicht übernommen worden. Als Eigenständigkeit bestehen blieb allerdings die Qualifizierung der Gemeinden als „Bürgergemeinschaften" (§ 1 Abs. 2 KV), wonach die Gemeinden nicht lediglich technokratische Verwaltungsbezirke sondern vor allem lebendige Bürgergemeinschaften mit eigenen Rechten und Pflichten sein sollten.

Während zuvor ausschließlich der Rat in seiner Funktion als Verwaltungsorgan eine juristische Person darstellte, wurde den Gemeinden und Kreisen mit der Kommunalverfassung wieder der Status von juristischen Personen zuerkannt; sie waren nun Selbstverwaltungskörperschaften mit der Befugnis zur eigenverantwortlichen Aufgabenwahrnehmung. Gemeindevertretungen, Stadtverordnetenversammlungen und Kreistage wurden wieder als oberste lokale Beschlußorgane eingesetzt, die über die Finanz-, Organisations-, Rechtssetzungs-, Personal- und Planungshoheit verfügten. Angesichts der geringen Größe vieler (kreisangehöriger) Gemeinden und der hiermit zusammenhängenden Leistungseinschränkungen sah die Kommunalverfassung der DDR weitreichende Kompetenzen der Kreise in ihrem Verhältnis zu den Gemeinden vor und schränkte deren Gestaltungsspielraum dadurch partiell wieder ein. Danach konnte der Kreistag mit Mehrheit durch einen von der Rechtsaufsichtsbehörde zu genehmigenden Beschluß den Gemeinden eine Selbstverwaltungsaufgabe entziehen. Auf diese Weise sollte sichergestellt werden, daß die Kreise Aufgaben übernehmen, die die Leistungsfähigkeit einzelner kreisangehöriger Städte und Gemeinden übersteigen. Die Kommunalverfassung sah allerdings ebenfalls vor, durch unterschiedliche Formen der gemeindlichen Kooperation – wie die Möglichkeit, Verwaltungsgemeinschaften zu bilden oder durch kommunale Gemeinschaftsarbeit auf freiwilliger Basis – die Leistungsfähigkeit der Gemeinden zu steigern und auf diese Weise einem möglichen Aufgabenentzug zu entgehen.

Bürgermeister, Landrat und Beigeordnete wurden nach der Kommunalverfassung der DDR indirekt, also durch die Gemeindevertretung bzw. den

Kreistag gewählt, wobei deren Amtszeit an die Wahlperiode der Vertretungskörperschaften gebunden war. Ebenfalls wurde eine Abwahlmöglichkeit vorgesehen. Insgesamt ist die Kommunalverfassung der DDR als eine monokratische Verfassung mit einem starken Bürgermeister bzw. Landrat anzusehen, die zumindest in dieser Hinsicht der süddeutschen Rats- bzw. Bürgermeisterverfassung ähnelt. Aus der Erfahrung der zentralen Rolle der lokalen „Runden Tische" bei der Überwindung zentralistischer Strukturen des DDR-Staatsapparates sind neben den repräsentativen Formen kommunaler Entscheidungsfindung mit Einwohnerantrag, Bürgerbegehren und Bürgerentscheid auch plebiszitäre Elemente in der Verfassung enthalten, die aber – nicht zuletzt wegen ihrer unscharfen und z.T. inkonsequenten Formulierung – insbesondere auf der Kreisebene ohne praktische Wirkungen blieben.

Die Kommunalverfassung der DDR wurde durch neue Gemeinde- und Kreisordnungen („Kommunalverfassungen") der ostdeutschen Länder abgelöst, die in den Jahren 1993 und 1994 von den Landtagen beschlossen wurden und nach den jeweils darauffolgenden Kommunalwahlen – also am 5. Dezember 1993 in Brandenburg und am 12. Juni 1994 in allen übrigen neuen Bundesländern – in Kraft traten. Diese neuen „Länderkommunalverfassungen" knüpften in mehrfacher Hinsicht an der KV an. Allerdings wurde durch die Direktwahl der kommunalen Verwaltungsspitzen (Bürgermeister, Landräte) die ohnehin schon starke Position der Bürgermeister ausgebaut. Diese starke Position wurde durch die Verlängerung ihrer Amtsperioden als hauptamtliche Behördenleiter auf sechs Jahre (in Thüringen), acht Jahre (in Brandenburg) oder sogar neun Jahre (in Mecklenburg-Vorpommern) noch unterstrichen. Während entsprechende Regelungen in der westdeutschen Diskussion überwiegend mit dem Ziel der Stärkung von Verwaltungseffizienz begründet werden, dominiert in Ostdeutschland angesichts der demokratischen Aufbruchstimmung der Wendejahre eine Argumentation, die auf basisdemokratische Grundlagen verweist. Dem entspricht, daß alle ostdeutschen Länderverfassungen Formen der direkten Bürgerbeteiligung (Einwohnerantrag, Bürgerbegehren und Bürgerentscheid) – wenn auch mit kleinen Variationen und unterschiedlichen Quoren – vorsehen. Insgesamt gilt, daß mit den „Länderkommunalverfassungen" in den ostdeutschen Bundesländern der Prozeß der Wiedereinführung der Basisinstitution der kommunalen Selbstverwaltung zu einem vorläufigen Abschluß gekommen ist und auf diese Weise eine Annäherung an westdeutsche kommunalpolitische Entwicklungen erreicht wurde. Allerdings ergeben sich für die politischen und administrativen Strukturen in Ostdeutschland durchaus eigenständige Charakteristika und Handlungsanforderungen. Die immer noch geltende, vergleichsweise geringere Größe der ostdeutschen (kreisangehörigen) Gemeinden, die durch ehrenamtliche Bürgermeister vertreten werden, führt zu verschiedenartigen Formen der freiwilligen kommunalen Kooperation (in Form von „Ämtern" und „Verwaltungsgemeinschaften") und vor allem zu einer vergleichsweise starken Stellung der Kreisebene. Diese institutionellen Besonderheiten der ostdeutschen Kommunen werden deren Entwicklung voraussichtlich auf mittlere Sicht nachhaltig prägen.

Die institutionellen Besonderheiten haben aber auch die politische Diskussion um eine kommunale Gebiets- und Verwaltungsreform in den neuen Bundesländern geprägt. Die Kreise und (kreisangehörigen) Gemeinden konnten mit ihrer geringen Größe und Verwaltungskraft den neuen Aufgaben kaum gerecht werden. Aus diesem Grund hätte sich sowohl eine Gemeindegebiets- als auch eine Kreisgebietsreform angeboten. Um nun aber die kaum zu bewältigende Aufgabe einer gleichzeitigen Kommunal- und Kreisgebietsreform zu vermeiden und um die gerade erst wieder errichteten politischen und administrativen Strukturen kommunaler Demokratie nicht sofort durch einen Neuzuschnitt der lokalen Gebietseinheiten zu verunsichern, beschränkte sich die Gebietsreform in allen ostdeutschen Bundesländern auf die Kreisebene.[43] Angesichts der im Vergleich zu den westdeutschen Bundesländern geringeren Größe der ostdeutschen Länder und der Tatsache, daß sich Sachsen, Sachsen-Anhalt und Thüringen mit der Einführung der Bezirksregierungen für Mittelinstanzen im vertikalen Verwaltungsaufbau entschieden hatten, wurden durch Zusammenlegungen neue Landkreise gebildet, die mit durchschnittlich 80.000 Einwohnern in Thüringen, 105.000 Einwohnern in Sachsen-Anhalt, 120.000 Einwohnern in Sachsen und 102.000 Einwohnern in Mecklenburg-Vorpommern – mit Ausnahme des Landes Brandenburg – unterhalb der bei westdeutschen Gebietsreformen der siebziger Jahre geforderten Mindesteinwohnerzahl von 150.000 Einwohnern verblieben. Durch die Kreisgebietsreform reduzierte sich die Anzahl der Landkreise am stärksten in Mecklenburg-Vorpommern von 31 auf 12 und in Brandenburg von 38 auf 14 (Sachsen: 48 auf 28, Sachsen-Anhalt: 37 auf 21, Thüringen: 35 auf 17; vgl. Bullmann/Schwanengel 1995: 216).

Um angesichts des Übergewichts von Klein- und Kleinstgemeinden und trotz des Verzichts auf eine Gemeindegebietsreform leistungsfähige Verwaltungseinheiten zu erreichen, wurden auf der Gemeindeebene in den einzelnen ostdeutschen Bundesländern spezifische Formen der freiwilligen Kooperation auf kommunaler Ebene entwickelt, mit deren Hilfe die kleineren Gemeinden unter Beibehaltung ihrer Selbständigkeit ihre administrativen Ressourcen zusammenlegen konnten. In den Ländern Mecklenburg-Vorpommern und Brandenburg wurde den kleineren Gemeinden (unter 2.500 Einwohnern)

---

43 Vgl. zur kommunalen Gebiets- und Verwaltungsreform Schmidt-Eichstaedt 1993, Knemeyer 1993, Frenzel 1995 sowie zusammenfassend Bullman/Schwanengel 1995: 211ff.

durch Amtsverfassungen die Möglichkeit eingeräumt, sich zu Ämtern zusammenzuschließen, denen eine Vielzahl von Aufgaben kommunaler Selbstverwaltung zur Ausführung auf freiwilliger Basis übertragen werden konnten. Demgegenüber entschieden sich die Länder Sachsen, Sachsen-Anhalt und Thüringen, die über Mittelinstanzen im vertikalen Verwaltungsaufbau verfügen, für das Modell der Verwaltungsgemeinschaften, das insgesamt ähnliche Kooperationsformen wie die Ämter ermöglicht.

Von der Fürsorge zur Sozialhilfe[44]

Die Sozialfürsorge der DDR stellt den institutionellen Vorläufer der Sozialhilfe dar. Diese Institution bildete zwar – ähnlich der Sozialhilfe – die unterste Ebene des sozialen Sicherungssystems, ist aber ansonsten kaum mit ihr vergleichbar. Als Rechtsgrundlage für die Gewährung der Sozialfürsorge in der DDR galt seit 1979 die Sozialfürsorgeverordnung. Anspruch auf Sozialfürsorgeunterstützung war gegeben, wenn die Bestreitung des Lebensunterhalts durch Arbeitseinkommen nicht möglich war, keine Rente bezogen wurde, keine Unterhaltspflicht durch Angehörige bestand und auch ein sonstiges Einkommen oder Vermögen (ab 500 Mark) nicht vorhanden waren. Vor Gewährung der Leistung wurde die Bedürftigkeit durch Einzelfallprüfung festgestellt. Empfänger von Sozialfürsorgeunterstützung, die noch nicht das Rentenalter erreicht hatten, waren gehalten, sich darum zu bemühen, daß die Leistung möglichst bald wieder entfallen konnte. Die Höhe der Zahlungen betrug zum 1. Januar 1989 290 Mark für Alleinstehende und 480 Mark für Ehepaare, während für Kinder ein Zuschlag von 60 Mark pro Kind gewährt wurde (vgl. Wienand 1996).

Ähnlich wie in Westdeutschland kannte die Sozialfürsorge in der DDR zur Absicherung des existenznotwendigen Lebensbedarfs zwei Zweige, nämlich laufende Unterstützungszahlungen und einmalige Beihilfen. Die Bedeutung der einmaligen Beihilfen war sowohl nach der Anzahl der Empfänger als auch nach dem finanziellen Aufwand gerechnet deutlich höher. Laufende Sozialfürsorgeunterstützung erhielten 1980 rund 17.000 Personen, während es im „Wendejahr" 1989 nur noch wenig mehr als 5.500. Einmalige Leistungen wurden 1989 in 77.260 Fällen gewährt (vgl. Wienand 1996: 4ff.). Neben den genannten Leistungen regelte die Sozialfürsorgeverordnung auch die Vergabe von Pflegegeld, Blindengeld und Sonderpflegegeld, die in den achtziger Jahren zusammengenommen gleichbleibend etwa 25.000 Personen jährlich empfingen.

Im ersten Staatsvertrag wurde die Einführung eines Sozialhilfegesetzes in Anlehnung an die bundesdeutschen Sozialhilferegelungen auf dem Gebiet

---

44 Vgl. zum folgenden Backhaus-Maul/Olk 1993: 307ff. und Olk/Rentzsch 1994: 250ff.

der DDR verbindlich geregelt (Art. 24 StaatsV). Das Sozialhilfegesetz der DDR trat am 1. Juli 1990 in Kraft und beschränkte sich im wesentlichen auf die Übernahme der Regelungen des Bundessozialhilfegesetzes (BSHG) über die „laufende Hilfe zum Lebensunterhalt". „Hilfen in besonderen Lebenslagen" wurden nur eingeschränkt gewährt, nämlich als Hilfe zur Pflege in Einrichtungen und als Krankenhilfe. Damit erklärt sich auch der geringe Anteil von Beziehern in besonderen Lebenslagen – weniger als 0,5 Prozent – an allen Sozialhilfeempfängern Ende 1990. Als wesentliche Eckpunkte des Gesetzes sind die Festlegung des Regelsatzes für Haushaltsvorstände auf monatlich 400 DM und die faktische Nichtzahlung von Mehrbedarfszuschlägen entsprechend den Bestimmungen in § 23 Abs. 1 BSHG hervorzuheben.

Die Zahl der Sozialhilfeempfänger belief sich in der Zeit vom 1. Juli bis zum 31. Dezember 1990 in Ostdeutschland auf insgesamt 134.403 Personen (0,8% der Gesamtbevölkerung), während sie 1989 in den alten Bundesländern bei ca. 3,6 Mio. Personen lag (5,9% der Gesamtbevölkerung). Um den möglichen Anstieg der Zahl der Sozialhilfeempfänger zu begrenzen, wurde zum 1. Juli 1990 ein Sozialzuschlag auf monatlich (insgesamt) 495 DM für die Bezieher von Rentenzahlungen und Arbeitslosengeld eingeführt. Während dieser Betrag für Erwerbslose festgeschrieben wurde, erfolgte beim Sozialzuschlag für Rentner eine Dynamisierung bzw. schrittweise Anhebung der Leistungshöhe, was zur Folge hatte, daß der Bedarfssatz der Sozialhilfe für Rentner am 1. Juli 1992 für Alleinstehende bei 668 DM und für Verheiratete bei 1.054 DM lag. Der Einsatz dieses sozialpolitischen Instrumentes ist zeitlich begrenzt. So können Rentner den Sozialzuschlag bis Ende 1996 in Anspruch nehmen, vorausgesetzt, daß ihr Rentenbezug vor 1994 begann.

Das DDR-Sozialhilfegesetz ist als ein Einstieg in die Sozialhilfegesetzgebung und das Sozialhilfeverfahren der Bundesrepublik Deutschland zu bewerten. Eine entsprechende Durchführung des Gesetzes als kommunale Aufgabe – wie in den alten Bundesländern – war aber in den ersten Monaten aus finanziellen und organisatorischen Gründen nicht möglich.

Gemäß den Bestimmungen des Einigungsvertrages wurde zum 1. Januar 1991 das BSHG auf die neuen Bundesländer übertragen. Angesichts der prekären Finanzlage ostdeutscher Länder und Kommunen und der zum damaligen Zeitpunkt erst im Aufbau befindlichen organisatorischen und personellen Voraussetzungen für eine leistungsfähige kommunale Sozialpolitik wurden allerdings einige Übergangsregelungen eingeführt, die auch für die Versorgung von Sozialhilfeempfängern erhebliche Einschränkungen mit sich brachten. So heißt es im Einigungsvertrag (Anlage I, Kapitel X, Sachgebiet H, Abschnitt III, Punkt 3b): „Gesetzliche Ansprüche sind von den Trägern der Sozialhilfe nur insoweit zu erfüllen, als die im Einzelfall dafür erforderlichen sozialen Dienste und Einrichtungen in dem in Artikel 3 des Vertrages genannten Gebiet vorhanden oder sonst mit den zur Verfügung stehenden Mitteln erreichbar sind; die Verpflichtung der Träger zur Sozialhilfe auf die Schaffung ausreichender sozialer Dienste und Einrichtungen hinzuwirken (§ 17 Abs. 1 Nr. 2 des Ersten Buches Sozialgesetzbuch), bleibt unberührt."

Mit der Übertragung des BSHG auf die neuen Bundesländer wird dort sowohl „Hilfe zum Lebensunterhalt" als auch „Hilfe in besonderen Lebenslagen" in vollem Umfang gewährt. Beim administrativen Vollzug des BSHG traten vor allem zu Anfang auf Seiten der Verwaltungsmitarbeiter merkliche Probleme auf (vgl. Habermann 1990). Fehlende Routinen bei der Fallbearbeitung, der Erstellung von Bewilligungsbescheiden und bei der Rechtsmittelbelehrung wirkten sich negativ auf die sachgemäße Durchführung des BSHG aus. Die Inanspruchnahme von Sozialhilfeleistungen wurde und wird z.T. auch heute noch dadurch erschwert, daß der Verwaltungsstil im Leistungsbereich teilweise sehr hoheitlich geprägt ist, es vielerorts keine dezentrale, wohnortnahe Verwaltungsinfrastruktur gibt, die Beratung der Bürger über Sozialhilfeansprüche und -leistungen nur unzureichend erfolgt und der Sozialhilfe noch das negative Image der DDR-Sozialfürsorge anhaftet.

Die BSHG-Leistungen fielen in den neuen Bundesländern zunächst etwas geringer aus als in den alten Bundesländern, was mit niedrigeren Lebenshaltungskosten begründet wurde, lagen aber dennoch näher am westdeutschen Niveau als die durchschnittlichen Arbeitseinkommen. Bei den monetären Leistungen im Rahmen des BSHG gibt es in den neuen Bundesländern im Vergleich zur westdeutschen Regelung zwei nennenswerte Einschränkungen: Der Mehrbedarf für Personen über sechzig Jahre (§ 23 Abs. 1 Satz 1 BSHG) wird nicht gezahlt, und das Taschengeld für Sozialhilfeempfänger in Einrichtungen fällt insgesamt geringer aus.

Bereits nach der ersten Anpassung vom 1. Juli 1991 lagen die Regelsätze der laufenden Hilfe zum Lebensunterhalt nach § 22 BSHG in den neuen Bundesländern nur noch knapp unter den Regelsätzen der alten Bundesländer. Mitte 1992 belief sich der durchschnittliche Sozialhilfesatz auf 488 DM (alte Bundesländer: 507 DM). Das Niveau der Geldleistungen hat sich in diesem Bereich somit in Ost- und Westdeutschland inzwischen weitgehend angenähert; ferner haben sich vergleichbare Verwaltungsroutinen entwickelt. Demgegenüber ist im Bereich sozialer Dienste und Einrichtungen in den neuen Bundesländern noch erheblicher Nachholbedarf festzustellen. Die oben zitierten Formulierungen des Einigungsvertrages werden gemeinhin so interpretiert, daß soziale Dienste und Einrichtungen zur Erfüllung der im BSHG geregelten Rechtsansprüche nur insoweit geschaffen werden müssen, wie es die vorhandenen Finanzmittel erlauben. Die Kostenträgerschaft für die überwiegende Mehrzahl sozialer Dienste und Einrichtungen liegt allerdings bei den vergleichsweise finanzschwachen Kommunen. In den neuen Bundesländern dürften deshalb auch mittelfristig erhebliche Versorgungsrückstände gerade in diesem Bereich bestehen bleiben.

Jugendhilfe als kommunale Aufgabe[45]

Der Um- und Neuaufbau kommunaler Jugendhilfe in Ostdeutschland ist von der Anforderung geprägt, das gegenüber der DDR-Jugendhilfe deutlich anders geartete und breiter angelegte konzeptionelle Selbstverständnis und Aufgabenprofil sowie die hieraus resultierenden Angebote und Leistungen, Organisationsformen und Handlungsmethoden westdeutscher Jugendhilfe nun auch in den ostdeutschen Kommunen wirksam werden zu lassen. In der Jugendhilfeverordnung der DDR von 1966 (JHVO) wird in § 1 Abs. 1 Jugendhilfe als eine „gesamtgesellschaftliche Aufgabe" definiert. Staatliche Organe der Jugendhilfe sollten erst dann wirksam werden, wenn trotz der Bemühungen und Hilfeleistungen gesellschaftlicher und staatlicher Kollektive und Institutionen erzieherische Probleme und Nöte nicht zu bewältigen sind. Alle am Erziehungsprozeß beteiligten Kräfte sollten mit dazu beitragen, daß sich jedes Kind entsprechend den staatlich vorgegebenen Erziehungszielen entwickeln kann; beim Auftreten von Hemmnissen und Defiziten hatten diese Kräfte und Institutionen (wie Kinderkrippe, Kindergarten, Schule, Berufsausbildung und Arbeitskollektive) die besondere Verpflichtung, durch vermehrte Anstrengungen eine Problemlösung zu erreichen. Es war daher nur konsequent, daß die Jugendhilfe in der DDR – im Gegensatz zur Bundesrepublik – ein stark reduziertes Aufgabenspektrum aufwies. Das Handeln der Jugendhilfeorgane war zentral am Tatbestand der „Gefährdung" von Minderjährigen orientiert und beschränkte sich auf dasjenige Aufgabenspektrum, das in der Tradition des (Reichs-)Jugendwohlfahrtsgesetzes als Jugendfürsorge bezeichnet wird: Erziehungshilfe, Vormundschaftswesen, Rechtsschutz für nichteheliche Kinder und alleinerziehende Mütter sowie die Zusammenarbeit mit Gerichten, z.B. bei der Übertragung des elterlichen Erziehungsrechts im Ehescheidungsverfahren und bei Jugendstrafverfahren. Die allgemeine Jugendarbeit bzw. -förderung (Jugend*pflege*) sowie institutionelle Betreuung von Kindern in Krippen, Kindergärten und Horten gehörten dagegen sowohl begrifflich als auch ressortbezogen nicht zur Jugendhilfe. Der Leistungsschwerpunkt der DDR-Jugendfürsorge lag im stationären Bereich, also in der Heimunterbringung, während die offene bzw. ambulante Jugendhilfe nur von nachrangiger Bedeutung war.

Organisatorisch betrachtet war die Jugendhilfe ein integraler Bestandteil des zentralistischen Staatsapparates der DDR und gehörte in den Zuständig-

---

45 Vgl. dazu auch Backhaus-Maul/Olk 1993: 318ff.

keitsbereich des Ministeriums für Volksbildung, d.h. der Abteilung „Jugendhilfe und Heimerziehung" sowie des „zentralen Jugendhilfeausschusses". Als staatliche Organe der Jugendhilfe galten die Referate Jugendhilfe, die Jugendhilfekommissionen sowie die Jugendhilfeausschüsse und Vormundschaftsräte. Im Gegensatz zur Entwicklung in der alten Bundesrepublik, die im Bereich der Jugendhilfe in den letzten zwei Jahrzehnten durch einen enormen Professionalisierungsschub gekennzeichnet war, stellte die ehrenamtliche Tätigkeit in der Jugendhilfe der DDR ein zentrales Grundprinzip – auch im Sinne von Mitwirkungsmöglichkeiten der „Werktätigen" – dar. Mit Ausnahme der Referate Jugendhilfe, die mit hauptamtlich tätigen Jugendfürsorgern besetzt waren, wurde die Arbeit der genannten Jugendhilfeorgane von Ehrenamtlichen getragen. Dieser Tatbestand kommt insbesondere darin zum Ausdruck, daß ca. 1.500 hauptamtlichen Mitarbeitern knapp 38.000 ehrenamtliche Mitarbeiter gegenüberstanden (vgl. Seidenstücker 1990: 39f.). Angesichts des stark eingeschränkten Zuständigkeits- und Aufgabenbereichs der DDR-Jugendhilfe ist der Transfer des westdeutschen Systems der Jugendhilfe mit einer erheblichen Ausweitung von Aufgaben im Bereich der Jugendhilfe auf kommunaler Ebene verbunden und setzt tiefgreifende organisatorische und personelle Umstellungen voraus.

Um diesen Umbauprozeß in rechtlicher Hinsicht sichern und gestalten zu können, wurde bereits von der Regierung Modrow ein Jugendhilfeorganisationsgesetz (JHOG) verabschiedet, das am 29. Juli 1990 in Kraft trat. Mit Hilfe dieses Gesetzes sollten sowohl die Umwandlung der Referate Jugendhilfe in Jugendämter als auch die Sicherung vorhandener Einrichtungen für Kinder und Jugendliche, wie Klubhäuser, Ferienheime und Kindergärten, ermöglicht sowie die Rechtsgrundlage für die Entwicklung eines pluralen Systems öffentlicher und freier Träger geschaffen werden. Da das Jugendwohlfahrtsgesetz der Bundesrepublik zum 1. Januar 1991 vom neuen Kinder- und Jugendhilfegesetz (KJHG) abgelöst werden sollte, bestand zur Vereinigung die Möglichkeit, entweder das vordem geltende Recht der DDR bis zum 1. Januar 1991 fortbestehen zu lassen oder aber den Geltungsbereich des Jugendwohlfahrtsgesetzes vorübergehend auf die neuen Bundesländer auszudehnen. Da beide Varianten angesichts der anstehenden Reform des Jugendhilferechts fachpolitisch nicht sinnvoll erschienen, wurde im Einigungsvertrag festgelegt, daß zur Vereinigung das KJHG mit mehr als 20 Übergangsregelungen drei Monate früher als in den alten Bundesländern in Kraft treten sollte (vgl. Wiesner 1991 und Lingelbach 1992).

In der Fachdebatte der westdeutschen Jugendhilfe galt das KJHG weniger als ein grundlegendes Reformgesetz als vielmehr als ein Gesetz der „Neuordnung" des Jugendhilferechts, das bereits erfolgte Entwicklungen in der Praxis der Jugendhilfe lediglich auf gesetzlicher Ebene nachvollzieht.

Dennoch enthält dieses Gesetz – auch im Vergleich zur bisherigen Gesetzeslage in Westdeutschland – einige Neuerungen, die keinen Zweifel daran lassen konnten, daß die Umsetzung der mit diesem Gesetz fixierten Standards in den neuen Bundesländern Übergangsfristen sowie erhebliche organisatorische und personelle Veränderungen voraussetzte.[46] Zu Beginn des Vereinigungsprozesses waren – sieht man einmal von der rein quantitativen Versorgung mit Kindertagesstätten und Kinder- und Jugendheimen ab – weder die institutionellen noch personellen Voraussetzungen gegeben, um dieses erweiterte Aufgabenverständnis verwirklichen zu können. Der Gesetzgeber hat daher den neuen Bundesländern eine Übergangsphase zur Anpassung an die neuen Vorgaben eingeräumt, die in zahlreichen Übergangsvorschriften zum Ausdruck kommt.

So ist eine Vielzahl von Leistungen – über die Übergangsvorschriften in Art. 10 KJHG hinausgehend – von Soll- zu Kann-Leistungen herabgestuft worden. Hinsichtlich der Hilfen zur Erziehung (§§ 27ff.) gelten sogar noch weitergehende Einschränkungen: Bis zu einem bedarfsgerechten Ausbau ambulanter und teilstationärer Erziehungshilfen (Art. 1 §§ 28-33, 35) sind diese Hilfen vorzugsweise Kindern und Jugendlichen zu leisten, denen sonst Hilfe zur Erziehung im Heim (§ 34) gewährt werden müßte (vgl. Lingelbach 1992: 39). Diese Bestimmungen gelten – trotz ihrer nachvollziehbaren pragmatischen Begründung – zum einen deshalb als problematisch, weil sie auf Einschränkungen von Leistungsverpflichtungen hinauslaufen, die z.T. sogar eine Verschlechterung der Rechtsposition im Vergleich zu DDR-Zeiten bedeuten. Dies betrifft z.B. den Anspruch auf Unterstützung unverheirateter Mütter auf Beistand, insbesondere bei Geltendmachung von Ansprüchen gegenüber den Vätern. Zum anderen sind in Kann-Bestimmungen Anforderungen an die Ausübung der Ermessensentscheidungen gestellt, die hohe fachliche Standards und Erfahrungen voraussetzen, die das Personal in den neu gebildeten Jugendämtern in den ersten Monaten und Jahren in der Regel noch gar nicht erfüllen konnte.

---

46 Die hier interessierenden Veränderungen im Übergang vom JWG zum KJHG betreffen insbesondere den grundsätzlichen Wechsel von einem eingriffsorientierten Ordnungsgesetz zu einem modernen Leistungsgesetz, die Kommunalisierung weiterer Aufgabenbereiche, die Einführung eines differenzierten Leistungskataloges im Bereich der Hilfen zur Erziehung (§§ 27ff.) sowie die Einführung von Beteiligungsverfahren (unter Einschluß der Leistungsberechtigten) bei der Bestimmung des Bedarfs und der geeigneten Art der Hilfe im Bereich der Hilfen zur Erziehung auf der Grundlage eines Hilfeplanes (§ 36); vgl. dazu Wiesner 1991. Zu den Umsetzungsproblemen dieser neuen Standards in west- und ostdeutschen Jugendämtern vgl. Münder 1995.

2.4.6 Freie Träger und subsidiäre Sicherungselemente[47]

Möglichkeiten und Grenzen „freier" Wohlfahrtspflege in der DDR

Das institutionelle Gefüge der DDR kannte angesichts des staatlichen Politik- und Organisationsmonopols (vgl. Pollack 1990) keine Sphäre der „Zivilgesellschaft", in der Bürgerinnen und Bürger in staatsunabhängigen Verbänden, Vereinen und Organisationen ihre Interessen artikulieren bzw. ihre spezifischen ökonomischen, sozialen und kulturellen Zwecke hätten realisieren können. Angesichts des in der Verfassung der DDR verankerten „Führungsanspruchs der SED" mußten sich sämtliche Parteien und Organisationen gemäß Artikel 3 der Verfassung der DDR „zum gemeinsamen Handeln für die Entwicklung der sozialistischen Gesellschaft" verpflichten. Selbst Vereinigungen und Organisationen in den Bereichen von Geselligkeit, Sport und Kultur wurden zu vielfältigen staatlichen Aktivitäten – wie z.B. Ernteeinsätzen – herangezogen. Unter dem ideologischen Postulat einer „wesensmäßigen Einheit zwischen Staatswillen und gesellschaftlichem Willen" konnte es keine gesellschaftlichen Interessen geben, die sich unabhängig von Partei und Staat – bzw. sogar gegen sie – artikulierten; vielmehr wurden gesellschaftliche Interessen mit staatlichen Interessen stets gleichgesetzt (vgl. Süss 1988). In das System der lückenlosen staatlichen Kontrollen und der Instrumentalisierung nichtstaatlicher Aktivitäten und Organisationsformen waren deshalb auch die sogenannten gesellschaftlichen Organisationen einbezogen, die in unterschiedlichen Bereichen und Handlungsfeldern im Auftrag des Staates tätig wurden. Diese gesellschaftlichen Organisationen sind – trotz ihrer zum Teil äußerlichen Ähnlichkeit – demnach keineswegs mit staatsunabhängigen Vereinen und Verbänden in parlamentarisch-demokratischen Gesellschaften zu verwechseln. Es handelte sich hierbei um Organisationen, deren Führungspositionen durch die Partei besetzt wurden und die – bei allen Freiräumen und Grauzonen auf der örtlichen Ebene – insgesamt als Transmissionsriemen für die Umsetzung der Ziele von Partei und Staat in der Gesellschaft fungierten.

Folgerichtig war auch im Sozial- und Gesundheitswesen der DDR der Staat der zentrale Akteur. Sämtliche sozialen Leistungen, Einrichtungen und Dienste – und somit auch die der gesellschaftlichen Organisationen – waren zentral gesteuert und wurden aus dem Staatshaushalt finanziert. Dem sozialistischen Staatsverständnis entsprechend galt eine Art „*umgekehrtes Subsi-*

---

47 Zur ausführlichen Diskussion der Folgen der hier dargestellten Übertragung der sozialrechtlichen Subsidiaritätsregelungen auf die neuen Bundesländer siehe Abschnitt 5.4.

diaritätsprinzip" (Lüders 1991: 339): Der Staat hatte gemäß seinem sozialpolitischen Anspruch, grundsätzlich für alle sozialen Belange seiner Bürgerinnen und Bürger verantwortlich zu sein, das unbedingte ordnungspolitische Primat, so daß gesellschaftlichen Organisationen nur noch ein schmaler Handlungsspielraum verblieb. Sie konnten entweder – wie die im Sozial- und Gesundheitswesen tätigen gesellschaftlichen Organisationen (z.b. die Volkssolidarität, das Deutsche Rote Kreuz der DDR, teilweise auch die FDJ etc.) den Staat in seinen Aktivitäten ergänzen, oder aber – wie die wohlfahrtspflegerischen Teilstrukturen der evangelischen und katholischen Kirche – sich um diejenigen Bevölkerungsgruppen kümmern, die – wie die Behinderten und alten Menschen – am Rande des staatspolitischen Interesses lagen. Dabei konnten allerdings Diakonie und Caritas nicht als unabhängige Sozialverbände, sondern nur in enger organisatorischer Einheit mit ihrer jeweiligen Mutterkirche tätig werden, denn Verbände der freien Wohlfahrtspflege waren im Sozial- und Gesundheitssystem der DDR nicht vorgesehen. Unter diesen restriktiven Bedingungen betrieben Diakonie und Caritas zusammen weniger als 10 % der Einrichtungen und Dienste im Bereich der Wohlfahrtspflege.

Das Subsidiaritätsprinzip im System der sozialen Sicherung der Bundesrepublik

Gegenüber der Situation in der DDR ist der gesamte Staatsaufbau der Bundesrepublik – insbesondere der Gesundheits- und Sozialsektor – durch einen hohen Grad der Dezentralisierung und durch das Zusammenwirken von öffentlichen und freien Trägern im Bereich der Wohlfahrtspflege gekennzeichnet. Dieser föderale Staatsaufbau sowie die enge Kooperation öffentlicher Träger mit einer begrenzten Anzahl freigemeinnütziger Sozialorganisationen wird in der ordnungs- und sozialpolitischen Diskussion durch das Subsidiaritätsprinzip begründet. Neben Freiheit, Gerechtigkeit und Solidarität gilt das Subsidiaritätsprinzip als eines der übergeordneten Leitprinzipien bundesdeutscher Gesellschafts- und Sozialpolitik. Das Subsidiaritätsdenken hat seine Wurzeln sowohl in den liberalen Staats- und Gesellschaftstheorien des 18. und 19. Jahrhunderts als auch vor allem in der katholischen Soziallehre.[48]

Der Subsidiaritätsgrundsatz stellte eine Art von *vertikaler Zuständigkeitsordnung* für die verschiedenen sozialen Sicherungsfunktionen dar. Insofern fordert das Subsidiaritätsprinzip sowohl einen Kompetenzvorrang der Person vor der Gesellschaft als auch der kleineren vor der größeren Gemeinschaft (Hilfe zur Selbsthilfe). Es zielt auf die Betonung des „Rechts der klei-

---

48 Zur Programmgeschichte und zu den unterschiedlichen Phasen und Varianten der politischen Wirksamkeit des Subsidiaritätsprinzips vgl. Sachße 1994.

neren Lebenskreise", in denen der Einzelne viel unmittelbarer mitverantwortlich sein kann als in den größeren und anonymeren gesellschaftlichen Handlungs- und Organisationszusammenhängen. Allerdings enthält das Subsidiaritätsprinzip keine konkreten Handlungsanweisungen. Es gibt deshalb auch weder konkrete Zuständigkeitsverteilungen auf den einzelnen Ebenen des föderalen Staasaufbaus noch zwischen öffentlichen und privaten Trägern der Wohlfahrtspflege vor. Die geeigneten Schritte zur Verwirklichung des Subsidiaritätsgedankens – also die Selbstentfaltung der Person und der Schutz der kleineren vor dem Übergriff der größeren Gemeinschaft – müssen daher stets aufs neue vor dem Hintergrund der jeweiligen historischen Rahmenbedingungen konkretisiert werden.

In den bisherigen Diskussionen um die Ausgestaltung des Systems der sozialen Sicherung in der Bundesrepublik hat das Subsidiaritätsprinzip wiederholt eine prominente und in seiner Ausdeutung durchaus unterschiedliche Rolle gespielt (vgl. hierzu z.B. Genosko 1986).

Sowohl eine inhaltliche als auch eine organisatorische Subsidiarität finden sich im im Kinder- und Jugendhilfegesetz (KHJG) und dem Bundessozialhilfegesetz (BSHG). So sollte etwa öffentliche Jugendhilfe erst dann intervenieren, wenn die dazu eigentlich berechtigten und verpflichteten Familien nicht in der Lage oder nicht bereit sind, den Anspruch des Kindes auf Erziehung zu erfüllen. Auch im BSHG kommt der Rechtsanspruch auf Hilfe dem Grunde nach nur dann zum Tragen, wenn der Antragsteller eigene und andere definierte Einkommensquellen bereits ausgeschöpft hat. Im Gegensatz zu diesen inhaltlichen Subsidiaritätsregelungen war die Aufnahme der organisatorischen Subsidiaritätsregelungen bei der Novellierung der Gesetzeswerke zu Beginn der sechziger Jahre – anstelle des KHJG galt damals das Jugendwohlfahrtsgesetz (JWG) – heftig umstritten. Anlaß für diese subsidiaritätspolitische Kontroverse war die gegenüber den bislang geltenden gesetzlichen Bestimmungen der Sozial- und Jugendfürsorge aus der Weimarer Zeit gestärkte Vorrangstellung der verbandlichen Wohlfahrtspflege in BSHG und JWG. Zusätzlich zu der bereits bekannten Verpflichtung der öffentlichen Träger zur Zusammenarbeit mit den freien Trägern der Wohlfahrtspflege kam nun ein bedingter Vorrang sowie eine „Funktionssperre" der öffentlichen Wohlfahrtspflege bei der Schaffung von Einrichtungen, Diensten und Hilfemaßnahmen. So heißt es entsprechend in § 93 BSHG: „Die Träger der Sozialhilfe sollen darauf hinwirken, daß die zur Gewährung der Sozialhilfe geeigneten Einrichtungen ausreichend zur Verfügung stehen. Sie sollen eigene Einrichtungen nicht neu schaffen, soweit geeignete Einrichtungen der in § 10 Abs. 2 genannten Träger der Freien Wohlfahrtspflege vorhanden sind, ausgebaut oder geschaffen werden können." Eine in ihrem Duktus noch schärfere Formulierung fand sich in § 5 JWG: „Soweit geeignete Einrichtun-

Übertragung des Systems der sozialen Sicherung 115

gen und Veranstaltungen der Träger der Freien Jugendhilfe vorhanden sind, erweitert oder geschaffen werden, ist von eigenen Einrichtungen und Veranstaltungen des Jugendamtes abzusehen." In einem Urteil vom Juli 1967 bestätigte das Bundesverfassungsgericht die Verfassungskonformität dieser Formulierungen (BVerfGE 22, 180); in der Begründung wurde allerdings darauf verwiesen, daß den freien Trägern nicht schlechthin ein Vorrang zukäme, vielmehr sei ein koordinierter Einsatz von öffentlichen und freien Trägern angesichts der über Jahrzehnte bewährten Zusammenarbeit schon aus Zweckmäßigkeits- und Wirtschaftlichkeitsgründen geboten.

Die bisherige Geschichte der Auseinandersetzungen um die Aufgaben- und Funktionsabgrenzungen zwischen öffentlichen und freien Trägern der Wohlfahrtspflege und ihrer Kodifizierung in den Sozialgesetzen macht deutlich, daß dieses Kooperationsverhältnis seit Beginn der einschlägigen Sozialgesetzgebung in den zwanziger Jahren dieses Jahrhunderts äußerst kontrovers interpretiert und behandelt wurde und daß es sich hierbei vor allem um eine historisch gewachsene Beziehung handelt, die angesichts sozialer Entwicklungen sowie sozialpolitischer Handlungsanforderungen ständig weiterentwickelt und ausgestaltet worden ist. Die „duale Struktur" der Wohlfahrtspflege (vgl. Heinze/Olk 1981 und Sachße/Tennstedt 1988: 152) ist daher ein fester Bestandteil des deutschen Systems der sozialen Sicherung.

Die Situation in den neuen Bundesländern

Anders als in der Bundesrepublik ist die gesetzlich kodifizierte subsidiäre Zusammenarbeit öffentlicher und freier Träger der Wohlfahrtspflege bzw. generell die Institution der freien Wohlfahrtspflege in Ostdeutschland *kein* gewachsenes kulturelles Element der staatlichen und sozialen Ordnung. Seit dem Traditionsabbruch mit der Machtergreifung Hitlers im Jahre 1933 und der Einführung zentralistischer Gestaltungsprinzipien der Sozialpolitik im Zuge der Gründung der DDR fehlen in Ostdeutschland die bewußtseinsprägenden Auseinandersetzungen in Parlament und Öffentlichkeit über die Ausgestaltung der Kooperationsbeziehungen von öffentlichen und freien Trägern im Bereich der Sozialpolitik (vgl. Schneider/Sengling 1993: 177). Mit den ersten Schritten zur Einführung der freien Wohlfahrtspflege in Ostdeutschland seit der Wende stellte sich damit nicht lediglich das ohnehin schon schwierige Problem, die institutionellen Voraussetzungen von freien Trägern der Wohlfahrtspflege wieder herzustellen, sondern es mußte darüber hinaus die vielleicht sogar noch schwierigere Aufgabe bewältigt werden, nun auch die sozialen und kulturellen Voraussetzungen eines Systems der subsidiären Zusammenarbeit öffentlicher und freier Träger der Wohlfahrtspflege wiederzubeleben.

Mit der Vereinigung wurden mit der gesamten bundesdeutschen Rechtsordnung auch die Subsidiaritätsregelungen der einschlägigen Sozialgesetze (BSHG, KJHG) in die neuen Länder eingeführt. Das eigentliche Signal für den politischen Willen der Bundesregierung zur Förderung und Unterstützung des Aufbaus eines Systems der freien Wohlfahrtspflege in Ostdeutschland war aber vor allem die Einfügung des Artikels 32 in den Einigungsvertrag: „Die Verbände der Freien Wohlfahrtspflege und die Träger der Freien Jugendhilfe leisten mit ihren Einrichtungen und Diensten einen unverzichtbaren Beitrag zur Sozialstaatlichkeit des Grundgesetzes. Der Auf- und Ausbau einer Freien Wohlfahrtspflege und einer Freien Jugendhilfe in dem in Artikel 3 genannten Gebiet wird im Rahmen der grundgesetzlichen Zuständigkeiten gefördert." Dieser Artikel hat für die freie Wohlfahrtspflege grundsätzliche Bedeutung. Bislang war es nämlich nicht gelungen, dem Subsidiaritätsprinzip bzw. der freien Wohlfahrtspflege Verfassungsrang zukommen zu lassen. Da dies aber für die beiden Vertragswerke zur Vereinigung gilt, geht die freie Wohlfahrtspflege angesichts des Artikels 32 des Einigungsvertrages nun von einem verfassungsmäßigen Status der freien Wohlfahrtspflege aus (vgl. z.B. Weiß 1990: 557). Die Vertreter der freien Wohlfahrtspflege erhoben daher auch im Hinblick auf die neu zu formulierenden Länderverfassungen in den neuen Bundesländern die Forderung, diesen verfassungsmäßigen Rang der freien Wohlfahrtspflege aufzunehmen. Diese Erwartungen haben sich allerdings inzwischen nur insoweit bestätigt, als die neuen Länderverfassungen mit einer Privilegierung der kirchlichen Verbände die bestehenden Spitzenverbände der freien Wohlfahrtspflege ungleich behandeln.

Abgesehen von der grundsätzlichen Bedeutung des Artikels 32 des Einigungsvertrages, aus dem die Vertreter der freien Wohlfahrtspflege auch eine Förderverpflichtung des Staates für den Prozeß des Aufbaus einer freien Wohlfahrtspflege in Ostdeutschland ableiten, wird die tägliche Praxis der Zusammenarbeit zwischen öffentlichen und freien Trägern der Wohlfahrtspflege auf kommunaler und Landesebene nachhaltig durch die subsidiaritätspolitisch einschlägigen Formulierungen der erwähnten Sozialgesetze geprägt. In dieser Hinsicht ist aber hervorzuheben, daß sowohl die Verabschiedung des KJHG im Jahre 1990 als auch einige der inzwischen erfolgten Novellierungen des BSHG sowie die Verabschiedung des Pflegeversicherungsgesetzes am 26. Mai 1994 zu einer bemerkenswerten Neuakzentuierung des Verhältnisses zwischen öffentlichen und freien Trägern der Wohlfahrtspflege geführt haben (vgl. ausführlich Backhaus-Maul/Olk 1994). Hinsichtlich des KJHG vom 26. Juni 1990 gilt, daß es in den neuen Bundesländern faktisch als ein „Jugendhilfe-Aufbaugesetz" fungiert, obwohl die besondere Tradition der Jugendhilfe der DDR und die hieraus resultierenden Übergangsprobleme beim Neuaufbau eines an westdeutschen Traditionen und Standards orientierten Jugendhilfe-Systems eingestandenermaßen bei den parlamentarischen Beratungen dieses Gesetzes keine Rolle spielen konnten (vgl. Wiesner 1991: 25ff.; siehe ausführlich Abschnitt 5.4).

Im Gegensatz zum KJHG, das Entwicklungen der achtziger Jahre in neuen Regelungen aufnimmt, sind die jüngsten Novellierungen des BSHG durch Entwicklungen der neunziger Jahre geprägt. Angesichts steigender öffentlicher Ausgaben im Kontext der deutschen Vereinigung bemüht sich die Bundesregierung, insbesondere auch die Ausgaben in der Sozialhilfe zu begrenzen. In diesem Zusammenhang wurde durch das Gesetz zur Umsetzung des föderalen Konsolidierungsprogrammes vom 28. Mai 1993 der § 92 Abs. 2 Satz 2 BSHG und im Kontext des Spar-, Konsolidierungs- und Wachstumsprogramms vom 13. Juli 1993 der § 93 novelliert. Ziel dieser gesetzlichen Neuregelungen war es, durch die stärkere Betonung von Wirtschaftlichkeits- und Effizienzkriterien, durch den Übergang vom Selbstkostendeckungsprinzip zu leistungsbezogenen Entgelten (prospektiven Pflegesätzen) bei der Finanzierung von Hilfen in Einrichtungen und durch die relative Gleichstellung gewerblicher Anbieter gegenüber freigemeinnützigen Wohlfahrtsverbänden in Pflegesatzverhandlungen, Wettbewerbsbeziehungen zwischen unterschiedlichen Trägerarten einzuführen, Anreize für unternehmerisches Handeln auch im Sozialbereich zu setzen sowie die Wirtschaftlichkeit und Qualität von durch das BSHG finanzierten Leistungen genauer zu überprüfen. In der Folge dieser Neuregelungen wird bei Vereinbarungen zwischen öffentlichen Kostenträgern und den unterschiedlichen freien Einrichtungsträgern ein Vertragsverhältnis konstituiert, bei dem es insbesondere um die Festlegung und Kontrolle von Wirtschaftlichkeits- und Qualitätskriterien geht. Obwohl also das BSHG nach wie vor das Verhältnis zwischen öffentlichen und freigemeinnützigen Trägern der Wohlfahrtspflege nach § 10 Abs. 2 im Sinne eines bedingten Vorranges der Wohlfahrtsverbände gegenüber öffentlichen Trägern regelt, werden durch die dargestellten Novellierungen der §§ 92 und 93 BSHG auf der konkreten Ebene von Pflegesatzverhandlungen die Beziehungen zwischen öffentlichen Sozialverwaltungen und nicht-staatlichen Trägern als Vertragsverhältnis gestaltet, bei dem derjenige Träger den Zuschlag bekommt, der das kostengünstigste Angebot macht, unabhängig davon, ob es sich hierbei um einen etablierten freigemeinnützigen oder aber um einen privatgewerblichen Anbieter handelt. Damit treten Wirtschaftlichkeitsüberlegungen und Effizienzkriterien an die Stelle der auf dem Subsidiaritätsprinzip begründeten Sonderrechte der Spitzenverbände der freien Wohlfahrtspflege.

2.4.7 Sozialpolitischer Systemwechsel: Von der sozialistischen zur marktwirtschaftlichen Sozialpolitik

Sozialpolitik als politische Intervention in gesellschaftliche und wirtschaftliche Prozesse zur Lösung gesellschaftlicher Probleme, insbesondere zur Verbesserung der Lebenslagen sozial schwacher Personengruppen, weist bisher in allen real-existierenden gesellschaftlichen Ordnungssystemen eine jeweils systemtypische Stellung und Ausgestaltung auf. Daher muß der Wechsel von der sozialistischen Sozialpolitik der DDR zur Sozialpolitik in der Sozialen Marktwirtschaft der Bundesrepublik Deutschland selbst als ein Bestandteil der Transformation des sozialistischen Wirtschafts- und Gesellschaftssystems angesehen werden.

Leitbilder, Ziele, Gestaltungsprinzipien, Ausrichtung und Instrumente einer freiheitlichen Sozialpolitik unterscheiden sich deutlich von der früheren sozialistischen Sozialpolitik, auch wenn manche Bezeichnungen gleichlautend sind und sich die Auswirkungen der Sozialpolitik auf die Lebensverhältnisse der Menschen (bedingt) anhand von sozialpolitischen Leistungsindikatoren vergleichen lassen.[49] Auf lange Sicht werden die über die soziale Flankierung der Transformation hinausgehenden Auswirkungen der Sozialpolitik auf die Lebenslagen sozial schwacher Gruppen in den neuen Bundesländern auch davon abhängen, inwieweit diese Gruppen sich des sozialpolitischen Systemwechsels (Abkehr vom Versorgungsstaat) bewußt sind, sich auf die Prinzipien und Bedingungen der freiheitlichen Sozialpolitik in der Sozialen Marktwirtschaft einstellen und sie in ihr ökonomisches und gesellschaftliches Verhalten einbeziehen.

Bei aller Unterschiedlichkeit und den Gegensätzen, die sich auch im Bereich der Sozialpolitik in beiden Teilen Deutschlands herausgebildet hatten, sind doch auch gemeinsame ideengeschichtliche und historische Wurzeln der deutschen Sozialpolitik in Ost und West gegeben. Über alle ideologischen Auseinandersetzungen hinweg findet man in den Grundanliegen eine erstaunliche Verwandtschaft von „wahrem" Sozialismus, von einem christlich oder anthropologisch fundiertem Humanismus und von „klassischem" Liberalismus: In der Idee der Selbstverwirklichung der menschlichen Person, die eine Gesellschaftsordnung der Freiheit, der gleichen Würde und der Gleichberechtigung aller Menschen und einer (mehr oder minder ausgeprägten) Brüderlichkeit (Solidarität) mit dem Nächsten erfordert. Der Bezug auf die

---

49 Allerdings dürften die methodischen und empirischen Probleme der gebräuchlichen internationalen Sozialleistungsvergleiche zwischen sozialistischen und marktwirtschaftlichen Systemen weit größer gewesen sein als zwischen Ländern mit wohlfahrtsstaatlichen und sozialstaatlichen Modellen.

gemeinsamen historischen Wurzeln erfolgte nach dem Zweiten Weltkrieg vor allem in den westlichen Zonen und in der späteren Bundesrepublik, für die bis zum Beginn sozialpolitischer Reformpolitik Mitte der fünfziger Jahre die Wiederaufnahme des Standes der Sozialpolitik aus der Weimarer Zeit kennzeichnend war (vgl. Kleinhenz/Lampert 1971). Für die sowjetisch besetzte Zone war der historische Anschluß zwar nur für die kurze Zeit nach der Kapitulation bis Anfang 1947 gegeben, hatte aber doch zur Beibehaltung einiger Grundmerkmale deutscher Sozialpolitik (z.b. im Vergleich zu den am angelsächsischen oder skandinavischen Modell orientierten Ländern) geführt (vgl. Frerich/Frey 1993).

Sozialpolitik im „System des Sozialismus" der DDR

Nach einer Zeit anfänglicher Offenheit der sowjetischen Militäradministration wurde die weitere Ausgestaltung des Wirtschafts- und Gesellschaftssystems in der Sowjetischen Besatzungszone konsequent am zentralistischen sowjetischen Gesellschaftsmodell ausgerichtet. Die Zwangsvereinigung von KPD und SPD zur SED und deren Ausrichtung als kommunistische Kaderpartei, die Gründung und Ausrichtung des Freien Deutschen Gewerkschaftsbundes (FDGB) als Transmissionsorganisation der SED, der durch Enteignung und Verstaatlichung vollzogene Übergang zu einer formal demokratischen, faktisch zentralistischen staatlichen Planwirtschaft ließen für die weitere Entwicklung der Sozialpolitik in der DDR ebenfalls nur eine diesem System konforme sowie seine Ausgestaltung und Absicherung fördernde Rolle zu.

Mit der Überwindung der kapitalistischen Wirtschaftsordnung war nach der Politischen Ökonomie des Marxismus-Leninismus auch der für die Sozialpolitik im Kapitalismus konstitutive antagonistische Widerspruch der Klassen überwunden. Die von Klassengegensätzen freie sozialistische Gesellschaft sei – nach ihrem ideologischen Selbstverständnis – die allein dem Wesen des Menschen entsprechende und daher sozial gerechte Ordnung und bedürfe keiner „Lazarettstation" in Form der Sozialpolitik, wie sie im kapitalistischen System notwendig sei.

Erst ab Mitte der sechziger Jahre wurde dann jedoch auch in der DDR-Literatur wieder eine – allerdings grundlegend von der kapitalistischen Sozialpolitik zu unterscheidende – sozialistische Sozialpolitik behandelt, welche die Folgen schicksalhafter oder natürlich bedingter „gesellschaftlicher Schwäche" mildern oder beheben, „historische", aus der Zeit des Kapitalismus nachwirkende Probleme lösen und eine bessere Anpassung der Menschen an die gerade für eine sozialistische Gesellschaft typische Entwicklungsdynamik bewirken sollte.

Aufgaben und Prinzipien der sozialistischen Sozialpolitik in der DDR:[50] Die Aufgaben und Gestaltungsprinzipien der sozialistischen Sozialpolitik wurden aus den Leitbildern und Grundsätzen des Marxismus-Leninismus für eine sozialistische Gesellschaft abgeleitet. Die konkreten Aufgaben der Sozialpolitik in bezug auf die Beeinflussung der Lebensverhältnisse sozial schwacher Personenmehrheiten, in bezug auf die Lösung nichtantagonistischer Widersprüche bei der Gestaltung und Beeinflussung der Beziehungen zwischen Gruppen und Schichten sowie bei der ständigen Verbesserung des materiellen und kulturellen Niveaus der Arbeits- und Lebensbedingungen aller Werktätigen waren zentraler Bestandteil der Politik der Gestaltung und Stärkung eines sozialistischen Gesellschaftssystems.

Die sozialpolitische Willensbildung und die Auswahl der Träger sozialpolitischer Maßnahmen waren Teil des „demokratischen Zentralismus" bei der Leitung und Planung von Wirtschaft und Gesellschaft. Die Ausgestaltung der sozialistischen Sozialpolitik ging ebenso wie die Sozialpolitik in der Sozialen Marktwirtschaft von der zentralen Bedeutung der Arbeit als Grundlage der Existenzsicherung und der Persönlichkeitsentfaltung der Menschen aus und orientierte sich am Grundsatz der Verteilung nach der Arbeitsleistung. Soweit es der sozialistischen Sozialpolitik um Bedürfnisbefriedigung geht, sind immer die nach der Maßgabe des „gesellschaftlichen Gesamtinteresses" geformten, durch die SED als Partei der Arbeiterklasse interpretierten und durch ihre Führer festgelegten „Bedürfnisse" und „Interessen" der Werktätigen gemeint. Sozialistische Sozialpolitik diente der Heranbildung voll entwickelter sozialistischer Persönlichkeiten und der Entwicklung einer sozialistischen Lebensweise und Moral.

Sozialpolitik als Bestandteil der zentralen Planung: Die Sozialpolitik war untrennbarer Bestandteil des Systems zentraler Planung der Volkswirtschaft in der DDR. Dies schließt zum einen eine pluralistische Struktur der Träger der Sozialpolitik aus und bedeutet die Integration des Systems der Willensbildung und der Entscheidungsträger der Sozialpolitik in die zentrale Wirtschaftsplanung sowie des weiteren die Planung der Sozialpolitik im Zuge der Produktions- und Distributionspläne. Entsprechend dem später vertretenen Prinzip des „demokratischen Zentralismus" konnte der FDGB, als die herausgehobene Trägerorganisation mit der Verantwortung für die Sozialversicherung der Arbeiter und Angestellten, an der formal demokratischen

---

50 Eine ausführliche Darstellung der Grundlagen der Sozialpolitik in der DDR findet sich bei Lampert/Schubert 1977. Vgl. auch die unter breiter Mitwirkung von Wirtschafts- und Sozialwissenschaftlern erarbeiteten „Materialien zum Bericht zur Lage der Nation" (Bundesministerium für innerdeutsche Beziehungen 1971, 1972, 1974 und 1987) und das DDR-Handbuch (Bundesministerium für innerdeutsche Beziehungen 1975, 1979 und 1985).

Willensbildung zur Planaufstellung teilnehmen, war aber zugleich als Transmissionsmechanismus in die Plandurchsetzung eingebunden.

Die zentrale Planung der Ressourcen für die Produktion umfaßte auch die zentrale Erfassung der verfügbaren Arbeitskräftereserven, die Arbeitskräftelenkung und die Planung des rationellen Arbeitskräfteeinsatzes. Nachdem die Arbeitsmarktsituation in der DDR – von der unmittelbaren Nachkriegszeit abgesehen – durch einen Arbeitskräftemangel, insbesondere bei männlichen Facharbeitern, und bis zum Bau der Mauer und der Grenzsicherungsanlagen (ab 13. August 1961) durch eine selektive Abwanderung von Arbeitskräften gekennzeichnet war, konnte das „Recht auf Arbeit" im Zuge der Arbeitskräftelenkung relativ leicht erfüllt und die Arbeitskräftepolitik vor allem auf Erschließung des Erwerbspersonenpotentials, insbesondere durch eine hohe Erwerbsbeteiligung der Frauen, aber auch durch Reintegration von Rentnern und Behinderten ausgerichtet werden. Diese Mobilisierung aller Arbeitskräfte führte dazu, daß die Erwerbsbeteiligung in der DDR internationale Spitzenwerte erreichte – bereits 1970 waren vier Fünftel der Bevölkerung im erwerbsfähigen Alter beschäftigt (einschließlich in Ausbildung befindliche Personen), bei den Frauen stieg dieser Anteil bis 1988 auf rund 83% an (vgl. Winkler 1990: 78). Die ökonomische Entwicklung der DDR von der in den Anfangsjahren noch verbreiteten Arbeitslosigkeit hin zum späteren Arbeitskräftemangel schlug sich auch darin nieder, daß das 1961 im Gesetzbuch der Arbeit konkretisierte „Recht auf Arbeit" schrittweise durch die „Pflicht zur Arbeit" für jeden arbeitsfähigen Bürger ergänzt wurde.[51] Wenn auch für die Arbeitskräftelenkung und die plangerechte Verteilung der Arbeitskräfte („Feinsteuerung") seit Beginn der sechziger Jahre nur noch vornehmlich indirekte Steuerungsmethoden angewendet wurden, die nicht bei den Arbeitnehmern, sondern bei den Betrieben ansetzten (vgl. Frerich/ Frey 1993: 175ff.), kann als Kehrseite des „Rechts auf Arbeit" doch eine Beschränkung der Freiheit der Wahl von Beruf und Arbeitsplatz konstatiert werden.

Bei der zentralen Wirtschaftsplanung für die Verwendungsseite des Nationalprodukts war die Sozialpolitik Bestandteil der Planung sowohl der realen „Konsumtionsfonds" als auch der individuellen und kollektiven „Lohnfonds" und der staatlichen Haushaltsplanung sowie der Festlegung der Planpreise für die Güter und Dienstleistungen zur Befriedigung der kollektiv anerkannten materiellen, sozialen und kulturellen Grundbedürfnisse der Bevölkerung.

---

51 Dabei ist – auch auf Grund der Mängel der Rechtsstaatlichkeit – offen, inwieweit der Anspruch auf einen der persönlichen Qualifikation entsprechenden Arbeitsplatz einklagbar gewesen wäre und die Pflicht zur Arbeit rechtliche Bindungskraft besaß (vgl. Frerich/Frey 1993: 174).

Einheitsversicherung und Sonderversorgungssysteme: Die Verwirklichung einer einheitlichen Sozialversicherung kann als Ausfluß der Gleichheitsidee und einer umfassenden Vorstellung von sozialer Sicherung bereits in der früheren deutschen Arbeiterbewegung gefunden werden. Die konkrete Ausgestaltung der einheitlichen Sozialversicherung der DDR entfernte sich jedoch relativ früh und dann zunehmend von den historischen Ideen. Die Bildung eines eigenen Sozialversicherungsbereiches für die Arbeiter und Angestellten einerseits und andere Erwerbstätige (Genossenschaftsmitglieder, Selbständige) andererseits folgte ebenso anderen Zielen wie die entsprechende Teilung in eine Sozialversicherung I und eine Sozialversicherung II (1956) und die spätere Einrichtung von Sonderversorgungssystemen für die „Intelligenz" und die Mitarbeiter von Staatsorganen und staatlichen Einrichtungen sowie einer Zusatzversorgung für die hauptamtlichen Mitarbeiter der Blockparteien und „Massenorganisationen" bei der Sozialversicherung II.

Daß es sich bei der „Sozialversicherung" der DDR eigentlich um ein Versorgungssystem handelt, kann daraus abgeleitet werden, daß es keine Begrenzung der Ausgaben durch die Beitragseinnahmen gab. Für die Abdeckung eines Defizits der Sozialversicherung gab es eine Gewährleistung und Deckung durch den allgemeinen Staatshaushalt. Der Versorgungscharakter der Sozialversicherung der DDR wird auch in der Rentenversicherung in der starken Nivellierung der Leistungen auf niedrigem Niveau deutlich, die sich bei einer eingeschränkten Lohndifferenzierung und einer Mindestrente durch die Konstanthaltung der niedrigen Beitragsbemessungsgrenze von 600 Mark pro Monat ergab, und die ein starkes Interesse an Erwerbstätigkeit der Frauen, an zusätzlichen Erwerbseinkommen auch im Rentenalter und an einer freiwilligen Zusatzversorgung für das Rentenalter begründete. Die 1968 eingeführte freiwillige Zusatzrentenversicherung war angesichts der relativen Schlechterstellung und des fortschreitenden Zurückbleibens der Renteneinkommen geradezu zu einer ökonomischen Notwendigkeit, also zu einer zweiten Pflichtversicherung, geworden. Mit dem relativ niedrigen Niveau der durchschnittlichen Altersrenten und der Notwendigkeit der Zusatzversicherung zur annähernden Lebensstandardsicherung im Alter kann zudem die Charakterisierung der sozialistischen Sozialpolitik als wachstumsorientiert und auf die Erschließung aller Reserven im Erwerbspotential ausgerichtet in besonders eindrucksvoller Weise begründet werden (vgl. Lampert/Schubert 1977). Die in der sozialistischen Kritik an marktwirtschaftlicher Sozialpolitik immer wieder hervorgehobene Systemfunktion der Stabilisierung des „kapitalistischen Systems" wurde auf der anderen Seite in der Sozialpolitik des real-existierenden sozialistischen Systems der DDR mit der Begünstigung der systemnotwendigen und systemtragenden Kräfte in den Sonder- und Zusatzversorgungssystemen in analoger Weise deutlich.

Sozialistische Sozialpolitik als Bestandteil betrieblicher Arbeitskräfteplanung und Entlohnung: Die Betriebe haben im sozialistischen System unmittelbar als Stätten der gesellschaftlichen Wertschöpfung und mittelbar für die Finanzierung der sozialen Sicherung eine zentrale Bedeutung. Darüber hinaus spielten die Betriebe in der DDR auch eine entscheidende Rolle bei der unmittelbaren Gestaltung der Arbeits- und Lebensbedingungen sowie bei der Produktion von sozialen Dienstleistungen.

Die Entlohnung folgte dem Grundsatz „Jeder nach seinen Fähigkeiten – jedem nach seiner Leistung" mit einer im Vergleich zur Bundesrepublik Deutschland geringen Streuung um den Durchschnittslohn (von 1.311 Mark im Jahr 1989; vgl. Winkler 1990: 113f.) und mit nicht unerheblichen materiellen Anreizen und politischen Auszeichnungen für sozialistische Arbeitsmoral und -disziplin, für Betriebstreue, für besondere Beiträge zur Planerfüllung und für hervorragende Arbeitsleistung. Die normale wöchentliche Arbeitszeit betrug 43,75 Stunden auf fünf Arbeitstage verteilt, bei einem Urlaubsanspruch von 20 Tagen (vgl. Winkler 1990: 103ff.; siehe auch Abschnitt 3.2.1).

Zu dieser Rolle der Betriebe bei der Gestaltung der Arbeits- und Lebensbedingungen der Werktätigen gehörte auch das Prinzip einer umfassenden Sorge um den Menschen, die sich tatsächlich weit über den eigentlichen Arbeitsvollzug hinaus in der (sozialistischen) Verpflichtung der Betriebe für eine hochwertige Speisenversorgung, für Wohnungsfürsorge, Urlaubsangebote, Kinder- und Jugendbetreuung sowie die Förderung einer allseitigen sportlichen und kulturellen Betätigung der Werktätigen niederschlug. Diese realen sozialen Leistungen der Betriebe waren gerade angesichts der geringen Durchschnittseinkommen für die Lebenslage der einzelnen Werktätigen von besonderer Bedeutung. Insbesondere die betrieblichen Kinderbetreuungseinrichtungen konnten in der DDR für berufstätige Frauen und Mütter die Vereinbarkeit von Familie und Beruf entscheidend verbessern.

Die Bedeutung der Transformation in Ostdeutschland für den Bereich der Sozialpolitik

Durch den historisch einmaligen Charakter des Transformationsprozesses der DDR, der nach einer anfänglichen Offenheit durch den in den ersten freien Wahlen erklärten Willen des Volkes in den Beitritt zur Bundesrepublik mündete, wurde auch der Systemwechsel im Bereich der Sozialpolitik durch die Übernahme des Rechts der sozialen Sicherung und der Arbeitsmarktordnung der Bundesrepublik geprägt (für eine ausführliche Darstellung vgl. von Maydell u.a. 1996). Die Ausfüllung des rechtlichen Rahmens durch sozialpolitische Institutionen (Träger, Einrichtungen) hätte (theoretisch) höhere Freiheitsgrade für eine historisch neue Synthese bei der konkreten Ausgestaltung der Sozialpolitik in den neuen Bundesländern enthalten, die jedoch kaum wahrgenommen wurden und nicht in einer deutlichen Ausprägung einer eigenen Qualität der Sozialpolitik in Ostdeutschland sichtbar geworden sind.

Beschäftigung, aktive Arbeitsmarktpolitik und Sicherung bei Arbeitslosigkeit: Angesichts der traditionellen Ausrichtung der deutschen Sozialpolitik am Arbeitsverhältnis und der weitgehenden Umlagefinanzierung der Sozialleistungen war die Sicherung eines hohen Beschäftigungsstandes bzw. die Bekämpfung und Überwindung von Arbeitslosigkeit ein Dreh- und Angelpunkt für den Erfolg des sozialpolitischen Systemwechsels und bei den sozialpolitischen Zielen der Angleichung der Lebensverhältnisse in Ost und West (siehe Abschnitt 2.4.1). Der absehbare Rückgang der Beschäftigung und die Entstehung von Arbeitslosigkeit im Zuge der Transformation des Wirtschaftssystems in Ostdeutschland hätte kaum vermieden werden können; aber es wurden zu große Hoffnungen geweckt und die Anpassungsschwierigkeiten verniedlicht. Es darf daher nicht verwundern, daß die völlig neue Erfahrung von Arbeitslosigkeit auch bei der Beurteilung des Systemwechsels durch die Bürger eine ganz entscheidende Rolle spielt. Insbesondere die Entstehung von längerdauernder Massenarbeitslosigkeit, von regionalen Schwerpunkten mit extrem hohen Arbeitslosenquoten und von Problemgruppen – wie den Langzeitarbeitslosen – gefährdet die Akzeptanz des sozialpolitischen Systemwechsels.

Infolge der raschen und weitgehenden Angleichung der Arbeitseinkommen (vgl. Kleinhenz 1992a) und einer deutlichen Niveauanhebung und nahezu vollständigen Gleichstellung bei Sozialleistungen in Ostdeutschland wird daher der Sozialstaat für die Erfüllung seiner Aufgaben in den neuen Bundesländern noch für lange Zeit der Wirtschaftsförderung und der Übertragungen aus dem Westen bedürfen. Insbesondere auf dem Arbeitsmarkt wird die Bekämpfung der transformationsbedingten und strukturellen Arbeitslosigkeit durch einen massiven Einsatz der Instrumente aktiver Arbeitsmarktpolitik noch für längere Zeit fortgesetzt werden müssen, wenn der individuelle und gesellschaftliche Schaden aus der Erfahrung von Arbeitslosigkeit begrenzt und langfristig heilbar bleiben soll. Aktive Arbeitsmarktpolitik und Sicherung im Falle der Arbeitslosigkeit bedürfen allerdings auch einer entschlossenen, nachhaltigen und innovativen Politik für die Erhöhung des gesamtwirtschaftlichen Beschäftigungsstandes.

Soziale Sicherung: Entsprechend den Aufgaben und der Ausgestaltung der einzelnen Bereiche sozialer Sicherung bedurfte es im sozialpolitischen Systemwechsel neben der Schaffung des Sozialversicherungsrechts nach dem Vorbild der Bundesrepublik einer Vielzahl ergänzender Regelungen und des Aufbaus von Trägern und Einrichtungen (Sozialbehörden) für die Verwirklichung von sozialer Sicherheit. Die Auszahlung laufender Leistungen mußte auch im Umbau der Träger und Einrichtungen gewährleistet werden (vgl. Bundesministerium für Arbeit und Sozialordnung 1994a: 71ff.).

Die Umstellung der Renten der Sozialversicherung der DDR im Verhältnis 1:1 im Zuge der Währungsunion ist ein Beispiel für die besondere Leistungsfähigkeit einer Finanzierung kollektiver Rentensysteme nach dem Umlageverfahren. Selbst der dramatische Rückgang der Produktion und der Beschäftigung in Ostdeutschland konnte aufgrund der Übernahme in das Umlageverfahren der gesamtdeutschen Rentenversicherung weitgehend „verkraftet" werden.

Im Bereich der Gesetzlichen Krankenversicherung lagen die größeren Probleme der Systemtransformation unterhalb der Ebene des Rechts beim Aufbau eines gegliederten Systems selbständiger Krankenkassen und insbesondere in der Umstrukturierung im System der Erbringung der Sachleistungen (siehe ausführlich Abschnitt 2.4.2).

Die Gewährleistung einer möglichst reibungslosen Auszahlung von Geldleistungen und die Bereitstellung von Sachleistungen wurde durch institutionelle und personelle Hilfe der Sozialversicherungseinrichtungen und der westlichen Bundesländer ermöglicht, wenngleich offenbar gerade diese technischen und personellen Probleme eines „nahtlosen" Übergangs und die dabei mögliche Verunsicherung der Menschen unterschätzt worden waren. Die Übertragung der westdeutschen Sozialpolitik und der Angleichung der sozialpolitischen Leistungen erfolgte in einer Form, bei der – von den zuvor im System Privilegierten abgesehen – die Leistungen im Niveau durchweg angehoben, die Renten an das Nettorentenniveau in der Bundesrepublik angepaßt, auch außerhalb der Sozialhilfe vorübergehend eine Mindestabsicherung eingeführt und die Sicherung des soziokulturellen Existenzminimums auf einem dem Weststandard entsprechenden Niveau vorgenommen wurde.

Die reale wirtschaftliche Absicherung war angesichts des Verlustes der Wettbewerbsfähigkeit und des weitgehenden Zusammenbruchs der ostdeutschen Wirtschaft nur auf der Grundlage der Leistungsfähigkeit der westdeutschen Volkswirtschaft möglich, die allerdings durch die Arbeitskräftewanderung von Ost nach West und durch die zusätzliche kaufkräftige Nachfrage aus den neuen Bundesländern einen deutlichen zusätzlichen Auftrieb erhielt. Die Existenz des wirtschaftlich leistungsfähigen „großen Bruders" ermöglichte bei der deutschen Vereinigung eine soziale Flankierung der Systemtransformation (vgl. Lampert 1990), auf die keines der ehemals sozialistischen Länder sonst hoffen konnte.

Besondere Konsequenzen des sozialpolitischen Systemwechsels

Trotz der unübersehbaren Verbesserung des Niveaus der sozialen Leistungen für die Mehrheit der Betroffenen können die Besonderheiten des freiheitlichen Sozialstaats, z.B. allein wegen ihrer ungewohnten Neuartigkeit oder wegen der Herausforderung zur Antragstellung und Mitwirkung, subjektive Unsicherheit und Angst begründen. Einige ausgewählte Konsequenzen des sozialpolitischen Systemwechsels zur freiheitlichen Sozialpolitik sollen daher im folgenden noch einmal besonders herausgestellt werden.

- Mit der Systemumstellung bleibt zwar gültig, was auch die politische Führung im sozialistischen System der DDR immer wieder zu verdeutlichen versuchte, daß nämlich letztlich der Spielraum für die Sozialpolitik durch die Leistung der Gesamtheit der „Werktätigen" bestimmt wird. Mit der Ablösung des Systems einer Planwirtschaft ist aber Sozialpolitik nicht mehr ein Bestandteil der gesamtwirtschaftlichen Planung von Arbeitskräfteeinsatz, Entlohnung und Konsumtionsfonds, sondern ein demokratisch legitimierter politischer Eingriff in persönliche wirtschaftliche Freiheitsrechte und Entscheidungen, bei dem die Auswirkungen der sozialpolitischen Intervention auf die optimale Allokation der Ressourcen und auf die wirtschaftlichen Leistungsanreize berücksichtigt werden müssen. Sozialpolitik in der Sozialen Marktwirtschaft kann nicht mit Priorität auf die Verwirklichung von Gleichheit in den Lebenslagen (Ergebnisgleichheit) ausgerichtet sein, sondern nur auf Startchancengerechtigkeit, Entfaltungsfreiheit, Sicherheit des durch Leistung erworbenen Lebensstandards und eine Gleichheit in bezug auf ein sozialkulturelles Existenzminimum (Mindestbedarfsgerechtigkeit) (vgl. Kleinhenz 1992b).

- Da freiheitliche Sozialpolitik nicht Bestandteil einer zentralen Produktions- und Konsumtionsplanung sowie staatlicher Lohn- und Preisfestsetzung ist, sind ihr eine Reihe von politischen Gestaltungsmöglichkeiten entzogen und der Autonomie kollektiver oder privater Entscheidungsträger sowie der Koordination über ein System des Wettbewerbs und der freien Preisbildung übertragen. Sozialpolitische Eingriffe bedürfen dabei jeweils der Begründung durch eine soziale Schwäche, durch Marktversagen oder durch übergeordnete gesellschaftspolitische Anliegen. Sozialpolitische Maßnahmen unterliegen der Beurteilung der System- und Zielkonformität (Effektivität und Effizienz) im Vergleich zu Handlungsalternativen.

- Bei abhängig Beschäftigten (Arbeitnehmern) wird wegen der Notwendigkeit zur Verwertung ihrer Arbeitskraft eine Schwäche gegenüber den Arbeitgebern unterstellt, während auf dem Arbeitsmarkt Marktunvoll-

Übertragung des Systems der sozialen Sicherung 127

kommenheiten und Marktversagen angenommen werden. Daher enthält die soziale Ordnung des Arbeitsmarktes Einschränkungen der Arbeitsvertragsfreiheit zugunsten der Arbeitnehmer (Individualarbeitsrecht/Arbeitnehmerschutznormen: z.b. Gefahren- und Gesundheitsschutz, Verbot der Kinderarbeit, Jugendarbeitsschutz, Mutterschutz, Kündigungsschutz, Mitbestimmung im Betrieb und Unternehmen). Die Tarifautonomie der kollektiven Arbeitsmarktorganisationen führt darüber hinaus zu tariflichen Mindestarbeits- und Entlohnungsbedingungen, die durch günstigere Arbeitsbedingungen im freien Einzelarbeitsvertrag übertroffen werden können und somit den Verfall der Arbeitsbedingungen und Löhne bei einem Arbeitsmarktungleichgewicht verhindern, zugleich aber auch noch einen Spielraum für eine Knappheitspreisbildung und Lohndifferenzierung eröffnen müssen.

- Die Freiheit der Berufs- und Arbeitsplatzwahl wird in Verbindung mit den Arbeitnehmerschutzrechten, der Mitbestimmung und der Tarifautonomie einem Recht und einer Verpflichtung zur Arbeit vorgezogen (vgl. Kleinhenz 1979). Das Risiko der Arbeitslosigkeit (vgl. Kleinhenz 1989) wird in der marktwirtschaftlichen Sozialpolitik durch Arbeitslosenversicherung, Arbeitslosenhilfe und gegebenenfalls Sozialhilfe insoweit für den einzelnen erträglich gemacht, als der Anspruch auf Arbeitslosengeld einen sozialen Abstieg zu nicht zumutbarer Beschäftigung verhindern und Arbeitslosenhilfe den Bezug von Sozialhilfe zunächst vermeiden soll. Die Unfähigkeit der Wirtschafts- und Sozialpolitik, im Rahmen der sonstigen Regelungen der Wirtschafts- und Sozialordnung dauerhaft einen hohen Beschäftigungsstand zu sichern, und die beschränkten Möglichkeiten einer aktiven Arbeitsmarktpolitik bei der Bekämpfung einer langdauernden verfestigten Massenarbeitslosigkeit offenbaren eine Schwäche der Sozialen Marktwirtschaft und eine Herausforderung für ihre Weiterentwicklung unter den Bedingungen der Globalisierung des Wettbewerbes marktwirtschaftlicher Systeme und Länder.
- Im Bereich der sozialen Sicherung gewährt die Sozialversicherung Schutz in bezug auf nicht-versicherbare Risiken (z.B. konjunkturelle Arbeitslosigkeit) und ermöglicht eine Verknüpfung von bedarfsbezogener interpersoneller Einkommensumverteilung mit der kollektiven intertemporalen Umverteilung. Die Grenzen für interpersonelle Umverteilung innerhalb des Sozialversicherungssystems sind jedoch eng gezogen, wenn nicht eine ausgeprägte Haltung der Solidarität verbreitet ist und wenn nicht „Abwanderung" der guten Risiken, Ausgaben- und Beitragssatz-Erhöhungsspiralen infolge von Ausnutzung und Mißbrauch oder die Degeneration zu einem staatlichen Versorgungssystem ausgelöst werden sollen.

– Bedarfsgerechtigkeit in bezug auf einen soziokulturellen Mindestbedarf (Sozialhilfe) oder zur Gleichstellung von Bevölkerungsgruppen in bezug auf höhere gesellschaftlich akzeptierte Standards der Lebenslage sowie in bezug auf bestimmte Bedarfe (z.B. Grundnahrungsmittel, Wohnung, weiterführende Bildung etc.) wird in der marktwirtschaftlichen Sozialpolitik eher durch monetäre Transfers als durch reale Transfers zu verwirklichen versucht. Soweit „Sachleistungen" angeboten werden sollen, ist einer staatlichen Produktion ein wettbewerbliches, wenn auch staatlich reguliertes Angebot aus Gründen der Ausrichtung am Bedarf und der Effizienz vorzuziehen. Monetäre Transfers erhalten für den Empfänger die Einkommensverwendungsfreiheit (Konsumfreiheit), aber auch die Selbstverantwortlichkeit der ökonomisch rationalen Mittelverwendung.

Zusammenfassung: Sozialpolitik im deutschen Vereinigungsprozeß

Bei dem durch die Vereinigung der DDR mit der Bundesrepublik vollzogenen Wechsel der politischen, gesellschaftlichen und wirtschaftlichen Ordnung in Ostdeutschland kommt der Sozialpolitik ein vorrangiger Stellenwert zu. Die wirtschaftliche Transformation führte zu einem erheblichen Bedarf an sozialpolitischer Flankierung, auch zur Sicherung der Akzeptanz der neuen Ordnung. Die Systemgebundenheit der Sozialpolitik erforderte selbst einen Systemwechsel im Bereich der Arbeitsmarkt- und Sozialpolitik, dessen Bewußtwerdung für die Auswirkungen der freiheitlichen Sozialordnung auf die Lebenslagen der Menschen auf lange Sicht von entscheidender Bedeutung sein wird.

Der Bedarf an grundlegender Umgestaltung im Bereich der Sozialpolitik als Teil der Systemtransformation in Ostdeutschland war vielfältiger und größer als frühere Vergleiche aufgrund teilweise gleichlautender Bezeichnungen von sozialpolitischen Institutionen und der Niveaus sozialer Leistungen hätten vermuten lassen. Über den Vertrag zur Währungs-, Wirtschafts- und *Sozialunion* hinaus war ein weiter Weg zu gehen von einem zentralistisch-sozialistischen Versorgungsstaat mit einer vorrangigen Stellung gesamtgesellschaftlich oder betrieblich determinierter Lohn- und Sozialfonds und staatlich subventionierter Grundversorgung, zur Sozialpolitik in der Sozialen Marktwirtschaft, die auf dem Vorrang der Selbstverantwortlichkeit beruht, von selbstverwalteten Sozialversicherungseinrichtungen getragen wird, durch Trägerpluralismus gekennzeichnet ist und mit überwiegend beitragsfinanzierten und weitgehend monetär gewährten Sozialtransfers auf die Lebenslagen einwirkt. Im Zuge der Umsetzung der Sozialunion erschwerten Implementierungs- und Wirksamkeitsprobleme sowie technische Anlaufschwierigkeiten die Leistungsfähigkeit des neuen Systems der Sozialpolitik.

Die entscheidende Rolle der Sozialpolitik im Zuge der Systemtransformation in Ostdeutschland bestand nicht nur in einer sozialpolitischen Flankierung („sozialer Abfederung") der transformationsbedingten Wirtschafts- und Beschäftigungsprobleme. Im innerdeutschen Integrationsprozeß hat die Sozialpolitik zudem durch außerordentlich hohe West-Ost-Transfers die Absicherung der Akzeptanz der Systemtransformation durch die Angleichung der Einkommen und Sozialleistungen an die hohen Standards in Westdeutschland übernommen. Diese Rolle der Sozialpolitik macht die Besonderheit der Transformation in Ostdeutschland im Vergleich zu anderen mittel- und osteuropäischen Reformstaaten aus, deren sozialpolitischer Handlungsspielraum durch die Entwicklung ihrer eigenen wirtschaftlichen Leistungsfähigkeit begrenzt wird.

Obwohl im innerdeutschen Integrationsprozeß grundsätzlich das westdeutsche System der Sozialpolitik auf das Beitrittsgebiet übertragen wurde, sind durchaus auch Einflüsse in umgekehrter Richtung gegeben, deren Bedeutung im Zuge einer Sozialstaatsreform eher zunehmen dürfte. Hervorhebenswert sind hier vor allem der Einbau von Mindestsicherungselementen in der gesetzlichen Rentenversicherung und die Ausbreitung einer final orientierten Argumentation in bezug auf die bisher vom Äquivalenzprinzip bestimmte Sozialversicherung. Daneben ist es die tarif- und sozialpolitische Relevanz von aus dem Versorgungsstaat geprägten Erwartungen an die Fähigkeiten zu staatlicher „Daseinsvorsorge" auf dem Arbeitsmarkt und in der sozialen Sicherung, durch die die bisherige schwierige Balance von Marktwirtschaft und Sozialstaatlichkeit in der Sozialen Marktwirtschaft gefährdet werden könnte (vgl. Kleinhenz 1992b).

3. Entwicklung und Verteilung von Lebenslagen in den neuen Bundesländern

3.1 Theoretische Einführung: Dimensionen sozialer Ungleichheit und Lebenslagen

In der Kultur moderner Gesellschaften haben sich bestimmte Zielvorstellungen in den Vordergrund geschoben, die vorgeben, wie ein „gutes Leben" beschaffen sein sollte. Hierzu zählen neben den herkömmlichen industriegesellschaftlichen Lebenszielen des materiellen Wohlstands, der Sicherheit und des persönlichen Ansehens immer mehr auch die „postindustriellen" Ziele der Gesundheit, der Integration und der persönlichen Selbstverwirklichung.

Unter sozialen Ungleichheiten versteht man diejenigen aus dem Gefüge gesellschaftlichen Zusammenlebens erwachsenden Lebensbedingungen, die es den einen Gesellschaftsmitgliedern besser, anderen weniger gut erlauben, in ihrem Alltagsleben die genannten Ziele zu erreichen. Üblicherweise faßt man die Vielzahl solcher Lebensbedingungen in Dimensionen zusammen. Hierbei kommt es auf die „objektiven" Möglichkeiten der Zielerreichung an, z.B. auf die gute Chance, durch ein hohes Einkommen oder mittels einer guten formellen Ausbildung die Zielsetzungen des Wohlstands, der Sicherheit und/oder des Ansehens erreichen zu können. Es spielt dabei keine Rolle, ob die Beteiligten z.B. Geld und Wohlstand „subjektiv" hochschätzen oder in ihrer Bedeutung erkennen. Bei der sozialwissenschaftlichen Bestimmung von sozialen Ungleichheiten innerhalb der nachfolgenden genannten Dimensionen (z.B. des Einkommens oder der Bildung) ist es auch unerheblich, ob die Ungleichheiten „gerecht" oder „ungerecht" (legitim oder illegitim) erscheinen. Sowohl als legitim angesehene Gehaltsunterschiede, als auch als illegitim betrachtete Armutsphänomene werden im folgenden als „soziale Ungleichheit" aufgefaßt, in diesem Falle innerhalb der Dimension des Einkommens.

Soziale Ungleichheiten tragen innerhalb der nachfolgend genannten Dimensionen in modernen Gesellschaften dazu bei, eines oder mehrere der folgenden Lebensziele zu realisieren:

Dimensionen sozialer Ungleichheit	Lebensziele
Bildung	Wohlstand
Arbeitsplatz	Sicherheit
Einkommen	Ansehen
Vermögen	Gesundheit
Wohnbedingungen	Selbstverwirklichung
Arbeitsbedingungen	Autonomie
Infrastrukturbedingungen	Integration
Umweltbedingungen	
Soziale Absicherung	
Ungleichbehandlung	

So läßt sich mit Geld, das man in modernen Gesellschaften meist in Form von Einkommen erlangt bzw. in Form von Vermögen besitzt, das Ziel des Wohlstands erreichen. Ein hoher Bildungsgrad und eine geachtete Berufsposition tragen dazu bei, dem Lebensziel des persönlichen Ansehens näherzukommen. Entsprechende Arbeits-, Umwelt- und Wohnbedingungen können dazu verhelfen, in Gesundheit zu leben. Ein sicherer Arbeitsplatz, Vermögen und sozialpolitische Absicherung helfen dabei, das Ziel zu erreichen, in Sicherheit leben zu können.

Genauer betrachtet, haben die einzelnen Dimensionen sozialer Ungleichheit durchaus unterschiedliche Eigenschaften. Ein Teil der genannten Dimensionen sozialer Ungleichheit besteht in modernen Gesellschaften aus Ressourcen; so ermöglichen es Geld, Bildung und Prestige, Handlungsziele vieler Art leichter zu erreichen. Ein weiterer Teil der Ungleichheitsdimensionen sind vorteilhaft oder unvorteilhaft beeinflussende Lebensbedingungen; so üben Arbeits-, Wohn- und Freizeitbedingungen auf die einzelnen Menschen in bezug auf die oben genannten Zielsetzungen positive oder negative Einflüsse aus. Schließlich wirkt ein weiterer Teil der genannten Dimensionen als Risiko bzw. Sicherheit, z.B. in Form von gefährlichen oder ungefährlichen Arbeitsbedingungen oder einer guten oder weniger guten Gesundheitsversorgung.

In Ostdeutschland stehen derzeit bestimmte Dimensionen sozialer Ungleichheit im Vordergrund der öffentlichen Beachtung. Sie haben hervorragende Bedeutung, weil sie vor dem spezifischen Hintergrund der DDR-Sozialstruktur neu sind, weil sie sich in den Transformationsprozessen der letzten sechs Jahre aufgebaut haben oder infolge der Umgestaltung des Systems sozialer Sicherung nach westdeutschem Vorbild entstanden sind. Hierzu zählen vor allem:

– Arbeitseinkommen (und Arbeitsplatzsicherheit),
– Konsumchancen,
– Vermögensverhältnisse,
– Bildungschancen,

Theoretische Einführung

- Wohnbedingungen,
- Gesundheitsversorgung.

Diesen Dimensionen wird im folgenden (in den Abschnitten 3.2.1 bis 3.2.6) besondere Aufmerksamkeit geschenkt.

Die erwähnten Dimensionen sozialer Ungleichheit sind in Ostdeutschland teils aus „objektiven", teils aus „subjektiven" Gründen besonders wichtig. So wurde die Arbeitsplatzsicherheit wegen des „objektiv" erheblichen Abbaus von Arbeitsplätzen immer wichtiger. Die Vermögensverhältnisse rückten wegen des „objektiv" großen Vermögensabstandes zu Westdeutschland, aber auch aufgrund der „subjektiv" verbesserten Vergleichsmöglichkeiten in den Vordergrund der Aufmerksamkeit.

Die Menschen sind selbstverständlich nicht jeder dieser Einzeldimensionen isoliert ausgesetzt. Sie leben vielmehr in einem Ensemble gleichzeitig wirksamer Lebensbedingungen. *„Lebenslage" nennen wir eine bestimmte Kombination besserer oder schlechterer Lebensbedingungen – z.B. wenig Freizeit, relativ hohes Einkommen, geringe Arbeitsplatzsicherheit, gute Wohnbedingungen – eines oder vieler Menschen. Als „Soziale Lage" bezeichnet man eine Bevölkerungsgruppe – z.B. Rentner, Arbeitslose, Alleinerziehende –, die in mancher Hinsicht in einer ähnlichen Konstellation von Lebensbedingungen der genannten Ungleichheitsdimensionen lebt* (siehe Abschnitt 3.3).

Grundlage der besseren oder schlechteren Stellung innerhalb vieler Dimensionen sozialer Ungleichheit ist – unmittelbar oder mittelbar – die Chance der Erwerbstätigkeit und gegebenenfalls die Stellung in der Berufshierarchie. So haben Erwerbstätigkeit und bestimmte Berufsstellungen u.a. großen Einfluß auf die Einkommens- und Vermögensverhältnisse, die Wohnsituation und die Bildungschancen der Kinder.

Neben Erwerbstätigkeit und beruflicher Stellung gibt es weitere Determinanten, die die Stellung der einzelnen im Gefüge sozialer Ungleichheit prägen. Wie die Berufsstellung stellen auch sie keine Ungleichheiten (Vor- oder Nachteile) an sich dar. Allein oder in Verbindung mit der jeweiligen Berufsstellung bestimmen sie aber maßgeblich die Chance, mit mehr oder weniger Einkommen, Vermögen und Prestige, in besseren oder schlechteren Wohnungen, in guter oder schlechter Gesundheit etc. zu leben. Zu diesen Bestimmungsgründen zählen: das Geschlecht, die Region, die ethnische Zugehörigkeit, das Alter und die Lebensform (allein, als kinderloses Paar, in Familie etc. lebend). Viele dieser außerberuflichen Wege zu gesellschaftlichen Vor- und Nachteilen stehen heute im Mittelpunkt gesellschaftspolitischer Diskussion. Dies gilt insbesondere für geschlechtsspezifische, ethnische und regionale Ungleichheiten. Regionale Ungleichheiten zwischen Ost- und Westdeutschland werden in Abschnitt 3.2.7 zusammengefaßt.

3.2 Die wichtigsten Dimensionen sozialer Ungleichheit

3.2.1 Erwerbstätigkeit und Arbeitseinkommen

Im Zeitraum von 1989 bis 1994 ist in Ostdeutschland die Zahl der Erwerbstätigen um etwa ein Drittel von knapp 10 Millionen auf gut 6,6 Millionen[52] zurückgegangen. Von diesen Erwerbstätigen befanden sich 1994 6,1 Millionen in abhängiger Beschäftigung. Die Erwerbstätigenquote – der Anteil der Erwerbstätigen (einschließlich der Pendler) an der Wohnbevölkerung – verringerte sich um ca. 30% und damit weniger als die Zahl der Erwerbstätigen, was eine Folge der hohen Ost-West-Wanderungen war. Im Jahr 1991 gab es 913.000 und 1995 1.047.000 registrierte Arbeitslose bei einer Arbeitslosenquote von 11,7% bzw. 15,0%. Der Anteil der Langzeitarbeitslosen, d.h. von Personen, deren Arbeitslosigkeit bereits länger als ein Jahr andauert, betrug 1994 rund 35% (vgl. Bundesanstalt für Arbeit 1995a: 183).

Die sektorale Struktur der Erwerbstätigkeit verschob sich in den neuen Bundesländern sehr deutlich (vgl. SVR 1995b: 103): Von 1991 bis 1995 ging der Anteil der in der Landwirtschaft Erwerbstätigen von 6,2% auf 3,6% und jener im Produzierenden Gewerbe von 40,8% auf 34,8% zurück. Der Anteil im Sektor Handel und Verkehr blieb mit etwa 17% fast konstant, während er sich bei den übrigen Dienstleistungen von 12,7% auf 19,6% und beim Staat und den privaten Haushalten von 23,3% auf 24,7% erhöhte. Damit hat sich die ostdeutsche Erwerbstätigenstruktur sehr stark der Struktur in Westdeutschland angenähert. Unterschiede von mehr als einem Prozentpunkt bestehen noch in den Sektoren Handel und Verkehr (Ost: -1,6%), Dienstleistungen (Ost: -2,4%) und Staat/private Haushalte (Ost: +4,3%). Es ist zu erwarten, daß die Bedeutung des Dienstleistungssektors zunimmt, während beim Staat angesichts der Finanzierungsprobleme der öffentlichen Haushalte ein weiterer Rückgang zu erwarten sein dürfte.

Der Anteil der Selbständigen an den Erwerbspersonen ist in den neuen Bundesländern immer noch deutlich geringer als in den alten Bundesländern (siehe Abschnitt 2.2). Ein beachtlicher Anteil der Selbständigen findet sich in den unteren Einkommensklassen. Nach den vorläufigen Ergebnissen des Sozio-ökonomischen Panels liegt die durchschnittliche Einkommensposition der Selbständigen in Ostdeutschland zwar über dem Durchschnitt; doch ist

---

52 Unter Berücksichtigung des negativen Pendlersaldos von 330.000 Personen waren auf dem Gebiet der neuen Bundesländer 1994 sogar nur 6,3 Millionen Personen erwerbstätig.

dieser Abstand noch wesentlich geringer als die entsprechende Differenz in Westdeutschland (vgl. Hauser/Wagner 1996). Obwohl der Weg in die Selbständigkeit gerade in Ostdeutschland nicht immer erfolgreich ist,[53] ist zu erwarten, daß sich hier der Abstand zwischen der relativen Einkommensposition der Selbständigen und dem Durchschnitt vergrößern wird und somit eine Annäherung an die westdeutsche Situation erfolgt.

Wie in Abschnitt 2.3 (Tabelle 2.3.7) gezeigt wurde, nahmen die Markteinkommen der unselbständig Beschäftigten von 1991 bis 1994 sowohl nominell als auch – unter Berücksichtigung der Preisniveausteigerungen – real stark zu. Sie hatten 1994 im Durchschnitt bereits 73,2% des westdeutschen Niveaus erreicht. Der beträchtliche Rückgang der Erwerbstätigkeit hat sich jedoch in einer starken Zunahme der Ungleichheit der Arbeitseinkommensverteilung niedergeschlagen, da registrierte und verdeckt Arbeitslose (vgl. SVR 1995b: 100) überhaupt kein oder kein volles Arbeitseinkommen erzielen. In Tabelle 3.2.1.1 werden Verteilungsmaße für die Bruttoarbeitseinkommen der jeweils im Bezugsjahr Beschäftigten präsentiert.

Zur Messung der Ungleichheit der Gesamtverteilung wurden verschiedene Maßzahlen entwickelt.[54] Im folgenden werden der Gini-Koeffizient und das Atkinson-Maß verwendet. Der Wert 0 charakterisiert bei beiden Maßen eine Gleichverteilung; höhere Werte zeigen Ungleichverteilungen an. Die Obergrenze beider Maße liegt bei 1 (extreme Ungleichheit). Bei einem Vergleich zwischen zwei Zeitpunkten reagiert der Gini-Koeffizient stärker in bezug auf Änderungen bei den mittleren Einkommensgruppen, während das Atkinson-Maß Änderungen im unteren Einkommensbereich hervorhebt. Ein weiteres Verteilungsmaß sind die Quintilsanteile, d.h. die Anteile von jeweils einem Fünftel aller Personen am gesamten Einkommen; dabei werden diese Personen nach der Höhe ihrer Einkommen geordnet. Diese Quintilsanteile müßten bei Gleichverteilung jeweils 20% betragen.

Auch unter Berücksichtigung lediglich jener Personen, die im Befragungsmonat unselbständig beschäftigt waren, läßt sich in Ostdeutschland von 1990 bis 1994 eine Zunahme der Ungleichheit bei der Verteilung der Bruttoarbeitseinkommen feststellen. Der Gini-Koeffizient nahm um 15,7% zu, das Atkinson-Maß stieg sogar um 29,4%. Auch die Quintilsanteile verdeutlichen diese Tendenz. Die Zunahme der Ungleichheit erfolgte allerdings sofort nach

---

53 Der Sachverständigenrat zur Begutachtung der gesamtwirtschaftlichen Entwicklung (1995b: 370f.) weist für den Zeitraum Januar 1991 bis Juni 1995 in den neuen Bundesländern insgesamt 958.733 Gewerbeanmeldungen, aber auch 527.008 Gewerbeabmeldungen aus.

54 Eine Erläuterung der verwendeten Verteilungsmaße findet sich im Anhang. Eine ausführliche Diskussion der Eigenschaften und der normativen Implikationen von Verteilungsmaßen findet sich bei Piesch 1975, Lüthi 1981 und Sen 1992.

der Wende; seither ergaben sich erstaunlicherweise keine signifikanten Änderungen mehr. Wie eine Studie von Steiner und Puhani (1996: 14) zeigt, unterschied sich die Ungleichheit der Arbeitseinkommen zwischen Männern und Frauen kaum. Auch der Anstieg der Ungleichheit verlief bei Männern und Frauen insgesamt parallel, wenn auch einzelne Teilgruppen unterschiedliche Entwicklungen aufwiesen. Bei einem Vergleich mit den Ergebnissen für Westdeutschland erkennt man, daß dort die Ungleichheit der Arbeitseinkommensverteilung immer noch deutlich größer ist, aber von 1990 bis 1994 geringfügig abgenommen hat.

Tabelle 3.2.1.1: Verteilungsmaße zur personellen Verteilung der Bruttoarbeitseinkommen in Ost- und Westdeutschland 1990 bis 1994

Verteilungsmaße	Ostdeutschland					Westdeutschland				
	1990	1991	1992	1993	1994	1990	1991	1992	1993	1994
Gini-Koeffizient	0,198	0,228	0,216	0,226	0,229	0,285	0,280	0,273	0,276	0,265
Atkinson-Maß										
$\varepsilon = 1$	0,068	0,085	0,077	0,086	0,088	0,146	0,141	0,137	0,155	0,144
Quintilsanteile										
1. Quintil	11,0	10,9	11,2	10,6	10,4	7,9	7,9	7,9	7,4	8,1
2. Quintil	16,1	15,3	15,4	15,2	15,3	14,5	14,6	14,9	14,5	14,5
3. Quintil	19,3	17,9	18,2	18,4	18,6	18,1	18,3	18,5	18,1	18,0
4. Quintil	22,7	21,5	22,2	22,6	22,4	22,4	22,8	23,0	22,8	22,5
5. Quintil	30,9	34,4	33,0	33,2	33,3	37,1	36,4	35,7	37,2	36,9

Datenbasis: SOEP-Ost und SOEP-West 1990-1994.
Quelle: Hauser/Wagner 1996.

Tabelle 3.2.1.2 schlüsselt die Änderungen der Verteilung der Arbeitseinkommen bei jenen Personen, die 1990 und 1994 unselbständig beschäftigt waren, in anderer Form auf.

Tabelle 3.2.1.2: Die Verteilung der Bruttoarbeitseinkommen der 1990 und auch 1994 Erwerbstätigen auf relative Einkommensklassen in Ost- und Westdeutschland

Relative Einkommensklassen von ... % bis unter ...% des Durchschnitts	bis 50%	50-75%	75-100%	100-125%	125-150%	über 150%
Ostdeutschland						
1990	3,8	13,9	32,6	26,8	14,2	8,6
1994	5,8	20,8	32,6	20,8	11,4	8,6
Westdeutschland						
1990	11,8	16,7	27,3	19,0	11,3	13,7
1994	10,0	18,0	30,0	17,7	10,6	13,7

Quelle: Mathwig/Habich 1996; eigene Berechnungen.

Die wichtigsten Dimensionen sozialer Ungleichheit 137

In Ostdeutschland haben die Anteile der Beschäftigten in den unteren beiden Einkommensklassen deutlich zugenommen, während sie in den Klassen oberhalb des Durchschnitts – mit Ausnahme der Spitzengruppe – zurückgingen. Aus Tabelle 3.2.1.2 ist ersichtlich, daß in Westdeutschland insbesondere die unterste und die oberste Klasse wesentlich stärker besetzt sind als in Ostdeutschland.

Die unerwartet geringe Verschärfung[55] der Ungleichheit der Verteilung der ostdeutschen Bruttoarbeitseinkommen in den Jahren 1992 bis 1994 dürfte auf drei Gründe zurückzuführen sein: *Erstens*, auf eine „Homogenisierung" der im Arbeitsmarkt verbleibenden Erwerbstätigen, wie sie regelmäßig bei einer großen Steigerung der Arbeitslosigkeit zu verzeichnen ist. So konnten Licht und Steiner (1994) zeigen, daß die Wahrscheinlichkeit, den Arbeitsplatz zu verlieren, in Ostdeutschland um so höher war, je niedriger das Erwerbseinkommen in der DDR lag. Ein gleichartiges Resultat erbrachte eine Mobilitätsanalyse (siehe Abschnitt 5.2), bei der sich ergab, daß bei den Erwerbstätigen der untersten beruflichen Statusebene der Anteil der Ausstiege am höchsten ausfiel. *Zweitens* ist die geringe Zunahme der Verteilungsungleichheit seit 1992 durch das nur mäßige Beschäftigungswachstum in den neu gegründeten Unternehmen, bei denen stärkere Lohnunterschiede bestehen, zu erklären. Die frühere, weniger ungleiche Lohnstruktur in den „Altbetrieben" – insbesondere auch im Staatssektor – besitzt daher noch immer ein großes Gewicht (vgl. Bird/Schwarze/Wagner 1994 und Schwarze/Wagner 1993). *Drittens* kann schließlich auf eine sich nur allmählich durchsetzende Spreizung der Lohnstruktur, die auch bei den Tarifverhandlungen und bei der tatsächlichen Eingruppierung auf Widerstand stößt, verwiesen werden. Da sich diese drei retardierenden Faktoren jedoch im Zeitablauf abschwächen werden, ist künftig mit einer weiteren deutlichen Zunahme der Ungleichheit der Arbeitseinkommen in Ostdeutschland zu rechnen, auch wenn sich diese Entwicklung langsamer vollzieht als ursprünglich angenommen.

Als Ergebnis einer genaueren Analyse der Lohnstruktur, d.h. der Streuung der Stundenlöhne, läßt sich – in enger Anlehnung an Steiner und Puhani (1996: 25ff.) – festhalten:

– Ein Großteil der Ungleichheit in der Verteilung der Stundenlöhne kann durch die Ungleichheit innerhalb sozioökonomischer Gruppen, die nach

---

55 Von einem der Autoren (vgl. Hauser 1992) wurde bereits zu Beginn des Transformationsprozesses eine kontinuierliche Zunahme der Ungleichheit der Bruttoarbeitseinkommensverteilung prognostiziert. Auch der Sachverständigenrat zur Begutachtung der gesamtwirtschaftlichen Entwicklung erwartete eine deutliche Spreizung der Lohnstruktur (vgl. SVR 1990b).

138   Entwicklung und Verteilung von Lebenslagen

  Berufsausbildung, Berufserfahrung und Wirtschaftszweig unterschieden werden, erklärt werden.
- Lohndifferentiale zwischen den nach Berufsausbildung unterschiedenen Gruppen bestanden auch in der DDR. Im Transformationsprozeß wurde bei den Frauen das positive Lohndifferential einer Hochschulausbildung etwas reduziert, während eine Facharbeiterausbildung relativ aufgewertet wurde. Hingegen hat sich bei den Männern die Entlohnung der Facharbeiter relativ zu den Ungelernten – völlig unerwartet – verringert.
- Bereits in der DDR wurden – auch bei sonst gleichen beobachtbaren Charakteristika der Arbeitskräfte – innerhalb eines Wirtschaftszwigs in größeren Betrieben deutlich höhere Stundenlöhne gezahlt als in kleinen. Diese Betriebsgrößendifferentiale haben sich im Transformationsprozeß noch deutlich erhöht.

Die geschilderte Zunahme der Ungleichheit der Arbeitseinkommen sowie der starke Rückgang der Erwerbstätigenquote sind zwei wesentliche Faktoren, die auch auf der Ebene der Nettoeinkommen zu einer Zunahme der Ungleichheit führten; denn Unterschiede auf der Primäreinkommensebene werden nur teilweise und häufig überhaupt nicht durch entsprechende Sozialleistungen kompensiert.

3.2.2 Haushaltseinkommen und Konsum

Der Überblick über die wirtschaftliche Entwicklung in den neuen Bundesländern seit 1990 in Abschnitt 2.3 zeigte das beachtliche nominelle und reale Wachstum des ostdeutschen Bruttoinlandsprodukts in den ersten fünf Jahren des Transformationsprozesses, das zudem weit über den westdeutschen Vergleichswerten lag. Entsprechend ist auch das nominelle Volkseinkommen je Erwerbstätigen, das sich aus den Primäreinkommen „Einkommen aus unselbständiger Arbeit" und „Einkommen aus Unternehmertätigkeit und Vermögen" zusammensetzt, von 1991 bis zum 1. Halbjahr 1995 um insgesamt 83,5%, in den alten Bundesländern aber nur um 10,6% angestiegen (Erwerbstätige nach dem Inländerkonzept; vgl. SVR 1995b: 369 und 382; eigene Berechnungen). Die durchschnittlichen verfügbaren Einkommen der Haushalte, die sich nach Abzug von Steuern und Sozialabgaben und Hinzurechnung aller Sozialleistungen ergeben, sind im gleichen Zeitraum in Ostdeutschland immerhin um 60%, in Westdeutschland um 10,9%, gewachsen. Der Anstieg der Primäreinkommen wie auch der verfügbaren Einkommen war in den neuen Bundesländern weit größer als der Anstieg des Preisniveaus, so daß sich auch der durchschnittliche Lebensstandard der Bevölkerung seit der Vereinigung deutlich erhöht hat. Dies trifft auch zu, wenn man berücksich-

Die wichtigsten Dimensionen sozialer Ungleichheit 139

tigt, daß sich die Preisrelationen durch den Übergang zum marktwirtschaftlichen Wirtschaftssystem stark verschoben haben. Im Vergleich zur Preisstruktur in der DDR zu Beginn des Jahres 1990 sind nach der Vereinigung die Preise für Grundbedarfsgüter und die Warmmieten stark überproportional gestiegen, während die Preise für höherwertige und langlebige Konsumgüter gefallen sind oder sich nur unterproportional erhöht haben. Außerdem sind durch die Bildung der Währungs- und Wirtschaftsunion die vielfältigen Rationierungen und Wartezeiten, die die freie Verwendung des verfügbaren Einkommens einschränkten, weggefallen. Diese Verschiebung der Preisrelationen sowie der Wegfall der Rationierungen lassen es nicht zu, die Verbesserung des Lebensstandards in der Übergangsphase von Mitte 1990 bis Mitte 1991 – als die wichtigsten sprunghaften Umstellungen vorüber waren – genau zu quantifizieren (vgl. Hauser/Wagner 1996). Es muß aber von gewichtigen, wenn auch nicht genau bezifferbaren Wohlstandszuwächsen ausgegangen werden. Hierfür spricht vor allem die durch die Währungsunion ermöglichte freie Einkommensverwendung, die sich auf eine stark verbreiterte Güterpalette im Inland und – infolge der Aufhebung der Reisebeschränkungen – auch im Ausland richtete.

Es erhebt sich die Frage, ob sich die Wohlstandszuwächse gleichmäßig verteilt haben, oder ob einzelne Gruppen größere und andere nur kleinere Verbesserungen oder gar Verschlechterungen ihres Lebensstandards erfuhren. Der Blick richtet sich im folgenden daher auf die Verteilung des Nettoeinkommens (auch als „verfügbares Einkommen" bezeichnet) und ihrer Änderungen im Transformationsprozeß; außerdem wird auf die strukturellen Verschiebungen beim Konsum der privaten Haushalte hingewiesen.

Unter der Verteilung der Nettoeinkommen versteht man die Streuung der Einkommen um ihren Durchschnitt. Im vorliegenden Fall der neuen Bundesländer ist es allerdings zunächst eine offene Frage, welcher Durchschnitt als Referenzgröße dienen soll: der ostdeutsche, der westdeutsche oder der gesamtdeutsche? Es dürfte kaum bestreitbar sein, daß die Vereinigung zwar ein vereinigtes Staatsgebiet mit weitestgehend angeglichenem Politik- und Rechtssystem schuf, daß aber trotzdem zunächst eine duale Gesellschaft mit zwei deutlich voneinander unterscheidbaren Teilgesellschaften entstand. Ökonomische und soziale Standards, Verhaltensweisen und Aktivitäten bedürfen einer längeren Anpassungsfrist. Ökonomisch gesehen ist dieser Anpassungsprozeß inzwischen zwar weit fortgeschritten, aber keineswegs beendet. Das durchschnittliche Lohn- und Einkommensniveau weist noch immer eine deutliche Diskrepanz auf. Politisch gewollt ist auch, daß sich das Niveau der Sozialleistungen, insbesondere der Renten und des Arbeitslosengeldes, am Lohnniveau orientiert und ähnliche Unterschiede zeigt. Es ist daher gerechtfertigt, die Verteilung der Einkommen während der ersten fünf Jahre des

140   Entwicklung und Verteilung von Lebenslagen

Transformationsprozesse in den neuen Bundesländern in Relation zum dortigen Durchschnitt zu betrachten und sie mit der westdeutschen Verteilung in bezug auf den westdeutschen Durchschnitt zu vergleichen. Dabei bleibt unbeachtet, daß das Anspruchsniveau der Bürger in den neuen Bundesländern – insbesondere der unteren Einkommensschichten – vermutlich inzwischen mit dem westdeutschen Niveau gleichgezogen hat (vgl. Hauser/Wagner 1996).

Als Indikator der folgenden Darstellung der Einkommensverteilung, die damit auch als *Verteilung der Wohlstandspositionen* bezeichnet werden kann, wird das äquivalenzgewichtete Nettoeinkommen herangezogen. Hierunter versteht man einen Wohlstandsindikator, der dadurch ermittelt wird, daß das Haushaltseinkommen durch die Summe der Äquivalenzgewichte der Haushaltsmitglieder geteilt wird; d.h. es handelt sich um ein gewichtetes Pro-Kopf-Einkommen, bei dem berücksichtigt wird, daß beim gemeinsamen Wirtschaften in einem Haushalt Einsparungen entstehen und daß der Bedarf der Haushaltsmitglieder altersabhängig ist. Als Gewichte werden die Regelsatzproportionen der Sozialhilfe verwendet. Jede Person wird mit dem ihr zugeordneten äquivalenzgewichteten Nettoeinkommen getrennt gezählt.[56] Die Untersuchung zielt dabei auf jene Bevölkerung, die kurz vor der Währungsreform in der DDR ansässig war, selbst wenn manche Personen zwischenzeitlich in den Westen übergesiedelt oder Bewohner der alten Bundesländer in den Osten umgezogen sind; vereinfachend wird trotzdem von der Verteilung der Wohlstandspositionen in den neuen bzw. alten Bundesländern gesprochen. Die Darstellung basiert auf Ergebnissen des Sozio-ökonomischen Panels.

Veränderungen der Gesamtverteilung der Wohlstandspositionen

Die Tabelle 3.2.2.1 macht sichtbar, daß die Ungleichheit der Einkommensverteilung in den neuen Bundesländern kontinuierlich zugenommen hat.[57] Der Gini-Koeffizient ist von 1990 bis 1994 um fast 20% angestiegen, das Atkinson-Maß nahm sogar um etwa 50% zu. Auch bei der Betrachtung der Quintilsanteile zeigt sich, daß der Anteil des untersten Quintils deutlich zurückgegangen und der des obersten angestiegen ist.[58]

---

56 Weitere Erläuterungen zur Ermittlung des Nettoäquivalenzeinkommens siehe Anhang.
57 Eine Erläuterung der verwendeten Verteilungsmaße findet sich im Anhang.
58 Man könnte nun einwenden, daß das äquivalenzgewichtete Nettoeinkommen zumindest im Jahr 1990 noch kein geeigneter Wohlstandsindikator war, da durch Rationierungen, durch Subventionierung von Grundbedarfsgütern und durch Privilegierung der sogenannten Nomenklatura die reale Kaufkraft schichtenspezifisch unterschiedlich war. Differenziertere Untersuchungen haben jedoch gezeigt, daß sich diese Ver-

Die wichtigsten Dimensionen sozialer Ungleichheit 141

Tabelle 3.2.2.1: Verteilungsmaße der Wohlstandspositionen in Ost- und Westdeutschland 1990 bis 1994

Verteilungsmaße	Ostdeutschland					Westdeutschland				
	1990	1991	1992	1993	1994	1990	1991	1992	1993	1994
Gini-Koeffizient	0,185	0,198	0,200	0,216	0,221	0,267	0,263	0,264	0,274	0,265
Atkinson-Maß										
$\varepsilon = 1$	0,055	0,067	0,066	0,078	0,082	0,114	0,109	0,111	0,119	0,124
Quintilsanteile[a]										
1. Quintil	11,8	11,3	11,1	10,6	10,2	9,4	9,5	9,5	9,2	9,1
2. Quintil	15,8	16,1	15,9	15,5	15,5	14,0	14,0	14,1	13,8	13,7
3. Quintil	19,2	18,9	19,1	18,8	18,9	17,7	17,8	17,7	17,7	17,4
4. Quintil	22,9	22,3	22,5	22,7	23,0	22,5	22,8	22,8	22,8	22,6
5. Quintil	30,2	31,2	31,3	32,4	32,4	36,4	35,9	35,9	36,5	37,2

Anmerkung: a) 1. Quintil = niedrigste Einkommen, 5. Quintil = höchste Einkommen.
Datenbasis: SOEP-Ost und SOEP-West 1990-1994.
Quelle: Hauser/Wagner 1996.

Beim Vergleich des im Jahr 1994 in den neuen Bundesländern erreichten Wertes des Gini-Koeffizienten von 0,221 mit dem für die alten Bundesländer ermittelten Wert von 0,265 erkennt man aber, daß die Einkommensverteilung in den neuen Bundesländern doch noch wesentlich weniger ungleich ist als in den alten Bundesländern. Eine Reihe von Gründen spricht dafür, daß die Ungleichheit der Einkommensverteilung in den neuen Bundesländern künftig noch weiter zunehmen und sich dem westdeutschen Niveau, das zudem eine hohe Stabilität im Zeitablauf aufweist, annähern wird:

- die Lohnstruktur wird sich noch stärker spreizen;
- die besonders ungleich verteilten Einkommen aus Unternehmertätigkeit und Vermögen werden weiter ansteigen;
- die höhere Arbeitslosigkeit wird zu einem größeren Kern von Langzeitarbeitslosen mit geringer sozialer Absicherung führen.

Veränderungen im Bereich von Armut, Niedrigeinkommen und Spitzeneinkommen

Von sozial- und gesellschaftspolitischer Bedeutung ist nicht nur die Frage, wie sich im Verlauf des Transformationsprozesses die Ungleichheit der Einkommensverteilung ändert, sondern auch, ob Armut entsteht und ob sich eine

---

zerrungen zumindest auf der gesamtwirtschaftlichen Ebene weitgehend kompensierten, so daß die für das Jahr 1990 ermittelte Verteilung der in Mark der DDR gemessenen Nettoäquivalenzeinkommen einen akzeptablen Ausgangspunkt für die Analyse der sich im Transformationsprozeß ergebenden Veränderungen darstellen (vgl. Hauser/Wagner 1996).

neue Unterschicht herausbildet. Was unter Armut zu verstehen ist, ist bekanntlich stark umstritten, weil eine solche Definition auch politische Implikationen aufweist (vgl. Hauser/Neumann 1992, Krause/Schäuble 1988 und Sopp 1994). Wenn man als Einkommensarmutsgrenze 50% des durchschnittlichen ostdeutschen Nettoäquivalenzeinkommens zugrunde legt – eine Armutsgrenze, die sich in vielen internationalen Gremien durchgesetzt hat –, zeigt sich von 1990 bis 1994 eine rasante Zunahme der Einkommensarmut von 3,4% auf 8,5%, d.h. diese unterste Schicht ist auf die zweieinhalbfache Größe angewachsen (siehe Tabelle 3.2.2.2).[59]

Tabelle 3.2.2.2: Die Verteilung aller Personen auf Wohlstandspositionsklassen in Ost- und Westdeutschland 1990 bis 1994 – in %

Wohlstandspositionsklassen von ... % bis unter ... % des Durchschnitts	unter 50%	50-75%	75-100%	100-125%	125-150%	150-200%	über 200%
Ostdeutschland							
1990	3,4	21,6	29,2	25,2	12,7	6,8	1,1
1991	4,4	17,9	34,8	22,3	12,1	6,4	2,2
1992	5,9	18,7	31,3	23,5	11,7	6,7	2,3
1993	7,3	20,9	30,3	21,9	11,1	6,2	2,4
1994	8,5	18,5	29,3	21,8	11,8	7,9	2,2
Westdeutschland							
1990	10,9	25,2	23,6	18,6	9,0	8,2	4,4
1991	10,7	24,9	23,8	18,0	9,7	8,6	4,2
1992	10,1	25,3	25,2	16,9	9,7	9,0	4,0
1993	11,5	24,8	23,9	16,4	10,1	8,5	4,7
1994	11,4	25,7	23,4	16,9	9,6	7,9	5,1

Datenbasis: SOEP-Ost und SOEP-West 1990-1994.
Quelle: Hauser/Wagner 1996.

Die Vergleichswerte für Westdeutschland deuten auf eine weitgehende Stabilität dieser Einkommensarmutsquote bei etwa 11% hin. Allerdings verbleibt der größere Teil der Betroffenen keineswegs dauerhaft in diesem untersten Einkommensbereich; vielmehr gelingt es vielen von ihnen, innerhalb kurzer Frist wieder auf ein höheres Einkommensniveau zu kommen, während andere absinken (vgl. Habich/Krause 1994, Leibfried u.a. 1995 sowie Abschnitt 5.2). Die ungünstige wirtschaftliche Entwicklung und die Kürzungen bei verschiedenen Sozialleistungen lassen allerdings in den neuen Bundesländern

---

59 Den Nachweis einer Zunahme der Einkommensarmut in Ostdeutschland, bezogen auf den ostdeutschen Durchschnitt, hat bereits eine frühere Studie erbracht (vgl. Hanesch u.a. 1994). Ähnliche Tendenzen zeigen sich bei der Zunahme der Sozialhilfeempfängerquoten (siehe Abschnitt 4.3).

Die wichtigsten Dimensionen sozialer Ungleichheit

noch einem weiteren Anstieg der Einkommensarmut im Verlauf des Transformationsprozesses befürchten.

Auch wenn man als Niedrigeinkommensgrenze 75% des durchschnittlichen Nettoäquivalenzeinkommens zugrunde legt, läßt sich ein wesentlich größerer Anteil der finanziell schlecht gestellten Bevölkerung im Westen feststellen als im Osten: In Ostdeutschland stieg dieser von 25% (1990) auf 27% (1994) an, in Westdeutschland lag er mit geringen Schwankungen bei 36%.

Im obersten Einkommensbereich – bei mehr als dem Doppelten des Durchschnitts – ist in Ostdeutschland der Anteil seit 1990 zwar auf das Zweifache gewachsen, hat aber die westdeutsche Quote noch nicht erreicht. Auch bei diesen Spitzeneinkommen muß man angesichts der steigenden Einkommen aus Unternehmertätigkeit und Vermögen und der sukzessiven Übernahme weiterer hochbezahlter Führungspositionen durch Ostdeutsche mit einem Anstieg rechnen.

Zur Wohlstandsposition von Arbeitslosen und deren Haushaltsmitgliedern

Wird eine Person arbeitslos, so ist von dem hierdurch hervorgerufenen Einkommensrückgang, der auch durch Arbeitslosengeld und andere soziale Kompensationsmaßnahmen nicht voll ausgeglichen wird, jedes Haushaltsmitglied betroffen; auch können mehrere Haushaltsmitglieder gleichzeitig arbeitslos werden. Der Einfluß von Arbeitslosigkeit auf die Verteilung der Wohlstandspositionen im Haushaltskontext hängt daher davon ab, ob es sich bei den Arbeitslosen um alleinstehende Personen oder um Familienväter oder -mütter handelt, ob ein Alleinverdiener oder ein Zweitverdiener arbeitslos wird, ob mehrere Personen im Haushalt arbeitslos werden und ob noch andere Einkommensarten zum Haushaltseinkommen beitragen (vgl. hierzu ausführlich Klein 1987). Auch die Dauer der Arbeitslosigkeit spielt eine Rolle, da das Arbeitslosengeld befristet ist und nach einer von der vorherigen Beschäftigungsdauer abhängigen Laufzeit wegfällt. Bei Bedürftigkeit schließt sich hieran nur die niedrigere Arbeitslosenhilfe an. Zumindest bei einem Teil der Arbeitslosen dürfte die maßgebliche Konstellation so ungünstig sein, daß sie zeitweise oder dauerhaft in ihrer Wohlstandsposition stark absinken. Über die relative Wohlstandsposition der Gruppe der von Arbeitslosigkeit Betroffenen im Vergleich zu Gesamtbevölkerung, den Anteil dieser Personengruppe an der ostdeutschen Gesamtbevölkerung sowie deren Anteil in den einzelnen Einkommensklassen gibt die Tabelle 3.2.2.3 Aufschluß.

Tabelle 3.2.2.3: Die Verteilung von Personen in von Arbeitslosigkeit betroffenen Haushalten [a] auf Wohlstandspositionsklassen und ihre relative Wohlstandsposition in Ost- und Westdeutschland 1990 bis 1994 – in %

Wohlstandspositionsklassen von ... % bis unter ... % des Durchschnitts	unter 50%	50-75%	75-100%	100-125%	125-150%	über 150%	relative Wohlstandsposition	Betroffenenquote [b]
Ostdeutschland								
1990	(11,5)	35,9	(24,2)	(24,5)	–	*	80,3	1,5
1991	10,2	27,7	36,3	14,6	7,4	3,7	84,7	19,2
1992	12,7	33,0	30,6	14,1	6,7	2,6	82,3	27,2
1993	13,6	34,3	25,9	18,0	5,5	2,7	82,2	26,9
1994	18,9	35,5	24,2	11,6	6,1	3,4	77,9	26,8
Westdeutschland								
1990	27,0	26,0	24,0	11,6	5,7	(4,0)	78,5	6,0
1991	29,5	26,4	22,5	10,5	5,8	(2,9)	78,8	5,9
1992	31,3	28,1	24,7	9,3	3,7	(2,2)	71,2	5,9
1993	32,1	31,9	16,5	12,8	4,3	*	75,7	7,2
1994	29,9	31,4	18,4	11,1	6,3	*	72,1	9,1

Anmerkungen: a) Haushalte mit mindestens einem Arbeitslosen zum Befragungszeitpunkt; b) Anteil der Personen in von Arbeitslosigkeit betroffenen Haushalten an der Bevölkerung. Diese Betroffenenquote darf nicht mit der Arbeitslosenquote verwechselt werden; ( ) = weniger als 30 Fälle in der Stichprobe, * = weniger als 10 Fälle in der Stichprobe, – = kein Fall in der Stichprobe.

Datenbasis: SOEP-Ost und SOEP-West 1990-1994.

Quelle: Hauser/Wagner 1996.

Der Anteil der von Arbeitslosigkeit (direkt oder als Familienmitglieder) Betroffenen an der Bevölkerung ist in Ostdeutschland in den ersten beiden Jahren nach der Vereinigung stark angewachsen und verharrt seitdem auf hohem Niveau; direkt oder indirekt ist etwa ein Viertel der Bevölkerung von Arbeitslosigkeit betroffen (letzte Spalte).[60] In Westdeutschland liegt der entsprechende Bevölkerungsanteil mit 6% bis 9% weit niedriger. Setzt man das Durchschnittseinkommen der von Arbeitslosigkeit direkt oder indirekt Betroffenen zum gesamten Durchschnitt des jeweiligen Landesteils in Beziehung, so erhält man einen Indikator für die relative Position dieser Gruppe. Erwartungsgemäß kann man feststellen, daß diese sowohl in Ost- als auch in Westdeutschland deutlich unter dem Durchschnitt liegt. Im Vergleich zu Westdeutschland war die relative Wohlstandsposition der ostdeutschen Ar-

---

60 Bei dieser Betrachtung werden die zum Erhebungszeitpunkt direkt oder indirekt von Arbeitslosigkeit Betroffenen zur gesamten Bevölkerung in Beziehung gesetzt. Diese Betroffenenquote darf nicht mit der Arbeitslosenquote verwechselt werden.

Die wichtigsten Dimensionen sozialer Ungleichheit 145

beitslosen seit 1990 durchgängig günstiger, wenn auch die Werte deutlich zurückgegangen sind. Dementsprechend lag 1994 ein weit größerer Anteil der Arbeitslosen als der Gesamtbevölkerung unter dem Durchschnittseinkommen, nämlich in Ostdeutschland 78,6% gegenüber 56,3% und in Westdeutschland 79,7% gegenüber 60,5%.

Im Armutsbereich (unter 50% des Durchschnitts) befanden sich im Jahr 1994 in Ostdeutschland 18,9% der im Haushaltskontext von Arbeitslosigkeit betroffenen Personen, aber nur 8,5% der ostdeutschen Gesamtbevölkerung. In Westdeutschland ist dieser Unterschied sogar noch deutlicher: 29,9% der von Arbeitslosigkeit Betroffenen, aber nur 11,4% der Gesamtbevölkerung liegen unterhalb der Armutsgrenze. Seit 1991 bestand in beiden Landesteilen auch eine zunehmende Tendenz dieser Anteilswerte. Man muß überdies befürchten, daß sich insbesondere in Ostdeutschland – bei einer auf hohem Niveau verharrenden Arbeitslosigkeitsquote – der Trend zu stärkerer Verarmung der Arbeitslosen (und ihrer Haushaltsmitglieder) noch fortsetzt und damit auch in dieser Hinsicht eine Annäherung an westdeutsche Verhältnisse stattfindet.

Den bisherigen Betrachtungen war die für den Befragungsmonat festgestellte Arbeitslosigkeit zugrunde gelegt worden; diese besagt jedoch nichts darüber, wie lange die Arbeitslosigkeit schon andauert. Es ist zu fragen, ob sich die Wohlstandsposition mit zunehmender Dauer der Arbeitslosigkeit verschlechtert. Zählt man die direkt oder indirekt – als Familienmitglied eines Arbeitslosen – erlittenen Arbeitslosigkeitsperioden zusammen, so zeigt sich ganz deutlich, daß die relative Wohlstandsposition um so ungünstiger ist, je größer die Arbeitslosigkeitsdauer in der Transformationsphase bisher war; dies gilt sowohl für ostdeutsche als auch für westdeutsche Arbeitslose, wobei aber in Westdeutschland die Auswirkung kumulierter Arbeitslosigkeit noch gravierender ist. Auch der Anteil der Personen, die unter die Einkommensarmutsgrenze absinken, liegt um so höher, je länger die kumulierte Arbeitslosigkeitsdauer ist (vgl. Müller/Frick/Hauser 1996 und Müller/Frick 1996a).

Zur Wohlstandsposition von Familien mit Kindern

Der Anteil der Haushalte mit mindestens einem Kind unter 18 Jahren ist in Ostdeutschland größer als in Westdeutschland. Wie aus Tabelle 3.2.2.4 hervorgeht, sank die relative Wohlstandsposition dieser Haushalte von 93% des Durchschnitts (1990) kontinuierlich auf 87,3% (1994) ab, ist aber immer noch günstiger als im Westen (81,7%). Auch im Osten finden sich im Bereich der Einkommensarmut immer mehr Familien mit Kindern. Der Anteil der Personen in armen Familien mit Kindern ist größer als der Anteil der Armen in der ostdeutschen Gesamtbevölkerung; er hat sich dem westlichen Anteil bereits stark angenähert. Als wichtigster Faktor, der diese Tendenz verursacht hat, muß man die hohe Arbeitslosigkeit, insbesondere von Frauen, ansehen.

Tabelle 3.2.2.4: Die Verteilung von Personen in Familien-Haushalten[a)] auf Wohlstandspositionsklassen und ihre relative Wohlstandsposition in Ost- und Westdeutschland 1990 bis 1994 – in %

Wohlstandspositionsklassen von ... % bis unter ... % des Durchschnitts	unter 50%	50-75%	75-100%	100-125%	125-150%	150-200%	über 200%	relative Wohlstandsposition	Anteil der Personen in Familienhaushalten an der Bevölkerung
Ostdeutschland									
1990	4,0	21,4	37,5	25,6	8,8	2,4	*	93,0	52,3
1991	5,6	22,6	38,0	19,5	8,0	4,4	1,8	93,1	52,4
1992	8,8	23,3	34,5	20,5	8,0	3,5	1,2	91,1	52,3
1993	11,3	23,4	30,9	19,4	10,2	3,2	1,7	90,4	51,8
1994	13,4	24,2	32,7	17,3	7,5	4,2	(0,8)	87,3	50,9
Westdeutschland									
1990	16,9	34,3	26,4	13,1	4,6	3,3	1,4	81,4	42,3
1991	16,6	34,7	24,6	14,8	4,7	3,8	0,8	80,8	42,4
1992	14,6	36,1	27,5	12,4	5,0	3,4	0,9	80,9	42,9
1993	15,6	33,9	27,9	12,5	5,1	3,6	1,4	82,1	42,5
1994	15,9	34,1	27,9	12,3	5,2	3,7	0,9	81,7	43,2

Anmerkungen: a) Haushalte mit mindestens einem Kind unter 18 Jahren; ( ) = weniger als 30 Fälle in der Stichprobe, * = weniger als 10 Fälle in der Stichprobe.
Datenbasis: SOEP-Ost und SOEP-West 1990-1994.
Quelle: Hauser/Wagner 1996.

Bei der Untergruppe der Ein-Elternteil-Familien zeigte sich von 1990 bis 1994 in Ostdeutschland ebenfalls die Tendenz zur Verschlechterung ihrer relativen Position (siehe Tabelle 3.2.2.5); dabei bewegte sich diese Untergruppe auf einem noch niedrigeren relativen Niveau, das 1994 nur noch bei 72,9% lag. In Westdeutschland ist die relative Position mit etwa 61% sogar noch weitaus ungünstiger und hat sich zudem gegenüber den Vorjahren verschlechtert. Dies ist als ein Indiz anzusehen, daß auch die relative Wohlstandsposition der ostdeutschen Alleinerziehenden in Zukunft noch weiter zurückgehen wird. Die Armutsquoten bei den Alleinerziehenden sind in Ost und West mit einem Viertel bis zu einem Drittel die höchsten unter allen Untergruppen.

Die wichtigsten Dimensionen sozialer Ungleichheit 147

Tabelle 3.2.2.5: Die Verteilung von Personen in Ein-Elternteil-Familien [a] auf Wohlstandspositionsklassen und ihre relative Wohlstandsposition in Ost- und Westdeutschland 1990 bis 1994 – in %

Wohlstandspositionsklassen von ... % bis unter ... % des Durchschnitts	unter 50%	50-75%	75-100%	über 100%	relative Wohlstandsposition	Anteil der Personen in Ein-Elternteil-Familien an der Bevölkerung
Ostdeutschland						
1990	-	38,4	(27,5)	34,1	79,3	3,3
1991	(19,8)	27,9	32,8	(19,5)	77,0	3,0
1992	20,5	33,3	27,2	(19,0)	76,2	3,8
1993	34,8	27,2	20,6	(17,4)	69,7	3,8
1994	26,6	30,0	20,8	(22,6)	72,9	3,6
Westdeutschland						
1990	34,5	31,9	17,2	16,4	68,7	2,5
1991	41,8	27,2	15,6	15,4	68,0	2,5
1992	38,2	35,2	17,5	(9,1)	65,4	2,6
1993	32,3	38,7	16,6	12,4	66,4	3,1
1994	40,7	34,2	19,6	(5,5)	61,1	3,4

Anmerkung: a) „Ein-Elternteil-Familien" sind so definiert, daß nur Kinder unter 18 Jahren und höchstens eine erwachsene Person im Haushalt leben; ( ) = weniger als 30 Fälle in der Stichprobe, – = kein Fall in der Stichprobe.
Datenbasis: SOEP-Ost und SOEP-West 1990-1994.
Quelle: Hauser/Wagner 1996.

Die Lage der alten Generation

Die Lage der Alten in der DDR vor der Vereinigung war gekennzeichnet durch
- ein im Vergleich zur erwerbstätigen Bevölkerung sehr niedriges Rentenniveau,
- einen hohen Anteil von Mindestrentenbeziehern,
- eine geringe Ungleichheit unter den Rentenbeziehern und -bezieherinnen.

Differenziertere Analysen der Einkommenssituation haben überdies ergeben (vgl. Hauser/Wagner 1996), daß in der DDR
- ältere Frauen im Vergleich zu den älteren Männern eine deutlich schlechtere relative Position aufwiesen,
- hochbetagte Rentner im Vergleich zu jüngeren Rentnern eine deutlich schlechtere relative Position einnahmen.

Im Zuge der Währungs-, Wirtschafts- und Sozialunion wurde das westdeutsche Alterssicherungssystem mit kleinen Modifikationen auf die neuen Bundesländer übertragen. Dabei wurde die Übertragung rückwirkend vorgenommen, so daß die in der DDR zustande gekommenen Erwerbsverläufe mit den dabei erreichten Versicherungszeiten und relativen Wohlstandspositionen für die Rentenberechnung im neuen System – wenn auch in pauschalierter Form – maßgeblich wurden. Da das westdeutsche Rentensystem grundsätzlich die Einkommensunterschiede während der Erwerbsjahre in der späteren Rentenstruktur ohne Mindestregelungen widerspiegelt, mußte sich eine größere Ungleichheit zwischen den Rentnern ergeben, als sie in der DDR bestand. Diese zu erwartende größere Ungleichheit wurde durch einen übergangsweise eingeführten Sozialzuschlag für Kleinrenten und durch befristet gewährte Auffüllbeträge zunächst gemildert.[61] Erst in den kommenden Jahren, nach dem vorgesehenen „Abschmelzen" dieser Zuschläge, wird sich der ungleichheitsverstärkende Effekt dieser Konstruktion voll zeigen. Da nach der Vereinigung eine schnelle Erhöhung des Rentenniveaus durchgeführt wurde – die monatliche Eckrente[62] erhöhte sich von 638,18 DM am 1.7.1990 auf 1.453,20 DM am 1.7.1995, d.h. um 127% (vgl. Bundesministerium für Arbeit und Sozialordnung 1995b: Tabelle 7.11) –, weisen die Rentner in den neuen Bundesländern im Durchschnitt die stärksten Verbesserungen ihrer relativen Wohlstandsposition auf.

Tabelle 3.2.2.6: Die Verteilung von Personen über 65 Jahren auf Wohlstandspositionsklassen und ihre relative Wohlstandsposition in Ost- und Westdeutschland 1990 bis 1994 – in %

Wohlstandspositionsklassen von ... % bis unter ... % des Durchschnitts	unter 50%	50-75%	75-100%	100-125%	125-150%	150-200%	über 200%	relative Wohlstandsposition	Anteil der Alten über 65 Jahre an der Bevölk.
Ostdeutschland									
1990	(4,3)	55,0	26,2	10,1	(2,9)	*	*	77,4	13,3
1991	*	20,1	47,4	24,4	(5,9)	*	-	90,3	13,2
1992	(1,6)	14,2	41,6	27,6	12,7	(2,2)	*	97,4	13,5
1993	(3,0)	14,0	38,6	29,0	11,3	(3,7)	*	98,0	13,4
1994	(3,6)	8,4	29,8	38,0	14,0	(6,2)	-	104,4	14,1
Westdeutschland									
1990	7,6	27,5	25,5	20,5	7,8	7,6	3,5	98,5	17,2
1991	7,0	24,9	29,6	17,1	10,8	7,8	2,7	98,1	17,4
1992	8,3	25,0	26,6	20,5	8,0	8,5	3,1	98,6	17,5
1993	8,7	26,5	26,7	18,4	9,5	7,0	3,3	97,0	17,3
1994	7,4	25,5	26,9	19,6	9,0	7,4	4,1	97,7	17,6

Anmerkungen: ( ) = weniger als 30 Fälle in der Stichprobe, * = weniger als 10 Fälle in der Stichprobe, – = kein Fall in der Stichprobe.
Datenbasis: SOEP-Ost und SOEP-West 1990-1994.
Quelle: Hauser/Wagner 1996.

---

61 Für eine Darstellung der Übertragung des westdeutschen Rentensystems und für vermutete Verteilungswirkungen vgl. Schmähl 1991, Andel 1993 sowie Abschnitt 2.4.3.

62 Unter der Eckrente versteht man eine fiktive Rente, die auf 40 Jahren Versicherungszeit und einem lebenslangen Durchschnittsverdienst beruht.

Die wichtigsten Dimensionen sozialer Ungleichheit 149

Aus Tabelle 3.2.2.6 sind folgende Auswirkungen der Übertragung des westdeutschen Alterssicherungssystems zu entnehmen:

- Die relative Position der alten Generation in Ostdeutschland stieg von 77,4% auf 104, 4% an,[63] so daß sie 1994 deutlich günstiger war als im Westen.
- Die Armutsquote unter den ostdeutschen Rentnern liegt wesentlich niedriger als im Westen.

Im Verlauf des Transformationsprozesses stieg der größte Teil der Rentner von einer Position unterhalb von 75% des Durchschnitts zu einer darüber liegenden Position auf. Außerdem erzielten die hochbetagten Männer inzwischen sogar einen Vorsprung gegenüber den jüngeren männlichen Rentnern, während bei hochbetagten Frauen noch ein kleiner Rückstand gegenüber jüngeren Rentnerinnen besteht. Insgesamt gesehen kann nicht mehr von einem wesentlichen Rückstand der älteren Frauen gegenüber den älteren Männern in Ostdeutschland gesprochen werden.

Konsumniveau und Konsumstrukturen

Die Ausgangssituation des Transformationsprozesses wird von einem ostdeutschen Experten folgendermaßen charakterisiert: „Die Ostdeutschen gingen mit Bruttolöhnen und -gehältern, die durchschnittlich etwa die Höhe eines Drittels der westdeutschen betrugen, und mit einem Anteil von rund 5% am nun gesamtdeutschen Geldvermögen in die Einheit. Sie hatten – gemessen am Stand in den alten Ländern – erhebliche Defizite in Umfang und Qualität ihrer Konsumtion. In den gesamten Infrastrukturen (bis hin zu den kommunalen), in der Qualität der Wohnungen und ihrer Ausstattung bestanden beträchtliche Unterschiede. Die Preise für Konsumgüter veränderten sich total. Völlig andere Strukturen, gegenüber dem alten Preissystem der DDR, bildeten sich heraus. Bekleidungserzeugnisse, Genußmittel, Güter für Haushalt und Freizeit wurden erheblich billiger. Die Lebensmittelpreise stiegen an. Das durchschnittliche Preisniveau für Konsumgüter entsprach nunmehr im Prinzip dem der Bundesrepublik. Die niedrigen Leistungspreise – insbesondere Mieten, Verkehrstarife, Postgebühren, Strom, Gas, Wasser – blieben zunächst unverändert. ... Eine herausragende Bedeutung für die Verbesserung der Lebensqualität hatte die über Nacht erfolgte Umwandlung des zu DDR-Zeiten gegebenen Angebotsmarktes mit ausgeprägtem chronischem Mangel in einen Nachfragemarkt mit der vollen Breite des westdeutschen

---

63 Die relative Position im Jahr 1990 ist vermutlich günstiger gewesen als sie hier erscheint, da in der DDR die Preisrelationen zugunsten der Grundbedarfsgüter, für die Rentner eine überdurchschnittlich hohen Anteil ihres Einkommens aufwenden, gestaltet waren (vgl. Hauser/Wagner 1996).

Angebots. Dies gilt gleichermaßen für Dienstleistungen, im besonderen für Reisen. Diese für die Mehrheit der Bevölkerung bislang unbekannten Angebotsbedingungen haben jedoch nicht zu einem Konsumrausch geführt. Mit der neuen Währung wurde eher respektvoll und überlegt umgegangen." (Ebert 1996)

Von 1991 bis 1994 stieg der private Verbrauch zu laufenden Preisen in Ostdeutschland von 182 Mrd. DM auf 256 Mrd. DM, d.h. um 40,7%. Gemessen in Preisen von 1991 ergab sich jedoch nur eine Zunahme von 10,8%, da der Preisindex für die Lebenshaltung von Vier-Personen-Haushalten um 27% anstieg.[64] Der reale private Verbrauch *je Einwohner* (zu Preisen von 1991) belief sich in Ostdeutschland 1991 auf 11.457 DM und 1994 auf ca. 12.950 DM; hieraus ergibt sich ein Anstieg von 13%. Je Einwohner betrachtet lag der reale Verbrauch in Westdeutschland 1991 bei 22.583 DM und 1994 bei 22.519 DM; d.h. es gab einen geringfügigen Rückgang von 0,3%.

Ein Vergleich des realen Pro-Kopf-Verbrauchs zwischen Ost- und Westdeutschland ist nur dann möglich, wenn man zu einem bestimmten Zeitpunkt ein gleich hohes Preisniveau in beiden Landesteilen unterstellt. Zieht man die Preisniveaus von 1991 heran, so ergibt sich für dieses Jahr eine Relation von 50,7% und für 1994 von 57,5%. Geht man jedoch von der Hypothese aus, daß sich die Preisniveaus für die Lebenshaltung in Ost und West erst 1994 vollständig angeglichen haben, dann stellt sich die Relation des nominellen Pro-Kopf-Verbrauchs im Jahr 1994 für Ostdeutschland mit 65,8% etwas günstiger dar. Unabhängig davon, welche der beiden Betrachtungsweisen man zugrunde legt, kann man feststellen, daß es immer noch einen sehr großen Rückstand der ostdeutschen Bevölkerung beim privaten Konsum gibt.

Die Sparquote der privaten Haushalte, die zu DDR-Zeiten bei 5% bis 6% lag, ist kontinuierlich angestiegen und hat inzwischen das westdeutsche Niveau von 11% bis 12% erreicht (siehe Abschnitt 2.3).

Im Zeitraum seit 1990 hat sich in Ostdeutschland auch die Struktur der Konsumausgaben stark verändert. Die Ausgaben für Warenkäufe sind relativ gesunken, die Ausgaben für Dienstleistungen sind relativ gestiegen. Innerhalb der Ausgaben für Warenkäufe hat sich ebenfalls eine Strukturveränderung ergeben: Der Ausgabenanteil für Lebensmittel ist zurückgegangen, während die Bedeutung der Ausstattungsgüter zugenommen hat. Beim Lebensmittelverbrauch hat sich eine Trendwende in Richtung einer gesünderen Ernährung vollzogen. Nach einer anfänglichen in großem Maßstab erfolgenden Abwendung von ostdeutschen Produkten, hat sich in den letzten Jahren

---

64 Vgl. SVR 1995b: 369, 383 und 459. Die bei Ebert (1996) angegebenen Zahlen unterscheiden sich etwas von den Angaben des Sachverständigenrates. Dies hängt vermutlich mit zwischenzeitlichen statistischen Korrekturen und anderen Abgrenzungen zusammen.

Die wichtigsten Dimensionen sozialer Ungleichheit 151

ein Einstellungswandel vollzogen, der wieder eine stärkere Nachfrage nach ostdeutschen Produkten – auch infolge von deutlichen Qualitätsverbesserungen – hervorgerufen hat.

Abbildung 3.2.2.1: Ausstattungsgrad der ostdeutschen Haushalte mit langlebigen Konsumgütern in Ostdeutschland im Februar 1995 – in %

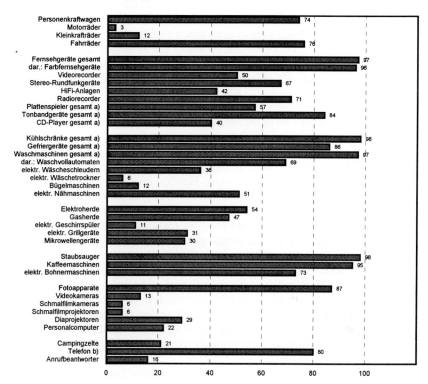

Anmerkungen: a) einschließlich Gerätekombinationen; b) einschließlich Geschäftsanschlüsse in Wohnungen.
Quelle: Ebert 1996.

Die Neu- und Ersatzausstattung der Haushalte mit langlebigen Konsumgütern für Hauswirtschaft und Freizeit (Autos, Personalcomputer, Videokameras und -recorder, Geschirrspülmaschinen, Wäschetrockner, CD-Spieler, Telefon mit Anrufbeantworter, HiFi-Anlagen, Mikrowellengeräte usw.) ist ebenfalls weit vorangeschritten. Die Ausstattung der ostdeutschen Haushalte (siehe Abbildung 3.2.2.1) entspricht zunehmend der westdeutschen. Größere Unterschiede bestehen noch bei der weit stärkeren Verbreitung von Kleinkrafträdern, bei der viel geringeren Ausstattung mit Geschirrspülmaschinen und Wäschetrocknern; ein Rückstand der ostdeutschen Haushalte läßt sich auch bei der Ausstattung mit Telefon, Kühl- und Gefrierkombinationen sowie Mikrowellenherden feststellen (vgl. Pöschl 1995: 926). Diese Unterschiede erscheinen bei Betrachtung des Tempos der Ausstattungsentwicklung jedoch nur noch geringfügig. Ebert (1996) stellt daher fest: „Insgesamt vermitteln die Daten zur Entwicklung der Haushaltsausstattung und ihr Ost-West-Vergleich nach vier Jahren (bis 1994) ein positives Bild der Transformation auf dem Gebiet der Konsumtion in den neuen Bundesländern."

Regionale Disparitäten – Wohlstandsunterschiede zwischen Bundesländern[65]

Das bei der deutschen Vereinigung proklamierte Ziel der Gleichwertigkeit der Lebensverhältnisse ist nicht schon dann erreicht, wenn sich die durchschnittlichen Einkommen in den neuen Bundesländern den durchschnittlichen Einkommen in den alten Bundesländern weitgehend angenähert haben. Vielmehr geht es auch um eine Gleichwertigkeit der Lebensverhältnisse in bezug auf kleinere regionale Einheiten. Als regionale Einheiten werden im folgenden die Bundesländer herangezogen. Die Angaben über die Wohlstandsunterschiede stützen sich wieder auf die individuellen Wohlstandspositionen, wobei sich die relative Position eines Bundeslands als Durchschnitt der individuellen Wohlstandspositionen der dort wohnenden Personen ergibt. Im Unterschied zur bisherigen Darstellung werden nunmehr jedoch alle im jeweiligen Bezugsjahr in den Bundesländern ansässigen Personen einbezogen, d.h. es wird das *territoriumsbezogene Konzept* verwendet.

Betrachtet man für das Jahr 1990 die Abweichungen der späteren ostdeutschen Länder – die Befragung fand im Juni 1990 statt – von ihrem Gesamtdurchschnitt (= 100%), so erkennt man aus Abbildung 3.2.2.2, daß nur Ost-Berlin über ein weit überdurchschnittliches Wohlstandsniveau verfügte. Alle anderen Gebiete, die den späteren Flächenstaaten entsprechen, lagen 1990 sehr eng beieinander; die Spannweite der Abweichungen betrug lediglich 4,3 Prozentpunkte.

---

65 Dieser Abschnitt beruht weitgehend auf der KSPW-Expertise Müller/Frick 1996b.

Die wichtigsten Dimensionen sozialer Ungleichheit 153

Abbildung 3.2.2.2: Die Abweichungen der Wohlstandspositionen der späteren ostdeutschen Bundesländer (und Ost-Berlins) und der alten Bundesländer von ihrem jeweiligen Gesamtdurchschnitt im Ausgangsjahr 1990 – in Prozentpunkten

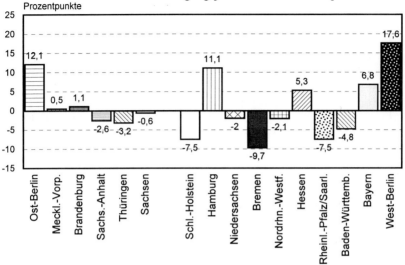

Quelle: Müller/Frick 1996b.

Demgegenüber waren die regionalen Diskrepanzen zwischen den alten Bundesländern im Jahr 1990 wesentlich größer. Beim Vergleich der Flächenstaaten betrug der Abstand zwischen Schleswig-Holstein bzw. Saarland/Rheinland-Pfalz und Bayern immerhin 14,3 Prozentpunkte. Die Stadtstaaten Bremen und Berlin lagen in ihrer Wohlstandsposition sogar um 27,3 Prozentpunkte auseinander. Angesichts regionaler Preisniveauunterschiede (vgl. Ströhl 1994), die sich allerdings nicht genau quantifizieren lassen, könnten die realen Diskrepanzen etwas geringer sein, als sie sich beim Vergleich der nominell gemessenen Wohlstandspositionen darstellen. Aber es läßt sich doch konstatieren, daß in der DDR nicht nur die personelle Verteilung der Wohlstandspositionen (siehe Tabelle 3.2.2.1), sondern auch die regionale Verteilung weniger ungleich war als in den alten Bundesländern.

Aus der Abbildung 3.2.2.3 geht hervor, daß sich die Unterschiede in den Wohlstandspositionen zwischen den neuen Bundesländern im Laufe des Transformationsprozesses deutlich vergrößert haben:

Abbildung 3.2.2.3: Die Abweichung der Wohlstandspositionen der neuen Bundesländer (und Ost-Berlins) vom ostdeutschen Gesamtdurchschnitt 1991 bis 1994 – in Prozentpunkten

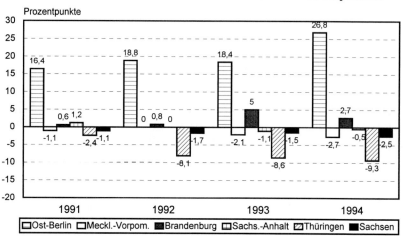

Quelle: Müller/Frick 1996b.

Die Wohlstandsspanne zwischen dem am schlechtesten (Thüringen) und dem am besten gestellten Gebiet (Ost-Berlin) hat sich von 1990 bis 1994 von 15,3 auf 36,1 Prozentpunkte ausgeweitet; ohne Berücksichtigung Ost-Berlins nahm dieser Unterschied von 4,3 auf 12 Prozentpunkte zu. In den alten Bundesländern ergaben sich zwar ebenfalls Verschiebungen, aber nur eine geringe Zunahme der regionalen Disparitäten zwischen den Bundesländern (vgl. Müller/Frick 1996b).

Regionale Diskrepanzen bei den Wohlstandspositionen können vielfältige Ursachen haben. Sie können beruhen auf Unterschieden

- in der Ressourcenausstattung,
- in der Arbeitsproduktivität,
- in den Erwerbs- und Arbeitslosigkeitsquoten,
- im durchschnittlichen Lohn- und Gehaltsniveau,
- in den Vermögenseinkünften,
- in der Haushaltsstruktur und
- im Zufluß von Transferleistungen und im Abfluß von Steuern und Abgaben.

Wesentliche Unterschiede schlagen sich auch in dem in jedem Bundesland erzeugten Bruttoinlandsprodukt pro Einwohner nieder. Allerdings fließt das

Die wichtigsten Dimensionen sozialer Ungleichheit 155

am Produktionsstandort entstehende Einkommen teilweise über die Landesgrenzen an Einkommensbezieher in anderen Bundesländern; dies ist insbesondere bei den Stadtstaaten der Fall. Trotz der hierdurch eingeschränkten Vergleichbarkeit ist zu prüfen, inwieweit die Unterschiede in den landesspezifischen Wohlstandspositionen mit den durch die Produktion bedingten Unterschieden korrespondieren. Aus Tabelle 3.2.2.7 ersieht man, daß die Diskrepanzen zwischen dem Bruttoinlandsprodukt pro Einwohner – ebenso wie bei den Wohlstandsniveaus – in den neuen Bundesländern wesentlich geringer sind als in den alten.

Tabelle 3.2.2.7: Regionale Diskrepanzen beim Bruttoinlandsprodukt je Einwohner in den neuen und den alten Bundesländern 1991 und 1994 – Abweichungen in Prozentpunkten vom ost- bzw. westdeutschen Durchschnitt

Bundesländer	1991	1994
Ost-Berlin	+31,0	+17,7
Mecklenburg-Vorpommern	-3,9	-6,3
Brandenburg	+7,8	+3,2
Sachsen-Anhalt	-0,8	-2,3
Thüringen	-10,9	-2,7
Sachsen	-3,1	-1,8
Schleswig-Holstein	-16,2	-14,6
Hamburg	+63,7	+64,8
Niedersachsen	-15,8	-16,2
Bremen	+25,2	+25,2
Nordrhein-Westfalen	-6,5	-7,5
Hessen	+18,2	+21,7
Rheinland-Pfalz	-14,8	-16,6
Saarland	-14,0	-15,3
Baden-Württemberg	+7,3	+4,4
Bayern	+2,2	+5,1
West-Berlin	+10,9	+9,1

Quelle: SVR 1995b: 89; eigene Berechnungen.

Auffällig ist auch, daß sich die Spannweite der Abweichungen in den neuen Bundesländern von 1991 (41,9 Prozentpunkte) bis 1994 (24,0 Prozentpunkte) wesentlich verringerte, während sie in den alten Bundesländern geringfügig von 79,9 auf 81,4 Prozentpunkte zunahm. Ein Vergleich der Diskrepanzen bei den Wohlstandspositionen und beim jeweiligen Bruttoinlandsprodukt pro Einwohner läßt keinen strengen Zusammenhang erkennen. Einige Bundesländer mit unterdurchschnittlichem Bruttoinlandsprodukt pro Einwohner weisen überdurchschnittliche Wohlstandspositionen auf und umgekehrt. Dies dürfte vor allem auf Einkommensströme über die Landesgrenzen hinweg sowie auf Sozialleistungen und Abgaben zurückzuführen sein.

Zusammenfassend ist festzustellen, daß es bereits in der DDR begrenzte Wohlstandsunterschiede zwischen einzelnen Regionen gab. Diese Wohlstandsdiskrepanzen haben sich im Zuge des Transformationsprozesses noch verstärkt. Demgegenüber sind aber die Unterschiede in der Wirtschaftskraft, gemessen am Bruttoinlandsprodukt pro Einwohner, zurückgegangen. Ost-Berlin hebt sich dabei sehr stark vom übrigen Gebiet ab. Vermutlich konnten alle Personengruppen ihren individuellen Wohlstand nach der Vereinigung vergrößern, wobei aber nunmehr der Wohlstand ungleichmäßiger verteilt ist. Dies gilt sowohl für die personelle Verteilung als auch für die Verteilung nach Bundesländern.

3.2.3 Vermögen[66]

Die Transformation eines sozialistisch-planwirtschaftlichen Wirtschaftssystems in ein überwiegend marktwirtschaftlich organisiertes Wirtschaftssystem mit ausgeprägter sozialer Komponente, wie es der Sozialstaat der Bundesrepublik darstellt, verändert notwendigerweise die Verteilung des Volksvermögens in ganz besonderem Maße. In der DDR verfügte der Staat über einen sehr hohen Anteil des volkswirtschaftlichen Produktivvermögens; privater Vermögensbesitz war ebenso wie die Möglichkeiten der Vermögensanlage nur sehr begrenzt vorhanden. Der Systemwechsel erfordert hier sehr grundlegende Veränderungen: *Erstens* muß der Staatsanteil auf das in einer sozialen Marktwirtschaft übliche Maß zurückgeführt werden; *zweitens* gilt es, einen überwiegend in Privathand befindlichen Unternehmenssektor aufzubauen; *drittens* ist es erforderlich, eine breite Streuung des in Händen der privaten Haushalte befindlichen Vermögens zu erreichen; *viertens* schließlich muß die private Vermögensbildung angeregt und die Palette der Vermögensanlagemöglichkeiten ausgeweitet werden. Überdies sind in einer offenen Volkswirtschaft auch Direktinvestitionen von ausländischen Unternehmen und Privatpersonen erwünscht. Die damit angestrebte Umverteilung des Vermögens kann einerseits durch systemtheoretische Überlegungen (vgl. Streit 1991), andererseits aber auch mit den Vorgaben des Grundgesetzes begründet werden.[67]

Was man unter dem Vermögen eines einzelnen Haushalts, einer Unternehmung, des Staatssektors oder der gesamten Volkswirtschaft zu verstehen hat, bedarf einer genaueren Umschreibung. Das Bruttovermögen einer natür-

---

66 Dieser Abschnitt stützt sich insbesondere auf die KSPW-Expertisen Faik 1996, Schlomann/Faik 1996, Bekavac 1996 und Ebert 1996.
67 Vgl. für die ordnungspolitische Darstellung in bezug auf die Bundesrepublik Lampert 1995, für die vermögenspolitischen Begründungen Lampert 1994.

lichen oder juristischen Person ergibt sich aus der Wertsumme ihrer sachlichen und monetären Vermögenswerte (Aktiva); das Nettovermögen erhält man nach Abzug aller Verbindlichkeiten (Passiva) von diesem Bruttovermögen. Zu den das Bruttovermögen bildenden Vermögenswerten gehören: *Erstens* das Sachvermögen (z.b. Eigentumsrechte an inländischen und ausländischen Grundstücken und Gebäuden, an maschinellen Anlagen und Vorräten), *zweitens* das Bruttogeldvermögen (z.b. Bargeld und Forderungen gegen Banken, Unternehmen, Staat, Haushalte und ausländische Schuldner), *drittens* das Gebrauchsvermögen der Haushalte und *viertens* schließlich – bei einer erweiterten Auslegung des Vermögensbegriffs – das Sozialvermögen der Haushalte. Letzteres besteht aus den rechtlich gesicherten potentiellen Ansprüchen von Personen an das soziale Sicherungssystem im Falle des Eintritts von sozialen Schutztatbeständen. Als Produktivvermögen werden Eigentumsrechte und Beteiligungen an in- und ausländischen Unternehmen (einschließlich Aktien, GmbH-Anteile, Investmentanteile, Beteiligungen an Personengesellschaften und Eigentumsrechte an Einzelfirmen) nochmals eigens unterschieden; sie repräsentieren das im Unternehmenssektor vorhandene Sach- und Geldvermögen.

Monetäre Verbindlichkeiten, die zur Ermittlung des Nettovermögens von den Aktiva abzuziehen sind, können zwischen allen Sektoren und gegenüber dem Ausland bestehen. Die Ansprüche an das soziale Sicherungssystem stellen Verbindlichkeiten dar, die zum Teil von den gegenwärtig lebenden Generationen, zum Teil von den künftigen Generationen zu erfüllen sein werden; das gleiche gilt für die Schulden des Staates. Da sich Forderungen und Verbindlichkeiten, die zwischen Inländern bestehen, gegeneinander aufrechnen lassen, ergibt sich das Volksvermögen lediglich als die Wertsumme aus Sachvermögen,[68] das sich in Besitz der Inländer (einschließlich Staat und Unternehmen) befindet, und dem Nettoforderungs- oder Verschuldungssaldo gegenüber dem Ausland.

Um Aussagen über die Vermögenssituation der DDR zum Zeitpunkt der Währungsunion treffen zu können, wäre eigentlich eine sektoral gegliederte und alle Vermögenskomponenten einbeziehende Volksvermögensrechnung erforderlich – eine Art Schlußbilanz in Mark der DDR und eine Eröffnungsbilanz in DM, wie sie die Unternehmen aufstellen mußten. Dies ist jedoch wegen unüberwindlicher Erfassungs- und Bewertungsschwierigkeiten nicht möglich; es gibt sie übrigens auch für die alten Bundesländer nicht in umfassender Form. Selbst die Feststellung des Nettoforderungs- bzw. Verschuldungssaldos der DDR gegenüber dem Ausland (hierzu zählte auch die

---

68 Bei dieser Formulierung wird das im Eigentum von Unternehmen befindliche Sachvermögen den Eigentümern der Beteiligungsrechte an den Unternehmen zugerechnet.

damalige Bundesrepublik) stößt auf große Schwierigkeiten und ist mit Bewertungsunsicherheiten behaftet (vgl. hierzu Deutsche Bundesbank 1990: 14ff.). Auch die in den neuen Bundesländern bis 1994 durch laufende Ersparnis, Investitionen, Wertänderungen und Rückerstattungen herbeigeführte Zunahme des Vermögens läßt sich gegenwärtig statistisch noch nicht umfassend feststellen. Ebenfalls ist es nicht möglich, die Verteilung der Nettovermögen der Haushalte nach Vermögensgrößenklassen oder nach Einkommensgrößenklassen lückenlos zu ermitteln.

Die folgende Darstellung beschränkt sich daher im wesentlichen auf die Entwicklung wichtiger Vermögenskomponenten in Händen der ostdeutschen Haushalte und auf die Verteilung dieser Vermögenskomponenten innerhalb des Haushaltssektors. Außerdem werden einige Aspekte der Privatisierungs- und Rückerstattungsaktivitäten der Treuhandanstalt einbezogen. Das Bild der Vermögensverteilung bleibt daher notwendigerweise unvollständig.

Einflußfaktoren der Vermögensverteilung unter den privaten Haushalten

Im Hinblick auf die Höhe und die Verteilung jenes Teils des Volksvermögens, der sich in Händen von Ostdeutschen befindet, haben sich durch den Systemwechsel und durch die Vereinigung besonders große Veränderungen ergeben. Die hieraus resultierenden Wohlstandseffekte[69] wurden von mehreren Ursachenkomplexen bestimmt (vgl. hierzu Neubäumer 1991, Sinn/Sinn 1993, Stelter 1993, Zerche 1996 und Thimann 1995b):

– von der Umstellung der Geldvermögen und der Schulden anläßlich der Währungsunion, wobei zu unterscheiden ist zwischen der Umstellung der in Privathand befindlichen Forderungen und Verbindlichkeiten sowie der Umstellung der Forderungen und Verbindlichkeiten jener Unternehmen, die sich bereits vor der Vereinigung in Privathand befanden (bei diesen Unternehmen wirkt sich die Umstellung in einer Änderung des Eigenkapitals und damit des Wertes der Eigentumsrechte aus);
– von den extremen Wertsteigerungen bei jenen Grundstücken und Gebäuden, die sich vor der Vereinigung in Privathand befanden oder nach der Vereinigung noch zu „alten Preisen" gekauft wurden;
– von der Rückerstattung enteigneter Grundstücke, Gebäude und Betriebe an frühere Eigentümer bzw. den gegebenenfalls gewährten Entschädigungen;

---

69 Zur Bedeutung des Vermögens für die individuelle Wohlfahrt vgl. Lampert 1994: 355f.

Die wichtigsten Dimensionen sozialer Ungleichheit 159

- von der laufenden Ersparnis der Bevölkerung in den neuen Bundesländern seit der Währungsumstellung sowie von den seitdem eingetretenen Vererbungsvorgängen;
- vom Verkauf eines Teils des Eigentums des Staates und der gesellschaftlichen Organisationen der DDR an Privatpersonen oder Unternehmen in den neuen oder alten Bundesländern oder im Ausland;
- von den ausgedehnten Förderungsmaßnahmen für Investitionen in den neuen Bundesländern sowie von den staatlichen Existenzgründungshilfen (vgl. SVR 1995b: 90ff.).

Bezieht man auch das sogenannte Sozialvermögen in die Betrachtung ein, so stellen außerdem die durch den Einigungsvertrag gewährten Ansprüche an das soziale Sicherungssystem – insbesondere an die Rentenversicherung – eine Änderung der Vermögensverteilung dar, da sie ohne vorhergehende Beitragszahlung eingeräumt wurden. Hier fand eine Umverteilung zugunsten der Rentenbezieher in den neuen Bundesländern und zu Lasten der gegenwärtigen Beitragszahler in den neuen und alten Bundesländern sowie der künftigen Beitragszahler statt.

Im einzelnen lassen sich die Auswirkungen dieser Faktoren auf die Vermögensverteilung in den neuen Bundesländern und auf deren Entwicklung im Transformationsprozeß von 1990 bis 1994 nicht entwirren. Auch der Einfluß der Sozialpolitik, der sich insbesondere in einer Erhöhung der verfügbaren Einkommen bei den von Arbeitslosigkeit und anderen sozialen Schutztatbeständen Betroffenen ausdrückt und damit ihre Sparfähigkeit vergrößert, kann nicht isoliert werden. Man kann lediglich festhalten, daß die einmaligen Effekte des Systemwechsels und der Vereinigung zwar weiter wirken, aber im Verlauf der künftigen Entwicklung an Bedeutung verlieren werden. Laufende Ersparnis, Wertänderungen und Investitionstätigkeit sowie Vererbungsvorgänge werden künftig an Gewicht gewinnen.

Zur Entwicklung und Verteilung des Geldvermögens privater Haushalte

Daten zur Entwicklung der Geldvermögensbestände in der DDR vor 1989 wurden von der Staatsbank der DDR veröffentlicht. Hauptanlageform war das Spaguthaben bei Geld- oder Kreditinstituten, dessen Gesamtbestand seit den fünfziger Jahren stetig anstieg. Im Jahr 1989 waren auf ca. 21 Millionen Konten rund 160 Mrd. Mark deponiert, wobei sich das jährliche Wachstum im Verlauf der achtziger Jahre auf 6% nahezu verdoppelt hatte (vgl. Winkler 1990: 133). Dieser starke Zuwachs wird mit dem unzureichenden Güterangebot begründet (vgl. Ebert 1993: 322).

Mit der Schaffung der Währungsunion zum 1. Juli 1990 erfolgte die Umstellung der Geldvermögensbestände und der auf Geldeinheiten lautenden

Verbindlichkeiten. Im Gegensatz zu den volkswirtschaftlichen Stromgrößen – wie z.B. Löhne und Gehälter – die im Verhältnis von einer Mark der DDR zu einer D-Mark umgestellt wurden, galt für die Geldvermögen und die Verbindlichkeiten grundsätzlich ein Umstellungskurs von 2:1. Zur Vermeidung sozialer Härten bei dem sich daraus ergebenden nominalen Umtauschverlust wurden für natürliche Personen nach Alter gestaffelte Kontingente bis maximal 6.000 Mark eingeräumt, innerhalb derer der Umtausch zum Kurs von 1:1 erfolgen durfte. Nach Berechnungen der Staatsbank der DDR erfolgte die Umstellung der Geldvermögen damit im Durchschnitt im Verhältnis 1,53:1 (vgl. Ebert 1993: 323).

Nach den Angaben der Finanzierungsrechnung[70] der Deutschen Bundesbank belief sich der Bruttogeldvermögensbestand der privaten Haushalte im zweiten Halbjahr 1990 bereits auf 135,8 Mrd. DM (siehe Tabelle 3.2.3.1). In dieser Summe sind allerdings auch die Bruttogeldvermögen der Organisationen ohne Erwerbscharakter enthalten, so daß mit dieser Zahl das den Haushalten natürlicher Personen zustehende Bruttogeldvermögen in nicht genau bekannter Weise überschätzt wird.[71] Für Westdeutschland betrugen im 2. Halbjahr 1990 die in gleicher Weise überschätzten Bruttogeldvermögen des Haushaltssektors 2.964 Mrd. DM. Bildet man jedoch einen Quotienten, so dürften sich diese Überschätzungen weitgehend ausgleichen; damit kann man zwei Feststellungen treffen: Erstens, im Ausgangsjahr des Transformationsprozesses beliefen sich die ostdeutschen Geldvermögen auf etwa 4,6% der westdeutschen. Zweitens, das Verhältnis zwischen dem Bruttogeldvermögen *pro Haushalt* in Ost- und Westdeutschland betrug zu diesem Zeitpunkt etwa 24%, also knapp ein Viertel.

Von dieser Ausgangsposition aus konnten die ostdeutschen privaten Haushalte ihre Geldvermögensbestände bis 1994 nahezu verdoppeln. Die Bundesbank weist für 1994 die Gesamtsumme der ostdeutschen Bruttogeldvermögen mit 272 Mrd. DM aus; dies entspricht einer durchschnittlichen jährlichen Zuwachsrat von etwa 19%. Demgegenüber erhöhten sich die west-

---

70 Die Bundesbank zählt in ihrer Finanzierungsrechnung auch alle Wertpapiere (Rentenwerte, Aktien, Investmentanteile) zum Geldvermögen, was für die hier verfolgte Fragestellung von Nachteil ist, da Aktien Anteilsrechte am Produktivvermögen darstellen und somit dieser Vermögensart zuzurechnen sind. Das gleiche gilt für die Anteile an Investmentfonds, soweit jene an Unternehmen beteiligt sind.

71 Einen Anhaltspunkt für eine Untergrenze der Bruttogeldvermögensbestände der privaten Haushalte natürlicher Personen kurz nach der Inkrafttreten der Währungsunion Mitte 1990 erhält man durch Umrechnung des erwähnten Spareinlagenbestandes in der DDR mit dem von der Staatsbank ermittelten durchschnittlichen Umtauschkurs von 1,53:1; hiernach ergibt sich ein Betrag von 105 Mrd. DM.

Die wichtigsten Dimensionen sozialer Ungleichheit 161

Tabelle 3.2.3.1: Die Entwicklung der Bruttogeldvermögen des Haushaltssektors[a)] in Ost und Westdeutschland vom 2. Halbjahr 1990 bis 1994

Bezugsgröße	2. Hj. 1990	1991	1992	1993	1994
Bruttogeldvermögen des Haushaltssektors[a)]					
Ostdeutschland – in Mrd. DM	136	156	196	236	272
Westdeutschland – in Mrd. DM	2.964	3.202	3.453	3.863	4.048
Verhältnis Ost zu West – in %	4,6	4,9	5,5	6,1	6,7
Bruttogeldvermögen pro Haushalt					
Ostdeutschland – in DM	ca. 20.000	23.400	28.500	35.000	40.100
Westdeutschland – in DM	ca. 85.000	90.800	96.700	106.600	110.300
Verhältnis Ost zu West – in %	ca. 24	25,8	29,5	32,8	36,3

Anmerkung: a) Der Haushaltssektor umfaßt sowohl Haushalte natürlicher Personen als auch Organisationen ohne Erwerbscharakter (z.B. Kirchen, Gewerkschaften, Stiftungen, Parteien).
Datenbasis: Finanzierungsrechnung der Deutschen Bundesbank.
Quelle: Faik 1996; eigene Berechnungen.

deutschen Bruttogeldvermögen auf 4.048 Mrd. DM, d.h. sie stiegen mit einer Zuwachsrate von nur etwa 8% pro Jahr an. Im Vergleich zum Bruttogeldvermögen der westdeutschen Haushalte macht der ostdeutsche Bestand im Jahr 1994 nunmehr 6,7% aus. Berücksichtigt man wieder die unterschiedlichen Haushaltszahlen in beiden Landesteilen, so kann man feststellen, daß sich das ostdeutsche Bruttogeldvermögen pro Haushalt im Jahr 1994 auf knapp 36,3%, also auf gut ein Drittel der entsprechenden westdeutschen Größe, belief; damit haben die ostdeutschen Haushalte in vier Jahren bereits ein gutes Stück aufgeholt.

Die Nettogeldvermögen ergeben sich aus den Bruttogeldvermögen abzüglich der Schulden der Haushalte. Diese für eine Beurteilung der Vermögenssituation ebenfalls relevante Größe lag in Ostdeutschland im 2. Halbjahr 1990 nur um 2,7% unter den Bruttogeldvermögen. Im Jahr 1994 hatte sich der Abstand auf 6,8% vergrößert, d.h. die Verschuldung der Haushalte nahm in diesen vier Jahren deutlich zu, und zwar von 3,7 Mrd. DM auf 18,5 Mrd. DM. In Westdeutschland beträgt der Anteil der Schulden am Bruttogeldvermögen während dieses Zeitraums etwa 9%. Es scheint also eine Tendenz zur Annäherung des ostdeutschen Verschuldungsgrades der Haushalte an den westdeutschen zu bestehen, wenn auch das westdeutsche Niveau noch nicht erreicht ist (vgl. Schlomann/Faik 1996).

Mit steigendem Geldvermögen und zunehmender Kenntnis zinsgünstigerer und speziellerer Anlagemöglichkeiten haben sich in den neuen Bundesländern von 1990 bis 1994 auch die Anteile einzelner Anlagearten verschoben und sich an die westdeutsche Anlagestruktur angenähert. Herausragende

Verschiebungen ergaben sich bei den Anteilen der Wertpapieranlage (von 2,0% auf 15,9%), bei den Bausparguthaben (von 0,7% auf 6,2%) und bei Termingeldern und Sparbriefen (von 9,4% auf 14,7%); dem steht eine Verringerung der Anteile bei Sicht- und Spareinlagen gegenüber. Gegenüber der westdeutschen Anlagestruktur besteht aber insbesondere bei den Anteilen der Wertpapieranlagen und der Versicherungsguthaben immer noch ein großer Rückstand.

Die wichtigste Quelle des schnellen Anstiegs des Brutto- und Nettogeldvermögens in Ostdeutschland war die private Ersparnis. Nach einer Phase der nachholenden Konsumgüterkäufe ist die Sparquote der privaten Haushalte bereits im Jahr 1992 auf 13% und damit etwa auf westdeutsches Niveau angestiegen; seither blieb sie – von geringen Schwankungen abgesehen – auf diesem hohen Niveau (vgl. Ebert 1996).

Wenn auch der Aufholprozeß beim Geldvermögensbestand – ausgehend von einem niedrigen Anfangsniveau – in den ersten Jahren nach der Vereinigung rasch vorangeschritten ist, so muß man doch erwarten, daß sich die Zuwachsrate in Ostdeutschland an die niedrigere Rate im Westen angleichen wird. Nur wenn es gelänge, eine Differenz von etwa 5 Prozentpunkten aufrechtzuerhalten (z.B. in Westdeutschland wie bisher 8%, in Ostdeutschland etwa 13%), könnte das ostdeutsche Bruttogeldvermögen pro Haushalt das westdeutsche Niveau innerhalb einer Generation erreichen. Dies erforderte im Osten auch höhere Sparquoten als im Westen. Angesichts der weiter bestehenden wirtschaftlichen Schwierigkeiten in den neuen Bundesländern, muß man eine solche Vorstellung als ein optimistisches Szenario bezeichnen (vgl. hierzu auch Thimann 1995a: 99ff.).

Die Entwicklung der durchschnittlichen Höhe der Geldvermögen verdeutlicht zwar den Aufholprozeß und die noch bestehenden Unterschiede zwischen den neuen und alten Bundesländern, aber sie ermöglicht keinen Einblick in die Verteilung der Geldvermögen zwischen den Haushalten in jedem Landesteil. Hierzu bedarf es der Verteilungsstatistiken.

Informationen zur Verteilung der Sparguthaben zu DDR-Zeiten hat die Staatsbank der DDR nach der Wende auf Basis ihrer Kontenstatistik veröffentlicht. Bei rund 70% der Sparkonten handelte es sich um Konten mit kleinen Guthaben bis zu 5.000 Mark der DDR. Auf ihnen befanden sich lediglich 10% des gesamten Spareinlagenbestandes, während auf den obersten 10% der Konten (mit Guthaben von mehr als 20.000 Mark) gut 60% des gesamten Einlagenbestandes angelegt waren (vgl. Faik 1996 und Winkler 1993: 122). Die Verteilung der Sparguthaben wies also eine überraschend starke Streuung auf, die größer war als die Ungleichheit der Einkommensverteilung (siehe Abschnitt 3.2.2). Viele Personen haben aber gleichzeitig über mehrere Sparkonten verfügt, so daß aus dieser Kontenstatistik keine Aussagen über

Die wichtigsten Dimensionen sozialer Ungleichheit

das genaue Ausmaß der Ungleichheit in der Verteilung der Geldvermögen vor der Wende abgeleitet werden können.

Für das Jahr 1993 stellt die Einkommens- und Verbrauchsstichprobe (EVS) des Statistischen Bundesamtes zwischen Ost und West vergleichbare Angaben zur Verfügung.[72] Ordnet man die Haushalte nach der Höhe ihres Bruttogeldvermögens, so kann man folgende Feststellungen treffen: In den neuen Bundesländern besitzen die unteren 35% der Haushalte 7,0% des Bruttogeldvermögens; in den alten Bundesländern verfügen die unteren 34% sogar nur über 4,4%. Demgegenüber beläuft sich der Bruttogeldvermögensanteil der oberen 17,9% der Haushalte im Osten auf 51,1%; im Westen sind die oberen 18,9% sogar im Besitz von 58,8% des Bestandes. Diese Unterschiede wären noch größer, wenn man die Bruttogeldvermögen der Haushalte mit sehr hohen Einkommen richtig erfassen könnte. Vergleicht man die durch diese Angaben grob gekennzeichnete Verteilung mit jener der Arbeitseinkommen oder der Wohlstandspositionen (siehe die Abschnitte 3.2.1 und 3.2.2), so erkennt man eine deutlich höhere Ungleichheit bei den Bruttogeldvermögen, und zwar sowohl im Osten als auch im Westen.

In Abbildung 3.2.3.1 sind sogenannte Lorenzkurven[73] der Verteilung der Bruttogeldvermögen dargestellt. Man kann aus dieser Kurve den Anteil am Bruttogeldvermögen ablesen, den ein bestimmter Anteil der Haushalte besitzt. Die Kurve für Westdeutschland ist weiter von der Gleichverteilungsgeraden entfernt als die Kurve für Ostdeutschland; dies macht sichtbar, daß die

---

72 Die EVS, eine seit 1962/63 im fünfjährigen Turnus durchgeführte Querschnittserhebung, fand 1993 erstmals auch auf dem Gebiet der neuen Bundesländer statt und bezog für Gesamtdeutschland 50.000 Haushalte ein. Allerdings sind Haushalte mit sehr hohen Nettoeinkommen (über 35.000 DM pro Monat) nicht enthalten, so daß sich wegen des positiven Zusammenhangs zwischen Einkommenshöhe und Vermögen bei der Ermittlung der Vermögensverteilung Verzerrungen ergeben: Die Gesamthöhen der Brutto- und Nettogeldvermögen, aber auch die Ungleichheit ihrer Verteilung werden wesentlich unterschätzt (vgl. Euler 1990: 799). Faik (1996) zeigt, daß nach den hochgerechneten Angaben der EVS 1993 das Bruttogeldvermögen pro Haushalt in den neuen Bundesländern ca. 23.400 DM und in den alten ca. 65.300 DM betrug. Diese Angaben liegen für den Osten um 33,1% und für den Westen um 38,7% niedriger als die aus der Finanzierungsrechnung der Deutschen Bundesbank abgeleiteten Durchschnittsgrößen. Selbst wenn man berücksichtigt, daß die Angaben der Deutschen Bundesbank infolge der Einbeziehung der Organisationen ohne Erwerbscharakter in den Haushaltssektor eine Überschätzung des den natürlichen Haushalten gehörenden Bruttogeldvermögens darstellen, ist die Abweichung doch sehr groß. Ein Teil dürfte also auf die Nichterfassung der „reichen" Haushalte in der EVS zurückzuführen sein. Das Verhältnis zwischen dem ost- und westdeutschem Bruttogeldvermögen pro Haushalt weicht jedoch zwischen beiden Datenquellen nur um 3 Prozentpunkte voneinander ab.
73 Eine Erläuterung der verwendeten Verteilungsmaße findet sich im Anhang.

Ungleichheit der Verteilung im Westen größer ist als im Osten. Gleichzeitig kann man hieraus die Vermutung ableiten, daß sich die Ungleichheit in der Verteilung der Bruttogeldvermögen in den neuen Bundesländern im weiteren Aufholprozeß noch vergrößern wird.

Abbildung 3.2.3.1: Die Konzentration des Bruttogeldvermögens unter den Haushalten in Ost- und Westdeutschland im Jahr 1993

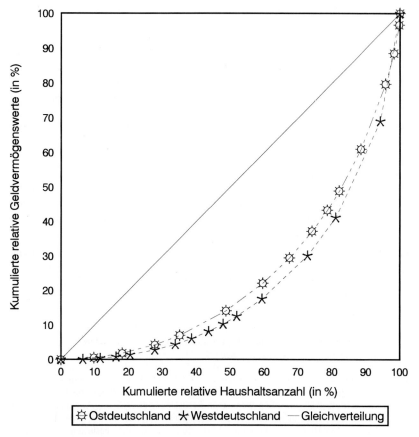

Datenbasis: EVS 1993.
Quelle: Faik 1996.

Im Durchschnitt ist der Anteil der Verschuldung am Bruttogeldvermögen in den unteren Schichten höher als in den oberen. Hieraus kann man schließen, daß die Verteilung der Nettogeldvermögen noch etwas ungleicher ist als die Verteilung der Bruttogeldvermögen; dies gilt für beide Landesteile.[74] Wie im Westen nimmt auch im Osten die Höhe des Bruttogeldvermögens mit der Höhe des durchschnittlichen monatlichen Nettohaushaltseinkommens zu. Die Ungleichheiten bei den Bruttogeldvermögen und den Haushaltsnettoeinkommen verstärken sich also gegenseitig.

Zur Entwicklung und Verteilung des Haus- und Grundvermögens privater Haushalte

Zu den wichtigsten Vermögenskomponenten zählt in den alten und neuen Bundesländern neben dem Geldvermögen das Haus- und Grundvermögen. Während in Westdeutschland der Aufbau von Haus- und Grundvermögen – gefördert durch eine Vermögensbildungspolitik für breite Schichten – kontinuierlich verlief, gab es in den neuen Bundesländern sprunghafte Veränderungen. Haupteinflußfaktoren für die Verteilung des Haus- und Grundvermögens sind:

- die mit dem Übergang zur marktwirtschaftlichen Preisbildung eingetretenen enormen Preissteigerungen bei Immobilien,
- die Privatisierung von staatlichen, kommunalen und genossenschaftlichen Grundstücken, Häusern und Wohnungen,
- die Rückerstattung von enteigneten Grundstücken und Häusern bzw. die gewährten Entschädigungen,
- die Reduzierung der nach der Währungsumstellung noch bestehenden Altverbindlichkeiten im Rahmen des Altschuldenhilfe-Gesetzes (vgl. zu den gesetzlichen Rahmenbedingungen Schlomann/Faik 1996),
- die zwischenzeitlichen Grundstücks- und Gebäudetransaktionen sowie die Neubautätigkeit,
- die vorgenommenen Renovierungs- und Modernisierungsmaßnahmen,
- die durch die Kommunen vorgenommenen Ausweisungen von Bauland sowie neu gestaltete Bauleitplanungen.

Die durchgreifende Neugestaltung der gesetzlichen Rahmenbedingungen, deren Auswirkungen – insbesondere bei den Rückerstattungsfällen – noch keineswegs voll sichtbar geworden sind, sowie der Mangel an geeigneten statistischen Daten lassen es nicht zu, die Veränderung des Gesamtwertes und der

---

74 Nach den hochgerechneten Angaben der EVS 1993 betrug der Anteil der Schulden am Bruttogeldvermögen im Osten 6,9%, während er im Westen nur 3,2% ausmachte. Damit besteht eine Diskrepanz zu den oben angegebenen Werten der Deutschen Bundesbank, die ebenfalls auf Erfassungsprobleme bei der EVS und möglicherweise auch auf Abgrenzungsprobleme zurückzuführen sein dürfte.

wertmäßigen Verteilung des Haus- und Grundbesitzes seit der Vereinigung „von Jahr zu Jahr" zu verfolgen. Es können im wesentlichen nur einige Ergebnisse über mengenmäßige Relationen im Ausgangsjahr 1989 und deren Weiterentwicklung sowie über die wertmäßige Verteilung des Haus- und Grundbesitzes im Jahr 1993 präsentiert werden, da hierfür Daten der Einkommens- und Verbrauchsstichprobe 1993 vorliegen.

Die Strukturen im Bereich des Wohnungswesens unterscheiden sich zwischen den neuen und alten Bundesländern ganz wesentlich. Über die unterschiedlichen Anteile einzelner Eigentümergruppen Ende der achtziger Jahre gibt Tabelle 3.2.3.2 Aufschluß.

Tabelle 3.2.3.2: Die Eigentümerstruktur des Wohnungsbestandes in Ost- und Westdeutschland – in %

Eigentümer	Ostdeutschland 1989	Westdeutschland 1987
privat	41	91
darunter: *selbstgenutzt*	*24*	*39*
Genossenschaften	18	4
öffentliche Hand	41	5

Quelle: Schlomann/Faik 1996.

Während sich im Osten nur 41% der Wohnungen in Privateigentum befanden, waren dies im Westen 91%; dementsprechend lag die Eigentumsquote der Genossenschaften und der öffentlichen Hand im Osten um mehr als das Vierfache höher als im Westen. Der Bestand an Wohnungen in Händen privater Haushalte in Ostdeutschland wird für den Zeitpunkt der Vereinigung auf etwa 2,8 Mio. geschätzt. Ein Großteil der ostdeutschen Wohnungen in Privatbesitz wies wegen ihres hohen Alters und wegen unzureichender Instandhaltungsmaßnahmen schwere Bauschäden auf. Teilweise waren die Schäden so groß, daß die Wohnungen als unbewohnbar bezeichnet werden mußten.

Angesichts der nach DDR-Recht möglichen Trennung des Eigentums an Gebäuden und Grundstücken reicht die Kenntnis des Wohnungsanteils in Privatbesitz nicht für eine umfassende Beurteilung der Vermögensverteilung zum Zeitpunkt der Vereinigung aus. Es wären zusätzlich Informationen über die Verteilung der Eigentumsrechte an Grund und Boden erforderlich, die jedoch nicht verfügbar sind.

Im Verlauf des Transformationsprozesses hat sich der private Wohnungsbestand durch Neubauten, durch Modernisierungsmaßnahmen und durch Rückerstattungen insgesamt vergrößert und qualitativ verbessert. Zu dem anfänglichen Privatbesitz von ca. 2,8 Mio. Wohnungen kommen noch hinzu: etwa 0,5 Mio. Wohneinheiten, die bisher auf ihre Alteigentümer rückübertragen wurden,[75] etwa 0,2 Mio. Wohnungen, die nach den Planungen der Wohnungsunternehmen bis Ende 1993 verkauft werden sollten, sowie etwa 120.000 Neubauwohnungen, von denen rund die Hälfte privaten Haushalten zuzurechnen ist. Insgesamt wird der Wohnungsbestand in Händen privater Haushalte für 1994 auf etwa 3,6 Mio. Wohnungen geschätzt. Rein rechnerisch beträgt damit die auf Wohnungen bezogene Eigentümerquote der Haushalte in den neuen Bundesländern 53%. Diese Durchschnittszahl berücksichtigt jedoch nicht, daß einerseits Mehrfachbesitz zu einer niedrigeren tatsächlichen Eigentümerquote führt und daß sich andererseits ein Teil der Wohnungen nicht im Eigentum ostdeutscher, sondern westdeutscher Haushalte befindet. Außerdem läßt der schlechtere qualitative Zustand vieler ostdeutscher Wohnungen noch keinen verläßlichen Vergleich mit der entsprechenden Quote für Westdeutschland zu. Als wichtiger Hinweis bezüglich der unterschiedlichen tatsächlichen Eigentümerquoten kann ein Ergebnis der EVS 1993 dienen. Demzufolge besaßen am Jahresende 1993 in den neuen Bundesländern 27,7% aller Haushalte und in den alten Bundesländern 50,5% aller Haushalte Haus- und Grundeigentum (siehe Tabelle 3.2.3.3); meist wurde zumindest eine Wohnung auch selbst bewohnt.

Vor dem Hintergrund der sozialpolitischen Forderung nach Erhöhung der Eigentümerquoten beim Haus- und Grundbesitz wird im Osten Deutschlands erheblicher Handlungsbedarf sichtbar. Dabei darf man nicht übersehen, daß zu dieser aus dem Vergleich mit Westdeutschland gewonnenen Erkenntnis hinzukommt, daß auch in den alten Bundesländern die Eigentümerquote im internationalen Vergleich noch als zu niedrig angesehen wird und staatliche Fördermaßnahmen auf einen weiteren Anstieg hinwirken sollen.[76]

Die Eigentümerquoten bei den einzelnen sozialen Gruppen unterscheiden sich zwischen Ost und West ebenfalls sehr stark (siehe Tabelle 3.2.3.3): Im Osten liegen Selbständige und Landwirte sehr weit über dem dortigen Durchschnitt; im Westen sind es ebenfalls die Selbständigen und die Landwirte, aber auch die Beamten. In der Nähe des Durchschnitts befinden sich im Osten wie im Westen die Angestellten und die Arbeiter. Um einige Pro-

---

75 Den zuständigen Ämtern zur Regelung offener Vermögensfragen liegen rund 2,2 Mio. Anträge auf Rückübertragung, die sich auf Vermögenswerte des Haus- und Grundvermögens beziehen, vor (vgl. Bundesamt zur Regelung offener Vermögensfragen 1996). Bis zum 30. Juni 1996 wurden hiervon in erster Instanz etwa zwei Drittel entschieden. In gut einem Drittel dieser Fälle wurde eine Rückübertragung oder Aufhebung der staatlichen Verwaltung verfügt, etwa 40% der Anträge wurden abgelehnt. Der verbleibende Teil wurde vor allem durch Antragsrücknahme (13%), Entschädigung (4,4%) oder sonstige Erledigungen (6,5%) abgewickelt.
76 Thimann (1995b: 161) geht allerdings davon aus, daß aufgrund der gestellten Restitutionsanträge westdeutscher Alteigentümer etwa 10% des ostdeutschen Wohnungsbestandes in das Eigentum westdeutscher Haushalte übergehen werden.

zentpunkte darunter sind in beiden Landesteilen die Eigentümerquoten der Nichterwerbstätigen (außer Arbeitslose) angesiedelt. Den größten Abstand vom Durchschnitt nach unten weisen im Osten die Beamten und Arbeitslosen, im Westen die Arbeitslosen auf.

Tabelle 3.2.3.3: Der Verbreitungsgrad von Haus- und Grundbesitz am Jahresende 1993 in Ost- und Westdeutschland nach sozialer Stellung – in %

Haushaltstyp		Haus- und Grundbesitz	unbebaute(s) Grundstück(e)	davon (Mehrfachbesitz einbezogen):			
				1-/2- Familienhaus	Mehrfamilienhaus	Eigentumswohnung	sonstige Gebäude
alle Haushalte	O	27,7	16,5	70,7	4,8	(3,1)	19,1
	W	50,5	11,5	78,1	5,8	21,0	2,5
Selbständige	O	53,5	/	(69,3)	/	/	/
	W	71,2	13,9	76,7	14,7	30,0	7,2
Landwirte	O	(84,6)	/	(90,9)	/	/	/
	W	88,3	26,6	93,5	(5,6)	/	(17,7)
Beamte	O	20,3	/	(57,1)	/	/	/
	W	63,9	10,9	79,1	3,8	22,6	(1,3)
Angestellte	O	30,4	18,3	63,1	(4,8)	(3,9)	21,8
	W	51,2	10,2	70,8	4,9	29,9	1,8
Arbeiter	O	30,3	(14,5)	77,8	/	/	14,7
	W	48,8	11,2	81,1	(3,7)	15,0	(1,6)
Arbeitslose	O	21,5	(14,5)	75,6	/	/	(18,3)
	W	28,4	(13,6)	81,9	/	(17,5)	/
Nichterwerbs-	O	23,2	16,2	69,7	(5,9)	/	20,7
tätige	W	47,1	11,2	80,7	5,9	16,8	2,0

Anmerkungen: W = Westdeutschland, O = Ostdeutschland; / = weniger als 25 Fälle in der Stichprobe, ( ) = weniger als 100 Fälle in der Stichprobe.
Datenbasis: EVS 1993.
Quelle: Schlomann/Faik 1996.

Parallelen zur westdeutschen Situation gibt es auch bei den Eigentümerquoten im Zusammenhang mit dem Alter der Bezugsperson (vgl. Schlomann/ Faik 1996). In den neuen Bundesländern steigt die Quote von 15% bei den 25-29jährigen Bezugspersonen bis auf fast 35% in der Altersklasse zwischen 40 und 64 Jahren an (Westen: 60%). Anschließend fällt sie allerdings wieder ab, und zwar im Osten wesentlich stärker als im Westen (auf 20% im Osten, auf 50% im Westen). Dieser umgekehrt u-förmige Verlauf ist durch zwei gegenläufige Effekte zu erklären: Einerseits nehmen mit dem Alter wegen der Länge der Ansparphase die finanziellen Möglichkeiten für den Immobilienerwerb zu (Alterseffekt); andererseits konnten die höheren Altersgruppen seit der Vereinigung nur noch in unterdurchschnittlichem Maße Immobilien er-

Die wichtigsten Dimensionen sozialer Ungleichheit 169

werben, da sie in der Regel nicht über ausreichende Möglichkeiten zur Rückzahlung langfristiger Kredite verfügen. Während sich also das durchschnittliche Niveau der Eigentümerquoten in Ost und West stark unterscheidet, ist die jeweilige soziale Struktur der Eigentümerquoten recht ähnlich.

Für das Jahr 1993 ermöglicht die Einkommens- und Verbrauchsstichprobe auch eine genauere Untersuchung der wertmäßigen Verteilung des Haus- und Grundbesitzes in Ost- und Westdeutschland. Dabei ist es sinnvoll, die mit dem Haus- und Grundbesitz im Zusammenhang stehenden Verbindlichkeiten in die Betrachtung einzubeziehen; dementsprechend wird das *Brutto*haus- und -grundvermögen vom *Netto*haus- und -grundvermögen (d.h. Bruttohaus- und -grundvermögen abzüglich darauf lastender Verschuldung) unterschieden.

Nach den EVS-Ergebnissen betrug das Bruttohaus- und -grundvermögen der Haushalte in den neuen Bundesländern Ende 1993 ca. 391 Mrd. DM (Verkehrswertschätzung durch die Eigentümer); abzüglich der auf diesem Grundvermögen lastenden Schulden ergibt sich ein Nettohaus- und -grundvermögen von 352 Mrd. DM. Für den Westen lauten die entsprechenden Summen 5.809 Mrd. DM und 4.948 Mrd. DM.[77] Pro Haushalt mit Grundvermögen entspricht dies im Osten einem Wert von 190.180 DM, im Westen von 361.503 DM. Damit erreicht das Nettohaus- und -grundvermögen der grundbesitzenden Haushalte in den neuen Bundesländern etwa 53% des westdeutschen Niveaus. Im Vergleich zur Relation zwischen den ostdeutschen und westdeutschen Durchschnittswerten beim Bruttogeldvermögen von 36,3% ist das Verhältnis also günstiger für die (relativ wenigen) ostdeutschen Haushalte mit Haus- und Grundbesitz. Der wichtigste Grund hierfür dürfte sein, daß die Vermögenszuwächse durch die hohen Wertsteigerungen bei Grundstücken und Gebäuden, die überdies selbst bei Veräußerung im Regelfall steuerfrei sind, von der Einkommenshöhe der jeweiligen Haushalte unabhängig und weit höher ausgefallen sind als die originäre Ersparnis aus laufendem und versteuertem Einkommen.

Wenn man alle Haushalte in Ost- und Westdeutschland – getrennt nach dem Verkehrswert ihres Haus- und Grundbesitzes – in Größenklassen einordnet, so läßt sich die Konzentration des Haus- und Grundvermögens in Form von Lorenzkurven darstellen (siehe Abbildung 3.2.3.2).

---

77 Die großen Unsicherheitsspielräume bei der Schätzung des Verkehrswertes von Haus- und Grundbesitz durch die Eigentümer wird nochmals dadurch verdeutlicht, daß eine zeitnahe Schätzung des Deutschen Instituts für Wirtschaftsforschung, Berlin, für Westdeutschland nur auf 4.248 Mrd. DM kommt (2.681 Mrd. DM Eigenheime; 1.017 Mrd. DM Mehrfamilienhäuser, Eigentumswohnungen; 344 Mrd. DM Nicht-Wohngebäude; 206 Mrd. DM unbebaute Grundstücke); vgl. Bartholmai/Bach 1996.

Abbildung 3.2.3.2: Die Konzentration des Haus- und Grundvermögens (Verkehrswert) unter den Haushalten in Ost- und Westdeutschland am Jahresende 1993

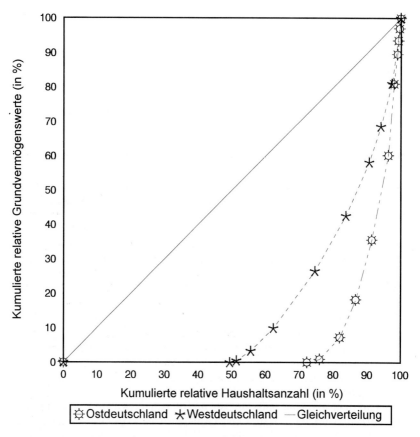

Datenbasis: EVS 1993.
Quelle: Schlomann/Faik 1996; eigene Darstellung.

Da die Lorenzkurven auch die Haushalte ohne Haus- und Grundvermögen einbeziehen, verläuft die Kurve für Ostdeutschland bis zu 72,3% aller Haushalte parallel mit der Abszisse; erst dann steigt sie steil an. Die Kurve für Westdeutschland steigt bereits ab 49,5% an, da dort Haus- und Grundbesitz breiter gestreut ist. Insgesamt macht diese Darstellung sichtbar, daß der Haus- und Grundbesitz in Ostdeutschland viel stärker konzentriert ist als in

Die wichtigsten Dimensionen sozialer Ungleichheit 171

Westdeutschland. Während also die Ungleichheit bei der Verteilung der Bruttogeldvermögen, der Arbeitseinkommen und der Wohlstandspositionen in den neuen Bundesländern geringer ist als in den alten, verhält es sich mit der Verteilung des Haus- und Grundvermögens umgekehrt (siehe die Abschnitte 3.2.1 und 3.2.2). Es könnte daher sein, daß sich besonders deutliche Unterschiede zwischen den beiden Gruppen mit und ohne Haus- und Grundbesitz herausbilden und entlang dieser Linie spürbare Interessenkonflikte entstehen, beispielsweise in bezug auf die Besteuerung von Vermögen und Erbschaften sowie bei der Mietgesetzgebung. Zur Milderung derartiger Disparitäten erscheint aus sozialpolitischer Sicht eine weitere Verstärkung der Eigenheim- und Eigentumswohnungsförderung für die neuen Bundesländer erforderlich.

Tabelle 3.2.3.4: Verteilung des Nettohaus- und -grundvermögens der Haushalte mit Immobilien in Ost- und Westdeutschland nach sozialer Stellung und Einkommensgrößenklassen am Jahresende 1993

Haushaltstyp (bei Einkommensklassen: „von ... DM bis unter ... DM")	Ostdeutschland		Westdeutschland	
	Anteil HH mit Immobilien (in %)	Nettowert (DM je Haushalt mit Immobilienbesitz)	Anteil HH mit Immobilien (in %)	Nettowert (DM je Haushalt mit Immobilienbesitz)
alle Haushalte	27,7	190.180	50,5	361.503
Selbständige	53,5	268.036	71,2	571.235
Landwirte	(84,6)	(231.901)	88,3	573.640
Beamte	(20,3)	(202.842)	63,9	341.588
Angestellte	30,4	181.046	51,2	335.487
Arbeiter	30,3	200.078	48,8	302.299
Arbeitslose	21,5	170.872	28,4	309.917
Nichterwerbstätige	23,2	172.292	47,1	360.769
< 1200	(11,2)	(127.122)	20,4	277.944
1.200 – 1.800	17,6	163.892	28,0	306.248
1.800 – 2.500	28,0	174.249	34,9	294.618
2.500 – 3.000	30,7	206.291	45,2	304.726
3.000 – 4.000	34,1	179.898	53,3	321.354
4.000 – 5.000	40,0	208.324	63,1	342.528
5.000 – 6.000	47,8	268.292	73,4	372.929
6.000 – 10.000	55,0	232.782	83.4	457.705
10.000 – 25.000	/	/	91,5	707.856
25.000 – 35.000	/	/	(100,0)	(897.506)

Anmerkungen: HH = Haushalte; / = weniger als 25 Fälle in der Stichprobe, ( ) = weniger als 100 Fälle in der Stichprobe.
Datenbasis: EVS 1993.
Quelle: Schlomann/Faik 1996.

Da der Wohlstand eines Haushalts neben dem Einkommen auch durch sein Vermögen bestimmt wird, ist es eine interessante Frage, wie sich der Vermögensbesitz nach Einkommensgrößenklassen und sozialer Stellung verteilt. Auch hierzu erhält man aus der EVS 1993 wichtige Hinweise (siehe Tabelle 3.2.3.4).

Der Wert des Haus- und Grundvermögens liegt bei den Selbständigen und den Landwirten in Ost- und Westdeutschland am weitesten über dem Durchschnitt; die geringsten Immobilienwerte besitzen Arbeitslose und Nichterwerbstätige im Osten, Arbeitslose und Arbeiter im Westen. In beiden Landesteilen nehmen die Anteile der Haushalte mit Immobilienbesitz mit steigendem Haushaltseinkommen deutlich zu, wobei auffällt, daß sich der durchschnittliche Wert der Immobilien dabei nur leicht erhöht. Lediglich im Westen ist bei den obersten Einkommensklassen ein sprunghafter Anstieg des Immobilienwertes sichtbar. Dies deutet darauf hin, daß zumindest in den neuen Bundesländern unter den immobilienbesitzenden Haushalten die Streuung des Haus- und Grundvermögens nicht sehr ausgeprägt ist. Ins Blickfeld der Sozialpolitik sollte daher eher die hohe Ungleichheit zwischen den wenigen Immobilienbesitzern und den vielen Nicht-Besitzern gerückt werden. Diese Annahme bestätigt sich, wenn man das durchschnittliche Nettogeldvermögen der Haushalte mit und ohne Haus- und Grundbesitz miteinander vergleicht (siehe Tabelle 3.2.3.5).

Tabelle 3.2.3.5: Nettogeldvermögen der Haushalte mit und ohne Haus- und Grundbesitz in Ost- und Westdeutschland am Jahresende 1993 – in DM

Haushaltstyp	Ostdeutschland		Westdeutschland	
	Haushalte mit Immobilien	Haushalte ohne Immobilien	Haushalte mit Immobilien	Haushalte ohne Immobilien
alle Haushalte	28.015	19.221	88.619	35.402
Selbständige	47.215	(36.460)	192.657	68.332
Landwirte	/	/	112.144	(76.509)
Beamte	26.417	18.024	87.219	52.379
Angestellte	35.120	26.416	92.521	40.240
Arbeiter	20.883	15.550	62.773	28.944
Arbeitslose	20.507	13.416	70.008	18.741
Nichterwerbstätige	25.260	17.881	75.972	33.228

Anmerkungen: / = weniger als 25 Fälle in der Stichprobe, ( ) = weniger als 100 Fälle in der Stichprobe.
Datenbasis: EVS 1993.
Quelle: Schlomann/Faik 1996.

Im Osten macht das Nettogeldvermögen der Haushalte ohne Haus- und Grundbesitz im Durchschnitt nur etwa 70% des Nettogeldvermögens der

Die wichtigsten Dimensionen sozialer Ungleichheit 173

Haushalte mit Haus- und Grundbesitz aus; im Westen sind es sogar nur 40%. Gruppiert man die Haushalte nach der sozialen Stellung der Bezugsperson, so zeigt sich im Osten für jede Gruppe eine recht ähnliche Relation. Im Westen ist vor allem bei den Arbeitslosen ein wesentlich ungünstigeres Verhältnis zu beobachten. Offenbar hat diese Gruppe ihre finanziellen Rücklagen bereits deutlich stärker angreifen müssen als die Arbeitslosen im Osten.

Zusammenfassend läßt sich anhand der Gini-Koeffizienten[78] in Tabelle 3.2.3.6 folgendes über die Verteilungsunterschiede zwischen den neuen und alten Bundesländern feststellen:

Tabelle 3.2.3.6: Die Ungleichheit der monatlichen Nettoeinkommen, der Bruttogeldvermögen und der Haus- und Grundvermögen aller Haushalte in Ost- und Westdeutschland 1993 – gemessen am Gini-Koeffizienten

Bezugsgröße	Ostdeutschland	Westdeutschland
Monatliches Haushaltsnettoeinkommen	0,292	0,336
Bruttogeldvermögen der Haushalte	0,527	0,589
Haus- und Grundvermögen der Haushalte	0,857	0,673

Datenbasis: EVS 1993.
Quelle: Statistisches Bundesamt 1995d: 2f.; Berechnungen von Michael Grimm.

Die monatlichen Haushaltsnettoeinkommen waren in den neuen Bundesländern im Jahr 1993 noch gleichmäßiger verteilt als in den alten Bundesländern. Die Ungleichheit in der Verteilung der Bruttogeldvermögen ist in beiden Landesteilen wesentlich größer als die Ungleichheit bei den Haushaltsnettoeinkommen, in Westdeutschland ist sie zudem noch etwas größer als in Ostdeutschland. Am größten ist die Ungleichheit der Verteilung des Haus- und Grundvermögens; hier ist aber wiederum die Ungleichheit im Osten wesentlich stärker ausgeprägt als im Westen.

Zur Verteilung des Produktivvermögens

Der Systemwechsel, dessen erste Phase nach der Wende in der DDR begonnen und mit dem Inkrafttreten des Einigungsvertrages in bezug auf die rechtlichen Rahmenbedingungen als beendet betrachtet werden kann, hat insbesondere den Unternehmenssektor völlig verändert. Die Haupteinflußfaktoren waren:

---

78 Eine Erläuterung der verwendeten Verteilungsmaße findet sich im Anhang.

- die Privatisierungstätigkeit der Treuhandanstalt,
- die Rückübertragung (Reprivatisierung) von Unternehmen an Alteigentümer,
- die ausgedehnte staatliche Fördertätigkeit zur Sanierung von bestehenden Unternehmen, zur Ansiedlung von westdeutschen und ausländischen Unternehmen oder deren Filialen bzw. Tochterunternehmen in den neuen Bundesländern sowie zur Gründung neuer Unternehmen und Gewerbebetriebe,
- Investitionen in bestehende Betriebe.

Die Gesamtentwicklung des Unternehmenssektors wird vom Sachverständigenrat zur Begutachtung der gesamtwirtschaftlichen Entwicklung positiv eingeschätzt (vgl. SVR 1995b: 78ff. und 370). Die Erneuerung des Kapitalstocks kommt zügig voran, so daß sich der Rückstand in der Kapitalausstattung gegenüber den alten Bundesländern verringert hat. Der Wert des Kapitalstocks des Unternehmenssektors (ohne Wohnungsvermietung) hat sich nach Schätzungen des Statistischen Bundesamtes seit Mitte des Jahres 1990 bis 1994 um rund 25% erhöht; die Investitionen betrugen in diesem Zeitraum rund 504 Mrd. DM (in Preisen von 1991); das Ost-West-Verhältnis bezüglich des Bruttoanlagevermögens im Unternehmenssektor hat sich je Einwohner von etwa 45% im Jahre 1991 auf 52% im Jahre 1994 erhöht. Die Anzahl der Unternehmen ist weiter angestiegen. Von Januar 1991 bis Juni 1995 fanden insgesamt 958.733 Gewerbeanmeldungen statt; im gleichen Zeitraum wurden allerdings auch 527.008 Gewerbebetriebe wieder abgemeldet. In Umfragen weisen viele Existenzgründer in den neuen Bundesländern auf die bestehenden Finanzierungsschwierigkeiten und eine unzureichende Eigenkapitalbasis hin. „Alles in allem läßt sich feststellen, daß der Aufbau einer leistungsfähigen Wirtschaft in den jungen Bundesländern in den vergangenen Jahren in beachtlichem Ausmaß vorangekommen ist. Allerdings ist der Transformationsprozeß noch nicht bewältigt, der Weg zur Normalität ist noch lang. In vielen privatisierten Unternehmen ist die Sanierung noch nicht abgeschlossen und die Gewinnschwelle noch nicht erreicht." (SVR 1995b: 78)

Angesichts der in diesem Zitat zum Ausdruck kommenden positiven Einschätzung der Entwicklung des Unternehmenssektors aus gesamtwirtschaftlicher Sicht erhebt sich die Frage: Wem gehört nunmehr der Unternehmenssektor in den neuen Bundesländern? Dies ist die umfassende Frage nach der Verteilung des Produktivvermögens, d.h. nach der Verteilung der Eigentumsrechte und Beteiligungen an Unternehmen, die in den neuen Bundesländern produzieren, Dienstleistungen erbringen oder sonstige wirtschaftliche Aktivitäten durchführen. Eine nachgeordnete Frage richtet sich darauf, wie das im Eigentum des ostdeutschen *Haushaltssektors* befindliche Produktivvermögen unter den Haushalten verteilt ist und ob es sich hierbei um eine

Die wichtigsten Dimensionen sozialer Ungleichheit

annähernd gleichmäßige oder um eine sehr ungleichmäßige Verteilung handelt.[79]

Als Eigentümer der Unternehmen in den neuen Bundesländer kommen grundsätzlich in Frage:

- ostdeutsche Gebietskörperschaften oder andere ostdeutsche staatliche Stellen oder ostdeutsche Organisationen ohne Erwerbszweck (z.b. Kirchen, Gewerkschaften, Stiftungen, Parteien),
- westdeutsche Gebietskörperschaften oder andere westdeutsche staatliche Stellen oder westdeutsche Organisationen ohne Erwerbszweck,
- ostdeutsche Privathaushalte,
- westdeutsche Privathaushalte,
- ausländische Eigentümer,
- ost- oder westdeutsche Muttergesellschaften, die aber letztlich – gegebenenfalls über mehrere Stufen – wieder einem der genannten anderen Eigentümersektoren gehören.

Weder über den gegenwärtigen Gesamtwert des Produktivvermögens, insbesondere über den Wert des Produktionszwecken gewidmeten Bodens, noch über die Aufteilung auf die einzelnen Eigentümersektoren liegen ausreichende Informationen vor (vgl. Zerche 1996). Soweit Eigentumsrechte am Unternehmenssektor in Form von börsengängigen Aktien oder anderen Wertpapieren verbrieft sind und sich in Händen von privaten ostdeutschen Haushalten befinden, sind sie nach den statistischen Konventionen im Bruttogeldvermögen der Haushalte enthalten und bei dessen Darstellung miterfaßt. Der Wert der in anderer Form bestehenden Eigentumsrechte der Haushalte (z.b. nicht börsengängige Aktien, GmbH-Anteile, Eigentumsrechte an Personengesellschaften und Einzelfirmen) ist jedoch nicht bekannt. Hier kann nur eine statistische Lücke und damit auch eine zu füllende Forschungslücke konstatiert werden. Lediglich über die Privatisierungstätigkeit der Treuhandanstalt gibt es einige Informationen.[80]

Im Unternehmenssektor, in dem das Privateigentum an Produktionsmitteln nahezu bedeutungslos war, übernahm die bereits im Frühjahr 1990 gegründete Treuhandanstalt (THA) im Rahmen ihrer rund fünfjährigen Tätigkeit drei wichtige Aufgaben:

---

79 Vgl. hierzu Neubäumer (1991), die bereits zu einem frühen Zeitpunkt – als man noch vermögenspolitische Maßnahmen hätte ergreifen können – vor einer Vermögenskonzentration warnte.
80 Vgl. Fischer/Hax/Schneider 1993 und Treuhandanstalt 1994; die folgenden Ausführungen stützen sich auf die KSPW-Expertise Bekavac 1996.

- Privatisierung der als sanierungsfähig eingestuften DDR-Unternehmen durch Verkauf der von der THA gehaltenen Geschäftsanteile bzw. Veräußerung von Vermögensgegenständen dieser Gesellschaften,
- Abwicklung und Liquidation von nicht sanierungsfähigen Gesellschaften, für die keine Kaufinteressenten vorhanden waren,
- Reprivatisierung von Unternehmen und Liegenschaften aufgrund von Rückübertragungsanträgen von Alteigentümern, wobei entweder eine körperliche Rückgabe an die ehemaligen Eigentümer oder eine Entschädigung der Alteigentümer entsprechend den gesetzlichen Vorschriften, insbesondere des Vermögensgesetzes und des Investitionsvorranggesetzes,[81] in Frage kamen.

Anfänglich wurde ein breiter Zielkatalog für die Tätigkeit der Treuhandanstalt entworfen. Darin waren auch die Unterziele „Gewährung von Anteilscheinen am Vermögen" sowie „breite Eigentumsstreuung" enthalten. Dies entsprach im übrigen der Maßgabe des Einigungsvertrages, in dem die Einräumung „von verbrieften Anteilsrechten am Volksvermögen" als Ausgleich für die den Sparern aus der Währungsumstellung entstandenen Verluste vorgesehen war (Artikel 25). Diese Ziele haben jedoch im Verlauf der Tätigkeit der THA nur eine sehr untergeordnete Rolle gespielt. Wie Friedrich (1995: 157) resümiert, wurde der hohe vermögenspolitische Anspruch schnell zurückgeschraubt: „*Die Treuhandanstalt reduziert ihr Zielsystem auf vier Ziele*, nämlich Arbeitsplätze erhalten, Investitionen bewirken, Einnahmen erhöhen und Sanierung gewährleisten." (Hervorhebung im Original)

Die Privatisierungsaktivitäten, die im Vergleich zur Abwicklung und zur Reprivatisierung die größte Bedeutung besaßen, waren am 31. Dezember 1994 weitgehend abgeschlossen. Die Überwachung laufender Verträge sowie die noch unerledigten Reprivatisierungs- und Abwicklungsvorgänge wurden auf eine Nachfolgeeinrichtung, die Bundesanstalt für vereinigungsbedingte Sonderaufgaben (BvS), übertragen. Auch deren Tätigkeit wird künftig noch Einfluß auf die Verteilung des Produktivvermögens ausüben.

Im folgenden werden Informationen referiert, die sich auf die Herkunft der Investoren und auf die Größenordnung der Investitionen beziehen.[82] In

---

81 Gesetz zur Regelung offener Vermögensfragen (VermG) vom 23. September 1990 und Gesetz über den Vorrang für Investitionen bei Rückübertragungsansprüchen (InVorG) vom 14. Juli 1992.
82 Die Angaben beschränken sich auf die durch das Vertragsmanagement der THA bzw. BvS betreuten Verträge. Privatisierungsaktivitäten der Liegenschaftsgesellschaft der Treuhandanstalt (TLG) sowie der Bodenverwertungs- und -verwaltungsgesellschaft (BVVG) sind nicht erfaßt. Unterschiede zu anderen Veröffentlichungen resultieren einerseits aus dieser Einschränkung und andererseits aus verschiedenartigen Abgrenzungen der Investorengruppen.

Die wichtigsten Dimensionen sozialer Ungleichheit

Tabelle 3.2.3.7 ist dargestellt, in welchem Ausmaß ostdeutsche Investoren, ausländische Investoren, ostdeutsche Gebietskörperschaften und andere, insbesondere westdeutsche Investoren als Käufer auftraten und auf welche Objekte sich die Verträge bezogen. Die Anteilswerte für die ostdeutschen und die ausländischen Käufer sind jeweils Mindestwerte, da aufgrund von Abgrenzungsschwierigkeiten nicht alle ostdeutschen und ausländischen Investoren identifiziert werden konnten.[83]

Tabelle 3.2.3.7: Verteilung der Privatisierungsverträge [a)] auf Investorengruppen – Stand: Frühjahr 1995

Verkaufsobjekt (VO)	Anzahl Teilverträge	ostdeutsche Investoren (MBO)		ausländische Investoren		Gebietskörperschaften und andere	
		Anzahl	%	Anzahl	%	Anzahl	%
Vollverkäufe von Geschäftsanteilen	4.809	1.243	25,8	259	5,4	3.307	68,8
Teilverkäufe von Geschäftsanteilen	903	82	9,1	41	4,5	780	86,4
Betriebsteile	4.893	713	14,6	58	1,2	4.122	84,2
Apotheken	1.763	199	11,3	0	0,0	1.564	88,7
Buchhandlungen	298	66	22,1	0	0,0	232	77,9
Immobilien	21.040	206	1,0	112	0,5	20.722	98,5
Sonstige	1.564	123	7,9	17	1,1	1.424	91,0
Insgesamt	35.270	2.632	7,5	487	1,4	32.151	91,1

Anmerkungen: Den ostdeutschen Investoren konnten eindeutig nur sogenannte Management-buy-outs (MBO) zugeordnet werden; deshalb setzt sich die Gruppe ostdeutscher Investoren ausschließlich aus diesen zusammen. Da auch ausländische Käufer anhand ihrer Adressen nur unvollständig erfaßt werden konnten, handelt sich in beiden Fällen um Mindestgrößen. Die Spalte „Andere/westdeutsche Käufer" wurde durch Differenzbildung ermittelt; a) Zugrunde gelegt sind hier sogenannte (Privatisierungs-)Teilverträge.
Quelle: Bekavac 1996.

Nach der Anzahl der Verträge geurteilt sind ostdeutsche MBO-Käufer zu ca. 26% an der Gesamtveräußerung und zu ca. 9% an der Teilveräußerung von Geschäftsanteilen beteiligt. Auch bei Betriebsteilen, Apotheken und Buchhandlungen spielen Veräußerungen an ostdeutsche MBO-Käufer eine gewichtige Rolle. Ausländische Investoren haben insbesondere Geschäftsanteile übernommen. Insgesamt haben ostdeutsche MBO-Käufer mindestens 7,5%, ostdeutsche Gebietskörperschaften mindestens 2,7%, ausländische Investoren mindestens 1,4% und westdeutsche und andere Käufer höchstens 83,3% aller

---

83 Als ostdeutsche private Investoren konnten lediglich sogenannte Management-buy-out-Käufer (MBO-Käufer), also Übernahmen durch ehemalige Belegschaftsmitglieder, identifiziert werden. Ausländische Käufer wurden nur als solche identifiziert, wenn sie keine Adresse in den neuen Bundesländern hatten.

Verträge abgeschlossen. Wertmäßig gesehen entfallen von der Bruttokaufpreissumme mindestens 2,9% auf ostdeutsche MBO-Käufer, 5,1% auf ostdeutsche Gebietskörperschaften, mindestens 7,9% auf ausländische Investoren und höchstens 84,1% auf westdeutsche und andere Käufer. Bei der Betrachtung dieser Relationen ist auch noch zu beachten, daß die Aktivitäten der Liegenschaftsgesellschaft der Treuhandanstalt sowie der Bodenverwertungs- und -verwaltungsgesellschaft nicht berücksichtigt werden konnten.

Als vereinbarter Gesamterlös aus den betrachteten Verträgen ergibt sich eine Summe von 51,6 Mrd. DM. Da jedoch in den Verträgen Aufrechnungen gegen Verbindlichkeiten der Verkäufer stattfanden, sind die Nettoerlöse geringer. Um einen Eindruck von der Streuung der Werte der verkauften Objekte zu erhalten, werden in Tabelle 3.2.3.8 die Anteile der Käufe und die Bruttokaufpreise pro Fall nach Kaufpreisklassen für die einzelnen Investorengruppen dargestellt; wenn Käufer mehrere Objekte erworben haben, sind die Kaufpreise zusammengefaßt worden.

Der Großteil der Transaktionen bei den MBO-Käufern, den ostdeutschen Gebietskörperschaften und den anderen/westdeutschen Käufern ist im Bereich der Kaufpreisklassen unter 500.000 DM zu finden. Lediglich bei den ausländischen Käufern liegt der größte Anteil von knapp einem Drittel bei Käufen zwischen 1 Mio. und 10 Mio. DM. Wertmäßig gesehen dominieren allerdings die „Großinvestitionen" über 10 Mio. DM, wobei die ostdeutschen MBO-Käufer die geringsten Durchschnittswerte pro Fall, die ostdeutschen Gebietskörperschaften die höchsten Durchschnittswerte aufweisen.

Die *Reprivatisierung* bzw. Rückübertragung an Alteigentümer bezieht sich einerseits auf Unternehmen und andererseits auf Grundstücke. Eine Gesamtübersicht über die Ergebnisse der Reprivatisierungstätigkeit der THA im Hinblick auf Unternehmen bietet Tabelle 3.2.3.9. Allerdings ist keine Differenzierung nach der Herkunft der Anspruchsteller aus den neuen oder alten Bundesländern oder aus dem Ausland möglich.

Insgesamt gab es 17.639 Restitutionsansprüche, von denen bis zum 31. Dezember 1994 etwa 60% entschieden waren. Von den entschiedenen Anträgen wurden knapp 15% abgelehnt oder zurückgezogen. Das in den betreffenden Gesetzen verankerte Prinzip des Vorrangs der „Rückgabe vor Entschädigung" wirkte sich dahingehend aus, daß von den anerkannten Ansprüchen ca. 70% zu einer Naturalrestitution führten. Lediglich 14,6% wurden wegen des Wirksamwerdens einer Investitionsvorrangentscheidung in Geld entschädigt. Inwieweit Rückerstattungsanträgen auf Grundstücke stattgegeben wurde, läßt sich gegenwärtig noch nicht umfassend feststellen, da der Zugriff auf die entsprechende im Aufbau befindliche Datenbank nicht möglich war.

Die wichtigsten Dimensionen sozialer Ungleichheit

Tabelle 3.2.3.8: Die Bruttokaufpreise aus den Privatisierungsverträgen [a] nach Größenklassen und Investorengruppen (mit Zusammenfassung von Mehrfachkäufern) - Stand: Frühjahr 1995

Kaufpreisklassen in DM	Alle		Ostdeutsche Investoren (MBO)		Ostdeutsche Gebietskörperschaften		Ausländische Investoren		Andere/westdeutsche Investoren	
	in % der Fälle	Kaufpreis pro Fall in 1.000 DM	in % der Fälle	Kaufpreis pro Fall in 1.000 DM	in % der Fälle	Kaufpreis pro Fall in 1.000 DM	in % der Fälle	Kaufpreis pro Fall in 1.000 DM	in % der Fälle	Kaufpreis pro Fall in 1.000 DM
unter 10	4,3	0,0	7,5	0,0	11,2	0,0	4,0	0,0	3,8	0,0
10 bis unter 0,5 Mio.	72,0	126,5	66,7	156,8	60,3	151,4	19,9	303,7	73,5	122,9
0,5 Mio. bis unter 1 Mio.	9,1	711,3	11,8	724,9	10,9	711,4	21,5	360,1	8,7	630,0
1 Mio. bis unter 10 Mio.	12,6	2745,9	13,8	2.427,7	15,1	2.821,8	32,1	4.132,2	12,2	2.732,2
10 Mio. und mehr	1,9	54.357,6	0,2	19.096,0	2,5	85.487,8	22,5	39.547,5	1,8	51.449,2
Gesamtzahl/Gesamtwert	33.382	51.629.333	2.632	1.495.691	964	2.626.330	396	4.099.119	29.390	43.408.193

Anmerkungen: Den ostdeutschen Investoren konnten eindeutig nur sogenannte Management-buy-outs (MBO) zugeordnet werden; deshalb setzt sich die Gruppe ostdeutscher Investoren ausschließlich aus diesen zusammen. Da auch ausländische Käufer anhand ihrer Adressen nur unvollständig erfaßt werden konnten, handelt sich in beiden Fällen um Mindestgrößen. Die Spalte „Andere/westdeutsche Käufer" wurde durch Differenzbildung ermittelt; a) Zugrunde gelegt sind hier sogenannte (Privatisierungs-)*Teilverträge*

Quelle: Bekavac 1996.

Tabelle 3.2.3.9: Ergebnisse der Reprivatisierungstätigkeit der Treuhandanstalt (zum 31.12.94)

Insgesamt erfaßte Anmeldungen vermögensrechtlicher Ansprüche für die Restitution von Unternehmen	17.639
Entschiedene Reprivatisierungsanträge	10.862
Davon: 1. Rückgaben	6.539
Davon: Rückgabe von THA-Unternehmen	4.358
Davon: ganze Unternehmen	1.588
Betriebsteile	2.770
Rückgabe von Vermögensgegenständen	2.081
Sonstige Rückgaben gemäß Gesetz vom 7.3.1990	100
2. Zustimmung der Berechtigten zum Verkauf durch die THA/ Investitionsvorrangentscheidungen	1.360
3. Berechtigungen auf Entschädigungen durch die Landesämter festgestellt/ durch Gesamtvollstreckung erledigt	1.385
4. Abgewiesene Antragstellung durch die Landesämter sowie zurückgezogene Anträge	1.578

Quelle: Bekavac 1996.

Zusammenfassend kann man feststellen: Die Überführung der Betriebe in Privateigentum und die Auswahl der Investoren folgte vor allem dem Ziel, deren Wettbewerbsfähigkeit herzustellen. Gleichzeitig wurde dadurch auch eine neue Eigentümerstruktur herbeigeführt. Das ursprünglich ebenfalls von der Treuhand angestrebte Ziel einer breiten Streuung des Produktivvermögens trat im Verlauf der Aktivitäten in den Hintergrund. Als neue Eigentümer kamen nur Personen oder Unternehmen in Frage, die genügend finanzielle Mittel und unternehmerische Fähigkeiten und Wissen hatten, um von der Treuhandanstalt Betriebe erwerben zu können. Dabei handelte es sich in der überwiegenden Mehrheit um Privatpersonen und Unternehmen aus Westdeutschland und in geringerem Maße aus dem Ausland; auch ostdeutsche Gebietskörperschaften spielten eine beachtliche Rolle. Ostdeutsche Privatpersonen konnten sich nur in begrenztem Ausmaß, vor allem in Form von Management-buy-out-Käufen, beteiligen. Man kann vermuten, daß der Anteil ostdeutscher Eigentümer am ostdeutschen Produktivvermögen wesentlich geringer ist als der Anteil westdeutscher Eigentümer am westdeutschen Produktivvermögen. Dies dürfte angesichts der begrenzten Möglichkeiten der Eigenkapitalbildung auch noch auf lange Zeit der Fall sein.

Bei der zu einem wesentlichen Teil bereits abgeschlossenen Rückerstattung von Unternehmen und Grundstücken an die ehemaligen Eigentümer setzte sich überwiegend das Prinzip der „Rückgabe vor Entschädigung" durch. Präzise Informationen über die Zuordnung der zurückgegebenen Unternehmen und Grundstücke zu ostdeutschen, westdeutschen und ausländischen Eigentümergruppen sind nicht verfügbar.

Die wichtigsten Dimensionen sozialer Ungleichheit 181

Im Hinblick auf die ausgedehnten Begünstigungen und Fördermaßnahmen für Investitionen in den neuen Bundesländern, insbesondere auch für Bauten, ist zu vermuten, daß diese in erster Linie westdeutschen und ausländischen Unternehmen bzw. Privateigentümern zugute kamen, da vor allem diese aufgrund ihres vorhandenen Eigenkapitals von den entsprechenden Regelungen Gebrauch machen konnten (vgl. Lampert 1994: 112ff.). Aus vermögenspolitischer Sicht haben alle diese Regelungen eher zu einer Konzentration des Produktivvermögens als zu einer breiteren Streuung geführt.

3.2.4 Bildung[84]

Das Bildungssystem spielt in allen Gesellschaften eine bedeutende Rolle. Kindheit und Jugend werden entscheidend durch den Besuch von Bildungsinstitutionen geprägt, und die (nicht) erworbenen Abschlüsse haben großen Einfluß auf die Möglichkeiten, einen bestimmten Beruf auszuüben und Einkommen zu erzielen.

Der Aufbau des Bildungswesens der DDR unterschied sich in weiten Teilen deutlich von demjenigen der Bundesrepublik. Im Verlauf des Transformationsprozesses wurde es stark modifiziert und an das westdeutsche Bildungswesen angeglichen.

Das Bildungswesen der DDR

Zum Zeitpunkt der Vereinigung war das *System der schulischen Bildung* der DDR entsprechend dem abgebildeten Schema aufgebaut (siehe Abbildung 3.2.4.1).

Den Grundstock bildete die zehnklassige allgemeinbildende polytechnische Oberschule (POS), deren Besuch für alle Kinder und Jugendliche verbindlich war. Abgesehen von der Möglichkeit, zusätzlich zum allgemeinen Unterricht ergänzende Kurse zu besuchen (z.B. in einer zweiten Fremdsprache), absolvierten alle Schüler eines Altersjahrgangs dieselbe Schulausbildung. Die Schule war mehr als eine primär auf Leistung ausgerichtete Institution. Wie für die Erwerbstätigen die Betriebe, so waren auch für die Jugendlichen die Schulen die Orte, durch die das soziale Leben maßgeblich gestaltet wurde (z.B. durch die Integration von Freizeitaktivitäten in den Schulbereich, wie im Rahmen der Jungen Pioniere).

---

84 Dieser Abschnitt stützt sich in weiten Teilen auf die KSPW-Expertise v. Below 1996.

Abbildung 3.2.4.1: Das Bildungssystem der DDR 1989

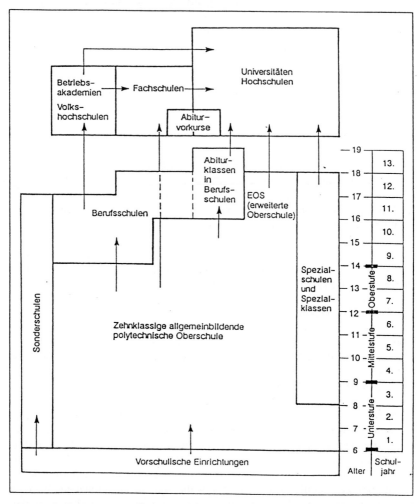

Quelle: Anweiler u.a. 1992: 531.

Es galt als allgemeines Ziel, allen Schülern das Erreichen des jeweiligen Klassenziels zu ermöglichen, so daß die Klassen nach Ende des Schuljahres geschlossen in die nächsthöhere Stufe wechseln konnten. So wurde durch die intensive Förderung von schwächeren und eine gewisse Dämpfung besonders leistungsstarker Schüler eine Nivellierung vollzogen. Der Anteil der Schüler, die den Abschluß der zehnten Klasse nicht erreichten, wurde seit 1976 nicht mehr offiziell veröffentlicht, nach inoffiziellen Angaben verließen 1989 12% der Schulabgänger die Schule vor Abschluß der 10. Klasse (vgl. Fischer 1992: 146). Den Abschluß der POS oder einen höheren Abschluß, also mindestens eine zehnjährige Schulbildung hatten 1993 in den neuen Bundesländern über 50% der Bevölkerung über 15 Jahre.[85] Diese Anteile liegen deutlich höher als die Vergleichswerte für die alte Bundesrepublik (vgl. Statistisches Bundesamt 1995a: 386).[86]

Nach dem Abschluß der POS wurde es einem kleinen Teil der Schüler ermöglicht, auf die erweiterte Oberschule (EOS) zu wechseln. So gingen 1980 8,3% eines Jahrgangs – dies entsprach im allgemeinen zwei Schülern pro Klasse – auf die EOS über, auf der in zweijähriger Schulzeit das Abitur erworben wurde; der Höhepunkt lag 1971 bei ca. 11% (vgl. Baske 1990: 214). Hierfür war jedoch nicht nur die fachliche Eignung ausschlaggebend, sondern auch das gesellschaftspolitische Engagement (die ideologisch-politische Zuverlässigkeit) und die soziale Herkunft (vgl. Marggraf 1993: 120 und Geißler 1983: 760).

Für die Absolventen der POS, die nicht auf die EOS überwechselten, schloß sich im allgemeinen eine *Berufsausbildung* an, die für einen kleinen Anteil der Auszubildenden bei einer auf drei Jahre verlängerten Lehrzeit mit dem Abitur abgeschlossen werden konnte. Auch Schüler, die an der EOS das Abitur erworben hatten und im Anschluß daran kein Direktstudium aufnahmen, sollten im Rahmen der Aus- und Weiterbildung der Werktätigen in einem bis eineinhalb Jahren zu einem Facharbeiterabschluß geführt werden (vgl. Baske 1990: 216). Ein kleiner Teil der Absolventen der POS entschied sich für ein Studium an (z.B. medizinischen und pädagogischen) *Fachschulen*; das Studium an anderen (z.B. Ingenieur- und ökonomischen) Fachschulen setzte zusätzlich zum POS-Abschluß eine Facharbeiterausbildung voraus (vgl. Fischer 1992: 69). Ein gewisser Anteil der Bevölkerung verblieb auch in der DDR als Un- und Angelernte unterhalb des Facharbeiterniveaus, im Jahr 1988 haben DDR-Wissenschaftler einen auch weiterhin bestehenden Anteil von ca. 10% geschätzt (vgl. Lötsch 1988: 135).

Eine in der DDR schon früh – deutlich vor entsprechenden Bemühungen in der Bundesrepublik – geschaffene Einrichtung war die Möglichkeit, während der Berufstätigkeit, also über den *zweiten Bildungsweg* das Abitur zu erwerben. So wird allgemein davon ausgegangen, daß von den 15% Abiturienten eines Jahrgangs zwei Drittel das Abitur an der EOS erreichten und das

---

85 Ende der fünfziger Jahre war die Schuldauer auf zehn Jahre angehoben worden.
86 Hier soll nur die Dauer der Schulbildung verglichen werden. Inwieweit die vermittelten Lerninhalte vergleichbar sind bzw. waren, läßt sich nicht eindeutig feststellen.

restliche Drittel später, zum Teil über die Berufsausbildung mit Abitur, zum Teil im Rahmen von betrieblichen Freistellungen und Förderungen innerhalb von zwei Jahren über Abiturlehrgänge an Volkshochschulen ihren Abschluß erwarben. Auch Fachschul- und Universitätsabschlüsse konnten im Rahmen von Fern- und Abendstudien erreicht werden. Im Jahr 1981 waren 56,8% der Studierenden an Fachschulen Direkt-, 37,6% Fern- und 5,4% Abendstudenten (vgl. Fischer 1992: 69).

Das Abitur berechtigte nicht zur Aufnahme eines *Hochschulstudiums*; es war lediglich Voraussetzung zur Bewerbung um einen Studienplatz. Falls es nicht genügend Studienplätze für die Interessenten gab – zwischen 1976 und 1980 entfielen auf einen Studienplatz 1,4 Bewerber (vgl. Schulz u.a. 1980: 78) –, wurde durch sogenannte Umlenkungsgespräche das Studienplatzangebot mit der Nachfrage abgestimmt: die Bewerber konnten sich entweder für ein weniger gefragtes Studienfach entscheiden, es nach einem Jahr Berufstätigkeit noch einmal versuchen oder einen Facharbeiterberuf erlernen (vgl. Huinink/Mayer/Trappe 1995: 98). Nach einer bewußt geförderten Bildungsexpansion, die in der DDR in den sechziger Jahren stattfand – sie hatte bewirkt, daß sich die Zahl der Studenten von 1951 (31.512) bis 1972 (160.967) mehr als verfünffachte –, wurde diese Entwicklung mit dem VIII. Parteitag der SED 1971 bewußt zurückgenommen. Die Zahl der Studierenden sank bis 1989 auf 134.400 (zum Vergleich: in Westdeutschland verdreifachte sich die absolute Zahl der Studierenden von 510.500 im Jahr 1970 auf 1.509.000 im Jahr 1989). Im Jahr 1991 verfügten auf dem Gebiet der ehemaligen DDR 8,5% der Bevölkerung über einen Hochschulabschluß, während es in den alten Bundesländern 8,0% waren (vgl. Bundesminister für Bildung und Wissenschaft 1992: 332ff.).

Zusammenfassend läßt sich also feststellen, daß das Bildungssystem der DDR praktisch für alle Schülerinnen und Schüler einheitlich war, sowohl hinsichtlich der Lerninhalte als auch der Schulform. Zusätzliche Angebote konnten allerdings wahrgenommen werden. Der Zugang zum Abitur und darüber hinaus zum Studium wurde restriktiv gehandhabt und erfolgte auch aufgrund leistungsfremder Kriterien. Es bestanden umfangreiche Angebote zur Weiterbildung nach dem Abschluß der eigentlichen Schulausbildung. Das Ziel einer breiten Grundbildung für alle wurde im großen und ganzen erreicht, der Zugang zu „höherer" Bildung blieb jedoch wenigen vorbehalten.

Ungleichheiten im Bildungssystem der DDR

Für die späten achtziger Jahre lassen sich in der DDR keine deutlichen Ungleichheiten der Bildungsbeteiligung nach *Geschlecht* feststellen. In der Zeit davor war dies jedoch anders: von der Bildungsexpansion in den fünfziger

Die wichtigsten Dimensionen sozialer Ungleichheit 185

Jahren, die insbesondere auf die Einbeziehung bildungsferner Schichten gerichtet war, profitierten vor allem die Männer. Nach der restriktiveren Handhabung seit den siebziger Jahren konnten die Frauen aufholen; so hatten die unter 40jährigen Frauen 1991 sogar zu einem geringeren Anteil den Volks- oder Hauptschulabschluß und zu einem höheren Anteil die Fachhochschul- bzw. Hochschulreife als die gleichaltrigen Männer (siehe Tabelle 3.2.4.1).

Tabelle 3.2.4.1: Ostdeutsche Bevölkerung im Alter von 20 und mehr Jahren nach Bildungsabschluß 1991 – in %

Alter von ... Jahre bis unter ... Jahre	Volks-/Hauptschulabschluß			Fachhoch-/Hochschulreife		
	Männlich	Weiblich	Gesamt	Männlich	Weiblich	Gesamt
20-25	7,9	4,4	6,2	16,5	16,4	16,3
25-30	8,6	5,1	6,8	15,4	16,6	16,0
30-40	12,0	9,1	10,5	17,3	17,4	17,3
40-50	28,7	30,6	29,7	19,2	14,0	16,6
50-60	61,2	70,9	66,1	16,6	8,5	12,5
60-65	65,2	80,0	73,2	16,1	4,6	9,8
65 und mehr	75,2	86,5	82,7	10,2	2,1	4,7

Datenbasis: Mikrozensus 1991.
Quelle: Statistisches Bundesamt 1993b: 209; eigene Berechnungen.

Offiziell wurde die gezielte Förderung von Kindern niedriger *sozialer Herkunft* angestrebt. Dieser Anspruch wurde in den ersten Jahrzehnten der DDR zu einem großen Teil erfüllt. Seit den sechziger Jahren wurde jedoch auch im Bildungssystem die bestehende soziale Struktur reproduziert; dies geschah durch die Auswahlkriterien zum Zugang zu weiterführender Bildung, die außer individuellen Leistungen sowohl Systemloyalität als auch die Herkunft umfaßten. Während in den Anfangsjahren tatsächlich überwiegend Arbeiterkinder oder Kinder aus dem ländlichen Bereich gefördert worden waren, überwog später der Anteil der Kinder der sozialistischen Dienstklasse, also derjenigen, die ursprünglich selbst aufgestiegen waren und sich inzwischen etabliert hatten (vgl. Solga 1995).

Regionale Ungleichheiten im Bildungssystem der DDR sind auf einem niedrigen Niveau feststellbar. So lag 1981 der Anteil der Schüler eines Altersjahrgangs – auch Bildungsbeteiligung oder Bildungsdichte genannt – bei den 16- bis 17jährigen in den Stadtkreisen und in Berlin höher als in den Landkreisen (vgl. v. Below 1996). Müller-Hartmann und Henneberger (1995) stellen Unterschiede der Bildungsdichte Jugendlicher insbesondere zwischen der Peripherie Ostdeutschlands (Grenzregionen zu Polen und ehemalige innerdeutsche Grenze) und den Zentren des Landes, wie Berlin, Halle und Dresden fest.

186 Entwicklung und Verteilung von Lebenslagen

Neugliederung in den neuen Bundesländern

Mit der Vereinigung fiel der Bereich der Bildung unter die Hoheit der wieder gegründeten Länder. In allen fünf neuen Bundesländern entschloß man sich, das einheitliche DDR-Bildungssystem durch ein gegliedertes zu ersetzen. Die gewählte Gliederung ist jedoch von Bundesland zu Bundesland sehr unterschiedlich. Zwei der Bundesländer übernahmen weitestgehend die Mehrgliedrigkeit jeweils unterschiedlicher westlicher Schulsysteme: Brandenburg (hier gibt es Realschule, Gymnasium und Integrierte Gesamtschule, im Gegensatz zu Berlin jedoch keine Hauptschule) und Mecklenburg-Vorpommern (hier gibt es Gymnasium, Realschule und Hauptschule, zusätzlich vereinzelt integrierte Klassen für Haupt- und Realschüler und Integrierte Gesamtschulen). Zwei weitere Bundesländer (Thüringen und Sachsen) wagten einen Neuanfang, indem sie die klassische Dreigliedrigkeit aufhoben und neben dem Gymnasium Schulen einrichteten, an denen Haupt- und Realschüler in parallel laufenden Zweigen unterrichtet werden (in Sachsen wurden diese erst zum Schuljahr 1992/93 eingerichtet); Sachsen-Anhalt schuf zusätzlich zu den drei klassischen Schultypen die Sekundarschule (siehe auch Übersicht 3.2.4.1).[87]

Durch das Vorhandensein einer einheitlichen Schulart für alle Schüler ab der ersten Klasse war in der DDR überall bis einschließlich zur zehnten Klasse eine wohnortnahe Schulversorgung gewährleistet. Durch die seit der Vereinigung im Rahmen der Neustrukturierung des Schulsystems stattfindende Aufgliederung der Schularten überwiegend nach der vierten Klasse gibt es schon jetzt Schwierigkeiten, die geschaffenen Schularten in der angestrebten Weise (z.B. mindestens Zweizügigkeit von Gymnasien) aufrecht zu erhalten. Diese Problematik wird sich in einigen Jahren durch den dramatischen Geburtenrückgang seit der Vereinigung (siehe Abschnitt 2.2), der sich auch gegenwärtig nur geringfügig abschwächt, deutlich zuspitzen. Hierdurch verringert sich die zukünftige Schulpopulation deutlich, und etliche Schulen werden den Unterrichtsbetrieb nicht länger aufrechterhalten können. Es werden sich auch Probleme bei der Beschäftigung der Lehrer ergeben, denn schon jetzt liegt die Betreuungsquote der Schüler in den neuen Bundesländern über der im übrigen Bundesgebiet. Die wohnortnahe Versorgung, die heute schon nicht mehr überall gewährleistet ist, wird sich besonders für ländliche Gebiete und dort für die weiterführenden Schulen noch weniger aufrechterhalten lassen (vgl. Fickermann 1996). Hierdurch können sich Ungleichheiten zwischen städtischen und ländlichen Regionen bilden und verstärken.

---

87 Ost-Berlin wird im folgenden aus der Betrachtung ausgeschlossen, da in den meisten Statistiken und Datenquellen nur noch gemeinsame Angaben für Ost- und West-Berlin ausgewiesen werden.

Die wichtigsten Dimensionen sozialer Ungleichheit

Übersicht 3.2.4.1: Neugliederung des allgemeinbildenden Schulwesens in den neuen Bundesländern

	Brandenburg	Mecklenburg-Vorpommern	Sachsen	Sachsen-Anhalt	Thüringen
Dauer der Grundschule	6 Jahre	4 Jahre	4 Jahre	4 Jahre	4 Jahre
Dauer der Schulpflicht	10 Jahre	9 Jahre	9 Jahre	9 Jahre	9 Jahre
Dauer der Schulzeit bis zum Abitur	13 Jahre	12 Jahre (ab 2000: 13) (Fachgymnasium: 13)	12 Jahre (berufl. Gymn.: 13)	12 Jahre (Fachgymnasium: 13)	12 Jahre (Fachgymnasium: 13)
Oberstufenklassen [a]	11, 12, 13	11, 12	11, 12	10, 11, 12	10, 11, 12
Übergang auf weiterführende Schulen nach der Grundschule [b]	freie Schulwahl der Eltern auf der Grundlage eines von der Schule erstellten Gutachtens	freie Schulwahl der Eltern auf der Grundlage eines von der Schule erstellten Gutachtens	Übergangsempfehlung der Schule; bei anderslautendem Wunsch der Eltern ein- bis zweitägige Aufnahmeprüfung für das Gymnasium	ab 1997: Orientierungsstufe in den Klassen 5 und 6; freie Schulwahl der Eltern auf der Grundlage eines von der Schule erstellten Gutachtens	Übergangsempfehlung der Schule; bei anderslautendem Wunsch der Eltern ein- bis zweitägige Aufnahmeprüfung für das Gymnasium; 1. Schuljahr am Gymnasium gilt als Probezeit
Umstufung nach der Förder- bzw. Orientierungsstufe (es gibt derzeit keine schulformübergreifende Orientierungsstufe in den Ländern mit vierjähriger Grundschule) [b]	entfällt	Eltern haben keinen Einfluß auf Zuweisung zum Haupt- oder Realschulzweig	Eltern haben keinen institutionell geregelten Einfluß auf Zuweisung zum Haupt- oder Realschulzweig	freie Entscheidung der Eltern auf der Grundlage einer Empfehlung der Schule	Eltern haben keinen institutionell geregelten Einfluß auf Zuweisung zum Haupt- oder Realschulzweig. In der 7. und 8. Klasse halbjährliche Umstufung, für die nur bei Höherstufung die Zustimmung der Eltern erforderlich ist.
Anzahl der Schulen in den jeweiligen Schularten 1993 [c]	Realschule (79) Gymnasium (99) Integrierte Gesamtschule (290) Waldorfschule (5)	Hauptschule (307) integrierte Klassen für Haupt- und Realschüler (129) Realschule (380) Gymnasium (96) Integrierte Gesamtschule (15) Waldorfschule (2)	Mittelschule (662) Gymnasium (185) Waldorfschule (3)	Hauptschule (346) Sekundarschule (141) Realschule (468) Gymnasium (185) Waldorfschule (2)	Hauptschule (1) Regelschule (403) Gymnasium (113) Integrierte Gesamtschule (4) Waldorfschule (2)

Quelle: a) Hörner 1995: 150; b) Weishaupt/Zedler 1994: 401; c) Statistisches Bundesamt 1994c.

Subjektive Bewertung der Neugliederung

Die im Bildungssystem stattfindenden Veränderungen werden in alle Familien hineingetragen; nach wie vor sind mit unterschiedlichen Bildungsabschlüssen unterschiedliche Zukunftschancen verbunden. Die Umstrukturierung des Bildungssystems in den neuen Bundesländern betrifft also sehr breite Teile der Bevölkerung. Wie die Veränderung eines Systems von solcher Trag- und Reichweite von den betroffenen Bürgern und Schülereltern angenommen wird, soll im folgenden dargestellt werden.

In einer alle zwei Jahre durchgeführten Erhebung des Instituts für Schulentwicklungsforschung in Dortmund (vgl. Rolff u.a. 1994 und 1996) stimmt 1991 bis 1995 ein stark wachsender Anteil der Befragten nicht mit der durchgeführten Form der Umstrukturierung des Schulsystems in den neuen Bundesländern überein (siehe Tabelle 3.2.4.2): 55% hätten sich 1995 eine Beibehaltung der äußeren Schulstruktur (wohnortnahe Allgemeinbildende Polytechnische Oberschule (POS) für alle Kinder, Erweiterte Oberschule (EOS) oder Lehre, Berufsausbildung mit Abitur) bei einer Abkehr von parteiideologischen Inhalten gewünscht. Der Anteil derjenigen, die für den unveränderten Erhalt des DDR-Schulsystems plädieren, hat sich seit 1991 verfünffacht und ist auf ein Viertel der Befragten gestiegen. Die gewählte Umstrukturierung – das neue Schulsystem – beurteilt die Bevölkerung fünf Jahre nach seiner Installierung inzwischen nur noch zu einem Fünftel positiv.

Tabelle 3.2.4.2: Beurteilung der Neugliederung des Schulwesens in den neuen Bundesländern 1991 bis 1995 – in %

Frage: „Das Schulwesen der ehemaligen DDR befindet sich zur Zeit im Umbruch. Welcher der Aussagen stimmen Sie am ehesten zu?"	1991	1993	1995
Das Bildungs- und Schulwesen in der ehemaligen DDR hat sich insgesamt bewährt. Man hätte überhaupt nichts ändern sollen.	5	20	25
Eine Neugestaltung des Schulwesens kann nur gelingen, wenn sowohl Inhalte als auch die äußere Schulstruktur geändert werden, also ein neues Schulsystem eingeführt wird.	38	19	21
Die Abkehr von der partei-ideologisch beeinflußten Pädagogik halte ich für richtig. Die äußere Schulstruktur (wohnortnahe POS für alle Kinder, EOS oder Lehre, Berufsausbildung mit Abitur) hätte man ruhig beibehalten können	57	61	55

Quelle: Kanders 1994: 28 und 1996.

Die Neugliederung wird also vom überwiegenden Teil der Bevölkerung in dieser Form nicht angenommen. Es läßt sich sogar ein deutliches Absinken der Akzeptanz feststellen.

Diese geringe Akzeptanz des Schulwesens in den neuen Bundesländern hängt sicherlich damit zusammen, daß im Gegensatz zur DDR-Schule im

Die wichtigsten Dimensionen sozialer Ungleichheit

neuen Schulsystem – wie dies seit jeher in den alten Bundesländern der Fall ist – der Schulzweck primär in der Wissensvermittlung liegt und außerschulische Aspekte nun eine weitaus geringere Rolle spielen als früher. Mit diesem überwiegend leistungsorientierten System kommen Teile der Jugendlichen in den neuen Bundesländern nur schwer zurecht.

Im Rahmen der genannten Untersuchungen des Instituts für Schulentwicklungsforschung werden auch erwünschte Schulabschlüsse für Kinder, also die *Bildungsaspirationen bei Schülereltern* untersucht (vgl. Kanders 1994 und 1996). Die Attraktivität des Abiturs bei Eltern in den neuen Bundesländern ist zwar hoch, nimmt aber seit 1991 stetig ab (1991: 51%, 1995: 44%), bei gleichzeitig steigenden und 1995 sogar höheren Anteilen von Eltern, die sich für ihre Kinder den Realschulabschluß wünschen (1991: 36%, 1995: 47%) und einem geringen Prozentsatz von Eltern, die für ihre Kinder einen Hauptschulabschluß anstreben (1991: 13%, 1995: 9%). Dabei gewinnt der Realschulabschluß zunehmend an Attraktivität. Wie sich die tatsächliche Verteilung der Schüler auf die verschiedenen Schularten darstellt, soll im folgenden ausgeführt werden.

Ungleichheiten der Bildungsbeteiligung seit der Vereinigung: Verteilung der Schüler auf Schularten und Schulabgänger

Zuerst wird die Verteilung der Schüler auf die 8. Klassen verschiedener Schularten, anschließend die Anteile der Schulabgänger nach den unterschiedlichen Abschlußarten dargestellt. In der 8. Klassenstufe ist im allgemeinen die Entscheidung über den künftigen Schulweg gefallen. Daraus lassen sich also Trends für die Entwicklung der zukünftigen Schulabgängerzahlen ablesen. Beide Indikatoren[88] werden als Zeitreihe von 1991/1992 bis 1994 dargestellt (vgl. v. Below 1996).[89] Im Gegensatz zum Bundesdurchschnitt, wo das Gym-

---

88 Folgende Probleme gibt es bei den vorliegenden Daten: die Schüler werden im Rahmen der Schulstatistik, also am Schulort erfaßt. Dabei kann es zu Verzerrungen kommen, wenn Schüler zwischen Bundesländern pendeln, Wohn- und Schulort also in unterschiedlichen Bundesländern liegen. Bei der Berechnung von Schulabgängeranteilen werden verschiedene Jahrgänge miteinander verglichen, da im allgemeinen Abiturienten älter sind als Haupt- und Realschulabgänger. Problematisch ist dieser Anteil im vorliegenden Zusammenhang insbesondere, als es von 1975 bis 1980 in der DDR einen Geburtenanstieg von 170.050 auf 227.606 Geburten gab.

89 Im allgemeinen werden Ungleichheiten im Bildungssystem hauptsächlich unter den Aspekten von Geschlecht, sozialer und regionaler Herkunft untersucht. Aufgrund der Datenlage in der Bundesrepublik können für die Schüler nur Differenzierungen auf Bundeslandebene und nach Geschlecht vorgenommen werden, da in der Schulstatistik keine Angaben zum elterlichen Ausbildungs- und Berufsstatus erhoben werden.

nasium seit 1992 mit gut 30% die von den Achtkläßlern am häufigsten besuchte Schulart ist, verteilen sich in den neuen Bundesländern die *Schüler der 8. Klasse* zu größeren Teilen auf andere Schularten (vgl. v. Below 1996). In Thüringen und Sachsen besuchen diese Schüler praktisch ausschließlich integrierte Klassen für Haupt- und Realschüler einerseits und das Gymnasium andererseits, für das die Anteile 1994 in beiden Ländern über 37% liegen. Hier überschreitet der Anteil der Gymnasiasten den Bundesdurchschnitt und erreicht fast den Wert des von den Schülereltern in den neuen Bundesländern gewünschten späteren Abschlusses Abitur, der bei 44% liegt (siehe oben).

In Sachsen-Anhalt und Mecklenburg-Vorpommern gibt es zwar teilweise integrierte Klassen für Haupt- und Realschüler, aber es gibt parallel dazu die im Westen üblichen Schulformen Haupt- und Realschule. Die Realschule ist in diesen Bundesländern die von den Schülern der 8. Klasse am häufigsten, nämlich fast zu 50%, besuchte Schulform. In Mecklenburg-Vorpommern, dem einzigen neuen Bundesland, das das klassische dreigliedrige Schulsystem institutionalisiert hat, geht – als einzigem Bundesland – der Anteil der Gymnasiasten stetig zurück und liegt 1994 bei gut 30% der Achtkläßler. Die Anteile der Hauptschüler schwanken in Mecklenburg-Vorpommern seit 1991 um 15%, in Sachsen-Anhalt haben sie sich von gut 5% 1991 auf über 12% mehr als verdoppelt.

In Brandenburg, das neben Integrierten Gesamtschulen nur Realschule und Gymnasium als Regelschulform anbietet, konzentrieren sich – wenn auch mit sinkenden Anteilen – die Schüler der 8. Klassen auf die Integrierte Gesamtschule. Die Anteile der Achtkläßler an Realschulen steigen zwar stetig, liegen mit 16% im Jahr 1994 jedoch deutlich niedriger als in den anderen neuen Bundesländern, in denen es diese Schulform gibt, und auch niedriger als im Bundesdurchschnitt.

Während im Bundesgebiet die Anteile der *Abgänger verschiedener Schularten* im Zeitraum von 1992 bis 1994 praktisch konstant geblieben sind, gab es in den einzelnen neuen Bundesländern deutliche Schwankungen (siehe Abbildung 3.2.4.2).

Wie im gesamten Bundesgebiet ist in allen neuen Bundesländern der Realschulabschluß der am häufigsten erreichte Schulabschluß unter den Schulabgängern. Lediglich in Thüringen liegt dieser Anteil nicht wie in den anderen Bundesländern bei gut 50%, sondern knapp 10 Prozentpunkte niedriger, bei 43%. In diesem Bundesland ist während des gesamten betrachteten Zeitraums die Quote der Schulabgänger mit Hauptschulabschluß mit jeweils über 20% deutlich höher als in den anderen neuen Bundesländern, in denen dieser Wert zwischen 10% und 20% und damit unter dem Bundesdurchschnitt liegt. In Thüringen ist auch der Anteil der Schulabgänger ohne Haupt-

Die wichtigsten Dimensionen sozialer Ungleichheit

schulabschluß mit 13,1% (1994) am höchsten.[90] Dieser Wert ist jedoch in fast allen neuen Bundesländern seit 1992 gewachsen und liegt lediglich in Sachsen mit 9,9% noch unterhalb von 10%. Insgesamt verläßt in den neuen Ländern rund jeder zehnte Schulabgänger die Schule ohne einen Abschluß, d.h. auch praktisch ohne Aussichten auf eine Lehrstelle oder andere Möglichkeiten zur Weiterqualifizierung. Die Anteile der Abiturienten an den Schulabgängern liegen in den einzelnen Ländern mittlerweile bei gut 20% und damit fast auf gesamtdeutschem Niveau, in Sachsen-Anhalt sogar darüber.

Abbildung 3.2.4.2: Schulabgänger nach Abschlußarten und Jahren in den neuen Bundesländern und im Bundesgebiet 1992 bis 1994 – in %

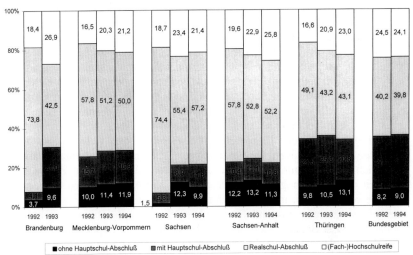

Anmerkung: Brandenburg: 1994 Ausfall eines Abiturientenjahrgangs wegen Umstellung der Schulzeit von 12 auf 13 Jahre.
Quelle: Kultusministerkonferenz 1993: 315ff. und 1995: 317ff.

---

90 In Thüringen ist auch die Bildungsdichte der 16-17jährigen deutlich niedriger als in den anderen neuen Bundesländern (vgl. v. Below 1996).

Ungleichheiten der Bildungsbeteiligung seit der Vereinigung: Geschlecht der Schüler und regionale Unterschiede

Bei den Schülern gibt es auf der Ebene der Bundesländer durchaus *Unterschiede nach Geschlecht*, wenn man die Verteilung von Jungen und Mädchen auf die verschiedenen Schularten (soweit diese vorhanden sind) betrachtet: So sind 1993 60% der Schüler in 8. Klassen an Gymnasien Mädchen. Gut 40% der Schüler in integrierten Klassen und/oder Integrierten Gesamtschulen und ein Drittel der Hauptschüler sind weiblichen Geschlechts (vgl. v. Below 1996). In allen Bundesländern sind in 8. Klassen von Gymnasien Mädchen also überrepräsentiert, während sie in Hauptschulen – soweit diese vorhanden sind – deutlich und an anderen Schularten geringfügig weniger als die Hälfte der Schüler ausmachen.

Die Anteile der Mädchen an den Schulabgängern der verschiedenen Jahrgänge auf Bundeslandebene entspricht ungefähr der Verteilung nach Geschlecht in den 8. Klassen. Mädchen sind mit weniger als einem Drittel bei den Schulabgängern ohne oder mit Hauptschulabschluß deutlich unterrepräsentiert, mit fast 60% bei den Abiturienten deutlich über ihrem Anteil an der Bevölkerung vertreten und geringfügig unterrepräsentiert beim Realschulabschluß (vgl. Bundesministerium für Bildung 1995: 86f.). Von einer Benachteiligung der Mädchen im Schulsystem der neuen Bundesländer kann also keine Rede sein – eher haben sie die Jungen überholt.

Auf der Ebene der Bundesländer lassen sich *regionale Unterschiede* feststellen, die – auf einem im Vergleich zur DDR insgesamt höheren Niveau – deutlich ausgeprägter sind als zu DDR-Zeiten. Wie oben im Zusammenhang mit der Verteilung der Absolventen auf die Abschlußarten dargestellt, ist insbesondere in Thüringen die Bildungsbeteiligung nach Beendigung der Schulpflicht gering, während Brandenburg die höchste Bildungsdichte der 16-17jährigen aufweist – hier macht sich sicherlich ein „Speckgürtel"-Effekt bemerkbar (vgl. v. Below 1996).

Ungleichheiten der Bildungsbeteiligung seit der Vereinigung: Studienanfänger und Studierende

An Abbildung 3.2.4.3 läßt sich die Steigerung der absoluten und relativen Häufigkeiten von Studienanfängern ablesen.

Die wichtigsten Dimensionen sozialer Ungleichheit 193

Abbildung 3.2.4.3: Studienanfänger in Ost- und Westdeutschland – deutsche und ausländische Studierende an allen Hochschularten 1965 bis 1994 – in 1.000 und in % des Durchschnittsjahrgangs der 19-20jährigen Bevölkerung

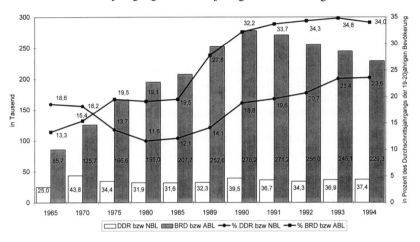

Quelle: Bundesminister für Bildung und Wissenschaft 1992: 156ff. und Bundesministerium für Bildung 1995: 140.

In den neuen Bundesländern ist der Anteil der Studienanfänger am Durchschnittsjahrgang der 19- bis 20jährigen Bevölkerung[91] stark angestiegen; 1994 betrug er fast 10 Prozentpunkte mehr als 1989. Dieser Anteil hat noch nicht das westdeutsche Niveau erreicht; eine Annäherung hieran ist jedoch angesichts steigender Abiturientenquoten zu erwarten.

Für Studienanfänger gibt es Angaben über die berufliche Stellung des Vaters, so daß hier Differenzierungen nicht nur nach Geschlecht, sondern auch ansatzweise nach sozialer Herkunft möglich sind.

Während im Schulsystem keine *Benachteiligung von Mädchen* festzustellen ist, sind sie unter den Studienanfängern nur noch knapp zur Hälfte

---

91 Die Verwendung eines solchen Indikators ist nicht unproblematisch, da alle Studienanfänger, die sich im Alter ja sehr deutlich unterscheiden, auf die durchschnittliche Stärke zweier Geburtsjahrgänge bezogen werden. Es kann also durchaus zu Verzerrungen kommen, wenn sich die Jahrgangsstärken der Berechnungsgrundlage (hier: die 19- bis unter 21jährigen) und der tatsächlichen Studierenden stark unterscheiden. Der gewählte Anteil soll hier also nur als Anhaltspunkt dienen.

vertreten (vgl. Bundesministerium für Bildung 1995: 144). Bei einer Unterscheidung nach Hochschularten ergibt sich jedoch, daß die Studienanfängerinnen an Universitäten und Kunsthochschulen entsprechend dem Anteil an den Abiturienten leicht überrepräsentiert sind, während sie an den Fachhochschulen nur zu gut 40% vertreten sind. Im Verlauf des Studiums nimmt der Anteil der Studentinnen jedoch ab, so daß bei den Studierenden und den bestandenen Prüfungen die weiblichen Hochschulabgänger weniger als die Hälfte ausmachen (in den alten Bundesländern beträgt dieser Anteil nur ein gutes Drittel). Die Abiturientinnen und Studienanfängerinnen können also ihren erhöhten Anteil im Verlauf des Studiums nicht halten.

Der Abbildung 3.2.4.4 sind bezogen auf deutsche Studienanfänger *Ungleichheiten nach beruflicher Stellung des Vaters* zu entnehmen.

Abbildung 3.2.4.4: Deutsche Studienanfänger nach beruflicher Stellung des Vaters und Erwerbstätige nach Stellung im Beruf – in %

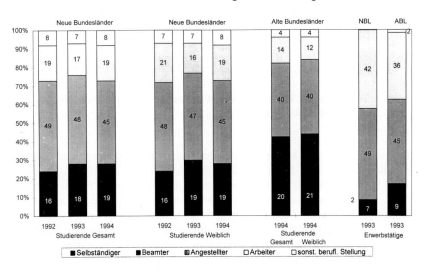

Quelle: Bundesministerium für Bildung 1995: 210f. und Statistisches Bundesamt 1995a: 110; eigene Berechnungen.

Der überwiegende Teil der Studienanfänger sind Kinder von Angestellten (Väter). Die Anteile der Angestelltenkinder, die von 1992 bis 1994 leicht auf 45% zurückgegangen sind, entsprechen ungefähr dem Anteil der Angestellten an der Bevölkerung in den neuen Bundesländern (49%). Demgegenüber sind die Beamtenkinder deutlich überrepräsentiert, insbesondere, wenn man den dort mit 2% (noch) sehr niedrigen Beamtenanteil berücksichtigt. Auch die Kinder der Selbständigen sind zu höheren Anteilen vertreten, als es der relativen Bedeutung der Selbständigen unter den Erwerbstätigen entspricht. Die Arbeiterkinder haben unter den Studierenden zwar ein höheres Gewicht als in den alten Bundesländern, ihr Anteil entspricht jedoch weniger als der Hälfte des Arbeiteranteils an der erwerbstätigen Bevölkerung. Interessant ist hier die Feststellung, daß die im Westen zu beobachtende Unterrepräsentierung von Arbeiter*töchtern* in den neuen Bundesländern nicht festzustellen ist.

Bei einer *Differenzierung nach Hochschularten* zeigen sich deutliche Unterschiede nach Herkunft. Insbesondere die Arbeiterkinder bevorzugen die Fachhochschulen. So sind ungefähr ein Viertel der dortigen Studienanfänger Arbeiterkinder (1994: 26%), während nur rund ein Sechstel (1994: 16%) der Studierenden an Universitäten und Kunsthochschulen einen Arbeiter zum Vater hat (vgl. Bundesministerium für Bildung 1995: 210). An den Fachhochschulen sind Arbeiterkinder also nicht im selben Maße unterrepräsentiert wie an Universitäten und Kunsthochschulen.

Im Zeitverlauf hat sich an der Zusammensetzung der Studienanfänger nach Vaterberuf (außer einer geringfügigen Zunahme des Anteils der Beamtenkinder und einer entsprechenden Abnahme des Angestelltenanteils) in den neuen Bundesländern nicht viel verändert, bei einem Anstieg der Anzahl der Studienanfänger von 32.200 im Jahr 1989 auf 37.400 im Jahr 1994 und der Studierenden von 134.400 auf 180.500 im selben Zeitraum (vgl. Bundesministerium für Bildung 1995: 160).

Ausblick

Zusammenfassend läßt sich feststellen: Wo es in den neuen Bundesländern Schulformen gibt, die verschiedene Schularten integrieren, ist diese Schulform die am häufigsten besuchte. In den anderen neuen Bundesländern wird diese Rolle von der Realschule übernommen. Die integrierten Schulformen, die in dieser Art in der bundesdeutschen Schullandschaft ein Novum darstellen, haben sich also bewährt und werden von der Bevölkerung, obwohl sie insgesamt dem neuen Schulsystem kritisch gegenübersteht, angenommen; dies liegt mit Sicherheit auch daran, daß integrierte Schulformen durch die Erfahrungen mit der POS allgemein vertraut sind.

Die Anteile der Schulabgänger ohne Hauptschulabschluß haben sich seit der Einführung der neuen Schulsysteme fast überall deutlich erhöht und pendeln sich bei gut 10% ein; die meisten Schulabgänger schließen die Realschule ab.

Es läßt sich prognostizieren, daß der Anteil der Abiturienten weiterhin steigen wird und über 30% der Schulabgänger erreichen kann. Dies gilt nicht für Mecklenburg-Vorpommern, wo der Anteil der Gymnasiasten zurückgeht. Es gilt auch für Brandenburg, wo zwar der Anteil der Gymnasiasten an den Achtkläßlern unter 30% liegt, über die Hälfte der Achtkläßler jedoch Integrierte Gesamtschulen besucht, an denen auch das Abitur erreicht werden kann. Die von den Eltern gewünschten Anteile der höheren Abschlüsse werden jedoch voraussichtlich nicht erreicht werden.

Angesichts der demographischen Entwicklung ist vor allem in ländlichen Regionen mit einer Verschlechterung des Bildungsangebots, insbesondere im Bereich der weiterführenden Schulen, zu rechnen.

Die umfassenden Veränderungen im Bildungssystem der neuen Bundesländer, die noch nicht abgeschlossen sind, haben also sichtbare Auswirkungen. Während sich im Vergleich zum fast flächendeckenden Besuch der Schule bis zum Ende der 10. Klassen in der DDR inzwischen eine deutliche Differenzierung zeigt, die mit zunehmender Ungleichheit verbunden ist, erreichen mehr Schüler als früher das Abitur und nehmen ein Studium auf. Ungleichheiten nach sozialer und regionaler Herkunft und – während des Studiums – nach Geschlecht lassen sich zeigen, und es ist von ihrer weiteren Vertiefung auszugehen; die Chancen im Bildungssystem der neuen Bundesländer sind jedoch derzeit (noch?) gleichmäßiger verteilt, als dies in den alten Bundesländern der Fall ist.

3.2.5 Wohnen

Im Bereich der Wohnungswirtschaft und der Wohnungsversorgung finden Veränderungen wegen des zumeist hohen finanziellen und oft auch zeitlichen Aufwandes in der Regel nur langsam statt. Die Transformation in Ostdeutschland hat in diesem Bereich nicht schockartig, sondern – staatlich gesteuert – schrittweise und sozialpolitisch abgefedert stattgefunden. Sie ist allerdings noch keineswegs beendet. Es ist insgesamt gesehen eine allmähliche Annäherung an westdeutsche Verhältnisse festzustellen, die in verschiedenen Einzeldimensionen sehr unterschiedlich weit fortgeschritten ist. Auch zukünftig besteht ein erheblicher Anpassungs- und Handlungsbedarf.

Die wichtigsten Dimensionen sozialer Ungleichheit 197

Institutionelle Veränderungen[92]

Schon seit der Staatsgründung war das „Recht auf Wohnung" in der Verfassung der DDR verankert.[93] Die Wohnung gehörte zu den „Gütern des Grundbedarfs, deren allgemeine Verfügbarkeit der Staat entsprechend des – in dieser Hinsicht von Volk und Führung weitgehend geteilten – staatssozialistischen Gesellschaftsbildes zu niedrigen und stabilen Preisen garantieren sollte" (Wielgohs 1995: 194). Die Befriedigung der Bedürfnisse der Bürger sollte durch eine staatliche Organisation der Wohnraumversorgung mit einer weitgehenden Verstaatlichung und einer planwirtschaftlichen Lenkung der Wohnungswirtschaft sichergestellt werden.

Der staatliche und der genossenschaftliche Wohnungsbau unterlagen zentralistischer Planung (indirekt, über das Kreditvolumen vermittelt, sogar der private Eigenheimbau), was auch die Aufteilung der Ressourcen unter den Regionen und zwischen Wohnungsneubau und Altbausanierung einschloß. Obwohl schon früh keine privaten Mietwohnungen mehr gebaut wurden, überwogen erst in den achtziger Jahren volks- bzw. genossenschaftseigene Wohnungen (siehe zum Stand 1990 auf der Datengrundlage des Sozioökonomischen Panels[94] Tabelle 3.2.5.1). Es existierte eine staatliche (meist kommunale) Steuerung weiter Teile der Wohnungsbelegung und ein staatliches Vorkaufsrecht beim Verkauf privaten Wohneigentums.

Im Mietrecht und in der Mietpreispolitik der DDR fanden Mieterinteressen eine weit stärkere Berücksichtigung als Vermieterinteressen. So machte ein weitreichender Kündigungsschutz Kündigungen nahezu unmöglich, was von zahlungsunwilligen Mietern ausgenutzt werden konnte. Die Mieten waren gesetzlich auf einem sehr niedrigen Niveau fixiert, weshalb Mieten und

---

92 Die Darstellung in diesem Abschnitt stützt sich weitgehend auf Wielgohs 1995.
93 „Jedem Bürger und jeder Familie ist eine gesunde und ihren Bedürfnissen entsprechende Wohnung zu sichern. Opfer des Faschismus, Schwer-Körperbehinderte, Kriegsgeschädigte und Umsiedler sind dabei bevorzugt zu berücksichtigen" (Art. 26 Abs. 2 der Verfassung von 1949). Später fanden ökonomische Restriktionen und staatliche Befugnisse im Verfassungstext Berücksichtigung: „Jeder Bürger der Deutschen Demokratischen Republik hat das Recht auf Wohnraum für sich und seine Familie entsprechend den volkswirtschaftlichen Möglichkeiten und örtlichen Bedingungen. Der Staat ist verpflichtet, dieses Recht durch Förderung des Wohnungsbaus, die Werterhaltung vorhandenen Wohnraumes und die öffentliche Kontrolle über die gerechte Verteilung des Wohnraumes zu verwirklichen" (Art. 37 Abs. 1 der Verfassung von 1968).
94 Um eine möglichst einheitliche Datenbasis zu erhalten, werden in diesem Abschnitt Aussagen über den Wohnungsbestand der neuen Bundesländer anhand von Daten des Sozio-ökonomischen Panels gemacht. Hieraus ergeben sich leichte Abweichungen zu den in Abschnitt 3.2.3 präsentierten Ergebnissen zur Eigentümerstruktur.

Nebenkosten nur einen kleinen Teil der Haushaltsausgaben ausmachten. Aus der entsprechend geringen Deckung der Betriebskosten, aus dem Altern der Bausubstanz und aus der Verteuerung der Baukosten resultierte ein steigender Subventionsbedarf. Da private Hausbesitzer üblicherweise nicht in den Genuß von Subventionen kamen, wurde privates Mietwohneigentum häufig dem Staat oder der Kommune überschrieben.

Tabelle 3.2.5.1: Eigentümerstruktur der Wohnungen in Ostdeutschland 1990 bis 1995 und Westdeutschland 1995 – in %

Eigentumsform	Ostdeutschland 1990	Ostdeutschland 1993	Ostdeutschland 1995	Westdeutschland 1995
privat	39,1	43,1	48,1	86,7
darunter: selbstgenutzt	26,0	26,0	26,3	42,5
genossenschaftlich	15,7	17,3	17,3	9,9
öffentliche Hand	45,2	39,6	34,6	3,4

Datenbasis: SOEP-Ost 1990-1995 und SOEP-West 1995.
Quelle: Frick 1996; eigene Berechnungen.

Die Wohnungsbaupolitik der DDR läßt sich grob in zwei Phasen unterteilen. In den fünfziger und sechziger Jahren war der Wohnungsbau in der DDR insgesamt gesehen nicht sehr bedeutend, weil die Grundstoff- und Schwerindustrie gegenüber anderen Wirtschaftssektoren bevorzugt wurde. Neue Wohnungen wurden vor allem in neuen Industriestandorten errichtet, während ansonsten die Beseitigung von kriegsbedingten Schäden im Vordergrund stand. Trotz der etwas günstigeren Ausgangsbedingungen als im Westen (weniger Kriegszerstörungen, niedrigere Wohndichte, weniger aufzunehmende Vertriebene und Flüchtlinge) und einem deutlichen Bevölkerungsrückgang blieb die Zunahme des Wohnungsbestandes hinter der westlichen Entwicklung und dem eigenem Bedarf zurück, was zu einer großen Zahl fehlender Wohnungen und jahrelangen Wartezeiten führte. In den siebziger und achtziger Jahren versuchte man, das entstandene Wohnungsproblem durch einen verstärkten Wohnungsneubau zu lösen (siehe Tabelle 3.2.5.2). Doch die „einseitige Konzentration des Wohnungsbaus auf den Neubau" in den siebziger und mit Einschränkungen auch in den achtziger Jahren hatte einen „verheerenden Substanzverfall im Altbaubestand zur Folge" (Wielgohs 1995: 201), was zu Leerstand von nicht mehr nutzbarem Wohnraum führte. Zwar konnten durch die Neubauten[95] weite Teile der Bevölkerung quantitativ und qualitativ bes-

---

95 Hierbei handelt es sich ganz überwiegend um Plattenbauten, aus denen im Zuge einer industriellen Fertigung ganze Neubau-Großsiedlungen erstellt wurden. Ca. 80% des nach 1945 erstellten Wohnungsbestandes und damit etwa ein Drittel aller Wohnungen in den neuen Bundesländern befinden sich in Plattenbauten. Diese Wohnun-

Die wichtigsten Dimensionen sozialer Ungleichheit

ser mit Wohnraum versorgt werden, aber die ungünstige Entwicklung bei den Altbauten hatte an anderen Stellen Verschlechterungen und Rückgänge des Bestandes zur Folge. Auch eine unzureichende Passung zwischen Wohnungsangebot einerseits und regional unterschiedlicher und haushaltsstrukturspezifisch differenzierter Wohnungsnachfrage andererseits förderte ein Fortbestehen des Nachfrageüberhangs. Darüber hinaus wurde der Wohnungsbau wegen der wachsenden Differenz zwischen Einnahmen und Ausgaben immer mehr zu einer Last für die DDR-Volkswirtschaft.

Tabelle 3.2.5.2: Fertiggestellte Wohnungen[a)] in Ost- und Westdeutschland 1950 bis 1995

Jahr	Ostdeutschland	Westdeutschland
1950	30.992	371.924
1955	32.830	568.403
1960	80.489	574.402
1965	68.162	591.916
1970	76.088	478.050
1975	107.347	436.829
1980	111.933	388.904
1985	115.722	312.053
1989	92.347	238.617
1990	62.468	256.488
1991	16.670	314.508
1992	11.477	374.575
1993	23.598	431.853
1994	68.661	505.198
1995	104.225	498.810

Anmerkung: a) in Wohn- und Nichtwohngebäuden, incl. Baumaßnahmen an bestehenden Gebäuden.
Quelle: Manzel 1995: 351 und Statistisches Bundesamt 1996b: 116.

Im Gegensatz zur DDR ist im Wirtschaftssystem der Bundesrepublik Wohnraum nicht nur Sozial-, sondern auch Wirtschaftsgut. Die in dieser Konzeption zentralen „unterschiedlichen Zielgrößen profitabler Verwertung von Wohnraum als Kapital und sozial gebundener Bereitstellung von Wohnraum als elementarer Lebensbedingung" sollen durch die Wohnungspolitik als

---

gen sind vergleichsweise klein (sie haben im Durchschnitt 3 Zimmer und eine Wohnfläche von 50 bis 60 m^2), verfügen aber über eine relativ gute Ausstattung. Daher waren sie zu DDR-Zeiten begehrt, die Sozialstruktur der Mieterschaft war und ist gemischt. Aus heutiger Sicht stellen der häufig schlechte Erhaltungszustand der Plattenbauten und die oft ungenügende infrastrukturelle Versorgung und Anbindung Probleme dar, deren Lösung einen hohen finanziellen Aufwand mit sich bringt (vgl. Expertenkommission Wohnungspolitik 1995: 15ff. und 94ff.).

„staatliche Intervention in einen primär marktwirtschaftlich verfaßten Sektor" zu einem Ausgleich gebracht werden. Dabei richten sich staatliche Eingriffe „im wesentlichen auf ein bestimmtes Maß kommunaler Kontrolle über die Wohnraumbelegung, die Steuerung der Mietpreisentwicklung und die Einflußnahme auf das Verhältnis von Wohnungsangebot (Objektförderung) und -nachfrage (Subjektförderung)" (Wielgohs 1995: 204). Hierfür kann zum einen auf Interventionsmittel (vor allem Regelungen zu Wohnungsbelegung und Mietpreisen sowie Ausgestaltung der Rechte von Mietern und Vermietern), zum anderen auf Förderinstrumente (vor allem direkte und indirekte Wohnungsbauförderung und Gewährung von Wohngeld) zurückgegriffen werden. Während in der bundesrepublikanischen Wohnungspolitik zunächst der soziale Wohnungsbau eindeutig im Mittelpunkt stand, gewannen später die Deregulierung des Wohnungsmarktes und die Förderung privaten Wohneigentums an Bedeutung.

Die günstige wirtschaftliche Entwicklung in der Bundesrepublik und die staatliche Wohnungsbaupolitik ermöglichten durch einen forcierten Wohnungsneubau den zügigen Abbau der Wohnungsnot nach dem Zweiten Weltkrieg. Insgesamt gesehen wurde im Laufe der Zeit ein hohes quantitatives und qualitatives Niveau der Wohnungsversorgung erreicht. Allerdings existierte zum Zeitpunkt der Vereinigung eine „Versorgungslücke von ca. 1,2 Millionen Wohnungen" in Westdeutschland, „u.a. aufgrund der hohen Zuwanderung in der zweiten Hälfte der 80er Jahre, starker Rückgänge im Mietwohnungsbestand infolge von Modernisierung, Zusammenlegung und Zweckentfremdung sowie der Veränderungen der Haushaltsstrukturen" (Wielgohs 1995: 206; vgl. zu den Veränderungen der Lebensweisen und den Konsequenzen für die Wohnungsversorgung in Ost- und Westdeutschland auch K. Zapf 1994).

Nach der Vereinigung strebte man auch beim Wohnungswesen eine Angleichung der ostdeutschen an die westdeutschen Lebensverhältnisse bei gleichzeitiger Schaffung marktwirtschaftlicher Strukturen (insbesondere Privatisierung) in Ostdeutschland an. Durch eine staatliche Steuerung der ostdeutschen Transformation sollte einerseits ein sozialverträglicher Übergang in die Marktwirtschaft und eine dauerhafte Bereitstellung von preiswertem Wohnraum erreicht, andererseits eine rentable Produktion und Bewirtschaftung von Wohnraum ermöglicht werden. Die Übertragung der westdeutschen Rechts- und Wirtschaftsordung umfaßte in diesem Zusammenhang vor allem: „(1) die Überleitung des die Wohnungsmarktbeziehungen regelnden Bundesrechts, insbesondere des Mietrechts und der Instrumente staatlicher Förderung; (2) die Neuordnung der Wohneigentumsverhältnisse und die Reorganisation der sektoralen Wirtschaftsstruktur zu einer ‚marktwirtschaftlichen Wohnungswirtschaft'" (Wielgohs 1995: 218). Dabei wurde das westdeutsche Recht – den ostdeutschen Erfordernissen entsprechend – durch eine Reihe von Übergangsregelungen modifiziert. Allerdings ergab sich durch die rechtliche Ausgestaltung der Vereinigung eine Reihe von spezifischen Problemen für das Wohnungswesen in Ostdeutschland. Hier sind vor allem die Diskrepanz zwischen dem Prinzip „Rückgabe vor Entschädigung" und der gewünschten Mobilisierung von Investitionen sowie die hohe Belastung der kommunalen und genossenschaftlichen Wohnungsunternehmen mit Altschulden[96] zu nennen.

Anders als beim Produktivvermögen gab es in der DDR beim Haus- und Grundvermögen einen recht hohen Anteil an Privatbesitz (siehe Abschnitt 3.2.3). Verglichen mit der Bundesrepublik lag diese Quote jedoch erheblich niedriger, weshalb eine Neuordung der Besitzverhältnisse mit einer Erhöhung des Anteils privaten Wohnungseigentums angestrebt wurde. Dies sollte zum einen durch die Restitution enteigneten Vermögens und zum anderen durch die Privatisierung des früheren „sozialistischen" (d.h. des zunächst volkseigenen, dann kommunalen und des genossenschaftlichen) Wohneigentums geschehen. Wegen der hohen Zahl von Anträgen auf Rückübertragung und der oft schwierigen Daten- und Rechtslage erfolgte bzw. erfolgt die Restitution sehr zeitaufwendig und teilweise investitionshemmend. Die Privatisierung lief, trotz Programmen zur Förderung gerade der Mieterprivatisierung, nur sehr langsam an.[97] Insgesamt gesehen ist nach den Daten des Sozioökonomischen Panels von 1990 bis 1995 eine deutliche Zunahme des privaten Wohnungsbesitzes in Ostdeutschland (von 39% auf 48%) und eine entsprechende Abnahme des Besitzes der öffentlichen Hand (von 45% auf 35%) festzustellen. Allerdings liegt noch immer eine große Differenz zu Westdeutschland vor, wo der Privatbesitz eindeutig dominiert (siehe Tabelle 3.2.5.1).

Bei der Anpassung des Mietrechts und der Mietpreispolitik lag die Notwendigkeit von gravierenden Veränderungen (insbesondere bei der Miethöhe und beim Kündigungsschutz) auf der Hand. Die diesbezüglichen Regelungen umfaßten neben einer stufenweisen Erhöhung der Mieten um ein Vielfaches eine Reihe von (befristet) zugunsten der Mieter vom westdeutschen Recht

---

96 Diese finanziellen Verpflichtungen aus der Zeit vor der Währungsunion gefährdeten wegen der niedrigen Mieteinnahmen die Existenz der kommunalen und genossenschaftlichen Wohnungsunternehmen und verhinderten dringend notwendige Investitionen. Nach einem längeren Zins- und Tilgungsmoratorium führte 1993 das Altschuldenhilfe-Gesetz zu einer Entlastung der Wohnungsunternehmen, die im Gegenzug zu einer 15prozentigen Privatisierung ihrer Wohnungsbestände verpflichtet wurden und für jeweils bis zu 50% ihrer Wohnungsbestände eine Belegungsbindung bis zum Jahr 2013 hinnehmen müssen (zum Zustandekommen und zu den Auswirkungen des „Altschulden-Kompromisses" vgl. Wielgohs 1995: 246ff. und Schlomann/Faik 1996).
97 Nach Angaben des Gesamtverbandes der Wohnungswirtschaft (GdW) wurden von den kommunalen und genossenschaftlichen Wohnungsunternehmen bis Ende 1995 117.000 Wohnungen privatisiert (35.000 davon an Mieter) und damit erst 35% der Privatisierungsverpflichtungen erfüllt (vgl. Frankfurter Allgemeine Zeitung vom 2.7.1996: 16).

abweichenden Bestimmungen. So wurde, um eine sukzessive Annäherung an das Vergleichsmietensystem zu erreichen, für vor der Vereinigung fertiggestellte Wohnungen eine schrittweise Erhöhung der Miete und der Umlagen für Betriebs- und Modernisierungskosten unter Beachtung der allgemeinen Einkommensentwicklung festgelegt. Beim Wohngeld wurde eine gegenüber den westdeutschen Bestimmungen einfachere und großzügigere Regelung gewählt, bei der (bis Mitte 1996) auch Heizungs- und Warmwasserkosten berücksichtigt wurden. Der in der DDR nahezu uneingeschränkt geltende Kündigungsschutz wurde zwar aufgehoben, für vor der Vereinigung geschlossene Mietverträge eine Kündigung wegen Eigenbedarfs allerdings (bis Ende 1995) ausgeschlossen. Darüber hinaus wurde für die kommunalen und genossenschaftlichen Wohnungen eine Belegungsbindung installiert, die (bis Ende 1995) einen vom zuständigen Wohnungsamt ausgestellten Wohnberechtigungsschein erforderlich machte.

„Altersstruktur und Bauzustand, Ausstattungsniveau, räumliche Struktur und akuter Fehlbedarf bildeten selbst unter der Annahme eines schnellen Aufschwungs im Wohnungsbau denkbar ungünstige Voraussetzungen für eine baldige Angleichung der Wohnverhältnisse an westdeutsche Standards sowie für eine zügige Schließung der Versorgungslücke" (Wielgohs 1995: 213). Daraus ergab sich in Ostdeutschland ein riesiger Investitions- und auch Zeitbedarf für die Erhaltung, die Modernisierung und die Erweiterung des Wohnungsbestandes.[98] Aus diesem Grunde wurden nach der Vereinigung eine ganze Reihe von Sofortmaßnahmen und Sonderprogrammen von Bund und Ländern geschaffen (siehe auch Abschnitt 2.3). Dennoch hatten und haben gerade kommunale und genossenschaftliche Wohnungsunternehmen große Probleme, insbesondere durch ungeklärte Eigentumsverhältnisse und Eigenkapitalmangel. Eine insgesamt kräftige Entwicklung der Investitionen im ostdeutschen Wohnungsbau[99] schlug sich in den ersten Jahren nach der Vereinigung zunächst in nur wenig Wohnungsneubauten und überwiegend Instandsetzungs- und Modernisierungsmaßnahmen nieder. Allerdings zeigt die Zahl der fertiggestellten Wohnungen für die Jahre 1994 und 1995 eine günstigere Tendenz (siehe Tabelle 3.2.5.2).

---

98 So geht z.B. empirica (Gesellschaft für Struktur- und Stadtforschung mbH, Bonn) in einer im Auftrag des GdW durchgeführte Studie von einem erforderlichen Gesamtinvestitionsbedarf von 746 Mrd. DM aus, der sich folgendermaßen aufschlüsselt: 288 Mrd. DM für Instandsetzung und Modernisierung des Bestandes, 230 Mrd. DM für Neubau für Ersatz und Defizitdeckung und 228 Mrd. DM für Ausweitung der durchschnittlichen Wohnfläche auf 35 m^2 (nach Pflaumer/Walcha 1994: 7).

99 Die in der Volkswirtschaftlichen Gesamtrechnung ausgewiesenen privaten Wohnungsbauinvestitionen stiegen von 16,7 Mrd. DM 1991 über 23,0 Mrd. DM 1992 und 29,5 Mrd. DM 1993 auf 40,6 Mrd. DM 1994 (in Preisen von 1991; vgl. Statistisches Bundesamt 1996: 187ff.).

Wohnungsversorgung und Mietbelastung

Die Tabelle 3.2.5.3 weist einige Kennzahlen zur globalen Wohnungsversorgung der ostdeutschen und westdeutschen Bevölkerung aus. Dabei ist zu beachten, daß dem zahlenmäßigen Vorsprung Ostdeutschlands bei den Wohnungen je 1.000 Einwohner keine wirklich bessere Versorgung der Bevölkerung entspricht. Er ist vor allem auf die hohe Abwanderung zurückzuführen und wird durch Leerstand sowie zweckfremde Nutzung von Wohnungen kompensiert. Bei der Versorgung mit Wohnfläche und Räumen zeigt sich eine gravierende Ost-West-Differenz. Die ostdeutschen Wohnungen sind im Schnitt erheblich kleiner und haben weniger Räume als die westdeutschen. Die Ostdeutschen verfügen (im Jahr 1993) pro Einwohner über 29,3 m^2 Wohnfläche bzw. 1,7 Räume, während die Westdeutschen über 36,9 m^2 bzw. 1,9 Räume verfügen. Dieser große Unterschied hat sich in den letzten Jahren nur wenig verändert und kann nur langfristig deutlich verringert werden.

Tabelle 3.2.5.3: Versorgung der ost- und westdeutschen Bevölkerung mit Wohnungen, Wohnfläche und Räumen 1989 bis 1993

Versorgungsmerkmal	Ostdeutschland			Westdeutschland		
	1989	1991	1993	1989	1991	1993
Wohnungen je 1.000 Einwohner	426	446	453	424	421	425
Wohnfläche je Wohnung (in m^2)	64,3	64,4	64,4	86,4	86,6	86,8
Wohnfläche je Einwohner (in m^2)	27,4	28,7	29,3	36,7	36,5	36,9
Räume[a] je Wohnung	3,8	3,8	3,8	4,4	4,4	4,4
Räume[a] je Einwohner	1,6	1,7	1,7	1,9	1,9	1,9

Anmerkung: a) alle Wohnräume ab 6 m^2 und alle Küchen.
Quelle: Statistisches Bundesamt 1995a: 249.

Von großer Bedeutung für die Wohnqualität sind neben der rein quantitativen Versorgung mit Wohnungen und Wohnfläche u.a. auch das Alter und der Zustand der Wohngebäude sowie die technische Ausstattung der Wohnungen. Das durchschnittliche Alter der Wohngebäude ist in Ostdeutschland wesentlich höher als in Westdeutschland (siehe Tabelle 3.2.5.4). Dies ist vor allem auf die umfangreicheren Kriegszerstörungen und den starken Wohnungsneubau nach dem Zweiten Weltkrieg in Westdeutschland zurückzuführen. In Ostdeutschland stammen 43% der Wohngebäude aus der ersten Hälfte dieses Jahrhunderts und nur 31% aus der Zeit nach 1949. Dagegen wurden lediglich 21% der Wohngebäude in Westdeutschland in der ersten Hälfte dieses Jahrhunderts, dagegen 69% nach 1949 erbaut. Hieraus ergeben sich Konsequenzen für Zustand und Ausstattung der Wohngebäude und Wohnungen.

Tabelle 3.2.5.4: Wohngebäude in Ost- und Westdeutschland
1993 nach Baujahr – in %

Baujahr	Ostdeutschland	Westdeutschland
bis 1900	26,8	10,6
1901 bis 1948	42,6	20,7
1949 bis 1978	18,7	50,4
1979 bis 1987	8,5	12,6
ab 1988	3,4	5,7

Datenbasis: 1%-Gebäude- und Wohnungsstichprobe (30.9.1993).
Quelle: Scheewe 1995: 288.

Der Zustand der ostdeutschen Wohngebäude ist verglichen mit Westdeutschland eindeutig schlechter. 1995 stufte etwa die Hälfte der ostdeutschen Haushalte das Haus, in dem sich ihre Wohnung befand, als „teilweise renovierungsbedürftig" ein. Während lediglich ein Drittel den Zustand des Hauses als „gut" bezeichnete, hielten 19% es für „ganz renovierungsbedürftig" oder gar „abruchreif" (siehe Tabelle 3.2.5.5).[100] Diese deutlich schlechtere Einschätzung gegenüber 1990 dürfte auch eine Veränderung des Anspruchsniveaus widerspiegeln, denn seit der Vereinigung haben bei einer Vielzahl von Wohnungen (am stärksten beim selbstgenutzten Eigentum und beim privaten Mietwohnungsbesitz, am wenigsten beim kommunalen Wohnungsbestand) Modernisierungsmaßnahmen stattgefunden. Dabei lag der Schwerpunkt bis 1992 in der Küche und im Sanitärbereich, danach bei Verbesserungen bei Fenstern und Heizung (vgl. Frick 1996).

Tabelle 3.2.5.5: Zustand der Wohngebäude in Ostdeutschland 1990 bis 1995 und Westdeutschland 1995 (Einschätzung durch den Haushaltsvorstand) – in %

Zustand	Ostdeutschland 1990	Ostdeutschland 1993	Ostdeutschland 1995	Westdeutschland 1995
gut	43,6	29,4	33,4	65,0
teilweise renovierungsbedürftig	28,2	53,0	47,8	32,0
ganz renovierungsbedürftig bzw. abbruchreif	28,2	17,6	18,8	3,0

Datenbasis: SOEP-Ost 1990-1995 und SOEP-West 1995.
Quelle: Frick 1996.

Bei der technischen Ausstattung ihrer Wohnungen lagen die Ostdeutschen zum Zeitpunkt der Vereinigung – vor allem bezüglich der Heizung – deutlich

---

100 Die Datenbasis für die folgenden Tabellen bildet das Sozio-ökonomische Panel. Für eine kurze Erläuterung siehe den Anhang.

Die wichtigsten Dimensionen sozialer Ungleichheit

unter dem westdeutschen Niveau (siehe Tabelle 3.2.5.6). Zwar sind im Ausstattungsbereich aufgrund der genannten Modernisierungsmaßnahmen in den letzten Jahren deutliche Fortschritte zu verzeichnen, doch der westdeutsche Stand ist (auch qualitativ) noch nicht erreicht worden.

Ob sie zur Miete oder in selbstgenutztem Eigentum wohnen, ist nicht nur für die laufende finanzielle Belastung und das Vermögen der Haushalte, sondern auch für die individuelle Entfaltung der Haushaltsmitglieder von wesentlicher Bedeutung. Während in Westdeutschland 43% der Wohnungen von ihren Eigentümern bewohnt werden, sind es in Ostdeutschland lediglich 26% (siehe Tabelle 3.2.5.1). Aufgrund von Restitutionen und Privatisierungen ist zwar zukünftig mit einem Ansteigen des Anteils des von privaten Haushalten selbst genutzten Wohneigentums zu rechnen (bisher ist dies, trotz der deutlichen Zunahme des Privatbesitzes an Wohneigentum, kaum geschehen), ein Erreichen des westdeutschen Wertes ist jedoch auf absehbare Zeit nicht zu erwarten.

Tabelle 3.2.5.6: Technische Ausstattung der Wohnungen in Ostdeutschland 1990 bis 1995 und Westdeutschland 1995 – in %

Ausstattungsmerkmal	Ostdeutschland 1990	Ostdeutschland 1993	Ostdeutschland 1995	Westdeutschland 1995
Bad/Dusche	85,9	90,9	92,5	98,7
Innen-WC	83,1	87,8	88,8	98,6
modernes Heizungssystem	52,4	57,3	64,4	91,1

Datenbasis: SOEP-Ost 1990-1995 und SOEP-West 1995.
Quelle: Frick 1996.

Einer der Bereiche, bei denen der Osten sich dem Westen bereits verhältnismäßig stark angenähert hat, ist die Höhe der Miete und die dadurch hervorgerufene Belastung der Haushalte mit Wohnkosten. So hat die durchschnittliche Bruttokaltmiete bis zum Frühjahr 1995 von weniger als 1 Mark/m^2 (1990) auf etwa 7,50 DM/m^2 zugenommen (siehe Tabelle 3.2.5.7). Damit wurde zwar das westdeutsche Niveau noch nicht erreicht, doch ist zu bedenken, daß weitere Erhöhungen bereits stattgefunden haben bzw. in den nächsten Jahren stattfinden werden und der Gegenwert für die Miete (in Form der Wohnqualität) im Osten im Moment noch wesentlich geringer ist. Bei einem Vergleich der durchschnittlichen Mietbelastung der Haushalte ist zusätzlich auch die geringere Wohnungsgröße in Rechnung zu stellen. Die Mietbelastung hat durch die Erhöhung der Bruttokaltmieten – trotz deutlicher Einkommenssteigerungen – von 4% auf rund 18% des Haushaltsnettoeinkommens zugenommen und liegt damit niedriger als die entsprechende westdeutsche Quote von 24%.

Tabelle 3.2.5.7: Miete und Mietbelastungsquote in Ostdeutschland 1990 bis 1995 und Westdeutschland 1995 (jeweils im Frühjahr)

Miethöhe bzw. Belastungsquote	Ostdeutschland						Westdeutschland
	1990	1991	1992	1993	1994	1995	1995
Bruttokaltmiete [a] (M/DM pro m^2)	0,88	0,96	3,98	6,08	6,92	7,57	10,10
Mietbelastungsquote [b] (in%)	4,0	3,8	12,4	16,8	16,9	17,9	24,0

Anmerkungen: a) incl. Mietnebenkosten; b) Anteil der Miete am Haushaltsnettoeinkommen.
Datenbasis: SOEP-Ost 1990-1995 und SOEP-West 1995 (nur Hauptmieter-Haushalte).
Quelle:Frick/Lahmann 1993: 288, 1994: 352, 1995: 186 und 1996: 384.

Wegen der starken Steigerung der Mieten und der Wohnkosten im allgemeinen ist es nicht verwunderlich, daß zahlreiche Haushalte wohngeldberechtigt waren bzw. sind. Ende 1993 bezogen 20% der ostdeutschen Haushalte Wohngeld (nach 27% 1991 und 30% 1992), gegenüber nur 6% im Westen. Dies ist neben der großzügigeren Wohngeldregelung auch Folge des niedrigeren Einkommensniveaus in Ostdeutschland (vgl. Seewald 1995: 244). Neuere Auswertungen des Sozio-ökonomischen Panels bestätigen die abnehmende Tendenz des Anteils der ostdeutschen Haushalte mit Wohngeldbezug und deuten für 1995 auf eine noch deutlichere Annäherung an die geringen westdeutschen Anteile hin (vgl. Frick 1996). Diese Entwicklung ist – bei steigenden Mieten – vor allem auf ein Ansteigen und eine differenzierte Berücksichtigung der Haushaltseinkommen zurückführen (vgl. Frick/Lahmann 1995: 185f.).

Subjektive Einschätzungen

Die bisher vorgestellten „objektiven" Daten sollen nun durch subjektive Einschätzungen der Bürger ergänzt werden. In der seit 1990 jährlich durchgeführten Umfrage „Leben in Ostdeutschland" betonten 1995 73% (1990: 90%) der Befragten die Wichtigkeit einer ausreichend großen und zeitgemäß ausgestatteten Wohnung und 97% der Befragten die Wichtigkeit einer bezahlbaren Wohnung (vgl. Hinrichs 1995: 227). „Die Zufriedenheit mit der Wohnung variiert vor allem nach der Eigentumsform, der Größe und Lage der Wohnung und nach ihrer Ausstattung" (Hinrichs 1995: 228). Auch zwischen der Zufriedenheit mit der Wohnung und dem Alter der Befragten besteht ein enger Zusammenhang (siehe Tabelle 3.2.5.8); bezüglich der Einkommensverhältnisse ist dies nur für Westdeutschland der Fall. Allgemein ist zu beachten, daß die Wohnzufriedenheit vom Anspruchsniveau einerseits und von den Merkmalen der Wohnung andererseits beeinflußt wird.

Die wichtigsten Dimensionen sozialer Ungleichheit 207

Tabelle 3.2.5.8: Zufriedenheit mit der Wohnung in Ostdeutschland 1990 bis 1995 und Westdeutschland 1995 (Einschätzung durch den Haushaltsvorstand) – durchschnittlicher Skalenwert[a]

Haushaltsmerkmal	Ostdeutschland 1990	Ostdeutschland 1993	Ostdeutschland 1995	Westdeutschland 1995
alle Haushalte	7,0	6,6	6,7	7,6
Eigentümer	8,1	7,9	7,9	8,3
Hauptmieter	6,7	6,1	6,2	7,1
Alter des Haushaltsvorstandes				
Haushaltsvorstand bis 30 Jahre	5,8	5,9	6,1	7,0
Haushaltsvorstand 31 bis 45 Jahre	7,0	6,4	6,4	7,4
Haushaltsvorstand 46 bis 60 Jahre	7,5	6,8	6,6	7,7
Haushaltsvorstand über 60 Jahre	7,5	7,1	7,4	8,1
Haushaltseinkommen[b]				
unterstes Einkommensquintil	7,2	6,5	5,9	6,9
zweites Einkommensquintil	7,2	6,6	7,0	7,5
drittes Einkommensquintil	6,8	6,7	6,8	7,7
viertes Einkommensquintil	7,0	6,9	7,0	7,8
oberstes Einkommensquintil	7,1	6,3	6,8	8,1

Frage: „Wie zufrieden sind Sie heute mit den folgenden Bereichen Ihres Lebens? Wie zufrieden sind Sie mit Ihrer Wohnung?"
Anmerkungen: a) Antwortskala von 0 = „ganz und gar unzufrieden" bis 10 = „ganz und gar zufrieden"; b) jedes Einkommensquintil umfaßt 20% der nach Höhe ihres Einkommens (bedarfsgewichtetes Haushaltsnettoeinkommen pro Kopf) sortierten Haushalte.
Datenbasis: SOEP-Ost 1990-1995 und SOEP-West 1995.
Quelle: Frick 1996.

Tabelle 3.2.5.9: Beurteilung der Mietkosten in Ostdeutschland 1990 bis 1995 und Westdeutschland 1995 (Einschätzung durch den Haushaltsvorstand) – in %

Beurteilung	Ostdeutschland 1990	Ostdeutschland 1993	Ostdeutschland 1995	Westdeutschland 1995
sehr günstig	22,7	1,9	3,6	12,1
günstig	33,1	9,1	15,2	30,5
angemessen	38,0	45,4	50,3	39,8
etwas zu hoch	5,6	32,6	25,9	14,4
viel zu hoch	0,6	11,0	5,0	3,2

Frage: „Wenn Sie an vergleichbare Wohnungen denken, finden Sie Ihre Miete dann ...?"
Datenbasis: SOEP-Ost 1990-1995 und SOEP-West 1995 (nur Hauptmieter-Haushalte).
Quelle: Frick 1996.

Die durchschnittliche Wohnzufriedenheit lag in Ostdeutschland 1995 (mit einem Wert von 6,7) etwas niedriger als 1990 (7,0). Im Ost-West-Vergleich zeigt sich eine deutliche Differenz zugunsten der Westdeutschen (1995: 7,6);

dies gilt mehr oder weniger stark für alle in Tabelle 3.2.5.8 ausgewiesenen Untergruppen.

Die Zufriedenheit mit der Höhe der Miete hat in Ostdeutschland im Zeitverlauf stark abgenommen (siehe Tabelle 3.2.5.9). 1995 hielten 31% der Mieterhaushalte ihre Miete für „etwas" oder „viel zu hoch" und nur 19% ihre Miete für „günstig" oder „sehr günstig" (gegenüber 6% bzw. 58% für Ostdeutschland 1990); im Westen sahen 18% der Haushalte die Miete eher als hoch und 43% die Miete eher als günstig an.

Wohnen und soziale Ungleichheit

Im Bereich des Wohnens waren in der DDR wesentlich stärkere Differenzierungen und Ungleichheiten festzustellen, als man aufgrund der offiziell vertretenen Gleichheitsideologie und der weitgehenden staatlichen Kontrolle des Wohnungswesens hätte vermuten können: „Die verbreitete Charakteristik des DDR-Staates als eines Staates, in dem eine ständig nivellierte soziale Sicherung der Bürger auf relativ niedrigem Niveau erfolgte, schließt für den Wohnbereich stärkere Differenzierungs- und Individualisierungsprozesse ein. Sie finden ihre Begründung in den ganz unterschiedlichen objektiv-materiellen Voraussetzungen, den verordneten Verteilungskriterien und den verschiedenen obligatorischen Zugängen zu einer Wohnung" (Hinrichs 1992: 1). Wenn man die Situation zu einem gegebenen Zeitpunkt betrachtet, d.h. die Zahl der Wohnungen und die sehr unterschiedliche Qualität der Wohnungen konstant hält, dann geraten die Verteilungskriterien und die unterschiedlichen Zugangsweisen in den Blick, welche durchaus mit unterschiedlichen Graden der quantitativen und qualitativen Wohnungsversorgung korrelieren (vgl. zum folgenden Hinrichs 1996: 255ff.).

Die gesetzlich fixierten und auch praktizierten Regeln der Wohnungsverteilung dienten den Zielen der Arbeitskräftesicherung (durch die Förderung der Stammbelegschaften und die Bevorzugung von Schichtarbeitern), der Familien- und Bevölkerungspolitik (durch die Unterstützung von kinderreichen Familien und Alleinerziehenden sowie von jungen Ehen) und der Systemstabilisierung (durch die Bevorzugung von Personen, die sich um die DDR verdient gemacht haben). Beim Zugang zu Wohnungen sind verschiedene Wege zu unterscheiden. Der überwiegende Teil der Bevölkerung erhielt seine Wohnung über einen Antrag bei den zuständigen kommunalen Ämtern, was in der Regel mit mehrjährigen Wartezeiten verbunden war und den Bewerbern oft lediglich Altbauwohnungen in schlechtem Zustand einbrachte. Auf diesem Wege wurden vor allem einfache Arbeiter und Angestellte, Rentner, Geschiedene und neugegründete Haushalte versorgt. Auch in Wohnungen von zumeist mit Unternehmen und Institutionen verbundenen (Arbeitswohnungsbau-)Genossenschaften, die in der Regel über neuere und bessere Wohnungen verfügten als die Kommunen, lebte ein großer Bevölkerungsanteil. Vor allem Arbeiter und Angestellte, die loyal und für ihren Betrieb wichtig waren, kamen in den Genuß von Genossenschaftswohnungen. Als privilegiert kann man den Personenkreis ansehen, der seine Wohnung über einen Sonderzugang jenseits der üblichen kommunalen oder genossenschaftlichen Zuteilung, durch den Kauf oder durch den Bau von privatem Wohneigentum erlangte. Zahlreiche höhere Funktionäre und Mitarbeiter von Partei, Staat oder Militär konnten auf diesen Wegen Wohnungen in gutem Zustand oder Ein- und Zweifamilienhäusern mieten oder erwerben. Doch auch andere soziale Gruppen (vor allem Selbständige, Landbewohner und die wissenschaftliche und künstlerische Intelligenz) konnten selbstgenutztes Wohneigentum durch Erbschaft, Kauf oder Eigenheimbau erwerben.

Aus dem gegebenen Bestand an Wohnungen, den Kriterien der Wohnungsverteilung und den Zugangswegen zu Wohnungen ergaben sich in der DDR erhebliche Differenzen und Disparitäten in der Wohnungsversorgung der Bevölkerung: „Einer Besserstellung erfreuten sich große Teile der Selbständigen/Freiberufler und der Angestellten und die Systembegünstigten. Zum Teil drastisch benachteiligt waren ... vor allem Rentner, Arbeiter und ein Teil der ... beruflichen Randgruppen ... Die Unterschiede in der qualitativen Versorgung zwischen den sozialen Gruppen waren gleichwohl kein Ausgangspunkt für eine sozial-räumliche Trennung der Gruppen" (Hinrichs 1996: 263f.), da der Zustand von Gebäuden und Wohnungen auch innerhalb eines Wohngebietes häufig sehr unterschiedlich war.

Nach den bisherigen Ausführungen zur Ungleichheit der Wohnungsversorgung in der DDR soll nun die Situation im Jahr 1995 im Ost-West-Vergleich betrachtet werden. Sowohl in den neuen als auch in den alten Bundesländern existieren deutliche Unterschiede in der Wohnungsversorgung. Tabelle 3.2.5.10 zeigt diese anhand des haushaltsbezogenen Indikators „Wohnfläche pro Haushaltsmitglied" auf. Für alle ausgewiesenen Subgruppen ergeben sich (zumeist sehr deutliche) Differenzen zugunsten der westdeutschen Haushalte, was ebensowenig überrascht wie die fast durchweg vorhandene Diskrepanz zwischen Eigentümer- und Hauptmieter-Haushalten und die wesentliche Verschlechterung der durchschnittlichen Versorgung mit zunehmender Haushaltsgröße. Während sich die Wohnraumversorgung mit zunehmendem Alter des Haushaltsvorstandes (ab 31 Jahre) in Ost- und Westdeutschland deutlich verbessert, gilt dies in bezug auf das Haushaltseinkommen nur für Westdeutschland. Bei einer Unterscheidung nach Haushaltsformen lassen sich im wesentlichen drei Gruppen unterscheiden: Relativ großzügig ausgestattet sind Ein-Personen-Haushalte, Paare ohne Kinder und Alleinerziehende müssen mit etwas weniger Wohnraum pro Haushaltsmitglied auskommen, am ungünstigsten ist die Situation bei Paaren mit Kindern.

Tabelle 3.2.5.10: Haushaltsbezogene Wohnraumversorgung in Ost- und Westdeutschland 1995 – in m² pro Haushaltsmitglied[a]

Haushaltsmerkmal	Ostdeutschland		Westdeutschland	
	Eigentümer	Hauptmieter	Eigentümer	Hauptmieter
alle Haushalte	38,9	32,3	53,4	44,5
Haushaltsgröße				
1 Person	66,8	47,3	91,1	59,6
2 Personen	43,4	30,8	55,7	38,6
3 Personen	33,1	22,8	41,5	28,5
4 Personen	27,5	18,3	32,4	23,7
5 und mehr Personen	21,7	15,8	26,2	20,1
Alter des Haushaltsvorstands				
´Haushaltsvorstand bis 30 Jahre	36,9	29,7	51,9	38,5
Haushaltsvorstand 31 bis 45 Jahre	32,8	26,3	38,8	40,2
Haushaltsvorstand 46 bis 60 Jahre	40,5	31,9	50,6	42,4
Haushaltsvorstand über 60 Jahre	44,1	39,7	66,9	53,9
Haushaltseinkommen [b]				
unterstes Einkommensquintil	39,0	30,4	47,1	36,3
zweites Einkommensquintil	35,1	33,0	46,0	40,3
drittes Einkommensquintil	39,7	31,6	. 51,0	44,1
viertes Einkommensquintil	40,2	32,3	49,7	49,7
oberstes Einkommensquintil	41,7	33,0	67,8	55,2
Haushaltstyp				
1-Personen-HH Mann	71,3	49,6	87,1	55,3
1-Personen-HH Frau unter 65 Jahre	75,0	49,5	98,8	61,1
1-Personen-HH Frau ab 65 Jahre	62,1	44,4	89,9	62,4
Alleinerziehende	47,7	27,5	51,6	33,6
Paare ohne Kinder	42,7	30,8	55,7	39,0
Paare mit Kindern bis 16 Jahre	28,0	20,1	33,5	24,5
Paare mit Kindern ab 16 Jahre	30,2	22,0	39,0	27,6
Sonstige	36,6	29,4	38,3	39,4

Anmerkungen: a) Die Ergebnisse in dieser Tabelle unterscheiden sich deutlich von denen der amtlichen Statistik (siehe Tabelle 3.2.5.3), in der die Summe der Wohnfläche aller Wohnungen durch die Summe aller darin wohnenden Personen dividiert wird, weil hier – auf der Grundlage des Sozio-ökonomischen Panels – zunächst die Wohnfläche pro Haushaltsmitglied in jeder bewohnten Wohnung und anschließend der Mittelwert über alle Haushalte berechnet wird; b) jedes Einkommensquintil umfaßt 20% der nach Höhe ihres Einkommens (bedarfsgewichtetes Haushaltsnettoeinkommen pro Kopf) sortierten Haushalte.

Datenbasis: SOEP-Ost und SOEP-West 1995.

Quelle: Frick 1996.

Während die obige Darstellung bereits erste Hinweise darauf geliefert hat, wo die Wohnungsversorgung als problematisch einzuschätzen ist, soll nun der Umfang der Wohnraumunterversorgung betrachtet werden (siehe Tabelle 3.2.5.11). Dies geschieht – angesichts eines allgemein als zeitgemäß angesehenen Standards von einem Wohnraum pro Haushaltsmitglied – durch eine

Die wichtigsten Dimensionen sozialer Ungleichheit

Einteilung der Haushalte in solche mit mindestens einem Wohnraum pro Haushaltsmitglied und solche, in denen dies nicht gegeben ist (wobei dieses Vorgehen nur für größere als Ein-Personen-Haushalte sinnvoll ist). Erwartungsgemäß ist der Anteil der unterversorgten Haushalte in Ostdeutschland mit 13% höher als in Westdeutschland mit 8% (nicht in der Tabelle ausgewiesen), wobei jeweils Eigentümer-Haushalte im Durchschnitt weniger betroffen sind als Hauptmieter-Haushalte. Versorgungsprobleme zeigen sich bei dieser Betrachtung in Ostdeutschland vor allem für finanziell weniger gut gestellte und größere Hauptmieter-Haushalte. Betroffen sind vor allem Paarhaushalte mit Kindern bis 16 Jahre und – damit zusammenhängend – Haushalte mit Haushaltsvorständen bis 45 Jahre.

Tabelle 3.2.5.11: Wohnraumunterversorgung in Ost- und Westdeutschland 1995 – Anteil der Haushalte mit weniger als einem Raum[a)] pro Haushaltsmitglied

Haushaltsmerkmal	Ostdeutschland		Westdeutschland	
	Eigentümer	Hauptmieter	Eigentümer	Hauptmieter
alle Haushalte	9	14	6	9
Haushaltsgröße				
2 Personen	1	1	0	2
3 Personen	3	21	4	14
4 Personen	22	58	11	47
5 und mehr Personen	37	91	32	63
Alter des Haushaltsvorstands				
Haushaltsvorstand bis 30 Jahre	8	29	2	10
Haushaltsvorstand 31 bis 45 Jahre	18	28	14	17
Haushaltsvorstand 46 bis 60 Jahre	4	3	5	10
Haushaltsvorstand über 60 Jahre	4	0	0	1
Haushaltseinkommen[b)]				
unterstes Einkommensquintil	12	29	10	19
zweites Einkommensquintil	17	16	11	13
drittes Einkommensquintil	7	14	6	7
viertes Einkommensquintil	7	8	3	5
oberstes Einkommensquintil	1	6	2	2
Haushaltstyp				
Alleinerziehende	0	8	0	10
Paare ohne Kinder	1	1	0	2
Paare mit Kindern bis 16 Jahre	20	48	17	38
Paare mit Kindern ab 16 Jahre	10	8	3	22
Sonstige	2	3	3	16

Anmerkungen: a) Alle Wohnräume ab 6 m^2 (ohne Küchen); b) jedes Einkommensquintil umfaßt 20% der nach Höhe ihres Einkommens (bedarfsgewichtetes Haushaltsnettoeinkommen pro Kopf) sortierten Haushalte.
Datenbasis: SOEP-Ost und SOEP-West 1995.
Quelle: Frick 1996.

Bei dieser Betrachtung darf allerdings nicht außer acht gelassen werden, daß die Versorgung mit Wohnfläche und Wohnräumen nur eine von mehreren Dimensionen der Wohnqualität ist. Neben der Wohnumgebung, auf die hier nicht näher eingegangen werden kann, sind auch Zustand und Ausstattung der Wohnung sowie die Wohnkosten von großer Bedeutung. So wohnen alleinstehende Rentner oft in schlecht ausgestatteten und schlecht erhaltenen Wohnungen. Und Alleinerziehende müssen häufig einen großen Teil ihres Einkommens für die Wohnung ausgeben (vgl. Hinrichs 1995: 219f.).

Ein für Ostdeutschland neues, in Westdeutschland wohlbekanntes Problem stellt die Obdachlosigkeit dar. Während es in der DDR offene Obdachlosigkeit kaum gab, weil zum einen der Verlust des Arbeitsplatzes oder der Wohnung fast ausgeschlossen war, zum anderen der Staat im Notfall den Bedürftigen zu Hilfe kam, kann in den neuen Bundesländern das Auflaufen von Mietschulden – oft verbunden mit und hervorgerufen durch Arbeitslosigkeit – recht schnell zu einem Verlust der Wohnung führen. Auch wenn Obdachlosigkeit in Ostdeutschland bisher ein weniger stark sichtbares und vermutlich weniger verbreitetes Problem darstellt als in Westdeutschland, ist künftig mit einer Verschärfung der Situation zu rechnen. Denn bei einer zu erwartenden Zunahme der Einkommensungleichheit und einem sicheren weiteren Anstieg der Wohnkosten ist mit einer abnehmenden Mietzahlungsfähigkeit zumindest eines Teils der Bevölkerung zu rechnen; darüber hinaus ist von einer bereits existierenden verdeckten Obdachlosigkeit (Leben in nicht oder nicht mehr zum Wohnen geeigneten Räumlichkeiten, notdürftige Unterbringung bei Verwandten oder Freunden) auszugehen. Daraus ergibt sich ein zunehmender Handlungsbedarf für die ostdeutschen Kommunen, deren (im Rahmen der bundesstaatlichen Wohnungspolitik) geringer Handlungsspielraum bei der Sicherung preiswerten Wohnraums durch finanzielle Restriktionen noch weiter eingeschränkt wird (vgl. hierzu Grabe 1996).

Ausblick

Während im *institutionellen Bereich* – bei der marktwirtschaftlichen Gestaltung und der rechtlichen Regelung des Wohnungswesens – eine Anpassung zwischen neuen und alten Bundesländern in wesentlichen Punkten stattgefunden hat bzw. durch den Wegfall von Sonderregelungen für Ostdeutschland künftig zu erwarten ist, sind in anderen Bereichen deutliche Unterschiede vorhanden, die auch auf längere Sicht bestehen bleiben werden. Dies betrifft die *Eigentümerstruktur* der Wohnungen sowie die qualitative und quantitative *Wohnungsversorgung*, bei denen eine Angleichung nur mit großem Aufwand und langfristig möglich ist. Eine zügige Annäherung der ostdeutschen an die westdeutschen Verhältnisse ist dagegen bei den *Wohnkosten*

Die wichtigsten Dimensionen sozialer Ungleichheit

und der Mietbelastung festzustellen und auch weiterhin zu erwarten. Die Ost-West-Differenzen bei der *Wohnzufriedenheit* werden wohl nur allmählich – und abhängig von der Entwicklung bei der Wohnungsversorgung – verschwinden. *Soziale Ungleichheiten* im Bereich des Wohnens waren schon in der DDR vorhanden und sind auch in den neuen Bundesländern aufzufinden; sie werden mit einer Anhebung des quantitativen und qualitativen Niveaus der Wohnungsversorgung und einer stärkeren Ausdifferenzierung der Wohnverhältnisse vermutlich zunehmen und sich westdeutschen Strukturen annähern. Die Notwendigkeit von hohen *Investitionen* zur Instandsetzung und Modernisierung, aber auch in den Neubau von Wohnungen ist weithin unbestritten, ebenso die Erfordernis von staatlichen Förderungen in diesem Bereich. Und die Sicherung einer angemessenen Versorgung auch sozial schwächerer Schichten mit preiswertem Wohnraum stellt eine wesentliche Aufgabe der *Sozialpolitik* für beide Teile Deutschlands dar. Unter diesen Umständen könnten auch Überlegungen zu preiswerteren Möglichkeiten des Bauens bei Modernisierung und Neubau in Ostdeutschland Relevanz erlangen, denn dadurch könnte eine vollständige Angleichung der Wohnverhältnisse in Ost- und Westdeutschland zwar möglicherweise hinausgezögert, doch die Wohnqualität in Ostdeutschland unter Umständen deutlich gesteigert werden.

3.2.6 Gesundheit

Der Komplex von Gesundheit und Gesundheitswesen ist nicht nur für den einzelnen von großer Bedeutung, sondern auch ein gesellschaftlich und insbesondere sozialpolitisch wichtiger Bereich. Während auf dem Gebiet des Gesundheitswesens Veränderungen in der Regel nur langsam voranschreiten, ging die Transformation hier recht zügig und reibungslos vor sich. So sieht der Sachverständigenrat für die Konzertierte Aktion im Gesundheitswesen (SVRKAiG) die „Umstrukturierung des Gesundheitswesens im Osten Deutschlands" 1994 bereits als „weitgehend abgeschlossen" und „die Anpassung der Krankenversorgung und gesundheitlichen Betreuung der Bevölkerung ganz überwiegend als positiv eingeschätzt" an (SVRKAiG 1994: 91 und 86).

Institutionelle Veränderungen

Die Ausgangslage vor der Vereinigung ist durch fundamentale strukturelle Unterschiede zwischen dem ostdeutschen und dem westdeutschen Gesundheitswesen gekennzeichnet. Differenzen existierten vor allem in fünf Dimensionen (siehe Abschnitt 2.4.2 und Wasem 1995: 13ff.):

- Finanzierung des Gesundheitswesens,
- Struktur des Krankenversicherungssystems,
- Steuerung des Gesundheitswesens und Sicherstellung der Versorgung,
- Träger der Gesundheitsversorgung,
- Verzahnung der verschiedenen Versorgungsbereiche.

Unmittelbar nach der Wende in der DDR setzte – als Konsequenz diverser Aktivitäten von politischen Akteuren und Interessenverbänden – eine Annäherung des ostdeutschen an das westdeutsche Gesundheitswesen ein, und im Zuge der Vereinigung wurden die westdeutschen Institutionen und Strukturen mit nur geringen Modifikationen und Übergangsregelungen (u.a. abweichende Versicherungspflichtgrenze, schrittweise Einführung der Patientenselbstbeteiligung) nach Ostdeutschland transferiert (vgl. Wasem 1995: 24ff. sowie Abschnitt 2.4.2). Dieser Prozeß verlief recht zügig und unproblematisch und ist inzwischen fast vollständig abgeschlossen. Trotz bekannter Probleme (wie die hohen Kostensteigerungen) im Westen und einiger durchaus diskussionswürdiger Lösungen im Osten (einheitliche Krankenversicherung, Betonung der Prävention, Organisation der ambulanten Versorgung, „ganzheitliche" Versorgung von bestimmten Patientengruppen in Dispensaire-Einrichtungen) hat man sich für die Übertragung des westdeutschen Gesundheitswesens und gegen eine umfassende gesundheitspolitische Reformierung entschieden.

Als Konsequenz der Übertragung des westdeutschen Systems auf Ostdeutschland sind auf der Angebotsseite neben einer Rücknahme der betrieblichen Gesundheitseinrichtungen auf das westdeutsche Maß eine fast vollständige Entstaatlichung im ambulanten und pharmazeutischen Bereich und eine teilweise Entstaatlichung im stationären Bereich festzustellen. Auf der Nachfrageseite erhalten die Patienten zu höheren Kosten (in der DDR waren die Sozialversicherungsbeiträge niedrig und die Leistungen kostenlos) und bei größerer Wahlfreiheit bezüglich der Kasse und des Arztes verbesserte Leistungen (insbesondere bei aufwendigen Diagnose- und Behandlungsverfahren). Der Grad der Absicherung der ostdeutschen Bevölkerung gegen das Krankheitsrisiko entspricht mit über 99% dem westdeutschen, allerdings ist (1994) der Marktanteil der privaten Krankenversicherer noch wesentlich niedriger und derjenige der Ortskrankenkassen noch deutlich höher als im Westen (vgl. Bundesminister für Gesundheit 1995: 279 sowie Tabelle 2.4.2.1).

Gesundheitsversorgung der Bevölkerung

Nicht nur im institutionellen Bereich, sondern auch bei der konkreten Gesundheitsversorgung haben sich wesentliche Veränderungen vollzogen. Im

Die wichtigsten Dimensionen sozialer Ungleichheit 215

ambulanten Bereich haben die Polikliniken und Ambulatorien sehr schnell an Bedeutung verloren, was auch eine Folge der gesundheitspolitischen Präferenzen des Bundes und der meisten ostdeutschen Länder ist (lediglich in Brandenburg wurde ernsthaft versucht, Polikliniken zu erhalten und als Gesundheitszentren weiterzuentwickeln). Inzwischen praktizieren – auch aufgrund von Aufbauhilfen durch Staat und Verbände – weit über 90% der ambulant tätigen Ärzte und Zahnärzte in freier Niederlassung. Darüber hinaus ist eine Reduzierung des betrieblichen Gesundheitswesens, dessen Einrichtungen in der DDR neben der arbeitsmedizinischen auch der kurativen Versorgung der Belegschaft und teilweise auch der umliegenden Bevölkerung dienten und einen nennenswerten Beitrag zur ambulanten Versorgung der Bevölkerung lieferten, auf das gesetzlich vorgeschriebene Niveau festzustellen (vgl. zum Arbeits- und Gesundheitsschutz Fröhner 1996). Trotz dieser umfassenden Umgestaltung sind im ambulanten Bereich keine bedeutenden Versorgungsmängel bekannt geworden.

Eine wesentliche Voraussetzung für eine angemessene medizinische Versorgung ist eine ausreichende Ärztedichte. Diese liegt in Ostdeutschland schon seit geraumer Zeit etwas unter der westdeutschen; dagegen ist die Versorgung mit Zahnärzten geringfügig besser als in Westdeutschland (siehe Tabelle 3.2.6.1).

Tabelle 3.2.6.1: Versorgung mit Ärzten und Zahnärzten 1980 bis 1993 – je 100.000 Einwohner

Jahr	Ärzte in Ostdeutschland	Ärzte in Westdeutschland	Zahnärzte in Ostdeutschland	Zahnärzte in Westdeutschland
1980	202,4	226,2	58,0	53,9
1985	227,8	263,9	70,6	60,4
1990	264,6	304,9	-	65,5
1991	267,4	313,5	75,0	66,9
1992	271,0	322,6	74,9	68,6
1993	275,6	330,9	75,0[a]	71,2[b]

Anmerkungen: jeweils zum 31.12.; a) ohne Ost-Berlin; b) incl. Ost-Berlin.
Quelle: Bundesministerium für Gesundheit 1994: Tabelle 7.1 und Statistisches Bundesamt 1994a: 466.

Über die allgemein etwas niedrigere Ärztedichte hinaus gibt es in Ostdeutschland noch eine geringere Versorgung bei einigen Fachrichtungen. Die zu DDR-Zeiten häufig schlechte Ausstattung der Ärzte mit Geräten und Material (eine Folge hiervon war etwa ein erheblicher Nachholbedarf beim Zahnersatz) hat sich deutlich verbessert, aber bei größeren Geräten noch nicht den westdeutschen Stand erreicht (vgl. SVRKAiG 1994: 90).

Die regionale Verteilung schwankt (Ende 1994) für die ostdeutschen Flächenländer zwischen 251 (Brandenburg) und 297 (Mecklenburg-Vorpommern)

Ärzten pro 100.000 Einwohner und liegt damit fast durchweg unter den westdeutschen Werten von 292 (Niedersachsen) bis 352 (Bayern); bei den Stadtstaaten liegt (Gesamt-)Berlin mit 476 näher an Hamburg mit 485 als an Bremen mit 429 Ärzten pro 100.000 Einwohner (vgl. Bundesminister für Gesundheit 1995: 190). Der Anteil der niedergelassenen Ärzte beträgt (Ende 1993) in Ostdeutschland 43%, 48% arbeiten in Krankenhäusern und 9% in Forschung oder Verwaltung; damit liegen ganz ähnliche Strukturen wie in Westdeutschland mit 41% in Niederlassung, 48% im Krankenhaus und 11% in Forschung oder Verwaltung vor (vgl. Bundesministerium für Gesundheit 1994: 7.2).

Im *stationären Bereich* waren in der DDR vergleichsweise große Krankenhäuser und eine hohe Bettenkapazität bei gleichzeitig niedriger Auslastung vorhanden. Die Gebäude befanden sich häufig in schlechtem baulichen Zustand, die Geräteausstattung war mangelhaft, und ein starker Personalmangel machte sich negativ bemerkbar. Im Zuge des Anpassungsprozesses gewannen die gemeinnützigen und privaten Träger an Boden; zudem nahmen die Zahl der Krankenhäuser, die Zahl der Betten und die mittlere Krankenhausgröße ab, während die Auslastung anstieg. Die Ausstattung mit Geräten hat große Fortschritte gemacht, beim baulichen Zustand sind jedoch noch erhebliche Verbesserungen erforderlich. Die Verringerung der Bettenzahl und die Einstellung von Personal aus den aufgelösten Polikliniken hat zur Entschärfung der Personalsituation beigetragen.

Die regionale Verteilung der Betten in stationären Einrichtungen zeigt (für 1993) Tabelle 3.2.6.2. Während bei den Krankenhäusern die Bettendichte in Ostdeutschland inzwischen auf das westdeutsche Niveau gesunken ist, ist sie bei den Vorsorge- und Rehabilitationseinrichtungen in Ostdeutschland – trotz einer Zunahme in den letzten Jahren – noch deutlich geringer als in Westdeutschland.

Tabelle 3.2.6.2: Versorgung mit Betten in Krankenhäusern sowie Vorsorge- und Rehabilitationseinrichtungen 1993 – je 100.000 Einwohner

Land	Krankenhäuser	Vorsorge- und Rehaeinrichtungen
Bundesrepublik	774,4	191,7
Brandenburg	734,0	31,0
Mecklenburg-Vorpommern	733,0	174,2
Sachsen	707,1	86,2
Sachsen-Anhalt	793,2	73,3
Thüringen	811,9	125,7

Quelle: Statistisches Bundesamt 1995a: 444 und 450f.

Im *pharmazeutischen Bereich* hat eine weitgehende Privatisierung stattgefunden und die Zahl der Apotheken zugenommen, sie liegt allerdings auf die

Die wichtigsten Dimensionen sozialer Ungleichheit 217

Bevölkerung bezogen immer noch deutlich unter der in Westdeutschland. Versorgungsprobleme, wie sie in der DDR insbesondere bei Arzneimitteln, deren Herstellung einen höheren Aufwand erfordert, vorhandenen waren, existieren inzwischen nicht mehr.

Die schlechtere medizinische Versorgung in der DDR war somit vor allem auf die wesentlich schlechtere materielle Ausstattung, den teilweise erheblichen Personalmangel und organisatorische Mängel zurückzuführen, nicht jedoch auf eine schlechtere Ausbildung oder die geringere Motivation der ärztlichen und sonstigen Beschäftigten im Gesundheitswesen. Inzwischen hat die Versorgung in Ostdeutschland den qualitativen Stand in Westdeutschland weitgehend erreicht; aus den noch bestehenden Differenzen im ambulanten und stationären Bereich kann nicht auf eine signifikant schlechtere Versorgungssituation in Ostdeutschland geschlossen werden.

Gesundheitszustand der Bevölkerung

Die folgenden Ausführungen stützen sich auf einen engen Gesundheitsbegriff, in dem die „altersgemäß definierte körperliche und seelische Funktionalität (Produktivität/Lebensqualität)" (SVRKAiG 1994: 36) der Menschen als Maßstab im Mittelpunkt steht; darüber hinaus werden die somatischen Aspekte der Gesundheit eingehender behandelt als die psychischen.

Es liegt nahe, nach den obigen Feststellungen einen Zusammenhang zwischen der Gesundheitsversorgung der Bevölkerung der DDR und ihrem Gesundheitszustand zu vermuten. Unabhängig davon, daß dieser Zusammenhang sicherlich gegeben ist, stößt ein Leistungsvergleich zwischen dem früheren bzw. jetzigen ostdeutschen Gesundheitswesen und dem entsprechenden westdeutschen auf zwei methodische Probleme. Zum einen setzt eine solche Vorgehensweise das Vorhandensein geeigneter Daten für beide Landesteile voraus. Doch leider wurden die für einen solchen Vergleich erforderlichen Daten häufig entweder gar nicht, nicht in beiden Landesteilen (wobei die DDR in wesentlich größerem Umfange entsprechende Daten gesammelt hat) oder nicht nach den gleichen Kriterien (bezüglich der Definition des betreffenden Phänomens, der Vollständigkeit der Erfassung und der Verallgemeinerungsfähigkeit der Daten) gesammelt. Zum anderen ist der Gesundheitszustand nicht allein von der Gesundheitsversorgung, sondern auch von einer ganzen Reihe anderer Faktoren abhängig. Ganz sicher spielen hier differierende Umweltbedingungen, Lebens- und Arbeitsbedingungen sowie Lebensstile eine Rolle (vgl. Wasem 1995: 16f.).

Daher ist lediglich ein sehr eingeschränkter Vergleich des Gesundheitszustandes der ostdeutschen und der westdeutschen Bevölkerung anhand einiger ausgewählter Indikatoren (für Mortalität und Morbidität) möglich. Insgesamt gesehen hat sich der Gesundheitszustand der Bevölkerung in der DDR seit deren Bestehen kontinuierlich verbessert, die Entwicklung blieb allerdings seit den sechziger Jahren hinter der in Westdeutschland zurück (vgl. SVRKAiG 1991: 102).

Zunächst zur *Mortalität*. Die Sterblichkeit von Säuglingen im ersten Lebensjahr nahm im Zeitraum von 1970 bis 1989 sowohl in Ostdeutschland (von 18,5 pro 1.000 Lebendgeborene auf 7,6) als auch in Westdeutschland (von 23,4 auf 7,5) stark ab; für 1993 liegt sie in Ostdeutschland geringfügig höher als in Westdeutschland (6,3 zu 5,8) (vgl. Bundesminister für Gesundheit 1995: 156).

Die Höhe der mittleren Lebenserwartung hat in beiden Teilen Deutschlands zugenommen, wobei seit Mitte der siebziger Jahre Differenzen erkennbar wurden. 1986-1988 lagen die ostdeutschen Werte mit 69,8 Jahren für männliche und 75,8 für weibliche Neugeborene deutlich unter den westdeutschen von 72,2 bzw. 78,7. Eine ähnliche Ost-West-Differenz zeigt sich auf höherem Niveau auch 1991-1993 mit 69,9 bzw. 77,2 Jahren für Ostdeutschland und 73,1 bzw. 79,5 für Westdeutschland (vgl. Sommer 1995: 449).

Die relative Bedeutung der wichtigsten Todesursachen war für Westdeutschland und Ostdeutschland in den letzten Jahrzehnten recht ähnlich: Jeweils etwa drei Viertel der Mortalität bei Männern und Frauen waren Herz-Kreislauf-, Krebs- und Atmungsorganerkrankungen zuzurechnen (vgl. SVRKAiG 1994: 87) – auffallend ist allerdings die gravierende Ost-West-Differenz bei den Herz-Kreislauferkrankungen. Für die geringere Lebenserwartung in Ostdeutschland waren und sind nicht einige wenige Krankheiten, sondern ist die frühere Sterblichkeit bei einer Vielzahl verschiedener Krankheiten verantwortlich (siehe Tabelle 3.2.6.3).

Tabelle 3.2.6.3: Standardisierte Sterbeziffer [a] (je 100.000 Einwohner) und durchschnittliches Sterbealter (in Jahren) für die wichtigsten Todesursachen 1993

Todesursache	Sterbeziffer Ost	Sterbeziffer West	Sterbealter Ost	Sterbealter West
Herz-Kreislauf-Erkrankungen	676,5	479,7	78,2	79,3
Bösartige Neubildungen	259,2	258,7	69,5	71,1
Krankheiten der Atmungsorgane	66,3	58,5	76,5	78,3
Verletzungen und Vergiftungen[b]	81,6	48,1	54,9	57,3
Krankheiten der Verdauungsorgane	69,4	45,5	64,2	70,5

Anmerkungen: a) Hierbei wird die Alters- und Geschlechtsstruktur der alten und neuen Bundesländer entsprechend einer „Standardbevölkerung" gewichtet, um eine Vergleichbarkeit der Daten für verschiedene Jahre und verschiedene Regionen zu erreichen; b) enthält auch Selbstmorde sowie Verkehrs- und andere Unfälle.
Quelle: Gräb 1994: 1035f.

Von besonderem Interesse im Zusammenhang mit dem ostdeutschen Transformationsprozeß sind die Sterbefälle infolge des Straßenverkehrs sowie durch Selbstmorde. Den klassischen soziologischen Überlegungen von Durkheim (1973) zufolge ist in Zeiten großer gesellschaftlicher Umwälzung und daraus resultierender Verunsicherung mit einer erhöhten Anzahl von Selbstmorden zu rechnen. Die Selbstmordrate liegt in Ostdeutschland seit vielen Jahrzehnten deutlich über der in Westdeutschland. Im Jahr 1993 betrug sie 20,2 Suizide je 100.000 Einwohner gegenüber 14,3 im Westen, wobei Männer – wie auch weltweit – wesentlich stärker betroffen sind als Frauen und die Selbstmordrate mit zunehmendem Lebensalter stark ansteigt (standardisierte Sterbeziffer; vgl. Gräb 1994: 1036). Allerdings ist für die Jahre von 1987 bis 1993, einen Zeitraum mit tiefgreifenden Veränderungen in Ostdeutschland, entgegen vielen Erwartungen ein stetiges Absinken der Selbstmordrate, allein unterbrochen durch einen geringfügigen Anstieg 1991, festzustellen (vgl. Statistisches Bundesamt 1991: 443ff. und 1994a: 463ff.).

Ein Bereich, in dem sich die Situation in Ostdeutschland nach der Wende – als Folge der sprunghaft angestiegenen Motorisierung mit westlichen Autos bei ostdeutschen Straßenverhältnissen und noch nicht angepaßten fahrerischen Kompetenzen – deutlich verschlechtert hat, sind die Verkehrsunfälle. So blieb die Zahl der Unfälle mit Personenschaden in Ostdeutschland von 1980 bis 1989 weitgehend konstant und stieg ab 1990 stark an. Die Zahl der durch Kraftfahrzeugunfälle getöteten Personen nahm von 1989 11,7 bis auf 1991 23,4 je 100.000 Einwohner zu, um in den folgenden Jahren etwas abzunehmen. Sie betrug in Ostdeutschland 1993 19,3 je 100.000 Einwohner im Vergleich zu 10,9 in Westdeutschland (vgl. Gräb 1994: 1036 sowie Statistisches Bundesamt 1991: 443, 1994a: 463 und 1995a: 341).

Beim Vergleich des Gesundheitszustandes zwischen Ost- und Westdeutschland anhand des Indikators *Morbidität* tritt das Problem des Fehlens geeigneter Daten in verschärfter Form auf, da gerade die Krankheiten, bei denen die Datenlage wegen Meldepflicht am besten ist, wenig verbreitet und für eine globale Einschätzung des Gesundheitszustands der Bevölkerung wenig geeignet sind.

Als Indikator für das Vorliegen von zumeist vorübergehenden gesundheitlichen Beeinträchtigungen kann – für den überwiegenden Teil der Berufstätigen – der Krankenstand der Pflichtmitglieder in der Gesetzlichen Krankenversicherung verwendet werden (siehe Tabelle 3.2.6.4). Hier ist inzwischen – trotz der starken Zunahme der Arbeitslosigkeit im Osten – eine Annäherung der zunächst deutlich differierenden west- und ostdeutschen Krankenstände zu verzeichnen. Während in Ostdeutschland die Frauen einen etwas höheren Krankenstand aufweisen, sind es in Westdeutschland die Männer.

Tabelle 3.2.6.4: Durchschnittlicher Krankenstand der Pflichtmitglieder in der Gesetzlichen Krankenversicherung 1991 bis 1995 – in %

Jahr	Ostdeutsche Frauen	Ostdeutsche Männer	Westdeutsche Frauen	Westdeutsche Männer
1991	4,6	3,4	5,0	5,4
1992	4,7	3,6	4,9	5,2
1993	4,9	3,9	4,7	5,0
1994	4,9	4,2	4,7	5,0
1995	5,3	4,8	4,9	5,4

Quelle: Statistisches Bundesamt 1996b: 152.

Als Indikator für das Vorhandensein von massiven und zumeist bleibenden gesundheitlichen Beeinträchtigungen kann der Anteil von Schwerbehinderten an der Bevölkerung herangezogen werden. Dieser liegt (Ende 1993) mit 5,2% in Ostdeutschland niedriger als in Westdeutschland mit 8,5%. Dabei sind Männer mit 5,4% in Ost- bzw. 9,4% in Westdeutschland jeweils etwas stärker betroffen als Frauen mit 5,0% bzw. 7,6%. Das niedrigere Ergebnis in Ostdeutschland dürfte allerdings zu einem erheblichen Teil auf die zum Erhebungszeitpunkt noch nicht abgeschlossene verwaltungstechnische Umstellung der Schwerbeschädigtenausweise zurückzuführen sein (vgl. Hein 1995: 377).

Bei der Frage, ob jemand als „gesund" oder „krank" einzustufen ist (hierbei handelt es sich nicht um zwei eindeutig abgegrenzte Kategorien, sondern um Abschnitte auf einem Kontinuum), spielen stets subjektive Komponenten eine Rolle. Beim Mikrozensus 1992 wurde erhoben, ob die Befragten sich in den letzten vier Wochen gesundheitlich so stark beeinträchtigt fühlten, daß sie ihrer üblichen Beschäftigung nicht nachgehen konnten (siehe Tabelle 3.2.6.5). Bei den gesundheitlichen Beeinträchtigungen durch Krankheiten zeigen sich deutlich höhere Werte für Westdeutschland, bei denen durch Unfälle keine nennenswerten Differenzen. Bei den gesundheitlichen Beeinträchtigungen durch Krankheiten liegen die Werte für die Frauen durchweg höher und bei denen durch Unfälle niedriger als bei den Männern (zu Berufskrankheiten und Arbeitsunfällen vgl. Fröhner 1996).

Tabelle 3.2.6.5: Kranke und unfallverletzte Personen 1992 – in %

Gesundheitliche Beeinträchtigung	Ostdeutsche Frauen	Ostdeutsche Männer	Westdeutsche Frauen	Westdeutsche Männer
Krankheit	9,7	7,1	11,6	10,0
Unfallverletzung	0,9	1,5	1,0	1,6

Datenbasis: Mikrozensus Mai 1992.
Quelle: Statistisches Bundesamt 1994b: 176.

Die wichtigsten Dimensionen sozialer Ungleichheit

Resümierend kann festgehalten werden, daß beim Gesundheitszustand der Bevölkerung trotz der schwierigen Datenlage Unterschiede erkennbar sind; diese sollten aber nicht überbewertet werden. Ihre Angleichung wird vermutlich relativ lange dauern, da hier nicht nur die Gesundheitsversorgung, sondern eine Vielzahl weiterer Faktoren eine Rolle spielt: Von den Umweltbedingungen (hier ist eine Verbesserung eingetreten) über die Lebens- und Arbeitsbedingungen (hier sind zumindest für einen Teil der Bevölkerung neben Verbesserungen auch Verschlechterungen zu konstatieren) bis hin zu den Lebensstilen (einschließlich Ernährungs- und Suchtverhalten). Darüber hinaus ist zu berücksichtigen, daß Entstehung und Verlauf zahlreicher Krankheiten durch psychische Faktoren beeinflußt werden und viele Erkrankungen eine lange Vorgeschichte haben und nicht kurzfristig heilbar sind.

Subjektive Einschätzungen

Die bisher vorgestellten „objektiven" bzw. nur vergleichsweise wenig subjektiv geprägten Daten sollen nun durch subjektive Einschätzungen der Bürger bezüglich des Gesundheitswesens und des eigenen Gesundheitszustandes ergänzt werden. Die verwendeten Daten entstammen der seit 1990 jährlich durchgeführten Umfrage „Leben in Ostdeutschland" (sfz/leben; vgl. Schmidtke 1996).

In den Jahren 1992 bis 1995 bezeichneten sich jeweils etwa 60% der Befragten auf die Frage „Wie zufrieden sind Sie mit dem Gesundheitswesen?" als „zufrieden" oder „sehr zufrieden", etwa 30% als „teilweise zufrieden" und etwa 10% als „unzufrieden" oder „sehr unzufrieden". Diese hohen Zufriedenheitswerte folgen auf deutlich niedrigere für die Jahre 1990 und 1991, welche durch die grundlegenden Veränderungen der institutionellen Struktur des Gesundheitswesens gekennzeichnet waren (siehe Tabelle 3.2.6.6).

Tabelle 3.2.6.6: Zufriedenheit mit dem Gesundheitswesen in Ostdeutschland 1990 bis 1995 – in %

Bewertung	1990	1991	1992	1993	1994	1995
sehr zufrieden/zufrieden	26	33	58	59	57	64
teilweise zufrieden	36	44	32	31	31	27
unzufrieden/sehr unzufrieden	38	23	9	9	11	9
keine Angabe	–	–	1	1	1	–

Datenbasis: sfz/leben 1990-1995.
Quelle: Schmidtke 1996.

Aus diesem stabilen hohen Zufriedenheitsniveau kann allerdings nicht geschlossen werden, daß die Menschen in Ostdeutschland durchweg mit allen Veränderungen des Gesundheitswesens einverstanden sind. 1995 nach verschiedenen Aspekten des Gesundheitswesens gefragt, erkannten die Befragten Verbesserungen in Bereichen mit größerer Wahlfreiheit oder verbesserten Leistungen (Angebot an medizinischen Leistungen, Wahlmöglichkeit bei Krankenkassen, Angebot an Pflegediensten, Anzahl der Apotheken, System niedergelassener Ärzte), dagegen wurden Verschlechterungen in Bereichen mit erhöhtem finanziellen oder organisatorischen Aufwand oder mit Verringerung des Angebots (Zuständigkeit verschiedener Träger, Auflösung der Polikliniken, Höhe der Krankenkassenbeiträge, Zuzahlung für Medikamente, Wegfall der Pflichtimpfungen) gesehen. Daß ein Teil der Befragten einerseits die Auflösung der Polikliniken bedauerte und andererseits das System der niedergelassenen Ärzte begrüßte, sollte nicht vordergründig als Inkonsistenz der Befragtenmeinung, sondern vielmehr als kritische Sicht auf die Nachteile beider Systeme und Aufforderung zu einer bedürfnisgerechten Reformierung der ambulanten Versorgung verstanden werden.

Auf die Frage „Wie schätzen Sie Ihren Gesundheitszustand ein?" bezeichneten sich seit 1993 jeweils mehr als die Hälfte der Befragten als „gesund und leistungsfähig" und etwa 30% als „durch verschiedene Krankheiten gelegentlich leicht beeinträchtigt", die restlichen haben „dauernd gesundheitliche Beschwerden" oder „ein Leiden, das sie stark behindert" (siehe Tabelle 3.2.6.7). Im Zeitablauf betrachtet, verbessert sich die durchschnittliche Selbsteinschätzung des Gesundheitszustandes von 1990 bis 1992 erheblich, um 1993 etwas abzunehmen und dann bis 1995 konstant zu bleiben. Solch starke Veränderungen beruhen sicherlich nicht allein auf tatsächlichen Veränderungen des Gesundheitszustandes der Bevölkerung, sondern spiegeln vermutlich zu einem guten Teil die Unsicherheiten und Hoffnungen wider, die das Leben und Empfinden der Menschen beeinflussen.

Tabelle 3.2.6.7: Selbsteinschätzung des Gesundheitszustandes in Ostdeutschland 1990 bis 1995 – in %

Bewertung	1990	1991	1992	1993	1994	1995
gesund und leistungsfähig	33	41	62	56	53	54
gelegentlich leicht beeinträchtigt	37	34	27	28	32	30
dauernde gesundheitliche Beschwerden	18	15	6	10	9	9
stark behinderndes Leiden	11	10	4	6	6	6
keine Angabe	1	–	1	–	–	1

Datenbasis: sfz/leben 1990-1995.
Quelle: Schmidtke 1996.

Bei einer nach Bevölkerungsgruppen differenzierten Betrachtung zeigen sich bei Männern etwas günstigere Einstufungen als bei Frauen. Das gleiche gilt für Erwerbstätige gegenüber Arbeitslosen und – der Tendenz nach – für Menschen mit einem höheren Haushaltsnettoeinkommen im Vergleich zu solchen mit einem niedrigeren. Keineswegs überraschend ist der Befund, daß

Die wichtigsten Dimensionen sozialer Ungleichheit 223

die Menschen ihren Gesundheitszustand um so schlechter einschätzen je älter sie sind (vgl. Schmidtke 1996).

Die hohen Zufriedenheitswerte bezüglich des Gesundheitswesens sind zunächst einmal als positive Beurteilung desselben anzusehen – dabei sollte jedoch nicht übersehen werden, daß verschiedene seiner Aspekte von den Befragten durchaus kritisch betrachtet werden. Auch bei der Selbsteinschätzung des Gesundheitszustandes ergibt sich im großen und ganzen ein recht günstiges Bild – wobei allerdings die Angehörigen jener Bevölkerungsgruppen mit einem ungünstigeren (subjektiv wahrgenommenen) Gesundheitszustand nicht übersehen werden dürfen.

Soziale Ungleichheit und Gesundheit

Für Westdeutschland wurden in den letzten Jahrzehnten in einer ganzen Reihe von Studien – über geschlechts- und altersbedingte Unterschiede hinausgehende – soziale Differenzierungen beim Gesundheitszustand (Mortalität, Morbidität, wahrgenommene Beeinträchtigungen der Gesundheit), beim Angebot an und der Inanspruchnahme von Leistungen der Gesundheitsversorgung sowie bei gesundheitsrelevanten Verhaltensweisen (u.a. Rauchen, Bewegungsmangel, Übergewicht) festgestellt (vgl. Mielck/Helmert 1994). So erfreuen sich Angehörige höherer Schichten im Durchschnitt einer besseren Gesundheit und Gesundheitsversorgung – und sie leben gesünder. Die soziale Schicht wird hierbei üblicherweise durch Einkommen, Beruf, Bildung oder eine Kombination dieser Faktoren gemessen. Wenn durch ein solches Schichtungskonzept die Lebenslagen und Lebensstile der Menschen auch nur recht grob erfaßt werden können, so ist doch festzuhalten, daß mit höherer Berufsposition, höherer Bildung und höherem Einkommen in der Regel bessere und damit gesündere Lebens- und Arbeitsbedingungen und häufig gesundheitsbewußtere oder zumindest weniger gesundheitsschädigende Verhaltensweisen verbunden sind (vgl. Mielck/Helmert 1994).

In der DDR wurde der Zusammenhang von sozialer Ungleichheit und Gesundheit kaum öffentlich thematisiert. Die kostenlose medizinische Versorgung und die zunächst gegenüber dem Westen günstigere Entwicklung des Gesundheitszustandes der Bevölkerung wurden als erfolgreiche Umsetzung des sozialistischen Gleichheitsideals hervorgehoben, die ab den siebziger Jahren im Vergleich zum Westen ungünstigere Entwicklung dagegen bis zur Wende in der DDR weitgehend verschwiegen. Faktisch existierte trotz der stets betonten Gleichheit eine Privilegierung bestimmter Gruppen, denn neben dem allgemein zugänglichen Gesundheitswesen existierte eine ganze Reihe von medizinischen Sonderversorgungseinrichtungen für die Beschäftigten in bestimmten Unternehmen und Staatsorganen bis hin zur Führung der DDR. Zwar gab es aus ideologischen Gründen kaum Forschung und Veröffentlichungen zum Verhältnis zwischen sozialer Ungleichheit und Gesundheit – die wenigen vorhandenen Studien geben jedoch Hinweise auf ähnliche Zusammenhänge wie die in Westdeutschland vorgefundenen (vgl. Apelt 1991, Kunzendorff 1994 und Mielck/Apelt 1994).

Es steht zu vermuten, daß die in Westdeutschland vorherrschenden Strukturen von sozialer Ungleichheit und Gesundheit auch in Ostdeutschland – soweit das nicht bereits der Fall ist – immer stärker das Bild beherrschen werden. Ausmaß und Geschwindigkeit dieser Angleichung hängen auch davon ab, wie schnell und weitgehend sich Lebensbedingungen und Lebensstile in beiden Teilen Deutschlands annähern.

Transformationsprozeß und Gesundheit

Im Bereich der Gesundheit ist von einem komplexen Zusammenhang zwischen psychischen und somatischen Phänomenen auszugehen. Für die seelische und körperliche Gesundheit ist insbesondere die Verarbeitung von Belastungen wichtig. Im ostdeutschen Transformationsprozeß ergaben und ergeben sich gravierende Wandlungen der Lebenssituation und der an die Menschen gerichteten Anforderungen. Solche Veränderungen können prinzipiell positive und negative Auswirkungen auf die seelische und körperliche Gesundheit der Menschen haben. In welche Richtung sie konkret gehen, hängt ab von der jeweiligen Konstellation von Anforderungen, individuellen Bewältigungskompetenzen sowie materiellen und immateriellen Rahmenbedingungen. Probleme entstehen insbesondere dann, wenn ein Mißverhältnis zwischen dem Anforderungskomplex und den zu seiner Bewältigung zur Verfügung stehenden Ressourcen existiert (vgl. Schröder/Reschke 1995: 255ff.). In diesem Zusammenhang gibt es Hinweise darauf, daß die ostdeutsche Bevölkerung die transformationsbedingten Veränderungen im großen und ganzen gut bewältigt, beim Zurechtkommen mit den neuen Lebensanforderungen allerdings die – der Tendenz nach und individuell sehr unterschiedlich – weniger stark ausgebildeten Kompetenzen für das Handeln in Problemsituationen und ein Leben unter Unsicherheit hinderlich sein können (vgl. Schröder/Reschke 1995: 259).

Insbesondere für bestimmte Bevölkerungsgruppen besteht eine erhöhte Gefahr der Beeinträchtigung der seelischen oder körperlichen Gesundheit. Dies sind u.a. Personen, die sich selbst als „Verlierer" ansehen, bei denen im Vergleich zu früher Verluste im weitesten Sinne eingetreten und aus ihrer Perspektive keine Verbesserungen der Situation zu erwarten sind. Zu dieser Kategorie gehören vor allem manche Gruppen älterer Menschen, alleinstehende Frauen, Alleinerziehende, Personen im erzwungenen Vorruhestand und Menschen mit schlechten Aussichten auf dem Arbeitsmarkt. Zu den gefährdeten Personen gehören auch „chronisch Verunsicherte", die schon seit längerem ohne wirkliche Möglichkeit der Einflußnahme auf eine Klärung ihrer beruflichen oder sonstigen Lebenssituation warten. Diese Gruppe besteht vor allem aus Personen in prekären Arbeitsverhältnissen oder Arbeitslosigkeit und insbesondere Menschen mit Arbeit, die einen Arbeitsplatzverlust befürchten (vgl. Schröder/Reschke 1995: 262ff.). Darüber hinaus sind gesundheitliche Risiken nicht nur für die Personen der genannten und anderer „Problemgruppen", sondern – gerade bei den von Arbeitslosigkeit Betroffenen – auch für ihre Angehörigen zu befürchten (vgl. Schröder/Reschke 1995: 267).

Ausblick

Im *institutionellen Bereich* werden – sowohl in bezug auf den rechtlichen Rahmen als auch auf die sich in diesem entwickelnden Strukturen – die wenigen noch bestehenden Unterschiede zwischen Ost- und Westdeutschland im Laufe der Zeit verschwinden. Bei der *Gesundheitsversorgung* bestehen noch einige mehr oder weniger große Unterschiede (etwa bei der Ärztedichte und dem baulichen Zustand der Krankenhäuser), die sich teilweise erst längerfristig ausgleichen werden – allerdings bilden sie keine wirkliche Beeinträchtigung für die medizinische Betreuung der ostdeutschen Bürger. Beim *Gesundheitszustand* sind Unterschiede erkennbar, diese sollten aber nicht überbewertet werden. Eine Angleichung wird erst allmählich stattfinden und zudem von Maß und Geschwindigkeit der Angleichung der Lebensbedingungen und Lebensstile beeinflußt. Die betrachteten *subjektiven Einschätzungen* zeichnen im großen und ganzen ein positives Bild. Zur Aufrechterhaltung bzw. Steigerung der Zufriedenheit der Bürger mit dem Gesundheitswesen kommen insbesondere Reformen des Gesundheitswesens in Frage, welche zu einer stärkeren Berücksichtigung der Bedürfnisse der Bürger führen. Besonderes Augenmerk sollte darüber hinaus denjenigen Bevölkerungsgruppen gelten, deren subjektiv wahrgenommener Gesundheitszustand Defizite aufweist. Wie in Westdeutschland gab es auch in der DDR *soziale Ungleichheiten*, die sich in Ungleichheiten im Gesundheitsbereich fortsetzten. Auch im Falle einer weitgehenden strukturellen Angleichung Ostdeutschlands an Westdeutschland stellt sich die Frage, wie gesellschaftlich induzierte Ungleichheiten beim Gesundheitszustand abgebaut werden können. Für die Gesundheit ungünstige *Auswirkungen des Transformationsprozesses* werden vermutlich noch einige Zeit festzustellen sein. Dauer und Stärke ihres Auftretens werden von der in der Bevölkerung und bei den einzelnen Menschen vorhandenen Konstellation von Anforderungen, Bewältigungskompetenzen und materiellen und immateriellen Rahmenbedingungen bestimmt werden.

3.2.7 Regionale Disparitäten

Häufig liegt bei der Darstellung der gesellschaftlichen Veränderungen im ostdeutschen Transformationsprozeß das Hauptaugenmerk auf den Unterschieden zwischen Ost und West. Dabei sollte jedoch nicht übersehen werden, daß es auch innerhalb der neuen Bundesländer durchaus Disparitäten und differenzierte Entwicklungen gibt. Die Herstellung der Gleichwertigkeit der Lebensverhältnisse ist zwar ein Auftrag des Grundgesetzes, doch steht dabei im allgemeinen die Beseitigung besonders herausragender Benachteiligungen einzelner Regionen im Vordergrund. Eine vollständige Angleichung der Lebensbedingungen in allen Bundesländern ist einerseits gar nicht möglich und andererseits auch nicht erstrebenswert. Auch zwischen den alten Bundesländern gibt es durchaus Unterschiede.

Regionale Disparitäten bestehen aufgrund der unterschiedlichsten Ursachen, aufgrund von Traditionen, wirtschaftlichen Bedingungen, geographischen Aspekten u.v.m. (vgl. Bertram/Dannenbeck 1990). Im Rahmen der Untersuchung regionaler Disparitäten (vgl. z.B. Bertram 1995a und Nauck/ Bertram 1995) wird auch darauf verwiesen, daß diese Ungleichheiten sich nicht auf die Grenzen der einzelnen Bundesländer beschränken, sondern durchaus quer dazu liegen. Nachdem jedoch die Ländergrenzen auch Bereiche unterschiedlicher Politiken markieren und die vorliegenden Daten oft nicht kleinräumiger verfügbar sind, soll im vorliegenden Abschnitt die unterschiedliche Lage der einzelnen Bundesländer und – soweit dafür Daten vorhanden sind – Ost-Berlins dargestellt werden. Dabei gilt das Hauptaugenmerk der vergleichenden Perspektive: Es wird also dargestellt, inwieweit die Situation in den einzelnen Bundesländern in bezug auf verschiedene Aspekte vom Durchschnitt der neuen Bundesländer abweicht.

Dabei werden folgende Bereiche zum Vergleich herangezogen, die in den vorherigen Berichtskapiteln ausführlich dargestellt wurden: Bevölkerung, wirtschaftliche Lage, Bildung, Wohnen und Gesundheit.

Unterschiede zwischen den Bundesländern in ausgewählten Bereichen

In Tabelle 3.2.7.1 werden die Abweichungen der Werte für die einzelnen Bundesländer und Ost-Berlin von ihrem Mittelwert dargestellt. Angezeigt werden Abweichungen um mehr als ein Zwanzigstel vom Durchschnitt. Ein „—" bedeutet, daß der Wert weniger als ein Zwanzigstel ober- oder unterhalb des arithmetischen Mittels liegt, ein „↑" daß der Wert mindestens ein Zwanzigstel („↑↑": mindestens ein Zehntel) darüber liegt, und ein „↓" bedeutet, daß der betreffende Wert mindestens ein Zwanzigstel („↓↓": mindestens ein Zehntel) unter dem Durchschnitt liegt. Die Tabelle mit den tatsächlichen Werten – auch

Die wichtigsten Dimensionen sozialer Ungleichheit 227

solchen, für die sich keine Abweichungen vom Mittelwert feststellen lassen – befindet sich am Ende dieses Abschnitts (siehe Tabelle 2.3.7.2).

Tabelle 3.2.7.1: Regionale Disparitäten in den neuen Bundesländern nach ausgewählten Indikatoren – Abweichungen vom jeweiligen gewichteten Durchschnitt

Indikator	BB	MV	SN	ST	TH	B-O	Neue Bundesländer	Alte Bundesländer
Bevölkerung (1993)								
Ausländeranteil – in %	↑↑	—	↓↓	↓↓	↓↓	↑↑	1,7	9,4[c]
Altersverteilung – in %								
unter 6 Jahre	—	—	↓	—	—	↑↑[c]	5,4	6,7
6 – unter 21	—	↑	—	—	—	↓[c]	19,3	15,4
21 – unter 65	—	—	—	—	—	↑[c]	61,1	62,6
65 und mehr	↓↓	↓↓	↑↑	—	—	↓↓[c]	14,1	15,4
Wirtschaftliche Lage								
relative Wohlstandsposition [b]								
1990	—	—	—	—	—	↑	100,0	
1994	—	—	—	—	↓	↑	100,0	
Anteil Sozialhilfeempfänger [e]								
1993 – in %	↑	↑	↓↓	↑↑	↓↓	↑↑	1,8	3,3
Arbeitslosenquote								
1995 – in %	↓	↑	—	↑↑	—	↓↓	15,1	9,3
Arbeitslosenquote Frauen								
1995 – in %	↓	↑	—	—	—	↓↓	19,4	9,2
Anteil Langzeitarbeitslose an								
allen Arbeitslosen 1994 – in%	↑	↓↓	—	↑	—	↓↓	34,7	32,5
Bildung (1993)								
16-17jährige Schüler je								
Gleichaltrigen – in %	↑	—	—	—	↓	n.v.	50,7[d]	49,8
Abiturienten je Schulabgänger								
– in %	↑↑	↓↓	—	—	↓	n.v.	23,0[d]	24,1
Wohnen								
Wohnfläche je Haushalts-								
mitglied – in m² (1993)	—	↓	—	—	—	n.v.	29,3	36,9
Ausstattung mit Bad u. Innen-								
WC – in % (1995)	↑	—	↓↓	↑	—	↑	87,1	98,0
modernes Heizungssystem								
– in % (1995)	—	↑↑	↓↓	↑↑	—	↑	64,3	91,1
Gesundheit (1993)								
Ärzte je 10.000 Einwohner	↓↓	—	—	↓	—	↑↑[c]	27,6	33,1
Krankenhausbesuche je	—	—	↓	↑	↑	—	75,3	77,9
10.000 EW								
Betten in Vorsorge- oder								
Rehaeinr. je 10.000 EW	↓↓	↑↑	—	↓↓	↑↑	n.v.	8,5	21,7

Anmerkungen: BB: Brandenburg, MV: Mecklenburg-Vorpommern, SN: Sachsen, ST: Sachsen-Anhalt, TH: Thüringen, B-O: Ost-Berlin; ↑ = Wert liegt mindestens ein Zwanzigstel (↑↑ = mindestens ein Zehntel) oberhalb des Mittelwerts; ↓ = Wert liegt mindestens ein Zwanzigstel (↓↓ = mindestens ein Zehntel) unterhalb des Mittelwerts ; — = Wert liegt weniger als ein Zwanzigstel über oder unter dem Mittelwert; a) ungewichtetes arithmetisches Mittel; b) bedarfsgewichtetes Haushaltsnettoeinkommen pro Kopf (siehe Abschnitt 3.2.2); c) Angaben für 1992; d) Angabe ohne Ost-Berlin; e) Empfänger von laufender Hilfe zum Lebensunterhalt außerhalb von Einrichtungen am Jahresende; n.v. = nicht verfügbar.

Quelle: Tabelle 3.2.7.2.

Ost-Berlin unterscheidet sich – wie auch schon zu DDR-Zeiten – deutlich vom übrigen Gebiet Ostdeutschlands. Dort ist durch den Zusammenschluß mit West-Berlin die Konfrontation mit dem neuen System am deutlichsten. Der Ausländeranteil ist deutlich höher als in den anderen neuen Bundesländern, hat aber noch nicht westdeutsches oder gar West-Berliner Niveau (16,3%) erreicht. Der Anteil der Älteren ab 65 Jahre befindet sich deutlich unter dem Durchschnittswert der neuen Bundesländer, derjenige der Kinder unter 6 Jahre deutlich darüber. Während der Anteil der 6- bis unter 21jährigen unter dem ostdeutschen Durchschnitt liegt, ist der Anteil der Bevölkerung im erwerbsfähigen Alter, also der 21- bis unter 65jährigen überdurchschnittlich. Die wirtschaftliche Lage in Ost-Berlin hebt sich markant von der in den neuen Bundesländern ab. So liegt die relative Wohlstandsposition der Ost-Berliner Haushalte über dem Durchschnitt der neuen Bundesländer, während die Quoten der Arbeitslosen (Gesamt, Frauen und Langzeitarbeitslose) deutlich unterdurchschnittlich ausfallen. Gleichzeitig übersteigt die Quote der Sozialhilfeempfänger markant den ostdeutschen Durchschnitt. Im Bereich des Wohnens erreicht zwar die Wohnfläche je Haushaltsmitglied den ostdeutschen Mittelwert, liegt damit aber deutlich unter dem westdeutschen Wert, die Ausstattung mit Bad- und Innen-WC und mit einem modernen Heizungssystem ist jedoch überdurchschnittlich, wenngleich sich auch hier noch gegenüber dem Westen ein merklicher Nachholbedarf zeigt. Die Versorgung mit Ärzten ist in Ost-Berlin deutlich besser als im ostdeutschen Mittel.

Auch für *Brandenburg* ist im Vergleich zu den übrigen ostdeutschen Bundesländern im großen und ganzen eine herausgehobene Position zu erkennen. Hier dürfte sich die räumliche Nähe zu Berlin auswirken. Der Ausländeranteil liegt beim ostdeutschen Durchschnitt, der Anteil der ab 65jährigen an der Bevölkerung deutlich darunter. Auch die Quote der Arbeitslosen insgesamt und die der Frauen ist unterdurchschnittlich, während der Anteil der Langzeitarbeitslosen (Arbeitslosigkeit ein Jahr oder länger) an allen Arbeitslosen im Vergleich zur Gesamtheit der neuen Länder höher ausfällt. Die Sozialhilfeempfängerquote bewegt sich knapp über dem ostdeutschen Durchschnitt. Im Bereich der Bildung liegt sowohl der Anteil der Schüler an den

Die wichtigsten Dimensionen sozialer Ungleichheit 229

16-17jährigen als auch der Anteil der Abiturienten an den Schulabgängern – letzterer sogar deutlich – über dem Durchschnitt. Dies kann einerseits eine Folge der Bildungspolitik des Landes Brandenburg sein, andererseits aber auch seine Ursache in der Nähe zu Berlin haben. Bezüglich der Wohnsituation erreicht nur die Ausstattung mit Bad und Innen-WC einen überdurchschnittlichen Wert, während im Gesundheitsbereich die Versorgung mit Ärzten und mit Betten in Vorsorge- und Rehaeinrichtungen in Brandenburg deutlich schlechter ist als im Durchschnitt der neuen Länder. Diese Nachteile können jedoch wahrscheinlich durch die Nähe zu Berlin ausgeglichen werden.

Wie in Brandenburg ist auch in *Mecklenburg-Vorpommern* der Ausländeranteil höher als im ostdeutschen Durchschnitt, während der Anteil der ab 65jährigen an der Bevölkerung deutlich darunter liegt. Außerdem ist der Anteil der 6-20jährigen überdurchschnittlich. Die Sozialhilfeempfängerquote befindet sich wie in Brandenburg knapp über dem ostdeutschen Mittelwert. Die Arbeitslosenquote erreicht hier – sowohl insgesamt, als auch bezogen auf die Frauen – höhere Werte als im Mittel der Länder (hier wirkt sich insbesondere die Transformation der Landwirtschaft aus), wobei der Anteil der Langzeitarbeitslosen wiederum deutlich niedriger ist. Im Bildungsbereich sind unter den Schulabgängern Abiturienten deutlich unterdurchschnittlich vertreten. Bei der Wohnungsausstattung verfügen weit überdurchschnittlich viele Wohnungen über ein modernes Heizungssystem. Auch im Gesundheitsbereich liegt die Versorgung mit Betten in Vorsorge- oder Rehabilitationseinrichtungen deutlich über dem ostdeutschen Durchschnitt. Mecklenburg-Vorpommern weist also im Vergleich zum ostdeutschen Durchschnitt einige Nachteile auf: die hohe Arbeitslosigkeit und die niedrige Abiturientenquote. Es sind dort im Vergleich zu den anderen neuen Bundesländern auch deutliche Vorteile festzustellen: wenige Langzeitarbeitslose, gute Ausstattung mit modernen Heizungssystemen und ein hoher Vorsorgungsgrad mit Reha-Betten, der wohl auch von Bewohnern anderer Bundesländer genutzt werden dürfte.

Sachsen unterscheidet sich in bezug auf die Wohlstandsposition und auf die Arbeitslosigkeit sowie im Bildungsbereich praktisch nicht vom ostdeutschen Durchschnitt. Die Quote der Sozialhilfeempfänger liegt jedoch deutlich unter den durchschnittlichen ostdeutschen Werten. Auch im Bereich der Bevölkerung ergeben sich markante Unterschiede im Vergleich zu den anderen neuen Bundesländern und Ost-Berlin: Der Ausländeranteil befindet sich deutlich unter dem ostdeutschen Durchschnitt. Der Anteil der ab 65jährigen nimmt eine deutlich überdurchschnittliche, der der Kinder unter 6 Jahre eine deutlich unterdurchschnittliche Position ein. In bezug auf die Wohnungsausstattung befindet sich Sachsen deutlich unter dem Durchschnitt; dies gilt sowohl für die Ausstattung mit Bad und Innen-WC als auch für die Ausstattung

Tabelle 3.2.7.2: Regionale Disparitäten in den neuen Bundesländern, Ost-Berlin und den alten Bundesländern nach ausgewählten Indikatoren (gewichtete Durchschnittswerte)

Indikator	Brandenburg (BB)	Mecklenburg-Vorpommern (MV)	Sachsen (SN)	Sachsen-Anhalt (ST)	Thüringen (TH)	Ost-Berlin (B-O)	Neue Bundes-länder	Alte Bundes-länder
Bevölkerung (1993)								
Einwohner - in Tsd. [a]	2.537,7	1.843,5	4.607,7	2.777,9	2.532,8	1.291,0 [b]	15.589,4	66.007,2 [n]
Ausländeranteil - in % [a]	2,4	1,6	1,3	1,4	0,9	4,1 [b]	1,7	9,4 (1992)
Altersverteilung - in % [c]								
unter 6 Jahren	5,5	5,8	5,1	5,4	5,4	6,6 [b] (1992)	5,4	6,7
6 - unter 21	20,1	21,5	18,5	18,7	19,3	18,1 [b] (1992)	19,3	15,4
21 - unter 45	36,5	37,1	34,3	35,6	36,0	40,0 [b] (1992)	36,0	37,6
45 - unter 65	25,2	24,0	25,8	25,6	24,8	24,6 [b] (1992)	25,1	24,9
65 und mehr	12,7	11,6	16,3	14,8	14,4	10,7 [b] (1992)	14,1	15,4
Wirtschaftliche Lage								
relative Wohlstandsposition [d]								
1990	101,1	100,5	99,4	97,4	96,8	112,1	100,0	
1994	102,7	97,3	97,5	99,5	90,7	126,8	100,0	
Sozialhilfeempfänger								
1993 - in % [e]	1,9	1,9	1,2	2,5	1,4	3,3	1,8	3,3
Arbeitslosenquote								
1995 - in % [f]	13,9	16,4	14,4	16,6	14,7	12,7	15,1	9,4
Arbeitslosenquote Frauen								
1995 - in % [f]	18,0	20,8	19,5	20,9	19,3	13,5	19,4	9,1
Langzeitarbeitslose								
1994 - in % [g]	37,2	30,3	35,5	37,0	36,1	23,8	34,7	32,5 [h]

Die wichtigsten Dimensionen sozialer Ungleichheit

Bildung (1993) [i]							
16-17jährige Schüler je Gleichaltrigen - in %	55,1	50,5	51,0	50,9	45,7	n.v.	50,7 [o]
Abiturienten je Schulabgänger - in %	26,9	20,3	23,4	23,0	20,9	n.v.	23,0 [o]
Wohnen							
Wohnfläche je Haushaltsmitglied - in m^2 (1993) [p]	28,7	26,6	29,7	29,7	29,8	n.v.	29,3
Ausstattung mit Bad u. Innen-WC - in % (1995) [k]	93,1	91,2	76,5	92,5	85,8	96,0	87,1
modernes Heizungssystem - in % (1995) [k]	64,1	72,0	56,1	71,2	62,5	69,6	64,3
Gesundheit (1993)							
Ärzte je 10.000 Einwohner [l]	24,0	28,7	26,4	25,4	26,6	36,1 [b]	27,6
Krankenhausbetten je 10.000 Einwohner [m]	73,4	73,3	70,7	79,3	81,2	78,3 [b]	75,3
Betten in Vorsorge- oder Reha-einr. je 10.000 Einw. [n]	3,1	17,4	8,6	7,3	12,6	n.v.	8,5

Anmerkung: n.v.: nicht verfügbar.

Quelle: a) Statistisches Bundesamt 1994d; b) Angaben des Statistischen Landesamtes Berlin; c) Statistisches Bundesamt 1995c; d) Müller/Frick 1996b; e) Neuhäuser 1995; f) Bundesanstalt für Arbeit 1995c: 692f., Angabe für März 1995; g) Bundesanstalt für Arbeit 1995b, Angabe für Ende September 1994; h) Bundesanstalt für Arbeit 1995a: 116; i) v. Below 1996; k) Frick 1996; l) Statistisches Bundesamt 1995e; m) Statistisches Bundesamt 1995f; n) Dorbritz/Gärtner 1995: 389; o) Angabe ohne Ost-Berlin; p) Statistisches Bundesamt 1995a; u.v. = nicht verfügbar.

mit einem modernen Heizungssystem. Im Gesundheitsbereich ist die Versorgung mit Krankenhausbetten unterdurchschnittlich. Wo es in Sachsen Abweichungen vom ostdeutschen Durchschnitt gibt, überwiegen die Nachteile: Überalterung der Bevölkerung, schlechte Wohnungsausstattung sowie geringe Krankenhaus-Bettendichte.

In *Sachsen-Anhalt* befindet sich der Ausländeranteil deutlich unter dem ostdeutschen Durchschnitt, ansonsten unterscheidet sich der Altersaufbau der Bevölkerung dort nicht vom Mittelwert der ostdeutschen Bundesländer und Ost-Berlins. Die Arbeitslosenquote liegt deutlich über dem ostdeutschen Durchschnitt und auch der Anteil der Langzeitarbeitslosen ist höher. Außerdem gibt es einen hohen Anteil von Sozialhilfeempfängern. Im Bereich der Bildung zeigen die Werte für Sachsen-Anhalt keine auffallenden Abweichungen vom ostdeutschen Mittel, während im Bereich des Wohnens die Ausstattungswerte über dem ostdeutschen Durchschnitt liegen, insbesondere die Versorgung mit modernen Heizungssystemen. Die Versorgung mit Ärzten und insbesondere mit Betten in Vorsorge- und Rehabilitationseinrichtungen ist unterdurchschnittlich, die Versorgung mit Krankenhausbetten befindet sich jedoch über dem ostdeutschen Durchschnitt. Während Sachsen-Anhalt durchaus gewisse Nachteile aufweist (insbesondere in bezug auf die Arbeitslosigkeit und zum Teil bei der Gesundheitsversorgung), lassen sich dort auch gewisse Vorteile, insbesondere im Wohnungsbereich, feststellen: Die Wohnfläche je Haushaltsmitglied erreicht dort einen höheren Wert als in den anderen neuen Bundesländern und Ost-Berlin.

Wie Sachsen befindet sich auch *Thüringen* bei den meisten der hier untersuchten Aspekte im Bereich des ostdeutschen Durchschnitts. In bezug auf den Bevölkerungsaufbau, die Arbeitslosigkeit und die Wohnsituation gibt es keine Indikatoren, die stärker als ein Zwanzigstel vom ostdeutschen Mittelwert abweichen. Es gibt jedoch einige Merkmale, bezüglich derer sich Thüringen vom ostdeutschen Durchschnitt unterscheidet. So ist der Ausländeranteil deutlich unterdurchschnittlich. Auch im Vergleich zu den anderen neuen Bundesländern und Ost-Berlin weist Thüringen als einziges eine relative Wohlstandsposition auf, die sich unterhalb des ostdeutschen Durchschnitts befindet. Trotzdem liegt der Anteil der Sozialhilfeempfänger deutlich unter dem ostdeutschen Durchschnitt. Thüringen ist das einzige neue Bundesland, für das sich in bezug auf beide Indikatoren der Bildung unterdurchschnittliche Werte ergeben. Lediglich im Bereich der Gesundheit weist Thüringen eine überdurchschnittliche Versorgung mit Krankenhausbetten und eine deutlich überdurchschnittliche Versorgung mit Betten in Vorsorge- und Rehaeinrichtungen auf. In Thüringen lassen sich also bei insgesamt geringen Abweichungen vom Durchschnitt Nachteile bei der relativen Einkommenspostition und der Bildung, jedoch Vorteile im Gesundheitsbereich feststellen.

Die wichtigsten Dimensionen sozialer Ungleichheit

Zusammenfassung

Unterschiede zwischen den neuen Bundesländern und Ost-Berlin sind also durchaus vorhanden; sie sind jedoch überwiegend gering. Zusammenfassend lassen sich drei Gruppen bilden, in denen die Bundesländer und Ost-Berlin zusammengefaßt werden können:

Ost-Berlin unterscheidet sich am deutlichsten von den neuen Bundesländern: Hier überwiegen eindeutig die positiven gegenüber den negativen Abweichungen vom Durchschnitt, wenn auch angesichts der hohen Sozialhilfequote die Situation nicht ausschließlich positiv beurteilt werden kann. *Brandenburg* profitiert überwiegend von der Nähe zu Berlin. Lediglich in bezug auf Langzeitarbeitslose, Sozialhilfeempfänger und Gesundheitsversorgung ergeben sich ungünstigere Aspekte im Vergleich zum ostdeutschen Durchschnitt.

Sachsen und *Thüringen* weisen insgesamt betrachtet die geringsten Abweichungen vom ostdeutschen Mittel auf. In diesen beiden Bundesländern kumulieren jedoch die Schwachstellen in verschiedenen Bereichen: dies sind in Sachsen die Bereiche Altersaufbau und Wohnungsausstattung und in Thüringen die Bereiche Einkommen und Bildung. Während sich diese Nachteile in Sachsen im Wohnbereich wohl eher auf die Lebensqualität auswirken und in einem bestimmten Zeitraum überwunden sein werden, dürften die Schattenseiten in Thüringen (Armut und geringe Höherqualifizierung von Jugendlichen) hinsichtlich der zukünftigen Entwicklung dieses Landes schwerer wiegen.

Mecklenburg-Vorpommern und *Sachsen-Anhalt* unterscheiden sich insgesamt deutlicher vom ostdeutschen Durchschnitt: In beiden Bundesländern ist die Arbeitslosigkeit ein Problem, wobei jedoch die Langzeitarbeitslosigkeit in Mecklenburg-Vorpommern unterdurchschnittlich ist und die Frauenarbeitslosigkeit in Sachsen-Anhalt nicht über den ostdeutschen Mittelwert hinausgeht. Während die Sozialhilfequote in Mecklenburg-Vorpommern nur geringfügig über dem ostdeutschen Durchschnitt liegt, weist Sachsen-Anhalt bezüglich dieses Aspekts einen deutlich überdurchschnittlichen Wert auf. In Sachsen-Anhalt fällt die geringe Ärztedichte auf, während in Mecklenburg-Vorpommern besonders die niedrige, für die zukünftige Entwicklung aber wichtige Abiturientenquote problematisch erscheint.

3.3 Lebenslagen[101]

In den vorangegangenen Abschnitten 3.2.1 bis 3.2.7 wurde die soziale Lage der Bevölkerung Ostdeutschlands jeweils im Rahmen einer bestimmten Dimension sozialer Ungleichheit dargestellt. Allerdings sind Menschen nicht jeweils isoliert mit ihren Wohnbedingungen, Bildungsvoraussetzungen, Einkommensverhältnissen etc. konfrontiert. Sie leben vielmehr in einer Konstellation von (un-)vorteilhaften Lebensbedingungen unterschiedlicher Dimensionen, die gleichzeitig auf sie einwirken, die sich in ihrer Wirkung gegenseitig relativieren oder verstärken und so einen Gesamtkontext äußerer Existenzbedingungen ergeben. Im vorliegenden Abschnitt wird deshalb der sozialen Lage der Menschen in Ostdeutschland in synthetischer und ganzheitlicher Weise nachgegangen, indem typische Konstellationen vorteilhafter oder unvorteilhafter Lebensbedingungen herausgearbeitet werden. Diese „Lagen" berücksichtigen die individuellen Lebensbedingungen in mehreren, verschiedenartigen Dimensionen sozialer Ungleichheit.

Grundbegriffe

Bei der Lagenermittlung kann man *entweder* von grundlegenden, gesellschaftsweit bekannten Sozialkategorien ausgehen, die für mehr oder minder gemeinsame Lebensbedingungen der ihnen jeweils zugehörigen Menschen sorgen. Alleine oder in Kombination miteinander machen diese Kategorien *„soziale Lagen"* sichtbar. Die folgende Darstellung konzentriert sich auf die sozialen Lagen der Rentner, der Arbeitslosen, der Erwerbstätigen (und hierunter der Arbeiter, Angestellten und Beamten), der Hausfrauen, der Erwerbslosen, der Älteren und der Frauen (vgl. Berger-Schmitt 1996).

Oder man kann zur Lagenermittlung an typischen Kombinationen besserer oder schlechterer Lebensbedingungen ansetzen. So läßt sich beispielsweise eine häufig anzutreffende Kombination von guten Bildungs-, schlechten Einkommens-, mittelmäßigen Wohn- und Umwelt-, aber günstigen Freizeitbedingungen auffinden. Sie mag typisch sein für arbeitslose weibliche Fachkräfte. Solche typischen Kombinationen (un-)vorteilhafter Lebensbedingungen sollen – im Unterschied zu den zuvor erwähnten „sozialen Lagen" – als *„Lebenslagen"*[102] bezeichnet werden.

---

101 Die folgenden Ausführungen stützen sich in weiten Teilen auf die KSPW-Expertise Berger-Schmitt 1996.
102 Hier wird eine besondere Akzentuierung des Begriffs der „Lebenslage" vorgenommen, während in den vorangegangenen Abschnitten eine weiter gefaßte Interpretation

Vergleicht man, soweit es die Daten gestatten, die heutigen sozialen Lagen und Lebenslagen der Bevölkerung Ostdeutschlands mit den früheren der DDR, so wird sichtbar, daß die DDR eine weitgehend nivellierte Großgruppen-Gesellschaft war, die „zunehmend durch Tendenzen der Erstarrung und Immobilität" (Adler 1991b: 162) charakterisiert werden mußte. Ursache hierfür war zum einen die politische Regulierung von sozialen Strukturen und der Auf- und Abstiegsmobilität, zum andern die geringen Entlohnungsunterschiede und der begrenzte Gegenwert des Geldes, wodurch die Aufstiegsmotivation gering blieb.

Diese vergleichsweise starren Strukturen wurden mit der Vereinigung und dem Zusammenbruch des Wirtschafts- und Gesellschaftssystems der DDR aufgebrochen. Es setzte eine gesteigerte Beweglichkeit der Individuen in allen Dimensionen sozialer Mobilität ein; Strukturen aller Art veränderten sich (Berger 1992: 139). Seit der Vereinigung haben vertikale und horizontale Ausdifferenzierungen sowie erhebliche Mobilisierungen stattgefunden. In den neuen Bundesländern finden sich mehr, verschiedenartigere und im sozialen „Höher" und „Tiefer" weiter auseinanderstehende Gruppierungen als in der DDR. Individuell und kollektiv haben viele Menschen ihre gesellschaftlichen Stellungen gewechselt.

Zwei Arten von Ausdifferenzierungen sind hierbei zu beachten: Zum einen hat sich die *Struktur* verändert. Gemessen an den Lebensbedingungen sind Art und Anzahl von sozialen Lagen und von Lebenslagen anders geworden. Besonders augenfällig ist hierbei die Neuentstehung der Soziallage der Arbeitslosen. Zum andern ist aber auch die *personelle Zusammensetzung* dieser sozialen Lagen nicht gleich geblieben. Viele Menschen befinden sich heute in einer anderen Lage als noch vor wenigen Jahren. Bestimmte Lagen enthalten heute mehr Personen als früher. Andere Lagen, z.B. die der Arbeiterschaft, sind dagegen geschrumpft. In einige Lagen finden wir großenteils andere Personen und Sozialkategorien als noch in den achtziger Jahren. Beiden Entwicklungen, Strukturveränderungen und individuellen Mobilitätsbewegungen, soll im folgenden nachgegangen werden.

„Soziale Lagen" in Ostdeutschland

Von der Vielzahl unterscheidbarer sozialer Lagen sollen in diesem Abschnitt nur folgende herausgegriffen werden: Rentner, Arbeitslose, Erwerbstätige (und hierunter Arbeiter, Angestellte und Beamte), Erwerbslose, Hausfrauen, Ältere und Frauen. Die Lebensbedingungen und sozialen Merkmale der

---

als beliebige Kombination der Lebensbedingungen von Individuen und Gruppen zugrunde lag.

Menschen, die diesen Lagen angehören, haben sich von 1990 bis 1993 in Ostdeutschland folgendermaßen entwickelt.[103] Beginnen wir mit der *Erwerbssituation*:

Im Bereich der Erwerbsarbeit haben sich für die einzelnen sozialen Lagen zwischen 1990 und 1993 recht unterschiedliche Veränderungen ergeben. Dabei lassen sich, faßt man die Kriterien Arbeitsplatzsicherheit und Arbeitsmarktchancen, Arbeitsanforderungen, Arbeitseinkommen sowie Zufriedenheit mit Arbeitsbedingungen und Arbeitsplatz zusammen, eindeutige „Gewinner" und „Verlierer" identifizieren. Zu den „Gewinnern" gehören die sozialen Lagen der höheren Angestellten, insbesondere der männlichen und jüngeren Arbeitnehmer, zu den „Verlierern" zählen die unteren beruflichen Statusgruppen, vor allem die un- und angelernten Arbeiter sowie Frauen und ältere Arbeitnehmer. In „subjektiver" Zufriedenheit und Unzufriedenheit schlagen sich diese „objektiven" Diskrepanzen jedoch nur zum Teil nieder.

Im Hinblick auf die zur Verfügung stehenden *Haushaltseinkommen*[104] haben sich die Abstände zwischen fast allen Soziallagen vergrößert. Lediglich die Rentner konnten ihre Stellung verbessern und rückten näher an die Erwerbstätigen heran, während die Arbeitslosen zurückfielen. Die Einkommensabstände zwischen Arbeitern, insbesondere zwischen den älteren und weiblichen Arbeitern, und den Angestellten wuchsen.

Diese Entwicklung der Einkommensabstände hat sich oft, aber keineswegs immer in entsprechenden Abstufungen des Lebensstandards niedergeschlagen. In der Ausstattung mit langlebigen Gebrauchsgütern fielen Arbeitslose erwartungsgemäß hinter andere Soziallagen zurück. Dagegen steigerten die Rentner ihren Lebensstandard weniger, als nach der Verbesserung ihrer Einkommensverhältnisse zu erwarten gewesen wäre. Daß die Rentner ihre Ausstattung durch Kauf neuer Güter weniger als andere Gruppierungen verbessert haben, beruht zum einen auf Unterschieden in Ansprüchen und Bedürfnissen, zum andern ist dies ein Hinweis darauf, daß die Verbesserung der Einkommensposition von Rentnern real deutlich geringer als nominal ausgefallen ist.

Die *Wohnbedingungen* in der DDR rangierten durchweg auf bescheidenem Niveau. Die Wohnbedingungen, hierunter sind im einzelnen zu verstehen die Belegungsdichte, die Ausstattung, der Gebäudezustand, die Eigentumsverhältnisse, die Qualität der Wohnumgebung und die Zufriedenheit mit

---

103 Datenbasis der folgenden Analysen sind in erster Linie die Wohlfahrtssurveys 1990 und 1993. Ergänzend dazu wird auf Daten der KSPW-Mehrthemenumfrage zurückgegriffen (für eine kurze Erläuterung dieser Erhebungen siehe Anhang).
104 Bei der Einkommensanalyse wurde, wie auch in anderen Abschnitten (insbesondere 3.2.2), der Indikator „bedarfsgewichtetes Haushaltseinkommen pro Kopf" verwendet, der auch als Nettoäquivalenzeinkommen bezeichnet wird. Eine kurze Erläuterung dieses Einkommensbegriffs findet sich im Anhang.

Die wichtigsten Dimensionen sozialer Ungleichheit   237

diesen Einzelaspekten, waren weitgehend *un*abhängig von Einkommen und Soziallage. Mit Ausnahme der Wohnumgebung, die in ihrer Qualität nach wie vor weitgehend soziallagenunabhängig ist, sind die Gütekriterien der Wohnverhältnisse seit der Vereinigung immer mehr zu einer Frage des Einkommens geworden. Die Wohnbedingungen der wichtigsten Soziallagen unterscheiden sich somit immer deutlicher.

Lebenslagen in Ostdeutschland

Bislang standen die Lebensbedingungen der wichtigsten „sozialen Lagen" im Vordergrund. Es wurde deutlich, daß sich die einzelnen sozialen Lagen seit der Vereinigung keineswegs in allen (un-)vorteilhaften Lebensbedingungen gleichermaßen verbessert bzw. verschlechtert haben. Soziale Lagen weisen teils konsistente, teils inkonsistente (d.h. vorteilhafte neben unvorteilhaften) Lebensbedingungen auf.

Um eine Synthese der einzelnen Lebensbedingungen sichtbar zu machen, werden die Gemeinsamkeiten und Unterschiede der Lebensbedingungen der Menschen in Ostdeutschland nun in Form von *„Lebenslagen"* erfaßt. Verglichen mit sozialen Lagen ist diese Darstellungsform weniger anschaulich, aber exakter: Der Leser hat zwar nicht unmittelbar eine ihm bekannte Gruppierung vor Augen, aber er erhält genaue Auskunft über den jeweiligen Grad formaler Bildung, die Einkommenshöhe (bedarfsgewichtetes Haushaltseinkommen pro Kopf), die Güte der Wohn- und Umweltbedingungen, Ausmaß und Lage der Freizeit sowie den Grad der Integration der Menschen in ihr soziales Umfeld. Gezeigt wird somit die jeweilige individuelle Konstellation von einerseits günstigen, andererseits weniger günstigen Lebensbedingungen innerhalb der genannten Dimensionen. Mit geeigneten statistischen Verfahren (Clusteranalysen) ist es möglich, die Gruppierungen von Menschen herauszufinden, die ähnliche Kombinationen von (un-)vorteilhaften Bildungs-, Einkommens- etc. -bedingungen aufweisen, die sich also in ähnlichen Lebenslagen befinden.

Auch die Lebenslagen haben sich seit der Vereinigung strukturell und personell verändert: Im Jahre 1990 ließen sich neun, drei Jahre später schon zehn Lebenslagen unterscheiden. Hiervon stellte zwar keine Lage exakt die gleiche Kombination (un-)vorteilhafter Lebensbedingungen dar wie im Jahre 1990. Aber sieben Lagen waren immerhin ähnlich in ihrer Konstellation von Lebensbedingungen. Teilweise, jedoch nicht durchgehend, ist auch die personelle Zusammensetzung gleichgeblieben.

In der folgenden Darstellung werden die Lebenslagen der Bewohner Ostdeutschlands – unter Verwendung der durchschnittlichen Einkommen und Bildungsgrade der Mitglieder der jeweiligen Lagen als Maßstab – in ihrer Entwicklung seit 1990 von „oben nach unten" geordnet. Zur Veranschaulichung der zu drei Gruppen zusammengefaßten Lebenslagen dient jeweils eine Abbildung (siehe im folgenden die Abbildungen 3.3.1 bis 3.3.3).[105]

Lebenslagen in eher überdurchschnittlichen Verhältnissen

Die „oberste" Lebenslage *(Lebenslage 1)*, die sich 1990 und 1993 in Ostdeutschland fand, kann man als „gehobene Mittelschicht" bezeichnen. Die Menschen, die ihr angehören, haben relativ hohe Einkommen, ein hohes Bildungsniveau, verfügen über gut ausgestattete Wohnungen. Ansonsten, was das Wohnumfeld und die Sozialkontakte betrifft, leben sie jedoch in eher durchschnittlichen, im Hinblick auf die Freizeit sogar in unterdurchschnittlichen Verhältnissen. Dieser Lebenslage gehörten im Jahre 1990 9,3% der Menschen in Ostdeutschland an. Es handelt sich fast ausschließlich um Erwerbstätige, zum großen Teil in gehobenen beruflichen Positionen, alleinstehend oder mit eher kleiner Familie.

Drei Jahre später findet man diese Lebenslage wieder, aber strukturell und personell verändert. Die „gehobene Mittelschicht" ist kleiner geworden, sie umfaßt nur noch 5,6% der Ostdeutschen. Im Jahre 1993 überragten die Einkommens- und Bildungsverhältnisse dieser Gruppierung die Einkommen der Bevölkerungsmehrheit noch deutlicher als drei Jahre zuvor. Auch die Wohnverhältnisse und die Sozialkontakte haben sich verbessert. Sie sind nunmehr überdurchschnittlich. Ferner hat sich die Zusammensetzung dieser Lebenslage verändert. Während sich 1990 noch 24% dieser Gruppierung der Arbeiterschicht zuordneten, taten dies 1993 nur noch 12%. Insgesamt hat sich also eine kleine gehobene Sozialschicht herausgebildet, die – mit Ausnahme ihrer Freizeitbedingungen – gute bis sehr gute Lebensverhältnisse aufweist.

„Neben" diesen gutgestellten Bevölkerungsteil ist 1993 die *Lebenslage 2* getreten, der 5,8% aller Menschen in Ostdeutschland angehörten. Drei Jahre zuvor war diese Gruppierung noch nicht zu erkennen. Auch sie befindet sich mit Ausnahme der Freizeit in durchweg positiven Lebensumständen. Angehörige dieser Lebenslage sind zwar im Hinblick auf ihre Bildung und ihre Einkommen schlechter gestellt als die Mitglieder der zuvor erwähnten Lage. Aber sie leben in großzügigen Wohnungen. Es handelt sich überwiegend um kleine Haushalte von qualifizierten Erwerbstätigen, aber auch von Rentnern aus Angestelltenberufen.

---

105 In den Abbildungen 3.3.1 bis 3.3.3 sind die zu Gruppen zusammengefaßten Lebenslagen der Jahre 1990 und 1993 im Überblick dargestellt. Dabei sind die Abweichungen vom jeweiligen Durchschnittswert der einzelnen Dimensionen durch eine sogenannte z-Transformation vergleichbar gemacht worden. Positive Werte zeigen eine überdurchschnittlich Position einer Lage an, Werte kleiner als Null eine unterdurchschnittliche Position.

Die wichtigsten Dimensionen sozialer Ungleichheit 239

Abbildung 3.3.1: Lebenslagen in Ostdeutschland 1990 und 1993 – Lagen in eher überdurchschnittlichen Verhältnissen

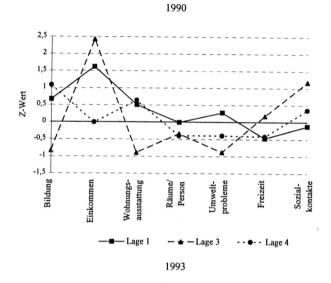

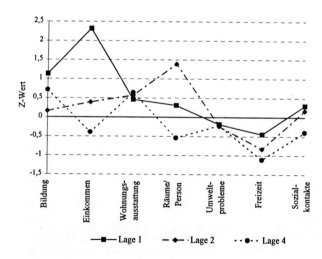

Datenbasis: Wohlfahrtssurvey 1990 und 1993.
Quelle: Berger-Schmitt 1996.

Insgesamt hat sich also in den ersten drei Jahren des sozialen Umbruchs in Ostdeutschland eine Vergrößerung und Ausdifferenzierung der oberen Mittelschichten ergeben.

In der *dritten Lebenslage* lebte im Jahre 1990 eine sehr kleine Gruppe. Sie bestand aus nur 2,7% der Bevölkerung. Drei Jahre später war sie überhaupt nicht mehr aufzufinden. Bemerkenswert sind die sehr guten Einkommensverhältnisse und die guten Sozialkontakte, bei ansonsten fast durchgehend unterdurchschnittlichen Lebensumständen. Es handelt sich zu hohen Anteilen um männliche, allein oder allenfalls als Paar lebende, qualifizierte Arbeiter.

In der *vierten Lebenslage* befand sich im Jahre 1990 eine große Bevölkerungsgruppe von 16,6% der Bewohner Ostdeutschlands und von 15,3% im Jahre 1993. Ihre Lebensumstände haben gewisse Ähnlichkeit mit denen des „Bildungsbürgertums", wenn auch auf niedrigerem Niveau. Die Angehörigen dieser Lage verfügten 1990 über deutlich überdurchschnittliche Bildung, durchschnittliche Wohnverhältnisse und mittlere Einkommen. Ansonsten waren ihre Lebensumstände eher bescheiden. Es handelt sich oft um höhere und mittlere Angestellte und Beamte mit Familien. Die Lage dieser Menschen hat sich von 1990 bis 1993 in der Regel verschlechtert. Es sind mehr von ihnen in Arbeitslosigkeit, Umschulung und Ausbildung zu finden.

Lebenslagen in eher durchschnittlichen Verhältnissen

In der *fünften Lebenslage* finden wir besonders häufig Arbeiterfamilien. Sie leben in eher durchschnittlichen Bildungs-, in leicht unterdurchschnittlichen Einkommens- und in schlechten Wohnverhältnissen. Es handelt sich um eine recht große Gruppe. Sie umfaßte 1990 rund 14%, drei Jahre später 12,8% der Bevölkerung der neuen Bundesländer. Bis 1993 haben sich die Lebensbedingungen dieser Lebenslage nur hinsichtlich der Freizeitbedingungen merklich verschlechtert. Das mag damit zusammenhängen, daß die Zusammensetzung der Gruppe sich verschoben hat: Immer öfter finden sich jüngere Erwerbstätige mit Kindern in dieser Lage mit ihren beengten Wohnverhältnissen.

Die *sechste Lebenslage* ist ähnlich weit verbreitet wie die vorige. Sie umfaßt 14,2% bzw. 1993 13,0% der Menschen in Ostdeutschland. Es handelt sich weitgehend um Erwerbstätige. Neben eher unauffälligen Lebensbedingungen, wie einer leicht überdurchschnittlichen Bildung und Wohnausstattung und leicht unterdurchschnittlichen Einkommen, Wohnungsgrößen und Freizeitbedingungen fallen 1990 die sehr positiven Umweltgegebenheiten auf. Die Lebenslage dieser Menschen hat sich bis 1993, auch und gerade im Hinblick auf die Umwelt, durchgehend verbessert. Offenkundig finden wir in dieser Gruppe viele derer, deren Lage sich nach dem Umbruch konsolidiert hat.

Die wichtigsten Dimensionen sozialer Ungleichheit 241

Abbildung 3.3.2: Lebenslagen in Ostdeutschland 1990 und 1993 – Lagen in eher durchschnittlichen Verhältnissen

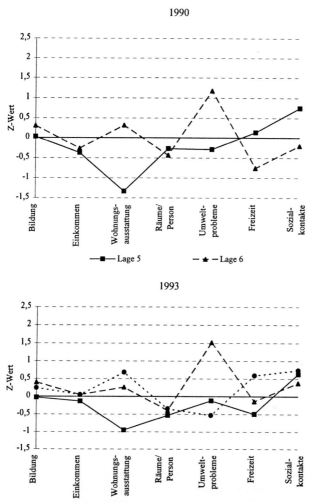

Datenbasis: Wohlfahrtssurvey 1990 und 1993.
Quelle: Berger-Schmitt 1996.

Auch die *siebte Lebenslage* ist mit 14,1% der Bevölkerung Ostdeutschlands im Jahre 1993 recht groß. Sie weist in nahezu allen Dimensionen ungleicher Lebensbedingungen Werte in Nähe des Durchschnitts auf. Lediglich im Hinblick auf Wohnungsausstattung und Sozialkontakte ist sie etwas besser gestellt als der Durchschnitt. Auch die soziale Zusammensetzung dieser typischen Mittelschichtlage ist unauffällig: Fast alle soziodemographischen und sozioökonomischen Kategorien der Bevölkerung sind gemäß ihrem Bevölkerungsanteil hierin vertreten.

Bezeichnenderweise läßt sich diese Lage erst 1993 isolieren. Betrachtet man dies im Zusammenhang mit den beiden zuvor skizzierten Lebenslagen so spricht dies für die Herausbildung und Zunahme von ausgesprochenen Mittelschichtgruppierungen in Ostdeutschland.

Lebenslagen in eher unterdurchschnittlichen Verhältnissen

Die *achte Lebenslage* stellt, ganz anders als die zuletzt beschriebene, eine Lebenssituation dar, in der ganz überwiegend alleinstehende Frauen zu finden sind, viele von ihnen im Rentenalter. Diese Lebenslage finden wir 1990 noch bei 6,3%, 1993 nur noch bei 3,1% der Ostdeutschen. Sie haben 1990 unterdurchschnittliche Einkommen und Bildungsgrade, schlecht ausgestattete, jedoch ausgesprochen große Wohnungen, und leben auch im Hinblick auf Freizeit und Sozialkontakte in guten Verhältnissen. Zwischen den Jahren 1990 und 1993 hat sich die Lebenslage dieser Menschen, wie die vieler Rentner, vor allem bezüglich Einkommen und Wohnausstattung verbessert.

Die *neunte Lebenslage*, die sich erst 1993 herausgebildet hat, ist der zuvor skizzierten ähnlich. 8,3% der Bevölkerung Ostdeutschlands lebten 1993 in dieser Konstellation von Lebensbedingungen. Auch hier findet man hauptsächlich Frauen. Viele davon befinden sich in Rente, Vorruhestand oder Arbeitslosigkeit. Oft leben sie auf dem Lande. Aber sie leben mit einem geringerem Bildungs- und Einkommensniveau und in schlechteren Wohnungen als die Angehörigen der achten Lebenslage. Fragt man sie, so rechnen sich weitaus die meisten der Arbeiterschicht zu.

Die *zehnte Lebenslage* ist eine der wenigen, die – gegenläufig zum allgemeinen Trend der sozialstrukturellen Ausdifferenzierung in Ostdeutschland – nur im Jahre 1990, nicht dagegen im Jahre 1993 zu finden ist. Damals gehörten ihr 11,7% der Menschen in den neuen Bundesländern an. Im Gegensatz zu ihrem unterdurchschnittlichem Bildungsgrad und leicht unterdurchschnittlichen Einkommensverhältnissen stehen die durchschnittlichen übrigen Lebensbedingungen, wobei die Freizeitsituation und die Sozialintegration sogar als gut zu bezeichnen sind. Man darf davon ausgehen, daß viele dieser Menschen mittlerweile aus dem Erwerbsleben ausgeschieden sind und sich u.a. in Lebenslage 8 und 9 befinden.

Die wichtigsten Dimensionen sozialer Ungleichheit 243

Abbildung 3.3.3: Lebenslagen in Ostdeutschland 1990 und 1993 – Lagen in eher unterdurchschnittlichen Verhältnissen

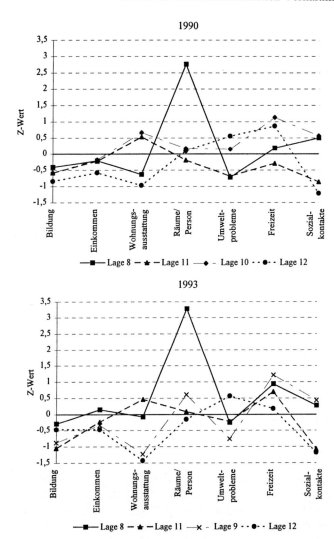

Datenbasis: Wohlfahrtssurvey 1990 und 1993.
Quelle: Berger-Schmitt 1996.

Die *elfte Lebenslage* ist im Gegensatz zur vorigen strukturell recht stabil. Es handelt sich mit 14,4% im Jahre 1990 und mit 13,5% der Menschen im Jahre 1993 um eine recht personenstarke Lebenslage. Fast alle Lebensbedingungen, mit Ausnahme der Wohnungsausstattung und der Freizeit im Jahr 1993, sind leicht unterhalb des Durchschnitts einzuordnen. Damit stellt diese Lebenslage eine Lage der „oberen Unterschicht" dar. Im Jahre 1993 ist hier jedoch auch Armut zu finden. Dieser Lage gehören besonders 1993 viele ältere Menschen an. Sie sind ganz überwiegend verheiratet.

Die *zwölfte Lebenslage* umfaßte im Jahre 1990 10,7%, im Jahre 1993 nur noch 8,5% der Bevölkerung Ostdeutschlands. Eine Häufung ungünstiger Lebensumstände, die so sonst nicht anzutreffen ist, charakterisiert diese Lage. Neben geringen Bildungsniveaus und niedrigen Einkommen herrschen schlechte Wohnverhältnisse, starke Umweltprobleme und relative soziale Isolation vor. Wie schon in den Lebenslagen 8 und 9, so finden wir 1990 auch in dieser Lage besonders viele Frauen, häufig in mittlerem und höherem Lebensalter. Mehr als die Hälfte von ihnen befindet sich im Renten- oder Vorruhestand. Drei Jahre später haben sich nicht die Lebensbedingungen, wohl aber die Zusammensetzung der Lebenslage verändert. Im Einklang mit der allgemeinen Verbesserung der Situation der Rentner und der erhöhten Arbeitslosigkeit findet man in dieser typischen Unterschichtlage nun mehr jüngere Personen und Familien. Lage 12 gehören im Jahre 1993 ein vergleichsweise hoher Anteil von Arbeitslosen und Vorruheständlern an. Viele von ihnen waren zuvor in Arbeiterberufen beschäftigt.

Die Lebenslagen wichtiger sozialer Lagen und ihre Entwicklung 1990 bis 1993

Abschließend soll dargestellt werden, welchen Lebenslagen wichtige Bevölkerungsgruppen (bzw. bestimmte oben dargestellte soziale Lagen) typischerweise angehören und wie sich diese Zugehörigkeiten zwischen 1990 und 1993 gewandelt haben.

Arbeiter gehörten im Jahre 1990 überwiegend den Lebenslagen 4, 5, 6 und 11 an, also recht unterschiedlichen Lagen. Drei Jahre später sind zwei Drittel der noch als Arbeiter Beschäftigten den Lagen 5, 6 und 7 zuzurechnen, also den „Mittelschichtlagen".

Angestellte und Beamte zählten 1990 zur Hälfte zu den „Obere Mittelschicht"-Lagen 1 und 4. Ganz so vorteilhaft war die Lage der Angestellten und Beamten drei Jahre später nicht mehr. Aus der Spitzenlage 1 sind viele in die immerhin auch gutgestellte Lage 2 übergewechselt. Höhere Anteile der Angestellten und Beamten als 1990 finden sich in den Mittelschichtlagen 5 und 7. Mehr als die Hälfte der Angestellten und Beamten weist mit den Lagen 4, 5 und 6 ähnliche Konstellationen von Lebensverhältnissen wie Arbeiter

Die wichtigsten Dimensionen sozialer Ungleichheit 245

auf. Die Zugehörigkeit zur ungünstigen Lage 11 ist, ähnlich wie bei Arbeitern, unter den Angestellten und Beamten selten geworden. Nur noch 4% von ihnen mußten im Jahr 1993 in diesen Umständen leben.

Arbeitslose konzentrierten sich 1990 zu 32% auf die unvorteilhafte Lage 10 mit ihren Defiziten in den Bereichen Bildung, Einkommen und Wohnumwelt bei ansonsten doch recht positiven Lebensbedingungen. 28% der Arbeitslosen lebten 1990 in der Lebenslage 5, die nur hinsichtlich Einkommen und Wohnen Nachteile aufweist. Drei Jahre später ist ein deutlicher Prozeß der Ausdifferenzierung von Lebenslagen Arbeitsloser zu erkennen: Viele (19% der Arbeitslosen) zählen nun entweder zur „Unterschichtlage" 11 mit ihrem geringem Bildungs- und Einkommensniveau und dem Mangel an Sozialkontakten oder zur „unteren Unterschichtlage" 12, wo noch schlechte Wohnbedingungen und starke Umweltprobleme hinzukommen. Aber die übrigen Arbeitslosen verteilen sich mehr als zuvor auf relativ viele, auch bessergestellte Lebenslagen.

Rentner sammelten sich sowohl 1990 als auch 1993 zu zwei Dritteln in jeweils drei Lebenslagen. Am häufigsten (zu 26%) befanden sie sich im Jahre 1990 in der „Not-Lage" 12 mit ihrer Anhäufung von Nachteilen. Jeweils ein Fünftel der Rentner Ostdeutschlands lebte 1990 in den Lagen 8 und 10, die beide in erheblichem Maße durch ungünstige Umstände gekennzeichnet sind. Drei Jahre später, im Jahre 1993, befanden sich nur noch 17% der Rentner in der durchgehend schlechtgestellten Lage 12. Lage 8 spielt unter Rentnern kaum noch eine Rolle. Über ein Viertel (27%) von ihnen ist nun der Lage 11 zuzurechnen. Dies ist im Vergleich zur Lage 10, der im Jahre 1990 noch ein Fünftel der Rentner angehörte, zweifellos eine Verschlechterung, vor allem in bezug auf Sozialkontakte.

Alles in allem sind jedoch für die Rentner Verbesserungen festzustellen, so entkamen viele der „Not-Lage" 12. Aber auch Verschlechterungen sind zu registrieren. Viele Rentner wechselten von Lebenslage 10 in Lage 11.

Neben der Stellung im Beruf ist auch die Familien- und Haushaltsform entscheidend für die Lebenslage der Menschen. *Ältere alleinstehende Frauen* waren im Jahre 1990 zu 70% in den Lagen 8, 10 und 12 zu finden. Diesen drei Lagen haben geringe Einkommen und niedrige Bildungsgrade, jedoch überwiegend viel Wohnraum und Freizeit gemeinsam. Lage 8 ist darüber hinaus durch eine schlechte Wohnungsausstattung gekennzeichnet. Lage 12, der im Jahre 1990 ein Fünftel (19%) der älteren alleinstehenden Frauen angehörte, weist zudem die Mängel einer schlechten Wohnumwelt und geringer sozialer Kontakte auf.

Drei Jahre später befinden sich nur noch 11% der älteren alleinstehenden Frauen in dieser ungünstigen Lage. Auch in der Lebenslage 8 leben 1993 nur noch 20% der älteren alleinstehenden Frauen; im Jahre 1990 waren dies noch volle 30%. Statt dessen lebten im Jahre 1993 größere Anteile in den Lagen 9 und 11. Dies stellt per saldo eine Verschlechterung gegenüber den 1990 häufigeren Lagen 8 und 10 dar. Fazit: Zwar sind in den Lebensbedingungen der älteren alleinstehenden Frauen die krassen Anhäufungen von Nachteilen seltener geworden. Viele ältere Frauen haben dennoch Verschlechterungen ihrer Lage erfahren müssen.

Die Bevölkerungsgruppe der Familien mit Kindern war sowohl im Jahre 1990 als auch im Jahre 1993 vor allem in den Lebenslagen 4 und 6 anzutreffen. Insgesamt haben Familien ihre Lebensbedingungen zwischen den Jahren 1990 und 1993 also weder nennenswert verbessert noch verschlechtert. Zwar haben viele einzelne Familien ihre Lebenslage gewechselt, ohne daß dies jedoch als Auf- oder Abstieg interpretierbar wäre.

Zusammenfassung und Ausblick

Was die Erwerbssituation betrifft, so ist festzuhalten, daß sich für die *sozialen Lagen* der un- und angelernten Arbeiter, der Frauen und der älteren Arbeitnehmer in den Jahren 1990 bis 1993 relative Verschlechterungen ergeben haben. Dies betrifft sowohl die „objektiven" Erwerbschancen, die sich äußern in Arbeitslosigkeit, Vorruhestand und Einkommen, als auch die „subjektiven" Aspekte der wahrgenommenen Arbeitsplatzsicherheit, Arbeitsmarktchancen, Zufriedenheit mit Verdienst, Arbeitsbedingungen und Arbeitsplatz insgesamt.

Die Stellung der Arbeiter in der Einkommenshierarchie hat sich verschlechtert, insbesondere die der un- und angelernten, der älteren Arbeiter und der Arbeiterinnen. Ähnlich ist es im Falle der Arbeitslosen und der Vorruheständler. Die finanzielle Situation der Rentner hat sich überproportional verbessert.

Im Bereich des Wohnens und der Wohnumwelt haben sich recht unterschiedliche Entwicklungen für die einzelnen sozialen Lagen ergeben. Vor allem die Wohnzufriedenheit geht stark auseinander. Hierbei geht wachsende Zufriedenheit keineswegs immer einher mit einer günstigen Entwicklung der „objektiven" Wohnungsausstattung, einer geringeren Belegungsdichte und wachsender Verbreitung von Wohneigentum.

Der Zeitvergleich zeigt, daß in Ostdeutschland in nur drei Jahren ein erhebliches Maß an Strukturveränderungen von *Lebenslagen* stattgefunden hat. Die 1990 ermittelten typischen Konstellationen von Lebensbedingungen bestanden 1993 nur noch zum Teil, und wenn, dann nur in ähnlicher, nicht in gleicher Form. Auch die personelle Zusammensetzung und die Häufigkeit von Lebenslagen haben sich teilweise verändert.

Auch hier zeigt sich eine Zunahme sozialer Ungleichheit. So hat sich zum einen bis 1993 eine kleine gehobene Sozialschicht (Lage 1) herausgebildet, die in nahezu allen Dimensionen gute bis sehr gute Lebensverhältnisse aufweist. Zum andern läßt sich 1993 wie schon 1990 eine Lage (Lage 12) identifizieren, die durch eine Kumulation von Defiziten gekennzeichnet ist. In ihr leben Angehörige der unteren Sozialschichten, wobei zwischen 1990 und 1993 eine Verlagerung der Personenzugehörigkeit weg von Erwerbstätigen und Rentnern hin zu Arbeitslosen und Vorruheständlern stattgefunden hat.

Hervorzuheben ist jedoch auch, daß es zwischen diesen beiden Lagen, die in einer vertikalen Schichtung der Bevölkerung die Extreme markieren, sowohl 1990 als auch 1993 eine Vielzahl von Lebenslagen gab, die in sich eine Mischung von guten, über durchschnittliche bis hin zu schlechten Lebensverhältnissen aufweisen. Menschen, die in diesen Lagen leben, lassen sich deshalb in ein vertikales Schichtgefüge nicht einordnen. Aus diesem Grunde ist es auch schwierig, die Veränderungen der Lebenslage vieler Bevölkerungsgruppen als Verbesserung oder Verschlechterung zu bezeichnen. Für die meisten Bevölkerungsgruppen haben sich veränderte Konstellationen von Lebensverhältnissen ergeben, die kaum im Sinne einer Auf- oder Abwärtsmobilität beschrieben werden können.

4. Die Entwicklung der Lebenslagen ausgewählter Gruppen und ihre sozialpolitische Beeinflussung

4.1 Arbeitslose

Die anhaltend hohe Arbeitslosigkeit stellt das zentrale gesellschaftliche Problem vieler fortgeschrittener Industriegesellschaften dar. In den neuen Bundesländern besitzt diese Problematik eine besondere Schärfe und besondere politische Brisanz. Deshalb kommt das Thema „Arbeitslosigkeit" in diesem Bericht an mehreren Stellen in jeweils unterschiedlichen Zusammenhängen zur Darstellung. Im vorliegenden Abschnitt geht es vor allem um die Bevölkerungsgruppe der Arbeitslosen, um ihre Lebensbedingungen und um die Bedeutung des Arbeitsplatzverlustes für ihre individuelle Situation.

Die Verhältnisse in der DDR

Die DDR war in höherem Maße als die alte Bundesrepublik eine „Arbeitsgesellschaft". Arbeit überschritt in mehrfacher Hinsicht die „Grenzen", die sie in Westdeutschland und in anderen westlichen Industrieländern einschränken (vgl. Pankoke 1996).

Dies war schon in *zeitlicher* Hinsicht der Fall. Die Menschen arbeiteten in der DDR wesentlich länger als in der Bundesrepublik: Die durchschnittliche Arbeitszeit betrug 43,5 Stunden in der Woche bei nur 20 Urlaubstagen pro Jahr. Die Erwerbstätigkeit dauerte oftmals bis ins Alter an. Im Jahre 1989 arbeiteten in der DDR 280.000 Personen über die reguläre Altersgrenze hinaus (vgl. Pankoke 1996 sowie Abschnitt 4.5).

Die DDR war auch insofern eine „Arbeitsgesellschaft", als die Funktionen der Erwerbstätigkeit die in privatwirtschaftlich organisierten Volkswirtschaften gesteckten Grenzen weit überschritten. Arbeit besaß „ganzheitlichen" Charakter, da sie im Sozialismus keineswegs nur auf möglichst effiziente Weise ökonomische Werte schaffen sollte. Erwerbsarbeit erfüllte auch Bedürfnisse nach sozialer Geborgenheit, Gemeinschaft und Geselligkeit. Betriebe übernahmen neben der Produktion auch Aufgaben der Kinderbetreuung, der Gesundheitsversorgung, der Urlaubsgestaltung usw. Freilich hatte diese Funktionsvielfalt auch ihre Schattenseiten: Sie trug zur notorischen Ineffizienz der DDR-Wirtschaft bei. Außerdem erfüllte Erwerbsarbeit zugleich die Funktionen der systematischen Kontrolle und der politischen Vereinnahmung.

Auch in *sozialer* Hinsicht war Arbeit im DDR-Sozialismus fast „grenzenlos" umfassend. Alle Gesellschaftsmitglieder hatten ein Recht auf Arbeit, sollten arbeiten und so gesellschaftlich integriert werden. Die Erwartungen nahezu aller erwachsenen Bewohner der DDR waren auf eigene Erwerbstätigkeit und wirtschaftliche Eigenständigkeit ausgerichtet. Dies galt auch für Frauen und Behinderte. Schließt man Studium und Ausbildung ein, so waren Ende der achtziger Jahre 91% aller Frauen im erwerbsfähigen Alter beschäftigt (vgl. Möhle 1996a). Etwa 200.000 Behinderte wurden 1989 in „geschützten Einzelarbeitsplätzen" (70%), „geschützten Betriebsabteilungen (14%) und in „geschützten Werkstätten" (17%) in die Erwerbsarbeit einbezogen (vgl. Winkler 1995b: 54 sowie Abschnitt 4.4). Die Kehrseite dieser sozialen Inklusion durch Erwerbsarbeit bestand in einer Arbeitspflicht. Wer sich dieser Pflicht entzog, verfiel der gesellschaftlichen Mißachtung. § 249 des Strafgesetzbuches der DDR bestimmte: „Wer das gesellschaftliche Zusammenleben der Bürger oder die öffentliche Ordnung dadurch gefährdet, daß er sich aus Arbeitsscheu einer geregelten Arbeit hartnäckig entzieht, obwohl er arbeitsfähig ist, ... wird mit Verurteilung auf Bewährung oder mit Haftstrafe, Arbeitserziehung oder mit Freiheitsstrafe bis zu zwei Jahren bestraft."

Umbruch und Arbeitsplatzabbau

Gemessen an Kriterien ökonomischer Rationalität war die in vieler Hinsicht umfassende „Arbeitsgesellschaft" der DDR durch Überbeschäftigung belastet (vgl. Gürtler/Ruppert/Vogler-Ludwig 1990). Die Produktivitätsrückstände der DDR-Unternehmen, der Rückgang des Osthandels, der internationale Konkurrenzdruck und die Rationalisierung der Produktionsmethoden nach der „Wende" führten dazu, daß sich seit der Vereinigung die Zahl der Erwerbstätigen in den neuen Bundesländern um ca. ein Drittel verminderte. Gab es Ende 1989 noch etwa 9,7 Millionen Erwerbstätige in der DDR, so waren es 1994 in den neuen Bundesländern noch rund 6,4 Millionen (siehe Abschnitt 2.3). Der Anteil der Erwerbstätigen an der Bevölkerung Ostdeutschlands sank dadurch von etwa 60% auf ca. 43%. Er lag damit im Jahre 1995 etwa auf dem Niveau Westdeutschlands.

Von den mehr als 3 Mio. Menschen, die seit der Vereinigung aus dem Arbeitsleben der neuen Bundesländer ausschieden, verließ ein *erstes* Drittel, insgesamt etwa eine Million Personen, den ostdeutschen Arbeitsmarkt dauerhaft. Diese Menschen siedelten nach Westdeutschland über, gingen unmittelbar in Rente, wurden auf dem Wege des Vorruhestands in die Rente überführt oder beziehen noch Vorruhestands- bzw. Altersübergangsgeld. Ein *zweites* knappes Drittel, etwa 800.000 Personen, wurde im Dezember 1995 noch durch arbeitsmarktpolitische Maßnahmen (ABM-Stellen, Beschäftigungsgesellschaften, Fortbildung und Umschulung) „am Rande" des Arbeitsmarkts gehalten, ca. 64.000 Personen waren Kurzarbeiter. Das *dritte* Drittel, genauer: 1,1 Millionen Personen, waren im Dezember 1995 arbeitslos gemeldet. Das entsprach einer Arbeitslosenquote von 15,8% (vgl. Bundesanstalt für Arbeit 1996).[106]

In Abschnitt 2.4.1 wurde bereits gezeigt, daß das Ausmaß der Entlastung des Arbeitsmarkts durch arbeitsmarktpolitische Maßnahmen – gemessen an den Teilnehmerzahlen – seit einigen Jahren rückläufig ist. Die wichtigsten Instrumente der aktiven Arbeitsmarktpolitik in den neuen Bundesländern waren neben den Maßnahmen zur Arbeitsbeschaffung die Gewährung von Kurzarbeitergeld, die Förderung von Fortbildung und Umschulung sowie Regelungen zum Vorruhestand und Altersübergang. Die Einschränkungen des Finanzrahmens der Bundesanstalt für Arbeit und des Bundes für diese Maßnahmen gehen einher mit einer gewissen Ernüchterung hinsichtlich der Wirksamkeit der in der Anfangszeit oftmals konzeptions- und ziellosen Förderpolitik.

Betrachtet man die einzelnen Branchen und Wirtschaftssektoren, so haben auf den drei genannten Wegen ganz unterschiedlich große Anteile der Beschäftigten den Arbeitsmarkt Ostdeutschlands verlassen. Branchen mit besonders hohem Abbau der Beschäftigung waren die Land- und Forstwirtschaft (hier waren im November 1994 nur noch 27% der Arbeitsplätze von 1989 erhalten), Bergbau und Energie (36%), Metall- und Elektroindustrie (49%) und das übrige verarbeitende Gewerbe (55%) (vgl. Brinkmann/Wiedemann 1995: 325; Datenbasis: Arbeitsmarkt-Monitor). Zum Teil beträchtliche Zuwächse an Arbeitsplätzen gab es dagegen im Baugewerbe, im Handwerk außerhalb des Bauhandwerks und in bestimmten Dienstleistungsbereichen – wie im Gastgewerbe, in Wäschereien und in Reinigungsunternehmen – sowie

---

[106] Die Arbeitslosenquote ist hier definiert als Anteil der registrierten Arbeitslosen an den zivilen Erwerbspersonen in Prozent. Der Sachverständigenrat zur Begutachtung der gesamtwirtschaftlichen Entwicklung (SVR 1995b: 107) weist überdies regelmäßig darauf hin, daß es daneben noch eine verdeckte Arbeitslosigkeit gibt, unter der er die Kurzarbeiter mit dem ausgefallenen Teil ihrer Arbeitsstunden, Teilnehmer in Arbeitsbeschaffungsmaßnahmen, Leistungsempfänger nach § 105 AFG, Teilnehmer an Fortbildungs- und Umschulungsmaßnahmen, Teilnehmer an Deutsch-Sprachlehrgängen, Empfänger von Vorruhestandsgeld und Altersübergangsgeld versteht. Dies waren 1993 1,5 Mio., 1994 1,3 Mio. und 1995 1 Mio. Personen.

im Bank- und Versicherungsbereich. Allerdings wuchsen nicht alle Bereiche des Dienstleistungssektors: in den Branchen Verkehr und Nachrichtenübermittlung sowie in Wissenschaft, Bildung und Kultur wurden Arbeitsplätze abgebaut (vgl. Bernien u.a. 1996: 46ff.).

Ausmaß und Dauer der Arbeitslosigkeit

Im Gegensatz zu den rückläufigen Fördervolumina der arbeitsmarktpolitischen Maßnahmen sind die Zahlen der Erwerbstätigen mit ca. 6,3 Mio. und die der Arbeitslosen mit ca. 1,1 Mio. seit Jahresbeginn 1992 im großen und ganzen gleich hoch geblieben. Dies entspricht einer seit dem Jahre 1992 gleichbleibenden Arbeitslosenquote von etwa 15% (siehe Abschnitt 2.3).

Wichtig für die individuelle Situation der Arbeitslosen ist vor allem die Dauer der Arbeitslosigkeit; diese ist in Ostdeutschland rückläufig, liegt aber noch immer höher als in den alten Bundesländern. So waren die Personen, die im Laufe des Jahres 1995 ihre Arbeitslosigkeit beenden konnten, im Durchschnitt 30 Wochen ohne Arbeit (1994: 36 Wochen; vgl. Bundesanstalt für Arbeit 1996: 183).

Auch der Anteil der Langzeitarbeitslosen – sie sind per definitionem seit mindestens einem Jahr ununterbrochen als arbeitslos gemeldet – ist leicht zurückgegangen und betrug Ende September 1995 rund 29% (davon über drei Viertel Frauen). Versteht man unter „Langzeitarbeitslosen" alle jene Arbeitslosen, die bereits ein Jahr zuvor arbeitslos gemeldet waren – aber zwischendurch möglicherweise kurzfristig erwerbstätig waren –, so machten diese Personen, denen es seit wenigstens einem Jahr nicht gelang, festen Fuß im Arbeitsleben zu fassen, im November 1994 volle 47% der Arbeitslosen Ostdeutschlands aus. Unter ihnen waren ca. 80% Frauen (vgl. Brinkmann/Wiedemann 1995: 334).

Eine besondere Problemgruppe stellen die „Dauerarbeitslosen" dar. Sie sind definitionsgemäß über zwei Jahre lang ununterbrochen arbeitslos. Ihre Vermittlungschancen gelten überwiegend als hoffnungslos. Viele von ihnen weisen Symptome von Resignation und Regression auf. Diese Gruppe hat in Ostdeutschland seit 1992 ständig zugenommen: von 4% (1992) über 10% (1993) auf 14,7% (1994) der abhängigen Erwerbspersonen (vgl. Vogel 1995: 110).

Besonders von Arbeitslosigkeit betroffene Gruppen

Die anhaltend hohe Arbeitslosigkeit betrifft nicht alle Bevölkerungsteile gleichermaßen. Als Problemgruppen des Arbeitsmarkts gelten vor allem junge und ältere Arbeitnehmer, Frauen und gesundheitlich Beeinträchtigte. *Jugendliche* (bis 19 Jahre) und *jüngere Erwerbspersonen* (20 bis 24 Jahre) haben auf dem Arbeitsmarkt nicht so sehr quantitative als qualitative Probleme. Ihr Anteil an den Arbeitslosen insgesamt war 1995 nicht überproportional und zudem im Sinken begriffen. Jedoch führen der chronische Lehrstellenmangel (Ende Juni 1996 waren nur für 15 von 100 Bewerbern Lehrstellen vorhanden; siehe Abschnitt 4.6) und spätere Stellenfindungsprobleme für viele junge Bewerber zu (meist kurzfristiger) Arbeitslosigkeit.

Arbeitslosigkeit hinterläßt bei jungen Menschen in Ostdeutschland aber häufig massivere Beeinträchtigungen als bei älteren und bei westdeutschen Personen. Junge Ostdeutsche können weniger als Westdeutsche auf den Generationentransfer setzen und sind deshalb schneller auf Unterstützungsleistungen angewiesen. Die in modernen Gesellschaften notwendige reflexive Sinn- und Identitätsbildung wurde in der DDR-Gesellschaft weder gefordert noch gefördert und ist bis heute bei jungen Menschen oft instabil. Sie wird durch Phasen der Arbeitslosigkeit dementsprechend heftig gestört. Überdies bauen sich Sozialisationsdefizite auf: Das Lernen der Übernahme von Verantwortung, der Sekundärtugenden der Verläßlichkeit und des Umgangs mit Zeit und die Bildung eines „gesunden Selbstbewußtseins" werden behindert. Schließlich verfallen bei längerer Arbeitslosigkeit berufliche Qualifikationen (vgl. Pankoke 1996).

Anders als junge wurden die *älteren* Arbeitnehmer vom Arbeitsplatzabbau in Ostdeutschland und von Arbeitslosigkeit weit überproportional häufig betroffen. So sank die Quote der Erwerbstätigkeit der 55-59jährigen Männer schon in den Jahren 1989 bis 1991 von 93,7% auf 69,0% und der 60-64jährigen Männer von 77,2% auf 28,4%. Unter den älteren Frauen mußten noch mehr ihren Arbeitsplatz räumen.

Seither steigt das Risiko älterer Erwerbspersonen, arbeitslos zu werden, kontinuierlich; ihr Anteil an der Zahl Arbeitsloser nimmt zu. Vor allem seit dem Auslaufen der Regelungen zum Vorruhestand (seit 1. Januar 1993), hat sich die Arbeitslosigkeit der ab 55jährigen kontinuierlich und stark erhöht (vgl. Bundesanstalt für Arbeit 1996: 180). Unter den älteren Arbeitslosen finden sich – ebenso wie auch bei allen Arbeitslosen – zu zwei Dritteln Frauen. Ältere Arbeitslose und häufig auch schon solche im mittleren Lebensalter bleiben meist sehr lange arbeitslos. Etwa zwei Drittel der Langzeitarbeitslosen waren Ende September 1995 40 Jahre oder älter (vgl. Bundesanstalt für Arbeit 1996: 183).

Ältere Arbeitnehmer hatten vor dem Verlust ihres Arbeitsplatzes häufig höhere berufliche Stellungen inne. Nach Verlust ihrer Arbeitsstelle fallen diese Personen finanziell meist nicht sehr tief. Die Bedeutung der Arbeitslosigkeit liegt für sie denn auch häufig nicht so sehr im Geldverzicht als im Machtverlust umd im Sinnverfall (vgl. Pankoke 1996).

Frauen, vor allem ältere Frauen sind von Arbeitsplatzverlust und von Arbeitslosigkeit besonders häufig betroffen. Der Anteil der Frauen an den Arbeitslosen in den neuen Bundesländern geht zwar langsam zurück, dennoch waren dort 1995 zwei Drittel aller Arbeitslosen Frauen. Mit 19,3% war die Arbeitslosenquote von Frauen in Ostdeutschland 1995 nahezu doppelt so hoch wie die der Männer (siehe Abschnitt 4.7).

Zwar sind auch heute noch prozentual mehr ostdeutsche Frauen in Lohn und Brot als in Westdeutschland. Dies ist aber für die Wahrnehmung und Bewertung der Arbeitslosigkeit ostdeutscher Frauen unmaßgeblich. In dieser Hinsicht stellt – ganz anders als etwa bei der Beurteilung des Lebensstandards – die frühere Situation und nicht die westdeutsche den Vergleichsmaßstab dar. Vor dem Hintergrund der nahezu durchgängigen Erwerbstätigkeit von Frauen in der DDR und des bislang ungebrochenen Wunsches der ostdeutschen Frauen, eine Erwerbsarbeit aufzunehmen, wird Arbeitslosigkeit als Identitätsbruch und als krasser Eingriff in die eigene Biographie empfunden, auch dann, wenn weitere „Verdiener" im Haushalt vorhanden sind. Frauen in Ostdeutschland halten an der Vereinbarkeit von Familie und Beruf nach wie vor wesentlich stärker fest als Westdeutsche und ziehen sich allenfalls in die „stille Reserve" des Arbeitskräftepotentials zurück. Auch die Schwierigkeiten des Wiedereinstiegs bringen viele Frauen nicht von dieser Sichtweise ab.

Dieser Erwerbsneigung steht ein starker Verdrängungsdruck entgegen: „Hintergrund für die besonderen Schwierigkeiten von Frauen auf dem ostdeutschen Arbeitsmarkt ist wohl ein weitverbreiteter Konsens, daß Arbeitslosigkeit von Frauen das kleinere Übel und unter den neuen gesellschaftlichen Bedingungen Frauenerwerbsarbeit im alten Umfang nicht mehr notwendig und möglich sei. Wenn Personalchefs ebenso wie Betriebsräte, Vermittler in den Arbeitsämtern, Ehemänner, u.U. sogar betroffene Frauen selber der traditionellen Rollenverteilung zwischen den Geschlechtern verhaftet sind und als Leitbild den männlichen Allein- oder Hauptverdiener vor Augen haben, Betreuungsmöglichkeiten für Kinder nicht ausreichend zur Verfügung stehen und die erforderliche regionale Mobilität eingeschränkt ist, wird der Abdrängungsdruck groß." (Brinkmann/Müller/Wiedemann 1993: 192f.)

Sowohl von seiten der „objektiven" Arbeitsmarktdaten als auch im Hinblick auf die „subjektiven" Neigungen scheint sich in letzter Zeit eine gewisse Entspannung der Situation anzudeuten. „Objektiv" steigt der Frauenanteil an den Erwerbstätigen in Ostdeutschland. 1994 waren Frauen am Anstieg der

Beschäftigtenzahl sogar zu drei Vierteln (175.000) beteiligt. „Subjektiv" scheinen sich allmählich mehr Frauen mit einer Teilzeitarbeit zu arrangieren. Noch ist es zu früh, um zu klären, inwieweit es sich dabei um einen bewußt bejahten, in Ostdeutschland neuen Lebensentwurf handelt oder um eine mehr oder minder vorübergehende Anpassung an den erwähnten Verdrängungsdruck.

Finanzielle Konsequenzen der Arbeitslosigkeit

Die „objektiv" am deutlichsten erkennbaren Folgen der Arbeitslosigkeit bestehen in *Einkommensrückgängen*. Allerdings haben viele Arbeitslose in Ostdeutschland wegen der zuvor hohen Erwerbsbeteiligung vergleichsweise günstige Voraussetzungen für ein ausreichendes Haushaltseinkommen. In der überwiegenden Mehrzahl aller Haushalte beziehen bzw. bezogen mehrere Personen Erwerbseinkommen. Wenn mehrere Bezieher von Einkommen bzw. Lohnersatzleistungen im gleichen Haushalt wohnen, fällt der Einkommensschwund eines Arbeitslosen weniger ins Gewicht.

In den letzten Jahren hat sich die finanzielle Situation der Arbeitslosen in Ostdeutschland insgesamt stabilisiert. Gleichwohl wächst bei den einzelnen Arbeitslosen und ihren Familien die Gefahr von Finanzproblemen mit der Dauer der Arbeitslosigkeit, mit der Kinderzahl und insbesondere bei jüngeren Un- und Angelernten. So lag das bedarfsgewichtete Haushaltseinkommen pro Kopf der Personen in ostdeutschen Haushalten, in denen mindestens ein Arbeitsloser lebte, 1991 um 15,3%, 1992 um 17,7%, 1993 um 17,8% und 1994 um 22,1% unter dem Durchschnitt der Bevölkerung. Zum Vergleich: In Westdeutschland betrug dieser Einkommensunterschied 21,2% im Jahre 1991 und sogar 27,9% im Jahre 1994 (siehe Abschnitt 3.2.2).

Infolge der finanziellen Engpässe waren im Jahre 1995 37,5% der Arbeitslosen in Ostdeutschland gezwungen, Ersparnisse aufzubrauchen, 20,0% machten Schulden, 12,5% hatten Zahlungsrückstände, 6,0% mußten persönliche Gegenstände verkaufen und 9,1% verzichteten auf die Verwirklichung ihres Kinderwunschs (vgl. Dohnke/Frister/Liljeberg 1995: 20ff.).

Besonders drückend sind arbeitslosigkeitsbedingte Finanzprobleme, wenn sie zu *Armut* und *Sozialhilfebedürftigkeit* führen. Erwartungsgemäß tritt Armut um so häufiger auf, je länger Erwerbspersonen im Haushalt arbeitslos waren. Fast ein Viertel aller im Jahre 1993 arbeitslosen ostdeutschen Personen, die auch in den Jahren 1990 bis 1993 längere Zeit (mehr als 30% der in den Jahren 1990 bis 1993 möglichen Zeit zur Erwerbstätigkeit) arbeitslos waren, mußten unterhalb der ostdeutschen Armutsgrenze leben (zur Definition der Armutsgrenze siehe Abschnitt 4.3). Demgegenüber lag der Anteil der Einkommensarmen bei Personen ohne jegliche oder mit geringer Arbeitslosigkeitserfahrung (bis 15 % der möglichen Zeit zur Erwerbstätigkeit) bei nur 2,3% (vgl. Müller/Frick/Hauser 1996).

Im Ost-West-Vergleich wird sichtbar, daß westdeutsche Arbeitslose, gemessen an der westdeutschen Armutsgrenze, häufiger von Armut betroffen sind als ostdeutsche Arbeitslose, gemessen an der ostdeutschen Armutsgrenze. So gelten 43% der arbeitslosen Westdeutschen mit großer Arbeitslosigkeitserfahrung (siehe oben) als arm. Selbst die Einkommen der Westdeutschen mit etwas geringerer Erfahrung als Arbeitslose (15% bis 30% der möglichen Zeit zur Erwerbstätigkeit) lagen immer noch zu 35,7% unter der Armutsgrenze (vgl. Müller/Frick/Hauser 1996).

Im Hinblick auf die Bestimmungsgründe, die Arbeitslose besonders häufig in die Armut führen, ist festzustellen, daß Arbeitslosigkeit in den neuen Bundesländern vor allem bei Frauen, insbesondere bei Alleinerziehenden (siehe Abschnitt 4.2), bei alleinstehenden und älteren Frauen Armut nach sich zieht (vgl. Bothin/Wunsch 1992). Die ehemals hohe Beschäftigungsrate schlug häufig in Frauenarbeitslosigkeit und Sozialhilfebedürftigkeit um.

Immaterielle Folgen der Arbeitslosigkeit

Negativ betroffen von Arbeitslosigkeit sind vor allem jene Personen, in deren Dasein zu „objektiven" Verschlechterungen des Einkommens, der Wohnverhältnisse, des Gesundheitszustandes, der sozialen Einbindung etc. „subjektive" Unterprivilegierungen hinzukommen. Diese können erstens in Wahrnehmungen bzw. Einstellungen, zweitens in Verhaltensmustern und Bewältigungsversuchen und drittens in Wirkungen auf Mitmenschen bestehen.

Wahrnehmungen und Einstellungen: Subjektive Unterprivilegierung kann sich in dem Bewußtsein ausdrücken, zu den Benachteiligten der Gesellschaft zu zählen. Diese überaus belastende Wahrnehmung war in Berlin und Brandenburg bei 29% der Arbeitslosen und bei 40% der Langzeitarbeitslosen festzustellen (vgl. Hahn/Schön 1996).

Subjektive Unterprivilegierung kann weiterhin im Bewußtsein begründet sein, daß der eigenen Arbeitslosigkeit ganz unakzeptable *Ursachen* zugrundeliegen. In dieser Hinsicht stellt sich die Befindlichkeit ostdeutscher Arbeitsloser gespalten dar. Auf der einen Seite sind sie hiervon *weniger belastet* als westdeutsche Arbeitslose. Im Unterschied zu Westdeutschland, wo Individualisierungstendenzen dazu führen, daß Isolation und Schuldzuweisungen an die eigene Person naheliegen, werden die Ursachen in Ostdeutschland fast ausschließlich extern und kaum in individueller Schuld gesehen – sei es, daß das System der vergangenen DDR und ihre Politik dafür verantwortlich gemacht werden, sei es, daß die schnelle Einführung der Marktwirtschaft und das Vorgehen der Treuhandanstalt als Entstehungsgrund gesehen werden. Zudem sind oft so viele Mitmenschen im persönlichen Umfeld als arbeitslos bekannt, daß den einzelnen kaum Verantwortung für ihre Arbeitslosigkeit zuzuschreiben ist. Die Folge davon ist, das die Wirkungen der Arbeitslosigkeit auf das Erleben und das soziale Umfeld oft nicht so negativ ausfallen wie in Westdeutschland. Optimistische Grundhaltungen herrschen vor. Zudem schlägt sich die lange Erfahrung von Vollbeschäftigung in der nachhaltigen Erwartung nieder, wieder in die Erwerbstätigkeit zurückzukehren.

Auf der anderen Seite bedeutet gerade die Wahrnehmung von externen Ursachen der Arbeitslosigkeit vor dem Hintergrund der Erfahrungen in der DDR-Gesellschaft für viele ostdeutsche Arbeitslose einen tiefen Einbruch in Identität und Lebenssinn. Psychische und soziale Desorientierung drohen so *weit mehr* als in Westdeutschland. Selbstvertrauen, Sozialvertrauen und Systemvertrauen werden die Grundlagen entzogen. „Der gesellschaftlich geprägten, geradezu habitualisierten Einstellung und Erwartung, daß es in einer auf Erwerbsarbeit verpflichteten Gesellschaft wie der DDR immer auf irgendeine Weise und auf irgendeinem Arbeitsplatz weitergeht, ja sogar weitergehen muß, wurde durch die ‚Wende' jäh die ‚Geschäftsgrundlage' entzogen. ... Das Überflüssigwerden der eigenen Arbeitskraft lag bis zu diesem Zeitpunkt buchstäblich außerhalb des kollektiven wie individuellen Vorstellungshorizontes der ostdeutschen Erwerbstätigen." (Vogel 1995: 110) Unter vielen Arbeitslosen entwickelte sich so das dichotomische Bild einer gespaltenen Gesellschaft zwischen „Etablierten" und „Diskriminierten" mit hoher Sensibilität für die „feinen Unterschiede".

Verschärfend kommt hinzu, daß niemand in Ostdeutschland die Zeit hatte, sich auf die Veränderungen einzustellen. Für Arbeitslose, die durch den Umbruch in Krisen der Identität und des Selbstverständnisses gerieten und so entscheidendere Veränderungen als andere erlebten, fehlte diese Zeit in besonderem Maße.

Bewältigungsstrategien: Die ambivalenten inneren Einstellungen und Erwartungen kommen in durchaus unterschiedlichen Verhaltensweisen ostdeutscher Arbeitsloser zum Ausdruck. Alle einschlägigen Studien kommen zum Ergebnis, daß verschiedenartige Typen der Problembewertung und Problembearbeitung zu unterscheiden sind.

Was die grobe Einordnung der vorfindlichen Grundeinstellungen zwischem Optimismus und Pessimismus betrifft, können folgende Bewältigungstypen abgegrenzt werden (vgl. Hahn/Miethe 1995 und Hahn/Schön 1996: 50f.):

Der *optimistische* Typ 1: Arbeitslosigkeit ist ihm unvereinbar mit seinem Lebensentwurf. Ihm gehören etwa ein Drittel der Arbeitslosen an. Die Konsequenz ist aktive Arbeitssuche.

Der *realistische* Typ 2: Er distanziert sich gleichfalls von der Situation der Arbeitslosigkeit, sieht jedoch – trotz weiterhin hochmotivierter Arbeitssuche – keine aktuelle Perspektive einer Wiederbeschäftigung, bleibt aber sozusagen „auf dem Sprung". Ihm wird etwa die Hälfte der Arbeitslosen in Ostdeutschland zugerechnet.

Der bereits *resignierende* Typ 3: Er sieht die Arbeitslosigkeit zumindest zeitweilig mit dem eigenen Lebenskonzept vereinbar. Er läßt sich deshalb Zeit. Zusammen mit dem längst *resignierten* Typ 4, dem Arbeitslosigkeit vereinbar mit seinem Lebensentwurf erscheint und der sich deshalb mit der Arbeitslosigkeit abgefunden hat und sich mittlerweile vom Erwerbsleben ausgeschlossen sieht, kommt er auf 16% der Arbeitslosen.

Konkretere Hinweise auf Motive und Zusammenhänge vermittelt eine andere Typologie. Vor dem Hintergrund der eigenen Biographie, insbesondere der Erwerbsbiographie, bedeutet die eigene Arbeitslosigkeit den Menschen in Ostdeutschland Unterschiedliches. Hieraus resultieren typische Einstellungen, welche die Vergangenheit und die heutige objektive Lage der Arbeitslosigkeit jeweils subjektiv strukturieren und bestimmte Bewältigungsformen nahelegen (vgl. Vogel 1995):

1. Typ: *„Arbeitslosigkeit als erwerbsbiographischer Neubeginn"*: Diese optimistische Einschätzung und das sich als Konsequenz ergebende aktive Suchverhalten zeichnet sich bei etwa 20% der Arbeitslosen ab. Es sind dabei vorwiegend jüngere Arbeitslose mit erst kurzzeitiger Betroffenheit.

2. Typ: *„Arbeitslosigkeit als erwerbsbiographische Blockade"*: Ausgangspunkt der pessimistischeren Situationseinschätzung ist die Einsicht, daß weder die beruflichen Erfahrungen noch die betrieblichen Beziehungen der DDR-Zeit über den Arbeitsmarkt zu vermitteln sind. Nach dem Motto „Hauptsache Arbeit" bemühen sich viele zumeist schon länger als ein Jahr um eine Stelle, wobei man längst erwartet, auch eine Verschlechterung gegenüber der früheren Beschäftigung in Kauf nehmen zu müssen.

3. Typ: *„Arbeitslosigkeit als erwerbsbiographischer Endpunkt"*: Längst hat man Gewißheit, den Anschluß an den Arbeitsmarkt und seine Chancen verloren zu haben. Zu dieser Resignation neigten in der genannten Untersuchung immerhin ein Drittel der Befragten. Dabei handelt es sich mehrheitlich um Frauen, ältere Arbeitslose (über 45) und um die geringer Qualifizierten. „Charakteristisch für diese Arbeitslosen ist, daß sie dem Ausgrenzungsdruck am Arbeitsmarkt nachgeben bzw. ihm nicht länger standhalten können. ... Ihr Rückzug vom Arbeitsmarkt geht mit sozialem Rückzug einher. Sie verkriechen sich, ... fühlen sich sozial deklassiert und fürchten als Arbeitslose stigmatisiert zu werden. ... Sie leben in dem Bewußtsein, als ‚Entbehrliche', als

Arbeitslose 259

‚Wendeverlierer' und als durch Arbeitslosigkeit Ausgegrenzte an der Erwerbsarbeitsgesellschaft neuen Typs nicht mehr teilhaben zu können." (Vogel 1995: 110)

Freilich ist auch bei viel Optimismus und aktivem Suchverhalten für viele Arbeitlose eine lange Zeit der Belastung und Enttäuschung zu überstehen. Eine dritte Typologie (vgl. Kieselbach 1993: 71f.) läßt drei problematische Strategien erkennen, wie Öffentlichkeit und politische Institutionen in Ostdeutschland versuchen, damit zurechtzukommen. Jede von ihnen hat spezifische Rückwirkungen auf die Arbeitslosen selbst:

1. Strategie: Bagatellisierung versteckt das Ausmaß gesellschaftlicher Spaltung, etwa wenn das Erscheinungsbild der Massenarbeitslosigkeit in unterschiedliche Kategorien aufgespalten wird und die Öffentlichkeit mit undramatisch scheinenden Prozentangaben konfrontiert wird. Dieses begünstigt eine Verschleierung arbeitsgesellschaftlicher Spaltung. Ein öffentliches Verdrängen der Dramatik von Arbeitslosigkeit entlastet die Politik dann von Forderungen, in der Beschäftigungskrise arbeitspolitisch „aktiv" werden zu müssen.

2. Strategie: Individualisierung der Schuldzuschreibung unterstellt individuell fehlende Qualifikation oder Motivation und kann den Problemdruck von Arbeitslosigkeit als Strukturfrage oder Systemkrise verharmlosen. Zugleich aber wird durch Schuldzurechnung die soziale Abgrenzung zwischen Arbeitenden und Arbeitslosen stigmatisierend verschärft. Die andere Konsequenz individualisierender Konstrukte ist die Aufforderung zum Alleingang unter Aufkündigung aller solidarischen Rückhalte und Rücksichten: „Überkompensationen von Individualisierungsprozessen können ... in der persönlichen Konkurrenz um ein berufliches und soziales Überleben auch Ansätze solidarischer Bewältigung von Arbeitslosigkeit behindern oder sogar weitgehend zunichte machen." (Kieselbach 1993: 71).

3. Strategie: Naturalisierung unterstellt die gegebene Sockelarbeitslosigkeit als quasi-natürlichen Sachzwang, mit dem man leben muß. Dies fördert die De-Politisierung der Arbeitsfrage, womit arbeitspolitischer Handlungsdruck zurückgenommen werden kann.

Arbeitslosigkeit und die Beziehungen zu Mitmenschen: Die individuellen Auswirkungen der Arbeitslosigkeit sind entscheidend davon abhängig, in welchem sozialen Umfeld die Betroffenen leben. Eine besondere Bedeutung kommt hierbei der Familie zu. Sie stellte seit jeher und in vielen unterschiedlichen Gesellschaften einen „Schwamm" dar, dessen Funktion nicht zuletzt darin besteht, gesellschaftliche Belastungen flexibel auszugleichen. Diese Funktion erfüllte sie auch zu Zeiten der DDR in ausgeprägter Weise. Soziale

Netzwerke wirkten in der Gesellschaft der DDR in ähnliche Richtung als Hilfsnetze. Auch heute gilt noch, daß ostdeutsche Arbeitslose im Vergleich zu westdeutschen aufgrund ihrer Einbindung in persönliche Beziehungen Vorteile haben. Ob die Mitmenschen Arbeitsloser von dieser Einbindung Vorteile haben, ist zu bezweifeln.

So fangen ostdeutsche Familien die Belastungen der Arbeitslosigkeit besser ab als die westdeutschen. Die Familie war in Ostdeutschland früher Rückzugsraum und Freiraum gegenüber den Gängelungen der Arbeits- und Organisationsgesellschaft. Sie war Gegenwelt und ließ einen begrenzten Individualismus in einer kollektivierten Gesellschaft zu. Heute ist sie oft letzter Ort der Stabilität in Umbruch und Risikogesellschaft. Als Notgemeinschaft schützt sie vor riskanter Individualisierung und De-Stabilisierung. So wird verständlich, daß die Familie als Ort der Re-Stabilisierung für Arbeitslose große Bedeutung hat. Der soziale Wandel spielt sich in der Regel außerhalb der Familie ab.

Ähnliche Funktionen übernehmen auch die Netzwerke außerhalb der Familie. Die gesellschaftliche Stigmatisierung von Arbeitslosen ist in den neuen Bundesländern geringer als im Westen. Schließlich weisen ostdeutsche Arbeitslose häufiger als westdeutsche auf positive Möglichkeiten der Verarbeitung hin: so auf die Möglichkeit, Bekannten zu helfen oder in Familienbetrieben mitzuarbeiten.

Umgekehrt sind die ostdeutschen Familien und Netzwerke in dieser Situation hohen Belastungen ausgesetzt. So wirkt Arbeitslosigkeit häufig zersetzend auf die familiären Bindungen. Erwartungsgemäß ist die Familienatmosphäre desto mehr von Gereiztheit und Konflikten belastet, je länger die Arbeitslosigkeit andauert. Allerdings finden sich neben diesen negativen auch positive Auswirkungen: In jeder siebten Familie haben sich zwar die Konflikte vermehrt, aber auch die Bindungen verstärkt (vgl. Winkler 1995a: 288). Familien- und teilweise auch Netzwerkstrukturen werden stabilisiert und konserviert. „Viele Ostdeutsche sind durch den radikalen Wandel außerhalb der Familie so sehr in Anspruch genommen, daß sie davor zurückschrecken, auch noch wichtige und langfristig folgenreiche Veränderungen in ihrem Privatleben vorzunehmen." (vgl. Geißler 1995: 129)

Trotz der vergleichsweise guten Einbettung in persönliche Beziehungen ist nicht auszuschließen, daß insbesondere die Langzeitarbeitslosigkeit in den neuen Bundesländern weitere negative Folgeerscheinungen im Hinblick auf die Mitmenschen der Betroffenen nach sich zieht. Deutlich sind diese insbesondere im Hinblick auf Alkoholprobleme sowie Aggressionen gegen Andersdenkende und gegen sich selbst.

Auf der einen Seite werden die schon in der DDR auffälligen Alkoholmißbrauchserscheinungen zum individuellen Risikofaktor auf dem Arbeitsmarkt.

Auf der anderen Seite müssen Streß und Frust der Arbeitslosigkeit eine latente Alkoholgefährdung dramatisch verschärfen. Nach Einschätzung von Medizinsoziologen und Sozialmedizinern ist in den neuen Bundesländern künftig vermehrt mit „arbeitslosigkeitsbedingten Alkoholproblemen in epidemiologisch hochrelevanten Dimensionen zu rechnen" (Henkel 1993: 130). Man wird ferner nicht fehlgehen mit der Vermutung – wenn auch schlüssige Nachweise fehlen –, daß ein Teil der bestehenden Aggressivität gegen Ausländer und Andersdenkende auf die anhaltende Massenarbeitslosigkeit zurückzuführen ist.

Freilich sollte man nicht vergessen, daß sich Zusammenhänge von Arbeitslosigkeit sowohl mit den Einstellungen und Denkweisen der Menschen wie auch mit deren Bewältigungsformen und Verhaltensweisen und schließlich mit den Wirkungen im Zusammenleben mit Mitmenschen nur teilweise verallgemeinern lassen. Jenseits der dargestellten allgemeinen Tendenzen unterscheiden sich die individuellen Wege der Verarbeitung der eigenen Arbeitslosigkeit beträchtlich. Alter, Geschlecht, Gesundheitszustand, Dauer der Arbeitslosigkeit, das Ausmaß der finanziellen Belastungen und der Ausrichtung auf den Beruf, das allgemeine Aktivitätsniveau, die Unterstützung durch die unmittelbare soziale Umwelt, die Schichtzugehörigkeit, die persönliche „Verwundbarkeit" und viele andere Faktoren mehr erklären die erheblichen individuellen Differenzen der Belastung und Verarbeitung von Arbeitslosigkeit (vgl. Brinkmann/Wiedemann 1995).

Zusammenfassung und Ausblick

Im Mittelpunkt dieses Abschnitts standen die Auswirkungen von Arbeitslosigkeit auf die Betroffenen. Hierbei erwies sich, daß „subjektive" Faktoren der Wahrnehmung, Interpretation, Bewältigung und der gemeinsamen Verarbeitung von Arbeitslosigkeit großen Anteil an den Auswirkungen haben. Eindeutig ist, daß die Menschen in Ostdeutschland die Arbeitslosigkeit weit mehr an der früheren Situation während des Bestehens der DDR messen als an der heutigen in Westdeutschland. „*Zahlenspiele*, wonach die Entwicklung des Arbeitsmarktes nicht als *Unterbeschäftigung* zu kritisieren sei, sondern eher als ein Abbau der alten *DDR-Überbeschäftigung,* die sehr zügig auf ein ‚normales' Maß herunterzufahren war, werden die ostdeutsche Arbeitsbevölkerung kaum beeindrucken oder gar beruhigen. Ihr innerer Vergleichsmaßstab bleibt die noch gut erinnerbare ‚totale' Mobilisierung für eine kollektive Solidarität der Arbeit und nicht die individualisierende Mobilität westlicher Arbeitsmärkte." (Pankoke 1996)

Bestimmte Strukturen kollektiver Solidarität und hoher Gemeinschaftsfähigkeit sind in Ostdeutschland durchaus erhalten. Sie äußern sich unter anderem in immer noch gemeinschaftlicheren „Familienbanden", in erhaltenen Netzwerken, in einer hohen Betriebsbindung und in gemeinschaftlicheren Unternehmenskulturen. Es stellt sich die Frage, ob jene oft als „Rückständigkeit" kritisierte Beharrlichkeit ostdeutscher Denk- und Lebensweisen sich künftig als kulturelle „Altlast" oder als Modernisierungspotential erweisen wird (vgl. Hradil 1995b: 12ff. und Pankoke 1996).

Letzteres ist aller Voraussicht nach der Fall. Die soziokulturelle Entwicklung in der Bundesrepublik war in den letzten Jahren durch im internationalen Vergleich späte, aber heftige Massenindividualisierungstendenzen gekennzeichnet, sowie erstmals in der deutschen Geschichte, die stets die Einbindung von einzelnen in Gemeinschaften hochgehalten hat, durch die normative Akzeptanz dieser Individualisierung der vielen. Die Gegentendenzen, in denen versucht wird, der Konsequenzen jener Individualisierung wieder Herr zu werden, sind bereits sichtbar. Solidarität, Nachbarschaftsgemeinschaften, persönliche Informationsnetzwerke und vieles andere mehr werden in Sozialpolitik (z.B. in der Altenhilfe) und Wirtschaft (z.B. als Gegengewicht zu globaler Informationsverbreitung) dringend benötigt werden. Sie werden als Ausweis von Modernisierung und nicht als deren Restposten gelten.

So gibt es auch gesellschaftspolitisch gute Gründe, im Dienste von Förderprogrammen für Arbeitslose betriebsgebundene Solidarnetzwerke zu reaktivieren. Für die Beschäftigungspolitik könnte dies heißen, daß gemeinsame Fördermaßnahmen für freigesetzte Betriebskollektive angeboten und Ersatzarbeitsplätze betriebsnah eingerichtet werden. Dabei können alte Netzwerke oft weitgehend erhalten und in den Dienst der Kommunikation und gegenseitigen Unterstützung (z.B. bei Maßnahmen der Weiterbildung) gestellt werden (vgl. Schmidt 1995: 460).

4.2 Alleinerziehende[107]

Die Gruppe der Alleinerziehenden ist eine der sozialen Gruppierungen in den neuen Bundesländern, die in der Öffentlichkeit als „Wendeverlierer" gelten. Sie haben nach weitverbreitetem Urteil mehr als andere soziale Gruppen unter den Folgen der Vereinigung zu leiden. So wird immer wieder darauf hingewiesen, daß es in der DDR die Regel war, daß Alleinerziehende ganztägig erwerbstätig und dadurch wirtschaftlich eigenständig waren. Eine quantitativ zureichende Versorgung mit Einrichtungen zur Kinderbetreuung habe hierfür

---

[107] Dieser Abschnitt beruht in wesentlichen Teilen auf der KSPW-Expertise Möhle 1996b.

Alleinerziehende 263

die Voraussetzungen geschaffen. Demgegenüber sei heute ein hoher Anteil der Alleinerziehenden in Ostdeutschland mangels Kinderbetreuungseinrichtungen in Arbeitslosigkeit und Armut geraten.

Definition

Will man überprüfen, ob diese Annahmen zutreffen, so ist zunächst zu klären, welche Menschen als „Alleinerziehende" gelten sollen. Im folgenden werden darunter einzelne erwachsene Personen verstanden, die gemeinsam mit einem (oder mehreren) Kind(ern), von denen mindestens eines jünger als 18 Jahre ist, in einem Haushalt leben.

In die Lebensform des Alleinerziehens führen hauptsächlich vier Wege: Scheidung, Trennung, Verwitwung und die Mutterschaft von Ledigen. Diese Unterscheidungen und das unterschiedliche Alter ihrer Kinder bilden die wichtigsten Untergruppen von Alleinerziehenden.

Zur Situation Alleinerziehender in der DDR

Unter den Familien in der DDR gab es einen weit höheren Anteil an Ein-Elternteil-Familien als in der Bundesrepublik. Alleinerziehende machten im Jahre 1981 in der DDR ca. 18% aller Familien-Haushalte (mit Kindern unter 18 Jahren) aus (vgl. Hanesch u.a. 1994: 89). In Westdeutschland belief sich dieser Anteil 1994 nur auf 10,9% (vgl. Statistisches Bundesamt 1994f: 2).

Alleinerziehende entsprachen nicht dem offiziellen Familienideal der DDR. Dies führte auch dazu, daß vor dem Jahr 1989 in Ostdeutschland nur wenige Forschungen über diese Lebensform durchgeführt wurden und das Wissen entsprechend begrenzt ist. Trotzdem waren Alleinerziehende besser abgesichert als die meisten anderen Bevölkerungsteile der DDR. Sie genossen z.B. eine bevorzugte Behandlung bei der Vergabe von Kinderkrippenplätzen. Bis zur 21. Woche nach der Entbindung waren sie bei vollem Lohnausgleich von Erwerbstätigkeit freigestellt. Hinzu kam ein Babyjahr, in dem 70% des Nettolohns gezahlt wurden, und ein bezahlter Hausarbeitstag pro Monat. Kündigungsschutz bestand bis zum 3. Lebensjahr des Kindes. Freistellungen erfolgten auch, solange kein Krippenplatz gefunden werden konnte. Wenn ihre Kinder erkrankten, konnten alleinerziehende Mütter in der DDR bis zu sechs Wochen lang zu Hause bleiben und erhielten weiterhin 90% des Gehalts (vgl. Helwig 1993: 17 und Drauschke/Stolzenburg 1994a: 65).

Nachteile bestanden freilich auch: Das Einkommen Alleinerziehender lag 1988 mit ca. 80% des Pro-Kopf-Haushaltseinkommens beträchtlich unter dem von Zwei-Eltern-Familien, in denen ja in der Regel beide Elternteile erwerbstätig waren (vgl. Frick/Krause/Vortmann 1990: 601). Die Gehälter reichten jedoch offensichtlich aus, um die Grundbedürfnisse zu befriedigen und wirtschaftliche Selbständigkeit zu erreichen. Ein weiterer Nachteil für Alleinerziehende bestand darin, daß viele Betriebe der DDR nicht bereit waren, angesichts der erwähnten Schutzrechte Arbeitsplätze für Alleinerziehende einzurichten. Schließlich genoß die Lebensform des Alleinerziehens in der DDR kein großes Ansehen. Sozialkontakte waren oft schwierig zu knüpfen, besonders auf dem Lande. Nicht selten entstand das Gefühl, einer gesellschaftlichen Randgruppe anzugehören. Das geringe Ansehen äußerte sich auch darin, daß Freizeit- und Ferieneinrichtungen oftmals auf „vollständige" Familien hin ausgerichtet waren. Auch die Alleinerziehenden selbst sahen ihre Lebensform keinesfalls als Alternative. Das Leben mit einem Partner und die „vollständige" Familie galten auch ihnen als „normal". Ihr Dasein als Ein-Elternteil-Familie sahen sie nur als vorübergehenden Zustand (vgl. Gysi/Meyer 1993: 146).

Insgesamt bestand in der DDR die aus westdeutscher Sicht paradoxe Situation, daß es einen weit höheren Anteil Alleinerziehender als in Westdeutschland gab, ihre Existenz jedoch in vieler Hinsicht weniger akzeptiert wurde als im Westen.

Nicht nur die Häufigkeit, auch die soziale Zusammensetzung und die Wege in die Lebensform einer Ein-Elternteil-Familie unterschieden sich in der DDR und der Bundesrepublik. Etwa ein Drittel der Alleinerziehenden in der DDR war im Jahre 1988 ledig. Dieser Anteil lag deutlich höher als in der Bundesrepublik, wo zur gleichen Zeit nur 12% der Alleinerziehenden nie verheiratet gewesen waren. 1988 waren 60% der alleinerziehenden Mütter in der DDR geschieden, ein etwas höherer Prozentsatz als in Westdeutschland. Die übrigen waren verwitwet oder lebten als (Noch-)Verheiratete getrennt (vgl. Frick/Krause/Vortmann 1990: 600).

Nur etwa 3% aller Alleinerziehenden in der DDR der späten achtziger Jahre waren Männer; in Westdeutschland waren alleinerziehende Väter schon damals mit fast 12% deutlich häufiger. Die Gerichte der DDR sprachen, anders als in Westdeutschland, im Falle der Scheidung in aller Regel das Sorgerecht der Mutter zu (vgl. Frick/Krause/Vortmann 1990 und Gysi/Meyer 1993: 143ff.).

Alleinerziehende

Die Häufigkeit Alleinerziehender in den neuen Bundesländern

Bei der Untersuchung der Situation der Alleinerziehenden in Ostdeutschland nach der Vereinigung stellt sich zunächst die Frage nach der Häufigkeit der Ein-Elternteil-Familien.
Bis zum Jahre 1994 hat sich die relative Häufigkeit Alleinerziehender in Ostdeutschland kaum vermindert. Sie liegt nach wie vor höher als in Westdeutschland. In den neuen Bundesländern und Ost-Berlin wurden 1994 464.000 alleinerziehende Frauen und 58.000 alleinerziehende Männer registriert. Zusammen machten sie mit 10,8% einen höheren Anteil an den Haushalten und mit 14,8% einen höheren Anteil an den Familien (Eltern-Kind-Gemeinschaften mit Kindern unter 18 Jahren) aus als in den alten Bundesländern, wo nur 7,7% der Haushalte und 11,8% der Familien Ein-Elternteil-Familien sind (vgl. Niemeyer/Voit 1995: 444). Unter den alleinerziehenden Frauen in Ostdeutschland gibt es nach wie vor einen höheren Anteil von Ledigen (39,5%) als im Westen Deutschlands (26,1%) (siehe Tabelle 4.2.1).

Tabelle 4.2.1: Alleinerziehende Frauen nach Familienstand 1994 – in %

Familienstand	Ostdeutschland	Westdeutschland
ledig	39,5	26,1
verheiratet, getrennt lebend	7,8	18,7
verwitwet	6,9	10,1
geschieden	45,8	45,1

Datenbasis: Mikrozensus 1994.
Quelle: Drauschke/Stolzenburg 1995b: 281.

Kinderbetreuung

Alleinerziehende sind zwingend auf Möglichkeiten der Kinderbetreuung angewiesen, wollen sie erwerbstätig und wirtschaftlich selbständig sein. Deshalb ist bei der Analyse ihrer Lebensbedingungen mit der Frage der Versorgung der Kinder zu beginnen. In der DDR lag eine sehr weitgehende Versorgung mit Kinderbetreuungsplätzen vor. Es war kaum nötig, sich um private Betreuungen durch Verwandte oder Bekannte zu bemühen. Praktisch alle 3-6jährigen und vier Fünftel aller 0-3jährigen besuchten eine Betreuungseinrichtung. Da Kinder von Alleinerziehenden bevorzugt berücksichtigt wurden, dürften sie kaum Probleme gehabt haben, ihre Kinder in Horte, Krippen oder Kindergärten unterzubringen. Die Betreuung in öffentlichen Einrichtungen wurde nach vorliegenden Befunden von den alleinerziehenden Müttern auch durchweg begrüßt. Sie wurde nicht als Notbehelf empfunden.

In den neuen Bundesländern gingen schon bald nach der Wende im Jahre 1991 nur noch 79% aller Kinder in eine Kindertageseinrichtung, davon zwar 92% der 4-6jährigen in einen Kindergarten, aber nur noch 58% der unter 3jährigen in eine Kinderkrippe. Diese Anteile waren noch bedeutend höher als im Westen Deutschlands, denn dort wurden zu Beginn der neunziger Jahre nur 56% aller Kinder und nur 13% der Kinder bis unter 3 Jahren in Kinderbetreuungseinrichtungen versorgt. Dennoch bedeutete die Reduzierung der Kinderbetreuungsmöglichkeiten für Alleinerziehende im Osten Deutschlands eine erhebliche Minderung der Erwerbsmöglichkeiten.

Seither haben sich diese Gesamtversorgungsraten in den neuen Bundesländern weiter reduziert. So stand im Jahre 1994 nur noch für 82% der 3-7jährigen ein Kindergartenplatz bereit. Hierbei unterscheiden sich die einzelnen Bundesländer Ostdeutschlands. In Thüringen und in Brandenburg gab es mit 77% die wenigsten Kindergartenplätze im Wohngebiet. In Sachsen-Anhalt betrug die Versorgungsrate 81%. Sie war höher in Mecklenburg-Vorpommern mit 86%, Sachsen mit 87% und in Ost-Berlin mit 88% (vgl. Crow/Henning 1995: 115f.).

Es liegen keine ausreichenden Informationen darüber vor, inwieweit Alleinerziehende von den reduzierten Versorgungsquoten der Kinderbetreuung konkret daran gehindert werden, erwerbstätig zu sein oder sich weiterzubilden und dadurch finanzielle Unabhängigkeit zu erlangen. In jedem Falle können die häufig reduzierten Öffnungszeiten der Kindertageseinrichtungen und die gestiegenen Kosten als weitere Faktoren gelten, die die Situation von Alleinerziehenden erschweren. Es ist bemerkenswert, daß viele Alleinerziehende nicht – wie man denken könnte – mehr, sondern weniger Zeit für ihre Kinder haben: 42,6% der in einer Studie in Ost-Berlin befragten Alleinerziehenden bekundeten 1992, sie hätten „jetzt entschieden weniger Zeit für meine Kinder". Nur 10,4% meinten, „Ja, ich habe jetzt mehr Zeit für meine Kinder." (vgl. Drauschke/Stolzenburg 1995a: 40)

Veränderung rechtlicher Rahmenbedingungen

Neben den Einschränkungen im Bereich der Kinderbetreuungseinrichtungen hat auch die Übernahme westdeutscher Rechtsbestimmungen, besonders jener im Hinblick auf die Vereinbarkeit von Beruf und Familie, die Möglichkeiten Alleinerziehender eingeschränkt. Ihre Freistellung von der Erwerbsarbeit ist nur noch bis acht Wochen nach der Entbindung möglich und Freistellungen mangels Krippenplätzen nicht länger vorgesehen. Bei Erkrankung von Kindern besteht nur noch ein „abdingbarer Rechtsanspruch" auf Freistellung für maximal 20 Tage. Kündigungsschutz haben Alleinerziehende statt bis zum dritten Lebensjahr des Kindes nur noch bis vier Monate nach der Entbindung und im Erziehungsurlaub. Statt des Babyjahrs mit Bezügen in Höhe von 70% des Nettolohns wird Alleinerziehenden nun maximal 24 Monate lang ein Erziehungsgeld von 600 DM gezahlt. Nach 6 Monaten wird dies überprüft und kann ganz oder teilweise entfallen, wenn das Haushaltseinkommen eine bestimmte Einkommensgrenze überschreitet. Alleinerziehende Mütter im Erziehungsurlaub erhalten das Erziehungsgeld allerdings in jedem Falle 24 Monate lang. Diese finanzielle Ausstattung währt zwar häufig länger als in Zeiten der DDR, reicht jedoch zur Existenzerhaltung nicht aus. Auf Sozialhilfeleistungen wird das Erziehungsgeld allerdings nicht angerechnet (vgl. Berghahn 1993: 98f.); es entfällt jedoch bei Bezug von Arbeitslosengeld. Weitere, in der Regel für Alleinerziehende ungünstige Veränderungen rechtlicher Rahmenbedingungen betreffen die Krankenversicherung und die Anrechnung von Beitragszeiten bei der Rentenversicherung.

Erwerbstätigkeit

Die große Mehrheit der Alleinerziehenden in der DDR war erwerbstätig, wenn auch die Mehrfachbelastung durch Haushalt, Kindererziehung und Vollzeiterwerbstätigkeit das berufliche und finanzielle Fortkommen häufig behinderte. 73% der Alleinerziehenden in den neuen Bundesländern wollen auch heute (1995) noch vollzeiterwerbstätig sein. Nur 15% wünschen sich eine Teilzeiterwerbstätigkeit, und ganze 5% wollen überhaupt nicht (mehr) erwerbstätig sein (vgl. Drauschke/Stolzenburg 1995b: 290).

Tabelle 4.2.2: Erwerbsstatus nach Lebensform 1995 in Ostdeutschland – in %

Erwerbs-status	verheiratet ohne Kinder	verheiratet mit Kindern	Lebens-gemeinschaft ohne Kinder	Lebens-gemeinschaft mit Kindern	allein-erziehend	allein-lebend
erwerbstätig	58	74	69	49	29	51
ABM/FuU[a)]	8	8	5	10	4	10
erwerbslos	14	13	18	21	20	19
Vorruhestand	11	1	1	–	–	3
sonstiges	2	5	5	20	44	11

Anmerkung: a) Arbeitsmarktpolitische Maßnahmen/Fortbildung und Umschulung.

Datenbasis: sfz/leben 1995 (18-60jährige Befragte).

Quelle: Drauschke/Stolzenburg 1995b: 287.

Ganz im Gegensatz zu diesen Zielvorstellungen und den Gegebenheiten in der DDR waren im Jahre 1995 in Ostdeutschland nur noch 29% der Alleinerziehenden erwerbstätig, 20% waren erwerbslos (siehe Tabelle 4.2.2).

Gleichzeitig lag der Anteil der Alleinerziehenden unter den Teilnehmern an arbeitsmarktpolitischen Maßnahmen bzw. an formellen Fortbildungen und Umschulungen mit 4% niedriger als bei den anderen Lebensformen. Diese Daten machen deutlich, wie überproportional häufig Alleinerziehende sich gegen ihren Willen aus dem Erwerbsleben zurückziehen mußten.

Einkommen

Einschränkungen der Erwerbstätigkeit aufgrund des Abbaus von Kinderbetreuungseinrichtungen und – im schlimmsten Fall der Arbeitsplatzverlust – führten dazu, daß sich die relative Wohlstandsposition ostdeutscher Alleinerziehender[108] von 1990 bis 1993 ständig verschlechterte (siehe Abschnitt 3.2.2). Dieser Abstieg in der Einkommenshierarchie zeigt, daß sich neben vielen anderen Gegebenheiten auch die ostdeutschen Einkommensproportionen an westdeutsche Verhältnisse anpaßten. Dort ist für Alleinerziehende ebenfalls eine klare Tendenz zur Verschlechterung zu verzeichnen. Im Jahre 1993 hatten sich die relativen Wohlstandspositionen dieser Bevölkerungsgruppe in Ost- und Westdeutschland nahezu angeglichen.

Die aktuellsten Daten des Sozio-ökonomischen Panels für das Jahr 1994 deuten allerdings darauf hin, daß die Einkommensverhältnisse von Alleinerziehenden in beiden Teilen des Landes sich wieder auseinanderentwickeln. Westdeutsche Alleinerziehende stellen sich mit einer relativen Wohlstandsposition von 61% des Durchschnitts im Verhältnis zu anderen Lebensformen deutlich schlechter als die ostdeutschen (73% des Durchschnitts). Noch ist es jedoch zu früh, zu sagen, ob diese Scherenentwicklung beständig sein wird und, wenn ja, welche Bestimmungsgründe dafür verantwortlich sind.

Subjektive Bewertung der Einkommenssituation

Wie beurteilen die Alleinerziehenden in den neuen Bundesländern selbst ihre aktuellen Einkommensverhältnisse? Immerhin 30% von ihnen schätzten im Jahre 1995 die eigene wirtschaftliche Lage als „sehr gut" bzw. „gut" ein. Fast die Hälfte (49%) beurteilte sie mit „teils/teils", 21% bewerteten ihre finanzielle Situation mit „schlecht" oder „sehr schlecht". Verglichen mit anderen Lebensformen ist dies ein hoher Wert: Verheiratete mit Kindern beurteilten

---

108 Für die Einkommensanalyse der Alleinerziehenden (siehe ausführlich in Abschnitt 3.2.2) ist eine andere Abgrenzung dieser Personengruppe vorgenommen worden. Haushalte von Alleinerziehenden sind hier Haushalte, in denen höchstens eine erwachsene Person und *nur* Kinder unter 18 Jahren leben.

zum gleichen Zeitpunkt die eigene wirtschaftliche Lage zu 8% als „schlecht" oder als „sehr schlecht", Lebensgemeinschaften ohne Kinder zu 15% und Alleinlebende zu 13% (vgl. Drauschke/Stolzenburg 1995b: 297).
Einen Zeitvergleich vermittelt die Tabelle 4.2.3. Sie zeigt, daß auch die finanzielle Situation in der DDR häufig als beengt eingeschätzt wurde. Die Einkommenslage nach der Wende stellt sich im Jahr 1992 weithin übereinstimmend als noch schwieriger dar. Gleichwohl zeigen Befragungen immer wieder, wie verbreitet optimistische Einstellungen über künftige Erwerbs- und Einkommenschancen sind.

Tabelle 4.2.3: Einschätzung ihrer finanziellen Situation durch Alleinerziehende in Ost-Berlin 1992 – aktuell und im Vergleich zur DDR-Zeit in %

Auskommen mit dem Geld	in der DDR	1992
Es war/ist immer knapp.	13,8	26,3
Mein Geld reichte/reicht für mich und meine Kinder, aber wir konnten/können keine großen Sprünge machen.	46,4	52,7
Wir waren/sind zufrieden.	36,3	24,6
Ich habe jeden Monat sparen können/ich spare.	19,0	12,2
Für mich spielte/spielt Geld eine untergeordnete Rolle	19,3	8,2

Quelle: Drauschke/Stolzenburg 1994b: 90.

Armut und Sozialhilfebezug

Auch in der DDR war unter den Alleinerziehenden Einkommensarmut kein seltenes Phänomen. Im Jahre 1988 hatten dort ein knappes Viertel, in Westdeutschland etwa die Hälfte der Alleinerziehendenhaushalte weniger als die Hälfte des durchschnittlichen Haushaltsnettoeinkommens pro Kopf zur Verfügung (vgl. Frick/Krause/Vortmann 1990: 601). Nach gängigen soziologischen Maßstäben sind diese Personen als arm zu bezeichnen (vgl. Hauser/Neumann 1992 sowie Abschnitt 4.3).
In Abschnitt 3.2.2 ist bereits gezeigt worden, daß die Armut unter Alleinerziehenden in Ostdeutschland seit der Vereinigung langsam zunimmt, ohne bisher das westdeutsche Niveau erreicht zu haben. Im Jahre 1994 galt ein gutes Viertel (26,6%) der Personen in Haushalten von Alleinerziehenden der neuen Bundesländer als arm. In Westdeutschland waren dies zur gleichen Zeit 40,7%. Armut betrifft in beiden Landesteilen vor allem die Familien Alleinerziehender mit mehreren Kindern.
Die Gründe für das Abgleiten in Armut liegen nicht in erster Linie in einer geringen beruflichen Qualifikation und daraus resultierenden Arbeits-

marktproblemen. Von den in einer Studie in Ost-Berlin befragten alleinerziehenden Sozialhilfeempfänger(-innen) verfügten 70% über eine abgeschlossene Berufsausbildung (vgl. Großmann/Huth 1995: 166), was im Vergleich zu den ostdeutschen Sozialhilfeempfängern insgesamt leicht überdurchschnittlich ist. Fast 90% von ihnen waren früher berufstätig. Die Hauptgründe für den Sozialhilfebezug liegen vielmehr in längerwährender Arbeitslosigkeit und in unzureichenden Unterhaltszahlungen von Vätern.

Diese Faktoren führen insgesamt dazu, daß Haushalte von Alleinerziehenden in Ostdeutschland besonders oft abhängig von Sozialhilfeleistungen sind. Sie machten am Jahresende 1993 28,3% aller der *Haushalte* in den neuen Bundesländern aus, die laufende Hilfe zum Lebensunterhalt bezogen. In Westdeutschland dagegen betrug dieser Anteil nur 19,8% (vgl. Deutscher Bundestag 1995: 41). Untersucht man indessen nicht, wie viele Haushalte, sondern wie viele *Personen* laufend von Sozialhilfe leben, und berücksichtigt so u.a. die im Haushalt lebenden Kinder, so ergibt sich in ein höherer Anteil von Personen, die in Ein-Elternteil-Familien leben, die laufend auf Sozialhilfe angewiesen sind, als bei der Haushaltsbetrachtung. Dies belegt die Ost-Berliner Studie von Großmann und Huth (1995: 165). Im Osten Deutschlands wie im Westen geraten die Kinder von Alleinerziehenden überproportional häufig in Armut. Eine Untersuchung der Lebenssituation Alleinerziehender in Brandenburg zeigte 1993, daß dort jedes zweite Kind in einer Alleinerziehendenfamilie von Sozialhilfe lebte (vgl. Liljeberg 1994: 304).

Einstellung zum Sozialhilfebezug

Die Haltung der ostdeutschen Alleinerziehenden zum Sozialhilfebezug ist ambivalent. Auf der einen Seite wollen sie häufiger als westdeutsche „vom Staat nichts geschenkt bekommen", eine Einstellung, die aus der Sozialisation aus DDR-Zeiten hin zu Erwerbstätigkeit und Eigenständigkeit herrührt. So versuchen viele Alleinerziehende, den Gang zum Jugend- oder Sozialamt möglichst lange hinauszuschieben und zunächst familiäre Unterstützung oder andere sozialstaatliche Unterstützungen zu erlangen (vgl. Großmann/Huth 1995: 167). Ähnliches gilt für die Einstellung zur Hilfe durch Familienangehörige: Sie wird negativer beurteilt als in Westdeutschland. Auf der anderen Seite bekräftigt mehr als die Hälfte der in der Studie von Großmann und Huth (1995) befragten alleinerziehenden Empfängerinnen von laufender Hilfe zum Lebensunterhalt, daß sie einen Rechtsanspruch haben, Sozialhilfe zu bekommen. Sie bejahen mehr als westdeutsche Alleinerziehende das neu eingeführte Sozialhilfesystem im Vergleich zu Sozialfürsorgeleistungen der DDR.

Alleinerziehende

Den unterschiedlichen Einstellungen west- und ostdeutscher Alleinerziehender zum Sozialhilfebezug liegen aber nicht nur frühere Erfahrungen aus der Zeit der DDR zugrunde. Von ostdeutschen Alleinerziehenden wird auch gesehen, daß es – anders als in Westdeutschland – im Osten der gesellschaftliche Umbruch war, der sie mit Arbeitslosigkeit, unzureichender Absicherung im Erziehungsurlaub und zu geringen Unterhaltszahlungen in Sozialhilfeabhängigkeit führte.

Wohnverhältnisse

In der DDR lebten Alleinerziehende in vergleichsweise guten Wohnverhältnissen. Eine Alleinerziehende mit einem Kind verfügte in der Regel über eine Zwei-Zimmer-Wohnung mit unterschiedlichem Ausstattungsgrad. Wo nicht Wohnungen den Besitzer wechselten oder Alleinerziehende aus anderen Gründen, z.b. aufgrund von Mieterhöhungen oder wegen Gewalt, die ihnen in einer Beziehung angetan wurde, die Wohnung wechseln mußten, ist die Wohnsituation günstig geblieben. So lebten im Jahre 1993 in Ost-Berlin mehr als 90% aller Alleinerziehenden mit einem Kind in einer Zwei- oder Drei-Zimmer-Wohnung, und 85% aller Alleinerziehenden mit zwei Kindern in Drei- oder Vierzimmerwohnungen (vgl. Drauschke/Stolzenburg 1994b: 93). Wegen der meist knappen finanziellen Mittel ist allerdings die Angst verbreitet, die eigene Wohnung auf Dauer nicht halten zu können.

Zufriedenheit

Wie die vorstehenden Ausführungen deutlich machen, zählen Alleinerziehende zu den sozialen Gruppen in Ostdeutschland, deren Lage sich besonders durchgreifend und oft zum Schlechteren veränderte. Will man wissen, welche Bedeutung diese Veränderungen ihrer Lebensbedingungen für sie hatten, wie Alleinerziehende mit diesem Umbruch umgehen, welche politischen Forderungen und Konflikte daraus entstehen könnten, sind Informationen über die Zufriedenheit und Unzufriedenheit unerläßlich.

Zunächst ist daran zu erinnern, daß die Lebensform des Alleinerziehens zu DDR-Zeiten wenig Ansehen genoß und nur bedingt als „normal" galt. Auch in den neuen Bundesländern hat sie nicht viel an Attraktivität gewonnen. Die meisten Alleinerziehenden streben Partnerschaften an. 70% von ihnen geben an, daß ihnen Partnerschaft „sehr wichtig" oder „wichtig" ist (vgl. Drauschke/Stolzenburg 1995b: 310). Im Gegensatz zu den alten Bundesländern ist ein „Single-Bewußtsein" in den neuen Bundesländern nicht verbreitet (vgl. Hradil 1995a: 18ff.). Weder das Alleine-Leben noch das Alleine-Erziehen wird häufig als alternative Lebensform angesehen. Hieraus resultiert eine generelle und eher latente Unzufriedenheit. Dennoch sind Alleinerziehende in wichtigen konkreten Punkten zwar nicht zufrieden, aber auch nicht entmutigt oder hilflos, wie dies häufig angenommen wird. Dies soll an zwei Aspekten gezeigt werden.

Die schlechte *Arbeitsmarktlage*, der anhaltende Wunsch von Alleinerziehenden, erwerbstätig zu sein, und die Seltenheit, diesen Wunsch realisieren zu können und einen stabilen Arbeitsplatz zu finden, verursacht für Alleinerziehende in Ostdeutschland zwar Unzufriedenheit, führt aber üblicherweise nicht in die Resignation. Ostdeutsche Alleinerziehende finden sich in der Regel nicht mit ihrer Ausgliederung aus der Erwerbstätigkeit ab. Sie halten auch bei schlechten Voraussetzungen die optimistische Erwartung aufrecht, bald wieder erwerbstätig sein zu können (vgl. Hahn 1995: 179 und Großmann/Huth 1995: 182). Kennzeichnend sind ihre überdurchschnittlich häufigen und hartnäckigen Bemühungen, sich in der Freizeit aus eigener Initiative weiterzubilden und so ihre Erwerbschancen zu verbessern (vgl. Drauschke/ Stolzenburg 1995b: 322).

Die *sozialen Beziehungen* Alleinerziehender haben sich in Zusammensetzung und Funktion geändert. Kolleg(inn)en und Bekannte sind in den Kontaktnetzen Alleinerziehender heute seltener als zu DDR-Zeiten vertreten. Zuvor machten sie aufgrund von Erwerbstätigkeit und wegen des Zwangs, an schwierig zu erlangende Güter über „Beziehungen" zu kommen, den überwiegenden Teil der persönlichen Netzwerke Alleinerziehender aus. Eine größere Rolle spielen heute demgegenüber Verwandte. Sie dienen, wie auch die verbliebenen Bekannten, oft dazu, den nun bestehenden Mangel an öffentlichen Kinderbetreuungsstätten auszugleichen (vgl. Steenbergen 1994: 244f.). Hier hat ein Funktionswandel von Beziehungsnetzen stattgefunden. Insgesamt ist das Gros der Alleinerziehenden nach wie vor nicht isoliert und fühlt sich auch nicht einsam: Die Netzwerke halten.

Trotz aller Schwierigkeiten kommen Alleinerziehende in Ostdeutschland mit ihrer Situation erstaunlich gut zurecht und zeigen vielfach einen gesunden Pragmatismus. Wenige haben den Wunsch, alleinerziehend zu bleiben, aber sie empfinden die gegenwärtige Situation nicht als katastrophal. Es werden zwar auch die Nachteile gesehen, wie der Wegfall von zuvor selbstverständlichen Sicherheiten des Arbeitsplatzes und der Kinderbetreuung, oder die heutigen finanziellen Engpässe und das früher weniger gekannte „Angebunden-Sein" durch Kinder. Es werden aber auch positive Aspekte in der gegebenen Situation gesehen, wie Unabhängigkeit und Entscheidungsfreiheit, die Verminderung von Streit oder gar gewalttätigen Auseinandersetzungen, die sie in Paarbeziehungen nicht selten erlebten (vgl. Großmann/Huth 1995: 175).

Alleinerziehende 273

Maßnahmen

Viele Anstöße zur Bewältigung ihrer Situation kommen von Alleinerziehenden selbst. Zur Unterstützung solcher Eigeninitiativen erscheint es wünschenswert, einige noch nicht überall in ausreichendem Maße vorhandene organisierte Maßnahmen auszubauen. Hierunter sind zu nennen:

- kostenlose *Rechtsberatung* zur Beantragung verschiedenster Hilfe- und Unterstützungsleistungen (Wohngeld, Sozialhilfe, Unterhaltsfragen etc.);
- *Kommunikationsstätten und Beratungszentren* in Steuer- und Erziehungsfragen, wie sie etwa von der Selbsthilfegruppe Alleinerziehender e.V. (SHIA) und dem Verband Alleinerziehender Mütter und Väter (VAMV) eingerichtet wurden;
- Angebote an *Teilzeitarbeitsplätzen* und kinderfreundlichen Arbeitszeitregelungen, die einen erheblichen Teil des Bedarfs an Kinderbetreuungsmaßnahmen überflüssig machen würden;
- *Nachbarschaftshilfen*, öffentlich unterstützte Netzwerke und Elternselbsthilfe zur Kinderbetreuung;
- *„Familienzentren"* (Kindertagesstätten, zum Teil mit Vorschulelementen, in denen professionelle Erzieherinnen, Teilzeitarbeitskräfte und Eltern auf der Basis der Gegenseitigkeit in flexiblen Arbeitszeiten zusammenarbeiten) und andere netzwerkunterstützte örtliche familienpolitische Maßnahmen;
- *unternehmensnahe Kindergärten* mittels betrieblicher Belegrechte, betriebsnaher Elterninitiativen zur Kinderbetreuung und des unternehmerischen Sponsorings von Kinderbetreuungseinrichtungen.

Fazit

Derzeit vollzieht sich die Anpassung der rechtlichen und sozioökonomischen Lebensbedingungen der Alleinerziehenden in Ostdeutschland an die Gegebenheiten Westdeutschlands. Allerdings werden dadurch keineswegs die gleichen Probleme in Ost wie West hervorgerufen. Die noch in der Gesellschaft der DDR angeeigneten Werthaltungen und Einstellungen bleiben unter den Alleinerziehenden der neuen Bundesländer auch heute noch wirksam. Die Erwartungen der überwiegend weiblichen Alleinerziehenden richten sich nach wie vor auf Erwerbstätigkeit und dadurch zu erlangende wirtschaftliche Eigenständigkeit. Westdeutsche Vorstellungen von einer Alternativrolle der Frau als Verantwortliche für Familie und Haushalt konnten sich bislang nicht durchsetzten. Für etwa zwei Drittel der Alleinerziehenden können die Erwartungen mangels Kinderbetreuungseinrichtungen, Arbeitsplätzen, arbeitsmarktpolitischen Maßnahmen, Fortbildung und Umschulung nicht realisiert werden. Für ca. ein Drittel bleiben auch ausreichende Lohnersatzleistungen und private Unterhaltszahlungen aus. Diese Alleinerziehenden sind im wesentlichen auf Sozialhilfeleistungen angewiesen. Für diese Gruppe der Alleinerziehenden trifft die zu Beginn dieses Abschnitts erwähnte Annahme zu. Sie zählen zu den „Verlierer(inne)n" der Vereinigung.

Gleichwohl stellen die von Zuversicht getragenen Bestrebungen vieler Alleinerziehender in Ostdeutschland, sich für eine Erwerbstätigkeit weiterhin zu qualifizieren und die Betreuung der Kinder gegebenenfalls auch auf neuen Wegen sicherzustellen, wichtige gesellschaftliche Zukunftsressourcen dar. Angesichts künftiger demographischer und wirtschaftlicher Entwicklungen empfiehlt sich, diese Bemühungen zu stützen und ihnen nicht etwa entgegenzuarbeiten.

4.3 Sozialhilfeempfänger und Arme

Auf der untersten Ebene einer Gesellschaft zeigen sich die Auswirkungen ihrer strukturellen Stärken und Schwächen in konzentrierter Form: Die Möglichkeiten und Schwierigkeiten des Einkommenserwerbs; die Auswirkungen der individuellen Verhaltensweisen und der Solidarität innerhalb von Familien und Netzwerken; die Leistungen und Mängel der staatlichen Schutzmechanismen im Rahmen des Systems der sozialen Sicherung und der Regelungen des Arbeitsrechts; und schließlich auch die wirtschaftspolitischen Eingriffe in Form der Beschäftigungs-, Preis- und Subventionspolitik sowie der Steuerpolitik. Wer sich nicht selbst helfen kann oder will und wer nicht durch familiale oder staatliche Schutzregelungen aufgefangen wird, der sinkt auf ein unterstes Lebenshaltungsniveau ab, das in der DDR durch die Regelungen der Sozialfürsorge definiert war und nach der Bildung der Währungs-, Wirtschafts- und Sozialunion nunmehr durch das Bundessozialhilfegesetz (BSHG) bestimmt wird. Nur wer die hiernach zustehenden Hilfen – aus welchen Gründen auch immer – nicht in Anspruch nimmt, kann noch weiter absinken.[109] Ein Abstieg auf dieses unterste Versorgungsniveau wird dabei aus sozialpolitischer Sicht als um so gravierender angesehen, je länger die Betroffenen in dieser Lage verharren, je geringer die Wiederaufstiegschancen sind, je häufiger Personen betroffen sind, die sich selbst gar nicht helfen

---

[109] Bei Personen, die zumutbare Arbeit verweigern, besteht gemäß § 25 BSHG die Möglichkeit der Kürzung auf das zum Lebensunterhalt Unerläßliche.

können, und je mehr sich Verhaltensweisen herausbilden und verfestigen, die zu der allgemein akzeptierten Lebensweise im Gegensatz stehen. Damit wird ein Verharren in dieser Lage fast unausweichlich; sogar eine Übertragung dieser Verhaltensweisen auf die Kinder kann stattfinden. Verschärft wird dieses sozialpolitische Problem noch, wenn es zu starken räumlichen Konzentrationen der Betroffenen kommt (Ghettobildung). Aus einem anderen Blickwinkel handelt es sich bei einem Abstieg auf das Sozialhilfeniveau oder gar auf ein noch darunter liegendes Lebenshaltungsniveau nicht um ein „Absinken", sondern um ein „An-den-Rand-Drängen", das ein Verfehlen des sozialpolitischen Ziels der Integration aller Gesellschaftsmitglieder signalisiert. Wer an den Rand gedrängt, oder anders gesagt, wer marginalisiert ist, lebt in Armut.

Was unter „Armut" zu verstehen ist und welche Bedingungen gegeben sein müssen, daß man von Marginalisierung, Unterschichtbildung und Sonderkultur der Armut sprechen kann, ist stark umstritten, weil jede derartige Definition auch sozialpolitische Implikationen aufweist (vgl. Hauser/Neumann 1992 und Piachaud 1992). Daher gibt es auch zwei Sichtweisen hinsichtlich der Frage, ob Sozialhilfeempfänger noch arm sind oder ob bei ihnen Armut durch die Gewährung von Sozialhilfe bereits beseitigt ist.[110] Es kann aber kaum geleugnet werden, daß Sozialhilfeempfänger eine Problemgruppe darstellen, die besonderer sozialpolitischer Aufmerksamkeit bedarf.

Eine in den Sozialwissenschaften entwickelte Armutsdefinition knüpft an das in einer Gesellschaft erzielte Durchschnittseinkommen an und bezeichnet jene Personen als „arm", die mit weniger als der Hälfte dieses Durchschnittseinkommens auskommen müssen; dabei wird ein bedarfsgewichtetes Haushaltsnettoeinkommen pro Kopf, das sogenannte Nettoäquivalenzeinkommen, zugrunde gelegt (siehe Anhang). Diese auch von der Europäischen Union verwendete Armutsdefinition (vgl. Ramprakash 1994) wird in diesem Abschnitt ebenfalls als Bezugspunkt verwendet. Damit wird relative Einkommensarmut – unabhängig von institutionellen Regelungen und von individuellen Besonderheiten – in pauschaler Form gemessen; andere Aspekte, die bei einer umfassenderen Betrachtung der Lebenslage einbezogen werden müßten, bleiben außer Betracht.

Da im folgenden auch auf die Statistiken über die Fürsorgeempfänger in der DDR und über die Sozialhilfeempfänger in den neuen Bundesländern zurückgegriffen wird, ist zunächst zu klären, wie hoch das Fürsorgeniveau war, auf welchem Niveau die Sozialhilfeschwelle für die Hilfe zum Lebensunter-

---

110 Vgl. Deutscher Bundestag 1995. Die Bundesregierung sieht hiernach – wie auch schon in früheren Stellungnahmen – Sozialhilfeempfänger nicht als arm an.

halt nach der Bildung der Währungs-, Wirtschafts- und Sozialunion festgesetzt wurde und wie hoch sie gegenwärtig ist.

Der Fürsorgesatz betrug im Jahr 1989 290 Mark pro Monat; hinzu kam in bestimmten Fällen eine niedrige Mietbeihilfe (vgl. Leibfried u.a. 1995: 257). Dieser Satz lag knapp unter der Mindestrente von 330 Mark. Alte Menschen konnten daher nur bei besonderen Umständen zu Fürsorgeempfängern werden; das gleiche galt für Erwerbstätige, deren Mindestlohn auch oberhalb der Mindestrente lag. Bei der Einschätzung dieses Niveaus ist überdies zu berücksichtigen, daß das Preisniveau für Grundbedarfsgüter infolge starker Subventionierung sehr niedrig lag; Schätzungen kamen zu dem Ergebnis, daß die Mark für die unterste Einkommensschicht der DDR im Vergleich zur D-Mark in Händen der untersten westdeutschen Einkommensschicht etwa 17% mehr Kaufkraft besaß.[111] Vernachlässigt man die eingeschränkte Verfügbarkeit von Gütern, so entsprach dieses Fürsorgeniveau vor der Vereinigung etwa einem Regelsatz der Sozialhilfe von ca. 340 DM.

Das Sozialhilfeniveau wurde bei der Übertragung des Systems der sozialen Sicherung in die neuen Bundesländer von der Grundsatzentscheidung, die Sozialleistungen 1:1 umzustellen und sie dann am steigenden Lohnniveau zu orientieren, mit dem Hinweis auf ein kaum reduzierbares sozio-kulturelles Existenzminimum ausgenommen. Es lag anfangs nur um etwa 10% unter dem westdeutschen Niveau, während beim Lohnniveau eine Diskrepanz von mehr als 50% bestand. Bereits Mitte 1991 erfolgte eine weitere Annäherung.[112] Wenn man die zu Beginn des Transformationsprozesses trotz des Wegfalls der Preissubventionen für Grundbedarfsgüter noch bestehenden Preisniveauunterschiede zugunsten der neuen Bundesländer berücksichtigt, war die reale Kaufkraft von 1 DM dort deutlich höher als im Westen. Daher kann man zu diesem Zeitpunkt für die ost- und westdeutschen Sozialhilfeempfänger in etwa das gleiche absolute Lebenshaltungsniveau unterstellen. Da sich zwischenzeitlich die Preisniveauunterschiede, aber auch die Regelsatzdifferenzen noch weiter verringert haben, dürfte dieser Gleichstand in etwa gewahrt geblieben sein. Relativ gesehen, d.h. im Vergleich zu den ostdeutschen Erwerbstätigen, deren Durchschnittsverdienst immer noch deutlich unter dem

---

111 Vgl. Hauser 1992. Die dortigen Berechnungen stützen sich auf Melzer/Vortmann (1986: 21).

112 Ab 1. Juli 1991 galten in den neuen Bundesländern Regelsätze für den Haushaltsvorstand von 435 DM bis 468 DM pro Monat, während in den alten Bundesländern der durchschnittliche Regelsatz bei 475 DM lag. Im Jahr 1994 betrug der durchschnittliche Regelsatz im Osten 502 DM und im Westen 519 DM (vgl. Bundesministerium für Arbeit und Sozialordnung 1995b: Tabelle 8.16A).

Sozialhilfeempfänger und Arme

Lohn der westdeutschen Arbeitnehmer liegt,[113] sind die ostdeutschen Sozialhilfeempfänger also wesentlich günstiger gestellt als die westdeutschen. Andererseits ist aber auch festzuhalten, daß eine im Vergleich zum Lohnniveau höhere Sozialhilfeschwelle dazu führt, daß Personen bei einer Verschlechterung ihrer wirtschaftlichen Lage eher sozialhilfeberechtigt werden.

Wenn als Grenze der relativen Einkommensarmut ein Anteil von 50% des durchschnittlichen bedarfsgewichteten Haushaltsnettoeinkommens pro Kopf zugrunde gelegt wird, ergibt sich die Frage, an welchen Durchschnitt bei Betrachtung der neuen und alten Bundesländer angeknüpft werden soll.[114] Hierfür stehen drei Möglichkeiten zur Verfügung: *Erstens* die Durchschnitte in jeder der beiden Teilgesellschaften, *zweitens* der gesamtdeutsche Durchschnitt und *drittens* der westdeutsche Durchschnitt, der damit auch das Anspruchsniveau für den Osten festlegen würde. Wird der Durchschnitt jeder der Teilgesellschaften in den alten und neuen Bundesländern zugrunde gelegt, so heißt dies in Übereinstimmung mit der politischen Grundsatzentscheidung, auf der die Lohnpolitik und die Gestaltung der meisten Sozialleistungen beruht, daß den ostdeutschen Bürgern aufgrund der geringeren Produktivität ihres Wirtschaftssektors noch nicht das gleiche Lebenshaltungsniveau zugebilligt werden kann, wie den westdeutschen. Bei Verwendung des westdeutschen Durchschnitts wird – in Analogie zur Ausnahmeregelung für die Sozialhilfe – das westdeutsche sozio-kulturelle Existenzminimum als maßgeblich für die gesamte Bundesrepublik angesehen.[115] Zöge man einen gesamtdeutschen Durchschnitt als Bezugspunkt heran, so würde dadurch dokumentiert, daß die „Last der Vereinigung" auch an der untersten Einkommensschicht in Westdeutschland nicht spurlos vorübergehen kann; die damit implizierte Absenkung der Armutsgrenze würde die Gruppe der in Westdeutschland als arm zu Betrachtenden verkleinern. Im folgenden werden die für die jeweilige Teilgesellschaft ermittelten Durchschnitte sowie der westdeutsche Durchschnitt für alle herangezogen, um die genannten gegensätzlichen Positionen zu verdeutlichen.

---

113 Die durchschnittlichen Bruttomonatsverdienste in Industrie und Handel betrugen 1994 in den neuen Bundesländern 4.263 DM (1991: 2.408 DM), in den alten Bundesländern 5.976 DM (1991: 5.311), d.h. im Osten wurden ca. 71% des Westniveaus erreicht (vgl. Bundesministerium für Arbeit und Sozialordnung 1995b: Tabelle 5.5).

114 Vgl. für eine Diskussion der Armutsgrenzen Hauser/Wagner 1996 sowie Hanesch u.a. 1994. Hanesch u.a. verwenden in ihrem Armutsbericht für Gesamtdeutschland erstmals eine auf einem gesamtdeutschen Durchschnitt beruhende Armutsgrenze.

115 Eine Analyse von Krause (1994) auf Basis der subjektiven Einkommenszufriedenheiten in Ost- und Westdeutschland hat interessanterweise gezeigt, daß auf dem untersten Einkommensniveau gleich niedrige Zufriedenheiten in Ost und West gleich niedrigen Einkommen entsprechen.

Zu den Ursachen von Armut und Verarmung im Transformationsprozeß

Armut kann auf einer Vielzahl von Ursachen auf der Ebene der individuellen Verhaltensweisen ebenso wie auf der Ebene der staatlichen Regelungen der Wirtschafts- und Sozialordnung beruhen. Bei einem Systemwechsel können manche Ursachen beseitigt werden und neue entstehen. Dabei sind die Auswirkungen eines Systemwechsels auch vom Ausgangszustand abhängig, und sie werden erst mit mehr oder minder langer Verzögerung sichtbar.

Auf der individuellen Ebene entstanden durch den Systemwechsel in der DDR vielfältige Anpassungsprobleme: Das Verhalten am Arbeitsplatz und bei der Stellensuche, die Entscheidung für oder gegen eine unselbständige oder selbständige Erwerbstätigkeit, die Inanspruchnahme von Sozialleistungen, die Vermögensbildung oder Verschuldung, die Verausgabung des Einkommens, die Ausbildung und Umschulung sowie die Wahl des Wohnsitzes mußten an die neuen Gegebenheiten angepaßt werden. Selbst das Heirats- und Scheidungsverhalten und die Entscheidung für oder gegen Kinder wurden durch den Systemwechsel beeinflußt; auch dies kann zu veränderten Armutsrisiken führen. Obwohl diese veränderten oder eben nicht veränderten und nicht angepaßten Verhaltensweisen auf der individuellen Ebene einen mitwirkenden Faktor für Verarmungstendenzen darstellen, kann man doch nicht ermitteln, inwieweit sie im Einzelfall maßgeblich waren. Es bleibt aber die Feststellung, daß dieser Systemwechsel hohe Anforderungen an die Anpassungsfähigkeit und die Anpassungsbereitschaft der ostdeutschen Bürger gestellt hat, denen nicht jeder nachkommen konnte.[116] Wenn dann auch noch die staatlichen Schutzregelungen des neuen Systems Lücken aufweisen oder von einer stärker auf individuelle Eigenverantwortung zielenden „Philosophie" geprägt sind, muß es zu vermehrten Abstiegen in die Nähe der Armutsgrenze oder sogar auf ein noch darunter liegendes Lebenshaltungsniveau kommen. Als wesentliche durch den Systemwechsel bedingte Faktoren, die ein erhöhtes Verarmungsrisiko verursacht haben, sind zu nennen:

- die Abschaffung des Rechts auf Arbeit,
- die durch den Systemwechsel verursachten Strukturwandlungen im Wirtschaftssektor, die für die Arbeitnehmer teils mit hoher Arbeitslosigkeit, teils mit Rückzug aus der Erwerbstätigkeit oder mit vorzeitigem Ruhestand verbunden waren (dabei waren Frauen überdurchschnittlich betroffen),

---

116 Für eine ausführliche Diskussion der mit dem Systemwechsel in der DDR hervorgerufenen Brüche in den individuellen Lebensläufen und das dadurch erzeugte Verarmungsrisiko vgl. Leibfried u.a. 1995: 238ff.

Sozialhilfeempfänger und Arme

- die Reduzierung des Staatssektors, die mit Entlassungen verbunden war, der Wegfall der Subventionen für Güter des Grundbedarfs,
- die starken Erhöhungen der Wohnungsmieten und der Wohnnebenkosten,
- der Wegfall vielfältiger betrieblicher Sozialleistungen,
- der Wegfall vielfältiger Hilfen zur Kinderbetreuung für Alleinerziehende, die ihnen früher eine vollzeitige Berufstätigkeit und damit eine eigene Existenzsicherung ermöglichten,
- der Wegfall von Mindestsicherungselementen in der Rentenversicherung.

Die neue Wirtschafts- und Sozialordnung enthält aber auch einige auf Dauer angelegte Schutzregelungen, die ihrerseits das erhöhte Verarmungsrisiko wieder verringern (siehe zu Einzelheiten Abschnitt 2.4, von Maydell u. a. 1996 und Schmähl 1992):

- die Einführung der sozialen Absicherung bei Arbeitslosigkeit in Form des Arbeitslosengeldes und der Arbeitslosenhilfe sowie weiterer arbeitsmarktpolitischer Maßnahmen,
- die Einführung eines durch verschiedene Rentenarten abgesicherten Vorruhestandes,
- die Einführung eines im Vergleich zum Westen großzügiger ausgestalteten Wohngeldes,
- die Übertragung des westdeutschen Familienlastenausgleichs,
- die Ersetzung des Altersrentensystems der DDR durch die Gesetzliche Rentenversicherung, die mit einer wesentlichen Erhöhung des Rentenniveaus, einer Spreizung der Rentenstruktur sowie der Einführung der unbedingten Hinterbliebenenrente verbunden war,
- die Ersetzung der Fürsorgeregelung der DDR durch eine einen Rechtsanspruch gewährende universelle Sozialhilfe mit den beiden Zweigen der *Hilfe zum Lebensunterhalt* und der *Hilfe in besonderen Lebenslagen*.

Zu den auf Dauer angelegten, das Verarmungsrisiko mindernden Schutzregelungen kamen ab dem Zeitpunkt der Vereinigung befristete Regelungen hinzu, die dieses Risiko für eine Übergangszeit weiter reduzieren und die Anpassung der Verhaltensweisen an das neue System erleichtern sollten:

Bis 1995 gab es Sozialzuschläge zum Arbeitslosengeld, so daß dessen Höhe oberhalb des Sozialhilfeniveaus lag und bei den berechtigten Arbeitslosen Sozialhilfebedürftigkeit vermieden wurde.

Im Rahmen der Gesetzlichen Rentenversicherung wurden ein Sozialzuschlag sowie Auffüllbeträge eingeführt, die anfänglich eine individuelle Mindestrente von 495 DM sicherten; damit konnte bei Rentnern Sozialhilfebedürftigkeit vermieden werden. Diese Sonderregelungen werden schrittweise abgebaut. Ab 1992 mindert die Rente des Ehepartners die Höhe des Sozialzuschlags und seit 1994 wird für Neurenten kein Sozialzuschlag mehr gewährt.

Diese Regelungen sind teils schon ausgelaufen, teils in ihrem Niveau reduziert, so daß ihre Schutzwirkung gegen Verarmung immer mehr abnimmt. Die Konsequenzen zeigen sich nunmehr auf der untersten Ebene der ostdeutschen Teilgesellschaft.

Zur Entwicklung der Sozialhilfebedürftigkeit

Der Ausgangszustand in der DDR kurz vor der Vereinigung war durch eine sehr geringe Zahl von Fürsorgeempfängern gekennzeichnet. Lediglich 5.535 Personen, d.h. 0,03% der Bevölkerung, erhielten Fürsorgeleistungen; von den Beziehern waren etwa zwei Fünftel Rentner (vgl. Leibfried u.a. 1995: 256). Es war der DDR also gelungen, die Zahl der Fürsorgeempfänger durch Arbeitskräftelenkung und durch die Festsetzung von Mindestlöhnen und Mindestrenten oberhalb der Fürsorgeschwelle ständig zu verringern. Wenn man das Fürsorgeniveau innerhalb des Kontexts der DDR als ausreichend ansieht, um ein relatives sozio-kulturelles Existenzminimum zu sichern, dann könnte man sagen, daß es dort gelungen war, Armut zu beseitigen. Allerdings vertritt Manz (1992) die These von einer zu DDR-Zeiten weit verbreiteten Armut, wobei er unter Armut „die untere Grenze notwendig zu befriedigender Bedürfnisse unter historischem und sozialpolitischem Aspekt" versteht (Manz 1992: 61).[117] Aus einem auf dieser Definition beruhenden Warenkorb ergibt sich für das Jahr 1988 eine Armutsgrenze von 500 Mark pro Monat für eine alleinstehende Person, 950 Mark für ein Ehepaar und 1.450 Mark für ein Ehepaar mit zwei schulpflichtigen Kindern (vgl. Manz 1992: 86). Diese Armutsgrenze lag offenbar weit über der Fürsorgeschwelle und auch über den Mindestrenten des Alterssicherungssystems.[118] Bezieht man diese Armuts-

---

117 Manz (1992: 68f.) zitiert zur Erläuterung Frenzel (1964): „Notwendige Bedürfnisse sind solche, die im Interesse einer ausreichenden und gesunden Ernährung, Wohnung und Bekleidung, im Interesse der Aneignung einer dem Status des gesellschaftlich entsprechenden Standes der Bildung, des kulturellen Niveaus und der Volksgesundheit befriedigt werden müssen. Dazu zählen etwa Verbrauch an Lebensmitteln im weiteren Sinne entsprechend den wissenschaftlich ermittelten progressiven Verbrauchsnormen; ausreichende, qualitativ hochwertige ärztliche Betreuung und ausreichende Erholung; mindestens 10jährige Schulbildung für alle Kinder; Fach- und Hochschulausbildung entsprechend den gesellschaftlichen Erfordernissen und kulturelle Selbstbetätigung."

118 Armutsgrenzen auf dieser Berechnungsbasis wurden auch in früheren Jahren in der DDR-internen Diskussion verwendet.

Sozialhilfeempfänger und Arme

schwellen für einen Drei- oder Vier-Personen-Haushalt auf das durchschnittliche Haushaltseinkommen in der DDR im selben Jahr in Höhe von 1.946 Mark, so liegt sie etwa zwischen 65% und 75%, also weit höher als die üblicherweise unterstellte Armutsgrenze von 50%. Daher ist es nicht erstaunlich, daß Manz auf dieser Basis zu hohen Armutsquoten kommt. Für die Arbeiter- und Angestelltenhaushalte schätzt er folgende Armutsquoten für das Jahr 1988: Ein-Personen-Haushalte 4%, Zwei-Personen-Haushalte 10%, Drei-Personen-Haushalte 7,5%, Vier-Personen-Haushalte 6,5%, Haushalte mit fünf und mehr Personen 4%. Unter den Rentner-Haushalten, von denen ein großer Teil lediglich Mindestrenten bezog, betrug die Armutsquote sogar 45%. Aus dieser Sicht bestand daher in der DDR bereits zum Zeitpunkt der Vereinigung ein hohes Armutspotential.

Nach der Vereinigung und dem darauf folgenden Aufbau der Sozialhilfeadministration stieg der Anteil der Empfänger von Hilfe zum Lebensunterhalt im Rahmen der Sozialhilfe in den neuen Bundesländern sofort an, wenn er auch noch nicht das westdeutsche Ausmaß erreicht hat. Tabelle 4.3.1 zeigt von 1991 bis 1993 im Osten eine Zunahme des Anteils der Sozialhilfeempfänger an der Gesamtbevölkerung von 1,4% auf 1,9% und im Westen einen Anstieg von 2,8% auf 3,3%.[119] Insgesamt gesehen gab es in den neuen Bundesländern am Jahresende 1993 288.000 und in den alten Bundesländern 2.162.000 Sozialhilfeempfänger, die Hilfe zum Lebensunterhalt erhielten; darunter befanden sich in Ostdeutschland 35.000 und in Westdeutschland 711.000 Ausländer. In diesen Ausländerzahlen ist allerdings der größte Teil der Asylbewerber[120] nicht mehr enthalten, da diese seit November 1993 anstatt Sozialhilfe Zahlungen nach dem Asylbewerber-Leistungsgesetz erhalten.

Von der Zunahme des Anteils der Sozialhilfeempfänger sind in Ostdeutschland Männer und Frauen gleichermaßen betroffen, während in Westdeutschland Frauen immer noch eine etwas größere Betroffenheit aufweisen. Eine sozialpolitisch besonders bedenkliche Tendenz, die in den alten Bundesländern bereits seit Ende der siebziger Jahre eingesetzt hat, wurde sofort auch in den neuen Bundesländern sichtbar: Die weit überdurchschnittliche und immer noch steigende Sozialhilfebedürftigkeit von Kindern. Je jünger die Kinder sind, desto stärker ist die Betroffenheit. In Westdeutschland mußte 1993 jedes 14. Kind unter 7 Jahren in einem Haushalt aufwachsen, dessen Lebensstandard lediglich auf dem Niveau der Sozialhilfe lag, das man allenfalls als ein mageres sozio-kulturelles Existenzminimum betrachten kann. In

---

119 Die Jahresgesamtzahlen, die jeden Empfänger einbeziehen, der auch nur kurze Zeit während des Jahres Sozialhilfe bezogen hat, liegen um etwa die Hälfte höher als die in der Tabelle wiedergegebenen Jahresendzahlen.
120 Das Statistische Bundesamt verweist darauf, daß die statistische Erfassung der Asylbewerber nicht sofort voll umgestellt werden konnte.

Ostdeutschland befindet sich bereits jedes 16. Kind unter 7 Jahren in dieser Lebenslage. Abbildung 4.3.1 zeigt die Verschiebungen in der altersspezifischen Betroffenheit von Sozialhilfebedürftigkeit sehr detailliert.

Tabelle 4.3.1: Anteil der Empfänger laufender Hilfe zum Lebensunterhalt außerhalb von Einrichtungen [a] am Jahresende an der jeweiligen Bevölkerungsgruppe 1990 bis 1993 – in %

Empfänger	Ostdeutschland				Westdeutschland			
	1990[b]	1991	1992	1993[c]	1990	1991	1992	1993[c]
Alle	0,8	1,4	1,8	1,9	2,8	2,8	3,2	3,3
Weiblich	n.v.	1,4	1,8	1,9	3,0	3,1	3,4	3,6
Männlich	n.v.	1,3	1,9	1,8	2,6	2,6	3,0	3,0
Unter 18 Jahre	n.v.	2,6	3,4	3,6	5,3	5,5	6,2	6,4
18 bis 64 Jahre	n.v.	1,2	1,6	1,6	2,4	2,4	2,7	2,8
65 Jahre und älter	n.v.	0,2	0,2	0,3	1,6	1,5	1,6	1,6
Deutsche	n.v.	1,3	1,6	1,6	2,2	2,2	2,3	2,5
Ausländer	n.v.	9,4	22,0	14,1	8,9	9,4	11,3	10,6

Anmerkungen: a) Es sind nicht enthalten: Nichtseßhafte, Empfänger nur von einmaligen Beihilfen, Empfänger nur von persönlichen und pauschalierten Hilfen; b) Angaben für Ostdeutschland 1990 unvollständig, zitiert nach Leibfried u.a. 1995: 261; c) Ab November 1993 ohne Asylbewerber; n.v. = nicht verfügbar.

Quelle: Neuhäuser 1995 und Statistisches Bundesamt 1992a, 1993c und 1994e; eigene Berechnungen.

Diese hohe Sozialhilfebetroffenheit von Kindern ist keineswegs – wie man vielleicht vermuten könnte – nur ein Problem der ausländischen Familien in Deutschland. Unter den deutschen Sozialhilfebeziehern ebenso wie unter den ausländischen machten Ende 1993 Kleinkinder unter sieben Jahren etwa ein Sechstel aus. Die hohe Arbeitslosigkeit, die viele Familien und Alleinerziehende betroffen hat, dürfte in Verbindung mit dem für untere Einkommensschichten unzureichenden Familienlastenausgleich ganz wesentlich zu dieser Entwicklung beigetragen haben. Nach den Angaben der Sozialämter war 1993 bei 30,3% aller Haushalte im Westen und sogar bei 54,1% im Osten Arbeitslosigkeit die Hauptursache für den Bezug von Sozialhilfe. Etwa drei Fünftel dieser Haushalte in Ost und West erhielten dabei weder Arbeitslosengeld noch -hilfe. Allerdings dient Sozialhilfe auch häufig zur Überbrückung der Bearbeitungszeit für Anträge auf diese Lohnersatzleistungen. Von besonderer Bedeutung war die Hauptursache „Arbeitslosigkeit" bei den Ehepaaren mit Kindern (vgl. Neuhäuser 1995: 709). Die gesellschaftlichen Konsequenzen einer derartigen Entwicklung sind noch kaum abzusehen. Eine langfristige Nachwirkung einer von Existenzangst geprägten und kargen Kindheit, die zu einer Zunahme der Problemgruppen unter den Jugendlichen und jungen Erwachsenen führt, kann in Ost und West kaum ausgeschlossen werden.

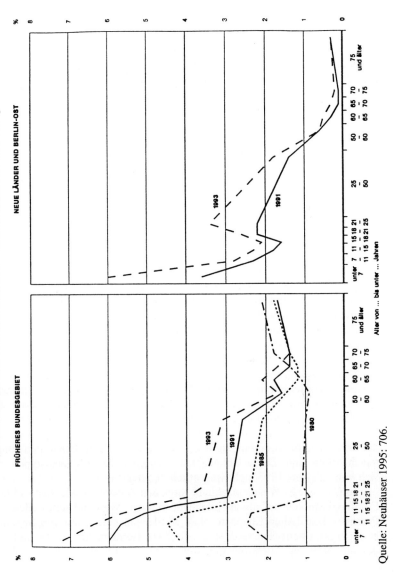

Abbildung 4.3.1: Empfänger laufender Hilfe zum Lebensunterhalt außerhalb von Einrichtungen am Jahresende in Ostdeutschland und Westdeutschland – Anteil an der Bevölkerung in %

Quelle: Neuhäuser 1995: 706.

Im Gegensatz zu der überdurchschnittlichen Betroffenheit der Kinder und jungen Erwachsenen liegt die Sozialhilfebedürftigkeit bei den Älteren weit unter dem Durchschnitt. Allerdings gibt es unter den alten Menschen die höchste Quote an verdeckter Armut infolge von Nichtinanspruchnahme von Sozialhilfeleistungen (vgl. hierzu Hauser 1995), so daß dieser geringe Anteil einen zu günstigen Eindruck vermittelt. Die geringe Betroffenheit der Alten ist dem generell hohen Leistungsniveau des deutschen Alterssicherungssystems und dem raschen Ausbau der Gesetzlichen Rentenversicherung in Ostdeutschland und den dabei eingeführten Sonderregelungen zugunsten von Kleinrentnern zu danken, die zu einer überdurchschnittlichen Verbesserung der Lebenslage der Rentner in den neuen Bundesländern geführt haben. Auch die hohen Erwerbsquoten der Frauen, die sich in langen Versicherungszeiten und damit in hohen eigenen Renten niederschlagen, tragen zu der günstigen Lage der Alten, insbesondere der alleinstehenden Rentnerinnen und der Rentnerehepaare bei.

Der Unterschied in der Höhe der Sozialhilfeempfängerquoten zwischen Deutschen und Ausländern springt besonders ins Auge. Bei beiden Beziehergruppen ist auch von 1991 bis 1993 ein Anstieg festzustellen. Im Osten war die Quote der ausländischen Sozialhilfeempfänger im Jahr 1993 fast neunmal so hoch wie die der deutschen, im Westen betrug das Verhältnis 4:1. Bei den sozialhilfebedürftigen Ausländern handelt es sich dabei keineswegs vor allem – wie man vielleicht vermuten könnte – um Asylbewerber, sondern um zumeist schon lange in Deutschland wohnende Personen, die von der hohen Arbeitslosigkeit und anderen Auswirkungen des Systemwechsels und des Konjunktureinbruchs besonders stark betroffen sind. Welchen Anteil die Asylbewerber an dieser Entwicklung der Sozialhilfeempfängerzahlen hatten, wird man erst aufgrund der ab 1994 getrennten statistischen Erfassung zahlenmäßig genau feststellen können.

Die meisten Sozialhilfeempfänger leben in Haushalten mit mehr als einer Person. Familienmitglieder müssen sich nach den auf dem Familienrecht aufbauenden Regelungen der Sozialhilfe gegenseitig unterstützen; sie stellen eine Bedarfsgemeinschaft dar. Man kann daher fragen, wie sich die Familienkonstellation auf die Sozialhilfebedürftigkeit auswirkt. Tabelle 4.3.2 zeigt, daß die Sozialhilfeempfängerquoten der einzelnen Haushaltstypen sehr unterschiedlich sind. Diese Unterschiede zwischen den Haushaltstypen haben sich von 1991 bis 1993 nicht wesentlich verändert.

In Ost- wie in Westdeutschland weisen alleinlebende Männer viel höhere Empfängerquoten auf als alleinlebende Frauen. Während unter allen Mehr-Personen-Haushalten Ehepaare ohne Kinder am geringsten von Sozialhilfebedürftigkeit betroffen sind, steigt die Betroffenheit mit zunehmender Kinderzahl stark an. Auch dies gilt sowohl für den Osten wie für den Westen.

Tabelle 4.3.2: Anteil der Haushalte von Empfängern laufender Hilfe zum Lebensunterhalt außerhalb von Einrichtungen [a] am Jahresende nach Haushaltstyp an allen Haushalten des jeweiligen Typs 1991 bis 1993 – in %

Haushaltstyp	Ostdeutschland			Westdeutschland		
	1991	1992	1993[b]	1991	1992	1993[b]
Einzelne Personen						
Männer	6,1	9,4	7,7	11,9	13,5	12,4
Frauen	1,3	1,6	1,6	4,9	5,1	5,2
Ehepaare ohne Kinder	0,3	0,4	0,4	0,8	0,9	1,0
Ehepaare mit Kindern	0,7	0,9	0,8	1,2	1,4	1,6
mit 1 Kind	0,5	0,6	0,6	0,9	1,0	1,2
mit 2 Kindern	0,5	0,7	0,7	1,0	1,2	1,4
mit 3 und mehr Kindern	2,4	2,9	3,0	2,9	3,5	3,7
Alleinerziehende						
Frauen	5,1	6,5	6,3	12,0	12,6	13,5
mit 1 Kind	3,8	4,7	4,6	9,4	9,7	10,6
mit 2 Kindern	6,2	8,3	8,0	16,6	17,4	18,3
mit 3 und mehr Kind.	14,4	19,4	18,9	26,0	28,7	28,6
Männer	1,1	1,4	1,2	2,3	2,7	2,6
mit 1 Kind	0,8	1,1	1,0	1,7	2,0	1,9
mit 2 Kindern	1,5	2,1	1,7	3,2	3,8	3,6
mit 3 und mehr Kind.	4,1	3,7	3,4	6,5	9,4	7,5

Anmerkungen: a) Es sind nicht enthalten: Nichtseßhafte, Empfänger nur von einmaligen Beihilfen, Empfänger nur von persönlichen und pauschalierten Hilfen; b) Ab November 1993 ohne Asylbewerber.
Quelle: Statistisches Bundesamt 1992a, 1993c und 1994e.

Eine Gruppe ragt bezüglich ihrer Betroffenheit in den neuen Bundesländern ebenso heraus wie in den alten: die Alleinerziehenden. Insbesondere wenn mehrere Kinder zu versorgen sind, liegen die Sozialhilfeempfängerquoten extrem hoch. Die höchsten Empfängerquoten weisen im Osten alleinerziehende Frauen mit drei und mehr Kindern auf, während im Westen schon alleinerziehende Frauen mit zwei Kindern sehr stark betroffen sind. Die gleiche Tendenz wird auch bei alleinerziehenden Männern sichtbar, wenn auch ihre Empfängerquoten niedriger liegen als die der alleinerziehenden Frauen. Hohe Arbeitslosigkeit, Zahlungsunfähigkeit oder -unwilligkeit von Unterhaltsverpflichteten, fehlende Kinderbetreuungsmöglichkeiten und fehlende für arbeitsbereite Alleinerziehende geeignete Arbeitsplätze verursachen diese hohen Quoten. Überdies tragen diese Ursachen auch dazu bei, daß die Chancen, diese ungünstige Lebenslage aus eigener Kraft zu überwinden, sehr gering sind. Trotzdem ergibt sich aus neueren Untersuchungen, daß Sozialhilfebezug bei den meisten Empfängern keine dauerhafte Lage darstellt (vgl. Leibfried u.a. 1995: 75ff. und Olk/Mädje/Rentzsch 1996). Nur höchstens ein

Drittel kann man zu den Langzeitbeziehern (Bezug länger als fünf Jahre) rechnen. Wie die vom Statistischen Bundesamt berechneten „Verweilkoeffizienten" zeigen, ist die Dauer des Sozialhilfebezugs vor allem bei Personen über 50 Jahre deutlich länger als bei jüngeren; auch weisen Frauen höhere Verweildauern auf als Männer (vgl. Neuhäuser 1995: 707).

Zusammenfassend kann man feststellen: Die Sozialhilfebedürftigkeit nahm während des bisherigen Transformationsprozesses in Ost und West deutlich zu, wenn auch die Empfängerquoten in den neuen Bundesländern immer noch geringer sind als in den alten. Das Lebenshaltungsniveau der Sozialhilfeempfänger ist in beiden Landesteilen etwa gleich; im Osten liegt es allerdings im Vergleich zu den durchschnittlichen Arbeitseinkommen relativ höher. Wie in Abschnitt 3.2.7 erwähnt, sind die Sozialhilfeempfängerquoten in den neuen Bundesländern unterschiedlich hoch. 1993 betrug der Unterschied zwischen dem Spitzenwert (Ost-Berlin 3,3%) und dem niedrigsten Wert (Sachsen 1,2%) immerhin 2,1 Prozentpunkte. In besorgniserregender Weise hat sich in Ost- wie in Westdeutschland die Sozialhilfebedürftigkeit von Kindern erhöht, so daß man weitreichende gesellschaftliche Konsequenzen befürchten muß. Angesichts der fortbestehenden Ursachen von Sozialhilfebedürftigkeit muß man in den nächsten Jahren bei einem relativ zum Durchschnittseinkommen gleichbleibenden Sozialhilfeniveau mit einem weiteren Anstieg der Empfängerquoten rechnen. Diese Tendenz würde bei zunehmenden Einschränkungen der vorgelagerten Sicherungssysteme, insbesondere bei einer Befristung der Arbeitslosenhilfe, oder bei einer weiteren Zunahme der gesamtwirtschaftlichen Arbeitslosigkeit noch verstärkt werden.

Zur Entwicklung der relativen Einkommensarmut

Die Entwicklung der relativen Einkommensarmut, gemessen an der 50%-Grenze, unterscheidet sich in mehreren Aspekten von der Entwicklung der Sozialhilfebedürftigkeit. Hierin kommt auch eine andere Sichtweise des Armutsproblems zum Ausdruck. Aus Tabelle 4.3.3 geht hervor, daß sich die relative Einkommensarmut, basierend auf dem Durchschnitt jeder der beiden Teilgesellschaften, in den neuen Bundesländern von 1990 mit 3,4% bis 1994 mit 8,5% mehr als verdoppelt hat, während sie in den alten Bundesländern auf einem hohen Niveau um etwa 11% stagnierte.[121]

---

121 Es ist zu beachten, daß die Datenquelle (Sozio-ökonomisches Panel) die seit 1984 nach Westdeutschland und die seit 1990 nach Ostdeutschland zugewanderten Personen nur unzureichend erfaßt.

Sozialhilfeempfänger und Arme

Tabelle 4.3.3: Anteil der relativ Einkommensarmen nach landesspezifischem Standard in Ost- und Westdeutschland 1990 bis 1994

	Ostdeutschland[a)]					Westdeutschland				
	1990	1991	1992	1993	1994	1990	1991	1992	1993	1994
Alle	3,4	4,4	5,9	7,3	8,5	10,9	10,7	10,1	11,5	11,4
Personen in Arbeitslosen-Haushalten[b)]	(11,5)	10,2	12,7	13,6	18,9	27,0	29,5	31,3	32,1	29,9
Personen in Haushalten mit mind. 1 Kind unter 18 Jahren	4,0	5,6	8,8	11,3	13,4	16,9	16,6	14,6	15,6	15,9
Personen in Alleinerziehenden-Haushalten[c)]	–	(19,8)	20,5	34,5	26,6	34,5	41,8	38,2	32,3	40,7
Personen über 65 Jahre	(4,3)	*	(1,6)	(3,0)	(3,6)	7,6	7,0	8,3	8,7	7,4

Anmerkungen: a) Die Angaben für Ostdeutschland 1990 unterliegen Einschränkungen (vgl. Hauser/Wagner 1996); b) Mindestens eine Person im Haushalt ist arbeitslos; c) Im Haushalt leben nur Kinder unter 18 Jahren und höchstens eine erwachsene Person; ( ) = weniger als 30 Fälle in der Stichprobe; * = weniger als 10 Fälle in der Stichprobe; – = kein Fall in der Stichprobe.

Quelle: Hauser/Wagner 1996.

Man kann daher konstatieren, daß in den neuen Bundesländern zunehmend Abstiege in den untersten Einkommensbereich stattfinden, selbst wenn diese nur teilweise so weit gehen, daß Sozialhilfebedürftigkeit eintritt und Sozialhilfe in Anspruch genommen wird. In den alten Bundesländern ergibt sich der zunehmende Sozialhilfebezug innerhalb eines stärker besetzten untersten Einkommenssegments, das sich aber nicht mehr wesentlich vergrößert. Angesichts der zumindest auf mittlere Sicht noch ungünstigen wirtschaftlichen Lage in den neuen Bundesländern muß man erwarten, daß dort der Anteil der relativen Einkommensarmut noch weiter ansteigt.

Einzelne Bevölkerungsgruppen tragen ein besonders hohes Verarmungsrisiko, das sich in überdurchschnittlichen gruppenspezifischen Armutsquoten niederschlägt. Drei Gruppen, auf die diese Aussage zutrifft, sind in Tabelle 4.3.3. ebenfalls aufgeführt:

– Personen in Haushalten mit mindestens einem Arbeitslosen sind trotz der verschiedensten sozialpolitischen Absicherungsmaßnahmen sowohl im Osten als auch im Westen sehr stark von Armut betroffen. In den neuen Bundesländern nahm die Armutsbetroffenheit überdies aus zwei Gründen zu: Zum einen wurden die übergangsweise eingeführten Sonderregelungen für Arbeitslose immer weiter abgebaut und zum anderen erhöhte sich der Anteil der Langzeitarbeitslosen, deren Absicherung geringer ist als die der Kurzzeitarbeitslosen. In den alten Bundesländern liegt der entsprechende Anteil der Einkommensarmen noch weit höher als in den neuen; man muß daher befürchten, daß dieser Anteil auch in den neuen Bundesländern noch ansteigt.

- Personen in Haushalten, in denen mindestens ein Kind unter 18 Jahren lebt, sind ebenfalls im Osten wie im Westen überdurchschnittlich von Einkommensarmut betroffen, wenn auch die Diskrepanz zum Durchschnitt nicht so groß ist wie bei den Arbeitslosen. Dies stellt eine Parallele zu der starken Sozialhilfeabhängigkeit von Kindern dar.

- Herausragend ist aber bei der Einkommensarmut ebenso wie bei der Sozialhilfeabhängigkeit die Betroffenheit von Alleinerziehenden mit mindestens einem Kind unter 18 Jahren. Sie ist im Osten wie im Westen mehr als dreimal so hoch wie die durchschnittliche Armutsquote. Die gesellschaftlichen und sozialpolitischen Ursachen dürften hier die gleichen sein wie bei der Sozialhilfeabhängigkeit.

Eine weit unterdurchschnittliche Betroffenheit von Einkommensarmut weist in den neuen Bundesländern dagegen die Gruppe der Personen im Rentenalter über 65 Jahre auf. Im Westen ist bei dieser Gruppe die Armutsbetroffenheit noch deutlich höher. Auch in dieser Hinsicht besteht eine Parallele zu der geringen Sozialhilfeabhängigkeit der alten Generation. Es ist allerdings zu befürchten, daß mit dem geplanten Abschmelzen des Sozialzuschlags und der Auffüllbeträge die Einkommensarmut unter den Alten in den neuen Bundesländern künftig zunehmen wird.

Geht man von der auch bei der Übertragung der Sozialhilferegelung maßgeblichen Sichtweise aus, daß das sozio-kulturelle Existenzminimum sofort nach der Vereinigung durch den Weststandard bestimmt sein sollte, dann muß man auch die westdeutsche relative Einkommensarmutsgrenze für die Ermittlung der ostdeutschen Einkommensarmut zugrunde legen. Hierbei ist es dann allerdings erforderlich, Preisniveauunterschiede zwischen Ost- und Westdeutschland – insbesondere das niedrigere Mietniveau – zu berücksichtigen.[122] Die Ergebnisse für die ostdeutschen Armutsquoten nach Weststandard zeigt Tabelle 4.3.4.

Bei dieser Betrachtungsweise hat die ostdeutsche Armut von dem extrem hohen Wert von 27,1% kurz vor der Vereinigung auf 15,2% im Jahr 1994 abgenommen. Der Grund für diese gegenteilige Entwicklung liegt in dem in allen Einkommensschichten zu beobachtenden höheren Einkommenszuwachs im Osten als im Westen Deutschlands. Auffällig ist jedoch, daß sich bei der sehr hohen Armutsquote der Personen in Haushalten mit mindestens

---

122 Für eine derartigen Korrekturversuch vgl. Krause 1994. Entsprechend den Überlegungen Krauses wurden für die Berechnungen der Tabelle 4.3.4 die ostdeutschen Nominaleinkommen durch Multiplikation mit den Faktoren 1,433 (1990), 1,286 (1991), 1,178 (1993), 1,127 (1993) und 1,124 (1994) nach oben korrigiert.

Sozialhilfeempfänger und Arme

einem Arbeitslosen nach 1991 kaum mehr eine Verminderung zeigt. Diese Gruppe konnte also gerade mit dem geringen westdeutschen Einkommenswachstum Schritt halten; gegenüber der Entwicklung in den neuen Bundesländern blieb sie zurück.

Tabelle 4.3.4: Anteil der relativ Einkommensarmen in Ostdeutschland nach Weststandard 1990 bis 1994 – in %

	1990[a)]	1991	1992	1993	1994
Alle	27,1	22,3	18,5	17,3	15,2
Personen in Arbeitslosen-Haushalten[b)]	–	38,1	36,3	32,0	35,0
Personen in Haushalten mit mind. 1 Kind unter 18 Jahren	28,7	28,1	24,6	23,6	22,9
Personen in Alleinerziehenden-Haushalten[c)]	34,5	41,8	38,2	32,2	40,7
Personen über 65 Jahre	61,9	21,8	11,5	8,8	5,6

Anmerkungen: a) Die Angaben für 1990 unterliegen Einschränkungen (vgl. Hauser/Wagner 1996); b) Mindestens eine Person im Haushalt ist arbeitslos; c) Im Haushalt leben nur Kinder unter 18 Jahren und höchstens eine erwachsene Person; – = kein Fall in der Stichprobe.

Quelle: Hauser/Wagner 1996.

Am Weststandard gemessen wiesen die Personen in Haushalten mit Kindern bereits zu DDR-Zeiten hohe Armutsquoten auf. Während diese Quoten jedoch bei (Ehe-)Paar-Haushalten mit mindestens einem Kind kontinuierlich zurückgingen, schwankten sie bei Alleinerziehenden-Haushalten; nach einem kurzzeitigen Rückgang ergab sich wieder ein Anstieg auf das Ausgangsniveau. Zumindest die untere Teilgruppe der Alleinerziehenden und ihrer Kinder ist also wie die entsprechende Teilgruppe der Personen in Arbeitslosenhaushalten hinter der allgemeinen Einkommensentwicklung in den neuen Bundesländern zurückgeblieben.

Der größte Abbau von Einkommensarmut hat sich bei den Personen im Rentenalter ergeben. Die Einkommensarmutsquote sank von 61,9% kurz vor der Vereinigung auf 5,6% im Jahr 1994, d.h. noch unter die entsprechende Quote in Westdeutschland. Dabei ist besonders erstaunlich, daß diese günstige Entwicklung eintrat, obwohl das ostdeutsche allgemeine Rentenniveau wegen seiner Orientierung am ostdeutschen Lohnniveau 1994 lediglich 75%[123] des Westniveaus betrug. Hierfür dürften folgende Faktoren ausschlaggebend sein: *Erstens* die geringeren Lohnunterschiede in der DDR, die sich bei der Umstellung der DDR-Renten auf das westdeutsche System auch in geringeren Rentenunterschieden niederschlagen; *zweitens* die längeren angerechne-

---

123 Ermittelt aus dem Verhältnis von ost- und westdeutschen Standardrenten im Jahr 1994, die auf 40 Jahren durchschnittlichen Verdienstes beruhen (vgl. Bundesministerium für Arbeit und Sozialordnung 1995b: Tabelle 7.11).

ten Versicherungszeiten, insbesondere bei Frauen, die in der DDR eine höhere Erwerbsquote aufwiesen als in der Bundesrepublik; *drittens* die für eine Übergangszeit in den neuen Bundesländern noch bestehenden Mindestregelungen (Sozialzuschlag, Auffüllbeträge), die zu einer Aufbesserung niedriger Renten führen.

Resümee

Der im Anschluß an den Systemwechsel und die Vereinigung einsetzende Transformationsprozeß erzeugte trotz der Einführung des westdeutschen sozialen Sicherungssystems von 1990 bis 1994 zunehmende relative Armut in den neuen Bundesländern. Insgesamt gesehen haben aber die Quoten der Sozialhilfebedürftigkeit und der relativen Einkommensarmut im Osten bisher noch nicht das Niveau des Westens erreicht. Zumindest für mehrere Jahre ist in den neuen Bundesländern noch mit einem weiteren Anstieg der Sozialhilfeempfängerzahlen und der Quote der relativen Einkommensarmut zu rechnen. Besonders betroffen von Sozialhilfebedürftigkeit und relativer Einkommensarmut sind Arbeitslose und Alleinerziehende. Der Anteil der in Armut oder zumindest am sozio-kulturellen Existenzminimum lebenden Kinder ist erschreckend hoch – und zwar sowohl im Osten als auch im Westen. Legt man der Ermittlung der relativen Einkommensarmut von Beginn an den Weststandard zugrunde, so zeigt sich eine gegenläufige Entwicklung: Sehr hohe Ausgangsquoten, die im Transformationsprozeß infolge des Einkommenswachstums bei allen Gruppen abnehmen und nunmehr nur noch etwas höher liegen als im Westen.

4.4 Behinderte und Pflegebedürftige[124]

Die Situation der Behinderten in der DDR

Die Vereinigung war für die behinderten und pflegebedürftigen Menschen in Ostdeutschland mit erheblichen Veränderungen in ihrer Lebens- und Versorgungslage verbunden (vgl. Hanesch u.a. 1994: 97). Die in der DDR-Verfassung verankerten Grundrechte der Bürger auf Arbeit, Bildung, Teilnahme am gesellschaftlichen und kulturellen Leben und allseitige Persönlichkeitsent-

---

[124] Dieser Abschnitt beruht in weiten Teilen auf den KSPW-Expertisen Harych/Gerbatsch 1996 und Hackenberg/Tillmann 1996.

faltung sollten in vollem Umfang und uneingeschränkt auch für geschädigte Bürger gelten (vgl. Kraus 1994: 26). Die offizielle Behindertenpolitik der DDR konstatierte eine besondere Verantwortung für die Fürsorge körperlich und geistig behinderter Menschen und hatte die Zielsetzung, ihre Eingliederung durch geeignete Bildungs- und Arbeitsmöglichkeiten sowie Maßnahmen der Rehabilitation und Betreuung zu fördern (vgl. Schwitzer 1992: 131).

Die Gesamtzahl der Behinderten wurde 1988 auf 720.000 bis 1,9 Mio. geschätzt (vgl. Ministerium für Arbeit, Soziales und Familie 1994: 16). Behinderte wurden in vier verschiedene Gruppen eingeteilt und erhielten Beschädigtenausweise, die sich in erster Linie auf Vergünstigungen sozialintegrativer und materieller Art auswirkten. Verschiedene Institutionen waren für die Rehabilitation zuständig; dies waren neben staatlichen und kommunalen Kommissionen gesellschaftliche Organisationen, in erster Linie die Gewerkschaft und die Gesellschaft für Rehabilitation, aber auch verschiedene Behinderten- und Sportverbände sowie das Deutsche Rote Kreuz (vgl. Harych/Gerbatsch 1996). Behinderungen wurden früh erfaßt und sollten so zu einer optimalen Betreuung und Rehabilitation führen. In der DDR wurden vier Bereiche der Rehabilitation unterschieden (vgl. zum folgenden Kraus 1994: 26ff. und Harych/Gerbatsch 1996):

Zur *medizinischen Rehabilitation* zählten u.a. die Erfassung von Personen mit bestehenden oder drohenden physischen oder psychischen Schädigungen, Vorbeugungs-, Therapie- und Rehabilitationsmaßnahmen. Eine besondere Rolle spielte in der DDR die Dispensaire-Betreuung (siehe auch Abschnitt 4.5), in deren Rahmen der Arzt „im Sinne einer ständigen Betreuung bestimmte Personengruppen unter den Gesunden sowie unter den chronisch Kranken in seiner Kontrolle" behalten sollte (vgl. Renker 1988: 52). Problematisch war hierbei, daß es für die Erfassung der Behinderten keine einheitlichen Kriterien gab, die Zahlen also je nach Bezirk stark variierten. Hinzu kam die Zwanghaftigkeit der Erfassung und Weiterleitung sowie der mangelnde Ausbau der Hilfen für mehrfachbehinderte und geistig behinderte Kinder (vgl. Freistaat Sachsen 1992: 13).

Die *pädagogische Rehabilitation* umfaßte die „zweckgerichtete Tätigkeit eines Kollektivs in medizinischer, pädagogischer, sozialer und ökonomischer Hinsicht zur Entwicklung und Wiederherstellung der Fähigkeiten des geschädigten Menschen, aktiv am produktiven wirtschaftlichen, politischen, kulturellen und familiären Leben der Gesellschaft teilnehmen zu können." (Becker 1988: 22) Es gab für schulbildungsfähige Behinderte ein umfangreiches Sonderschulwesen, das dem Ministerium für Volksbildung untergeordnet war, sowie für schulbildungsunfähige Behinderte reha-pädagogische Einrichtungen des Ministeriums für Gesundheits- und Sozialwesen, zu denen auch die Einrichtungen der geschützten Arbeit (geschützte Werkstätten, geschützte Abteilungen in Betrieben, geschützte Einzelarbeitsplätze) gehörten. Diese Trennung der Behinderten in schulbildungsfähige und schulbildungsunfähige, welche dann überhaupt keine Förderung erhielten und oft lebenslang in Pflegeheimen untergebracht waren, wurde schon zu DDR-Zeiten kontrovers diskutiert (vgl. Kraus 1994: 28).

Die *berufliche Rehabilitation* sollte Schwerst-Körperbehinderte an eine produktive Tätigkeit durch Arbeitstherapie, geschützte Arbeit oder Arbeitserziehung im Rahmen eines rehabilitationspädagogischen Förderungsprogramms heranführen, Berufsberatung leisten und die Berufsfindung unterstützen, einen Ausbildungsplatz in einem Betrieb oder Rehabilitationszentrum für Berufsbildung sichern und außerdem den Geschädigten in den Arbeitsprozeß „lenken". Die geschützten Arbeitsplätze sollten das Recht auf Arbeit sichern und die Rehabilitanden mit der Zielsetzung einer Integration in das gesellschaftliche Leben fördern (vgl. Kraus 1994: 28f.). Die Betriebe waren verpflichtet, Lehrstellen und Arbeitsplätze nach örtlichem Bedarf, der über die Dispensaires festgestellt wurde, bereitzustellen – sogenannte Rehabilitationsarbeitsplätze (vgl. Harych/Gerbatsch 1996). Im Jahr 1988 befanden sich 42.704 Schwergeschädigte in Arbeitsplätzen der geschützten Arbeit, das waren 256 je 100.000 der Bevölkerung. Diese Arbeitsplätze waren zu 72% Einzelarbeitsplätze in Betrieben, zu 15% in Werkstätten im Gesundheits- und Sozialwesen und zu 13% in geschützten Betriebsabteilungen (vgl. Institut für Medizinische Statistik und Datenverarbeitung 1990: 253f.); die Zahl der in geschützten Arbeitsstätten Tätigen stieg von etwa 12.000 im Jahr 1986 auf 16.500 im Jahr 1990 (vgl. Meinhart 1991: 168), was auf eine abnehmende Rehabilitationswilligkeit der Betriebe schließen läßt (vgl. Hackenberg/Tillmann 1996).

Die *soziale Rehabilitation* umfaßte alle weiteren Maßnahmen, die der Ein- oder Wiedereingliederung der Geschädigten in die Gesellschaft dienen sollten, so z.B. neben der Anerkennung und Einstufung der Betroffenen und der Erteilung von Beschädigtenausweisen die Gewährung finanzieller Beihilfen, Renten und Sachleistungen, die Bereitstellung von geeigneten Wohnungen und Schaffung von Wohnheimen, die Ferien- und Urlaubsgestaltung sowie die Sicherstellung einer Tagesbetreuung für hilfsbedürftige Geschädigte (vgl. Kraus 1994: 29f.). Die Pflegebedürftigen hatten zusätzlich zu Sozialfürsorge und Rentenzahlung unter bestimmten Voraussetzungen Anspruch auf Pflegegeld, das, je nach Einstufung in vier Pflegestufen, zwischen 20 und 120 Mark monatlich lag (vgl. Harych/Gerbatsch 1996).

Trotz der genannten Maßnahmen war insgesamt in der DDR „kein mit den alten Bundesländern vergleichbarer quantitativer und qualitativer Versorgungsstandard vorhanden." (Ministerium für Arbeit, Soziales und Familie 1994: 18)

Die Situation von Behinderten nach der Vereinigung

Jeder, der körperlich, geistig oder seelisch behindert ist, hat ein „soziales Recht" auf die Hilfe, die notwendig ist, um die Behinderung abzuwenden, zu beseitigen, zu bessern, ihre Verschlimmerung zu verhüten oder ihre Folgen zu mindern, und um ihm einen seinen Neigungen und Fähigkeiten entsprechenden Platz in der Gemeinschaft, insbesondere im Arbeitsleben zu sichern (vgl. § 10 SGB I). Dieses „soziale Recht" gilt als Leitlinie der Rehabilitations- und Behindertenpolitik in der Bundesrepublik, deren Grundsätze sind: das Ziel der *Integration* der Behinderten in die Gesellschaft, der Grundsatz der *Finalität*, nach dem unabhängig von der Ursache der Behinderung Hilfen geleistet werden müssen, auch wenn dafür unterschiedliche Träger und Institutionen mit unterschiedlichen Leistungsvoraussetzungen zuständig sind, der Grundsatz einer *möglichst frühzeitigen Intervention*,[125] um Ausmaß und Auswirkungen der Behinderung gering zu halten, sowie der Grundsatz der *individuellen Hilfe*, die auf die individuelle Bedarfssituation zugeschnitten ist und ihr gerecht werden muß (vgl. Hackenberg/Tillmann 1996).

In der Bundesrepublik gilt das Schwerbehindertengesetz, dessen Vorschriften mit der Vereinigung auch auf die neuen Bundesländer übertragen wurden. Als schwerbehindert gelten danach Personen, deren Grad der Behinderung mindestens 50% beträgt. Das vorrangige Ziel des Gesetzes ist die Integration von Schwerbehinderten in Ausbildungs- und Arbeitsplätze, die Erhaltung von Arbeitsplätzen und der Ausgleich behinderungsbedingter Nachteile.

Von den von den Versorgungsämtern als Schwerbehinderte registrierten 6,38 Mio. Personen mit gültigem Ausweis lebten Ende 1993 0,81 Mio. in den neuen Bundesländern (vgl. Statistisches Bundesamt 1995g: 55) – dies entspricht einem Anteil von 5,2% an der Bevölkerung. Dabei differieren die Werte zwischen 4,6% in Mecklenburg-Vorpommern und 6,2% in Ost-Berlin. Der Anteil der Behinderten in den neuen Bundesländern liegen damit im Vergleich zu Westdeutschland (8,5%) deutlich niedriger, was auf verschiedene Ursachen zurückzuführen ist. So dauerte zum Zeitpunkt der Erhebung die Umstellungs- und Anpassungsphase noch an, teilweise waren 1993 Ausweise nach DDR-Recht noch nicht in Ausweise nach dem nun gültigen Schwerbehindertenrecht umgewandelt worden (vgl. Hein 1995: 376f.). Die Unkenntnis der Rechtslage hält viele Menschen von einer Antragstellung ab, oder Anträge werden erst nach Beendigung der Erwerbstätigkeit gestellt, da sonst Nachteile auf dem Arbeitsmarkt befürchtet werden. Als mögliche Erklärung für die Abweichung kommt die höhere Lebenserwartung in West-

---

125 Es gilt das Prinzip „Rehabilitation vor Rente" bzw. „Rehabilitation vor Pflege" (§ 7 des Rehabilitations-Angleichungsgesetzes, § 9 SGB VI).

deutschland und die daraus resultierende steigende Zahl von Behinderungen im Alter hinzu (vgl. Winkler 1995b: 13). Zudem gibt es in beiden Landesteilen eine amtlich nicht erfaßte Zahl Behinderter, bei denen ein Grad der Behinderung von weniger als 50% festgestellt wurde.

Bei der Altersgliederung, der Struktur der Behinderungsarten und auch hinsichtlich des Grades der Behinderung treten im Ost-West-Vergleich eher geringe Abweichungen auf (siehe Tabelle 4.4.1 und Statistisches Bundesamt 1995g: 8). Der überwiegende Anteil (knapp 70%) der Schwerbehinderten in den neuen Bundesländern ist 55 Jahre und älter. Insgesamt sind mehr Männer als Frauen unter den Schwerbehinderten, was in der stärkeren Teilnahme der Männer am Erwerbsleben begründet liegt, denn Erwerbspersonen haben ein größeres Interesse an einer Anerkennung als Behinderte. Erst bei den ab 75jährigen überwiegt der Frauenanteil, was auf deren höhere Lebenserwartung zurückzuführen ist (vgl. Hein 1995: 377). Insgesamt ist der Unterschied zwischen den Geschlechtern in den neuen Bundesländern nicht so deutlich ausgeprägt wie im Westen: Im Osten sind 5,4% der Männer schwerbehindert, bei den Frauen sind es 5,0%, während die entsprechenden Werte im Westen bei 9,4% bzw. 7,6% liegen (vgl. Hein 1995: 377).

Tabelle 4.4.1: Altersstruktur der Schwerbehinderten nach Bundesländern (Stand: 31. Dezember 1993) – in %

	Deutschland	Ost	West	Brandenburg	Meckl.-Vorpomm.	Sachsen	Sachsen-Anhalt	Thüringen	Berlin
Bevölkerungsanteil davon:	7,9	8,5	5,2	5,5	4,6	5,1	5,3	4,8	6,2[a]
unter 18 Jahre	2,3	2,1	3,6	3,6	4,2	3,4	3,5	3,4	2,1
18 bis 24 Jahre	1,6	1,5	2,1	2,1	2,5	2,2	2,2	2,2	1,2
25 bis 34 Jahre	4,3	4,2	5,2	5,4	6,0	4,9	5,1	5,2	3,6
35 bis 44 Jahre	5,6	5,4	7,0	7,0	8,1	7,0	6,8	7,2	5,4
45 bis 54 Jahre	11,5	11,4	12,3	12,8	12,8	11,5	12,2	12,4	13,5
55 bis 59 Jahre	11,7	11,7	11,4	12,9	13,0	10,1	11,0	11,1	11,6
60 bis 64 Jahre	13,2	13,4	12,2	13,3	13,6	11,3	12,2	12,0	11,0
65 Jahre und mehr	49,8	50,3	46,2	42,9	39,9	49,6	47,1	46,4	51,7

Anmerkung: a) Nur Ost-Berlin.
Quelle: Statistisches Bundesamt 1995g: 55.

Den überwiegenden Teil der Behinderungen machen in beiden Landesteilen körperliche Behinderungen aus; auffallend ist jedoch die in Ostdeutschland bedeutend geringere Anerkennung von Behinderungen durch Funktionsbeeinträchtigungen der Wirbelsäule und des Rumpfes sowie Deformierung des Brustkorbs mit einem Anteil von 7,4% gegenüber 17,0% in den alten Bundesländern (vgl. Statistisches Bundesamt 1995g: 60ff.).

Behinderte und Pflegebedürftige 295

Arbeitsmarkt und Beschäftigung

In der DDR waren behinderte Menschen über verschiedene Schutzvorschriften wesentlich stärker in das Berufsleben eingegliedert, als es das Schwerbeschädigtenrecht der Bundesrepublik verlangt. Bereits vor der Vereinigung wurde mit dem Abbau dieser Arbeitsplätze begonnen, die auch von den sich im Aufbau befindlichen Behindertenwerkstätten nach westdeutschem Muster nicht aufgefangen werden konnten (vgl. Hanesch u.a. 1994: 98). Die Vereinigung zog damit eine schlagartige Ausgrenzung behinderter Arbeitnehmer nach sich (siehe Abschnitt 5.1). Mit dem anhaltenden Arbeitsplatzabbau werden Behinderte überproportional häufig entlassen und haben hinsichtlich einer anschließenden Wiedereinstellung viel geringere Chancen als Nichtbehinderte (vgl. Winkler 1995b: 58). Allerdings haben hier die Vorruhestandsregelungen zu einer enormen Entlastung des Arbeitsmarktes geführt (vgl. Jenschke 1993: 32). Die Ausgrenzung aus dem Arbeitsmarkt ist für die betroffenen Behinderten von großer Tragweite, da die Arbeit und Berufstätigkeit für sie – wie auch für Nichtbehinderte – einen sehr hohen Stellenwert hat.

Einkommen

Die Invalidenrente hatte für behinderte Menschen in der DDR die größte Bedeutung für die Einkommenssicherung. Jede Person, deren Erwerbsfähigkeit um mindestens zwei Drittel gemindert war, hatte Anspruch auf Invalidenrente, unabhängig davon, ob zuvor Beiträge gezahlt wurden (vgl. Hanesch u.a. 1994: 98ff.). Mit der Vereinigung wurde die Invalidenrente durch die Erwerbsunfähigkeitsrente ersetzt, deren Leistungshöhe beitragsabhängig ist. Durch die fehlenden Mindestsicherungselemente im bundesdeutschen Rentenrecht verschlechterte sich die Einkommenssituation besonders für die von Geburt an Behinderten.

Auswertungen aus dem Sozio-ökonomischen Panel haben ergeben (vgl. Hackenberg/Tillmann 1996), daß die durchschnittlichen Einkommen (bedarfsgewichtetes Haushaltseinkommen pro Kopf) von Personen ohne gesundheitliche Einschränkungen auf der einen Seite und von Schwerbehinderten und gesundheitlich eingeschränkten Personen[126] auf der anderen Seite in etwa gleich hoch ausfallen. Bei der Betrachtung der Bruttoarbeitseinkommen und

---

126 Personen mit gesundheitlichen Einschränkungen sind hier Befragte, die ihren Gesundheitszustand als „weniger gut" oder „schlecht" bezeichnen und/oder eine Minderung der Erwerbsfähigkeit von bis unter 50% aufweisen (vgl. Hackenberg/Tillmann 1996).

gleichzeitigem Ausschluß von Einflüssen, die auf Alter, Geschlechtszugehörigkeit, Bildungsstand und Familienstand der Behinderten zurückzuführen sind, zeigt sich allerdings ein Einkommensrückstand schwerbehinderter Erwerbstätiger. Deren Einkommen liegen im Durchschnitt um 20% unter dem Bruttoeinkommen und um 13% unter dem Nettoeinkommen der erwerbstätigen Personen ohne gesundheitliche Einschränkungen (vgl. Hackenberg/ Tillmann 1996). Im Westen fallen diese Rückstände mit 7% bzw. 5% deutlich geringer aus. Hierbei ist zu berücksichtigen, daß in die Auswertungen nur erwerbstätige Personen einbezogen sind; vollzeitbeschäftigt waren unter den in Ostdeutschland befragten Personen 1994 61% der Personen ohne gesundheitliche Einschränkungen, nur 46% der Personen mit gesundheitlichen Einschränkungen und lediglich 22% der Schwerbehinderten. Unter den Schwerbehinderten waren 19% nicht erwerbstätig und 54% in Rente.

Die Nettoeinkommen der Behinderten haben sich nach Ergebnissen einer Befragung des Sozialwissenschaftlichen Forschungsinstituts Berlin-Brandenburg (SFZ) unter Behinderten folgendermaßen verändert (vgl. Winkler 1995b: 64ff.): Die in der Einkommensverteilung bis 1989 vorhandenen Strukturen setzen sich im wesentlichen fort; die finanzielle Differenz zwischen niedrigen und höheren Einkommen hat jedoch zugenommen. Frauen sind auch unter den Behinderten in höherem Maße Bezieherinnen von Niedrigeinkommen. Niedrige Einkommen sind bildungs- bzw. qualifikationsabhängig und damit zum Teil an spezielle Behinderungen gebunden. Den größten Zuwachs und den höchsten Anteil an hohen Einkommen haben Kriegsbehinderte. Im Haushaltszusammenhang betrachtet, befinden sich vor allem Behinderte, die bei den Eltern leben, in hohem Maße im Armutsbereich (vgl. Winkler 1995b: 71).

Bei der Beurteilung der eigenen wirtschaftlichen Lage weicht die Verteilung der Antworten der in der SFZ-Studie befragten Behinderten kaum von der in der Gesamtbevölkerung ab. Dabei erfolgt die positivste Bewertung der wirtschaftlichen Lage durch Bezieher von Arbeitseinkommen und Kriegsopferrente (jeweils 67% sehr gut/gut), Altersrente (54%) und Witwenrente (50%). Je jünger die Behinderten sind, desto schlechter bewerten sie ihre Möglichkeiten zur Bedürfnisbefriedigung; außerdem neigen Männer eher zu positiven Äußerungen als Frauen (vgl. Winkler 1995b: 60ff.).

Versorgung mit Dienstleistungen, Pflege

Wie auch für die alten Menschen stellt die Umstellung der sozialen Dienstleistungen für die Behinderten eine große Belastung dar. Waren in der DDR alle Dienstleistungen und Unterbringungsarten in das einheitliche staatliche

Behinderte und Pflegebedürftige 297

Gesundheitssystem eingebettet, so herrscht nun eine Trägervielfalt,[127] die für viele Menschen undurchschaubar ist. Ähnlich ungewohnt sind die neuen Finanzierungsregelungen für soziale und rehabilitative Dienstleistungen, die in der DDR unentgeltlich bereitgestellt wurden. Mit der Vereinigung erhöhte sich die Kostenbeteiligung sprunghaft, was bei geringen Einkommen zwangsläufig Sozialhilfeabhängigkeit bedeutet.

Betreuung und Pflege von Behinderten und Pflegebedürftigen sind und bleiben vorrangig Aufgabe der Familie. Insgesamt kann davon ausgegangen werden, daß unter Einschluß aller älteren Bürger und Behinderten, die der Pflege bedürfen, rund 90% der Betreuung und Pflege von Familienangehörigen realisiert wird (vgl. Bundesministerium für Familie und Senioren 1993: 202), hier insbesondere von (Ehe-)Partnerinnen, (Schwieger-)Töchtern und Müttern, die in nicht wenigen Fällen noch zusätzlich anderen beruflichen und familiären Belastungen unterliegen. Im Rahmen der Pflegeversicherung, die stufenweise 1995 und 1996 in Kraft getreten ist, werden Geld- und Sachleistungen von Sozialstationen bei häuslicher Pflege und stationärer Pflege übernommen; außerdem werden für Pflegepersonen in häuslicher Umgebung – je nach Pflegestufe und Umfang der Pflegetätigkeit – Zahlungen von Beiträgen zur Rentenversicherung geleistet (vgl. Bundesministerium für Arbeit und Sozialordnung 1994b: 443 sowie Abschnitt 2.4.3).

Wohnen

Die im allgemeinen schlechtere Wohnsituation in den neuen Bundesländern (siehe Abschnitt 3.2.5) benachteiligt behinderte Menschen in besonderem Maße. Die Mehrheit der Behinderten lebt nach den Ergebnissen der SFZ-Studie in einer Mietwohnung (65%), 15% in einem Eigenheim oder einer Eigentumswohnung, 14% in verschiedenen Heimen bzw. Formen des betreuten Wohnens und 3% zur Untermiete. Nur 44% der Bewohner von Mietwohnungen halten ihre Wohnung für behindertengerecht gestaltet, bei den Eigenheimbewohnern liegt die Zahl mit 61% etwas höher (vgl. Winkler 1995b: 80ff.).

Die Versorgung Behinderter mit Wohn- und Betreuungseinrichtungen war in der DDR ungenügend. Die Versorgungsquote war zehnmal niedriger als in der Bundesrepublik, so daß Fehlplazierungen ein besonderes Problem darstellten: Jüngere Behinderte wurden in geriatrischen Abteilungen und er-

---

127 Je nach Art der rehabilitativen Maßnahme und nach sozialversicherungsrechtlichen Voraussetzungen sind Renten-, Kranken-, Pflege- oder Unfallversicherung, Kriegsopferversorgung oder -fürsorge sowie die örtlichen und überörtlichen Träger der Sozialhilfe zuständig, bei minderjährigen Behinderten auch das Kinder- und Jugendamt.

wachsene Behinderte in Heimen für Kinder und Jugendliche untergebracht (vgl. Harych/Gerbatsch 1996). Die Situation in den stationären Einrichtungen ist im Vergleich zu den westdeutschen Standards katastrophal. Aufgrund gravierender baulicher und sanitärer Mängel hätten 1990 bis zu 30.000 Heimplätze sofort geschlossen werden müssen, was allerdings durch Soforthilfeprogramme verhindert werden konnte. Schätzungsweise besteht bis zum Jahr 2000 ein Investitionsbedarf von rund 16 Milliarden DM allein für die Alten- und Pflegeheime (vgl. Hanesch u.a. 1994: 105). Außerdem wurde mit der Entzerrung von Großeinrichtungen für verschiedene Betroffenengruppen begonnen, um das Ausmaß der Fehlplazierungen zu verringern.

Die Zufriedenheit der Behinderten mit ihren Wohnbedingungen ist im allgemeinen dennoch recht hoch, besonders bei den Bewohnern von Eigenheimen. Die geringste Zufriedenheit läßt sich bei den Heimbewohnern konstatieren; obwohl deren Wohnungen bzw. Wohnbedingungen besonders behindertengerecht gestaltet sind, sind nur 63% der Heimbewohner der Auffassung, daß die Wohnung ihren Bedürfnissen entspricht. Anscheinend spielt die Möglichkeit der individuellen Einflußnahme auf die Wohnbedingungen eine große Rolle bei dieser Einschätzung (vgl. Winkler 1995b: 82).

Soziale Integration

Eine Gesellschaft, die für alle Bürger gleiche Lebenschancen schafft und ermöglicht und in der auch behinderte Menschen oder Menschen mit gesundheitlichen Einschränkungen die gleichen Chancen haben wie ihre gesunden Mitbürger, liegt in weiter Ferne. Trotzdem ist es von großer Bedeutung, wie behinderte Menschen selbst ihre Situation in der Gesellschaft beurteilen.

Rund 86% der Befragten des SFZ schließen sich 1993 der Auffassung an, daß die Ausgrenzung Behinderter noch lange nicht beseitigt ist (58% voll, 28% teilweise). Bei einer differenzierten Betrachtung zeigt sich, daß der Anteil derjenigen, die dieser Einschätzung voll zustimmen, unter den Heimbewohnern mit 50% am geringsten ist und bei den allein oder mit Partner Lebenden bei jeweils 57% liegt. Am höchsten ist sie bei den Behinderten, die bei den Eltern (63%) oder bei Kindern bzw. anderen Verwandten (70%) leben. Außerdem stimmen die in Großstädten lebenden Behinderten dieser Aussage in stärkerem Maße zu als die in kleinen Gemeinden lebenden. Gehörlose bzw. -geschädigte sowie Blinde und Sehgeschädigte fühlen sich nach dieser Fragestellung am ehesten integriert. Insgesamt ist festzuhalten, daß Ältere sich weniger diskriminiert fühlen als Jüngere, Höherqualifizierte sich weniger ausgegrenzt fühlen, und geistig Behinderte/Epileptiker/Spastiker sich mehr durch aktives Verhalten anderer diskriminiert fühlen. Der Auffassung, daß seit der Vereinigung die Isolierung und Ausgrenzung weiter zunimmt, stimmen 1993 22% voll und 44% der Befragten teilweise zu (vgl. Winkler 1995b: 23ff.). Die soziale Integration behinderter Menschen ist also bei weitem nicht erreicht; eher hat sich ihre Situation, auch aufgrund der Einschränkungen auf dem Arbeitsmarkt, verschlechtert.

Allgemeine Lebenszufriedenheit

Beim Vergleich der allgemeinen Lebenszufriedenheit (siehe Abschnitt 5.6) von Personen ohne gesundheitliche Einschränkungen, Personen mit gesundheitlichen Einschränkungen und Schwerbehinderten ergibt sich im Durchschnitt, daß erstere die höchste allgemeine Zufriedenheit aufweisen (6,5), gefolgt von den Schwerbehinderten (5,8) und von den Personen mit gesundheitlichen Einschränkungen (5,2). Diese höhere Lebenszufriedenheit der Schwerbehinderten kann auf eine gewisse Adaption an ihre persönliche Situation hindeuten, die die formelle Anerkennung ihres Handicaps beinhaltet (vgl. Hackenberg/Tillmann 1996). Die Zufriedenheit in allen Gruppen liegt jedoch im Osten deutlich niedriger als bei die entsprechenden Befragten in Westdeutschland (siehe Tabelle 4.4.2).

Tabelle 4.4.2: Durchschnittliche Lebenszufriedenheit nach Gesundheitszustand in Ostdeutschland 1992, 1994 und Westdeutschland 1994

	Ostdeutschland		Westdeutschland
	1992	1994	1994
Personen ohne gesundh. Einschr.	6,3	6,5	7,4
Personen mit gesundh. Einschr.	5,3	5,2	6,0
Schwerbehinderte	5,5	5,8	6,5

Anmerkung: Antwortskala von 0 = „ganz und gar unzufrieden" bis 10 = „ganz und gar zufrieden".
Datenbasis: SOEP-Ost 1992-1994 und SOEP-West 1994.
Quelle: Hackenberg/Tillmann 1996.

Im Rahmen der SFZ-Untersuchung ergaben sich folgende Differenzierungen: Frauen bewerten ihre seelische Verfassung schlechter als Männer, sind empfindlicher, haben in einem hohen Maße häufig Ängste; je älter die Befragten sind, desto weniger haben sie das Gefühl, sich gegen Angriffe und Kritiken zur Wehr setzen zu können, und je höher die befragten Behinderten qualifiziert sind, desto besser finden sie sich mit den veränderten Lebensverhältnissen zurecht (vgl. Winkler 1995b: 96f.).

Die Unterschiede zwischen Ost und West bleiben auch bei der Zufriedenheit mit dem Haushaltseinkommen erhalten. Diese ist zwar in Ostdeutschland von 1992 bis 1994 bei allen untersuchten Gruppen gestiegen, eine Angleichung an das westliche Zufriedenheitsniveau hat aber noch nicht stattgefunden (siehe Tabelle 4.4.3). Die Strukturen in Ost- und Westdeutschland ähneln sich: Jeweils sind die Personen mit gesundheitliche Einschränkungen deutlich unzufriedener als die Schwerbehinderten und die gesundheitlich eingeschränkten Personen.

Die Einheit beurteilen die Behinderten in der Befragung des SFZ uneinheitlich: Auf die Frage „Ist die Einheit für Sie insgesamt gesehen ..." antworten 12% mit „vor allem Gewinn", 17% mit „mehr Gewinn", 35% mit „sowohl als auch", 28% mit „mehr Verlust" und 5% mit „vor allem Verlust". Es ergibt sich also ungefähr eine Drittelung bei der Beurteilung der Einheit, wobei der Anteil derjenigen, die eher Verluste durch die Einheit feststellen, geringfügig überwiegt (vgl. Winkler 1995b: 43). Damit unterscheiden sich die Behinderten deutlich von anderen Gruppen, z.B. von den Jugendlichen, bei denen mehr als 40% Vorteile feststellen (siehe Abschnitt 4.6).

Tabelle 4.4.3: Durchschnittliche Zufriedenheit mit dem Haushaltseinkommen nach Gesundheitszustand in Ostdeutschland 1992, 1994 und Westdeutschland 1994

	Ostdeutschland		Westdeutschland
	1992	1994	1994
Personen ohne gesundh. Einschr.	5,0	5,5	6,6
Personen mit gesundh. Einschr.	4,5	5,0	5,7
Schwerbehinderte	4,6	5,7	6,4

Anmerkung: Antwortskala von 0 = „ganz und gar unzufrieden" bis 10 = „ganz und gar zufrieden".
Datenbasis: SOEP-Ost 1992-1994 und SOEP-West 1994.
Quelle: Hackenberg/Tillmann 1996.

4.5 Ältere Menschen und Rentner

Ein demographisches Strukturmerkmal der deutschen Gesellschaft, das künftig noch größere Wichtigkeit erlangen wird, ist ihre „Alterung". Die *Altersschichtung* der Bevölkerung wandelt sich der Weise, daß sich in den älteren Jahrgängen immer höhere Besetzungszahlen ergeben und in den jüngeren Jahrgängen immer niedrigere. In Ostdeutschland wie in Westdeutschland

Ältere Menschen und Rentner 301

handelt es sich bei den älteren Menschen überwiegend um Frauen, wobei die ostdeutschen Frauen in der Regel auf eine längere Erwerbstätigkeit zurückblicken können. Die Gesellschaftspolitik der DDR hat sich vor allem am erwerbstätigen Teil der Bevölkerung orientiert und keine spezifische Altenpolitik entwickelt. Altenarbeit war auf die Betriebsebene verlagert, die für die soziale Einbindung älterer Menschen einen hohen Stellenwert hatte: betriebliches Gesundheitswesen, Betriebsferienheime, Versorgung mit warmen Mittagessen und kulturelle Veranstaltungen wurden zumeist von den Betrieben angeboten. Das Altenbild einer arbeitszentrierten Gesellschaft führte zu einem von den westdeutschen Maßstäben abweichenden Verständnis vom Leben älterer Menschen: Für die überwiegende Mehrheit bestand es in einer relativ egalisierten Lebensweise auf niedrigem materiellen Lebensniveau in räumlich begrenzter Umgebung (vgl. SFZ 1995: 24f.).

Mit der Vereinigung verschärfte sich auch das Problem der Alterssicherung: Das in Westdeutschland langfristig aufgebaute Alterssicherungssystem, mußte sich neuen Herausforderungen stellen und die Alterssicherung der älteren ostdeutschen Bürger zusätzlich übernehmen. Im Zusammenhang mit den Umstrukturierungen des Arbeitsmarktes in den neuen Bundesländern entstand eine neue soziale Kategorie, die es qualitativ und quantitativ bisher in dieser Art sowohl im Osten als auch im Westen nicht gegeben hatte: der *Vorruhestand*.

Die demographische Alterung in Ost- und Westdeutschland

Gegenwärtig sind in Deutschland 20,4% der Bevölkerung 60 Jahre und älter. In den alten Bundesländern sind es 20,6%, in den neuen Bundesländern 19,6%. Damit hat sich dieser Anteil in den vergangenen 40 Jahren in Westdeutschland um gut 6 Prozentpunkte erhöht, während er in Ostdeutschland nur um 3 Prozentpunkte stieg – trotz deutlich zunehmender Bevölkerung in Westen und stark abnehmender Bevölkerung im Osten (vgl. Enquete-Kommission „Demographischer Wandel" 1994: 37). Die Differenz in der Altersstruktur ist u.a. darauf zurückzuführen, daß die Lebenserwartung älterer Menschen in Ostdeutschland geringer ist als im Westen: 1990 hatten 60jährige Frauen in den neuen Bundesländern eine Lebenserwartung von 19,8 Jahren, gleichaltrige Männer eine von 16,2 Jahren; für ihre Altersgenossen in Westdeutschland lagen diese Werte höher, sowohl bei den Frauen (22,1 Jahre) als auch bei den Männern (17,7 Jahre) (vgl. Enquete-Kommission „Demographischer Wandel" 1994: 26). Die geringere Lebensdauer resultiert allem Anschein nach aus den schwereren Arbeitsbedingungen, stärkeren Umweltbeeinträchtigungen, anderen Ernährungsgewohnheiten sowie dem früheren Mangel an medizinischer Technik (siehe auch Abschnitt 3.2.6). Prognosen gehen davon aus, daß sich die Lebenserwartung in Ost und West im Zuge der durch die Vereinigung geänderten Lebensbedingungen allmählich angleicht und mit einem Anwachsen der über 60jährigen Bevölkerung auf 23,6% im Jahr 2000 und auf knapp 30% im Jahr 2020 zu rechnen ist (vgl. Enquete-Kommission „Demographischer Wandel" 1994: 29 und 38).

Die demographische Alterung betrifft Frauen mehr als den männlichen Teil der Bevölkerung. Zum einen haben Frauen generell eine höhere Lebenserwartung als Männer, zum anderen wurden die Männerjahrgänge durch die beiden Weltkriege dezimiert (vgl. Roloff 1996). So kommt es, daß im gesamten Bundesgebiet 22,1% der Frauen, aber nur 15,5% der Männer über 60 Jahre alt sind. Mit zunehmender demographischer Alterung geht aber auch die Vereinzelung eines großen Teils der Bevölkerung einher. Leben unter den 60-65jährigen nur 16,4% in einem Einpersonenhaushalt, sind es bei den ab 75jährigen bereits mehr als die Hälfte (vgl. Roloff 1996). Wesentlich mehr Männer als Frauen sind im Alter noch verheiratet (fast 80% der ab 60jährigen Männer), bei den alten Frauen dominiert dagegen der Witwenstatus (fast 50%).

Ältere Arbeitnehmer

Die „Entberuflichung des Alters" ist in allen westeuropäischen Staaten seit längerem zu beobachten und manifestiert sich in einem kontinuierlichen Rückgang der Alterserwerbsquote. Waren in den alten Bundesländern 1970 noch 69% der 60-65jährigen erwerbstätig, halbierte sich diese Quote bis 1990. Die Ursachen liegen in Frühverrentungsstrategien zur Verringerung der Arbeitslosigkeit und in der Einführung flexibler Altersrenten. Sie sind weniger konjunkturellen Ursprungs – auch Wachstumsbranchen sind davon betroffen –, sondern werden nicht zuletzt von einem Wandel in der betrieblichen Personalpolitik hervorgerufen (vgl. Enquete-Kommission „Demographischer Wandel" 1994: 101).

Vor diesem allgemeinen Trend ist die Situation der älteren Arbeitnehmer in den neuen Bundesländern gesondert zu betrachten. Angesichts des starken Arbeitsplatzabbaus und der Massenarbeitslosigkeit sinken ihre Chancen auf dem Arbeitsmarkt besonders augenfällig. Einerseits sind ihre Qualifikationen durch die Veränderung der Wirtschaftsstruktur nicht mehr so gefragt, andererseits bevorzugen die Arbeitgeber jüngere Bewerber. In den neuen Bundesländern betrug die Erwerbsquote der 60-64jährigen Männer 1994 nur 14,7%, bei den Frauen sogar nur noch 3,2% (vgl. Naegele/Frerichs 1996: 38). Von denen, die 1989 in der Altersgruppe der 52-63jährigen erwerbstätig waren, befanden sich 1994 nur noch 11% in Erwerbstätigkeit; die übrigen waren zum überwiegenden Teil in Rente (50%) oder im Vorruhestand bzw. Bezieher von Altersübergangsgeld (35%), 3% waren arbeitslos (vgl. Brinkmann/ Wiedemann 1995: 329). Für diejenigen, die die Altersgrenze für Frühverrentungsregelungen noch nicht erreicht haben, bedeutet Arbeitslosigkeit zumeist Langzeitarbeitslosigkeit. Ab 55 Jahren gelingt kaum noch eine Wiedereingliederung in das Berufsleben: Ende September 1995 stellt diese Altersgruppe ein Viertel der Langzeitarbeitslosen (Dauer der Arbeitslosigkeit über ein Jahr).

Für die älteren Menschen in den neuen Bundesländern sind Arbeitslosigkeit und Frühverrentung neue Erfahrungen, die sie angesichts der zentralen Stellung, die Erwerbsarbeit im Leben der DDR-Bürger eingenommen hat, vor gravierende Probleme stellen und Unzufriedenheiten mit sich bringen. Arbeit stellte in der DDR weit mehr als lediglich ein Mittel zum Gelderwerb dar und spielte, auch aufgrund der überwiegend niedrigen Renten in der DDR, selbst im Rentenalter noch eine größere Rolle: 1989 waren 23% der Männer und 28% der Frauen in den ersten fünf Jahren nach Eintritt in das Rentenalter noch berufstätig, wogegen es in Westdeutschland nur 7% der Männer und 11% der Frauen waren (vgl. Schwitzer 1995a: 288). Neben dem Wunsch, das Renteneinkommen aufzubessern, gab es drei Hauptmotive für die Fortsetzung der Berufstätigkeit (vgl. SFZ 1995: 143f.): die Befriedigung durch Arbeit, das Gefühl der Nützlichkeit und die sozialen und kommunikativen Beziehungen im Arbeitsprozeß. Die Aufgabe der Berufstätigkeit erfolgte überwiegend aus privaten Motiven wie Gesundheit, Haushalt, Partnerschaft oder Freizeitinteressen und nicht aufgrund der Arbeitsmarktsituation oder wirtschaftsstruktureller Ursachen.

Der Vorruhestand-Ost: eine Besonderheit

Als direktes Resultat der Umbrüche im Erwerbs- und Beschäftigungssystem sind „Vorruheständler" ein neues Element in der ostdeutschen Sozialstruktur. Angesichts der politischen Umbrüche und sich anbahnender wirtschaftlicher Veränderungen wurde noch von der DDR-Regierung per Verordnung die Möglichkeit der Inanspruchnahme von Vorruhestandsgeld geschaffen, die mit dem Einigungsvertrag von der Altersübergangsregelung abgelöst wurde (siehe Abschnitt 2.4.1). Handlungsleitend war dabei die Absicht, den von Arbeitslosigkeit bedrohten älteren Arbeitnehmern einen frühzeitigen Ausstieg aus dem Erwerbsleben zu ermöglichen und sie vor Langzeitarbeitslosigkeit zu schützen.

Nach § 249e des Arbeitsförderungsgesetzes erhalten Arbeitnehmer ab dem 55. Lebensjahr ein Altersübergangsgeld in Höhe von 65% des letzten Nettogehalts für die Dauer von bis zu fünf Jahren bzw. bis zum Eintritt in die Gesetzliche Rentenversicherung. Da diese Regelung nur bis zum 31. Dezember 1992 galt, handelt es sich bei den Vorruheständlern um eine zeitlich befristete, an ein ganz bestimmtes Lebensalter gebundene Soziallage (vgl. Kretzschmar/Wolf-Valerius 1995: 364). Im September 1992 waren davon 63% aller Bürger im Alter von 55-60 Jahren (Frauen) bzw. 55-65 Jahren (Männer) betroffen (vgl. Schwitzer/Winkler 1993: 120).

Insgesamt machten Personen im Vorruhestand 1993 5,5% der ostdeutschen Bevölkerung aus, so daß hier von einer markanten Veränderung der Sozialstruktur gesprochen werden kann, auch wenn dieser Anteil – aufgrund der Befristung der Vorruhestandsregelungen – seitdem kontinuierlich zurückgeht (1995: 2,4%). Eine neue Versorgungsklasse (Lepsius) hat sich ausdifferenziert. Die soziale Herkunft der Vorruheständler ist breit gefächert und keineswegs nur auf eine oder wenige Soziallagen der ehemaligen DDR konzentriert; sowohl Arbeiter als auch Akademiker oder politische Führungskader sind davon betroffen. Entsprechend differenziert ist auch die materielle Situation der Vorruheständler, da die Bezüge von der Höhe des zuvor erzielten Einkommens abhängig sind. Während die zunehmende Zahl der freiwilligen Vorruheständler in den alten Bundesländern auf eine stärkere Freizeitorientierung der Bevölkerung hinzuweisen scheint (vgl. Ladensack u.a. 1994: 6), gehört die Generation, die in Ostdeutschland von dieser Soziallage betroffen ist, der Aufbaugeneration der DDR mit einem entsprechend arbeitszentrierten Lebensentwurf an (vgl. Lehmann 1994: 285). Das Erleben von Vorruhestand trifft diese Menschen völlig überraschend, so daß die „Normalbiographie" als Orientierungsmuster zwangsläufig einen Bruch erleidet.

Entscheidend für die Bewältigung der neuen Situation für die Vorruheständler ist – wie bereits angedeutet – die Art des Übergangs (vgl. Lehmann 1994: 293ff.): Je freiwilliger er stattgefunden hat, desto konkreter sind auch die Vorstellungen über die Lebensgestaltung nach Abbruch der Erwerbstätigkeit und desto positiver wird die neue Lebenssituation bewertet. Da das aber nur bei einem kleinen Teil der Betroffenen der Fall war, wird der Vorruhestand pauschal eher negativ beurteilt. Eine große Rolle bei dieser Einschätzung spielt die veränderte Einkommenssituation. Unzufrieden sind vor allem jene, die zuvor über ein relativ hohes Haushaltseinkommen verfügten, da sie als Meßlatte ihre früheren Einkommen anlegen. Gerade bei dieser Gruppe ist die Angst vor einem Abgleiten in die Armut besonders ausgeprägt. Weitere Defizite sind in einem mangelnden „Ausgefülltsein" zu finden, aber auch in fehlenden Lebenszielen, deren Erfüllung Befriedigung vermitteln würde, sowie im Verlust der täglichen Kontakte mit den Arbeitskollegen, was insbesondere für alleinstehende Vorruheständler problematisch ist. Neue Lebensziele werden vorrangig im familiären Bereich gesucht, weniger in einem ehrenamtlichen oder politischen Engagement bzw. in der Betätigung in Selbsthilfegruppen (vgl. Kretzschmar/Wolf-Valerius 1995).

Wohlstand und Armut älterer Menschen

Ältere Menschen zählten in der DDR zu den ökonomisch benachteiligten Gruppen. Wegen des sehr niedrigen Rentenniveaus, das zudem hinter der Lohnentwicklung zurückblieb, lagen die durchschnittlichen Rentenbezüge zuletzt nur noch bei 30% des Durchschnittseinkommens (vgl. Naegele 1994: 183). Dennoch gab es in der DDR keine „absolute Armut" (vgl. Hauser/ Neumann 1992) im Alter, da die Mindestsicherung bei der Rente eine Grundversorgung auf niedrigem Niveau ermöglichte. Mit dem Renten-Überleitungsgesetz vom 31. Juli 1991 wurden die Bestandsrenten der ostdeutschen Rentner in das System der Gesetzlichen Rentenversicherung überführt (siehe Abschnitt 2.4.3). Bereits dabei erfolgte eine deutliche Anhebung der durchschnittlichen Rentenzahlungen – ein Niveauanstieg, der seitdem durch die häufiger als in Westdeutschland vorgenommenen Rentenanpassungen fortgeführt wurde: Betrug die Eckrente des Standardrentners mit 45 Versicherungsjahren und Durchschnittsverdienst im Juli 1990 672 DM, stieg sie bis Juli 1995 auf 1.522 DM (vgl. Statistisches Bundesamt 1996b: 169). Allerdings darf man nicht verkennen, daß die ostdeutsche Rente damit bei 79% (1995) des westdeutschen Rentenniveaus liegt und im Gegensatz zu den westdeutschen Rentnern für die meisten Rentenbezieher praktisch die einzige Einkommensquelle im Alter bildet: Eine betriebliche Altersversorgung hat es in der DDR nicht gegeben, zusätzliche Mittel für soziale Notlagen sind in der Regel nicht vorhanden und Erwerbstätigkeit im Alter spielt kaum noch eine Rolle (siehe oben), so daß das Einkommen der Rentner in den neuen Bundesländern fast vollständig von der gesetzlichen Rentenversicherung bestimmt wird, das der westdeutschen Rentner nur zu etwa zwei Dritteln (vgl. Winkler 1994: 78). Allerdings ist bei Betrachtung der Rentner-Haushalte zu beachten, daß ältere Frauen in den neuen Bundesländern wegen der früheren hohen Frauenerwerbsquoten über volle eigene Renten verfügen, so daß im Regelfall ein altes Ehepaar zwei Renten erhält. Im Todesfall eines Partners wird dem anderen nunmehr generell eine abgeleitete Witwen- bzw. Witwerrente gewährt – eine Regelung, die es in der DDR nur für Ausnahmefälle gab.

In Abschnitt 3.2.2 wurde bereits gezeigt, daß sich die relative Wohlstandsposition der Rentner innerhalb des ostdeutschen Einkommensgefüges aufgrund der hohen Einkommenszuwächse seit 1990 deutlich verbessert hat.

Sie stieg bis 1994 auf 104,4% des Durchschnitts an und liegt damit günstiger als die Position der Rentner in Westdeutschland (97,7%). Auch die Armutsquote fällt bei den ostdeutschen Rentnern wesentlich geringer aus. Allerdings ist zukünftig mit einem Anstieg der Altersarmut zu rechnen (vgl. Hanesch u.a. 1994: 107ff.). So wird der sogenannte Auffüllbetrag, ein im Sinne des Bestandsschutzes gezahlter Differenzbetrag, der gewährt wird, wenn die heutige Rente unter der DDR-Rente liegt, seit 1996 durch die Rentenanpassungen schrittweise abgebaut. Ähnlich verhält es sich mit dem Sozialzuschlag, der eine Mindestrente sichern soll und gegenwärtig – je nach Rentenart – an 15-30% der Alleinstehenden und 9-18% der Ehepaare gezahlt wird (vgl. SFZ 1995: 103). Mit dem Auslaufen dieser Vorschrift Ende 1996 stellt diese Gruppe ein direktes Potential für Altersarmut dar, da die Betroffenen dann auf den Bezug von Sozialhilfe angewiesen sind. Von beiden Regelungen sind besonders die Frauen betroffen; der Sozialzuschlag wird zu 95% an Frauen gezahlt, und die Auffüllbeträge sind bei ihnen wesentlich höher als bei Männern (vgl. Naegele 1994: 186), da sich mit dem Wegfall der erweiterten Zurechnungszeiten für Kinder aus dem DDR-Rentenrecht ihre Rentenhöhe verringert hat. Somit sind – ähnlich wie im Westen – vor allem Frauen von geringen Alterseinkommen betroffen. Wegen der längeren Erwerbstätigkeitszeiten der Frauen in der DDR sind ihre Rentenvoraussetzungen allerdings günstiger als bei westdeutschen Frauen (die durchschnittlichen Versichertenrenten betrugen Anfang 1995 in den neuen Bundesländern 1.033 DM, in den alten Bundesländern dagegen nur 782 DM; vgl. SFZ 1995: 85). Insgesamt betrachtet hat sich die materielle Situation der ostdeutschen Älteren gebessert, weshalb sie von vielen auch zu den „Gewinnern" der Vereinigung gezählt werden.

Die Wohnsituation älterer Menschen

Die derzeitige Wohnsituation in den neuen Bundesländern ist noch weitgehend geprägt durch die staatliche Wohnungsversorgungspolitik der DDR (siehe auch Abschnitt 3.2.5), bei der vor allem die Versorgung junger Familien im Vordergrund stand. Ihnen wurden die neuen und besser ausgestatteten Wohnungen zugeteilt, während ältere Menschen in den innenstadtnahen Altbauwohnungen verblieben. 1993 wohnten 61,3% der älteren Menschen in Wohnungen, die vor 1948 erbaut wurden. Während sich die Wohnungspolitik in erster Linie auf den Neubau konzentrierte, wurden Investitionen in den Altbestand vernachlässigt, so daß diese Wohnungen einen wesentlich schlechteren Ausstattungsstandard aufweisen. Während in den alten Bundesländern 77,6% der älteren Menschen über eine Komplettausstattung von Bad/Dusche, WC und Sammelheizung – eine wesentliche Bedingung für die altersgerechte

Ausstattung der Wohnung – verfügen, lag dieser Anteil in den neuen Bundesländern nur bei 43,6%. Zudem verfügen 12,1% weder über ein WC noch über Bad oder Dusche; dieser Anteil beträgt in den alten Bundesländern unter 1% (vgl. Scheewe 1996: 230ff.).

Bei diesen Substandardwohnungen wird die selbständige Lebensführung mit zunehmenden Alter in Frage gestellt. Sie wurde zu DDR-Zeiten durch Leistungen der Hauswirtschaftshilfe aufrechterhalten; daneben zogen es viele ältere, noch rüstige Bürger vor, aufgrund ihrer schlechten Wohnverhältnisse in ein Feierabendheim zu ziehen (vgl. Schmidt 1990: 116). 1988 standen hier gut 140.000 Plätze zur Verfügung, in denen allerdings möblierte Zweibettzimmer die Regel waren. Außerdem gab es 42.000 Plätze in sogenannten „Wohnhäusern für ältere Bürger" (den westdeutschen Altenwohnheimen vergleichbar). Neben diesen Heimlösungen sind altersspezifische Wohnformen, wie man sie aus den alten Bundesländern kennt (Betreutes Wohnen, Altenwohnanlagen, Altenwohngemeinschaften etc.) so gut wie gar nicht vorhanden. Zwar werden sich die Wohnverhältnisse in den Altbauwohnungen im Laufe der Zeit verbessern, eine Angleichung an die westdeutschen Ausstattungsstandards wird aber noch einige Jahre in Anspruch nehmen. Bisher waren es nämlich vorwiegend die jungen Haushalte, die in Eigeninitiative und -finanzierung Modernisierungsmaßnahmen durchführten, weil sich ältere Menschen – sowohl materiell als auch organisatorisch – eher überfordert fühlten.

Auch angesichts des niedrigen technischen Standards sind mit durchschnittlich 291 DM (1993) die Mieten der älteren Menschen noch relativ gering – in Westdeutschland sind es 558 DM (vgl. Scheewe 1996: 235f.). Aussagekräftiger als das Mietniveau ist allerdings die monatliche Mietbelastung, die in Ostdeutschland 1993 bei den ab 65jährigen durchschnittlich bei 15,2% lag. Allerdings unterscheiden sich hier die Werte für Einpersonenhaushalte mit 19,6% von den Mehrpersonenhaushalten mit 12,6%. Sie liegen damit jedoch deutlich unter den westdeutschen von 27,1% bzw. 18,9% (vgl. Scheewe 1996: 236f.). Einpersonen-Rentnerhaushalte haben neben den Alleinerziehenden in der ostdeutschen Bevölkerung die höchsten Wohnkosten zu tragen, und ihre überwiegend zu großen Wohnungen (die Mehrheit der Einpersonenhaushalte wohnt in Drei- oder Vier-Zimmer-Wohnungen) werden mit den steigenden Preisen zunehmend zu einer finanziellen Belastung (vgl. Hinrichs 1994: 48). Angesichts der relativ hohen Mietbelastungsquote sind die Rentnerhaushalte auch führend im Wohngeldbezug: 1992 erhielten in den neuen Bundesländern 47% von ihnen Wohngeld, allerdings sank diese Zahl in den vergangenen Jahren aufgrund der Rentenerhöhungen (vgl. Bundesministerium für Raumordnung, Bauwesen und Städtebau 1994: 47); bei einer repräsentativen Befragung gaben 1994 nur 11% der ab 50jährigen an, Wohngeld zu beziehen (vgl. SFZ 1995: 234).

Probleme könnten für ältere Menschen außerdem aus der zunehmenden strukturellen Veränderung des Wohnungsmarktes erwachsen; mit der Privatisierung des besonders günstigen kommunalen Wohnungsbestands (46% der älteren Menschen leben in solchen Wohnungen) können Verdrängungsprozesse in Gang gesetzt werden, wie man sie aus westdeutschen Städten kennt. Da der Großteil der älteren Menschen in Mietwohnungen wohnt (76%) und in der Regel nicht die finanzielle Möglichkeit hat, Wohnungseigentum zu erwerben, ist die Angst vieler älterer Menschen um ihre Wohnung verständlich. Die wenigsten möchten im Alter noch einmal umziehen (vgl. SFZ 1995: 131).

Gesundheit und medizinische Versorgung

Für die Lebenslage im Alter ist der Gesundheitszustand von großer Bedeutung, denn von ihm werden letztendlich die Möglichkeiten zu einer selbständigen Lebensführung bestimmt.

Ein wichtiges Maß für die gesundheitliche Entwicklung ist die Lebenserwartung, die, wie bereits erwähnt, in den neuen Bundesländern niedriger als im Westen liegt. Für den Gesundheitszustand älterer Menschen in Ostdeutschland bedeutet das ein im Vergleich zu Westdeutschland frühzeitiges Eintreten altersbedingter Diabetes-, Krebs- und Herz-Kreislaufkrankheiten. Dazu brachte die Umbruchsituation nach der Wende eine erhebliche Zunahme an Unzufriedenheit und psychosozialen Belastungen mit sich.

Für das Ausmaß des Leidensdrucks, der aus gesundheitlichen Beeinträchtigungen resultiert, ist aber eher die subjektive Einschätzung der Betroffenen ausschlaggebend als die objektiven medizinischen Befunde. Die Mehrheit der ab 50jährigen fühlt sich „gesund und leistungsfähig" bzw. nur „gelegentlich leicht beeinträchtigt" (vgl. SFZ 1995: 148). Die meisten gehen nach der Wende regelmäßiger zum Arzt als früher. Ein Grund dafür könnten der Wegfall langer Wartezeiten auf einen Behandlungstermin sein, aber auch die neuen, ungewohnten und im Vergleich zu früher wesentlich teureren Medikamente, durch die viele das Risiko einer Selbstbehandlung scheuen (vgl. Genz 1994: 95).

Im Zuge der Vereinigung konnten die Ausstattung mit moderner medizinischer Technik und die Versorgung mit Medikamenten verbessert werden, so daß das Gesundheitswesen einer der Bereiche ist, in dem bei den älteren Menschen die Zufriedenheit eher hoch liegt (vgl. SFZ 1995: 156). Dennoch erzeugen der Wegfall der vertrauten Betreuungsformen – wie die Dispensaireeinrichtungen für chronisch Kranke – und die Umstrukturierung der sozialen Betreuung eine hohe Verunsicherung. Die ungewohnte Vielfalt staatlicher, kirchlicher und freier Träger im Gesundheitswesen führt dazu, daß die meisten über die genaue Zuständigkeit für Hilfeleistungen im Unklaren sind (vgl. Schwitzer 1995a: 294ff.). Existenz und Bekanntheitsgrad ambulanter Dienste, Sozialstationen und Pflege von privaten Anbietern sind im Vergleich zu den alten Bundesländern sehr gering und werden entsprechend selten in Anspruch genommen. Der Familie kommt in diesem Zusammenhang eine große Bedeutung zu: die meisten bekommen Hilfe und Unterstützung von Kindern und anderen Angehörigen (78%), von Nachbarn/Freunden (14%) und nur 8% von Sozialstationen, privaten Anbietern oder konfessionellen Einrichtungen (vgl. Schwitzer/Winkler 1993: 137).

Soziale Beziehungen und aktives Älterwerden

Nach der Beendigung der Erwerbstätigkeit reduzieren sich die Kontaktmöglichkeiten vor allem auf Familie und Freundeskreis. Diese Kontaktmöglichkeiten werden bei den ab 50jährigen auch als sehr wichtig eingestuft (vgl. SFZ 1995: 160). Dabei hat die Familie, die schon zu DDR-Zeiten als privater Schutzbereich eine besondere Bedeutung hatte, einen großen Stellenwert. Die Familie ist damit eine von wenigen zentralen Institutionen, die den Systemumbruch offenbar ungeschmälert überstanden haben (vgl. Genz 1995: 315).

Obwohl in einer Studie zur Lebenslage älterer Menschen in Halle/Saale ein Rückgang der Kontakte mit den eigenen Kindern und Enkeln seit 1989 festgestellt wurde (vgl. Genz 1995: 316), sind nach wie vor die Eltern-Kind- und die Großeltern-Enkel-Beziehungen bei den Familienbeziehungen von besonderer Bedeutung. Den häufigsten Kontakt bei den Familienbeziehungen hat die Mehrheit der in Ostdeutschland lebenden älteren Menschen zu den Kindern und Enkelkindern; von den Ledigen haben allerdings rund 40% keine Kinder bzw. Enkelkinder (vgl. SFZ 1995: 163f.). Trotz einzelner Befunde, daß sich der Wunsch nach Verständnis der Kinder für die eigene Situation verstärkt hat (vgl. Genz 1995: 316f.), wird in repräsentativen Studien festgestellt, daß für fast 90% der Befragten die gefühlsmäßigen Beziehungen zur eigenen Familie gleich geblieben oder eher enger, herzlicher geworden sind. Die Beziehungen der älteren Menschen zu anderen Personen (Verwandte, Freunde, Nachbarn, Arbeitskollegen, soweit vorhanden) werden jedoch zu höheren Anteilen als „kühler" eingeschätzt (vgl. SFZ 1995: 160).

Zusätzlich zur steigenden Entfremdung vom weiteren Bekanntenkreis kommt eine spezifische Problemlage der älteren Menschen in Ostdeutschland hinzu: Die DDR war eine Gesellschaft, in der grundlegende Veränderungen kaum vorstellbar waren, alternative Gesellschaftsentwürfe wurden politisch verhindert, Verhaltensmuster entsprachen mehrheitlich der Familientradition, aus der heraus sich auch die politische Einstellung entwickelte. Aus dieser Konformität brachen die jüngeren Jahrgänge aus, was schließlich den Systemwechsel mit herbeiführte. Während etwa die Jugendlichen die Werte und Ziele der Bundesrepublik schnell übernehmen und sich überwiegend gut darin zurecht finden (siehe auch Abschnitt 4.6), bereitet die neue Gesellschaft, in der ihre DDR-Erfahrungen nur bedingt verwertbar sind, für die älteren Menschen teilweise große Probleme (vgl. Genz 1995: 317). Es besteht also eine deutliche Kluft zwischen der Lebenswelt der Älteren in den neuen Bundesländern, die sich in ihren Orientierungen hauptsächlich auf die DDR beziehen, und den jüngeren Ostdeutschen, die sich, genau wie alle westdeutschen Altersgruppen, selbstverständlich in der westeuropäischen Kultur bewegen. Diese Kluft, verbunden mit dem biographischen Bruch seit dem Ende der DDR, unterscheidet die Älteren in Ost- auch von ihren Altersgenossen in Westdeutschland. Winkler (1994: 83) spricht in diesem Zusammenhang von der „rundum versorgten Generation", die es – auf sich selbst gestellt – schwer hat, umzudenken und sich selbst zu organisieren; hinzu kommt abnehmende Flexibilität im Alter.

Das Bedürfnis nach Kontakt zu Gleichaltrigen, das Senioren in Halle äußern, ist von 14,0% im Jahr 1989 auf 62,5% im Jahr 1992 gestiegen (vgl. Genz 1995: 316). Im Wohlfahrtssurvey 1993 geben 29% der über 60jährigen in Ostdeutschland an, sich einsam zu fühlen, während bei 69% enge Freunde vorhanden sind. Diese Werte fallen nicht nur deutlich schlechter aus als die entsprechenden Ergebnisse für Jüngere in Ost und West, sondern auch ungünstiger im Vergleich zu den westdeutschen Gleichaltrigen, dies gilt insbesondere für Frauen. Mit zunehmendem Alter steigt das Risiko der Einsamkeit und des gesellschaftlichen Rückzugs (vgl. Schröder 1995: 13ff.).

In der DDR wurden, zusätzlich zur betrieblichen und örtlichen Sozial-, Wohlfahrts- und Kulturarbeit sowie Vereins- und Verbandsarbeit in Betrieben, von der Volkssolidarität an ältere Menschen Mittagessen zu reduzierten Preisen ausgegeben und stark verbilligte Reisen etc. angeboten (vgl. Winkler 1994: 82f.). Der Wegfall der dadurch ermöglichten nachberuflichen Beziehungen spielt bei dem Gefühl der Vereinsamung der Senioren in Ostdeutschland sicherlich eine Rolle. Für die alten Menschen sind auch die mangelnden Möglichkeiten, neue Freunde zu finden, eine steigende Belastung. Der Wunsch nach Begegnungsstätten spielt nach finanzieller und Pflege-Absicherung bei den in Halle befragten Senioren die bedeutendste Rolle (vgl. Genz 1995: 318).

„Aktives Altern" kennzeichnet eine Ziel- und Wunschvorstellung einer großen Mehrheit der Bevölkerung, entspricht aber auch dem Selbstverständnis älterer Menschen (vgl. Enquete-Kommission „Demographischer Wandel" 1994: 180f.). Aktiv zu bleiben stellt, insbesondere in der Form intensiver Interaktionen mit der sozialen Umwelt, eine der wichtigsten Voraussetzungen für Lebenszufriedenheit im Alter – und damit für „erfolgreiches Altern" – dar. Trotz des Wegfalls von Begegnungsmöglichkeiten verhalten sich Teile der älteren Bevölkerung in den neuen Bundesländern in ihrer Freizeitgestaltung sehr aktiv. Dies ist jedoch bei verschiedenen sozialen Gruppen unterschiedlich: Je höher der Bildungsabschluß der über 60jährigen, um so häufiger wird gelesen, werden kulturelle Veranstaltungen besucht, Weiterbildungsangebote wahrgenommen und künstlerische Beschäftigungen gewählt. Männer sind eher sportlich und außerhäuslich aktiv, Frauen konzentrieren sich eher auf Tätigkeiten im häuslichen und familiären Bereich. Im Vergleich zu Westdeutschen verzichten ostdeutsche Ältere häufiger auf außerhäusliche Aktivitäten (vgl. Schröder 1995: 14; Datenbasis: Wohlfahrtssurvey 1993). Die hauptsächlichen täglichen Aktivitäten der Älteren in den neuen Bundesländern sind Fernsehen, Radio hören und lesen (vgl. Schwitzer/Winkler 1993: 150 und SFZ 1995: 172).

Die Bereitschaft zur Mitarbeit in Organisationen, Verbänden oder Vereinen nimmt bei den ab 50jährigen mit zunehmendem Alter stetig ab. Hauptsächlich organisieren sich die älteren Menschen in sozialen, gemeinnützigen Diensten (insbesondere Volkssolidarität mit 48%), gefolgt von Freizeitinteressen und Gruppeninteressen (Sport, Garten) (vgl. Winkler 1994: 86 und SFZ 1995: 178).

Subjektives Wohlbefinden und Zufriedenheit älterer Menschen

Für das subjektive Wohlbefinden der Menschen gibt es inzwischen routinisierte Erhebungsverfahren (siehe Abschnitt 5.6). Was das Wohlbefinden der älteren Menschen betrifft, so sind die ab 60jährigen in Ostdeutschland deutlich stärker einsam als die jüngeren Ostdeutschen und als ihre Altersgenossen im Westen. Ähnlich ist die Situation bei der Frage nach dem Glücklichsein: 1993 waren 16% der ab 60jährigen in den neuen Bundesländern unglücklich, während es im Westen nur 9% waren (die Werte für die gesamte Bevölkerung ab 18 Jahre betragen in Ostdeutschland 13% und in Westdeutschland 5%). Die gleichen Ergebnisse lassen sich in bezug auf andere Merkmale subjektiven Wohlbefindens feststellen: Es klagen ostdeutsche Ältere häufiger über Ängste und Sorgen als andere ostdeutsche Altersgruppen und als gleichaltrige Westdeutsche, und sie geben häufiger an, sich in den derzeitigen komplizierten Verhältnissen nicht zurechtzufinden. Dies kann als Anzeichen von Anomie, die durch den beschleunigten gesellschaftlichen Wandel hervorgerufen wurde, interpretiert werden (vgl. Habich/Spellerberg 1994: 423f.).

Während sich die älteren Menschen in den neuen Bundesländern subjektiv weniger wohl fühlen, ist ihre Zufriedenheit mit verschiedenen Lebensbereichen eher höher als im ostdeutschen Durchschnitt, wenn auch im allgemeinen geringfügig niedriger als die der gleichaltrigen westdeutschen Bevölkerung, wie dies auch für die anderen Altersgruppen gilt (siehe Abschnitt 5.6). Zufriedener sind sie in den Bereichen Ehe/Partnerschaft, Wohngegend, Arbeitsteilung, Freizeit, Einkommen, Kirche und Umweltschutz, außerdem auch mit ihrer Wohnung. Die Gesundheit ist der einzige Lebensbereich, bezüglich dessen die über 60jährigen deutlich weniger zufrieden sind als die jüngeren Altersgruppen (vgl. Habich 1994b: 431ff.).

Insgesamt stellt die wahrgenommene Lebensqualität der Älteren in Ostdeutschland eine Mischung aus Deprivationen im Hinblick auf das eigene Wohlbefinden und positiven Akzenten im Hinblick auf die eigenen Lebensbereiche dar, die der westdeutschen Konstellation im Grundsatz nicht unähnlich ist, aber weit negativere Ausprägungen aufweist.

Alles in allem läßt sich resümieren: Die Älteren in Ostdeutschland wurden durch die Übertragung der westdeutschen sozialen Sicherung materiell recht gut gestellt, sind aber diejenigen, die den größten Teil ihres Lebens in einem Gesellschaftssystem verbracht haben, dessen Ablehnung durch die überwältigende Mehrheit der ostdeutschen Bevölkerung mit der Wende manifest wurde. Ein Teil der älteren Menschen begreift daher die 40 Jahre DDR für sich als „verlorene" Jahre, ohne jedoch wie die Jüngeren die Chance zu einem Neuanfang zu haben.

4.6 Jugendliche

Die Jugendphase ist der Lebensabschnitt zwischen Kindheit und Erwachsenenalter, in dem die Rollen erwachsener Gesellschaftsmitglieder in verschiedenen zentralen Bereichen (z.B. Berufstätigkeit, Familienbildung etc.) schrittweise übernommen werden (vgl. Hurrelmann 1995: 49).[128] Jugend als Lebensphase wird jeweils durch kulturelle und ökonomische Vorgaben der Gesellschaft definiert und konstituiert (vgl. Friebel 1983: 20). Deshalb ergeben sich für die Jugend unter verschiedenen gesellschaftlichen Bedingungen unterschiedlich typische Entwicklungsverläufe. Die Jugendlichen, die in diesem Abschnitt beschrieben werden sollen, haben ihre überwiegende Lebenszeit in einem sozialistischen Staat verbracht und erwerben erst in jüngerer Zeit Erfahrungen in einem anderen gesellschaftlichen System. Da die kultu-

---

128 Hierin werden im allgemeinen eingeschlossen: die berufliche Rolle, die interaktivpartnerschaftliche Rolle, die Rolle als Kulturbürger und die Rolle als politischer Bürger (vgl. Hurrelmann 1995: 42).

relle und ökonomische Situation in der DDR und in der Bundesrepublik grundlegend verschieden war, unterschied sich auch die Jugend in beiden Teilen deutlich, und diese Gegensätze sind auch im Transformationsprozeß noch vorhanden. Die Jugend in der DDR verlief weitgehend nach vorgegebenen Mustern und stellte eine recht kurze, überschaubare Lebensphase dar; im Westen ist die Jugendphase weitgehend *entstrukturiert*, d.h. die Übernahme der verschiedenen gesellschaftlichen Erwachsenenrollen erfolgt zum Teil in deutlichem zeitlichen Abstand (vgl. Olk 1985). Aber auch in der DDR war gegen Ende der achtziger Jahre eine Entstrukturierung festzustellen.

In der Regel werden in Untersuchungen die 13-25jährigen (und gegebenenfalls älteren) als „Jugendliche" bezeichnet (vgl. Schäfers 1994: 30). Die Jugendphase gilt als beendet, wenn in allen Teilrollen der Erwachsenenstatus erreicht ist. Es werden im allgemeinen zwei weitere Merkmale zur Definition von Jugend herangezogen. Als Übernahme des Erwachsenenstatus – und damit Abschluß der Jugendphase – wird einerseits der Eintritt in das Erwerbsleben und die damit verbundene Übernahme der Berufsrolle; andererseits die Heirat oder feste Partnerbindung gewertet. In bezug auf die beiden Indikatoren unterscheiden sich junge Menschen in Ost- und Westdeutschland deutlich.[129]

Erwerbsbeteiligung und Arbeitsmarkt

Jugendliche in Ost- und Westdeutschland sind zu sehr unterschiedlichen Anteilen am Erwerbsleben beteiligt (siehe Tabelle 4.6.1).

Es läßt sich trotz einiger Schwankungen in allen Studien ein höherer Anteil von Schülern und Studierenden im Westen feststellen, während überwiegend der Anteil der Berufstätigen im Osten über demjenigen im Westen liegt (siehe Tabelle 4.6.1; zur Ungleichheit der Bildung siehe Abschnitt

---

129 Die hier gemachten Aussagen und Ausführungen beruhen vor allem auf Ergebnissen verschiedener empirischer Studien. Es handelt sich hierbei um die Shell-Jugendstudie 92, die vom Deutschen Jugendinstitut 1992 durchgeführte Studie „Jugend und Politik", die Jugendstudie der Konrad-Adenauer-Stiftung von 1991/1992, die IPOS-Jugendstudie 1993, die IBM-Jugendstudien von 1992 und 1995 sowie Studien des Zentralinstituts für Jugendforschung Leipzig (ZIJ) von 1990. Da es, wie oben ausgeführt, keine eindeutig operationalisierbare Definition des soziologischen Konzepts der Jugend gibt, liegen den Studien jeweils sehr unterschiedliche Befragtengruppen zugrunde (siehe Anhang). Aufgrund der Differenzen zwischen den Grundgesamtheiten der Jugendstudien sind ihre Ergebnisse nur eingeschränkt miteinander vergleichbar. Nicht zu allen relevanten Themenbereichen wurden in jeder der zur Verfügung stehenden Studien Fragen gestellt. Soweit aus mehreren Studien in etwa vergleichbare Ergebnisse vorhanden waren, wurden diese zu einer (Zeit-)Reihe zusammengestellt.

314   Die Entwicklung der Lebenslagen ausgewählter Gruppen

3.2.4). Die Arbeitslosenanteile variieren zwar zwischen einzelnen Studien stark, was mit den unterschiedlichen zugrundeliegenden Altersgruppen zu tun haben könnte; der Anteil der arbeitslosen Jugendlichen im Osten liegt jedoch in allen Erhebungen höher als im Westen.[130]

Tabelle 4.6.1: Beteiligung Jugendlicher am Erwerbsleben – in %

	Ost				West			
	Adenauer 91/92	Shell 92	IBM 92	IPOS 93	Adenauer 91/92	Shell 92	IBM 92	IPOS 93
Schule/Hochschule	30,2	35	50,4	26	43,6	37	54,0	31
Ausbildung	15,4	6	19,7	12	15,4	11	20,0	18
Beruf	40,1	44	20,2	57	29,1	41	20,5	52
arbeitslos	9,1	12[a)]	3,4		2,8	3	1,4	
sonstige	5,2				9,1			

Anmerkung: a) Zu „arbeitslos" wurde auch Kurzarbeit 0 Stunden (3%) gerechnet.

Quelle: Veen 1994: 49 (eigene Berechnungen), Institut für Empirische Psychologie 1992: Tabelle D, Jugendwerk der Deutschen Shell 1992: 208f. und Bundesministerium für Familie, Senioren, Frauen und Jugend 1994: 44.

Dies deckt sich nicht vollständig mit der Arbeitslosenstatistik (vgl. Bundesanstalt für Arbeit 1996: 181), wonach Ende September 1995 die Arbeitslosenquote der unter 20jährigen im Westen bei 8,4%, im Osten dagegen nur bei 7,5% lag. Bei den 20-24jährigen war zu diesem Zeitpunkt die Arbeitslosenquote im Osten mit 14,4% jedoch deutlich höher als im Westen mit 9,4%.

Unter Berücksichtigung des Ausbildungsstellenmarktes ergibt sich jedoch eine im Vergleich zum Westen deutlich schlechtere Situation in Ostdeutschland: Obwohl 1996 auch in Westdeutschland weniger offene Lehrstellen als Bewerber gezählt wurden, ist die Situation Ende Juni 1996 mit 88.000 Bewerbern auf 13.000 offene Ausbildungsstellen in Ostdeutschland gravierend schlechter (vgl. Frankfurter Rundschau vom 30.7.1996: 5). Dieses Mißverhältnis zwischen gewünschten und angebotenen betrieblichen Ausbildungsstellen hat sich seit dem Beratungsjahr 1990/91 bis zum Beratungsjahr 1994/95 von 23.362 stetig auf 71.563 fehlende Ausbildungsstellen gesteigert (vgl. Bundesanstalt für Arbeit 1996: 185; eigene Berechnungen). Für das Beratungsjahr 1995/96 wird sogar mit 111.000 fehlenden Lehrstellen gerechnet (vgl. Frankfurter Rundschau vom 11.4.1996: 13). Der Lehrstellenmangel stellt also ein Problem dar, das in Ostdeutschland deutlich schwerer wiegt als im Westen.

---

130 Die Angst vor Arbeitslosigkeit war im Osten unter den Jugendlichen durchgängig stärker verbreitet als im Westen, ist aber in beiden Landesteilen von 1992 bis 1995 deutlich angestiegen.

Jugendliche 315

Familienbildung und Alleinlebende

Auch bei der Familienablösung bzw. der Gründung einer eigenen Familie gibt es deutliche Unterschiede zwischen ost- und westdeutschen Jugendlichen (siehe Tabelle 4.6.2). Während der Anteil der Jugendlichen, die in einer festen Partnerschaft leben, in beiden Landesteilen ungefähr gleich hoch ist, sind in den neuen Bundesländern mehr Jugendliche verheiratet und auch geschieden als in den alten Bundesländern. Dies dürfte vor allem durch die deutlich früheren Eheschließungen in der DDR begründet sein, denn 1989 lag das durchschnittliche Alter bei Erstheiraten in Ostdeutschland für Männer bei 25,3 (West: 28,2) und für Frauen bei 23,2 (West: 25,7) (vgl. Statistisches Bundesamt 1992a: 75 und Dorbritz/Menning 1992: 6).[131] Dementsprechend ist der Anteil der Jugendlichen ohne festen Partner in den alten Bundesländern in nahezu allen Studien deutlich höher.

Tabelle 4.6.2: Partnerbindung Jugendlicher – in %

	Ost				West			
	Adenauer 91/92		DJI 92		Adenauer 91/92		DJI 92	
	m	w	m	w	m	w	m	w
ledig/ohne feste/n Partner/in	54	36	69,3	53,1	52	41	75,6	63,9
mit festem Partner/in	33	40	9,6	12,2	35	42	11,1	11,3
verheiratet	10	20	18,9	29,1	3	8	12,0	21,6
verwitwet/geschieden/getrennt	1	2	2,2	5,6	–	1	1,3	3,2
fehlende Werte	2	2	–	–	10	8	–	–

Quelle: Veen 1994: 44 und Gille/Kleinert/Ott 1995: 29.

Beim Auszug von Zuhause und der Gründung eines eigenen Hausstandes zeigen sich keine eindeutigen Unterschiede zwischen Ost- und Westdeutschland; allgemein wird die Gleichzeitigkeit von Ablösung vom Elternhaus und Auszug aufgelöst. So ergibt die Adenauer-Studie für Ost und West gleiche Anteile von Jugendlichen, die bei den Eltern leben. In den neuen Bundesländern wohnen mehr Jugendliche mit Freund/in oder Partner/in zusammen als in den alten, der Anteil der Alleinlebenden ist in den alten Bundesländern höher als in den neuen.[132] Somit hat der Trend zur „Single-Gesellschaft" die ostdeutschen Jugendlichen weniger erfaßt als die westdeutschen (vgl. Hradil 1995a).

---

131 Diese Situation verändert sich stark; durch die Abnahme von Eheschließungen und Scheidungen sowie den dramatischen Geburtenrückgang läßt sich eine deutliche Angleichung der „Abläufe" von Familienbildung zwischen ost- und westdeutschen Jugendlichen feststellen.
132 Ähnliche Ergebnisse finden Golz und Heller (1996: 21) für Jugendliche in Neubrandenburg.

Freizeitaktivitäten

Konsum- und Freizeitorientierungen spielen neben Kontakten mit Gleichaltrigen eine bedeutende Rolle im Jugendalter. Für alle befragten Jugendlichen haben Freizeitaktivitäten mit Freunden und Bekannten eine seit den sechziger Jahren stark gestiegene Bedeutung (vgl. Allerbeck/Hoag 1985), dies jedoch im Westen stärker als im Osten, wo diese Entwicklung nachgeholt wird.

Insgesamt läßt sich feststellen, soweit dies aufgrund der doch recht geringen Unterschiede überhaupt möglich ist, daß die westdeutschen Jugendlichen in ihrer Freizeit am liebsten Dinge tun, die im allgemeinen mit anderen (Jugendlichen) zusammen getan werden (Freunde/Bekannte, Disco/Kneipe, Sport), während die Anteile der ostdeutschen Jugendlichen höher liegen bei Beschäftigungen, die überwiegend allein oder zumindest häuslich oder im familialen Rahmen ausgeübt werden (Musik hören, Fernsehen, Auto/Motorrad, Computer) (vgl. Jugendwerk der Deutschen Shell 1992: 123ff. und Institut für Empirische Psychologie 1995b: Tabelle 75).[133]

Konfession und Kirchgang

Ein Merkmal, in dem sich die Jugendlichen in Ost- und Westdeutschland deutlich unterscheiden, ist die Konfessionszugehörigkeit (siehe Tabelle 4.6.3).

Tabelle 4.6.3: Konfessionszugehörigkeit Jugendlicher – in %

	Ost			West		
	Shell 92	DJI 92	IBM 95	Shell 92	DJI 92	IBM 95
katholisch	4	3,3	3,8	45	37,7	43,4
evangelisch/protestantisch	13	24,7	18,8	42	48	32,5
andere Religionen	2	0,4	1,6	2	1,4	10,1[a)]
keine	81	71,6	75,8	11	12,8	13,6

Anmerkung: a) Davon Islam: 5,2 (Ausländeranteil der Befragten im Westen 21,7%).
Quelle: Jugendwerk der Deutschen Shell 1992: 151, Hoffmann-Lange 1995a: 19 und Institut für Empirische Psychologie 1995b: Tabelle H.

Hier wirken sich die unterschiedlichen Umgangsweisen von DDR und Bundesrepublik mit Religion und Konfessionszugehörigkeit von Staatsbürgern aus. Während im Osten die aktive Teilnahme am kirchlichen Leben zum Teil negative Konsequenzen für die betroffenen Jugendlichen hatte, ist das per-

---

[133] Diese Befunde decken sich mit den von Gensicke (1993: 181ff.) festgestellten Unterschieden in den Wertorientierungen bei West- und Ost-Jugendlichen, wonach Jugendliche im Westen mehr auf Freunde und Privatheit Wert legen, während Jugendliche im Osten stärker familienorientiert sind.

sönliche Engagement in der Kirche in der Bundesrepublik – was staatliche Eingriffe anbetrifft – folgenlos.

Die Jugendlichen in den neuen Bundesländern sind überwiegend ohne Konfession. Bemerkenswert erscheint bei starkem Festhalten an der kirchlichen Tradition der deutliche Anteil der Konfessionslosen im Westen. Vielleicht ist die Konfessionszugehörigkeit eines der wenigen soziodemographischen Merkmale, bezüglich dessen sich der Westen dem Osten, von völlig verschiedenen Ausgangsniveaus aus, annähern wird.

Die Kirchgangshäufigkeit der west- und ostdeutschen Jugendlichen unterscheidet sich nicht mehr so auffallend wie die Konfessionszugehörigkeit (vgl. Jugendwerk der Deutschen Shell 1992: 152). Die ostdeutschen Jugendlichen gehen zwar zu einem sehr großen Anteil gar nicht in die Kirche; die westdeutschen Jugendlichen stehen ihnen aber mit drei Vierteln Nicht-Kirchgängern kaum nach. Es ist anzunehmen, daß sich auch in diesem Punkt das Verhalten der westdeutschen Jugendlichen eher dem der ostdeutschen Jugendlichen annähern wird als umgekehrt.

Beurteilungen der Vereinigung

Nach der Beschreibung objektiver Merkmale der Lebenslage Jugendlicher in Deutschland soll nun auf die Einschätzungen und Beurteilungen verschiedener Aspekte durch die Jugendlichen selbst eingegangen werden.

Die befragten Ost-Jugendlichen haben Wende und Vereinigung bewußt miterlebt. Für sie hat sich aufgrund des unterschiedlichen Schul- und Ausbildungssystems *direkt* und über die Auswirkungen des Umbruchs auf ihre Eltern und ihr Umfeld *indirekt* sehr viel verändert; für die westdeutschen Jugendlichen ist hingegen praktisch alles gleich geblieben. Einen biographischen Bruch – wie bei den Kindern und Jugendlichen in den neuen Bundesländern, für die die Wende generationsbildend war (vgl. Behnken u.a. 1991) – haben sie nicht erlebt. Ob die ostdeutschen Jugendlichen diesen Bruch als eher positiv oder eher negativ beurteilen, kann man auch an ihrer Beurteilung der DDR und der Vereinigung ablesen. Zu beiden Fragestellungen gibt es Zeitreihen, aus denen sich eine überwiegend positive Einschätzung ablesen läßt.

Bei der Beurteilung der DDR (siehe Tabelle 4.6.4) ist zwischen beiden Erhebungszeitpunkten – zwei bzw. fünf Jahre nach der Vereinigung – für alle Jugendlichen der Anteil derer gestiegen, die keine erhaltenswerten Gegebenheiten in der DDR feststellen können. Während dieser Anteil mit ca. 40% in den alten Bundesländern schon 1992 recht hoch lag, ist der Anstieg in den neuen Bundesländern von knapp 4% auf 12% höher. Gleichzeitig haben sich die Anteile derjenigen befragten Jugendlichen verringert, die einige oder viele erhaltenswerte Gegebenheiten sehen. Mit zunehmendem Abstand wird die DDR von den Jugendlichen also keinesfalls glorifiziert, sondern die Beurteilung fällt stattdessen negativer aus.

Tabelle 4.6.4: Beurteilung der DDR durch Jugendliche – in %

Erhaltenswerte Gegebenheiten	Ost		West	
	IBM 1992	IBM 1995	IBM 1992	IBM 1995
Nein, überhaupt keine	3,7	11,9	38,2	42,5
Ja, einige schon	72,4	68,4	54,1	51,1
Ja, viele	23,2	19,2	5,5	4,8
Keine Angabe	0,7	0,5	2,2	1,6

Frage: „Glaubst Du, daß es in der DDR Gegebenheiten gab, die erhaltenswert gewesen wären?"

Quelle: Institut für Empirische Psychologie 1992: Tabelle 4.2.1 und 1995b: Tabelle 5.

Tabelle 4.6.5: Beurteilung der Vereinigung durch Jugendliche – in %

	Ost				West	
	ZIJ Nov. 89	ZIJ Feb. 90	ZIJ Jun. 90	ZIJ Sep. 90	Shell 92	Shell 92
sehr dafür	14	39	43	39	24	21
eher dafür als dagegen	31	39	38	43	38	33
unentschieden	–	–	–	–	23	24
eher dagegen als dafür	28	16	17	14	13	17
sehr dagegen	27	6	2	4	3	4

Frage: „Wie stehen Sie zu einer Vereinigung von DDR und BRD", vier Antwortkategorien (ZIJ), „Wie stehst Du zur Vereinigung von ehemaliger DDR und alter Bundesrepublik von heute aus gesehen?", fünf Antwortkategorien (Shell).

Quelle: ZIJ-Befragung von 15-24jährigen Ostdeutschen (zit. nach Veen 1994: 14) und Jugendwerk der Deutschen Shell 1992: 123.

Im Hinblick auf die Vereinigung (siehe Tabelle 4.6.5) lassen sich seit November 1989 insgesamt steigende Zustimmungsraten feststellen. Während damals nur 14% der befragten Jugendlichen in der DDR „sehr" für eine Vereinigung waren, stieg dieser Wert schon im Februar 1990 auf 39%, wo er sich im Verlauf des Jahres einpendelte. Auch der Anteil derjenigen, die eher dafür als dagegen waren, stieg von 31% im November 1989 auf 43% im September 1990. Bei der entsprechenden Befragung 1992 – also nach der Vereinigung – fällt die Zustimmung spürbar zurückhaltender aus. Allerdings war hier eine weitere Antwortkategorie, nämlich „unentschieden", vorgegeben. Für diese entschied sich in Ost und West ein knappes Viertel der befragten Jugendlichen. Überhaupt ist die Verteilung auf die Antwortkategorien in beiden Landesteilen recht ähnlich, wobei die Zustimmung zur Vereinigung im Osten ein wenig höher liegt.

Dieser Trend bestätigt sich bei der im DJI-Jugendsurvey gestellten Frage zu den Vor- und Nachteilen der Vereinigung für die befragten Jugendlichen. In Tabelle 4.6.6 zeigt sich deutlich, daß die Jugendlichen in den neuen Bundesländern zum überwiegenden Teil Vorteile für sich wahrnehmen, während im Westen der größte Teil der Befragten feststellt, daß sich für sie keine Veränderung ergeben hat. Insgesamt überwiegen für das persönliche Leben der Befragten im Osten die Vorteile bzw. Vor- und Nachteile (zusammen drei Viertel der Befragten), während im Westen von drei Vierteln der Befragten keine Veränderung oder überwiegend Nachteile konstatiert werden.

Tabelle 4.6.6: Beurteilung der Auswirkungen der Vereinigung durch Jugendliche – in %

	Ost DJI 1992	West DJI 1992
eher Vorteile	44,9	13,1
eher Nachteile	19,4	27,0
Vor- und Nachteile	31,4	12,7
keine Veränderung	4,3	47,2

Frage: „Wenn Sie die Vorteile und Nachteile der deutschen Vereinigung für Ihr persönliches Leben abwägen, überwiegen dann eher die Vorteile oder eher die Nachteile?"
Quelle: Bütow 1995: 91.

Es läßt sich also festhalten, daß sich für die Jugendlichen in den neuen Bundesländern deutliche Veränderungen ihres persönlichen Lebens ergeben haben, die jedoch überwiegend positiv beurteilt werden. Die Vereinigung wird von weniger als einem Fünftel der Jugendlichen abgelehnt, erhaltenswerte Gegebenheiten der DDR werden 1995 weniger gesehen als noch 1992. In dieser Hinsicht haben die Jugendlichen den Systemwechsel anders als andere Altersgruppen, wie z.B. die über 50jährigen, relativ gut gemeistert. Die meisten haben ihn akzeptiert und sich damit arrangiert, wenn auch ein gewisser Anteil „reserviert" ist.

Beurteilungen der Politik

Mit der Akzeptanz des politischen Systems geht jedoch nicht automatisch das Vertrauen in politische Institutionen einher. Zur Jugendphase gehört auch die Übernahme der Rolle als politischer Bürger, d.h. auch die Herausbildung eigener politischer Ansichten, Beurteilungen und Aktivitäten. Interesse und Einstellungen zur Politik sollen nun näher beleuchtet werden. Das Vertrauen in „die Politik" bzw. „daß der Staat das Richtige für die Bürger tut", ist unter den Jugendlichen in beiden Landesteilen nicht sehr stark ausgeprägt. So drücken jeweils ca. 30% der Befragten im Westen aus, daß sie in beiden Punkten Vertrauen haben, während dies im Osten nur 22% bzw. 25,7% sind; gleichzeitig bringt ein gutes Drittel bis die Hälfte der Befragten ihr Mißtrauen zum Ausdruck (vgl. Veen 1994: 29 und Krüger 1995: 259f.).

Dies ist der Fall, obwohl über die Hälfte der Jugendlichen Interesse an Politik äußert (vgl. Jugendwerk der Deutschen Shell 1992: 155 und Schneider 1995: 280). Gleichgültigkeit diesem Thema gegenüber kann also nicht die Ursache für mangelndes Vertrauen sein. Eher wollen sich die Jugendlichen nach den obligatorischen politischen Aktivitäten zu DDR-Zeiten nicht mehr organisieren (vgl. Pogundke 1991: 209). Hier lassen sich also Defizite bei der Übernahme der Erwachsenenrolle feststellen.

Die Aktivitäten der Regierung bzw. des Staates für die Jugend werden von den Jugendlichen, insbesondere in den neuen Bundesländern, recht negativ beurteilt. So antworten auf die Frage „Glaubst Du, daß vom Staat genug für die Jugend getan wird?" über 70% der Ost-Jugendlichen mit einem eindeutigen „nein"; dies ist auch in der IBM-Studie der Fall, in der eine mit einem knappen Viertel der Befragten ebenfalls recht stark besetzte „weiß nicht"-Kategorie angegeben war. Im Westen liegt die positive Beurteilung höher, bleibt aber gleichwohl höchstens bei 37% der Befragten (siehe Tabelle 4.6.7).

Tabelle 4.6.7: Beurteilung der Regierung/des Staates durch Jugendliche – in %

	Ost		West	
	Shell 92	IBM 92	Shell 92	IBM 92
ja	22	3,8	37	16,7
nein	78	71,1	63	51,5
weiß nicht	–	23,9	–	31,4
keine Angabe	–	1,2	–	0,4

Fragen: „Glaubst Du, daß von der Regierung (Shell)/vom Staat (IBM 92) genug für die Jugend getan wird?"
Quelle: Jugendwerk der Deutschen Shell 1992: 155 und Institut für Empirische Psychologie 1992: Tabelle 3.2.

Die Jugendlichen konstatieren also ein Handlungsdefizit der Regierung bzw. des Staates. Diese Ergebnisse erscheinen, vor allem in den neuen Bundesländern, alarmierend. Hier ist zwar die Vereinigung an sich gut bewältigt worden, die Erwartungen der Jugendlichen an den Staat und die Regierung werden aber bei weitem nicht erfüllt. Dies kann auf zweierlei Problemlagen hinweisen: Einerseits ist denkbar, daß es wirklich zu wenige staatliche Aktivitäten gibt (die von den Jugendlichen wahrgenommen werden), andererseits besteht die Möglichkeit, daß die Jugendlichen in den neuen Bundesländern

Jugendliche 321

weit höhere Erwartungen an staatliches Handeln im Jugendbereich artikulieren, als erfüllt werden (können).[134]

Die Aktivitäten des Bundes, die den Jugendlichen zugute kommen sollten, bezogen sich auf verschiedene Bereiche: So wurden Arbeitsplätze im Bereich der Kinder- und Jugendhilfe und Sozialen Dienste durch staatliche Maßnahmen geschaffen und unterstützt (ca. 20.000 ABM-Stellen, 18.000 geförderte Personen nach §249h des Arbeitsförderungsgesetzes). Außerdem wurden zum Aufbau freier Träger der Jugendhilfe 1991 im Rahmen des Bundesjugendhilfeplans zusätzlich 48 Mio. DM bereitgestellt. 1992 wurde für das „Jugendpolitische Programm des Bundes für den Aus- und Aufbau von Trägern der freien Jugendhilfe in den neuen Bundesländern" (AFT) mit den drei Programmteilen (1) Förderung örtlicher Projekte, (2) Beratung durch 100 Kontaktstellen und (3) 50 Tutoren sowie Motivierung, Qualifizierung und Fortbildung mit einem Volumen von 50 Mio. DM aufgelegt. 1993 wurden die Programmteile (2) und (3) mit gewissen Abstrichen fortgeführt.

Von 1992 bis 1994 wurde das „Aktionsprogramm des Bundes gegen Aggression und Gewalt in den neuen Bundesländern" (AgAG) finanziert. 1992 standen dafür 20 Mio. DM zur Verfügung. Es wird jedoch kritisiert, daß Sonderprogramme für vermeintlich problematische Teilgruppen der Jugendlichen aufgelegt werden, statt schwerpunktmäßig flächendeckende Angebote für den Großteil der Jugendlichen zu schaffen (vgl. Olk 1995: 111).

Empirische Studien belegen, daß die größere Unzufriedenheit der ostdeutschen Jugendlichen mit Freizeit- und Jugendarbeitsangeboten einhergeht mit einem deutlich schlechteren Angebot im Vergleich zum Westen (vgl. Bundesministerium für Familie, Senioren, Frauen und Jugend 1994: 61 und 91f.).

Nach der Feststellung, daß bei vorhandenem politischen Interesse das Vertrauen in den Staat, insbesondere in bezug auf die Jugend, nicht sehr ausgeprägt ist, soll die Bindung der befragten Jugendlichen an das parteipolitische Spektrum dargestellt werden. Angesichts der obigen Ergebnisse verwundert es nicht, daß – soweit vorgegeben – keine der politischen Parteien sehr hohe Anteile erzielt (vgl. Jugendwerk der Deutschen Shell 1992: 155, Hoffmann-Lange 1995b: 185, Veen 1994: 96 sowie Institut für Empirische Psychologie 1995a: 109). Die Anhängerschaft von SPD und CDU unter den

---

134 Während in der DDR praktisch sämtliche Institutionen staatlich gelenkt waren und insbesondere Kinder und Jugendliche intensiv durch staatliche Einrichtungen und Angebote betreut wurden (von Krippen über Pioniere zu FDJ), sind es im Westen eher freie Verbände, die im Bereich der Jugendarbeit aktiv sind. Doch in Ostdeutschland sind einerseits die ursprünglichen, staatlichen Einrichtungen praktisch vollständig weggebrochen, während sich andere Organisationsformen noch im Aufbau befinden. Hier spielen insbesondere die Schwierigkeiten bei der Konstitution einer jugendverbandlichen Jugendarbeit eine Rolle.

Jugendlichen in den neuen Bundesländern hat im Zeitverlauf deutlich abgenommen, die PDS hat stark zugelegt – 1995 liegt sie mit SPD und CDU gleichauf bei 16%. Die FDP hat praktisch völlig an Bedeutung verloren. Auch Bündnis 90/Die Grünen haben von einem hohen Ausgangsniveau 1992 von über 20% bis 1995 auf nur 12% deutlich verloren. Enttäuschte Erwartungen an Regierung und Staat (siehe oben) könnten hierfür eine Ursache sein. Die Jugendlichen in beiden Landesteilen, insbesondere jedoch in den neuen Bundesländern, fühlen sich durch die traditionellen Parteien zu hohen Anteilen nicht vertreten.

Einstellung zu Ausländern

Zwei Themenbereiche, die in der Öffentlichkeit besondere Aufmerksamkeit erfahren, zu denen es viele Untersuchungen gibt, und die auch Aufschluß über besondere, evtl. problematische Entwicklungen in den neuen Bundesländern geben können, sind die Einstellungen zu Ausländern und die Gewaltbereitschaft unter Jugendlichen. In der DDR gab es eine gänzlich andere Entwicklung in bezug auf Ausländer als in der Bundesrepublik. Die Ausländeranteile an der Bevölkerung waren immer sehr gering, und bei den wenigen vorhandenen Ausländern handelte es sich überwiegend um „Leiharbeiter" auf der Grundlage bilateraler Regierungsabkommen (vgl. Geißler 1992: 163). Ihre Aufenthaltsdauer in der DDR war von vornherein begrenzt und Integration nicht angestrebt. So lebten die Ausländer, es handelte sich zum größten Anteil um Vietnamesen und Polen, unter schlechten Bedingungen in den ihnen zugewiesenen Wohnungen und kamen praktisch nicht in Kontakt mit den DDR-Bürgern. Auch heute ist der Anteil der Ausländer in den neuen Bundesländern marginal (siehe Abschnitt 3.2.7).

Unter den Jugendlichen wurde die Einstellung zu Ausländern anhand verschiedener Statements erhoben (siehe Tabelle 4.6.8). Der Aussage, daß es in Deutschland genug Ausländer gebe und keine weiteren hinzukommen sollten, stimmten 1992 in den neuen Bundesländern fast zwei Drittel der befragten Jugendlichen zu. Damit liegt die Distanz zu Ausländern in den neuen Bundesländern in diesem Punkt deutlich über der in den alten Bundesländern.

Bei der Zustimmung zu der Aussage, daß Ausländer das Wahlrecht erhalten sollen, wenn sie länger hier leben, sind keine Unterschiede zwischen West und Ost festzustellen. Jeweils gut die Hälfte der befragten Jugendlichen sprechen sich dafür aus. In der ebenfalls 1992 durchgeführten DJI-Untersuchung ist die Einstellung von Jugendlichen, was die Gewährung von Rechten für Ausländer angeht, wiederum in beiden Teilen Deutschlands, ungefähr gleich (siehe Tabelle 4.6.9). Bei dieser Fragestellung sind West- und

Jugendliche 323

Ost-Jugendliche zu 40% „ausländerfeindlich" und nur zu einem guten Fünftel „ausländerfreundlich".

Tabelle 4.6.8: Zustimmung Jugendlicher zu Aussagen über Ausländer – in %

	Ost IBM 92	West IBM 92
Es gibt genug Ausländer in Deutschland, es sollten keine weiteren hinzukommen.	61,6	48,6
Ausländer sollten das Wahlrecht haben, wenn sie länger hier leben.	52,4	52,6

Anmerkung: Befragte nur Deutsche.
Quelle: Institut für Empirische Psychologie 1992: Tabelle 4.2.1.

Anhand eines aus den verschiedenen Aussagen konstruierten Index lassen sich in den neuen Bundesländern mehr als doppelt so viele „ausländerfeindliche" wie „ausländerfreundliche" Einstellungen feststellen, nämlich 37,4% zu 17,4% (vgl. Westle 1995: 227).

Tabelle 4.6.9: Haltungen Jugendlicher gegenüber Ausländern – in %

	DJI 92			
	Ost		West	
	„feindlich"	„freundlich"	„feindlich"	„freundlich"
Wenn Arbeitsplätze knapp werden, sollte man die Ausländer wieder in ihre Heimat zurückschicken	41,3	26,7	26,1	45,6
Ausländer sollten in allen Bereichen die gleichen Rechte haben wie die Deutschen	40,3	22,1	42,1	22,4
Ich bin für die Anwesenheit von Ausländern in Deutschland, weil sie unsere Kultur bereichern	39,2	22,1	27,1	32,9
Es wäre am besten, wenn alle Ausländer Deutschland verlassen würden	21,0	49,6	14,1	62,9

Anmerkung: Zustimmung auf einer Skala von 1 bis 6. Ausländerfeindlich: Werte 5 und 6; ausländerfreundlich: Werte 1 und 2. Die mittlere Position ist nicht ausgewiesen.
Quelle: Westle 1995: 227.

Wie aus Tabelle 4.6.9 hervorgeht, ist die negative Einstellung gegenüber Ausländern bei Jugendlichen in den neuen Bundesländern überwiegend deutlicher ausgeprägt als im Westen. Dies mag auch daran liegen, daß in den neuen Bundesländern das Zusammenleben und die alltäglichen Erfahrungen mit Ausländern nicht in dem Ausmaß und in der Selbstverständlichkeit gegeben sind wie im Westen. Vielleicht sinken die Vorbehalte gegen Ausländer in dem Maße, in dem Kontakte mit Ausländern selbstverständlicher werden. Es kann jedoch durchaus sein, daß Teile der Jugendlichen – insbesondere diejenigen, die wenig Optimismus und eine geringe Lebenszufriedenheit erfahren – in der Ausländerfeindlichkeit ein Ventil für eigene Frustrationen sehen (vgl. Kühnel 1995).

Gewaltbereitschaft

In den neuen Bundesländern sind hohe Anteile von Straftaten mit rechtsextremistischem Hintergrund zu verzeichnen (vgl. Bundesministerium für Familie, Senioren, Frauen und Jugend 1994: 189). Ein in diesem Zusammenhang viel diskutiertes Thema ist die Gewaltbereitschaft von Jugendlichen. So wird von Teilen der in Umfragen befragten Jugendlichen die Inkaufnahme von Gewaltanwendung bei der Teilnahme an politischen Aktionen befürwortet (siehe Tabelle 4.6.10). Diese Anteile sind allerdings in beiden Teilen Deutschlands gering; in der Adenauer-Studie ist der Anteil der hierzu bereiten Jugendlichen in den neuen Bundesländern nur wenig höher als in den alten Bundesländern. Der DJI-Jugendsurvey, in den über 7.000 Jugendliche einbezogen waren, zeigt jedoch deutlichere Unterschiede in bezug auf Gewaltbereitschaft zwischen den Jugendlichen in Ost- und Westdeutschland. Während im Westen jeweils ca. 7% der Befragten sowohl Gewalt gegen Sachen als auch Gewalt gegen Personen (in einer jedoch sehr weichen Formulierung) als Begleiterscheinung politischen Handelns in Betracht ziehen, liegen diese Anteile mit jeweils über 12% in den neuen Bundesländern höher.

Tabelle 4.6.10: Möglichkeiten politischer Teilnahme von Jugendlichen: „würde es möglicherweise tun" – in %

	Ost		West	
	Adenauer 91/92	DJI 92	Adenauer 91/92	DJI 92
Gewalt gegen Sachen (DJI)[a] Beschädigung fremden Eigentums (Adenauer)	4	12,2	3	7,0
Gewalt gegen Personen[b]		12,4		6,9

Fragen: a) „Teilnahme an Aktionen, bei denen es schon mal zu Sachbeschädigungen kommt"; b) „Teilnahme an wichtigen Aktionen, auch wenn nicht völlig auszuschließen ist, daß dabei Personen zu Schaden kommen könnten".
Quelle: Veen 1994: 94f. und Schneider 1995: 304.

Gewaltbereitschaft und Gewalthandeln sind also in den neuen Bundesländern stärker verbreitet als in den alten. Nachdem in der DDR offene Gewaltausübung weitgehend unterdrückt worden war, kann sich im Prozeß der Vereinigung auch eine Ventilwirkung zeigen. Es läßt sich festhalten, daß jüngere Jugendliche deutlich stärker gewaltbereit und auch tatsächlich bei gewalttätigen Aktionen häufiger dabei sind als ältere und männliche stärker als weibliche (siehe Tabelle 4.6.11). Das eigentliche Gewalthandeln liegt, vor allem bei den 16-20jährigen männlichen Jugendlichen, in den neuen Bundesländern mit jeweils ca. 6% der Befragten hoch (vgl. auch Golz/Heller 1996: 73).

Jugendliche 325

Diese Ergebnisse könnten ein Hinweis darauf sein, daß es im Osten in der Altersgruppe der 16-17jährigen, evtl. noch bei den 18-20jährigen, unter den männlichen, geringer gebildeten Jugendlichen eine Subkultur gibt, die Gewaltbereitschaft als Mittel politischer Betätigung ansieht und in der es auch zu tatsächlichem Gewalthandeln kommt.

Tabelle 4.6.11: Gewaltbereitschaft und Gewalthandeln von Jugendlichen als Möglichkeiten politischer Teilnahme nach Altersgruppen und Geschlecht – in %

	DJI 1992			
	Ost		West	
	Gewalt-bereitschaft	Gewalthandeln	Gewalt-bereitschaft	Gewalthandeln
16-17 Jahre	26,4	6,9	12,2	2,3
18-20 Jahre	18,6	6,0	11,9	2,3
21-24 Jahre	15,8	3,0	11,2	1,2
25-29 Jahre	9,5	2,0	8,6	1,6
männlich	21,8	5,8	13,7	2,4
weiblich	9,7	1,9	6,8	1,0

Anmerkung: Gewaltbereitschaft: Anteile der Jugendlichen, die zu Gewalt gegen Sachen oder Gewalt gegen Personen nach der in Tabelle 4.6.10 genannten „weichen" Fragestellung bereit sind; Gewalthandeln: Anteile der Jugendlichen, die bei einer der Gewaltfragestellungen angaben „Habe ich bereits gemacht".
Quelle: Schneider 1995: 326.

Zufriedenheit und Zukunftsorientierung

Auf die Frage nach der Einschätzung der persönlichen Zukunft läßt sich in beiden Landesteilen ein abnehmender Anteil von optimistisch Antwortenden bei gleichzeitig steigenden Anteilen von Unentschiedenen und Pessimisten feststellen. Dies hängt sicherlich mit den sich verschlechternden beruflichen Perspektiven für Jugendliche zusammen. Der Anteil der Pessimisten unter den befragten Jugendlichen liegt in den neuen Bundesländern zu allen Zeitpunkten auf deutlich höherem Niveau als in den alten Ländern (siehe Tabelle 4.6.12).

Seit der Vereinigung hat der Anteil der optimistisch in die eigene Zukunft blickenden Jugendlichen stetig abgenommen und liegt jetzt bei einem guten Drittel, „unentschieden" äußern sich 1995 über die Hälfte der Befragten und damit deutlich mehr als im Westen. Angesichts eigener oder mittelbarer Erfahrungen mit Arbeitslosigkeit, fehlenden Lehrstellen und Nichteinlösung von gemachten Versprechen verstärkt dieser Befund die oben getroffenen Aussagen über Enttäuschungen und Unzufriedenheiten der Jugendlichen in den neuen Bundesländern.

Tabelle 4.6.12: Zukunftsperspektiven Jugendlicher – in %

	Ost						West			
	ZIJ 9/90	ZIJ 12/90	Adenauer Shell 92 91/92	IBM 92	IBM 95		Adenauer 91/92	Shell 92	IBM 92	IBM 95
optimistische Einschätzung	86	84	83	52	47,2	36,1	88	61	55,6	46,3
gemischt, mal so mal so				44	47,6	56,8		35	40,5	47,1
pessimistische Einschätzung	14	16	16	4	5,2	6,8	10	4	3,6	6,4

Fragen: „Wie sehen Sie Ihre persönliche Zukunft?" (Adenauer), „Man kann ja die eigene Zukunft, wie das eigene Leben weitergehen wird, eher düster oder eher zuversichtlich sehen. Wie ist das bei Dir?" (Shell), „Siehst Du insgesamt eher zuversichtlich oder eher düster in Deine persönliche Zukunft?" (IBM).

Quelle: Veen 1994: 19, Jugendwerk der Deutschen Shell 1992: 152ff. sowie Institut für Empirische Psychologie 1992: Tabelle 8.2 und 1995a: 156.

Diese Einschätzungen werden zum Teil bestätigt durch die 1992 erhobene Zufriedenheit im retrospektiven Vergleich zu 1990 (vgl. Institut für Empirische Psychologie 1992: Tabelle 8.1). Hier liegt der Anteil der „genauso" Zufriedenen im Osten deutlich niedriger als im Westen, bei knapp 40%, die sich als zufriedener und gut 20%, die sich als unzufriedener als zum Zeitpunkt der Vereinigung einschätzen. Im Vergleich zum Westen sind die Anteile der „Zufriedeneren" und der „Unzufriedeneren" im Osten jeweils um 8 Prozentpunkte höher. Die Jugendlichen geben also zunehmend divergierende Bewertungen ihrer Zufriedenheit ab, dies spricht für eine Polarisierung innerhalb der Jugendlichen in den neuen Bundesländern. Auch aus der Darstellung der aktuellen Zufriedenheit lassen sich deutliche Unterschiede zwischen Jugendlichen in Ost und West feststellen: Jugendliche, wie die gesamte Bevölkerung auch (siehe Abschnitt 5.6), sind in den neuen Bundesländern unzufriedener als Jugendliche in den alten Ländern (vgl. Veen 1994: 23 und Bütow 1995: 99).

Fazit

Im Verlauf des Transformationsprozesses sind also die Erwartungen eines großen Teils der Jugendlichen, insbesondere in den neuen Bundesländern, nicht erfüllt worden. Sie blicken weniger optimistisch als früher und weniger optimistisch als ihre westlichen Altersgenossen in die Zukunft. Ihr Vertrauen in den Staat und die politischen Parteien ist gering, der Anteil derjenigen, die sich durch die traditionellen politischen Parteien vertreten fühlen, ist gesunken und ihre allgemeine Lebenszufriedenheit liegt unter der im Westen.

Zwar beurteilt der überwiegende Teil der ostdeutschen Jugendlichen die Vereinigung positiv; die Bewertung des politischen Systems der Bundesrepublik und seiner Institutionen fällt jedoch überwiegend kritisch aus – noch negativer und distanzierter als bei den westdeutschen Jugendlichen. Die große Anzahl von Jugendlichen, die Gefahr läuft, nicht an der allgemeinen gesellschaftlichen Entwicklung teilzuhaben, darf von der Gesellschaftspolitik nicht unbeachtet gelassen werden.

4.7 Frauen[135]

Die Veränderungen in der Lebenslage der Frauen in den neuen Bundesländern sind nur vor dem Hintergrund der Frauenpolitik in der DDR angemessen zu verstehen. Bereits in der Gründungsphase der DDR war die Gleichstellung von Frauen zu einem verfassungspolitischen Ziel erklärt worden (vgl. Hampele 1993: 283) und in der „sozialistischen Verfassung" von 1968 wurde den Frauen eine gezielte Förderung zugesichert: „Die Förderung der Frau, besonders in der beruflichen Qualifizierung, ist eine gesellschaftliche und staatliche Aufgabe" (Art. 20 Abs. 2). Dieser Einbezug der Gleichberechtigung von Mann und Frau in die Verfassung geht zurück auf Intentionen der Arbeiterbewegung, Frauen durch ein eigenes Einkommen aus der ökonomischen Abhängigkeit vom Mann zu befreien. Hinzu kam, daß die weibliche Arbeitskraft volkswirtschaftlich unverzichtbar war, was zu einer Bildungs- und Qualifizierungsoffensive für Frauen führte. Allerdings führte die paternalistische Struktur der SED-Frauenpolitik dazu, daß die Gleichberechtigung immer im Rahmen „kontrollierter Emanzipation" bleiben mußte (vgl. Hampele 1993: 284). Frauen nahmen insbesondere auch in der Familienpolitik in der DDR einen zentralen Stellenwert ein. Diese hatte im wesentlichen zwei Zielsetzungen: Zum einen war ihr die Bevölkerungsentwicklung in Form von Geburtenförderung ein besonderes Anliegen, zum anderen legte sie Wert auf die gleichzeitige Realisierbarkeit von Erwerbstätigen- und Mutterrolle (vgl. Drauschke 1992: 43).

Die Situation von Frauen auf dem Arbeitsmarkt

Die Erwerbsbeteiligung der Frauen zu DDR-Zeiten war – nicht nur im Vergleich zu Westdeutschland – sehr hoch. So waren im Jahr 1989 78,1% aller Frauen im erwerbsfähigen Alter erwerbstätig, während es im Westen 56,2% waren (vgl. Schenk 1995: 479). Der starke Beschäftigungsrückgang und der

---

135 Dieser Abschnitt stützt sich in weiten Teilen auf die KSPW-Expertise Möhle 1996a.

Anstieg der Arbeitslosigkeit seit Mitte 1990 traf die Frauen deutlich stärker als die Männer, ihre Erwerbsquote sank bis auf 63% im Jahr 1994 (vgl. Kurz-Scherf/ Winkler 1994: 94; Datenbasis: sfz/leben 1994). Der Frauenanteil an den Beschäftigten sank von 48,5% im November 1990 auf 43% im November 1992.

Diese und weitere Veränderungsprozesse lassen sich anhand der Tabelle 4.7.1 auch bei einer nach Branchen differenzierten Betrachtung des Arbeitsmarktes feststellen. Dabei fällt auf, daß sich in allen Wirtschaftsbereichen – unabhängig von den jeweiligen Entwicklungsperspektiven – ein rückläufiger Frauenanteil ergibt.

Tabelle 4.7.1: Frauenanteil an den Beschäftigten in den neuen Bundesländern nach Wirtschaftsbereichen – in %

	Nov. 1990	Nov. 1991	Nov. 1992
Landwirtschaft	40,6	42,5	36,0
Bergbau, Energiegewinnung	31,4	32,5	23,0
Bauwirtschaft	19,1	16,8	11,0
Metall-, Elektrobranche	30,4	24,9	19,0
übriges verarbeitendes Gewerbe	49,0	43,0	36,0
Handel	70,0	64,8	58,0
Verkehr, Bahn, Post	34,1	32,2	28,0
Banken, Versicherungen	83,6	74,1	71,0
andere Dienstleistungen	69,5	70,9	67,0
Gesamt	48,5	48,0	43,0

Datenbasis: Arbeitsmarkt-Monitor.
Quelle: Nickel/Schenk 1994: 265.

Besonders deutlich wird dieser einschneidende Wandel beispielsweise beim Einzelhandel, der in der DDR eine Frauendomäne war. So wurden fast nur Frauen (Anteil von 96,5%) zu Fachverkäuferinnen ausgebildet; im Frühjahr 1989 waren hier 72% der Beschäftigten Frauen. Bis zum Herbst 1992 war der Frauenanteil in dieser Branche in den neuen Bundesländern auf 58% gesunken. Ursachen hierfür sind u.a. die Besetzung von mittleren Leitungspositionen mit (z.T. westdeutschen) Männern sowie eine umfassende Implementierung der Vorruhestandsregelungen (vgl. Hilf 1994: 94f.).

Der Arbeitsmarkt für Frauen in den neuen Bundesländern weist eine besonders schwierige Situation für die in Teilzeitarbeit beschäftigten Frauen auf. Schon in der DDR wurde Teilzeitarbeit fast ausschließlich von Frauen ausgeübt, allerdings weniger von jungen Müttern, sondern eher von älteren Frauen zur Vorbereitung des Übergangs in den Ruhestand (vgl. Holst/Schupp 1992: 236). Im Juni 1990 arbeiteten noch über 1 Mio. Frauen in Ostdeutschland in Teilzeit, ein knappes Jahr später waren es nur noch 600.000. Ältere Frauen sind im Zeitraum von 1990 bis 1991 in großer Zahl in den (Vor-)Ruhestand getreten, was dazu führte, daß viele Teilzeitarbeitsplätze gänzlich weggefallen sind (vgl. Holst/Schupp 1992: 237).

Das Problem der Arbeitslosigkeit von Frauen

Schon 1991 war sichtbar, daß die Arbeitslosenquote von Frauen stärker ansteigen würde als die der Männer (vgl. Holst 1991: 421f.). Im Jahr 1995 betrug sie in den neuen Bundesländern 19,3% und war damit fast doppelt so hoch wie die der Männer (vgl. Bundesanstalt für Arbeit 1996: 168). Neben der Betroffenheit von Arbeitslosigkeit liegt auch die Dauer der Arbeitslosigkeit bei Frauen höher als bei Männern. So betrug der Anteil der Frauen an den Langzeitarbeitslosen (Dauer der Arbeitslosigkeit über ein Jahr) Ende September 1992 bereits 68,9% und Ende September 1995 sogar 76,7% (vgl. Bundesanstalt für Arbeit 1994: 192 und 1996: 183).

Dabei kann kaum von einem freiwilligen Rückzug vom Arbeitsmarkt die Rede sein, da Frauen in den neuen Bundesländern eine sehr hohe Erwerbsneigung aufweisen. Dies hat neben der DDR-typischen Sozialisation verschiedene weitere Gründe. So war in der DDR das Einkommen der Ehefrau zur Existenzsicherung der Familie erforderlich. Weiterhin war die Scheidungsrate hoch, was eine ökonomische Selbständigkeit von Frauen notwendig machte. Diese Selbständigkeit ermöglichte, wenn auch auf niedrigem Niveau, eine eigenständige Existenzsicherung von alleinlebenden oder alleinerziehenden Frauen.

Unter den Frauen sind spezielle Problemgruppen auszumachen, die am Arbeitsmarkt besonders schwer vermittelbar sind. Diese sind (vgl. Engelbrech 1994: 31f. und Dunskus/Roloff 1991: 87f.):

- Frauen mit kleinen Schulkindern (bis unter 11 Jahre);
- alleinerziehende Frauen;
- Frauen, die in der Landwirtschaft gearbeitet haben;
- Frauen, die über 45 Jahre alt sind;
- un- und angelernte Frauen;
- Frauen, die wegen der Pflege von Familienangehörigen ihre Erwerbstätigkeit mehrere Jahre lang unterbrochen haben;
- erwerbslose Akademikerinnen, darunter besonders ältere Akademikerinnen.

Es würde zu kurz greifen, wenn die hohen Arbeitslosenquoten von Frauen lediglich auf einen sich allgemein verengenden Arbeitsmarkt zurückgeführt werden würden. Frauenarbeitslosigkeit hat in den neuen Bundesländern ein ganzes Bündel von Ursachen. So waren z.B. viele Frauen in Industriezweigen konzentriert, die technisch vernachlässigt worden waren und nicht mehr als konkurrenzfähig galten. Hier sind insbesondere die Textilindustrie, die Lebensmittelindustrie sowie Bereiche der elektrotechnischen und elektronischen Industrie zu nennen (vgl. Dunskus/Roloff 1991: 87f.). Außerdem übten Frauen insbesondere in den eben angesprochenen Industriezweigen häufiger als Männer Routinearbeiten aus, die später in höherem Ausmaß von Rationalisierungsmaßnahmen betroffen waren. So verloren überdurchschnittlich viele Frauen in geringer bewerteten Tätigkeiten ihre Beschäftigung, während Frauen, die im Sachbearbeitungs- oder höherqualifizierten Angestelltenbereich arbeiten, von Arbeitslosigkeit vergleichsweise wenig betroffen sind. Hier spielt der öffentliche Dienst als Arbeitgeber eine wichtige Rolle (vgl. Holst/Schupp 1995a: 404).

Ein weiteres Arbeitsmarktproblem liegt im Tertiarisierungsrückstand der DDR begründet. Frauen waren häufig in der Landwirtschaft und der Industrie, also im primären und sekundären Bereich, tätig. Der Abbau dieser Arbeitsplätze konnte durch den unmittelbar nach der Wende einsetzenden „Tertiarisierungsschub" in den neuen Bundesländern nicht kompensiert werden (vgl. Lappe 1992).

Arbeitsmarktpolitische Maßnahmen zur Bekämpfung der Frauenarbeitslosigkeit

Frauen werden gesondert im Arbeitsförderungsgesetz genannt. Laut § 2 Abs. 5 dienen die Maßnahmen nach dem AFG u.a. dazu, daß „der geschlechtsspezifische Ausbildungsstellen- und Arbeitsmarkt überwunden wird und Frauen, deren Unterbringung unter den üblichen Bedingungen des Arbeitsmarktes erschwert ist, beruflich eingegliedert und gefördert werden". Nach § 43 Abs. 1 wird u.a. die Teilnahme an Fortbildungsmaßnahmen gefördert, die „auf den Eintritt oder Wiedereintritt weiblicher Arbeitsuchender in das Berufsleben" ausgerichtet sind. Dadurch wird deutlich, daß Frauen nach der Zielsetzung des AFG als Problemgruppe gelten und daher besonders gefördert werden sollen.

Im Juni 1992 gingen 43% der vermittelten Arbeitsplätze in den neuen Bundesländern an Frauen, der Frauenanteil an Arbeitsbeschaffungsmaßnahmen (ABM) betrug 41,9%. 1991 waren Frauen mit 57% in den Maßnahmen zur beruflichen Fortbildung, Umschulung und Einarbeitung vertreten. Dies entsprach jedoch nicht ihrem Anteil an den Arbeitslosen, der bei 63,6% lag (Juni 1992; vgl. Winkler 1993: 79). Überproportional waren Frauen mit 68% in den Orientierungskursen zur Verbesserung der Vermittlungsaussichten nach § 41a AFG, der mit der 10. Novelle des AFG zum 1. Januar 1993 aufgehoben wurde, vertreten.

Frauen

Inzwischen hat sich das Bild etwas gewandelt. Aus Tabelle 4.7.2 ist ersichtlich, daß der Anteil der Frauen an den Arbeitsbeschaffungsmaßnahmen gegenüber 1992 deutlich zugenommen hat und bei Fortbildungen bzw. Umschulungen in etwa konstant geblieben ist. Allerdings entsprechen auch diese Werte nicht immer dem Anteil der Frauen an den Arbeitslosen.

Tabelle 4.7.2: Frauenanteil in arbeitsmarktpolitischen Maßnahmen in den neuen Bundesländern – in %

Monat/Jahr	ABM	§ 249h	Fortbildung/ Umschulung	Vorruhestand/ Altersübergang
6/1994	60,1	35,9	58,1	37,0
6/1995	65,5	38,7	61,3	keine Angabe

Quelle: Kurz-Scherf/Winkler 1994: 359 und Winkler 1995a: 373.

Bei den Maßnahmen nach § 249h AFG zeigt sich, daß Frauen in den Bereichen soziale Dienste und Jugendhilfe überproportional vertreten sind, ihr Anteil im Bereich Umwelt jedoch zwischen etwa 10% (Braunkohle) und gut einem Viertel (allgemeine Umweltsanierung) liegt und damit auch hier eine geschlechtsspezifische Segregation feststellbar ist (vgl. Wagner 1993: 465).

Tabelle 4.7.3 gibt Aufschluß über die Entwicklung altersspezifischer Erwerbsquoten von älteren Frauen und Männern seit 1989. Es wird deutlich, daß sowohl ältere Männer als auch ältere Frauen von dem massiven Absenken der Altersgrenze durch Vorruhestandsregelungen (siehe Abschnitt 2.4.1) und von überproportionalem Beschäftigungsabbau betroffen waren; dies gilt für Frauen jedoch wesentlich stärker. So ging die Erwerbsquote der 55-59jährigen Frauen, die zu DDR-Zeiten noch 77,8% betragen hatte, bis 1991 auf nur 36,6% zurück.

Tabelle 4.7.3: Entwicklung der altersspezifischen Erwerbstätigenquoten [a] von älteren Männern und Frauen in den neuen Bundesländern 1989 bis 1991 – in %

	55-59 Jahre		60-64 Jahre		über 65 Jahre	
	Frauen	Männer	Frauen	Männer	Frauen	Männer
1989	77,8	93,7	29,7	77,2	4,6	12,5
1990	73,3	87,8	27,5	76,0	3,5	5,7
1991	36,6	69,0	8,1	28,4	1,1	4,6

Anmerkung: a) Die altersspezifische Erwerbstätigenquote gibt den Anteil der Erwerbstätigen an der Bevölkerung in der entsprechenden Altersgruppe an. Nicht eingeschlossen sind Arbeitsuchende und Arbeitslose (vgl. Rosenow 1994: 684).
Datenbasis: SOEP-Ost 1990 und 1991.
Quelle: Rosenow 1994: 683.

Die Gewährung von Vorruhestands- bzw. Altersübergangsgeld ermöglichte die soziale Flankierung dieses Beschäftigungsabbaus, so daß ein Absinken in die Sozialhilfe und Altersarmut verhindert werden konnte (vgl. Rosenow 1994: 693f.). Frauen sind allerdings aufgrund niedrigerer erzielter Einkommen beim Altersübergangsgeld finanziell deutlich schlechter gestellt als Männer. 1993 erhielten 31,9% der Frauen, die Altersübergangsgeld bezogen, Zahlungen von weniger als 750 DM pro Monat, während dies bei den Männern lediglich 1,8% waren. Bezüge in einer Höhe von 1.500 DM bis 2.000 DM erhielten hingegen 22,8% der Männer, aber nur 3,2% der Frauen (vgl. Ernst 1993: 213).

Abschließend ist festzustellen, daß die genannten arbeitsmarktpolitischen Maßnahmen mit teilweise gezielter Ausrichtung auf die Förderung der Beschäftigung von Frauen nur dann erfolgreich sein können, wenn das Einstellungsverhalten auf dem „ersten" Arbeitsmarkt Frauen nicht diskriminiert (vgl. Baur 1995: 11).

Die subjektive Bewältigung von Arbeitslosigkeit

Arbeitslos zu sein wird von ostdeutschen Frauen als sehr belastend wahrgenommen. So lag die allgemeine Lebenszufriedenheit (gemessen mit einer Skala von 1 = „sehr zufrieden" bis 5 = „sehr unzufrieden") von arbeitslosen Frauen in der Befragung sfz/leben 1992 mit einem Mittelwert von 2,9 signifikant niedriger als bei berufstätigen Frauen mit 2,5 (vgl. Häder/Häder 1995). Allerdings ist ein sozial differenzierter Umgang mit Arbeitslosigkeit festzustellen. Jüngere Frauen sehen in der Arbeitslosigkeit eher als ältere Frauen eine Chance zum beruflichen Neuanfang, während sie für ältere Frauen den Verlust des Lebensinhaltes bedeutet. Letztgenannte vermissen insbesondere das Gefühl, „gebraucht zu werden" und „aktiv am Leben teilzunehmen" (vgl. Zierke 1991: 749).

Bei einer repräsentativen Befragung von Arbeitslosen in Ost-Berlin und im Bundesland Brandenburg sahen 1993 91% der Frauen als Ursache für die eigene Arbeitslosigkeit die allgemeine Arbeitsmarktlage an, 57% ihren zuvor ausgeübten Beruf bzw. ihre Ausbildung und 49% ihr Alter (Mehrfachnennungen waren möglich). Mit zunehmender Dauer der Arbeitslosigkeit wird das Alter allerdings immer häufiger als Begründung angeführt (vgl. Hahn 1995: 180). Gerade für ältere Frauen, die infolge von Vorruhestandsregelungen o.ä. aus dem Erwerbsleben ausgeschieden sind, ist die Irreversibilität der nicht selbstgewollten Beendigung des Berufslebens eine schmerzhafte Erkenntnis (vgl. Rosenow 1994: 685).

Frauen

Erwerbstätigkeit von Frauen: Zukunftserwartungen und Ausblick

Bei der Einschätzung der Aussichten auf dem Arbeitsmarkt ist in der genannten Studie in Ost-Berlin und Brandenburg ein nach Dauer der Arbeitslosigkeit differenziertes Bild feststellbar (siehe Tabelle 4.7.4). Fast die Hälfte der Frauen, die länger als zwei Jahre arbeitslos sind, schätzen ihre Lage in dieser Hinsicht als „aussichtslos" ein, während bei kürzerer Dauer der Arbeitslosigkeit fast jede zehnte bzw. jede fünfte Frau fest mit der Aufnahme einer Beschäftigung rechnet.

Tabelle 4.7.4: Einschätzung der Aussichten auf dem Arbeitsmarkt bei arbeitslosen Frauen in Ost-Berlin und im Land Brandenburg nach Dauer der Arbeitslosigkeit, Sommer 1993 – in %

	aussichtslos	nicht besonders günstig	mittelmäßig	ziemlich günstig
kürzer als ein Jahr arbeitslos	13	49	29	9
ein bis zwei Jahre arbeitslos	24	45	23	8
länger als zwei Jahre arbeitslos	43	46	8	3

Quelle: Hahn 1995: 181.

Ungeachtet solcher Befunde und der starken Zunahme der Arbeitslosigkeit von Frauen hat der Erwerbswunsch in seiner subjektiven Dringlichkeit seit 1990 zugenommen. So wollten 1990 61,5% der nicht erwerbstätigen Frauen im erwerbsfähigen Alter sofort bzw. innerhalb der nächsten zwölf Monate erwerbstätig werden; 1993 waren es sogar 73,3% (vgl. Holst/Schupp 1995c: 59). Dabei sind Frauen auch in höherem Maße als früher bereit, in den Westen zu pendeln, wie der gestiegene Anteil der Frauen an den Ost-West-Pendlern zeigt. Betrug ihr Anteil 1991 noch 17%, so ist er bis 1994 auf 32% gestiegen (vgl. Sandbrink/Schupp/Wagner 1994: 865).

Tabelle 4.7.5: Erwartungen an die künftige Berufssituation in den neuen Bundesländern 1994 – in %

	voll berufstätig	teilbeschäftigt sein	selbständig machen	gar nicht arbeiten	ich weiß (noch) nicht	trifft für mich nicht zu
Frauen	53	21	1	5	13	7
Männer	74	3	3	2	8	9

Datenbasis: sfz/leben 1994
Quelle: Kurz-Scherf/Winkler 1994: 99.

Diese ungebrochen hohe Erwerbsneigung der Frauen in den neuen Bundesländern drückt sich auch in den Erwartungen an die zukünftige Berufssituation aus (siehe Tabelle 4.7.5). Eine konkrete Beschäftigung streben mit einem Anteil von 75% nahezu gleichviel Frauen wie Männer (80%) an. Dabei fällt auf, daß Frauen sich wesentlich häufiger als Männer eine Teilzeitbeschäftigung vorstellen können, gleichzeitig aber auch häufiger unsicher bezüglich ihrer zukünftigen Erwerbssituation sind.

Die Rolle der Familie im Transformationsprozeß

Die „Normalbiographie" einer Frau in der DDR war durch frühe Heirat, Kinder und lebenslange Berufstätigkeit gekennzeichnet (vgl. Dorbritz 1993: 360f.). Auf die Frage „Was ist Ihnen wichtiger geworden im Vergleich zur Zeit vor der Wende, und was ist Ihnen unwichtig" antworteten 1991 80% der befragten Männer und Frauen, daß ihnen die Familie wichtiger geworden sei, und 87%, daß ihnen die materielle Sicherung der Familie heute wichtiger wäre (vgl. Menning 1995: 148; Datenbasis: sfz/leben 1991). Dies belegt die These, daß Partnerschaft und Familie im Transformationsprozeß an Bedeutung gewonnen haben und ein „Zusammenrücken" in dieser schwierigen Phase zu verzeichnen ist (vgl. Kurz-Scherf/Winkler 1994: 335).

Geburtenentwicklung: In den achtziger Jahren war in der DDR ständig eine höhere Fruchtbarkeitsrate als in der Bundesrepublik zu verzeichnen, wobei die Geburtenhäufigkeit tendenziell leicht zurückging. Nach der Wende setzte in Ostdeutschland jedoch ein drastischer Geburtenrückgang ein; die Zahl der Geburten hat sich erst seit 1994 auf niedrigem Niveau stabilisiert (siehe Abschnitt 2.2). Eine mögliche Ursache für diese Entwicklung könnte darin liegen, daß ostdeutsche Frauen den Vereinigungsprozeß als besonders große Verunsicherung erlebt haben, denn der Wandel vollzog sich für sie in den einzelnen Lebensbereichen sehr gravierend, angefangen vom (möglichen) Verlust des Arbeitsplatzes bis hin zu einer völligen Neuregelung des Schwangerschaftsabbruches. Allerdings entstammen die jetzt Gebärfähigen, die zu Beginn der siebziger Jahre in der DDR auf die Welt kamen, geburtenschwachen Jahrgängen, was sich zumindest teilweise auch auf die Zahl der geborenen Kinder auswirkt. Ein weiterer demographisch bedingter Grund für den Rückgang der Geburtenzahlen liegt darin, daß in den Jahren 1989 bis 1991 viele damals 18-25jährige vom Osten in den Westen umgezogen sind (vgl. Fleischhacker 1994: 78).

Zu den genannten Gründen kommt der Rückgang von Versorgungsleistungen durch den Staat – insbesondere der Kinderbetreuung, wie sie in der DDR existierte. Bei bereits arbeitslosen Frauen ist der Kinderwunsch durch Furcht vor nicht mehr tragbaren finanziellen Belastungen einerseits und vor der vermuteten Chancenlosigkeit auf dem Arbeitsmarkt mit einem Kleinkind andererseits massiv beeinträchtigt. Vor dem Hintergrund einer völligen Neuorientierung wird insbesondere mit der Erwerbsarbeit ein großes Maß an Sicherheit assoziiert, was wiederum zum Aufschieben des Kinderwunsches oder sogar zum gänzlichen Verzicht auf Kinder führt (vgl. Holst/Schupp 1995b).

Diese Begründungen reflektieren jedoch nicht die tieferliegenden gesellschaftlichen Ost-West-Differenzen in bezug auf Eheschließung, Familiengründung und Kinderzahl. So waren Frauen in der DDR bei der Geburt ihrer Kinder deutlich jünger als Frauen in der Bundesrepublik; der Gipfel der altersspezifischen Fertilität lag 1980 in der DDR bei 22 Jahren (Bundesrepublik: 27 Jahre), im Jahr 1989 bei 24 Jahren (Bundesrepublik: 28 Jahre; vgl. Fuchs 1994: 89).

Auf die Frage nach Gründen gegen ein (weiteres) Kind wurden in Ostdeutschland am häufigsten ökonomische Gründe genannt. So wurden die Antworten „Kinder zu haben ist sehr teuer, besonders wenn sie dann älter werden" und „Mit Kindern ist es für eine Frau schwierig, berufstätig zu sein" oft gewählt (vgl. K. Pohl 1995: 88). Dies bestätigt die Vermutung, daß der Geburtenrückgang in Ostdeutschland zumindest teilweise eine Reaktion auf die unsichere ökonomische und soziale Lage darstellt, die durch die Transformation entstanden ist.

Ob und in welcher Form es zu einer Angleichung der Einstellungen und, damit verbunden, auch der Geburtsziffern und des Durchschnittsalters der Mütter in beiden Teilen Deutschlands kommen wird, kann zum derzeitigen Zeitpunkt nicht gesagt werden, wenngleich in der Literatur eine dahingehende Vermutung geäußert wird (vgl. Menning 1995: 146).

Einstellungen zum Schwangerschaftsabbruch: Frauen in der DDR konnten sich auf ein liberales Abtreibungsrecht berufen, das es ihnen gestattete, innerhalb gesetzlich geregelter Fristen einen legalen Schwangerschaftsabbruch vornehmen zu lassen. Die Neuregelung des § 218 StGB schaffte die „Fristenlösung" im Osten ab, nachdem sich zunächst die Möglichkeit einer modifizierten „Fristenlösung" für die gesamte Bundesrepublik angedeutet hatte. Die derzeitige Fassung des § 218 läßt bei einer medizinischen oder kriminologischen Indikationsstellung einen Schwangerschaftsabbruch zu; ein Abbruch ist nach einer Pflichtberatung innerhalb der ersten zwölf Schwangerschaftswochen zwar rechtswidrig, aber straffrei.

Bei Befragungen in den alten und neuen Bundesländern ergab sich, daß Frauen im Osten wesentlich häufiger eine Meinung zum Thema Abtreibung haben und auch äußern als im Westen. In den neuen Bundesländern wird eine Erleichterung des staatlich sanktionierten Schwangerschaftsabbruches noch stärker gefordert als in Westdeutschland. Dabei fällt neben der Geschlechterdifferenz die allgemeine Ost-West-Differenz noch stärker ins Gewicht, d.h. sowohl Frauen als auch Männer im Osten fordern deutlicher eine Liberalisierung des Schwangerschaftsabbruches als Frauen und Männer im Westen (vgl. Rattinger 1993: 114). Darüber hinaus würden Frauen im Osten eher eine ungewollte Schwangerschaft abbrechen als Frauen im Westen. Dies gilt insbesondere für die über 30jährigen in Ostdeutschland (vgl. K. Pohl 1995: 85).

Interesse an Politik und politische Partizipation

In der DDR erfuhren sowohl Frauen als auch Männer „politische Überorganisiertheit" und machten „negative Demokratieerfahrungen" (vgl. Bütow 1994). Untersuchungen in Ostdeutschland zufolge haben Frauen deutlich weniger Interesse an Politik als Männer – ein Bild, das auch aus den alten Bundesländern bekannt ist.

Ein oft genannter Grund der Frauen für ihr mangelndes Interesse an Politik ist die Furcht vor Fremdbestimmung und vor Restriktionen durch die Eingebundenheit in fest strukturierte Institutionen wie z.B. Parteien. Außerdem sind sie häufig der Meinung, daß Organisationen „sowieso nichts bewirken". Hinzu kommen ein ausgeprägtes Mißtrauen gegenüber den politischen Parteien und der Eindruck, daß Parteipolitiker und -politikerinnen inkompetent seien (vgl. Bütow 1994). Dies korrespondiert mit der Frage nach der Bereitschaft, in Organisationen mit unterschiedlichen Aufgaben mitzuarbeiten, wie sie in der Untersuchung sfz/leben 1994 gestellt wurde (siehe Tabelle 4.7.6; Mehrfachnennungen waren möglich).

Tabelle 4.7.6: Bereitschaft zur Mitarbeit in Organisationen mit unterschiedlichen Aufgaben in Ostdeutschland 1994 – in %

	soziale, gemeinnützige Dienste	politische Interessenvertretung	Freizeitinteressen	spez. Interessen von Gruppen	religiöse Ziele	Arbeitnehmerinteressenvertretung
Frauen	35	6	30	16	6	22
Männer	31	13	35	17	5	22

Datenbasis: sfz/leben 1994.
Quelle: Kurz-Scherf/Winkler 1994: 315.

Dies bestätigt, daß Frauen sich kaum in politischen Interessenvertretungen einsetzen würden, sondern am ehesten in sozialen, gemeinnützigen Diensten mitwirken wollen.

Marginalisierte Gruppen unter den Frauen

Alleinerziehende: In den neuen Bundesländern ist der Anteil der alleinerziehenden Frauen höher als in den alten Bundesländern. In bezug auf ihre Erwerbssituation sind die Alleinerziehenden zwar eine heterogen zusammengesetzte Gruppe, doch läßt sich insgesamt gesehen seit 1991 eine deutliche Verschlechterung feststellen. Waren damals noch 73% der alleinerziehenden Frauen erwerbstätig, so waren es 1993 nur noch 60% (vgl. Kurz-Scherf/ Winkler 1994: 288).

Subjektiv sehen viele Alleinerziehende ihre Lage schwieriger als in der DDR und fühlen sich eher diskriminiert als damals (vgl. Kurz-Scherf/ Winkler 1994: 274). Allerdings wird das neue Sozialhilfesystem im Vergleich zu den Fürsorgeleistungen der DDR als besser bewertet (vgl. Großmann/Huth 1995: 180f.). Problematisch ist bei der hohen Zahl sozialhilfeabhängiger Alleinerziehender die dadurch entstehende Kinder- und Jugendlichenarmut (vgl. Schubert 1995: 10). So lag beispielsweise die Sozialhilfeempfängerinnen-Quote bei Alleinerziehenden 1993 in Ost-Berlin bei 39,2%, während sie bei Paaren mit Kindern (verheiratet und unverheiratet) 15,2% betrug (vgl. Großmann/Huth 1995: 165). Alleinerziehende in den neuen Bundesländern haben in einem außerordentlich hohen Maß persönliche und materielle Umstellungsleistungen zu erbringen (vgl. Liljeberg 1994: 304).

Ältere Frauen: Die älteren Menschen nehmen mit ihrer Lebenserfahrung die Transformation in den neuen Bundesländern anders als jüngere Generationen wahr. Gleichzeitig erleben sie Veränderungen als endgültiger und können weniger davon ausgehen, selbst noch Einfluß auf gesellschaftliche Prozesse nehmen zu können, was sich in besonderen Ängsten und Sorgen niederschlägt (vgl. Schwitzer 1995b).

Die Anpassung des Rentenrechts brachte eine deutliche Erhöhung der durchschnittlichen Renten im Vergleich zur DDR – 1989 konnten 96% der alten Frauen in der DDR lediglich über eine Mindestrente verfügen (vgl. Tews 1993: 322) –, aber die Diskrepanz zwischen den Renten von Frauen und Männern erhöhte sich im Verlauf des Transformationsprozesses: 1990 betrug die durchschnittliche Rente von Frauen 76%, 1993 nur noch 65% der durchschnittlichen Rente von Männern Obwohl die Angleichung des Rentenrechts für Frauen in den neuen Bundesländern mit der Streichung von erweiterten Zurechnungszeiten, wie sie in der DDR vor allem für die Kindererziehung existierten, verbunden war, überschritt die durchschnittliche Versichertenrente der ostdeutschen älteren Frauen Mitte 1991 erstmals das westdeutsche Niveau. Im Zuge weiterer Rentenanpassungen erhöhte sich dieser Abstand; Mitte 1995 lag die durchschnittliche Versichertenrente der ostdeutschen Frauen um ein Viertel höher als in den alten Bundesländern (vgl. SFZ

1995: 85). Dies ist darin begründet, daß die Erwerbsquote und damit der Anteil der Frauen, denen Versicherungszeiten angerechnet werden, unter den heute in Ostdeutschland lebenden älteren Frauen sehr hoch ist. Zudem ist die Absicherung für diejenigen Frauen, die in der DDR nur die sehr niedrige Mindestrente erhalten hatten, durch die nun existierende Hinterbliebenenversorgung verbessert worden (vgl. Schmidt 1994: 830f.).

5. Ausgewählte sozialpolitische Dimensionen des Transformationsprozesses

5.1 Wandel der Arbeit: Systemwechsel und Beschäftigungskrise

Der Wandel der Arbeit im Transformationsprozeß läßt sich beschreiben in den Veränderungen der *Grenzen* arbeitsgesellschaftlicher Systembildung. Die Formel „Grenzen der Arbeit" verweist dabei auf die Beobachtung, daß die Reichweite und Bandbreite dessen, was in einer Gesellschaft als „Arbeit" zählt, jeweils über Prozesse der gesellschaftlichen Definition und Strukturierung begrenzt wird: Über die „Organisation der Arbeit" werden *funktionale Grenzen* zwischen ökonomisch produktiver und nicht-produktiver Tätigkeit markiert bzw. verschoben, zugleich manifestieren sich *soziale Grenzen* über soziale Zuschreibungen von Chancen und Risiken im Wechsel des beruflichen und betrieblichen Aufstiegs oder Abstiegs (vgl. Pankoke 1996).

Besonders spürbar werden die *Grenzen der Arbeit* unter dem Druck von Arbeitslosigkeit. Selbst wer momentan Arbeit „hat", bleibt betroffen von den Sorgen und Nöten riskanter Karrieremuster und Statuspassagen. In der Beschäftigungskrise zwingt die Erfahrung bzw. Befürchtung von Brüchen des Erwerbslebens zu Kompromissen und Konzessionen, etwa sich einzulassen auf unterwertige Beschäftigungsangebote mit spürbaren Macht- und Autonomieverlusten, Einkommenseinbußen und Statusverfall. Hier kann von „Berufsnot" in dem Sinne gesprochen werden, daß es in der Beschäftigungskrise immer unsicherer wird, ob die eigenen Perspektiven beruflicher Existenz und Identität entfaltet und durchgehalten werden können.

In der Beschäftigungskrise richtet sich eine „subjektorientierte" Sozialforschung auf die von Arbeitslosigkeit Betroffenen bzw. Bedrohten und auf ihre Deutungsmuster und Handlungsperspektiven der Bewältigung beruflicher Nöte und existentieller Sorgen. Es werden die Einflüsse der unterschiedlichen Erwerbsverläufe und Berufsschicksale auf die erwerbsbezogenen Erwartungsrahmen und Bewertungsgrundlagen untersucht (vgl. Grünert/Lutz 1994, Hahn/Schön 1996, Bernien u.a. 1996). Die in der Beschäftigungsbilanz gezählten Arbeitslosen unterscheiden sich nach ihren lebensgeschichtlichen und erwerbsbiographischen Erfahrungen und Erwartungen, nach Dauer bzw. Wechsel von Erwerbslagen. Differenzierend wirken zudem die inneren Kräfte wie Handlungskompetenz, Lernmotivation und Risikobereitschaft. Als *Potentiale* der Problembewältigung erweisen sich auch die Rückhalte und Widerstände der alltäglichen Solidarität sozialer Lebenszusammenhänge; dies gilt auch für die betrieblichen Netzwerke (vgl. Diewald 1995) in ihren sozialen Milieus (vgl. Vester/Hofmann/Zierke 1995).

Die Erwartungsrahmen und Verhaltensmuster auf dem Arbeitsmarkt sind in Beziehung zu setzen zu den unterschiedlichen Erfahrungen und Prägungen im Erwerbsverlauf. So zeigen sich Zusammenhänge zwischen der Dauer einer Arbeitslosigkeit und dem Druck der Arbeitssuche (Hahn/Schön 1996: 105). Der Außendruck drohender Arbeitslosigkeit führt aber auch in der Binnenstruktur organisierter Arbeit zu verhärteten Fronten: Steigt in der gesellschaftlichen „Umwelt" die Angst vor Arbeitslosigkeit, steigert dies den Druck auch „innerhalb" der Arbeitswelt.

Handlungstheoretisches Interesse richtet sich auch auf die korporativen Akteure arbeitspolitischer Steuerung, auf die Strategien von Arbeitgeber- und Arbeitnehmerverbänden, von Wirtschaftspolitik oder Arbeitsverwaltung. Auf der Organisationsebene der Betriebe (wie auch der Betreiber von Arbeitsförderung) interessiert beides: die gesellschaftlichen Wirkungen arbeitsmarktpolitischer Programme wie die Intentionen und Konstruktionen der individuellen Bewältigung und institutionellen Steuerung (siehe Abschnitt 2.4.1).

Der drastische Abbau regulärer Arbeitsplätze in den ersten Jahren des Transformationsprozesses zeigt sich nicht nur in der wachsenden Zahl der Arbeitslosen, sondern auch in einem „weiten Feld" von aus regulärer Arbeit ausgeschiedenen bzw. teils in prekären, teils in „zusätzlichen" Beschäftigungsverhältnisse eingebundenen Erwerbspersonen (siehe Abschnitt 2.4.1). Die in ihrer Schärfe für viele unerwartete Beschäftigungskrise in den neuen Bundesländern gewann ihre Dramatik in der Spannung zwischen alten Werten und neuen Erwartungen. Beides, der tradierte Anspruch eines „Rechts auf Arbeit" wie auch die Versprechungen einer neuen „Freiheit der Arbeit", wurde von den aktuellen Beschäftigungseinbrüchen durchkreuzt. Der wirtschaftliche Umbruch relativierte somit nicht nur die kollektive Solidarität der Arbeit, sondern enttäuschte auch die erwartete Teilhabe an einer Produktivität ohne Grenzen.

Im Wechsel der Wertung und Wirkung von Risikofaktoren bzw. Aktivposten wird die gesellschaftliche Konstruktion und Korrektur von „Grenzen der Arbeit" besonders spürbar.

- Die als *Grenzen der Arbeit* gesetzten soziodemographischen Faktoren wie Generation, Geschlecht oder Gesundheit – die sogenannten „Naturschranken" (Marx) – wurden schon von klassischer Ideologiekritik im Schein ihrer vorgeblichen „Natürlichkeit" kritisiert und mit der „Künstlichkeit" gesellschaftlicher Definitions- und Konstruktionsprozesse kon-

frontiert. Dies sollte die Geschichtlichkeit jeweils herrschender Markt- und Machtverhältnisse bewußt machen.
- *Soziale Grenzen* können sich verändern oder lassen sich verschieben: so wechseln die Zuschreibungen von Berufs- und Statusgrenzen, die Distanzen zwischen Arbeits- und Führungskräften sind gestaltbar, die Abgrenzungen von Qualifikationsmustern und Kompetenzprofilen werden fließend. In der Beschäftigungskrise wird es zur entscheidenden Frage, ob jemand in den Grenzen seiner bisherigen Arbeit „bleiben" darf oder „gehen" muß. „Soziale Schließung" (Weber) verfestigt die Grenzen von Arbeit durch soziale „Ausgrenzung". Soziale Chancen lassen sich operationalisieren als die Öffnung sozialer Grenzen für sozialen Umstieg oder Aufstieg.
- *Sinngrenzen* beziehen sich auf die subjektive Bewertung und Bewältigung individueller „Arbeitsfragen", womit der „Sinn" von Arbeit sich von „sinnlosem" Leerlauf und Langeweile abgrenzt. Sinnfragen stellen sich also nicht gleichermaßen im Leistungsdruck der Vollbeschäftigung wie in den Problemlagen der Unterbeschäftigung.

In der systemischen Wertung und Wirkung „naturaler" Risikofaktoren bzw. Aktivposten wird die gesellschaftliche Konstruktion und Korrektur von „Grenzen der Arbeit" besonders spürbar.

Lebenslauf und Arbeitsalter

In der Beschäftigungskrise differenzieren sich Chancen, Risiken und Betroffenheiten im Lebenslauf (vgl. Huinink u.a. 1995 und Sydow/Schlegel/Helmke 1995):

- Besonders betroffen von Berufs- und Beschäftigungsproblemen sind die Jugendlichen. Dabei geht es nicht nur um Lehrstellenmangel und Jugendarbeitslosigkeit, sondern auch um jugendliche Berufsnot, wenn die gewählte Berufs- und Lebensperspektive sich als nicht realisierbar erweist. Besonders kritisch werden die Statuspassagen der Berufseinmündung: die erste Schwelle zwischen Schulabschluß und Berufsausbildung und die zweite Schwelle des Übergangs von der Berufsausbildung in die reguläre Erwerbsarbeit. Schwieriger sieht es aus für die jüngsten Erwerbspersonen im Lehrlingsalter. Schon der Lehrstellenmangel kann den Einstieg in die Arbeitsgesellschaft blockieren.
- Viele der aktiven und qualifizierten 20-30jährigen können die neu realisierbaren Chancen offensichtlich positiv erfahren. Die meisten haben in dieser Generation bereits die Ausbildung abgeschlossen und können er-

ste Kompetenzerfahrungen mit der beruflichen und betrieblichen Praxis in die sich neu öffnenden Berufsperspektiven einbringen. Diese Generation hat gewiß bessere Chancen, im Aufschwung nachzurücken.
- Schwerer trifft Arbeitslosigkeit die Altersgruppe der 45-55jährigen. Wer hier seine Arbeit verloren hat, entfernt sich immer weiter von der Chance einer Wiedereinstellung.
- Als entscheidende Korrektur der Altersgrenze für ältere Arbeitnehmer konnte durch die bis Ende 1992 befristeten Regelungen des Vorruhestands für fast 1 Mio. Personen die Altersgrenze vorgezogen werden (vgl. Brinkmann/Wiedemann 1995: 336). Noch 1994 wurde der Arbeitsmarkt am stärksten durch „Altersgrenzenpolitik" (Vorruhestand, Altersübergangsgeld) entlastet (rund 646.000 aus dem Erwerbsleben ausscheidende Personen). Der Entlastungseffekt durch Altersübergangsregelungen ist allerdings rückläufig. Nach rund 340.000 im Jahr 1995, werden für 1996 nur noch 165.000 Bezieher dieser Leistung veranschlagt, zumal die bisherigen Regelungen auslaufen (vgl. Bach u.a. 1996: 22).

Berufsnot und Arbeitslosigkeit der Jugend

Existenzfragen jugendlicher Erwerbslosigkeit verbinden sich mit den Identitätskrisen gebrochener Berufsperspektiven und Lebensentwürfe. Zu unterscheiden sind die beiden kritischen Schwellen im jugendlichen Erwerbs- und Berufsleben: zunächst Übergang von der Schule in die Berufsausbildung und dann die Überleitung von der Berufsausbildung in eine gesicherte Erwerbstätigkeit.

An beiden Schwellen werden *Selektionsschleusen* wirksam, welche Beschäftigungsrisiken (Qualifikationsdefizite, diskontinuierliche Erwerbsverläufe) benachteiligend verstärken. Jugendliche, welche schon bei der *ersten Schwelle* der Lehrstellensuche Schwierigkeiten hatten, sind auch bei allen weiteren Schwellen besonders gefährdet. Zwar konnte der chronische Lehrstellenmangel in Ostdeutschland (im Juli 1995 kamen auf einen Bewerber 0,52 betriebliche Lehrstellen, vgl. Fischer/Heller 1995b) durch ein großzügiges Angebot außerbetrieblicher Ausbildungsstellen kompensiert werden. Doch ist bei der Größenordnung dieser Maßnahmen schon absehbar, daß damit das Problem der arbeitsgesellschaftlichen Integration nur auf die zweite Schwelle der regulären Berufseinmündung verschoben wurde.[136]

---

136 1993 und 1994 meldeten sich im Osten Deutschlands 25% bzw. 30% aller Abgänger aus einer betrieblichen Lehre arbeitslos; im Westen waren es 17% bzw. 19% (vgl. Fischer/Heller 1995a: 16).

Wandel der Arbeit 343

Bei einer Beurteilung der offiziellen Statistik zur Arbeitslosigkeit von Jugendlichen ist zu bedenken, daß viele Jugendliche durch verlängerte Schul- und Studienzeiten noch nicht als Erwerbspersonen zählen. Zudem werden Jugendliche ohne Arbeit häufig noch nicht Leistungsempfänger des Arbeitsamtes, sondern zum „Fall" des Sozialamtes. Vielfach wird Jugendarbeitslosigkeit auch durch die zur Warteschleife werdenden Qualifizierungsmaßnahmen überdeckt.

Besonders betroffen in der zweiten Schwelle der Berufseinmündung sind die Jugendlichen, die bereits bei der Lehrstellensuche auf ein überbetriebliches Ersatzangebot zurückgreifen mußten. Von den überbetrieblich ausgebildeten Jugendlichen waren 1994 noch 40% 3-9 Monate nach Beendigung der Ausbildung arbeitslos und nur 37% erwerbstätig (vgl. Fischer/Heller 1995a: 16).

Wenig Chancen bei der Berufseinmündung haben Jugendliche mit geringer Qualifikation, etwa bei gescheiterter Ausbildung im Status des „Ungelernten", weil gerade die Stellen auf niedrigem Qualifikationsniveau unter Rationalisierungsdruck zuerst abgebaut werden. Damit verschärfen sich Abstiegsspiralen, da jugendliche Arbeitslosigkeit den Abbau der beruflichen Qualifikationen und Motivationen beschleunigen muß.

Mit dem Verfall beruflicher Qualifikation verschärfen sich durch Arbeitslosigkeit im Jugendalter zugleich Defizite der persönlichen Entwicklung: die Übernahme von Verantwortung, die Sekundärtugenden der Verläßlichkeit, der Umgang mit Zeit und letztlich ein „gesundes Selbstbewußtsein" können nicht mehr altersspezifisch erlernt und erprobt werden. Arbeitslosigkeit wird so zur Entwicklungskrise gestörter Normalität und beschädigter Identität, was sich nicht nur für den späteren Berufsweg verhängnisvoll auswirken muß. Er kommt „zur Verrottung der Fähigkeiten und Eigenschaften, die innerhalb der Familie, der Schule und der Lehre in einem aufwendigen Bildungsprozeß erworben wurden. ... Depression und Ängstlichkeit sind die Folge." (Fischer/Heller 1995a: 26)

Die strukturelle Krise von Berufsnot und Arbeitslosigkeit wird für die Jugendlichen in Ostdeutschland auch deshalb besonders kritisch, weil dies mit der sich dort vollziehenden kulturellen Krise eines rapiden gesellschaftlichen Wertewandels zusammenfällt. Die heute geforderten Lernprozesse einer „modernen" (reflexiven) Identitätsbildung könnten durch biographische Brüche des Erwerbs- und Berufslebens blockiert werden. Weil die berufliche Orientierung ostdeutscher Jugendlicher offensichtlich noch stärker durch Pflicht- und Akzeptanzwerte (Pflichtbewußtsein, Sicherheitsbedürfnis) geprägt ist als im Westen, wird ein durch Arbeitslosigkeit bedingtes Scheitern der lebenspraktischen Bewährung die Identitätsbildung besonders belasten.

Neue Altersgrenzen: Vorruhestand und Frühverrentung

Daß der Systemwechsel der Arbeit an den Schwellen des Lebenszyklus zu besonders kritischen und riskanten sozialen Passagen führt, gilt nicht nur für das Jugendalter. Auch an der Altersschwelle des Erwerbslebens mußten die Ostdeutschen lernen, sich mit neuen Erwartungen und Bewertungen ihres Alters auseinanderzusetzen. Die Vorruhestandsregelung entwickelte sich für viele zum dramatischen Bruch der Lebensperspektive (vgl. Jakob/Olk 1995). Die damit vorgezogene soziale Passage ins Altenteil mußte oft weniger als gleitende Schwelle, denn als Schub ins soziale Abseits erlebt werden. Im Kontrast zur gerontokratisch geprägten *Veteranen-Kultur* der DDR schien vielen der abrupte Abbruch des Berufslebens nur deshalb erträglich, weil die bei sicherer Rente sich erschließende Konsumwelt eine Kompensation bot.

Dramatischer als die Passage in den Vorruhestand war bei älteren Arbeitnehmern der Sturz in die Arbeitslosigkeit. Dies machte die scharf gezogene Altersgrenze zwischen den einen, die schon regulär ausscheiden „durften", und den anderen, die noch von der Arbeitslosigkeit getroffen wurden, besonders einschneidend.

Der massive Beschäftigungsabbau ging vor allem zu Lasten der Älteren (vgl. Schwitzer 1995a). Unter den Langzeitarbeitslosen war Ende September 1995 jeder Zweite älter als 45 Jahre (vgl. Bundesanstalt für Arbeit 1996: 183). Bei den älteren Erwerbspersonen profiliert sich durch ein deutlich negatives Stimmungsbild weniger die Altersgruppe der regulär unter Vorruhestand und Frühverrentung fallenden älteren Erwerbsjahrgänge, als das wenig jüngere sogenannte „späte Mittelalter" der Geburtsjahrgänge um 1940, deren Angehörige in den Wendejahren zwischen 45 und 50 Jahre alt und so für die entlastende Vorruhestandsregelung zu jung waren, sich aber als zu alt erwiesen, bei einer sich verschärfenden Konkurrenz auf dem Arbeitsmarkt mitzuhalten.

Zumeist war die vorgezogene Altersgrenze mit spürbaren materiellen Einschränkungen verbunden. Aber auch wenn das Realeinkommen nach vielen vollen Berufsjahren hinreichend, wenn nicht gar durch neue Kaufkraft gesteigert schien, bedeutete für viele der unvorbereitete Abbruch des Berufslebens den plötzlichen Verlust von Einfluß, Ansehen und Gestaltungsspielraum.

Erwerbsarbeit im Geschlechterverhältnis

In den ostdeutschen Ländern ging mit der Umstrukturierung von Beschäftigungsfeldern bis Ende 1992 rund ein Drittel der von Frauen besetzten Arbeitsplätze verloren. Die anhaltende Arbeitsmarktkrise sowie die geschlechtsspezifisch selektive Personalrekrutierungspolitik tragen dazu bei, daß die

Frauenarbeitslosigkeit auf einem etwa doppelt so hohem Niveau wie dem der Männer verharrt (siehe die Abschnitte 2.3 und 4.7). Die freigegebene Konkurrenz um Arbeitsplätze führte in vielen Feldern zur „Entfeminisierung des Arbeitsmarkts" (vgl. Schlegel 1995: 114).

Zu dieser negativen Bilanz kommen in qualitativer Betrachtung anhaltende Trends einer geschlechtsspezifischen Segregation. In nahezu allen Wirtschaftsbereichen entwickelte sich der Beschäftigungsabbau wie auch die Entwertung bisheriger Positionen und Qualifikationen zu Lasten der Frauen (vgl. Engelbrech/Beckmann 1994 und Schenk 1995).

Die Situation der Frauen auf den ostdeutschen Arbeitsmärkten weist auf die Frauenpolitik der DDR zurück. Im Sinne der Mobilisierung aller Arbeitsreserven für die „gesellschaftliche Produktion" setzte die Planwirtschaft voll auf die Vollzeit-Erwerbstätigkeit der Frauen. Diese wurden dann aber auch in ihrer Doppelrolle von Hausfrau und Berufsfrau unterstützt, etwa durch Förderungsmodelle der beruflichen Qualifizierung oder durch Entlastungsmodelle (z.B. Babyjahr und betrieblich organisierte Kinderbetreuung). Damit war die in der DDR-Verfassung seit 1947 verankerte „Gleichberechtigung von Mann und Frau" (Art. 7) mit dem „Recht auf Arbeit" verklammert.

Die heute noch im Ost-West-Vergleich markant höhere Frauenerwerbstätigkeit in Ostdeutschland bedeutet für die Frauen aber auch eine deutlich heftigere Bedrohtheit und Betroffenheit durch die Beschäftigungskrise. Für junge Frauen mit Kindern verschärfen sich die Risiken von Berufsnot und Arbeitslosigkeit, weil die häuslichen und mütterlichen Pflichten mit einer nun schärfer durchrationalisierten Berufswelt immer schwerer vereinbar werden. Viele von ihnen sehen sich zum Rückzug in die „stille Reserve" gedrängt. Doch trotz solcher „Privatisierung der Frauenfrage" (Rabe-Kleberg 1995) blieb die Erwerbsneigung der ostdeutschen Frauen deutlich höher als im Westen.

Auch unter dem Aspekt der subjektiven Bewältigung sind die Deutungsmuster und Bewältigungsperspektiven geschlechtsspezifisch zu differenzieren. Dabei ist zu beachten, daß Sozialisation in der DDR unterschiedslos auf die Arbeitswelt als Lebensmittelpunkt zentriert war. Dies erklärt die ungebrochene Erwerbsneigung der Frauen, aber auch ihre mit der Dauer der Arbeitslosigkeit steigende Unzufriedenheit mit diesem Zustand. Um die Betroffenheit auch qualitativ einzuschätzen, ist bewußt zu halten, daß über die in der DDR geförderten Leitbilder der stärkeren Verzahnung von Arbeitsleben und Familienleben bei den Frauen Arbeitslosigkeit und Berufsnot besonders drängend zur Identitätsfrage werden mußte.

In der DDR stützten sich die Normalitätsstandards von Familienleben und Arbeitsleben wechselseitig. Die Normalität von Familienleben gründete auf der Normalität des Arbeitslebens. Der Betriebsbezug des Familienlebens wurde gefördert (und gefordert) durch eine betriebliche Sozialpolitik für das

Kind: bezahltes Babyjahr, Kinderkrippen, Kindergärten, betriebliche Kindertagesstätten. Damit wurde es auch für die Mütter kleiner Kinder möglich, berufliches und familiales Engagement zu verbinden. Die Sicherheit des Arbeitslebens ermöglichte es, sich in deutlich jüngerem Lebensalter als im Westen für ein Familienleben mit Kindern zu entscheiden. Erstheirat und erstes Kind, diese in der DDR ganz normalen Statuspassagen in den „Ernst des Lebens", vollzogen sich in Ostdeutschland jeweils drei Lebensjahre vor der westlichen Vergleichsgruppe. 70% der Kinder wurden vor dem 25. Lebensjahr ihrer Mütter geboren – ohne Bruch in der Erwerbsbiographie der Mütter (vgl. Keiser 1995: 173).

Offensichtlich fällt es immer schwerer, die in der DDR geförderte aber auch geforderte Balance von Familienleben und Berufsleben unter den neuen Bedingungen fortzuschreiben. Die Konflikte und Kompromisse sind vor allem von den Frauen auszuhalten. Vorausschätzungen gehen davon aus, daß sich das steigende weibliche Erwerbspersonenpotential und die sinkende Erwerbsbeteiligung der Frauen bis zum Jahre 2010 auf gleichem Niveau in Ost und West treffen werden (vgl. Engelbrech/Beckmann 1994: 9). Dennoch ist zu bedenken, daß ein solcher Trend in den ostdeutschen Ländern eine tiefgreifende Umwertung (oder auch: Entwertung) bisheriger Leitbilder, gerade des weiblichen und familialen Lebenszusammenhanges zwingend macht.

Gesundheit: Belastungen, Einschränkungen, Behinderungen

Gesundheit und Arbeit, diese beiden wohlfahrtsstaatlich verkoppelten Normalitätsstandards kommen in der Beschäftigungskrise wechselseitig unter Druck: mit der immer enger geführten Eingrenzung von Arbeit auf wirtschaftliche Produktivität werden die ausgrenzenden gesundheitlichen Einschränkungen wirksamer. Oft kann dann die Verweigerung von Arbeitsplätzen mit gesundheitlich bedingter „Leistungsschwäche" begründet werden. In der DDR waren praktisch alle Bürger im Erwerbsalter – auch die „gesundheitlich Eingeschränkten" und Behinderten – in die Produktion eingegliedert, wobei die betriebseigenen Gesundheitsdienste die Krankenversorgung am Arbeitsplatz sicherten. Demgegenüber wird nach jetzt durchgesetzten Produktivitätskriterien die gesundheitsbedingte Entlassung aus dem Arbeitsverhältnis einschneidender gehandhabt.

Am Umgang mit Behinderung (vgl. Winkler 1995b und Fuchs/Buhrow/ Krüger 1994) wird deutlich, wie sich im Transformationsprozeß die Bewertungen von Arbeitskraft und damit die Grenzen des Beschäftigungssystems verschieben: In der DDR waren die Behinderten im Sinne der Mobilisierung aller Kräfte – wie auch im Sinne eines arbeitszentrierten Verständnisses ge-

Wandel der Arbeit 347

sellschaftlicher Solidarität – weitestgehend in die Arbeitswelt einbezogen.[137] So konnten Lernbehinderte, vielfach selbst geistig Behinderte in den arbeitsintensiven Kollektiven der Landwirtschaftlichen Produktionsgenossenschaften ihren Arbeitsplatz finden und halten. Nur eine sehr eng definierte Restgruppe war in der DDR als nicht-arbeitsfähig ausgesondert. Schwerstbehinderte gehörten zu den eher versteckten Ausnahmen, welche die Regel bestätigten, daß in der staatssozialistischen Arbeitsgesellschaft die „Gesellschaftsfähigkeit" über die aktive Teilnahme an gesellschaftlicher Arbeit definiert war.[138]

Im Marktsystem aber bestimmt sich der Preis der Arbeit über die erbrachte Leistung. Deshalb waren die ostdeutschen Behinderten von der allgemeinen Beschäftigungskrise wie von den neu greifenden Mustern beschäftigungspolitischer Selektion und Segmentierung besonders betroffen: Zwischen 1990 und 1993 sank die Zahl der beschäftigten Behinderten von 198.900 auf 84.900 (vgl. Winkler 1995b: 50).

Wer in seiner Leistungskraft die marktgängigen Produktivitätsstandards nicht einlöst, dem droht die Ausgrenzung vom Arbeitsmarkt. Bei Nicht-Vermittelbarkeit oder Schwer-Vermittelbarkeit fallen die Betroffenen aus der Zuständigkeit der Arbeitsverwaltung und werden zum Fall für die Leistungssysteme von Sozial- und Gesundheitspolitik. Die durch Krankheit und Behinderung in ihrer Produktivität eingeschränkten Problemgruppen des Arbeitsmarktes können dann durch Umschreibung zu Versorgungsfällen an das Gesundheitssystem überwiesen werden. Über entsprechende Indikationen können Behinderte und gesundheitlich Eingeschränkte so aus dem Arbeitsmarkt und seinen Bilanzen herausdefiniert werden. Nur zu oft bietet es sich an, das Beschäftigungsrisiko „Leistungsschwäche" auf diesem Wege aus dem Arbeitsmarkt herauszunehmen.

Besondere Probleme der Arbeitsvermittlung ergeben sich in den Grenzfällen partieller Behinderung: So haben Hör- und Gehbehinderte das Stigma „Behinderung", fallen aber nicht in die Anspruchsberechtigung für eine Erwerbsunfähigkeitsrente, sind also in den Arbeitsmarkt zu integrieren. Doch der scharf auf individuelle Produktivität ausgerichtete Arbeitsmarkt beginnt

---

137 Charakteristisch war, daß diese Integration teilweise über in die „normalen" Arbeitsverhältnisse integrierte sogenannte geschützte Einzelarbeitsplätze erfolgte. In der DDR traf dies bis 1990 für etwa 70% der arbeitenden Behinderten zu, während 14% in geschützten Betriebsabteilungen und nur 17% in geschützten Werkstätten arbeiteten (vgl. Winkler 1995b: 54).
138 Zwar kannte auch die DDR das vorzeitige Ausscheiden aus dem Arbeitsleben. Doch war hier die Indikation für die *Invaliden-Rente* enger gesteckt als die deutlich weiter greifenden Berufs- bzw. Erwerbsunfähigkeitsrenten in Westdeutschland. Dabei ist zu bemerken, daß Berufsunfähigkeits- und Erwerbsunfähigkeitsrenten, in welche die DDR-Invalidenrente übergeleitet wurde und die damit auf viele Problemgruppen des Arbeitsmarktes anwendbar wird, nicht mehr in den Bereich der Arbeitsverwaltung fällt.

sich gegenüber eingeschränkter Arbeitsfähigkeit abzuschließen: Die einst selbstverständliche Integration arbeitspolitischer Problem- und Risikogruppen muß nun gesondert „geplant" werden. Darauf zielen im Schnittbereich von Arbeitsmarktpolitik und Behindertenpolitik unterschiedliche Modelle:

1. *Gestützte Arbeitsplätze:* Eine *kategoriale Arbeitsförderungspolitik* verspricht den Betrieben, welche Arbeitskräfte aus der arbeitsmarktpolitischen Problemgruppe der gesundheitlich Eingeschränkten oder Behinderten einstellen, eine Prämie. Zum anderen wird Betrieben, die sich der Beschäftigung von Behinderten verschließen, eine Abgabe auferlegt.
2. *Beschützende Werkstätten: Institutionelle Förderung* gilt den speziell auf schwervermittelbare Behinderte zugeschnittenen Beschäftigungsinseln, wie den „Beschützenden Werkstätten". Hier ist zwar das Kriterium der Produktivität durch die Subventionierung von Behindertenarbeit außer Kraft gesetzt; dennoch wird die Inklusion in die Arbeitsgesellschaft angestrebt, allerdings eine Inklusion um den Preis der Ausgrenzung.

Psychische und somatische Belastungen

Gesundheitspsychologische Untersuchungen (vgl. Schröder/Reschke 1995) bestätigen, daß der radikale Umbruch der ostdeutschen Lebensverhältnisse, vor allem der Zusammenbruch der arbeitsgesellschaftlichen Normalitätsstandards besondere Anforderungen an die gesundheitliche Belastbarkeit stellt. Geringe gesundheitliche Belastbarkeit aber wird zum Risikofaktor auf dem Arbeitsmarkt. Das führt dazu, daß Angst, Frust und Streß gerade von jenen Gruppen auszuhalten sind, die schon aufgrund ihrer gesundheitlichen Einschränkung Belastungssituationen am wenigsten kompensieren können.

Während die DDR-Betriebe auch die gesundheitlich belasteten oder gefährdeten Problemgruppen einbinden sollten (und sei es in „besonderen Brigaden" für Menschen mit Suchtproblemen, gesundheitlicher Einschränkung und geringer psychischer Belastbarkeit), mußten diese „vulnerablen Gruppen" bei einer jetzt stärker an Produktivitätskriterien orientierten betrieblichen Personalpolitik aus dem Arbeitszusammenhang herausfallen. „Sie fallen schneller aus dem Arbeitsmarkt heraus (und) haben auch unter Bedingungen eines entspannten Arbeitsmarktes große Schwierigkeiten der Reintegration." (Kieselbach 1993: 70) Die Beobachtung der krank machenden Wirkungen prekärer Arbeitsverhältnisse führt zur Frage nach den Interventionsmustern und -zielen einer präventiven Gesundheitshilfe: Diese kann sich allerdings kaum auf ein Mildern und Dämpfen der Symptome beschränken: „Über die Vermittlung von Streßbewältigungs-Techniken ... gehen Befähigungsstrategien hinaus, die mit einem emanzipatorischen Anspruch das Ziel haben, persönlichkeitsförderliche Lern- und Umlernprozesse anzuregen. Dabei geht es um mehr Selbstbestimmung in der Lebensgestaltung unter nunmehr neuen Bedingungen." (Schröder/Reschke 1995: 270)

Erwerbssektoren und Statusgruppen

Die Betroffenheit bzw. Bedrohung durch die Beschäftigungskrise ist zu differenzieren nach Berufs- und Statusgruppen. In sektoraler Betrachtung zeigen sich im Umbau der Arbeitsgesellschaft die einzelnen Wirtschafts- und Beschäftigungsbereiche unterschiedlich entwickelt.[139]

Landwirtschaft: Die Transformation von Produktionsweisen und Betriebsformen in der ostdeutschen Landwirtschaft wurde schon vor der Vereinigung vorbereitet mit dem „Gesetz über die strukturelle Anpassung der Landwirtschaft an die soziale und ökologische Marktwirtschaft" (LwAnpG vom 29.6.1990). Dieser Strukturwandel wurde mit der Einbeziehung der DDR in die Agrarmarktordnung der Europäischen Union überlagert und teilweise durchkreuzt.

Der sehr zügig vollzogene Kurswechsel bildete den Hintergrund dafür, daß nach der Wende über 670.000 landwirtschaftliche Arbeitskräfte – mehr als 80% der 1989 in der DDR landwirtschaftlich Beschäftigten – ihren Arbeitsplatz in der Landwirtschaft verloren, wobei sich im ländlichen Raum zumeist keine anderen Beschäftigungsperspektiven boten (vgl. Mittelbach 1995: 14). Das Ausmaß der Freisetzung und das Tempo des Umbruchs ist in der deutschen Agrargeschichte einmalig. Gleichzeitig führte die Förderung des bäuerlichen Familienbetriebs und anderer privatwirtschaftlicher Produktionsformen zu einer steigenden Zahl landwirtschaftlicher Betriebe. Diese ist von 1989 bis 1994 von rund 4.700 auf rund 27.000 gestiegen (vgl. Mittelbach 1995: 21).

Angesichts der Existenznöte selbständiger landwirtschaftlicher Klein- und Mittelbetriebe ist – wie auch bei anderen Existenzgründungsversuchen in den neuen Ländern – jedoch zu fragen, ob die bei unrentabler Arbeit sonst fällig werdende Arbeitslosigkeit hier nicht durch hohe individuelle Belastung und Durchhaltewillen der Betroffenen verdeckt wird. Risiken ergeben sich

---

139 Es gab Sektoren mit massivem Beschäftigungsabbau so in der Land- und Forstwirtschaft bis November 1994 auf 27% der Ausgangsbeschäftigung, im Bergbau und der Energiewirtschaft auf 36%, in der Metall- und Elektroindustrie sowie im übrigen verarbeitenden Gewerbe auf 49% bzw. 55%. Zuwächse waren zu verbuchen im Bereich Banken und Versicherungen auf 266% und im Bau auf 115%). Die sonstigen Dienstleistungen (dazu gehören z.B. Bildungs- und Gesundheitswesen) konnten ihren Anteil an allen Beschäftigten von 22% (1989) auf 31% (1994) steigern (vgl. Brinkmann/Wiedemann 1995: 325).

vor allem durch die zumeist schwache Kapitaldecke, die bei dem hohen Verschleiß- und Erneuerungsgrad landwirtschaftlicher Maschinen oft überfordert ist. Auch wenn die Produktivität wieder ansteigt und in vielen Bereichen längst westdeutsches Niveau erreicht ist, werden bis zur risikofesten Konsolidierung dieses Wirtschaftsbereichs wohl noch Jahre vergehen.

Wissenschaft als Beruf: Der Transformationsprozeß im Berufsfeld „Wissenschaft" vollzog sich nach Artikel 38 des Einigungsvertrages: „Einpassung von (DDR-) Wissenschaft und Forschung in die gemeinsame Forschungsstruktur der BRD". Einpassung bedeutete entweder die Evaluierung der wissenschaftlichen Forschungseinrichtungen mit offenem Ausgang der Entscheidung über ihre Fortexistenz oder die sofortige Abwicklung. Der Umbau der Forschungslandschaft im außeruniversitären Bereich war entschieden mit der vom Wissenschaftsrat empfohlenen Auflösung der 130 Akademieinstitute. Auf universitärer Ebene sollten die Institutionen in der Regel erhalten bleiben, oft jedoch bei Auswechslung der dort bislang tätigen Personen. Zumindest mußten diese sich der Personalevaluation und den nur schwer kalkulierbaren Prozeduren einer offenen Neubewerbung unterziehen. Fast jeder Dritte der bis Frühjahr 1994 neuberufenen Hochschullehrer kam aus Westdeutschland (vgl. Solga 1996).

An den Universitäten und Akademien war der Entscheidungszeitraum für Einpassung und Übernahme zunächst auf den 31. Dezember 1990 befristet. Bei negativer Abwicklungsentscheidung wurden die Arbeitsverhältnisse unmittelbar „zum Ruhen gebracht" und dann nach sechs bzw. neun Monaten beendet. Zu negativer „Abwicklung" kam es insbesondere im ideologisch hoch aufgeladenen Kaderbereich der Geistes-, Gesellschafts- und Kulturwissenschaften. Die hier einst geforderte „Systemloyalität" (Solga 1996) mußte nun die weitere Karriere, wenn nicht gar den Verbleib blockieren. Die Folge war auf breiter Front der Absturz in Berufsnot und Arbeitslosigkeit. Mindestens zwei Drittel des ostdeutschen Wissenschaftspersonals (mehr als 50% im universitären Bereich und der außeruniversitären Forschung und 80% in der Industrieforschung) verloren bis 1992 ihren Arbeitsplatz (vgl. Gläser/Melis/Puls 1995: 9).

Eine Auffangmöglichkeit für Forschungsarbeit gelang vielen zunächst über provisorische Initiativen freier Trägerschaft im Rahmen befristeter Arbeitsbeschaffungsmaßnahmen. Hier eröffnete sich – falls man nicht ohnehin durch Ruhestand oder Berufswechsel aus dem Feld ging – über den Status des gemeinnützigen Vereins zugleich die Möglichkeit, als Träger von ABM-Stellen Personal- und Forschungsmittel an sich zu ziehen. Dies konnte nicht nur eine sonst drohende Akademiker-Arbeitslosigkeit abfangen, sondern oft auch bisherigen Forschungsertrag sichern und weiterführen (zur Transformation der außeruniversitären Forschungslandschaft vgl. Bertram 1995b).

Kultur als Arbeit: Die DDR gründete ihre kulturpolitische Selbstdarstellung selbstbewußt auf eine dichte Infrastruktur kultureller Versorgung. Dies bezog sich nicht nur auf die öffentlichen Kulturangebote, sondern im Sinne der Verbindung von „Kultur und Arbeit" auch auf die über die betrieblichen Arbeitskollektive vermittelten Möglichkeiten kulturellen Lernens, kulturellen Erlebens und Handelns. So bot ein breites Feld betriebsgebundener Kulturarbeit vielen Kulturschaffenden Entfaltung und Beschäftigung. Auch in den Jugend-, Frauen- und Freizeitorganisationen wurde kulturelle Arbeit geleistet und kulturell professionalisiertes Personal beschäftigt. Entsprechend hatte kulturelle Kompetenz in der DDR offiziell ein hohes Prestige. Dies spiegelte sich auch im Bildungssystem in einer breiten Palette von kultureller Berufsbildung bis hin zur akademischen Ebene der Kulturwissenschaft. Es überrascht nicht, wenn in diesem für die kulturelle Integration systemtragenden Bereich die Systemtreue entscheidendes Karrierekriterium war. Entsprechend waren die Kader im Kultur- und Bildungsbereich von „Abwicklungen" besonders einschneidend betroffen. Nach der Wende konnte staatliche und kommunale Kulturverwaltung das personalextensiv ausgebaute Kultursystem der DDR nur bedingt weiterführen. Zudem mußte der Beschäftigungssektor „Kultur" vor allem in den Betrieben abgebaut und in den Gemeinden zumindest ausgedünnt werden.

Doch dem Rückgang des Kulturangebots entspricht aktuell eine schwindende Nachfrage des einstigen Publikums, welches jetzt offensichtlich von anderen Sorgen bewegt ist, als dem Interesse an aktiver kultureller Kommunikation. Im kulturellen Sektor erscheinen Berufsnot und Arbeitslosigkeit auch deshalb besonders dramatisch, weil sich für kulturelle Kompetenz wenig Ausweichmöglichkeiten eröffnen, aber auch die Akteure kulturellen Engagements wenig bereit sind, in ein nicht-kulturelles Berufsfeld zu wechseln. Der im Kulturbereich zwingende Personalabbau wurde allerdings dadurch gemildert, daß durch großzügige Programme der Kulturförderung befristete Brücken der Umorientierung geschaffen werden konnten. Im Bewußtsein, daß die in der DDR groß ausgebaute „volkskulturelle" Breitenarbeit (im Westen spräche man von Soziokultur) sich nicht selbst tragen könne, verband sich die Transformation der Kulturpolitik mit aktiver Beschäftigungspolitik in anspruchsvollen Qualifizierungsprogrammen der Umschulung und Weiterbildung.

Zu DDR-Zeiten spielten die Vertreter künstlerischer und kultureller Berufe als Repräsentanten der herrschenden Kollektivkultur eine Schlüsselrolle im öffentlichen Leben. Nun aber haben sie nicht nur ihre institutionellen Förderer, sondern auch ihre früheren Zielgruppen verloren. Zudem sehen sie sich auch durch die Entwertung ihrer professionellen Zertifikate in niedrigere Tarifgruppen verwiesen, wenn nicht gar in prekäre Beschäftigungsverhältnisse abgedrängt. Dabei gäben die mit der Beschäftigungskrise verbundenen

Sinnkrisen guten Grund, die Bedürfnisse nach kultureller Kommunikation wach zu halten und neue Kontexte kultureller Kommunikation zu fördern.

Führungskader und Dienstklassen: Anders als vielfach erwartet, konnten die leitenden und mittleren Kader der sogenannten Dienstklasse nach der Wende eher auf ihrem Posten bleiben als Angehörige der unteren Ebene, zumindest konnten sie leichter wieder Arbeit finden, oft allerdings über Berufswechsel und verbunden mit (materiellen wie ideellen) Statuseinbußen (vgl. Solga 1996). Gewiß war der nach fachlichem Leistungsprofil oft „unverdiente" einstige Loyalitäts-Bonus nur noch schwer zu halten. Dennoch mußte eine entsprechende Rückstufung als Deklassierung empfunden werden. Vor allem in den Führungsfeldern der Wirtschaft konnten sich einstige Kaderpositionen stabilisieren und neu arrangieren. Untersuchungen zur vertikalen Mobilität auf der Leitungsebene beobachten gerade im Produktionsbereich eher eine Statusbeharrung (vgl. Adler/Kretzschmar 1996).

Viele Führungskader der Dienstklasse, gerade wenn sie aus politischen Gründen von der ersten Freisetzungs- und Abwicklungswelle betroffen waren, konnten jedoch als Arbeitssuchende der ersten Stunde auch noch rechtzeitig die Herausforderung und Chance wahrnehmen, sich auf dem sich öffnenden Arbeitsmarkt neu zu orientieren. Auch Akademiker, die aus ihrer alten Kaderposition herausfielen, versuchen sich nun im Status einer oft hoch riskanten Selbständigkeit (s.u.) – etwa als „Freie Berater" – durchzuschlagen. Beim Absprung in die freien Berufe gab die frühzeitige Abwicklung der einstigen Position den davon Betroffenen Vorsprung im Wettlauf um knappe Chancen. Wer erst später, nach längeren Warteschleifen in die Arbeitslosigkeit fiel, kam auf dem Arbeitsmarkt dann oft schon zu spät.

Komplizierter entwickelte sich die Transformation von Personalstruktur und Beschäftigung im öffentlichen Sektor: Auf der Ebene der Führungskräfte wurden hier zum einen wegen der politischen Verstrickung der alten Dienstklasse politische Selektionsprozesse wirksam, zum anderen konnten im öffentlichen Bereich die Mechanismen des Arbeitsmarktes am ehesten außer Kraft gesetzt werden. Gerade im öffentlichen Dienst konnten aus beschäftigungspolitischen Gründen – zumindest in der Umbruchphase – Arbeitsplätze geschützt oder neu geschaffen werden.[140]

Die in der Regel guten Einstiegsbedingungen der alten Dienstklasse auf dem Arbeitsmarkt sind allerdings zu relativieren im Blick auf den gewiß stärker ideologiebesetzten geistes-, kultur- und sozialwissenschaftlichen Bereich, zumal in diesem Sektor – wie auch im Westen – eher Berufsnot vor-

---

140 Weitgehend gehalten wurde die Beschäftigung im Bereich der schulischen Bildung, wenn auch unter Kürzung der Arbeitszeit. Bundeseinheitlich kam es zur Fusion unterschiedlicher Organisationen, etwa im Bereich Bahn und Post. Überraschend problemlos vollzog sich auch die Einschmelzung der DDR-Volksarmee in die Bundeswehr.

herrscht. Es ist schwer zu entscheiden, ob hier der Stellenabbau primär im Interesse ideologiepolitischer Säuberung betrieben wurde, oder aber, ob dieser in der DDR besonders breit ausgebaute Bereich nur auf den Maßstab vergleichbarer westlicher Stellenkegel hin normalisiert wurde.

Auch wenn in Einzelfällen oft Brüche und Stürze im Status zu verkraften waren, steht die alte Dienstklasse – zumindest in ihrer Beschäftigungsbilanz – weithin ungebrochen da. Wenn heute im Führungsfeld (insbesondere im mittleren Führungsfeld) der ostdeutschen Unternehmen ostdeutsche Führungskräfte ihre Position behaupten können, dann sind es vielfach Angehörige der alten Dienstklasse (vgl. Adler 1996).

Die Personalprobleme des Systemwechsels ließen sich teilweise entspannen, da bei der für die Führungskultur der DDR repräsentativen Aufbaugeneration der 55-65jährigen die Ablösung über die Altersgrenze reguliert werden konnte. Die über Vorruhestand oder Altersübergangsgeld vorgezogene Altersgrenze ermöglichte einen Kader-Schub, der die einst systemtragenden Führungskader ohne politischen Konflikt aus dem Feld nahm. Damit konnte das Führungsfeld neu bestellt werden.

Notgründungen neuer Selbständigkeit: Der als Ausweg aus Berufsnot und Arbeitslosigkeit vielgepriesene Weg in die Selbständigkeit erweist sich allerdings oft als besonders prekäre Form marktwirtschaftlicher Freisetzung. Die Erfahrungen mit Existenzgründungen in Ostdeutschland (vgl. Hinz 1996) machen deutlich, daß ein solcher Schritt nicht immer getragen war von unternehmerischem Selbstbewußtsein, überschießender Handlungsfähigkeit, Risikobereitschaft und Verantwortungsfreude. Auch im Blick auf die Produktivfaktoren Kapital und Kompetenz konnten die ostdeutschen Existenzgründer kaum „aus dem Vollen schöpfen", eher war aus der Not einer beruflichen Krise eine Tugend zu machen und die Flucht in die Selbständigkeit zu riskieren. Aber Arbeitslosigkeit bietet auf dem Weg in die Selbständigkeit kaum gute Startbedingungen.

Vielfach wurden von den sich „gesund" schrumpfenden Betrieben die Mitarbeiter mit dem Druckmittel sonst anstehender Entlassung in die Selbständigkeit gestoßen. Arbeitsverträge wurden dabei in Werkverträge umgeschrieben und der einstige Arbeitnehmer sah sich als Unternehmer des eigenen Humankapitals dazu gezwungen, seine Arbeitskraft über Einzelleistungen und -dienste zu vermarkten – nun aber ohne die Absicherungen des Arbeitsrechts. Dabei war nicht mehr sicher, daß der werkvertraglich vereinbarte Stücklohn die investierten Arbeits- und Wartezeiten auch „lohnen" werde. Es war weniger die vielversprechende Option als der Mangel an Alternative, der in die Selbständigkeit trieb.

Die Umwandlung von Arbeitsverträgen in Leistungsverträge erwies sich für die in prekäre Selbständigkeit freigesetzten Mitarbeiter als günstiger, wenn die im Sinne verschlankender Unternehmenspolitik betriebenen Ausgründungen bzw. Quasi-Ausgründungen von Betriebsteilen und Belegschaftsgruppen auch weiterhin mit dem Unternehmen vernetzt blieben. Hier kann auch die erhalten gebliebene Solidarität im Arbeitszusammenhang den Individualisierungsdruck mildern, denen sich gerade die sogenannten „Notgründungen" sonst haltlos ausgesetzt sehen.

Industriearbeit: Betriebsbindung und Berufsmobilität

In der DDR konnte individuelle Lebensplanung fest auf die zugewiesene *Betriebsbindung* bauen. Die Betriebsbindung wurde zudem durch die *betriebsgemeinschaftliche* Ausgestaltung der Arbeitskollektive gestützt. Hinzuweisen ist auf die vielfachen Verklammerungen zwischen Betrieb und Familie, Kultur und Unterhaltung, Betreuung und Versorgung. Die damit bestärkte innere Verpflichtung der Belegschaft zur *Betriebstreue* mußte eine individuelle Kündigung in hohe „moralische" Beweislast bringen. So wurde die Arbeit im Kollektiv zur prägenden Solidaritätserfahrung. Dabei wurde die Interaktion am Arbeitsplatz auch noch durch eine betriebsbezogene Geselligkeitskultur unterstützt, die auch die Freizeit einbezog.

Vor diesem Hintergrund ist die Betroffenheit von Arbeitslosigkeit auch darin zu sehen, daß die Arbeitslosen sich aus dieser diffusen Solidarität der Betriebsbindung ausgeschlossen sehen mußten. Um so mehr werden sie sich auf den Wertewandel von der im Arbeitskollektiv erfahrenen *Solidarisierung* zur *Individualisierung* des Arbeitsmarktes und letztlich zur Klientelisierung als Transferempfänger einlassen müssen.

Die für die Arbeitsverhältnisse der DDR bestimmende Betriebsbindung wirkt in den neuen Bundesländern weiter. Nicht selten werden sonst schwer zumutbare betriebliche Machtverhältnisse fraglos hingenommen, nur um seinem Betrieb und dessen Umfeld, oft allerdings unter Hinnahme prekärer Arbeitsverhältnisse, verbunden zu bleiben. Akzeptiert werden vom Normalarbeitsverhältnis abweichende Bedingungen wie vom Arbeitgeber bestimmte variable Arbeitszeiten, Befristung der Beschäftigungsperspektive oder – im Grenzfall der fiktiven „Selbständigkeit" – die nur unzureichende arbeitsrechtliche Sicherung (vgl. Lutz 1995: 24).

Die Fixierung auf betrieblichen Verbleib erklärt sich auch aus der Betriebsbindung der Qualifikations- und Identifikationsprofile, was es den Arbeitssuchenden schwer macht, sich nun auf offenen Arbeitsmärkten zu „vermarkten". Marktverhalten muß neu erlernt werden, und die Prägung durch kollektive Betriebsbindung erklärt die für viele westliche Beobachter überraschenden Lernbarrieren.

Doch bei allen Vorzügen der Kontinuität und der Stabilität fordert gebremste Mobilität auch ihren Preis: Zu erwarten ist eine sich vertiefende Spaltung der Erwerbschancen zwischen Belegschaftsmitgliedern, welche im Betrieb bleiben konnten, zumindest über betriebsnahe Förderungs- und Qualifizierungsprogramme dem „internen Arbeitsmarkt" ihres früheren Arbeitskollektivs verbunden blieben, und jenen Arbeitslosen, die nach der Aufhebung ihrer früheren Betriebsbindung unmittelbarer dem offenen Arbeitsmarkt ausgesetzt wurden. Der unter dem Druck des Arbeitsmarktes zwingende Betriebswechsel verschärft soziale Verunsicherung.

Mit der Vereinigung wurde für das Erwerbsverhalten wie für die Unternehmenspolitik der offene Arbeitsmarkt eröffnet. Die im Arbeitsmarkt-Monitor erhobenen Daten zum Erwerbsverlauf im neuen Bundesgebiet dokumentieren eine anschwellende Fluktuation: Zwischen November 1989 und November 1994 sind lediglich 25% der im November 1989 erwerbstätigen Personen ununterbrochen im selben Betrieb beschäftigt geblieben (siehe Abschnitt 2.3).[141]

Mit der Umstellung von zentraler Beschäftigungsplanung auf offene Arbeitsmärkte kam es zu neuen Frontlinien sozialer Ungleichheit und sozialer Unterscheidung. Die neu erfahrenen Segmentierungs- und Exklusionsprozesse führen jedoch zur Polarisierung zwischen einem exklusiven Kern der Arbeitskräfte, die ihr Beschäftigungsverhältnis halten und damit ihre Chancen zielstrebig ausbauen können, und jenen Risikogruppen und Grauzonen des Arbeitsmarktes, die offensichtlich immer weiter vom „rettenden Ufer" eines sicheren Arbeitsplatzes wegtreiben.

Armut und Arbeitslosigkeit: Abstieg und Absturz

Die soziale Statik der Arbeitsgesellschaft mit ihren klar umgrenzten Erwerbs- und Versorgungsklassen kam in der Beschäftigungskrise in risikogesellschaftliche Turbulenzen. *Arm sein* oder *keine Arbeit haben* bedeutet heute

---

141 Auch hier ist nach Chancen und Risiken zu differenzieren: Nur 17% der Personen ohne beruflichen Abschluß sind in den fünf Jahren von 1989 bis 1994 ununterbrochen im selben Betrieb beschäftigt gewesen, während dieser Anteil bei Hochschulabsolventen doppelt so hoch liegt. Daß die Wiedereingliederungschancen von Männern im Vergleich zu Frauen besser sind, zeigt sich vor allem an dem höheren Anteil derjenigen, die ohne Unterbrechung unmittelbar den Betrieb gewechselt haben (Männer: 22%, Frauen: 14%). Jüngere und wenig qualifizierte Arbeitskräfte konnten nur selten ohne Unterbrechung eine neue berufliche Tätigkeit aufnehmen. Besonders gute Wiedereingliederungschancen haben Hochschulabsolventen, was sich an dem überdurchschnittlich hohen Anteil von Betriebswechselfällen ohne Unterbrechung zeigt (23%) (vgl. Brinkmann/Wiedemann 1995: 330).

kaum mehr eine auf Dauer gestellte Lebenslage, sondern gilt als zeitweilig riskante Konstellation, die sich in den Wechselfällen des Lebens auch wieder ändern kann. Armut erscheint dann nicht mehr als *schicksalhaftes Verhängnis,* sondern als *lebensgeschichtliches Ereignis,* das bearbeitet und bewältigt werden muß. Auch das Interesse der Forschung richtet sich nun darauf, die lebensgeschichtliche Dynamik von Erwerbsschicksalen in den Wechselfällen des Arbeitslebens zu verfolgen und dabei die leidenden wie handelnden Akteure als Subjekte ihrer „Geschichte" herauszustellen (vgl. Leibfried u.a. 1995).

Mit der Beschäftigungskrise verschieben sich in der Gesellschaft die Armutsgrenzen (vgl. Hauser 1995). Finanzpolitisch bedeutet dies eine Kostenverlagerung der Transferzahlungen von der Arbeitsverwaltung auf die kommunale Selbstverwaltung als Sozialhilfeträger. Sozialhilfebedürftig werden viele Ostdeutsche nicht erst nach Auslaufen ihrer Leistungsansprüche an das Arbeitsamt. Schon die von einer niedrigen Verdienstbilanz abgeleiteten Lohnersatzleistungen drücken viele Arbeitslose unter die Armutsgrenze.

Die Massenhaftigkeit der Arbeitslosigkeit und die wachsende Langzeitarbeitslosigkeit (siehe Abschnitt 4.1) werden zum Hintergrund weiterer Polarisierungen sozialer Ungleichheit. Nicht für alle Arbeitslose, aber doch für eine beachtliche Gruppe kumulieren sich die Abstiege auf der Skala sozialer Ungleichheit zum sozialen Absturz. Wir sprechen bei dieser Gruppe, in der sich objektive Armut mit subjektiver Anomie verbindet, von Problem-Arbeitslosen.

Auch wenn Arbeitslosigkeit potentiell nicht notwendig in den kritischen Bereich „sozialen Absturzes" treibt, gewinnen mit der Dauer der Arbeitslosigkeit Abstiegserfahrungen an Gewicht: „die finanzielle Situation wird kritisch, insofern wesentliche Lebensbedürfnisse nicht mehr finanzierbar scheinen. 40 Prozent haben Schulden, über die Hälfte beziehen bereits oder erwarten Sozialhilfe." Solche Problem-Arbeitslose finden sich im „ganzen Spektrum sozialer Differenziertheit" (Hahn/Schön 1996: 121f.), also auf alle Altersgruppen verteilt und in allen Bildungsgraden vertreten.

Aber selbst bei dieser Gruppe, „die sich objektiv in einer weit unterprivilegierten Lage befindet und diese subjektiv (in Zufriedenheiten, Kontrollüberzeugungen und Zukunftserwartungen ausgedrückt) auch so empfindet" (Hahn/Schön 1996: 131), lassen sich die Muster des Erwerbsverhaltens immer noch in einer beachtlichen Größenordnung dem optimistisch-aktiven Typus zurechnen. Die oft auf ostdeutsche Arbeitslose zielende Stigmatisierung einer sozialbiographisch verwurzelten Resignation und Apathie und die dabei unterstellte „Deckungsgleichheit zwischen objektiver Lage und ihrer subjektiven Deutung" (Hahn/Schön 1996: 131) wird also durch die empirischen Daten zur Korrelation von Erwerbsverlauf und Deutungsmuster nicht bestätigt.

Sinngrenzen und Sinnkrisen: subjektive Bewältigung von Arbeitslosigkeit

Die von Arbeitslosigkeit Betroffenen unterscheiden sich nach den Werten und Mustern, mit denen sie ihre Lage interpretieren und den Sinn ihres Handelns konstruieren. *Konstruktionsmuster sozialer Sinnbildung* sind dafür entscheidend, wie Arbeitslose ihre Probleme erfahren und bewältigen und was sie von ihrer Umwelt und sich selbst erwarten.

Für viele bedeutet Arbeitslosigkeit einen Einbruch in den Lebenslauf mit schweren Verlusten an Selbstvertrauen, Sozialvertrauen und Systemvertrauen. Dies gilt gewiß für Ost und West gleichermaßen. Dennoch erscheint auf dem Hintergrund der einst politisch kontrollierten „Sicherungen" des Arbeitslebens in Ostdeutschland der Einschnitt in kollektiv eingefahrene Kontinuitäten und alltägliche Routinen besonders dramatisch. Andererseits erweist sich kollektive Betroffenheit aber auch entlastend. Damit stellt sich die Frage nach den Verknüpfungen zwischen strukturellen Problemlagen der Arbeitslosigkeit und den kulturellen Mustern der Problembewertung und Problembearbeitung (siehe hierzu auch Abschnitt 4.1).

Sozialpsychologische Befunde zur strukturellen Betroffenheit von Arbeitslosigkeit und der subjektiven Strukturierung ihrer Bewertung und Bewältigung durch die Arbeitslosen weisen darauf hin, daß Dauer und Häufigkeit der Arbeitslosigkeit korrelieren mit Risikofaktoren wie Geschlecht, Lebensalter, Gesundheit und Unterqualifikation. Dabei lassen sich vier Typen subjektiver Bewältigung von Arbeitslosigkeit unterscheiden (vgl. Hahn/Schön 1996: 87f.):

- Ein (noch) „optimistischer" *Typ 1* hält die Arbeitslosigkeit mit dem eigenen Lebensentwurf und Selbstwertgefühl für unvereinbar. Die Konsequenz ist aktive Arbeitssuche.
- Ein „realistischer" *Typ 2* distanziert sich gleichfalls von der Situation der Arbeitslosigkeit, sieht zwar – trotz weiterhin hochmotivierter Arbeitssuche – keine aktuelle Perspektive einer Wiederbeschäftigung, bleibt aber „auf dem Sprung", jede sich bietende Chance zu ergreifen.
- Ein bereits „resignierender" *Typ 3* sieht die Arbeitslosigkeit zumindest zeitweilig als mit dem eigenen Lebenskonzept vereinbar; man „läßt sich deshalb Zeit" bei der Arbeitssuche.
- Ein längst „resignierter" *Typ 4* hat sich mit der Arbeitslosigkeit als vereinbar mit dem eigenen Lebenskonzept abgefunden – wenn auch nicht konfliktlos – und sieht sich vom Erwerbsleben definitiv ausgeschlossen.

Dazu lassen sich im Laufe der Zeit mit der Entwicklung der Beschäftigungskrise und der Dauer von Arbeitslosigkeit durchaus Verschiebungen der Gewichtung von Variablen ausweisen: „So ist 1993 und 1995 für Typ 1 die gegenüber anderen Typen stärkste Bedeutsamkeit von beruflichem Erfolg charakteristisch, 1994 ist der Berufserfolg für Typ 3 am wichtigsten. Hingegen ist die Bewertung arbeitsmarktlicher Zukunftsaussichten 1993 und 1994 bei Typ 1 deutlich am positivsten, 1995 ist sie bei Typ 3 ähnlich positiv." (Hahn/Schön 1996: 88) Zugleich lassen sich innerhalb der einzelnen Typen Verlagerungen der Akzente, wie auch „Wanderungen" zwischen den Typen beobachten: So vergrößerte sich bei den dazu befragten Erwerbslosen die Gruppe der optimistisch-aktiven Nichtakzeptanz von Arbeitslosigkeit (Typus 1) von 24% (1993) auf 36% (1995), während die beiden Typen (3 und 4) der zeitweiligen bzw. dauerhaften Akzeptanz von 44% (1993) auf 36% (1995) absank (vgl. Hahn/Schön 1996: 88). Dabei erweisen sich die Erwartungen als abhängig von der Erfahrung des eigenen Erwerbsschicksals.

Weiterführende Überlegungen zu den „Strukturierungsprozessen der Langzeitarbeitslosigkeit in den neuen Bundesländern" (Krömmelbein/Schmid 1995) verweisen auf die sich historisch erklärenden unterschiedlichen kulturellen Prägungen der Berufsidentität (wie der darauf zu beziehenden unterschiedlichen strukturellen Lagerungen von Berufsnot) in Ost- und Westdeutschland. Eine wichtige Differenz zum Westen zeigt sich in der subjektiven Verarbeitung von Betroffenheit und Schuldzuweisung. Die in der Risikogesellschaft des Westens deutlicher ausgeprägte und auch subjektiv angenommene Individualisierung des Erwerbsschicksals ist zu kontrastieren mit der Wahrnehmung der massenhaften Unterbeschäftigung in Ostdeutschland als kollektives Schicksal: Ostdeutsche Arbeitslose sehen die Gründe ihrer Lage eher in den objektiven Strukturen, im Systemwechsel, manchmal auch schon in der aufgestauten Systemkrise der DDR, nicht aber in der eigenen Veranwortung.

Im Osten verband sich die Unsicherheit und Unzufriedenheit gegenüber der aktuellen Situation zunächst noch mit positiven Erwartungen an die Zukunft. Allerdings wurde dieser Zukunftsoptimismus im Lauf der Zeit zurückgenommen (zu Wohlfahrtsentwicklung und Sozialberichterstattung vgl. Zapf/Habich 1996).

Die subjektive Belastung der Beschäftigungskrise trifft nicht nur die engere Problemgruppe derjenigen, die akut ihren Arbeitsplatz und oft auch jede weitere Erwerbschance verloren haben. Fast jeder fühlt sich bedroht, jederzeit auch selbst zum Fall sozialen Abstiegs und Absturzes werden zu können. Diese „Betroffenheit der Nichtbetroffenen" (Schramm 1994: 55) schlägt durch auf die Sinngebung von Arbeit. In der Wohlfahrtsforschung ist dies zu beobachten und zu beschreiben über das subjektorientierte Konstrukt der *Arbeitsmarktperspektive*. Wer den Verlust des eigenen Arbeitsplatzes oder zumindest eine Verschlechterung und geringere Sicherheit der eigenen Arbeitssituation befürchten muß, wird kaum ein Gefühl der Arbeitszufriedenheit aufbauen wollen und können.

Strategien aktiver Beschäftigungspolitik

Bei einer Beurteilung der Möglichkeiten und Wirkungen gestaltender und steuernder Beschäftigungspolitik sind zwei Strategien zu unterscheiden:

1. *Exklusion: Eingrenzung der arbeitsmarktpolitisch relevanten Erwerbsbevölkerung* durch Abschmelzen und Ausgrenzen bisheriger Erwerbsgruppen.
2. *Inklusion: Ausweitung der Beschäftigungsmöglichkeiten im Bereich der verbliebenen Erwerbsbevölkerung* durch marktergänzende bzw. marktersetzende Beschäftigungsangebote, Qualifizierungs- und Aktivierungsprojekte.

Das beschäftigungspolitische Krisenmanagement in den neuen Bundesländern verband in einer Doppelstrategie die Eingrenzung des Erwerbspotentials mit einer Ausweitung der Beschäftigung durch einen sich weitenden Sektor arbeitsmarktpolitisch geschützter und gestützter Beschäftigung (vgl. Sell 1994). Mit einem zunächst immensen Finanzaufwand wurde der Beschäftigungskrise durch eine extensiv angebotsorientierte *Arbeitsförderungspolitik* gegengesteuert (siehe auch Abschnitt 2.4.1).

Zwischen Markt und Staat, also zwischen arbeitsmarktlicher Selbstregulierung und arbeitsamtlicher Kompensation stellt sich die Frage nach den Entwicklungs- und Steuerungsmöglichkeiten eines „Dritten Sektors" selbstorganisierter Arbeit.

In den neuen Bundesländern eröffnen sich dazu vielfältige Felder von Sanierungs- und Aktivierungsinitiativen, die im öffentlichen Interesse liegen, aber über die Mechanismen von Markt und Staat nicht zu regulieren sind. Zu unterscheiden wäre neben den klassischen Feldern von produktiver und administrativer Arbeit eine solidarische Arbeit, die gemeinnützig wirksam wird – etwa in den jenseits der klassischen Rationalitäten von Markt und Staat sich neu eröffnenden Initiativen einer ökologischen und kulturellen Erneuerung.

Ausblick: Beschäftigungspolitik als Gesellschaftspolitik

Die andauernde Beschäftigungskrise fordert eine *beschäftigungspolitische Gegensteuerung* (vgl. Heinelt/Bosch/Reissert 1994, Funk/Knappe 1996 und Kühl 1996), welche die Arbeitslosigkeit nicht nur vorübergehend durch Ersatzarbeit überbrückt, sondern grundlegender auch die Strukturen des Beschäftigungssystems in die Gestaltung, Steuerung und öffentliche Verantwortung einbezieht. Gegen die unter Produktivitätsdruck kaum mehr marktfähigen Arbeitskollektive setzte westliches Krisenmanagement auf den Innovationsschub offener Märkte. Dies gilt auch für die neuen „Freiheiten" des Arbeitsmarktes. Doch der Kurswechsel *vom Plan zum Markt* garantierte weder hinreichend *Nachfrage* nach individualisierter Arbeitskraft, noch konnte der freigegebene Arbeitsmarkt auf die eingelebten Besonderheiten der ostdeutschen Arbeitsgesellschaft Rücksicht nehmen.

Sozialwissenschaftliches Forschungsinteresse sollte sich auf neue Modelle richten, jenseits der klassisch-industriellen Organisation von Arbeit und oft auch jenseits von Markt und Staat eine Beschäftigung zu fördern, deren Produktivität sich betriebswirtschaftlich vielleicht nicht rechnet, jedoch zur Entwicklung gesellschaftlicher Stabilität und Lebensqualität produktiv beitragen könnte. Dabei ist gewiß auch das auf Aktivität gründende individuelle Wohlbefinden als öffentliches Gut zu würdigen.

Eine gesellschaftspolitische Antwort auf die Beschäftigungskrise muß heute – gerade vor dem Hintergrund der ostdeutschen Beschäftigungskrise – bewußt auch dieses *soziale Kapital der Solidarität* aktivieren. Möglicherweise gelingt eine Systemintegration im Sinne einer Einbindung der Arbeitslosen in Beschäftigung gerade dann, wenn bei der Weiterbildung und der Vermittlung an bewährte und bewahrte betriebliche Netzwerke und berufliche Solidaritäten angeknüpft werden kann.

Dort wo eine Integration in das Produktionssystem immer schwieriger wird, stellt sich in der Verbindung von Arbeits- und Sozialpolitik die Frage nach Alternativen zur marktvermittelten Beschäftigung. Auch in den Grauzonen eines „zweiten Arbeitsmarktes" ist sicherzustellen, daß zumindest das über Arbeit vermittelte soziale Kapital betrieblicher Solidaritätsentfaltung und Gemeinschaftsfähigkeit nicht entwertet wird. Vielmehr könnten sich im Blick auf drohende strukturelle Verweigerung von sinnvoller und produktiver Beschäftigung zwischen Markt und Staat neue Organisationsformen *selbstorganisierter Solidarität* entwickeln.

Beschäftigungspolitik sieht sich damit gefordert als *Gesellschaftspolitik:* Wie wird sich eine Gesellschaft entwickeln, die mit einer strukturellen Unterbeschäftigung leben muß? Es stellt sich die Frage, ob eine in ihrer Produktivitätssteigerung „reiche" Gesellschaft es sich nicht leisten kann und muß, die in ihrer humanen Produktivität entwerteten, weil nicht mehr verwertbaren Humanvermögen im Sinne einer *neuen Solidarität der Arbeit* zu aktivieren.

5.2 Mobilitätsprozesse

Der durch den politischen und wirtschaftlichen Systemwechsel sowie die Vereinigung in Gang gesetzte Transformationsprozeß führt zu weitreichenden gesellschaftlichen Mobilitätsprozessen: Es kommt auf der individuellen Ebene zu Stellenwechseln, zu Auf- und Abstiegen in der Berufshierarchie, zu Arbeitslosigkeit und zum Ausscheiden aus dem Berufsleben, zu Erhöhungen und Absenkungen des Arbeitseinkommens und schließlich auch zu Veränderungen des Lebensstandards und der Wohlstandsposition im Vergleich zur durchschnittlichen Entwicklung. Auch die räumliche Mobilität erhöht sich: Umzüge innerhalb der neuen Bundesländer und von Ost nach West sowie von West nach Ost finden vermehrt statt und eine neuartige Pendlermobilität zwischen neuen und alten Bundesländern tritt auf.

Aus gesellschaftspolitischer Sicht interessiert dabei besonders, in welchem Ausmaß und in welcher Weise Wechsel zwischen den beruflichen Hierarchieebenen stattfinden, wie die damit einhergehenden Änderungen der Arbeitseinkommen aussehen und welche Personen aus dem Arbeitsprozeß temporär oder dauerhaft ausscheiden. Wirtschaftspolitisch gesehen ist relevant, inwieweit sich die Arbeitskräftestruktur der Struktur der Arbeitsnachfrage anpaßt und welche Ansatzpunkte sich für die Bekämpfung der Arbeitslosigkeit ergeben. Die sozialpolitische Frage lautet, inwieweit die aus diesen Mobilitätsprozessen resultierenden sozialen Risiken im Hinblick auf die Wohlstandsposition des einzelnen und seiner Familie gedämpft oder völlig aufgefangen werden und wo sich besondere Probleme zeigen. Schließlich ist zu fragen, wie sich die Wohlstandspositionen der Älteren, die bereits zum Zeitpunkt der Vereinigung für ihren Lebensunterhalt vor allem auf Sozialleistungen angewiesen waren, durch den Systemwechsel verändert haben.

Es wäre allerdings verfehlt, wenn man die individuellen Mobilitätsprozesse vor dem Hintergrund einer völlig immobilen Gesellschaft, in der jeder seinen Platz behält, untersuchen würde. Wenn auch auf der gesamtgesellschaftlichen Ebene die Verteilung der beruflichen Statuslagen, der Arbeitseinkommen und der Wohlstandspositionen recht stabil erscheint, so kommt individuelle Mobilität in westlichen Gesellschaften in allen drei Dimensionen in großem Ausmaß vor. Im einzelnen kann man daher fragen, ob in den neuen Bundesländern im Vergleich zu den alten Bundesländern:

- Die Änderungen des beruflichen Status weit häufiger waren,
- das temporäre oder dauerhafte Ausscheiden aus dem Berufsleben weit zahlreicher war und sich geschlechts- und altersspezifisch stärker unterschied,
- Abstiege aus der obersten Berufshierarchieebene, die enge Beziehungen zum politischen System aufwies, häufiger eintraten,
- die Veränderungen bei den Arbeitseinkommen größer ausfielen, und zwar selbst bei den im Arbeitsprozeß Verbleibenden,
- Auf- und Abstiege bei den Arbeitseinkommen vom neu eingeführten System der sozialen Sicherung, vom neuen Steuersystem und vom Fa-

362   Ausgewählte sozialpolitische Dimensionen

milienverband völlig aufgefangen wurden, oder ob auch hinsichtlich der Wohlstandspositionen eine höhere Mobilität zu beobachten war,
- die höhere Mobilität in allen drei Dimensionen (beruflicher Status, Arbeitseinkommen, Wohlstandsposition) im Verlauf des Transformationsprozesses abnahm, und ob man im Hinblick auf das Jahr 1994 bereits von einer „Normalisierung" sprechen kann,
- die bereits aus dem Arbeitsleben ausgeschiedenen Älteren durch den Systemwechsel überwiegend Auf- oder Abstiege erfuhren.

Soziale Mobilität in den drei genannten Dimensionen ist in unterschiedlichem Sinn zu verstehen. Im Hinblick auf den *beruflichen Status* geht es um das Verbleiben auf der gleichen hierarchischen Ebene und um Aufstiege oder Abstiege. Dies ist eine Betrachtung der *absoluten* Veränderungen. Hierfür bedarf es eines im Zeitablauf gleichbleibenden Schemas beruflicher Statushierarchie und eines für die Einordnung der Individuen geeigneten Indikators. Im Hinblick auf *Bruttoarbeitseinkommen* und *Wohlstandspositionen* ist jedoch die jeweilige *relative* Position und deren Änderung im Zeitablauf von Bedeutung; es geht um das Mithalten mit der Entwicklung des Durchschnitts bzw. um Abweichungen von der durchschnittlichen Entwicklung, die in *relativen* Auf- oder Abstiegen zum Ausdruck kommen. Zur Messung bedarf es hierzu der Indikatoren für die durchschnittlichen Entwicklungen[142] sowie für die jeweiligen individuellen Positionen.[143]

Die wichtigste Datengrundlage für die folgenden Ergebnisse stellt das Sozio-ökonomische Panel dar, das in den alten Bundesländern seit 1984 erhoben wird, und das kurz vor der Währungsunion auf die damalige DDR ausgedehnt werden konnte. Es werden vor allem Monatsangaben verwendet, die jeweils im Frühjahr eines Jahres erfragt wurden; die erste Welle des auf die DDR ausgedehnten Panels wurde im Juni/Juli 1990 erhoben (vgl. Schupp/Wagner 1990 sowie Anhang).

---

142 Um den Transformationsprozeß zu analysieren, ist es angebracht, von objektiven Informationen über die durchschnittlichen Verhältnisse der *ostdeutschen* Bevölkerung auszugehen, selbst wenn das subjektive Anspruchsniveau eines Teils der ostdeutschen Bevölkerung bereits an westdeutschen Standards orientiert sein mag (vgl. Hauser/Wagner 1996).
143 Die folgenden Ausführungen stützen sich vor allem auf die folgenden KSPW-Expertisen: Mathwig/Habich 1996, Müller/Frick 1996a, Solga 1996, Adler 1996. Für methodische Einzelheiten wird auf diese Expertisen verwiesen.

Mobilität des beruflichen Status

Mobilität in bezug auf den beruflichen Status, den Erwerbstätige jeweils in den Jahren 1990 und 1994 besaßen, kann man im weiteren oder im engeren Sinn verstehen.[144] Im engeren Sinn umfaßt die Mobilität des beruflichen Status nur den Wechsel zwischen Statuslagen bei jenen Personen, die sowohl im Jahr 1990 als auch im Jahr 1994 beschäftigt waren. Im weiteren Sinn wechseln auch jene Personen ihre berufliche Statuslage, die im Jahr 1990 beschäftigt waren, im Jahr 1994 aber temporär oder dauerhaft aus einer regulären Beschäftigung ausgeschieden sind, die also arbeitslos, in Umschulung oder im Vorruhestand sind oder dem Arbeitsmarkt aus anderen Gründen nicht mehr zur Verfügung stehen.[145] Für die Beurteilung des Transformationsprozesses sind beide Aspekte von Bedeutung.

Tabelle 5.2.1 zeigt im Ost-West-Vergleich, inwieweit Personen, die am Beginn des Transformationsprozesses erwerbstätig waren, im Jahr 1994 wegen des Verlusts ihres Arbeitsplatzes temporär oder dauerhaft ihren beruflichen Status verloren haben.

Während in den neuen Bundesländern von den 1990 Erwerbstätigen im Jahr 1994 nur noch 68% beschäftigt waren, hatten in den alten Bundesländern noch 82,3% einen Arbeitsplatz. Diese Diskrepanz ist vor allem auf die höhere Arbeitslosigkeit und den im Osten viel häufigeren Übergang in den Vorruhestand, der durch Sonderregelungen des Rentenrechts ermöglicht

---

144 Da die beruflichen Statuslagen zwischen der DDR und der Bundesrepublik allein aufgrund der Berufsbezeichnungen nicht voll vergleichbar sind, entwickelten Mathwig und Habich (1996) in Anlehnung an einen Vorschlag von Hoffmeyer-Zlotnik (1993) eine fünfstufige Statusklassifikation, die auf den „Grad der Autonomie" einer Erwerbsperson in ihrer beruflichen Tätigkeit abstellt. Sie bezieht die zwei Komponenten „Stellung im Beruf" und „Qualifikationsanforderungen des Arbeitsplatzes" ein. Hiernach wurden die Stichprobenpersonen in Ost und West entsprechend ihren individuellen Angaben in den Stufen von 1 (geringer beruflicher Status) bis 5 (hoher beruflicher Status) klassifiziert. Eine Übersicht über die Zuordnung der Berufsbezeichnungen zu den fünf Statusebenen findet sich im Anhang.

145 Der Übergang in den Ruhestand nach Erreichen der regulären Altersgrenze wird dagegen nicht zur beruflichen Mobilität gerechnet. Um Verzerrungen auszuschließen, beschränkt sich die Untersuchung daher auf Personen, die im Jahr 1990 erwerbstätig und zwischen 18 und 60 Jahre (Männer) bzw. 18 und 55 Jahre (Frauen) alt waren; diese Gruppe befand sich während des gesamten Untersuchungszeitraums im erwerbsfähigen Alter. Bei dieser Vorgehensweise können allerdings jene Personen, die im Jahr 1990 zwischen 60 und 65 (Männer) bzw. 55 und 65 (Frauen) waren und vor Erreichen der regulären Altersgrenze in Vorruhestand gingen, nicht erfaßt werden; die Gesamtheit der in Vorruhestand gehenden Personen wird daher unterschätzt. Von Müller und Frick (1996a) werden auch jene Personen einbezogen, die 1990 bereits über 60 bzw. 55 Jahre alt waren.

wurde, zurückzuführen (vgl. Keller 1996 sowie Abschnitt 2.4.1). Obwohl der häufig unfreiwillige Übergang in den Vorruhestand individuelle Probleme verursachen kann und oft kritisiert wird, wäre eine mögliche Alternative – höhere Arbeitslosigkeit, abgesichert durch Arbeitslosengeld – noch problematischer gewesen. Außerdem konnte mit der im Vergleich zum Westen weit großzügigeren Vorruhestandsregelung ein großer Teil der alten, politisch belasteten Führungsschicht ohne weitere Prüfung in den Ruhestand entlassen werden (vgl. Solga 1996).

Die Verteilung der Erwerbstätigen auf die fünf beruflichen Statuslagen hat sich 1990 zwischen Ost- und Westdeutschland in den oberen beiden Lagen[146] kaum unterschieden: in der DDR wie in der Bundesrepublik befanden sich etwa ein Viertel in der Spitzengruppe. Den unteren beiden Statuslagen[147] gehörten in der DDR gut die Hälfte, in der alten Bundesrepublik nur gut 40% der Erwerbstätigen an. Dagegen war im Westen die mittlere Lage stärker besetzt.

Bis 1994 sind unterschiedlich große Anteile der Erwerbstätigen aus ihren jeweiligen beruflichen Statuslagen temporär oder dauerhaft ausgeschieden. Insgesamt gesehen haben beim Vergleich zwischen 1990 und 1994 in den neuen Bundesländern 32% der Erwerbstätigen ihren Arbeitsplatz verloren, in den alten Bundesländern sind es 17,7%; dabei sind der reguläre Übertritt in den Ruhestand und der Übergang in den Vorruhestand der 1990 bereits der Rentenaltersgrenze nahen Personen nicht eingerechnet. Während sich dieser Verlust des beruflichen Status im Westen ziemlich gleichmäßig auf alle beruflichen Statuslagen erstreckte, geschah dies im Osten in sehr unterschiedlicher Weise. Insgesamt zeigt sich eine deutliche Tendenz dahingehend, daß temporäres oder dauerhaftes Ausscheiden um so häufiger vorkam, je niedriger die Statuslage der Erwerbstätigen in der DDR war.

Vergleicht man bei dieser Betrachtung der beruflichen Statusmobilität i.w.S. das Ausscheiden von Männern und Frauen, so zeigt sich in Ostdeutschland eine insgesamt stärkere Betroffenheit der Frauen (36,6%) als der Männer (28%) (vgl. Mathwig/Habich 1996). Dabei liegen bei den Männern die Übergänge in den Vorruhestand und in Arbeitslosigkeit etwa gleichauf, während bei Frauen die Arbeitslosigkeit stark dominiert. Der Unterschied zwischen Frauen und Männern ist in Westdeutschland nicht so stark ausgeprägt; dies kann allerdings auch auf der niedrigeren Erwerbsquote der Frauen in den alten Bundesländern beruhen. Nach Altersgruppen betrachtet zeigt sich in Ostdeutschland der höchste Anteil an Ausgeschiedenen (47,9%) in der Gruppe der

---

146 Die oberste Statuslage umfaßt u.a. Angestellte mit Führungsaufgaben, Selbständige mit mehr als neun Mitarbeitern, Beamte im höheren Dienst.
147 Die unterste Statuslage umfaßt ungelernte Arbeiter und angelernte Arbeiter mit geringen Qualifikationsanforderungen in Industrie und Landwirtschaft (für weitere Einzelheiten siehe die Übersicht im Anhang).

Tabelle 5.2.1: Temporäres oder dauerhaftes Ausscheiden aus dem Arbeitsmarkt nach beruflichen Statusgruppen von 1990 auf 1994

Beruflicher Status	1990 beschäftigt [a]	Ostdeutschland davon 1994			1990 beschäftigt [a]	Noch beschäftigt	Westdeutschland davon 1994		
		Noch beschäftigt	Arbeitslos	Vorruhestand	Sonstige [b]			Arbeitslos	Vorruhestand	Sonstige [b]
1 (niedrig)	15,8	49,8	26,8	11,1	12,3	21,4	75,8	9,3	1,2	13,7
2	35,3	68,1	16,6	7,4	7,9	20,7	80,2	6,1	0,8	12,9
3	23,9	71,6	12,6	7,5	8,3	32,4	84,0	4,0	1,0	11,0
4	15,9	73,0	10,0	10,6	6,4	15,5	89,1	1,7	0,3	8,9
5 (hoch)	9,1	80,9	8,4	7,0	3,7	10,0	84,3	9,3	1,0	5,4
	100,0	68,0	15,5	8,5	8,0	100,0	82,3	5,7	0,9	11,1

a) Nur Erwerbstätige des Jahres 1990, die im Jahr 1994 noch im erwerbsfähigen Alter waren (Männer bis 64, Frauen bis 59);
b) Kurzarbeit, unregelmäßig erwerbstätig, in betrieblicher Ausbildung, Umschulung, Mutterschaft, Wehrdienst, nicht erwerbstätig, sonstige.

Datenbasis: SOEP-Ost und SOEP-West 1990-1994.

Quelle: Mathwig/Habich 1996; eigene Berechnungen.

über 44 Jahre alten Personen, der geringste (20,1%) in der mittleren Altersgruppe (30 – 44 Jahre). Bei den Älteren dominiert dabei der Vorruhestand, bei den anderen Gruppen die Arbeitslosigkeit. Ein ähnliches Muster erkennt man – bei insgesamt niedrigeren Anteilen von Ausgeschiedenen – auch in Westdeutschland, wobei allerdings bei den älteren Personen Arbeitslosigkeit weit häufiger vorkommt als der Vorruhestand – vermutlich ein Resultat der in den neuen Bundesländern eingeführten günstigeren Vorruhestandsregelung.

Ein Vergleich der beruflichen Statuslagen von Personen, die sowohl 1990 als auch 1994 erwerbstätig waren, zeigt die *Mobilität beim beruflichen Status im engeren Sinn.* Wie groß die Anteile von Personen waren, die im Transformationsprozeß Ostdeutschlands und Westdeutschlands in ihrer Statuslage verharrten oder beruflich auf- und abstiegen, erkennt man aus den Tabellen 5.2.2 und 5.2.3:

Tabelle 5.2.2: Mobilität des beruflichen Status in Ostdeutschland (nur Erwerbstätige in 1990 und 1994) – in %

Beruflicher Status		1994					1990
		1 (niedrig)	2	3	4	5 (hoch)	Verteilung auf berufliche Statusklassen
1990	1 (niedrig)	61,2	32,6	3,4	2,8	0,0	15,8
	2	23,0	54,7	14,9	6,5	0,9	35,3
	3	7,3	16,9	61,3	13,2	1,3	23,9
	4	1,2	13,0	31,3	43,0	11,5	15,9
	5 (hoch)	0,0	4,8	12,7	20,5	62,0	9,1
1994	Verteilung auf berufliche Statusklassen	17,3	30,0	27,8	15,6	9,3	100,0

Lesehinweis: Die Prozentsätze in den grau schattierten Feldern der Kreuzungspunkte von Zeilen und Spalten mit gleicher Ziffer zeigen jeweils den Anteil der in ihrer Statuslage Verbleibenden an allen 1990 in dieser Statuslage Befindlichen an. Rechts von diesen Feldern sind die Anteile der Aufsteiger, links die Anteile der Absteiger angegeben.

Datenbasis: SOEP-Ost 1990-1994.

Quelle: Mathwig/Habich 1996; eigene Berechnungen.

Der Anteil der beim Vergleich der Jahre 1990 und 1994 jeweils in ihrer Statuslage Verbleibenden bzw. der wieder dorthin Zurückgekehrten (siehe grau schattierte Felder) betrug in Ostdeutschland in der untersten, der mittleren und der höchsten Lage jeweils etwa 61%; in der zweituntersten Lage verblieben nur knapp 55% und in der zweithöchsten Statuslage verharrten sogar nur weniger als die Hälfte (43%). Dementsprechend wechselten zwischen 38% und 57% der in den Jahren 1990 und 1994 Beschäftigten ihren beruflichen Status.[148] Dabei

---

[148] Der Wechsel des beruflichen Status darf nicht mit einem Berufswechsel gleichgesetzt werden. Berufswechsel innerhalb derselben Statusebene werden bei dieser Be-

Mobilitätsprozesse 367

kam es zu häufigen beruflichen Auf- und Abstiegen. Etwa ein Fünftel schaffte einen beruflichen Aufstieg, aber ein Viertel mußte einen beruflichen Abstieg hinnehmen. Auf- und Abstiege fanden dabei nicht nur von einer Stufe zur nächsten statt, sondern auch über mehr als eine Stufe; 3,7% gelang ein derartiger Aufstieg, 6,1% erfuhren einen größeren Abstieg.

Tabelle 5.2.3: Mobilität des beruflichen Status in Westdeutschland (nur Erwerbstätige in 1990 und 1994) – in %

	Beruflicher Status	1994					1990
		1 (niedrig)	2	3	4	5 (hoch)	Verteilung auf berufliche Statusklassen
	1 (niedrig)	73,2	16,3	5,5	4,5	0,5	21,4
	2	9,3	63,5	20,9	4,6	1,7	20,7
1990	3	1,5	10,1	70,3	12,6	5,5	32,4
	4	0,9	3,5	13,5	63,3	18,8	15,5
	5 (hoch)	0,3	0,6	6,3	15,4	77,4	10,0
1994	Verteilung auf berufliche Statusklassen	17,0	20,0	31,5	18,2	13,3	100,0

Datenbasis: SOEP-West 1990-1994.
Quelle: Mathwig/ Habich 1996; eigene Berechnungen.

Ob dieses Ergebnis als ungewöhnlich hohe Mobilität des beruflichen Status interpretiert werden kann, zeigt sich erst beim Vergleich mit Westdeutschland. In den untersten drei Statuslagen war dort der Anteil der *Verbleibenden* jeweils um etwa 9 bis 12 Prozentpunkte höher, während die Differenz in den oberen beiden Lagen sogar zwischen 15 und 20 Prozentpunkte betrug. Entsprechend war in den alten Bundesländern der Anteil der Auf- und Abstiege geringer. Überdies kamen in Ostdeutschland die größeren Abstiege, in Westdeutschland die größeren Aufstiege etwas häufiger vor. Man kann also festhalten, daß die berufliche Statusmobilität i.e.S. in den neuen Bundesländern deutlich höher war als in den alten Bundesländern. Diese höhere Mobilität in den neuen Bundesländern ist außerdem dadurch gekennzeichnet, daß dort innerhalb des Beobachtungszeitraums unterbrochene Auf- und Abstiege dominierten, während in den alten Bundesländern Bewegungen häufiger nur in eine Richtung verliefen.

---

trachtung nicht sichtbar. Ebensowenig erscheinen Wechsel zwischen Unternehmen. Es ist bekannt, daß Berufswechsel und Wechsel zwischen Unternehmen viel häufiger vorkommen als der Wechsel des beruflichen Status, der mit beruflichen Auf- oder Abstiegen verbunden ist.

Als Ergebnis der *beruflichen Mobilität im weiteren Sinn* wurde im bisherigen Verlauf des Transformationsprozesses im unteren und mittleren Bereich eine strukturelle Annäherung, im oberen Bereich eine größere Diskrepanz zwischen Ost und West festgestellt. Diese Entwicklung dürfte hauptsächlich von vier Determinanten bestimmt gewesen sein: (1) Eine Anpassung der Beschäftigtenstruktur der DDR an die Arbeitsplatzstruktur einer stärker technisierten Wirtschaft; man könnte hierbei von einem noch nicht abgeschlossenen Prozeß „nachholender Modernisierung" sprechen. (2) Eine starke Systemunabhängigkeit des in der DDR akkumulierten Humankapitals, so daß Umstellungen und Anpassungen um so leichter fielen, je höher der frühere berufliche Status war. (3) Eine politisch gewollte institutionelle Gleichstellung und Übernahme großer Gruppen Höherqualifizierter in staatliche und parastaatliche Positionen, soweit sie nicht sehr eng mit dem früheren politischen System verbunden waren (vgl. hierzu insbesondere Solga 1996). (4) Vereinigungsbedingt verbesserte Aufstiegschancen für Westdeutsche, die zum Teil durch Umzug in die neuen Bundesländern wahrgenommen wurden.[149]

Das Gesamtbild der Mobilität beruflicher Statuslagen in den neuen Bundesländern erweist sich also insgesamt gesehen als zwiespältig: Die größeren Verschiebungen haben sich durch das temporäre oder dauerhafte Ausscheiden aus der regulären Beschäftigung ergeben, während die berufliche Statusmobilität derjenigen, die im Arbeitsmarkt verbleiben konnten, zwar über dem westdeutschen Ausmaß liegt, aber doch einen überraschend großen Stabilitätskern erkennen läßt. Frauen und Ältere sind allerdings von dem Systemwechsel überdurchschnittlich betroffen. Für Westdeutsche hat der Transformationsprozeß neue Aufstiegschancen eröffnet, die sich in einer erhöhten beruflichen Statusmobilität spiegeln.

Dieses Ergebnis stimmt mit Befunden überein, die auf Basis einer anderen Datenquelle, der Lebensverlaufsstudie des Max-Planck-Instituts für Bildungsforschung, erzielt wurden. Wie Karl Ulrich Mayer (1996: 341) resümiert: „Die Rekonstruktion der Sozialstruktur Ostdeutschlands zeichnet sich dadurch aus, daß mit Ausnahme und mit Hilfe der Verdrängung der über 55jährigen aus dem Arbeitsmarkt sich die hergebrachten Differenzierungen nach Qualifikation und beruflicher Stellung in hohem Maße erhalten und keine massenhaften Dequalifizierungen stattgefunden haben." Sinngemäß ergänzt Mayer diese Feststellung noch dadurch, daß sich negative Alterseffekte vor allem für die über 45-50jährigen feststellen lassen und daß Frauen in der Gesamtbilanz „die Verlierer des Einigungsprozesses" seien. Eine systemati-

---

149 Infolge des bei dieser Mobilitätsanalyse verwendeten personenbezogenen Konzepts (siehe Kapitel 1) werden die in die neuen Bundesländer umgezogenen Westdeutschen, die dort leitende Positionen einnehmen, Westdeutschland zugerechnet.

Mobilitätsprozesse 369

sche Diskriminierung von früheren Kadern und Systemloyalen auf dem Arbeitsmarkt sei – mit wenigen Ausnahmen – nicht feststellbar.

Abbildung 5.2.1: Mobilität beruflicher Statuslagen im Ost-West-Vergleich

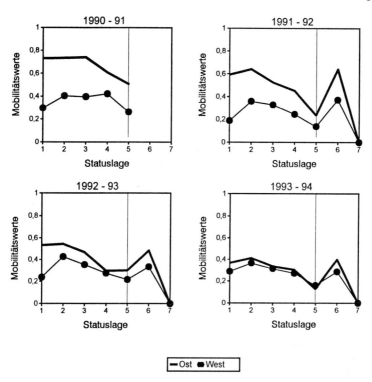

Anmerkung: 1 = niedriger Status – 5 = hoher Status; 6 = Arbeitslos, Kurzarbeit, unregelmäßig erwerbstätig, in betrieblicher Ausbildung, Umschulung, Mutterschaft, Wehrdienst, nicht erwerbstätig, sonstige; 7 = Vorruhestand.
Datenbasis: SOEP-Ost und SOEP-West 1990-1994.
Quelle: Mathwig/Habich 1996.

Der Vergleich der Jahre 1990 und 1994 zeigte nur, welche berufliche Struktur durch den bisherigen Transformationsprozeß entstanden ist. Zusätzlich stellt sich die Frage, ob die Mobilität beruflicher Statuslagen, wie sie sich beim Vergleich von Jahr zu Jahr zeigt, im Zeitablauf verringert hat, so daß man auf ein Abklingen der transformationsbedingten Bewegungen schließen kann. Da bei einer Betrachtung von Jahr zu Jahr berücksichtigt werden muß, daß Erwerbstätige temporär aus einer Beschäftigung ausscheiden und in einem späteren Jahr wieder eine Beschäftigung aufnehmen können, ist hierfür eine Analyse der beruflichen *Mobilität im weiteren Sinn* angebracht. Eine Kennziffer, die auf den Anteilen der von Jahr zu Jahr in den fünf beruflichen Statuslagen Verbleibenden aufbaut, kann graphisch verdeutlicht werden, so daß man einen unmittelbaren Eindruck von der Änderung der Mobilität im Zeitablauf erhält.[150] In der Abbildung 5.2.1 wird der Wert dieser Kennziffer für jede der Statuslagen im Jahresvergleich dargestellt. Ein Wert von 0 bedeutet dabei völlige Immobilität; je größer der Wert ist, desto höher ist die berufliche Statusmobilität. Die in der Abbildung 5.2.1 ebenfalls auftauchenden Statuslagen 6 und 7 charakterisieren temporäres und dauerhaftes Ausscheiden aus einer Beschäftigung. Bei der Statuslage 6 weisen Kennzifferwerte über 0 darauf hin, daß Wiedereintritte stattfinden.

Diese Darstellung zeigt sehr deutlich, daß sich die jahresbezogene Mobilität im Westen während des gesamten Zeitraums auf einem gleichbleibenden Niveau bewegte, während sie im Osten zu Beginn des Transformationsprozesses viel höher lag, sich dann aber schrittweise dem westlichen Niveau annäherte. Eine gleichartige Annäherung läßt sich auch bei einer Unterscheidung der Erwerbstätigen nach Geschlecht und nach Lebensalter zeigen. Dies deutet darauf hin, daß sich die Struktur der beruflichen Statuslagen in den neuen Bundesländern nunmehr – allerdings auf einem viel höheren Niveau der Arbeitslosigkeit als im Westen – stabilisiert hat und daß die berufliche Mobilität auf ein „normales" Ausmaß zurückgegangen ist.

Mobilität bei den Arbeitseinkommen

Die Arbeitseinkommen bilden für den größten Teil der Bevölkerung die wichtigste Einkommensquelle zur Aufrechterhaltung ihres wirtschaftlichen Wohlstandes. Dabei bestand auch in der DDR ein Zusammenhang zwischen den zu erzielenden Arbeitseinkommen und den beruflichen Statuslagen, wenn auch die Lohnstruktur weniger differenziert und damit die Einkommensunterschiede geringer waren als in der alten Bundesrepublik (vgl. Steiner/Puhani 1996). Es ist jedoch eine wichtige Frage, ob sich dieser Zusammenhang durch den Systemwechsel und die Vereinigung geändert hat. Führte die hohe, wenn auch im Zeitverlauf abnehmende Mobilität der beruflichen

---

150 Methodische Erläuterungen zu dem hierfür verwendeten Glass/Prais-Index finden sich im Anhang. Eine ausführlichere Diskussion enthalten Mathwig/Habich 1996 sowie Müller/Frick 1996a.

Statuslagen zu einer gleichartigen Mobilität bei den Bruttoarbeitseinkommen oder ergab sich eine davon abweichende Entwicklung?

Beim Vergleich zwischen den Jahren 1990 und 1994 handelt es sich wieder um die *Mobilität im engeren Sinn,* da die aus dem Arbeitsmarkt temporär oder dauerhaft Ausgeschiedenen keine Arbeitseinkommen beziehen. Angesichts der starken Steigerung der durchschnittlichen Arbeitseinkommen geht es bei dieser Frage auch nicht um die absoluten Zuwächse der Arbeitseinkommen, sondern um Änderungen in den relativen Arbeitseinkommenspositionen, die dann eintreten, wenn das Bruttoarbeitseinkommen einzelner Beschäftigter stärker oder schwächer wächst als der Durchschnitt.[151] Bildet man sechs Klassen von Bruttoarbeitseinkommen als Bruchteile bzw. Vielfache des Durchschnitts,[152] so kann man die 1990 und 1994 erwerbstätigen Personen zuordnen und Auf- und Abstiege über die Klassengrenzen hinweg ermitteln. Dies zeigen die Tabellen 5.2.4. und 5.2.5.

Aus den rechten Spalten der beiden Tabellen erkennt man die Verteilung der Erwerbstätigen auf Einkommensklassen im Jahr 1990. Beim Vergleich der jeweiligen Ausgangslage in der DDR und in der alten Bundesrepublik fällt auf, daß die unterste und zweitunterste Klasse im Osten weit dünner besetzt waren als im Westen (Ost insgesamt: 17,7% unter 75% des Durchschnitts; West insgesamt: 28,5%); demgegenüber bezog ein deutlich höherer Anteil von Erwerbstätigen im Westen (13,7%) als im Osten (8,6%) Arbeitseinkommen von mehr als 150% des Durchschnitts.

Vier Jahre später sind im Gefolge des Transformationsprozesses deutliche Verschiebungen eingetreten. Die unterste und zweitunterste Klasse umfassen nunmehr in den neuen Bundesländern mehr als ein Viertel aller Erwerbstätigen (26,6%), während insbesondere die Anteile im Bereich zwischen 100% und 150% des Durchschnitts zurückgegangen sind (siehe Tabel-

---

151 Der Ermittlung der Arbeitseinkommensmobilität liegen die monatlichen Bruttoarbeitseinkommen zugrunde, wie sie im Rahmen des Sozio-ökonomischen Panels ermittelt werden. Als durchschnittliches Bruttoarbeitseinkommen der Bezugsgruppe ergeben sich aus dem Sozio-ökonomischen Panel für die neuen Bundesländer: 1990: M 1.182,05; 1991: DM 1.609,00, Zuwachsrate 36,1%; 1992: DM 2192,00, Zuwachsrate 36,2%; 1993: DM 2.663,00, Zuwachsrate 21,5%; 1994: DM 3.003,86, Zuwachsrate 12,8%. Für die alten Bundesländer lauten die entsprechenden Zahlen: 1990: DM 3.409,00; 1991: DM 3.694,00, Zuwachsrate 8,4%; 1992: DM 3.970,00, Zuwachsrate 7,5%; 1993: DM 4.242,00, Zuwachsrate 6,9%; 1994: DM 4.366,00, Zuwachsrate 2,9%.
152 Diese Einkommensklassen sind folgendermaßen abgegrenzt: 1: unter 50%; 2: 50% bis 75%; 3: 75% bis 100%; 4: 100% bis 125%; 5: 125% bis 150% und 6: über 150% des Durchschnitts. Personen mit einem monatlichen Bruttoarbeitseinkommen von über DM 25.000 wurden aus der Analyse ausgeschlossen, da sie nicht repräsentativ vertreten sind.

le 5.2.4, unterste Zeile). Die Ungleichheit in der Verteilung der Bruttoarbeitseinkommen hat also zugenommen. Damit hat sich die Ungleichheit der Arbeitseinkommen im Osten bereits derjenigen im Westen angenähert (siehe Tabelle 5.2.5, unterste Zeile).

Tabelle 5.2.4: Mobilität bei den Bruttoarbeitseinkommen in Ostdeutschland (nur Erwerbstätige in 1990 und 1994) – in %

Einkommensklassen von ...% bis unter...% des Durchschnitts			bis 50% 1	50- 75% 2	1994 75- 100% 3	100- 125% 4	125- 150% 5	über 150% 6	1990 Verteilung auf Klassen
1990	1	bis 50%	37,0	53,7	3,7	3,7	–	1,8	3,8
	2	50-75%	13,8	33,8	40,0	10,7	1,5	–	13,9
	3	75-100%	5,0	22,2	41,9	22,2	5,7	2,8	32,6
	4	100-125%	1,9	18,9	30,0	24,5	16,8	8,0	26,8
	5	125-150%	2,0	8,0	26,0	27,0	22,0	15,0	14,2
	6	über 150%	–	6,6	17,4	17,4	19,8	38,8	8,6
1994		Verteilung auf Klassen	5,8	20,8	32,6	20,8	11,4	8,6	100

Datenbasis: SOEP-Ost 1990-1994.
Quelle: Mathwig/Habich 1996; eigene Berechnungen.

Tabelle 5.2.5: Mobilität bei den Bruttoarbeitseinkommen in Westdeutschland (nur Erwerbstätige in 1990 und 1994) – in %

Einkommensklassen von ... % bis unter... % des Durchschnitts			bis 50% 1	50- 75% 2	1994 75- 100% 3	100- 125% 4	125- 150% 5	über 150% 6	1990 Verteilung auf Klassen
1990	1	bis 50%	64,3	22,2	7,8	1,8	1,2	2,7	11,8
	2	50-75%	8,7	52,3	22,2	5,3	1,7	9,7	16,7
	3	75-100%	1,7	20,0	61,0	12,3	2,2	2,9	27,3
	4	100-125%	1,5	4,1	39,3	46,2	7,4	1,5	19,0
	5	125-150%	1,9	2,5	8,5	29,8	43,3	14,1	11,3
	6	über 150%	0,2	1,0	1,8	7,5	23,7	65,7	13,7
1994		Verteilung auf Klassen	10,0	18,0	30,0	17,7	10,6	13,7	100

Datenbasis: SOEP-Ost 1990-1994.
Quelle: Mathwig/Habich 1996; eigene Berechnungen.

Diese Zunahme der Ungleichheit im Osten war mit einer weit größeren Einkommensmobilität als im Westen verbunden. Während in den neuen Bundesländern nur zwischen 22% und 41,9% in ihrer Einkommensklasse verblieben, waren dies in den alten Bundesländern zwischen 43,3% und 65,7%. Im Osten wie im Westen erweist sich die Einkommensmobilität als deutlich höher als über mehr als eine Einkommensklasse hinweg – nur wenig unterscheiden (Ost 7,0%, West 6,1%), besteht bei den großen Abstiegen eine deutliche Diskrepanz (Ost 15,9%, West 4,4%). Hier spiegelt sich der weit über das Normale hinausgehende Anteil von relativen einkommensmäßigen Abstiegen in den neuen Bundesländern wider.[153]

Auf- und Abstiege zwischen den Einkommensklassen sind nicht nur durch die Veränderungen des beruflichen Status bedingt, sondern auch durch Änderungen der Lohnstruktur nach Qualifikationsstufen, nach Branchen, nach Geschlecht und nach Regionen. Die Lohnstruktur hat sich im Verlauf des Transformationsprozesses deutlich gespreizt, d.h. die Unterschiede zwischen den Stundenlohnsätzen sind absolut und relativ größer geworden (vgl. Steiner/Puhani 1996) – eine Entwicklung, die erwartet wurde. Diese Veränderung, die sich parallel zu hohen durchschnittlichen Nominal- und Reallohnzuwächsen vollzog und daher weniger Aufmerksamkeit erregte, hat zu der im Vergleich zur Statusmobilität stärkeren Arbeitseinkommensmobilität beigetragen.

Wie zusätzliche Untersuchungen zeigten (vgl. Mathwig/Habich 1996), war die von Jahr zu Jahr auftretende Arbeitseinkommensmobilität ebenfalls sehr hoch, hat aber im Verlauf des Transformationsprozesses ebenso wie die Mobilität des beruflichen Status abgenommen. Aber auch 1994 war sie im Osten noch deutlich höher als im Westen.

Betrachtet man die Veränderungen bei den Arbeitseinkommen wieder unter dem umfassenderen Blickwinkel der *Mobilität im weiteren Sinn*, bei der auch die unter Verlust ihres Arbeitseinkommens aus der Beschäftigung temporär oder dauerhaft Ausgeschiedenen einbezogen sind, so muß man auf dieser Ebene eine extrem hohe Mobilität konstatieren. Systemwechsel, Vereinigung und dadurch ausgelöster Transformationsprozeß haben die Beschäftigtenstruktur und die Arbeitseinkommensstruktur sehr stark „durcheinandergewirbelt" und damit – im Vergleich zum vorherigen, bekanntermaßen sehr stabilen Zustand – große Unsicherheiten erzeugt. Hierbei konnte auch die mit vielfältigen spezifischen Regelungen und hohem Mitteleinsatz betriebene Arbeitsmarktpolitik nur noch Schlimmeres verhindern, aber bei weitem keine ausreichende Beschäftigungssteuerung leisten (vgl. Keller 1996). Diese Unsicherheiten werden noch lange nachwirken, wenn auch die Verschiebungen bei den Arbeitseinkommen auf der Ebene der Nettoeinkommen durch

---

153 Relative Auf- und Abstiege können auch direkt von der individuellen Ausgangsposition aus gemessen werden. Bei dieser Vorgehensweise zeigt sich ebenfalls, daß im Osten weit häufiger große relative Abstiege und große relative Aufstiege vorkommen als im Westen. Von großen relativen Abstiegen sind in Ostdeutschland Männer stärker betroffen als Frauen; in Westdeutschland sind, bei insgesamt weit geringeren Anteilen, Frauen häufiger betroffen als Männer (vgl. Mathwig/Habich 1996).

Unsicherheiten werden noch lange nachwirken, wenn auch die Verschiebungen bei den Arbeitseinkommen auf der Ebene der Nettoeinkommen durch vielfältige sozialpolitische Maßnahmen gemildert oder auch völlig aufgefangen wurden.

Mobilität bei den Wohlstandspositionen der 1990 Erwerbstätigen

Die sofortige Übertragung des westdeutschen Systems der sozialen Sicherung, ergänzt um einige spezifische Regelungen für Ostdeutschland (für einen Überblick siehe Abschnitt 2.4), war das Hauptinstrument, um den durch den Systemwechsel in Gang gesetzten Umbruch am Arbeitsmarkt in einer Weise abzufedern, daß er sich nicht in unerträglichen Einkommensverlusten bei den Betroffenen auswirkte. Außerdem zielte diese Übertragung auf die generelle Ablösung der ehemals sozialistisch geprägten Sozialpolitik, die auch mit einer veränderten Gewichtung der Alterssicherung, des Familienlastenausgleichs und der Absicherung sonstiger sozialer Risiken sowie mit einer Grenzverschiebung zwischen arbeitsrechtlich und sozialrechtlich abgesicherten sozialen Risiken einherging. Die aufgrund dieser Systemübertragung erforderlichen Transferleistungen wurden und werden noch immer zu einem wesentlichen Teil aus dem Steuer- und Beitragsaufkommen der alten Bundesländer finanziert (siehe die Abschnitte 2.3 und 5.8). Rückblickend stellt sich damit die Frage, inwieweit es gelungen ist, durch diese Transferleistungen die Abstiege oder den völligen Wegfall bei den Arbeitseinkommen derart zu kompensieren, daß sie sich nicht in gleich tiefen Abstiegen bei den jeweiligen Wohlstandspositionen niederschlagen.

Während Auf- und Abstiege beim Arbeitseinkommen aus individueller Sicht betrachtet werden, kann beim Blick auf die Änderung der Wohlstandsposition der Haushalts- und Familienzusammenhang nicht unbeachtet bleiben.[154] Denn ein oder mehrere Arbeitseinkommen können im Haushalt zusammenfließen, andere Einkommen und Transferzahlungen mögen hinzukommen, Steuern und Abgaben mindern das Bruttoeinkommen. Vom verbleibenden Nettoeinkommen muß der Konsum aller Haushaltsmitglieder finanziert werden, ob es sich nun um einen großen oder einen kleinen Haushalt handelt. Der geeignete Indikator zum Nachweis der Auf- und Abstiege in be-

---

154 Auch Arbeitslosigkeit sollte eigentlich im Haushaltszusammenhang betrachtet werden, da Arbeitslosigkeit eines Haushaltsmitglieds die übrigen Haushaltsmitglieder nicht nur durch den Einkommensausfall, sondern auch durch vielfältige andere negative Auswirkungen berührt (vgl. hierzu Hahn/Schön 1996 und Müller/Frick/Hauser 1996; siehe auch Abschnitt 5.1).

zug auf die Wohlstandsposition ist daher ein gewichtetes Pro-Kopf-Nettoeinkommen, das sogenannte Nettoäquivalenzeinkommen.[155] Damit wird auch erfaßt, daß beim Ausfall des Arbeitseinkommens eines Familienmitglieds in der Regel auch die direkte Steuer- und Abgabenbelastung sinkt und einige vom laufenden Einkommen abhängige Transfers – beispielsweise Arbeitslosengeld, Arbeitslosenhilfe, Wohngeld, Kindergeld, Sozialhilfe – gegebenenfalls erhöht werden.

Bei der Betrachtung der Mobilität der Wohlstandspositionen muß wieder das Konzept der *Mobilität im weiteren Sinn* zugrunde gelegt werden; denn auch jene Personen, die zwar 1990 beschäftigt, aber 1994 temporär oder dauerhaft aus einer Beschäftigung ausgeschieden sind, haben ein Nettoäquivalenzeinkommen, sei es, daß sie eigene Transferzahlungen beziehen, sei es, daß sie im Familienzusammenhang mitunterhalten werden.

Aus den Tabellen 5.2.6. und 5.2.7. läßt sich die Mobilität in bezug auf die Wohlstandspositionen der 1990 Beschäftigten in Ost- und Westdeutschland entnehmen.

Tabelle 5.2.6: Mobilität der Wohlstandspositionen in Ostdeutschland (alle 1990 Erwerbstätigen) – in %

Wohlstandspositionsklassen von ... % bis unter ... % des Durchschnitts		1994						1990 Verteilung auf Klassen
		bis 50%	50-75%	75-100%	100-125%	125-150%	über 150	
		1	2	3	4	5	6	
	1 bis 50%	40,4	38,6	14,0	5,3	-	1,8	2,6
	2 50-75%	13,3	39,1	32,9	9,5	3,3	1,9	21,8
1990	3 75-100%	6,5	21,9	40,5	20,0	6,7	4,4	32,8
	4 100-125%	3,0	14,1	27,4	30,5	14,9	10,1	27,2
	5 125-150%	0,8	5,0	22,8	25,7	22,4	23,2	10,9
	6 über 150%	-	1,9	14,6	8,7	29,1	45,6	4,7
1994	Verteilung auf Klassen	7,0	21,2	31,4	20,3	10,8	9,3	100

Datenbasis: SOEP-Ost 1990-1994.
Quelle: Fabig 1996.

---

155 Bei der Ableitung des Nettoäquivalenzeinkommens aus dem Haushaltsnettoeinkommen wird berücksichtigt, daß beim gemeinsamen Wirtschaften im Haushalt Einsparungen entstehen und daß Kinder einen geringeren Bedarf haben als Erwachsene. Dies geschieht durch ein Gewichtungsschema, eine sogenannte Äquivalenzskala. Hier würden die Regelsatzproportionen der Sozialhilfe als Äquivalenzskala zugrunde gelegt. Alle Personen werden entsprechend dem Verhältnis des ihnen zugerechneten Nettoäquivalenzeinkommens zum durchschnittlichen Nettoäquivalenzeinkommen in sechs Wohlstandspositionsklassen eingeordnet. Weitere methodische Hinweise zur Ermittlung des Nettoäquivalenzeinkommens finden sich im Anhang.

Tabelle 5.2.7: Mobilität der Wohlstandspositionen in Westdeutschland (alle 1990 Erwerbstätigen) – in %

Wohlstandspositions- klassen von ... % bis unter... % des Durchschnitts		1994						1990 Verteilung auf Klassen
		bis 50%	50-75%	75-100%	100-125%	125-150%	über 150%	
		1	2	3	4	5	6	
	1 bis 50%	42,0	31,3	11,7	7,3	5,4	2,3	13,0
	2 50-75%	21,9	42,8	18,6	7,6	1,6	7,5	23,6
1990	3 75-100%	6,8	24,7	39,9	16,5	6,4	5,6	25,0
	4 100-125%	3,5	14,3	34,8	31,3	9,7	6,5	16,6
	5 125-150%	1,2	11,0	16,2	25,9	18,8	26,8	10,5
	6 über 150%	1,1	3,6	11,9	12,8	17,2	53,3	11,3
1994	Verteilung auf Klassen	13,1	24,3	24,8	16,2	8,2	13,4	100

Datenbasis: SOEP-West 1990-1994.
Quelle: Fabig 1996.

Aus einem Vergleich der rechten Spalte und der untersten Zeile von Tabelle 5.2.6 erkennt man, daß die Verteilung der Wohlstandspositionen der im Jahr 1990 Beschäftigten in den neuen Bundesländern im Verlauf des Transformationsprozesses ungleichmäßiger geworden ist.[156] Während 1990 nur 24,4% mit weniger als 75% des durchschnittlichen Nettoäquivalenzeinkommens leben mußten, sind es 1994 schon 28,2%. Auch in den oberen beiden Klassen läßt sich eine Zunahme der Personenanteile feststellen. In Westdeutschland (siehe Tabelle 5.2.7) liegen die Personenanteile in den unteren beiden Klassen deutlich höher (ca. 37%), aber es hat sich zwischen 1990 und 1994 nur eine geringe Zunahme ergeben; im oberen Bereich liegen Ost und West mit etwa einem Fünftel 1994 fast gleichauf. Obwohl die Ungleichheit innerhalb der Gruppe der im Jahr 1990 Beschäftigten in Ostdeutschland also deutlich zugenommen hat, ist sie doch immer noch geringer als die Ungleichheit unter der entsprechenden Gruppe in Westdeutschland. Dieses Ergebnis, das um so erstaunlicher ist, als hier auch alle jene Personen im erwerbsfähigen Alter einbezogen wurden, die 1994 temporär oder dauerhaft keine Beschäftigung hatten, weist auf die starke Auffangwirkung des Haushaltszusammenhangs sowie der sozialpolitischen Absicherungsmaßnahmen hin. Diese Wirkung scheint in den neuen Bundesländern noch ausgeprägter zu sein als in den alten.

Betrachtet man nunmehr die Gruppe derjenigen, die in den beiden Landesteilen in ihrer jeweiligen Wohlstandspositionsklasse verblieben sind, so zeigt sich in beiden Landesteilen eine hohe Wohlstandsmobilität; es sind aber nur sehr geringe Unterschiede zwischen Ost und West festzustellen. Große

---

156 Die gleiche Tendenz zeigt sich auch, wenn man alle 1990 in der DDR lebenden Personen in die Mobilitätsanalyse einbezieht (vgl. Müller/Frick 1996a)

Mobilitätsprozesse 377

Aufstiege über mehr als eine Wohlstandspositionsklasse hinweg kamen im Osten zu 10,1% und im Westen zu 11,5% vor; die großen Abstiege beliefen sich im Osten auf 11,1% und im Westen auf 11,0%. Auch dies deutet darauf hin, daß es durch die sozialpolitischen und arbeitsmarktpolitischen Maßnahmen gelungen ist, die Auswirkungen der vielfältigen Umstellungen und der extrem hohen Arbeitslosigkeit in den neuen Bundesländern auf die individuellen Wohlstandspositionen in jenen Grenzen zu halten, die auch in den alten Bundesländern bestehen. Schon dies ist mehr, als man eigentlich angesichts des großen Umbruchs erwarten konnte, wenn auch die individuellen monetären und nichtmonetären Belastungen damit keineswegs voll kompensiert wurden.

Abbildung 5.2.2: Mobilität der Wohlstandspositionen im Ost-West-Vergleich

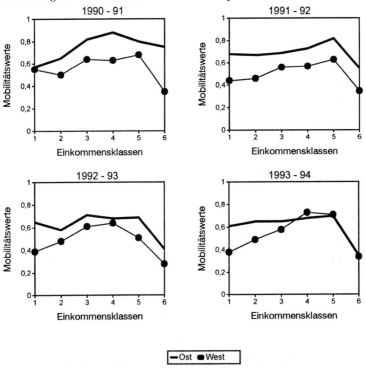

Anmerkungen: Einteilung der Wohlstandspositionsklassen wie in den Tabellen 5.2.6 und 5.2.7; 1 = niedrig bis 6 = hoch.
Datenbasis: SOEP-Ost und SOEP-West 1990-1994.
Quelle: Fabig 1996.

Man kann auch im Hinblick auf die Wohlstandspositionen fragen, ob sich bei der Mobilität von Jahr zu Jahr im Verlauf des Transformationsprozesses eine Annäherung zwischen Ost und West ergeben hat und ob bereits eine Normalisierung erreicht ist. Die graphische Darstellung des Mobilitätsindex[157] in Abbildung 5.2.2 zeigt, daß die Mobilität im Osten generell zurückgegangen ist, sich bisher aber eine Annäherung an den Westen und damit eine weitgehende Normalisierung nur im oberen Bereich ergeben hat.[158]

Im unteren Bereich liegt die Mobilität bei den Wohlstandspositionen im Osten immer noch deutlich höher als im Westen. Dieser Unterschied weist auf eine im Westen stärkere Verfestigung der unteren Schichten hin. Hieraus kann man schließen, daß im Osten noch größere Chancen als im Westen bestehen, aus der untersten Wohlstandspositionsklasse aufzusteigen. Umbrüche führen zwar häufig zu Abstiegen, aber sie eröffnen auch größere Chancen.

Mobilität der Wohlstandspositionen bei der älteren Bevölkerung

Die bisherigen Feststellungen bezogen sich auf jene Bevölkerungsgruppe, die 1990 erwerbstätig war und sich auch 1994 noch im Erwerbsfähigkeitsalter befand. Wie veränderten sich aber die Wohlstandspositionen der älteren Bevölkerung, die 1990 bereits 60 Jahre und älter war? Dies ist jene Bevölkerungsgruppe, die in erster Linie von der Übertragung des westdeutschen Rentensystems einschließlich der für Ostdeutschland geltenden Sonderregelungen in ihrer Wohlstandsposition beeinflußt wurde.[159] Bei der Mobilitätsbetrachtung für diese Gruppe muß man die Gesamtbevölkerung und den entsprechenden Durchschnitt der Nettoäquivalenzeinkommen heranziehen. Tabelle 5.2.8. zeigt überraschende Ergebnisse.

Alle älteren Personen, die sich 1990 in der untersten Wohlstandspositionsklasse befanden, sind aufgestiegen; gut zwei Drittel davon sogar um mehr als eine Klasse. Die Aufwärtsmobilität in der zu DDR-Zeiten am dichtesten besetzten zweituntersten Klasse war ebenfalls extrem hoch, wenn es auch von dort aus bereits zu einigen Abstiegen kam. Demgegenüber war die Abwärtsmobilität aus der obersten Wohlstandspositionsklasse ebenfalls sehr

---

157 Es wird der gleiche Mobilitätsindex wie in Abbildung 5.2.1. verwendet. Eine Erläuterung des Index findet sich im Anhang.
158 Eine weitgehende Normalisierung wird auch von Müller und Frick (1996a) auf Basis eines umfassenderen Meßkonzepts festgestellt.
159 Die folgenden Ausführungen stützen sich auf Müller/Frick 1996a. Dort finden sich auch vielfältige Ergebnisse über die Wohlstandsmobilität der Gesamtbevölkerung, auf die hier nicht im einzelnen eingegangen wird.

Mobilitätsprozesse

hoch, wobei der größte Teil in den Bereich zwischen 75% und 100% des Durchschnitts abstieg.

Tabelle 5.2.8: Mobilität zwischen Wohlstandspositionsklassen in Ostdeutschland zwischen 1990 und 1994 (ab 60jährige) – in %

Wohlstandspositionsklassen von ... % bis unter... % des Durchschnitts			bis 50%	50-75%	1994 75-100%	100-125%	125-150%	über 150	1990 Verteilung auf Klassen
			1	2	3	4	5	6	
	1	bis 50%	–	31,4	28,4	30,0	10,2	–	3,1
	2	50-75%	5,3	9,9	37,3	29,0	14,4	4,0	43,2
1990	3	75-100%	1,1	8,9	29,3	43,9	14,1	2,6	28,2
	4	100-125%	2,3	8,7	30,7	42,2	7,3	8,7	14,6
	5	125-150%	–	–	23,5	35,0	29,9	11,6	6,1
	6	über 150%	–	–	42,0	37,5	4,3	16,3	4,6
1994		Verteilung auf Klassen	2,9	9,0	33,2	35,9	13,6	5,2	100

Datenbasis: SOEP-Ost 1990-1994.
Quelle: Müller/Frick 1996a.

Man kann vermuten, daß diese Abstiege teils mit den vorzeitigen Übergängen in den Vorruhestand, teils mit der Beschränkung der Zusatzrenten für einige privilegierte Bevölkerungsgruppen zusammenhängen (siehe Abschnitt 2.4.3). Blickt man wieder auf die Anteile der großen Auf- und Abstiege über mehr als eine Klasse hinweg, so zeigen sich bei den Älteren 28,6% große Aufstiege gegenüber 7% großen Abstiegen. Ganz überwiegend haben also die Älteren ihre Wohlstandsposition stark verbessert, wenn auch ein geringer Teil von Verschlechterungen nicht übersehen werden darf. Diese starke Mobilität unter den Älteren, die durch die Umstellung des Rentensystems bedingt war, wird sich nicht fortsetzen, sondern sich auf das westdeutsche Ausmaß einpendeln.

Die Mobilität bei den Wohlstandspositionen der westdeutschen Älteren war in diesem Zeitraum weit geringer und nicht generell nach oben gerichtet (siehe Tabelle 5.2.9).

Zwischen 43,4% und 63,4% verharrten in ihrer Wohlstandspositionsklasse. Es gab nur 4,4% große Aufstiege, dagegen 6,3% große Abstiege. Trotzdem änderte sich in Westdeutschland die Verteilung der Älteren auf Wohlstandspositionsklassen von 1990 auf 1994 kaum.

Tabelle 5.2.9: Mobilität zwischen Wohlstandspositionsklassen in Westdeutschland zwischen 1990 und 1994 (ab 60jährige) – in %

Wohlstandspositionsklassen von ... % bis unter...% des Durchschnitts		bis 50% 1	50-75% 2	1994 75-100% 3	100-125% 4	125-150% 5	über 150% 6	1990 Verteilung auf Klassen
1990	1 bis 50%	49,8	37,2	6,6	3,8	0,8	1,9	7,5
	2 50-75%	11,9	63,1	18,4	5,3	0,1	1,1	24,7
	3 75-100%	1,7	16,2	63,4	15,2	1,8	1,6	27,0
	4 100-125%	0,6	10,8	17,8	53,6	12,6	4,5	20,3
	5 125-150%	2,1	1,3	11,7	28,7	43,4	12,8	8,2
	6 über 150%	3,1	0,8	1,7	11,5	21,5	61,4	12,2
1994	Verteilung auf Klassen	7,8	25,2	27,0	20,4	9,3	10,3	100

Datenbasis: SOEP-West 1990-1994.
Quelle: Müller/Frick 1996a.

Resümee

Systemwechsel und Vereinigung haben bei den beruflichen Statuslagen, bei den relativen Arbeitseinkommenspositionen und bei den Wohlstandspositionen zu einer weit über dem westdeutschen Niveau liegenden Mobilität geführt. Diese Mobilität ist jedoch von 1990 bis 1994 bereits deutlich zurückgegangen und nähert sich dem westdeutschen „Normalniveau" an. Im Vergleich zu der in der DDR weit stabileren Situation ist hierdurch hohe Unsicherheit entstanden. Die vielfältigen Auf- und Abstiege haben insgesamt zu einer Zunahme der Ungleichheit bei den Arbeitseinkommen und bei den Wohlstandspositionen geführt, die allerdings immer noch geringer ist als in Westdeutschland. Ein ganz wesentlicher Faktor war die Umstrukturierung des Arbeitsmarktes und der daraus resultierende Verlust an Arbeitsplätzen, der teils durch großzügige Vorruhestandsregelungen, teils durch arbeitsmarkt- und sozialpolitische Maßnahmen gemildert wurde. Die sozialpolitische Abfederung des gravierenden Strukturwandels kann als sehr effektiv eingeschätzt werden. Der größte Teil der früheren Führungsschicht, der sogenannten „Dienstklasse", konnte einen hohen beruflichen Status behaupten. Bei der älteren Bevölkerung, die bereits zum Zeitpunkt der Vereinigung für ihren Lebensunterhalt im wesentlichen auf Renten und andere Sozialleistungen angewiesen war, dominierten die Aufstiege in den Wohlstandspositionen bei weitem. Hier zeigte sich auf breiter Front der Effekt einer großzügigen Übertragung der Regelungen der Gesetzlichen Rentenversicherung besonders deutlich. Abstiege erfuhren aber Bezieher hoher DDR-Renten, bei denen Zusatzleistungen nicht übernommen wurden.

5.3 Soziale Milieus und Lebensstile

Seit der Vereinigung haben sich die Lebensbedingungen der Menschen in Ostdeutschland nachhaltig verändert. Viele bisherige Erfahrungen und Routinen wurden entwertet. Trotz beachtlicher Wohlstandssteigerungen hat sich die Erwartung einer raschen Angleichung der Lebensverhältnisse an westdeutsches Niveau noch nicht erfüllt. Die sozialen Ungleichheiten innerhalb der ostdeutschen Bevölkerung sind gewachsen. Hohe Arbeitslosigkeit, soziale Verunsicherung und die häufig abschätzige Bewertung ostdeutscher Denk- und Verhaltensweisen durch Westdeutsche stellen weitere Probleme dar.

Diese Schwierigkeiten haben jedoch nicht für alle Menschen die gleiche Bedeutung und auch nicht für jeden die gleichen Auswirkungen. Wie die Menschen z.B. Arbeitslosigkeit oder Unsicherheit wahrnehmen und darauf reagieren, ist u.a. abhängig von ihren Werthaltungen und Grundeinstellungen, von der Art ihres Zusammenlebens mit Mitmenschen und von ihren alltäglichen Routinen der Lebensgestaltung. Es ist mithin auch eine Frage der Milieuzugehörigkeit und des Lebensstils, welche Erfahrungen im Umbruch Ostdeutschlands gemacht werden, wie Menschen veränderte Lebensbedingungen sehen und deren Probleme bewältigen.

Die Begriffe „soziales Milieu" und „Lebensstil"

Unter „*sozialen Milieus*" sind Gruppen Gleichgesinnter zu verstehen, die gemeinsame Werthaltungen, Prinzipien der Lebensgestaltung und Mentalitäten aufweisen und auch die Art gemeinsam haben, ihre Beziehungen zu Mitmenschen einzurichten. Diejenigen, die dem gleichen sozialen Milieu angehören, interpretieren und gestalten ihre Umwelt in ähnlicher Weise und unterscheiden sich dadurch von anderen sozialen Milieus. Kleinere Milieus, z.B. Stadtviertelmilieus, weisen darüber hinaus häufig einen inneren Zusammenhang auf, der sich in einem gewissen Wir-Gefühl und in verstärkten Binnenkontakten äußert.

Soziale Milieus sind häufig heterogen zusammengesetzt. Sie streuen oft über ein weites Feld von Berufsgruppen und sozialen Lagen, wenngleich sich typische Schwerpunkte identifizieren lassen. So finden sich in hedonistischen Milieus viele junge Menschen; viele Arbeiter gehören dem sogenannten „traditionellen Arbeitermilieu" an. Allerdings kann eine ähnliche soziale Lage durchaus in verschiedenen Milieus „verarbeitet" werden. Daher sind Arbeiter mit exakt gleichen Lebensbedingungen sowohl in Arbeitermilieus als auch in kleinbürgerlichen oder in hedonistischen Milieus anzutreffen. Die Grenzen sozialer Milieus sind unscharf und durchlässig, sowohl im psychologischen als auch im sozialen Sinn. Die Zugehörigkeit zu einem sozialen Milieu muß nicht lebenslang andauern. Durch Umbrüche im privaten oder beruflichen Leben, durch den Wechsel von Sozialkontakten oder durch allmähliche Einstellungsänderungen können sich die Werthaltungen und Einstellungen der Menschen von Milieu zu Milieu bewegen oder Zwischenpositionen einnehmen. Gleichwohl kann die Milieuzugehörigkeit nicht umstandslos durch bewußte Entscheidung „gewählt" oder gewechselt werden. Tiefsitzende Einstellungen und Sozialisationserfahrungen sowie die Verwobenheit in Sozialkontakte lassen nur langsame Änderungen von Milieustrukturen und -zugehörigkeiten zu.

Den eigenen Lebensstil kann man dagegen leichter wechseln. Auch ist das gesellschaftliche Gefüge von Lebensstilen nicht selten sozialhistorisch kurzlebig. Unter „*Lebensstil*" wird in der Regel das jeweilige, oft für ganze Gruppierungen typische Muster der Alltagsorganisation verstanden, mit den je eigenen Verhaltensroutinen, Bewertungen und Kenntnissen. Viele Lebensstile haben eine betont expressive Seite der Stilisierung der eigenen Lebensart, der demonstrativen Unterscheidung vom Lebensstil anderer und der Hervorhebung der Zusammengehörigkeit mit jenen, die den gleichen Stil pflegen. Da die Freiheit der Gestaltung des eigenen Lebensstils u.a. eine Frage der vorhandenen Ressourcen ist, findet sich in wohlhabenden und informierten Gesellschaften in der Regel ein höherer Grad der Ausdifferenzierung von Lebensstilen als in weniger entwickelten.

Milieu- und Lebensstilanalysen machen die Bindeglieder zwischen den „objektiven" Existenzbedingungen und den „subjektiven" Meinungen, Zufriedenheiten etc. der Menschen sichtbar. Es wird deutlich, wie die einzelnen *in der Praxis* mit ihren Lebensbedingungen umgehen und welche Bedeutung diese in ihrem Leben haben. Dadurch lassen sich auch Fragen nach Mentalitäts- und Verhaltensunterschieden zwischen den Menschen in West- und Ostdeutschland und zwischen sozialen Gruppen innerhalb Ostdeutschlands differenziert und realitätsnah beantworten.

Das Gefüge von sozialen Milieus und Lebensstilen in Ost- und Westdeutschland

Die Abbildungen 5.3.1 und 5.3.2 dienen dem Vergleich der Milieustruktur zwischen Ost- und Westdeutschland. Die einzelnen Milieus wurden vertikal angeordnet nach ihrer sozialen Lage (Schichtung nach Einkommen, Berufsstellung und formaler Bildungsgrad) und horizontal nach ihren typischen Werthaltungen

Soziale Milieus und Lebensstile

(zwischen den „alten" Zielvorstellungen der Pflichterfüllung und Besitzvermehrung und den „neuen" Werten, die sich primär auf Selbstverwirklichung, Kommunikation und Genuß richten).

Abbildung 5.3.1: Die sozialen Milieus in Ostdeutschland im Jahre 1991 – Soziale Lage und Wertorientierungen

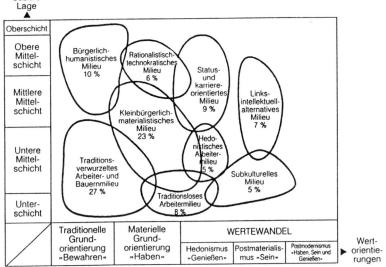

Quelle: Ueltzhöffer/Flaig 1993: 72.

Es ist unübersehbar, daß in Westdeutschland die mittelschichttypischen und die den „neuen", individualistischen Werten anhängenden Sozialmilieus weit größere Bevölkerungsanteile umfassen als in Ostdeutschland. Dort finden sich häufiger traditionale und gemeinschaftsbewußte Mentalitäten, insbesondere in den Bevölkerungsteilen mit den typischen Mentalitäten von Arbeiter- und Bauern-Unterschichten auf der einen und in den oberschichttypischen Milieus auf der anderen Seite. Die typischen Mittelschichtmilieus, zumal jene mit den „neuen" Werthaltungen, bleiben in den neuen Bundesländern in der Minderheit.

Die westdeutschen Milieus konzentrieren sich in mittleren Soziallagen, weil moderne Dienstleistungsberufe und individualisiertere Lebensweisen immer größeren Raum einnehmen. Demgegenüber fehlte noch zu Beginn der neunziger Jahre die „moderne Mitte" in Ostdeutschland weitgehend. Es dominierten dort produktionsorientierte Berufsstrukturen wie in der Bundesrepublik der frühen siebziger Jahre. Außerdem erklärt sich die „Modernisierungslücke" der sozialen Milieus in Ostdeutschland aus der Dominanz des Politischen, dem starren Laufbahnprinzip und den bürokratischen Blockaden von Innovationen zu Zeiten der DDR (Niethammer). Eine Öffnung für neue Lebenschancen und Lebensentwürfe, wie sie die westdeutsche Entwicklung vor allem in den sechziger Jahren kennzeichnete, hat es in der DDR nicht gegeben (vgl. Müller/Hofmann/Rink 1996).

Abbildung 5.3.2: Die sozialen Milieus in Westdeutschland im Jahre 1991 – Soziale Lage und Wertorientierungen

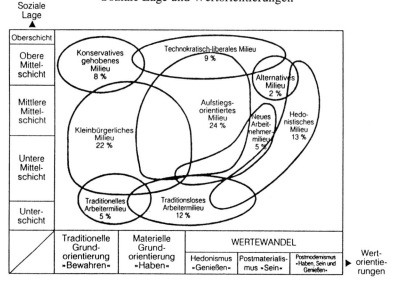

Quelle: Ueltzhöffer/Flaig 1993: 66.

So gehörten im Jahr 1991 noch volle 27 Prozent der Bevölkerung der neuen Bundesländer dem „Traditionsverwurzelten Arbeiter- und Bauernmilieu" an. Dessen Mentalität ist gekennzeichnet durch die Betonung eines sicheren Arbeitsplatzes und sozialer Absicherung im Alter und der Bevorzugung intakter Gemeinschaften in Familie, Arbeitskollektiv und Gemeinde. Diese Menschen leben nicht über ihre Verhältnisse, sie leben in Sparsamkeit und Einfachheit. Geschätzt wird der sorgfältige, sachkundige Umgang mit den erarbeiteten bzw. erworbenen Gütern. Es gilt als Tugend, offen und ehrlich seine Meinung zu sagen und sich so zu geben, wie man ist. Das einfache, überschaubare, „sozial gerechte" Leben in der DDR wird teilweise noch verklärt. Dem ähnlichen westdeutschen „traditionellen Arbeitermilieu" gehören dort nur noch ca. 5% der Bevölkerung an.

10% der Bevölkerung der neuen Bundesländer wurden im Jahre 1991 zum „Bürgerlich-humanistischen Milieu" gezählt. Die Lebensziele dieser Menschen sind oft von christlichen Wertvorstellungen und protestantischen Tugenden, wie Plichterfüllung, Disziplin und soziales Engagement, geprägt. Kennzeichnend ist die Wertschätzung von Kultur und Kunst. Das westdeutsche „Konservativ gehobene Milieu" ist mit 8% nicht nur kleiner, es ist auch anders: Dort bevorzugt man einen distinguierten Lebensstil und legt Wert auf eine anerkannte gesellschaftliche Stellung. Materieller Erfolg gilt als selbstverständlich, wird aber nicht herausgestellt. Ziel ist es, ein harmonisches Familienleben und ein individuell erfülltes Privatleben zu führen.

Wie gemeinschaftlich geprägt viele Lebensweisen in Ostdeutschland sind und wie selten individualistisch-konkurrenzorientiert, wird auch daraus kenntlich, daß ein „Aufstiegsorientiertes Milieu", dem in Westdeutschland ein volles Viertel der Menschen angehört, in den neuen Bundesländern bislang kaum existiert. Allenfalls kommt ihm das „Status- und karriereorientierte Milieu" nahe, dem 1991 nur 9% der ostdeutschen Bevölkerung zugeordnet wurden. Dessen Mentalität erinnert jedoch in vielem an das Statusdenken der früheren deutschen Karriere-Angestellten und -Beamten: Die Mitglieder des „Status- und karriereorientierten Milieus" wollen beruflich und sozial aufsteigen, Erfolg haben, diesen mit anerkannten Statusnachweisen nach außen hin dokumentieren und sich etablieren. Westliche Lebensstandards und Statussymbole gelten als Vorbild. Durch die radikale Abkehr von bisherigen Leitbildern und die Übernahme neuer Vorbilder, insbesondere des westdeutschen Managers, kommt es zu erheblichen Anpassungsproblemen, Unsicherheiten und Überreaktionen.

Verfolgen wir die Größenveränderungen westdeutscher Sozialmilieus, so wird deutlich, daß es die individualistischeren und die moderneren Milieus waren, die seit Beginn der achtziger Jahre anwuchsen. Das „Aufstiegsorientierte Milieu" vergrößerte sich von 20% auf 24%; das „Hedonistische Milieu" nahm von 10% auf 13% zu; das „Traditionsloses Arbeitermilieu" wuchs von 9% auf 12%; ein „Neues Arbeitnehmermilieu" entstand und kam 1991 auf 5% der Bevölkerung Westdeutschlands. Dagegen schrumpften alle sozialen Milieus, die die einzelnen eng in Pflichten und Verhaltensnormen einbanden: Das „Traditionelle Arbeitermilieu" verkleinerte sich von 9% auf 5%, das „Kleinbürgerliche Milieu" von 28% auf 22%; das „Alternative Milieu" halbierte seinen Bevölkerungsanteil von 4% auf 2%.

Die Milieuentwicklung in Ostdeutschland

Die Entwicklung des Milieugefüges in den alten Bundesländern entspricht mit seinen Tendenzen hin zur wohlhabenden Mittelschicht und zum Dienstleistungsbereich (vgl. Zapf 1991), zu Individualisierung (vgl. Beck 1986) und Subjektivierung (vgl. Hradil 1995b) vielen geläufigen Modernisierungstheorien. Ostdeutschlands Milieuentwicklung, soweit man sie rekonstruieren kann, war in höherem Maße politisch beeinflußt. Die Milieuveränderungen wurden geprägt durch zwei entscheidende Wendepunkte: die Gründungsphase der DDR und den 1989 einsetzenden Vereinigungs- und Transformationsprozeß. Demzufolge sind unter den oben genannten neun sozialen Milieus „alte Milieus", „DDR-Milieus" und „neue Milieus" auseinanderzuhalten.

Die Abbildung 5.3.3 zeigt anschaulich, daß das „Kleinbürgerliche Milieu" und die beiden Arbeitermilieus im Kern „alte" Milieus sind. Sie lassen sich wenigstens bis in die Zwischenkriegszeit zurückverfolgen. Die sozialistische Herrschaft hat sich dieser Sozialmilieus bedient, sie gestärkt, die gesamte Gesellschaft maßgeblich durch diese Milieus geprägt, sie jedoch im wesentlichen unverändert belassen.

Abbildung 5.3.3: Die Entstehung der sozialen Milieus Ostdeutschlands

		20er	30er	40er	50er	60er	70er	80er	90er Jahre
"alte Milieus"	Kleinbürgerliches Milieu								
	Traditionsverwurzeltes Arbeitermilieu								
	Traditionsloses Arbeitermilieu								
"DDR-Milieus"	Bürgerlich-humanistisches Milieu								
	Rationalistisch-technokratisches Milieu								
	Status- und karriereorientiertes Milieu								
"neue Milieus"	Linksintellektuell-alternatives Milieu								
	Hedonistisches Arbeitermilieu								
	Subkulturelles Milieu								

Anmerkung: Die grau unterlegten Felder zeigen Phasen größerer Veränderungen im Milieugefüge an (Aufbauphase der DDR, lebensweltliche Differenzierungen ab den siebziger Jahren, gegenwärtiger Transformationsprozeß).
Quelle: Müller/Hofmann/Rink (1996).

Mit dem Sozialismus in der DDR entstanden das „Bürgerlich-humanistische Milieu", das „Rationalistisch-technokratische Milieu" und das „Status- und karriereorientierte Milieu". Diese Milieus hatten zwar durchaus historische Vorgänger. Das Partei- und Funktionärswesen und die Planwirtschaft veränderte diese Eliten- und Mittelschichtmilieus aber ganz wesentlich. Schließlich bildeten sich in den siebziger und achtziger Jahren in der zu Ende gehenden DDR neue Sozialmilieus heraus: das „Linksintellektuell-alternative Milieu", das „Hedonistische Arbeitermilieu" und das „Subkulturelle Milieu". Sie entstanden in einer Zeit sozialer Schließung und Stagnation der DDR. Die Abkehr der jüngeren Generation von den Zielsetzungen und traditionellen Lebensweisen der Eltern hatte daran großen Anteil. Diese neuen Sozialmilieus Ostdeutschlands partizipierten bereits an der Öffnung von Lebenswelten, antizipierten diese und waren am Systemwechsel besonders aktiv beteiligt.

Soziale Milieus und die Bewältigung der Transformation

Die Eigenarten und die Sozialgeschichte der sozialen Milieus in Ostdeutschland machen es verständlich, daß die Angehörigen der einzelnen Milieus die Transformation in grundsätzlich unterschiedlicher Weise bewältigen. Ein Blick auf die aktuelle Situation zeigt zudem, daß die Reaktionsformen und Strategien, mit dem Umbruch von Lebensverhältnissen zurechtzukommen, auch innerhalb der einzelnen Sozialmilieus unterschiedlich geworden sind.

Die beiden Arbeitermilieus, das *„Traditionsverwurzelte"* und das *„Traditionslose Arbeitermilieu"*, sind durch den Zusammenbruch vieler industrieller Betriebe Transformationsproblemen in besonderem Maße ausgesetzt. Deshalb ist es aus sozialpolitischen und anderen Gründen von großem Interesse, wie die Angehörigen dieser Milieus mit dem Umbruch zurechtkommen. Auf der Grundlage gemeinsamer Werthaltungen und Mentalitäten weisen sie, je nach Generationszugehörigkeit, sozialer Lage und Herkunft, drei unterschiedliche Bewältigungsstrategien auf (vgl. Zierke/Segert/Schweigel 1994).

Die erste für Arbeitermilieus typische Reaktionsform auf die Schwierigkeiten der Transformation ist die der *„defensiven Selbstbeschränkung und Selbstunterforderung"*. Dies ist eine wenig flexible, sicherheitsfixierte, in der Regel schon biographisch erlernte Defensivreaktion des „Zurücksteckens". Sie reicht bis hin zur Handlungsparalyse und zieht eine anhaltende Einschränkung an Wettbewerbsfähigkeit auf dem Arbeitsmarkt nach sich. Sie findet sich besonders häufig bei ledigen jungen Männern mit Facharbeiterausbildung und bei Alleinerziehenden.

Eine zweite für Arbeitermilieus typische Bewältigungsstrategie ist sehr viel erfolgversprechender. Diese Menschen entwickeln ihre Fähigkeiten auch in Zeiten des Umbruchs auf unspektakuläre Weise weiter. Sie öffnen ihre traditionell sicherheitsorientierten und fachqualifizierten Verhaltensweisen durch eine gewisse Risikofreudigkeit, beziehen in gemeinschaftsorientierte Haltungen Momente der Individualisierung ein, kalkulieren hierbei jedoch rational die Handlungsmöglichkeiten und gelangen so zu einer *realitätstüchtigen Bewältigungsweise*. Die Bewahrung der biographischen Identität geht so auffällig oft mit einer Erhaltung oder Wiedererlangung adäquater Berufspositionen einher.

Auch der dritte Verhaltenstypus ist den Wirkungen der Deindustrialisierung ausgesetzt, er mißt ihm aber nicht die gleiche Bedeutung bei wie die beiden erstgenannten Typen, weil der frühere Beruf ohnehin nicht der erstrebte war. Diese Menschen reagieren auf den Verlust von Arbeitsstelle und Entwicklungsmöglichkeiten im früheren Beruf mit *instabilem Suchverhalten*. Diese Reaktionsform mündet häufig in die Suche nach Feldern der Selbständigkeit oder aber in eine Attitüde des „Kostgängers" (Einwohnen bei Bekannten, Schulden machen, Gelegenheitsjobs).

Die Lebensweisen des *„Linksintellektuell-alternativen Milieus"* und des *„Subkulturellen Milieus"* standen in der DDR der achtziger Jahre in scharfem Gegensatz zu den gesellschaftsprägenden Milieus der Arbeiter und Kleinbürger. Die Lebensansprüche dieser Bevölkerungsteile richteten sich auf Selbstverwirklichung und verzichteten weitgehend auf materiellen Hedonismus und Aufstiegsambitionen. Der Beruf wurde dabei als zentrales Moment der Selbstverwirklichung angesehen, die gesellschaftlichen Strukturen jedoch nicht als gegeben hingenommen. Vor allem in sozialen Berufen wurde versucht, Verfestigungen von politischen und gesellschaftlichen Verhältnissen aufzuweichen.

Diese gesellschaftskritischen Positionen riefen immer wieder den Unwillen des Staates hervor. Er versuchte, die Angehörigen des „Linksintellektuell-alternativen Milieus" und des „Subkulturellen Milieus" in ihrer Eigenständigkeit, ihren Symbolen und ihrem Zusammenfinden zu blockieren und zu schikanieren. Die beiden Milieus „paßten nicht" in die bestehenden Strukturen der DDR. Sie schienen die politisch gelenkte „sozialistische" Lebensweise der Bürger zu gefährden. Dennoch konnte die staatliche Unterdrückung nicht verhindern, daß die Veränderungen der achtziger Jahre maßgeblich von diesen Milieus ausgingen.

Der Systemwechsel befreite die alternativen und subkulturellen Milieus von staatlichen Blockierungen, Überwachungen und existenziellen Verunsicherungen. Neue Kommunikations-, Bildungs-, Artikulations- und Handlungsmöglichkeiten eröffneten sich. Vor allem der Dienstleistungssektor expandierte. Dort betätigen sich die den alternativen und subkulturellen Milieus zugehörigen Menschen meist in erzieherischen, sozialen und medizinischen Professionen. Sie bemühten sich um die Lösung sozialer Probleme, einschließlich ihrer eigenen Lebensverhältnisse. Sie reflektierten den Umbau der Gesellschaft. Insgesamt konnten sie den Beginn des Transformationsprozesses politisch, kulturell und sozial wesentlich mitgestalten.

Mit zunehmender Normalisierung des Alltags bauten sich jedoch neue Beschränkungen der Lebensweise von alternativen und subkulturellen Milieus auf: Ihre Weltsichten stießen auf wachsendes Desinteresse, ihre Bestrebungen blieben zunehmend wirkungslos. Sie gerieten aufs Neue in eine Randlage, wenn auch anderer Art. Sobald sich die Angehörigen der alternativen und subkulturellen Milieus nicht mehr dem DDR-Staat als gemeinsamen politischen Gegner gegenübersahen, traten auch die kulturellen Unterschiede innerhalb dieser Milieus deutlicher hervor.

Drei wesentliche Verhaltensmuster im Umgang mit den neuen Gegebenheiten lassen sich unterscheiden (vgl. Zierke/Segert/Schweigel 1994):

Erstens die *„Integration bei kritischer Distanz"*: Die Vertreter dieser Richtung engagieren sich in den neugeschaffenen Strukturen. Sie arbeiten für die eigene soziale Anerkennung und für das Wohl anderer. Insbesondere in sozialen und medizinischen Professionen zeigen sie ein hohes Berufsethos. Gleichwohl stehen sie auch in der neuen Gesellschaft für sich selbst. Sie sind nicht bereit, ihre fundamentalen Lebensziele um einer Karriere willen aufzugeben. Sie begeben sich gegebenenfalls eher in eine neue soziale Randlage, als sich in nicht akzeptable Strukturen einzupassen.

Die zweite Form der Auseinandersetzung mit den sich wandelnden Verhältnissen läßt sich formelhaft als *„Selbstverwirklichung und Anerkennung der neuen Strukturen"* zusammenfassen. Hier findet sich eine grundsätzliche Übereinstimmung mit dem neuen System. Ganz anders als in der DDR versuchen diese Angehörigen alternativer und subkultureller Milieus nun, durch die Übernahme von politischer und fachlicher Verantwortung die neuen Strukturen mitzugestalten. Sie zeigen sich in der modernen Gesellschaft als integrationsfreudiger als die Vertreter der ersten Richtung. Dabei verändern sie sich häufig beruflich und übernehmen eine ausbildungsfremde Tätigkeit.

Eine dritte Richtung läßt sich als *„unbedingte Autonomie durch konsequente Abgrenzung"* bezeichnen. Die Vertreter dieser Richtung legen um ihrer Selbstbestimmung willen deutliche Zurückhaltung gegenüber Einbindungen an den Tag. Sie verstehen sich nach wie vor als Gegenelite zu den herrschenden Normen und Lebensformen und lehnen daher ein Engagement in Institutionen und politischen Organisationen weitgehend ab. Sie finden ihre Selbstverwirklichung vorrangig in kulturell-künstlerischen und kunsthandwerklichen Tätigkeiten. Sie leben als Individualisten nach wie vor in einer Nische, wenden sich jedoch häufig mit kulturellen und künstlerischen Anliegen an die Öffentlichkeit. Sie leben in einem festen Bekannten- und Freundeskreis. Aufgrund ihres sehr geringen Sicherheitsbedürfnisses und ihres kompromißlos hohen Anspruchs an Berufsinhalte können sie einen Verlust bezahlter Arbeit oft gut verkraften. Sie suchen auch längere Zeit nach einer für sie sinnvollen Berufstätigkeit.

Lebensstile in Ost- und Westdeutschland

Die vorstehenden Ausführungen zeigten, daß die in Wertvorstellungen wurzelnden sozialen Milieus und deren Bewältigungsstrategien sich nur allmählich verändern und ausdifferenzieren. Selbst bei deutlichen Veränderungen, wie im Falle der zunehmend integrationsbereiten Mitglieder des alternativen Milieus, bleiben Kernbestandteile der Milieuzugehörigkeit erhalten, im genannten Beispiel das Streben nach persönlicher Autonomie.

Abbildung 5.3.4: Lebensstile in Ostdeutschland

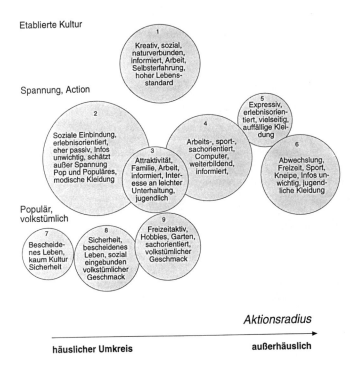

Anmerkung: Befragte bis zu 61 Jahren; die Größe der Kreise entspricht in etwa dem Anteil der jeweiligen Lebensstilgruppe in der Bevölkerung.
Datenbasis: Wohlfahrtssurvey 1993.
Quelle: Spellerberg 1994: 18.

Soziale Milieus und Lebensstile 391

Lebensstile dagegen, d.h. routinisierte Alltagsmeinungen und -verhaltensweisen, ändern sich unter Umständen recht schnell. Denn sie sind weit mehr als soziale Milieus abhängig von den jeweils zur Verfügung stehenden Ressourcen, von „zeitgemäßen" Lebenszielen, von der jeweiligen Lebensform und von persönlichen Entscheidungen.

Beschreibt man Lebensstile aufgrund des kulturellen Geschmacks, der Lebensziele, der Alltagswahrnehmung, des Freizeit- und Informationsverhaltens sowie der Kleidungs- und Einrichtungsstile von Menschen und ordnet die Bevölkerung in diesbezüglich ähnliche Gruppierungen, so lassen sich im Jahre 1993 in Ostdeutschland und in Westdeutschland jeweils neun Lebensstile erkennen (siehe die Abbildungen 5.3.4 und 5.3.5):

Abbildung 5.3.5: Lebensstile in Westdeutschland

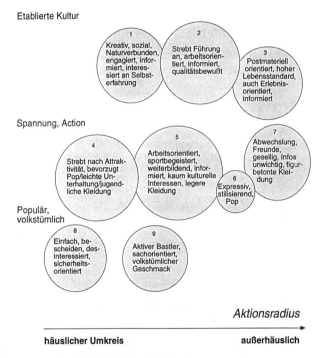

Anmerkung: Befragte bis zu 61 Jahren; die Größe der Kreise entspricht in etwa dem Anteil der jeweiligen Lebensstilgruppe in der Bevölkerung.
Datenbasis: Wohlfahrtssurvey 1993.
Quelle: Spellerberg 1994: 9.

Es wird kenntlich, daß sich in Ostdeutschland trotz aller Veränderungen nach wie vor wesentlich norm-, konventions- und traditionsgebundenere Lebensstile als in Westdeutschland finden. Auch die Erwartungen an Autoritäten und staatliche Stellen sind höher als in Westdeutschland. Männer und Frauen leben in Ostdeutschland stärker familien- und arbeitsorientiert als im Westen. Kulturelle Interessen beziehen sich häufiger auf Spannung und Erlebnisvermittlung sowie auf volkstümliche Unterhaltung. Westdeutsche sind dagegen häufiger an „bürgerlichen", etablierten Kulturformen interessiert. Kreativität, Hedonismus und außerhäusliche Freizeitgestaltung sind im Westen von größerer Bedeutung.

Lebensstile sind nicht nur das Ergebnis freier individueller Entscheidungen. Sie sind auch durch äußere Faktoren geprägt. So beeinflussen, geordnet nach der Stärke ihrer Prägekraft (vgl. Spellerberg 1994), Alter, Bildung, Geschlecht und Haushaltsform den jeweiligen Lebensstil in hohem Maße. Diese Faktoren ziehen freilich keine allzu großen Unterschiede zwischen den Lebensstilen der Menschen in Ost- und Westdeutschland nach sich, denn sie sind in Ost und West ähnlich ausgeprägt. Anders ist dies im Falle der, wenn auch schwachen, Formung von Lebensstilen durch den beruflichen Status, die Schichtselbsteinstufung und die Einkommenshöhe. Da sich die Lage der Menschen in Ost- und in Westdeutschland in dieser Hinsicht deutlich unterscheidet, erklären sich die angeführten Lebensstilunterschiede zum erheblichen Teil aus dem ungleichen Berufsstatus und aus den Einkommensdifferenzen. Außerdem müssen die ausgebliebene Expansion höherer Bildung, das niedrigere Wohlstandsniveau im Osten Deutschlands, die vierzigjährige politische Herrschaft des DDR-Staates sowie historische und regionale Faktoren als Bestimmungsgründe mit in Betracht gezogen werden.

Ausblick

Insgesamt zeigt sich, daß die sozio-kulturellen Unterschiede zwischen West- und Ostdeutschland beträchtlich sind. Es ist davon auszugehen, daß sich ein großer Teil dieser Mentalitäten, Werthaltungen und Einstellungen nur langsam ändern wird. So ist anzunehmen, daß viele der genannten Besonderheiten ostdeutschen Denkens und Handelns noch lange Zeit zu beobachten sein werden. Während das Institutionengefüge in den neuen Bundesländern mittlerweile weitestgehend dem in Westdeutschland gleicht und sich auch die materiellen Lebensverhältnisse auf dem Weg der Angleichung befinden, werden Unterschiede der Milieus und Lebensstile noch viele Jahre lang in Rechnung zu stellen sein.

Im großen und ganzen wird man davon ausgehen können, daß die Entwicklung von Milieus und Lebensstilen in Ostdeutschland sich in Richtung

Soziale Milieus und Lebensstile 393

der individuelleren und moderneren Denk- und Verhaltensmuster Westdeutschlands bewegen wird. Dennoch sind Ausnahmen von diesem Entwicklungsmodell der „nachholenden Modernisierung" absehbar. Durch die ökonomischen und politischen Strukturen der DDR, insbesondere durch deren Mängel, haben sich einige besondere Fertigkeiten und Mentalitäten herausgebildet, die Zukunftspotentiale darstellen (Hradil 1995b).

Hierzu zählt zum einen eine gewisse „Chaos-Qualifikation". Sie war in Zeiten der DDR der Not geschuldet und verhalf den Menschen dazu, trotz zerschlissener Maschinen, stockender Materialflüsse, schlechter Ersatzteile, schlampig ausgeführter Reparaturen und chaotischer Fertigungsabläufe zu produzieren. Sie ermöglichte es ferner, häusliche Reparaturen zustandezubringen, obwohl Ersatzteile, Handwerker und Baumaterial kaum zu bekommen waren. Ähnliche Qualifikationen können in Zukunft dazu verhelfen, mit den schnell wechselnden und widersprüchlichen Rahmenbedingungen einer „postindustriellen Gesellschaft" zurechtzukommen.

Zum andern werden sich die teilweise erhaltenen Netzwerke der gegenseitigen Unterstützung – in der Zeit der DDR unerläßlich – keineswegs als „rückständig" erweisen. Sie werden den Menschen vielmehr bei künftigen sozialpolitischen Problemstellungen, etwa bei der Pflege älterer Menschen, viel helfen.

5.4 Kommunale Sozialpolitik und freie Wohlfahrtsverbände

Kommunale Sozialpolitik

Im institutionellen Umbruch im Verlauf der Vereinigung blieb die kommunale Ebene – äußerlich gesehen – relativ unangetastet. Während die zentrale Regierung der DDR und die Bezirksverwaltungen aufgelöst wurden, blieben die Verwaltungen der (kreisfreien) Städte, Kreise und kreisangehörigen Gemeinden grundsätzlich erhalten. Allerdings wurden im Rahmen der Gebietsreformen bis 1994 Landkreise neu geschnitten bzw. zusammengelegt. Trotz dieser institutionellen Kontinuität fanden auf der Ebene der Kommunen tiefgreifende Veränderungen statt. Diese bestanden vor allem in der Einführung der „Kommunalen Selbstverwaltung" durch die Kommunalverfassung der DDR vom 17. Mai 1990 sowie in dem darauf folgenden Um- und Neuaufbau kommunaler Institutionen, Akteure und Leistungen nach dem westdeutschen Modell „Kommunaler Sozialstaatlichkeit" (siehe Abschnitt 2.4.5).

Der formale Umbau der Kommunalverwaltung vollzog sich – nicht zuletzt aufgrund intensiver (Verwaltungs-)Hilfe aus den alten Bundesländern – relativ zügig. Strukturpläne für die neue Verwaltung wurden mit Hilfe von Partnerstädten bzw. -kreisen, der Kommunalen Gemeinschaftsstelle (KGSt) und weiteren westlichen Beratern nach den Kommunalwahlen vom 17. Mai 1990 durch die von den Räten gebildeten Kommissionen erstellt und eingeführt. Im Anschluß daran wurden die Personalstellen neu besetzt (vgl. Wollmann/Berg 1994: 243f.).

Jugendhilfe

Mit der Wiedereinführung der kommunalen Selbstverwaltung durch die Kommunalverfassung und die ersten demokratisch legitimierten Kommunalwahlen im Mai 1990 waren die strukturellen Voraussetzungen für den Um- und Neuaufbau des Institutionensystems kommunaler Sozialpolitik gegeben.[160] Auf der kommunalen Ebene mußten nun völlig neuartige und weitreichende Aufgabenverantwortlichkeiten übernommen, neue Strukturen politischer Willensbildung konstituiert und veränderte Verwaltungsstrukturen aufgebaut werden (vgl. zusammenfassend Berg/Nagelschmidt/Wollmann 1996). Die Anforderungen und Probleme eines solchen tiefgreifenden politisch-administrativen Umbaus auf kommunaler Ebene sollen im folgenden am Beispiel der Jugendhilfe als pflichtiger Selbstverwaltungsaufgabe exemplarisch dargestellt werden.[161]

Mit dem Jugendhilfeorganisationsgesetz vom 20. Juli 1990 sowie vor allem mit der Einführung des Kinder- und Jugendhilfegesetz (KJHG) im Beitrittsgebiet am 3. Oktober 1990 waren die rechtlichen Voraussetzungen für den Um- und Neuaufbau der Jugendhilfe auf kommunaler Ebene gegeben. Allerdings traf das Inkrafttreten des KJHG die zuständigen Kreise und kreisfreien Städte weitgehend unvorbereitet, da die verwaltungsbezogenen, personellen und finanziellen Voraussetzungen für die Erfüllung der gesetzlich vorgeschriebenen Aufgaben allenfalls eingeschränkt gegeben waren. Auch existierten noch keine Landesjugendämter, und die obersten Landesjugendbehörden wurden gerade erst konstituiert. Dieser Sachverhalt und die Tatsache, daß es in der DDR ein vergleichbares Ressort für Jugendhilfe auf kommunaler Ebene nicht gegeben hat, führten zu einer breiten Vielfalt unter-

---

160 Zur Konstitution kommunaler Sozialpolitik in den neuen Bundesländern vgl. Backhaus-Maul/Olk 1993, Wollmann/Schnapp 1995 sowie Wahl 1996.
161 Der Aufbau der öffentlichen Jugendhilfe auf kommunaler Ebene ist empirisch gut dokumentiert; vgl. Tümmler 1993, Bundesministerium für Familie, Senioren, Frauen und Jugend 1994, Gawlik/Krafft/Seckinger 1995 sowie den Überblick bei Olk 1995.

schiedlicher institutioneller Lösungen für die Einbindung der Jugendämter in die Dezernatsstrukturen sowie für die Ausgestaltung der Jugendämter selbst (vgl. Bundesministerium für Familie, Senioren, Frauen und Jugend 1994: 312f.). Insbesondere mußten die Jugendämter die bislang verstreut wahrgenommenen Aufgaben des KJHG sowie die damit betrauten Mitarbeiter in den eigenen Zuständigkeitsbereich integrieren. Dies betraf Aufgaben und Personal aus den ehemaligen Abteilungen Volksbildung, Jugendfragen, Körperkultur und Sport sowie Kultur und Gesundheitswesen (vgl. Tümmler 1993). Insbesondere in die Bereiche „Wirtschaftliche Hilfen" und „Allgemeine Verwaltungen" der Jugendämter wurden zudem Mitarbeiter über sogenannte „Überhanglisten" aus Arbeitsbereichen übernommen, die im Zuge des institutionellen Umbaus abgeschafft bzw. reduziert wurden. Auch eine gewisse Anzahl der vormals ehrenamtlichen Mitarbeiter der Organe der DDR-Jugendhilfe bewarb sich um Stellen im Ressort der Jugendhilfe.

Der Aufbau der Jugendämter schritt in den einzelnen Städten und Landkreisen unterschiedlich rasch voran. Während in einigen Kommunen bereits 1991 relativ stabile Arbeits- und Kommunikationsabläufe sowie eine differenzierte Abteilungsgliederung entwickelt worden waren, ließen sich andernorts diesbezüglich noch erhebliche Entwicklungsrückstände feststellen. In diesem Zusammenhang hatte nicht zuletzt die Gebietsreform eine verzögernde Rolle gespielt. Nach einer Totalerhebung bei allen 215 Jugendämtern der neuen Bundesländer (ohne Ost-Berlin) zeigte sich, daß fast 90% der Landkreise und 26% der kreisfreien Städte damit rechneten, durch die Gebietsreform, die erst 1994 abgeschlossen wurde, betroffen zu sein (vgl. Gawlik/ Krafft/Seckinger 1995: 31). Auch hinsichtlich des Personalbestandes gab es erhebliche Unwägbarkeiten und gegenläufige Entwicklungen. Abgesehen von dem auch gegenwärtig noch relevanten Einsatz von zeitlich befristeten ABM-Kräften (in der Untersuchung von Gawlik u.a. schwankt der Anteil der ABM-Kräfte am Gesamtpersonal zwischen 14% und 42%) ist hier insbesondere auf die Gefährdung des Aufbauprozesses durch gleichzeitig erfolgende Personalabbaumaßnahmen infolge von Haushaltskürzungen zu verweisen. „Ein Viertel der befragten Jugendämter hat in dem Zeitraum zwischen dem 1.1.1991 und dem 1.10.1992 Personal abgebaut, wobei der Personalabbau entweder durch Entlassungen (14%), Umschichtungen innerhalb der Verwaltung der Stadt bzw. des Kreises (13%) oder durch die Übergabe einzelner Aufgabenbereiche an freie Träger (9%) erfolgte." (Gawlik/Krafft/Seckinger 1995: 38)

Insgesamt ist die personelle Ausstattung der öffentlichen Jugendhilfe in Ost und West sehr unterschiedlich. Einem Mehrbedarf an Personal in den neuen Bundesländern, um die schwierigen Umstellungsprobleme bewerkstelligen und Freistellungen von Personal für Fort- und Weiterbildungen kompensieren zu können, wird nicht entsprochen; vielmehr trägt der höhere

Anteil an ABM-Kräften zur Personalmisere bei. Der Neunte Jugendbericht der Bundesregierung stellt in dieser Hinsicht im Vergleich zu den alten Bundesländern eine Personallücke von rund 20% fest. Danach waren Ende 1991 je 100.000 Kindern und Jugendlichen unter 18 Jahren in Ostdeutschland 159, in Westdeutschland 201 Personen in Jugendämtern tätig. Neben den quantitativen sind aber vor allem die qualitativ-fachlichen Probleme zu berücksichtigen. Mehr als die Hälfte des Personals im Verwaltungs- und Leistungsbereich der Jugendämter stammt aus den ehemaligen Kreis- und Stadtverwaltungen und anderen Bereichen der DDR-Administration. Da die Verwaltung der DDR in ihrer Eigenschaft als zentralistische Kaderverwaltung unter dem dominanten Einfluß der SED völlig anderen Handlungsmaximen und Orientierungsmustern folgte als die westdeutsche Verwaltung, erfordert dies einen erheblichen qualifikatorischen Fort- und Weiterbildungsaufwand. Qualifizierungs- und Weiterbildungsmöglichkeiten für das weiterbeschäftigte bzw. umgesetzte Personal sind allerdings insgesamt kaum ausreichend angeboten worden, weil sie vornehmlich für Leitungs- und Führungskräfte zur Verfügung gestellt wurden. Von einer umfassenden Professionalisierung des Verwaltungspersonals kann also nicht gesprochen werden (vgl. Backhaus-Maul/Olk 1993: 304). Des weiteren ist die Situation immer noch durch eine unzureichende materielle Ausstattung (beengte und ungeeignete Räumlichkeiten, unzureichende EDV-Ausstattung, unzureichende Möglichkeiten für methodisches Arbeiten etc.) gekennzeichnet.

Ein zentrales Problem des Umbaus der ostdeutschen Jugendhilfe stellt die Dominanz der öffentlichen Säule (insbesondere in Gestalt der kommunalen Jugendämter) bei der Trägerschaft von Einrichtungen und Diensten dar. Im Gegensatz zur pluralen Trägerstruktur im Westen, die durch das Zusammenwirken von öffentlichen, freigemeinnützigen, selbstorganisierten und gewerblichen Trägern gekennzeichnet ist, existiert in den neuen Ländern in dieser Hinsicht immer noch eine ausgeprägte „Monostruktur".

Dies kommt auch in der amtlichen Jugendhilfe-Statistik zum Ausdruck. Während im früheren Bundesgebiet 1990 knapp 70% der Institutionen in der Hand freier Träger und dementsprechend lediglich 30% in der Hand öffentlicher Träger betrieben wurden, befanden sich zum Stichtag 31. Dezember 1991 immerhin noch 94% der Institutionen in den neuen Ländern und Ost-Berlin in öffentlicher und nur knapp 6% in freier Trägerschaft (vgl. Deininger 1993: 299). Die Verteilung der Trägerschaften zwischen öffentlichen und freien Trägern variiert allerdings in den einzelnen Aufgabenfeldern der Jugendhilfe beträchtlich. So fällt der Anteil der freien Träger am Leistungsangebot in Einrichtungen der Jugendhilfe im Bereich der Kindertagesstätten mit 4,5% besonders gering aus; die größte Bedeutung erlangen die freien Träger noch bei den Beratungsstellen und den Einrichtungen der Jugendarbeit mit 41,4% bzw. 24,7% (vgl. Galuske/Rauschenbach 1994: 151).

Einer besonderen Würdigung bedarf die Personalsituation in den Jugendhilfeeinrichtungen, insbesondere in den Kindertageseinrichtungen. Dort soll der Personalüberhang besonders hoch gewesen sein. Tatsächlich stützt ein erster Blick auf die Zahlen diese Aussage. Im Durchschnitt lagen die neuen Bundesländer 1991 bei 871%, 1992 noch bei 767% und 1993 (deutlich gesunken) bei 467% des Westniveaus (vgl. Wahl 1996). Ein anderes Bild ergibt sich jedoch bei einem Vergleich der Plätze pro in den Institutionen beschäftigten Personen. Tabelle 5.4.1 dokumentiert dies für die Kindertageseinrichtungen und Einrichtungen mit erzieherischer Hilfe im Jahr 1991 und belegt, daß kein ineffizienter Personalüberhang vorhanden war. Der höhere Personalaufwand der kommunalen Haushalte ist aufgrund der deutlich geringeren Bedeutung freier Träger vielmehr durch die entsprechend höhere Nachfrage bedingt.

Tabelle 5.4.1: Plätze in erzieherischen Einrichtungen pro Personalstelle 1991

	Ostdeutschland	Westdeutschland
Krippe	6	4
Kindergarten	11,6	10,2
Hort	11,3	7,8
Einrichtungen mit erzieherischer Hilfe	1,9	1,9

Quelle: Wahl 1996.

Der Prozeß der Übertragung von Einrichtungen und Diensten auf freie Träger kam insbesondere in den ersten Jahren nach der Wende nur langsam voran. Fehlende Landesförderrichtlinien, Unsicherheiten hinsichtlich der Bedarfsentwicklung sowie Vorbehalte bei den Entscheidungsträgern der öffentlichen Jugendhilfe gegenüber nicht-staatlichen Trägern spielen in diesem Zusammenhang eine Rolle. Insbesondere aber hatten auch die freien Träger der Jugendhilfe – und hier vor allem die Jugendverbände – selbst erhebliche Probleme damit, sich institutionell zu konstituieren und flächendeckend präsent zu sein. Die relative Entwicklungsschwäche freier Träger der Jugendhilfe schränkt zudem die Handlungsfähigkeit der Jugendhilfeausschüsse ein, die zur Verwirklichung ihres Auftrages auf starke und fachkompetente freie Vereinigungen und Verbände in diesem Handlungsfeld angewiesen sind.

Da die neuen Länderregierungen zu Beginn des Transformationsprozesses in dieser Hinsicht noch nicht ausreichend handlungsfähig waren, unterstützte der Bund (bzw. die zuständigen Fachministerien) den Aufbau freier Träger durch befristete Förderprogramme. In diesem Zusammenhang sind insbesondere das „Jugendpolitische Programm des Bundes für den Aus- und Aufbau von Trägern der freien Jugendhilfe in den neuen Bundesländern" (AFT) sowie das „Aktionsprogramm des Bundes gegen Aggression und Gewalt in den neuen Bundesländern" (AgAG) zu nennen. Diese Sonderprogramme, die 1994 ausgelaufen sind, konnten allerdings nur erste Starthilfen leisten; die langfristige Entwicklung einer pluralen und funktionsfähigen Trägerstruktur im Bereich der Jugendhilfe erfordert neben finanziellen Zuwendungen vor allem auch eine (Wieder-)Belebung von Traditionen und Routinen der Zusammenarbeit öffentlicher und freier Träger auf kommunaler und Landesebene.

Probleme beim personellen Umbau

Ein allgemeines Problem war trotz der relativ hohen Arbeitslosigkeit in den neuen Bundesländern die Abwanderungsquote aus dem kommunalen Dienst. Gerade die Qualifiziertesten und Belastbarsten wechselten z.T. in die besser dotierten Stellen bei den Arbeits- oder Finanzämtern bzw. in die Privatwirtschaft. Hier wirkte sich negativ aus, daß im kommunalen Dienst zum Tarifrückstand vielfach eine Untereinstufung trat und Vordienstzeiten in der DDR nur teilweise angerechnet wurden, so daß der vergleichbare Nettolohn 1991 nur etwa 40% bis 50% des Westniveaus erreichte (vgl. Wollmann 1991: 251). Insgesamt lag der Lohndurchschnitt im Osten 1991 bei etwa 61% des Westniveaus (siehe Abschnitt 5.2).

Ein weiteres Problem bezieht sich auf die Situation der neuen Inhaber administrativer Spitzenpositionen und ihre Stellung im Machtgefüge der Kommunen. In den im Rahmen vieler Fallstudien untersuchten Kommunen in den neuen Bundesländern (Wollmann/Berg 1994, sowie Berking/Neckel 1992) ergibt sich durchweg, daß die ehemaligen Inhaber von Leitungsfunktionen in Kreis- und Stadtverwaltung diese Funktion verloren haben und in den neugeschaffenen Verwaltungsstrukturen allenfalls für nachgeordnete Funktionen übernommen worden sind. Auf der Ebene der Kreis- und Stadtverwaltungen hat also ein fast vollständiger „Elitenwechsel" stattgefunden. Die neuen Leitungspersonen der untersuchten Kommunen (Dezernenten und Amtsleiter) setzen sich aus folgenden Gruppen zusammen: Ein Drittel war vor der Wende in der staatlichen Verwaltung (jedoch zum größten Teil in untergeordneten Positionen) tätig, ein knappes Zehntel sind Beamte aus dem Westen, und über die Hälfte des neuen leitenden Verwaltungspersonals sind der „neuen administrativen Elite" (Wollmann/Berg 1994: 248) zuzurechnen.

Am Beispiel einer Stadt in Brandenburg zeigen Berking und Neckel (1992), daß die ehemaligen Vertreter der alten ökonomischen Funktionselite (vor allem Betriebsdirektoren) überwiegend ihre Stellungen behalten konnten und weiterhin eine bedeutende Rolle im kommunalen Machtgefüge spielen. Sie fühlen sich weitaus kompetenter als die neuen politischen Führungskräf-

Kommunale Sozialpolitik und Wohlfahrtsverbände

te, die sie öffentlich desavouieren. Diese Konflikte zwischen den ökonomischen und politischen Führungskräften beeinträchtigen die Funktionsweise und vor allem auch die Akzeptanz der neugeschaffenen politischen Institutionen, nicht zuletzt, da die neue administrative Elite auch den meisten Bürgern fremd geblieben ist.

Es läßt sich also feststellen, daß die Institutionen nach westlichem Vorbild zwar übernommen wurden, aber desintegrative Tendenzen des Vereinigungsprozesses verstärken (vgl. Berking/Neckel 1992: 167).

Nachfrage nach Sozialhilfeleistungen

Die Nachfrage nach sozialen Leistungen ist für die Kommunen im Bereich ihrer Pflichtaufgaben die entscheidende Größe, auf die sie mit einem quantitativ und qualitativ ausreichenden Angebot reagieren bzw. für die sie ein entsprechendes Angebot bereithalten müssen. Vor dem Hintergrund des notwendigen Verwaltungsum- und -neuaufbaus interessiert die Nachfrageentwicklung nach sozialen Pflichtleistungen als Belastungsfaktor. Geringere Fallzahlen erleichtern ceteris paribus die Verwaltungstransformation.

Tabelle 5.4.2: Anteil der Sozialhilfeempfänger an den Einwohnern in den neuen Bundesländern[a] – in % des Anteils der Sozialhilfeempfänger an den Einwohnern in Westdeutschland[b]

Jahr	Ostdeutschland	BB	MV	SN	ST	TH[c]
1991	54,4	51,7	61,4	59,1	63,3	57,9
1992	72,4	92,6	79,4	59,8	66,0	69,4
1993	72,2	91,3	78,3	56,75	86,2	61,4
			außerhalb von Einrichtungen			
1991	45,6	54,4	55,3	33,6	56,3	45,6
1992	58,6	82,9	62,4	40,5	71,4	50,5
1993	63,0	84,2	66,7	46,5	79,6	51,0
			in Einrichtungen			
1991	77,7	24,7	80,0	98,4	84,1	83,7
1992	108,7	127,4	121,2	98,1	99,4	110,6
1993	116,3	123,4	138,6	106,5	115,2	112,1

Anmerkungen: a) Nur Flächenstaaten; b) in % des Westniveaus = (Absolutwert Ost/Einwohner Ost)/(Absolutwert West/Einwohner West); c) BB: Brandenburg, MV: Mecklenburg-Vorpommern, SN: Sachsen, ST: Sachsen-Anhalt, TH: Thüringen.
Quelle: Wahl 1996.

Der Anteil der Sozialhilfeempfänger, bezogen auf die Einwohnerzahl, lag 1990 bis 1993 in den neuen Bundesländern deutlich unter dem Durchschnitt der alten Bundesländer, war aber schon unmittelbar nach dem Beitritt im Vergleich zu 1989 in der DDR sprunghaft angestiegen (siehe Abschnitt 2.4.5). Nach einer deutlichen Zunahme von 1990 bis 1991 und von 1991 bis 1992 stieg die Empfängerzahl 1993 zwar im Vergleich zum Vorjahr nochmals um 8%, blieb aber stabil bei etwas über 72% des Westniveaus (vgl. Wahl 1996).

Der Anteil der Empfänger von Hilfen außerhalb von Einrichtungen wuchs von 1991 bis 1993 von 45,6% auf 63% des Westniveaus an (siehe Tabelle 5.4.2); der Anteil der Empfänger von Hilfen innerhalb von Einrichtungen überstieg aber bereits 1992 das Westniveau (vgl. Wahl 1996).

Insgesamt geben die Fallzahlen nur bei den Unterstützten in Einrichtungen Hinweise auf überproportionale Belastungen der örtlichen Träger. Allerdings erforderte der sprunghafte Anstieg der Fälle eine schnelle Ausweitung des Personalbestandes zur Bearbeitung der Aufträge.

Die Finanzsituation der ostdeutschen Kommunen

Nach dem Beitritt der DDR zur BRD wurde und wird mit großer Selbstverständlichkeit in der Literatur von der Finanznot der Kommunen in den neuen Bundesländern gesprochen (vgl. Backhaus-Maul 1993: 528).

Die zunächst zwangsweise Übernahme von Personal, Entlassungsbeschränkungen durch das Arbeitsrecht, Personalmehrbedarf aufgrund erforderlicher Qualifizierungsmaßnahmen sowie notwendige Neueinstellungen von Fachkräften belasteten die Verwaltungshaushalte in der Übergangszeit.

Dem Gemeindefinanzbericht von 1995 zufolge starteten die Gemeinden 1991 bei etwa 82% der Einnahmen pro Kopf im Vergleich zum Durchschnitt in den Kommunen der alten Bundesländer, und sie konnten diesen Wert kontinuierlich bis auf schätzungsweise 93,4% für 1995 steigern. Problematisch ist hierbei jedoch, daß die Einnahmestruktur der ostdeutschen Kommunen sich grundlegend von der der westdeutschen Kommunen unterscheidet (vgl. Tabelle 5.4.3).

Die Kommunen in den neuen Bundesländern sind in hohem Maße von laufenden Zuwendungen und Investitionszuweisungen abhängig, während sie nur 10% ihrer Einnahmen aus eigenen Steuern bestreiten.

Tabelle 5.4.3: Einnahmestruktur in ost- und westdeutschen Kommunen
1993 – in %

	Ostdeutschland	Westdeutschland
Steuern	10,3	38,2
laufende Zuwendungen	43,1	23,0
Gebühren	8,1	14,4
Investitionszuweisungen	19,8	5,2
sonstige Einnahmen	18,6	19,1

Quelle: Karrenberg/Münstermann 1993: 61ff.

Der Vermögenshaushalt übertraf schon 1991 das Westniveau erheblich (180,5%), erreichte für die Folgejahre 183,9% und 185,9% sowie für 1994 und 1995 schätzungsweise 176,3% bzw. 182,1% (vgl. Karrenberg/Münstermann 1995: 188). Das hohe Niveau der Vermögenshaushalte in den neuen Bundesländern erklärt sich aus der Unterausstattung der Gemeinden mit Anlagegütern. Einerseits erhielten sie deshalb reichlich nichtrückzahlbare Transfers, die vom Bund bzw. den Altbundesländern finanziert wurden, andererseits konnten sie sich wegen der pauschalierend angenommenen Rentierlichkeit auch umfangreiche und wiederum meist zinsbegünstigte Kredite beschaffen (vgl. Krähmer 1993: 68). Demgemäß übertraf das Niveau der Nettokreditaufnahme das Westniveau ganz erheblich – für 1991 etwa 451%; für 1995 sind immer noch etwa 415% geplant. Die Pro-Kopf-Verschuldung nähert sich kontinuierlich dem Westniveau: 1991 im Durchschnitt 28,6%, 1992 41,5% und 1993 dann 54,9% (vgl. Wahl 1996).

Für die Flächenländer übertrafen die Personalausgaben pro Einwohner trotz deutlich niedrigerer Tariflöhne und -gehälter sowie teilweise geringerer Eingruppierungen in die Besoldungsstufen[162] 1
992 im Durchschnitt das Westniveau um das 1,43fache bzw. 1993 um das 1,37fache. Ohne die Personalausgaben für die Haushaltsuntergruppe Kindertageseinrichtungen sinken die Personalausgabenwerte auf 114,5% für 1992 bzw. 109,7% für 1993 (vgl. Wahl 1996). Damit relativiert sich die Belastung der Kommunen durch ihre Personalausgaben ganz erheblich. Deutlich wird aber auch an dieser Stelle das Gewicht eines so hohen Versorgungsgrades mit Kindertagesplätzen, wie er in den neuen Bundesländern in diesen Jahren aufrecht erhalten wurde.

Die auf Landesebene aggregierten Daten über die Einnahmen und Ausgaben der Kommunen verdecken die Streuung zwischen den Kommunen eines Landes, so auch die Streuung der Belastung mit Sozialhilfe und anderen Pflichtgeldleistungen, die ganz erheblich sind. So reichte in Brandenburg 1994 die Spanne der Sozialhilfeausgaben bei den Landkreisen von 40,78 DM

---

[162] Dadurch erreichte das Einkommen 1991 nur 40% bis 50% des Westniveaus (vgl. Wollmann 1991: 251).

(Teltow-Flämig) bis 132,75 DM pro Einwohner (Uckermark), bei den kreisfreien Städten von 76,60 DM in Cottbus bis 146,26 DM in Potsdam (vgl. Landesamt für Datenverarbeitung und Statistik 1995: 340). Der Anteil der Ausgaben im Verwaltungshaushalt für „Soziale Sicherung" bewegt sich im Ergebnis der Mischung aus dem relativ niedrigen Niveau der pflichtigen Geldleistungen (insbesondere Sozialhilfe) und dem relativ hohen Niveau der Personalausgaben (insbesondere im Bereich Kindertagespflege) in der Nähe des Anteils im Westen. Der Anteil der Sozialhaushalte (ohne das Budget für die Kindertagespflege) an den Verwaltungshaushalten liegt aber deutlich unter deren durchschnittlichem Anteil in den alten Bundesländern (siehe Tabelle 5.4.4). Die Kindertagespflege eingeschlossen übersteigen diese Anteile den durchschnittlichen Anteil in den alten Bundesländern um ca. 5 Prozentpunkte.

Tabelle 5.4.4: Anteil der Sozialhaushalte ohne Kindertageseinrichtungen an den Verwaltungshaushalten

Jahr	Ostdeutschland	Westdeutschland	BB	MV	SN	ST	TH[b]
1992	26,0	19,6	16,6	22,1	18,6	21,8	19,8
1993	27,1	21,4	20,8	24,3	20,0	23,9	19,2

Anmerkung: a) BB: Brandenburg, MV: Mecklenburg-Vorpommern, SN: Sachsen, ST: Sachsen-Anhalt, TH: Thüringen.
Quelle: Wahl 1996; eigene Berechnungen.

Die Personalausgaben für die Jugendhilfe liegen, mit Ausnahme der Förderung von Kindern in Tageseinrichtungen und Tagespflege sowie der Inobhutnahme junger Volljähriger, erkennbar unter dem Westniveau. Hier ist auf ein deutlich geringeres Angebot zu schließen.

Tabelle 5.4.5: Ausgaben in den Verwaltungshaushalten insgesamt sowie Personalausgaben für Jugendhilfe nach dem KJHG (in % Westniveau)

Jahr	Neue Bundesländer	BB	MV	SN	ST	TH[a]
Ausgaben insgesamt						
1992	75,5	84,9	98,0	76,8	73,7	49,2
1993	105,9	162,0	141,7	87,0	89,2	71,7
Personalausgaben						
1992	45,5	–	120,2	43,7	44,4	39,5
1993	70,1	–	164,3	25,5	125,0	88,1

Anmerkung: a) BB: Brandenburg, MV: Mecklenburg-Vorpommern, SN: Sachsen, ST: Sachsen-Anhalt, TH: Thüringen.
Quelle: Wahl 1996.

Gänzlich anders ist dagegen das Bild bei den Einrichtungen der Jugendhilfe (siehe Tabelle 5.4.5): Sowohl die Verwaltungshaushalte als auch die Personalausgaben liegen weit über Westniveau, allerdings ist von 1992 bis 1993 teilweise ein deutlicher Rückgang zu verzeichnen. Diese Ausgabenkennziffern bilden das Pendant zu den höheren Versorgungsgraden bei diesen Angeboten. Die zunehmende Streuung ist u.a. eine Folge unterschiedlicher Schließungspolitiken.

Freie Wohlfahrtsverbände

Unter dem Begriff „Wohlfahrtsverbände" werden die sechs „Spitzenverbände der Freien Wohlfahrtspflege" – in alphabetischer Reihenfolge handelt es sich um die Arbeiterwohlfahrt (AWO), den Deutschen Caritasverband (Caritas), das Deutsche Rote Kreuz (DRK), das Diakonische Werk der Evangelischen Kirche in Deutschland (Diakonie), den Paritätischen Wohlfahrtsverband (DPWV) und schließlich die Zentralwohlfahrtsstelle der Juden in Deutschland (ZWST) – zusammengefaßt. Diese haben sich in ihrer mittlerweile ca. 100jährigen Geschichte zu einer tragenden Säule des deutschen Sozialstaates entwickelt. Spätestens seit Mitte der 20er Jahre dieses Jahrhunderts sind die Spitzenverbände der Freien Wohlfahrtspflege in die Formulierung und Umsetzung staatlicher Maßnahmen und Programme formell eingebunden, so daß auf diese Weise eine „duale Struktur" (vgl. Sachße/Tennstedt 1988: 152) des deutschen Sozialstaates konstituiert worden ist. Gemäß dem Subsidiaritätsprinzip, wie es in den einschlägigen Sozialgesetzen – insbesondere dem Bundessozialhilfegesetz (BSHG) und dem Kinder- und Jugendhilfegesetz (KJHG) – verankert ist, (siehe hierzu ausführlich Kapitel 2.4.6) genießen die Träger der Freien Wohlfahrtspflege gegenüber öffentlichen Trägern als Träger sozialer Dienste und Einrichtungen einen „bedingten Vorrang".

Wohlfahrtsverbände sind dadurch gekennzeichnet, daß sie neben der Funktion *politischer Interessenvermittlung* insbesondere eine *Dienstleistungsfunktion* erfüllen; sie sind in diesem Sinne „Sozialleistungsvereinigungen", die eine Vielfalt von Leistungen für Dritte in ihren Diensten und Einrichtungen erbringen. Darüber hinaus verstehen sich Wohlfahrtsverbände auch als „*Mitgliedervereine*". Diese „*Multifunktionalität*" (vgl. dazu auch Backhaus-Maul/Olk 1995 und 1996) hat die Probleme und Möglichkeiten des Verbandsaufbaus in den neuen Bundesländern maßgeblich beeinflußt:

Wohlfahrtsverbände als „Sozialleistungsvereinigungen": In ihrer Funktion als Sozialleistungsvereinigungen sind Wohlfahrtsverbände betriebswirtschaftlich und professionell geprägte Dienstleistungsunternehmen. Mit ihren in den alten Bundesländern stark angewachsenen Angeboten sind sie zum Teil marktführende Dienstleistungsanbieter im sozialen Bereich. Diese zentrale Bedeutung der Freien Wohlfahrtspflege im Sozialbereich läßt sich daran ablesen, daß sich knapp 55% aller Alten- und Behindertenheime, über zwei Drittel aller Jugendhilfeeinrichtungen und 40% der Allgemeinen Krankenhäuser in Westdeutschland in verbandlicher Trägerschaft befinden (vgl. Bundesarbeitsgemeinschaft der Freien Wohlfahrtspflege 1994).

Mitgliedervereinigungen sind die Wohlfahrtsverbände in doppelter Weise: Sie haben sowohl individuelle Mitglieder (persönliche Mitgliedschaft) als auch – insbesondere auf überlokaler Ebene – Zusammenschlüsse juristischer Personen als korporative Mitglieder. In den Verbänden artikulieren sich daher sowohl die Interessen und Orientierungen persönlicher Mitglieder als auch die von Mitgliedsorganisationen (vgl. Backhaus-Maul/Olk 1994: 110f). Im Gegensatz zu den meisten anderen Interessenverbänden beruht im Fall der persönlichen Mitglieder das zentrale Motiv der verbandlichen Mitgliedschaft nicht primär auf der Verfolgung materieller Interessen, sondern auf der Verwirklichung von gemeinsam geteilten Werten und ideellen Zielsetzungen, wie sie in den Satzungen und normativen Leitbildern der Verbände formuliert sind.

Die Wohlfahrtsverbände verbindet als *Interessenverbände* der Anspruch, sozialanwaltschaftlich die Interessen derjenigen benachteiligten Bevölkerungsgruppen zu vertreten, die ihre Interessen nicht selbst artikulieren (können). Diese Bevölkerungsgruppen sind zwar in der Regel nicht selbst Mitglieder der Verbände, sie sind aber potentielle Nutzer der wohlfahrtsverbandlichen Angebote und Dienstleistungen. Das Interesse der Mitgliedsorganisationen besteht demgegenüber darin, daß von den übergeordneten verbandlichen Instanzen der *Bestandserhalt* gesichert wird, d.h. von diesen gegenüber dem politisch-administrativen System vertreten zu werden, finanzielle und legitimatorische Ressourcen zu erhalten sowie Serviceleistungen wie Rechtsberatung, fachliche Supervision und Informationsverarbeitung in Anspruch nehmen zu können.

Da die bundesdeutschen Wohlfahrtsverbände dadurch gekennzeichnet sind, daß sich in ihnen eine Mehrzahl unterschiedlicher Interessen artikuliert, ist es Aufgabe der strategischen Akteure in den Verbänden, diese Interessen derart auszubalancieren, daß die organisationsbezogenen Interessen an Bestandserhalt und -ausweitung gewahrt bleiben.

Bei dem Verhältnis zwischen den Spitzenverbänden der Freien Wohlfahrtspflege und dem politisch-administrativen System handelt es sich jedoch um einen komplexen Kooperationszusammenhang, der durch gegenseitige Abhängigkeiten und Verflechtungen zusammengehalten wird. Der Einfluß der Verbände geht dabei weit über reine Lobbyfunktionen hinaus. Über insti-

Kommunale Sozialpolitik und Wohlfahrtsverbände 405

tutionalisierte Zusammenschlüsse in mehr oder weniger formalisierter Form
– z.B. ständige Arbeitsgemeinschaften, Fachverbände, ministerielle Beratungsgremien, gesetzlich geregelte Beteiligungsformen sowie den Jugendwohlfahrtsausschuß – sind die Wohlfahrtsverbände in den politischen Willensbildungs- und Entscheidungsprozeß inkorporiert und beherrschen einen großen Teil der Umsetzung und Administration der Wohlfahrtspolitik (vgl. Thränhardt et al. 1986: 23).

Der Aufbau von Wohlfahrtsverbänden in den neuen Bundesländern[163]

Hinter der Einheitlichkeit der Sammelbezeichnung „Spitzenverbände der Freien Wohlfahrtspflege" verbergen sich höchst unterschiedliche Sozialverbände. Ergeben sich hieraus bereits unterschiedliche Bedingungen für den Um- bzw. Neuaufbau verbandlicher Strukturen in Ostdeutschland, so ist ebenfalls von zentraler Bedeutung, ob die einzelnen Verbände auf organisatorische Vorläufer aus der Zeit der DDR zurückgreifen können oder nicht. In dieser verbandsstrategisch zentralen Hinsicht lassen sich die Wohlfahrtsverbände in die folgenden drei Typen differenzieren:

(1) Verbände, die bereits zu DDR-Zeiten als Wohlfahrtsorganisationen mit ähnlicher Aufgabenstellung und Struktur bestanden hatten (hierunter fallen die beiden konfessionellen Verbände Caritas und Diakonie);
(2) Wohlfahrtsverbände, die sich aus ehemaligen Massenorganisationen gebildet haben (Deutsches Rotes Kreuz und Volkssolidarität),[164] sowie
(3) Wohlfahrtsverbände ohne Vorläuferorganisationen in der DDR (wie die Arbeiterwohlfahrt und der Paritätische Wohlfahrtsverband).[165]

---

163 Vgl. ausführlich Olk/Pabst 1996.
164 Obwohl die Volkssolidarität nach der Wende durchaus entsprechende Ambitionen entwickelt hatte, stellt sie – nicht zuletzt aufgrund ihrer Beschränkung auf den Arbeitsbereich Altenhilfe – keinen Spitzenverband der Freien Wohlfahrtspflege dar. In dieser heuristischen Typologie und in der folgenden Argumentation wird sie dennoch neben den eigentlichen Spitzenverbänden mitberücksichtigt, da es sich (1) bei der Volkssolidarität um einen Verband handelt, an dem sich die Transformationsbedingungen und -probleme von Wohlfahrtsverbänden im Zuge der deutschen Einigung in charakteristischer Weise untersuchen lassen, und weil sie (2) als Mitglied des Paritätischen Wohlfahrtsverbandes die mit deutlichem Abstand größte Mitgliedsorganisation darstellt, die das Gesamtbild dieses Spitzenverbandes in Ostdeutschland wesentlich prägt.
165 Die Zentralwohlfahrtsstelle der Juden in Deutschland wird im folgenden wegen ihrer geringen quantitativen Bedeutung vernachlässigt.

Im Hinblick auf die Entfaltung ihrer Dienstleistungsfunktion, ihrer politischen Interessenvermittlungsfunktion sowie ihrer Funktion als Mitgliedervereine unterscheiden sich die verbandspolitischen Ausgangsbedingungen für diese drei Typen von Wohlfahrtsverbänden in Ostdeutschland erheblich. Die Verankerung in einer sozialen Basis bzw. die Gewinnung freiwilliger Mitglieder und ehrenamtlicher Helferinnen und Helfer ist eine zentrale Vorbedingung für die Verwirklichung des programmatischen Selbstverständnisses der freigemeinnützigen Verbändewohlfahrt. Denn die Spitzenverbände der Freien Wohlfahrtspflege beanspruchen qua Satzung, nicht lediglich öffentliche Aufgaben im Auftrag des Staates durchzuführen, sondern auf freiwilliger Basis gemäß selbstgesetzten Aufgabenschwerpunkten zur Milderung sozialer Notlagen und zur Anhebung des Gemeinwohls beizutragen. Die Bedingungen für die Gewinnung freiwilliger Ressourcen stellen sich allerdings für die einzelnen Wohlfahrtsverbände in Ostdeutschland höchst unterschiedlich dar (vgl. zum folgenden Angerhausen/Backhaus-Maul/Schiebel 1994).

So können sich etwa die beiden konfessionellen Wohlfahrtsverbände Caritas und Diakonie durchaus noch auf eine stabile soziale Basis stützen, die allerdings nach 40 Jahren Realsozialismus in der ehemaligen DDR quantitativ schmal geworden ist.[166] Die beiden ehemaligen Massenorganisationen Deutsches Rotes Kreuz und Volkssolidarität konnten als ostdeutsche Altorganisationen von Beginn an über eingespielte Kooperationsbeziehungen mit lokalpolitischen Akteuren aus der „alten Elite", fachlich geschultes Personal, eine organisatorische Infrastruktur und Logistik sowie über eine Vielzahl freiwilliger Helfer verfügen. Ferner genießen beide Organisationen den Vorteil, als fortbestehende Verbände in der ostdeutschen Bevölkerung gut bekannt und weithin akzeptiert zu sein.

Im Gegensatz zu den bisher thematisierten Wohlfahrtsverbänden konnten weder die Arbeiterwohlfahrt noch der Paritätische Wohlfahrtsverband in den neuen Bundesländern an bestehende Organisationsstrukturen und kulturelle Verankerungen anknüpfen; sie wurden 1990 nach fast sechzig Jahren Unterbrechung neu gegründet. Der Paritätische Wohlfahrtsverband schuf sich jedoch durch die Aufnahme der „Volkssolidarität" als Mitgliedsorganisation schnell eine breite Basis. Er versteht sich programmatisch als Dachverband für selbständige Mitgliedsorganisationen. Seine freiwillige Mitgliedschaft rekrutiert sich daher – sieht man einmal von der Volkssolidarität als Mitgliedsorganisation ab – aus den örtlichen und regionalen „Aktivisten" autonomer Vereine und Initiativen. Da sich eine solche Szene aktiven Bürgerengage-

---

166 Während der Anteil der Mitglieder der evangelischen Kirche in dem ehemals protestantischen Kernland immerhin noch über ein Drittel der Bevölkerung ausmacht, ist dieser Wert für die Mitglieder der katholischen Kirche mittlerweile bis auf unter 6% der Bevölkerung abgesunken (siehe auch Abschnitt 5.7).

ments und alternativer Projekte allenfalls langsam, bislang vor allem konzentriert auf einige Großstädte, entfaltet, kann der Paritätische Wohlfahrtsverband nur in begrenztem Maße auf ein Potential freiwilliger Mitglieder und ehrenamtlicher Kräfte aufbauen. Auch die Arbeiterwohlfahrt kann sich nicht mehr auf ihre ursprüngliche soziale Basis, das Arbeitermilieu, verlassen. Obwohl der reale Sozialismus im Hinblick auf die Milieustrukturen der ostdeutschen Gesellschaft strukturkonservierend gewirkt und auf diese Weise für starke Restbestände eines traditionellen Arbeitermilieus gesorgt hat (siehe Abschnitt 5.3), sind insbesondere die sozialdemokratischen Hochburgen inzwischen durch vierzig Jahre Realsozialismus derart verändert worden, daß die Arbeiterwohlfahrt kaum mehr bruchlos an diese Traditionen anknüpfen kann. Es kann daher kaum überraschen, daß die Arbeiterwohlfahrt auch gegenwärtig noch über vergleichsweise wenige Mitglieder, Spendenzahler und Ehrenamtliche verfügt.

Sämtliche Wohlfahrtsverbände müssen also in Ostdeutschland mit einer im Vergleich zu westdeutschen Gegebenheiten relativ schmalen Basis freiwilliger Mitglieder und ehrenamtlicher Kräfte auskommen. Dies bedeutet zunächst, daß die Wohlfahrtsverbände erhebliche Probleme haben, ihre ehrenamtlichen Vorstände – insbesondere auf örtlicher und regionaler Ebene – zu besetzen. Sie sind daher zur Erbringung ihrer Leistungen überwiegend auf hauptamtlich beschäftigtes Personal verwiesen, das deshalb in den ostdeutschen Wohlfahrtsverbänden auch innerverbandlich eine gewichtige Stellung innehat (vgl. Angerhausen/Backhaus-Maul/Schiedel 1995). Während in Westdeutschland zentrale verbandspolitische Weichenstellungen in der Regel von ehrenamtlichen Vorstandsmitgliedern gefällt werden, nehmen die hauptamtlichen Geschäftsführerinnen und Geschäftsführer in den ostdeutschen Verbänden eine vergleichsweise starke innerverbandliche Machtposition ein. Diese spezifische innerverbandliche Akteurskonstellation in den neuen Bundesländern beeinflußt das wohlfahrtsverbandliche Aufgabenselbstverständnis: Die starke Stellung der Geschäftsführungsebene begünstigt ein wohlfahrtsverbandliches Leistungsverständnis, das diese als öffentlich zu fördernde Organisationen kennzeichnet, die gesetzliche Pflichtaufgaben im Auftrag des Staates erfüllen. Das programmatische Selbstverständnis der Freien Wohlfahrtspflege, neben der Übernahme öffentlicher Aufgaben vor allem wertgebundene Hilfen in selbstgesetzen Aufgabenschwerpunkten zu leisten, tritt demgegenüber eher in den Hintergrund.

Sowohl die Bundesregierung als auch die neu entstehenden Landesregierungen in Ostdeutschland erkannten recht früh, daß sie die Umgestaltung des Systems der sozialen Dienste und Einrichtungen in Ostdeutschland nur unter Mitwirkung der in dieser Hinsicht erfahrenen und ressourcenstarken Wohlfahrtsverbände würden bewerkstelligen können (vgl. Backhaus-Maul/Olk

1995). Sie förderten daher von Beginn an den Aufbau sowohl institutioneller Strukturen als auch der Einrichtungen und Dienste der Freien Wohlfahrtspflege. Dies kommt sowohl in der ausdrücklichen Anerkennung der Förderungswürdigkeit der Freien Wohlfahrtspflege in Artikel 32 des Einigungsvertrages als auch in der konkreten Gestaltung einer Vielzahl von Sonderprogrammen und Finanzierungsfonds zum Aufbau der Freien Wohlfahrtspflege und ihrer sozialen Dienste und Einrichtungen in Ostdeutschland ab 1990 zum Ausdruck (siehe Abschnitt 2.4.6).

Im Zuge dieser politischen Aktivitäten und insbesondere der seit 1990 betriebenen Übertragung kommunaler Einrichtungen und Dienste auf private Träger stieg die Anzahl von Einrichtungen und Diensten in wohlfahrtsverbandlicher Trägerschaft allmählich an. Die inzwischen erreichten Größenordnungen lassen sich aus der Tabelle 5.4.6 ablesen.

Tabelle 5.4.6: Einrichtungen, Betten/Plätze und hauptamtliche Beschäftigte der Freien Wohlfahrtspflege in Ostdeutschland am 1.1.1993

	Einrichtungen	Betten/ Plätze	Vollzeitbeschäft.	Teilzeitbeschäft.
Krankenhäuser	72	10.442	9.962	2.407
Jugendhilfe	1.651	72.900	11.462	2.822
Familienhilfe	1.284	2.472	6.346	2.968
Altenhilfe	2.613	59.230	15.790	3.595
Behindertenhilfe	1.501	27.252	8.829	1.595
Einrichtungen und Dienste für Personen in besonderen sozialen Situationen sowie sonstige Einrichtungen und Dienste	2.325	37.006	11.223	1.101
Aus-, Fort- und Weiterbildungsstätten für soziale und pflegerische Berufe	70	3.160	527	317
Gesamt	9.516	212.462	64.139	14.805

Anmerkung: Die neue Statistik erscheint erst zum 1.1.1997.
Quelle: Bundesarbeitsgemeinschaft der Freien Wohlfahrtspflege 1994.

Nach diesen Angaben ist die Gesamtzahl der Einrichtungen in wohlfahrtsverbandlicher Trägerschaft in Ostdeutschland immerhin bis zur Jahreswende 1992/93 auf 9.516 angestiegen (im Vergleich zu 71.446 in Westdeutschland). Die Anzahl der hauptamtlich Beschäftigten beträgt danach in Ostdeutschland 78.944 Personen, während es in Westdeutschland 858.461 Personen sind. Die ostdeutschen Wohlfahrtsverbände haben im Hinblick auf ihre Einrichtungen und Dienste, bezogen auf die Einwohnerzahl, bereits 50% des Niveaus Westdeutschlands erreicht, während dieser Wert bei den hauptamtlich Beschäftigten deutlich niedriger ausfällt. Insgesamt belegen diese Zahlen, daß in nur 24 Monaten ein erheblicher Aufbauprozeß stattgefunden hat, der allerdings – trotz unübersehbarer Fortschritte – auf einen großen Nachholbedarf im Bereich des Aufbaus wohlfahrtsverbandlicher Strukturen in Ostdeutschland verweist. Dennoch kann festgestellt werden, daß die fünf großen Spitzenverbände der Freien Wohlfahrtspflege mit ihren spezifischen verbandlichen Untergliederungen sowie Einrichtungen und Diensten inzwischen in den neuen Bundesländern flächendeckend präsent sind. Wie die Tabelle 5.4.7 zeigt, haben sich dabei allerdings durchaus andere Größenordnungen zwischen den einzelnen Verbänden ergeben als in Westdeutschland.

Tabelle 5.4.7: Einrichtungen/Dienste und hauptamtliches Personal ausgewählter Spitzenverbände der Freien Wohlfahrtspflege in Ostdeutschland und in der Bundesrepublik insgesamt

	AWO[a]	Caritas[b]	DRK[c]	Diakonie[b]	Paritätischer Wohlfahrtsverband[c]
Ostdeutschland					
Hauptamtliches Personal	k. A.	13.877	9.121	55.211	62.228
Einrichtungen und Dienste	k. A.	789	2.224	3.425	k. A.
Bundesrepublik					
Hauptamtliches Personal	80.000	431.356	26.000	369.460	200.000 [d]
Einrichtungen und Dienste	8.852	24.144	10.292	30.695	k. A.

Anmerkung: a) Stand Januar 1995 b) Stand Januar 1994; c) Stand Dezember 1994; d) Schätzung.
Quelle: Verbandsinterne Statistik der Bundesverbände.

Während z.B. der Caritasverband in den alten Bundesländern, gemessen an der Anzahl der hauptamtlich Beschäftigen, dicht gefolgt von der Diakonie, der größte Verband ist, fallen seine Leistungskapazitäten in den neuen Bundesländern deutlich geringer aus. Umgekehrt zählt der Paritätische Wohlfahrtsverband nach dem Diakonischen Werk und deutlich vor der Caritas zu den größten Verbänden in Ostdeutschland, während er in den alten Bundesländern erheblich weniger Gewicht aufweist.

Wohlfahrtsverbände als Interessenverbände

In der Konstitutionsphase[167] von 1990 bis 1992 lief die Gründung bzw. Neustrukturierung der Landesverbände nicht ohne Schwierigkeiten ab. Dies gilt

---

167 Es erweist sich als sinnvoll, die ersten fünf Jahre nach der deutschen Einigung in zwei hinsichtlich der Rahmenbedingungen und verbandspolitischen Handlungsanforderungen unterscheidbare Teilphasen zu untergliedern. Im folgenden ist mit der *Konstitutions*phase die Zeitspanne von 1990 bis Ende 1992, mit der *Konsolidierungs*phase die Spanne von 1993 bis Ende 1995 gemeint

auch für die schon zu DDR-Zeiten bestehenden Organisationen, die ihre Organisationsstrukturen im Prozeß der Transformation dezentralisieren und an die föderale Struktur anpassen mußten. Die Landesverbände mußten verstärkt Anstrengungen unternehmen, ihre Position gegenüber den Kreisverbänden zu legitimieren. Dies taten sie, indem sie vielfältige Dienstleistungen für die Mitgliedsverbände anboten. Außerdem leisten die Landesverbände weitere wichtige Aufgaben, wie die Vermittlung von „Primärinformationen" über die neuen gesetzlichen Grundlagen und Managementmethoden, Materialien für die Verbandsarbeit für die leitenden Mitarbeiter vor Ort, Hilfen bei der Umstrukturierung zum eingetragenen Verein, die Bereitstellung von Mustersatzungen, die fachliche und wirtschaftliche Abprüfung sowie Weiterbildungs- und Qualifizierungsmaßnahmen für Mitarbeiter in den Kreisverbänden. Auch die Beratung von Mitgliedsorganisationen stand in der Konstitutionsphase im Mittelpunkt der Verbandsarbeit der Landesverbände.

Die Gründung ostdeutscher Landesverbände fand in enger Kooperation mit den Partnerlandesverbänden der alten Bundesländer und den Bundesverbänden statt. Die Landesverbände nehmen im Transformationsprozeß dabei eine wichtige *Entlastungsfunktion* für die mit den Bedingungen auf Landes- und lokaler Ebene weniger vertrauten Bundesverbände wahr. Die Bundesverbände bildeten eine geeignete Informationsstruktur und unterstützten die Gründung der Landesverbände insbesondere fachlich, indem Weiterbildungs- und Beratungsangebote organisiert wurden.

Es läßt sich also feststellen, daß in der Konstitutionsphase verbandsintern vornehmlich die Interessen von Mitgliedsverbänden und -organisationen sowie die organisatorischen Eigeninteressen der Landesverbände am Bestandserhalt verbandspolitisch wirksam wurden. Interessen von Einzelmitgliedern – etwa an einer Wahrnehmung der Sozialanwaltsfunktion – waren nur von geringer Bedeutung, da die Verbände der Rekrutierung von Mitgliedern nur eine geringe Bedeutung zumaßen.

Um Einfluß auf die Sozialpolitik auf Landesebene nehmen zu können, wurden frühzeitig Landesligen der Freien Wohlfahrtspflege gegründet. Die Zusammenarbeit zwischen den einzelnen Verbänden im Rahmen dieser Ligen war in der Konstitutionsphase unterschiedlich stark ausgeprägt. Die Kooperation zwischen den konfessionellen Verbänden Caritas und Diakonie wurde von Beginn an als relativ gut bezeichnet, da diese schon zu DDR-Zeiten eng zusammenarbeiteten. Das Verhältnis zu der ehemaligen Massenorganisation DRK dagegen gestaltete sich in der Konstitutionsphase problematischer. Auch die Zusammenarbeit der schon zu DDR-Zeiten bestehenden Verbände mit den Neugründungen AWO und Paritätischem Wohlfahrtsverband war anfänglich schwierig, da keine eingespielten Kooperationsnetze und -verfahren (mehr) vorhanden waren.

Auf Landesebene besteht ein gemeinsames Interesse aller Wohlfahrtsverbände daran, die Stellung der Freien Wohlfahrtspflege im Land zu verbessern und möglichst viele Fördermittel zu erhalten. Die Liga gilt als Institution, durch die Ressourcen gebündelt und eine gemeinsame Politik gegenüber der Landesregierung und dem Parlament formuliert werden kann. Ein Grundproblem solcher Ligen besteht allerdings darin, daß diese Gremien auf Freiwilligkeit beruhen und nur einstimmige Beschlüsse, d.h. konsensuelle Entscheidungen zulassen. Die Ligapositionen weisen daher zumeist nur den kleinsten gemeinsamen Nenner auf.

Zu Beginn mußten von verbandlicher Seite die Kontakte mit der politischen Ebene geknüpft werden. Grundsätzlich bestand das Problem, den Vertretern von Regierung und Parteien die Bedeutung und den Stellenwert der Arbeit der Freien Wohlfahrtspflege deutlich zu machen. Doch verbesserte sich die Zusammenarbeit bald, wobei den Verbänden zugute kommt, daß in ihren Vorständen häufig Landtagsabgeordnete sitzen und es durch diese personelle Verflechtung zu einem beidseitigen Informationsaustausch kommt.

Inhaltlich steht sowohl in der Konstitutions- als auch der Konsolidierungsphase ab 1993 die finanzielle Förderung der Freien Wohlfahrtspflege im Mittelpunkt der Verhandlungen mit den jeweiligen Landesregierungen und Fachministerien. Im Unterschied zu den alten Bundesländern, in denen die Verbände seit vielen Jahren auf geregelte Kooperations- und Förderstrukturen aufbauen können, mußten Regelungen bezüglich der Mittelvergabe des Landes in den neuen Bundesländern erst etabliert werden. Wegen fehlender Landesplanungen ermangelte es der Freien Wohlfahrtspflege zunächst an finanzieller Sicherheit. Bei der Erarbeitung und Umsetzung der Landesplanung versuchten die Verbände daher insbesondere darauf hinzuwirken, daß über die finanzielle Förderung von Personalstellen, durch ausreichend hohe Personalschlüssel und Pflegesätze, die finanzielle Stabilität der Einrichtungen der Freien Wohlfahrtspflege gewährleistet ist.

Inzwischen ist es gelungen, in den neuen Bundesländern Förderstrukturen aufzubauen, die die Arbeitsfähigkeit der Wohlfahrtsverbände im großen und ganzen sicherstellen. Die Vergabemodalitäten wurden in der Regel in enger Abstimmung zwischen der Freien Wohlfahrtspflege und den Fachministerien festgelegt. Problematisch aus der Sicht der Verbände ist hierbei, daß die Sozialministerien selbst nicht sehr durchsetzungsfähig sind, da durch die prekäre Lage der Länderfinanzen finanzpolitische Erwägungen prioritär und die finanziellen Spielräume für fachliche Konzepte gering sind.

Ausblick

Bislang konzentrierten sich die freien Wohlfahrtsverbände auf den Aufbau ihrer institutionellen Strukturen sowie auf die Übernahme von Einrichtungen und Diensten. Klienteninteressen (wie etwa die Interessen von Sozialhilfeempfängern, Obdachlosen, Behinderten, arbeitslosen Jugendlichen etc) wurden bislang nur dann im Sinne der Sozialanwaltsfunktion artikultiert, wenn damit zugleich organisationspolitische Rahmenbedingungen verbessert werden konnten. Insofern ist die These wohl berechtigt, wonach sich die Wohlfahrtsverbände in Ostdeutschland im Transformationsprozeß seit 1990 von „Wertgemeinschaften" zu „Dienstleistungsunternehmen" (vgl. Olk 1996) fortentwickelt haben. Ob eine solche verbandspolitische Schwerpunktsetzung auch in Zukunft tragfähig sein wird, bleibt abzuwarten. Es spricht einiges dafür, daß sowohl die ostdeutsche Bevölkerung als auch die freiwilligen Mitglieder, ehrenamtlichen Helfer und hauptamtlichen Fachkräfte von den Wohlfahrtsverbänden künftig verstärkt die Realisierung ihrer assoziativen sowie ihrer sozialanwaltschaftlichen Interessenvertretungsfunktion erwarten werden.

5.5 Öffentliche Sicherheit und Schutz vor Kriminalität[168]

Öffentliche Sicherheit, d.h. der Schutz der Unversehrtheit von Leben, Gesundheit, Ehre, Freiheit und Vermögen der Bürger, sowie der Rechtsordnung und der Einrichtungen des Staates stellt eine wesentliche Komponente der Lebensqualität dar. Dabei messen die Bürger der öffentlichen Sicherheit eine um so größere Bedeutung für ihre Wohlfahrt bei, je mehr sie gefährdet erscheint (vgl. Murck 1980). Die Bewohner Ostdeutschlands sind dieser Erfahrung besonders stark ausgesetzt. Die Gewährleistung öffentlicher Sicherheit und die Bekämpfung der Kriminalität erfolgten im hochkontrollierten DDR-Staat wirksamer als in der weniger kontrollierten Gesellschaft der Bundesrepublik; dementsprechend wiesen die Bundesrepublik und die DDR starke Unterschiede in der sichtbaren Kriminalität auf. Dies hatte bereits 1972 in den „Materialien zur Lage der Nation" zur Debatte gestanden (vgl. Bundesministerium für innerdeutsche Beziehungen 1972). In allen osteuropäischen Ländern wird die gesellschaftliche Transformationsphase trotz unterschiedli-

---

168 Dieser Abschnitt beruht wesentlich auf der KSPW-Expertise Noll 1996 sowie auf der Mitarbeit von Manfred Murck (vgl. 1980, 1996).

cher Kriminalitätsprobleme von einem Anstieg der Kriminalitätsbelastung begleitet, wie dies bei einem viktimologischen Vergleich osteuropäischer Hauptstädte aufgezeigt wurde (vgl. De Nike/Ewald/Nowlin 1995). Für Ostdeutschland entspricht es den Erwartungen, daß die institutionelle Angleichung des Rechtssystems und der Polizeibehörden sowie die Vereinheitlichung der Chancenstruktur für kriminelle Handlungen mittelfristig in ein ähnliches Kriminalitätsniveau wie in Westdeutschland mündet.

Die üblicherweise verwendeten Kriminalitätsziffern sind für sich genommen keine ausreichenden Indikatoren für Sicherheit und Kriminalität, weil neben der dokumentierten Kriminalitätsbelastung das Risiko, Opfer eines Verbrechens zu werden, relevant ist und auch das subjektive Sicherheitsempfinden der Bürger zu berücksichtigen ist. Ängste und Besorgnisse, Gefühle der Bedrohung und Unsicherheit in der Bevölkerung sind als Maßstab für die Gewährleistung oder Beeinträchtigung der öffentlichen Sicherheit mindestens ebenso bedeutsam wie Zahlen über Delikte, Täter und Opfer von Verbrechen, die von der polizeilichen Kriminalstatistik oder speziellen Täter- und Opferbefragungen geliefert werden.

Die Bedeutung der öffentlichen Sicherheit in der Wahrnehmung der Bürger

Die zentrale Bedeutung, die die Bürger der öffentlichen Sicherheit für ihr Wohlbefinden beimessen, zeigt sich in der Betonung der Wichtigkeit des Schutzes vor Kriminalität: 68% der Ostdeutschen betrachten den Schutz vor Kriminalität als „sehr wichtig". Dieser Anteil ist höher als unter den Westdeutschen, von denen 56% diese Einstellung haben (vgl. Noll 1994: 521f.; Datenbasis: Wohlfahrtssurvey 1993).[169] Dies kann auf einen ungewohnten neuen Problemdruck in Ostdeutschland zurückgeführt werden. Auch im Vergleich zu den übrigen Lebensbereichen genießt die öffentliche Sicherheit in den Augen der Bürger eine hohe Priorität. In Ostdeutschland steht in der Rangfolge der Wichtigkeit von Lebensbereichen der Schutz vor Kriminalität immerhin an vierter Stelle, in Westdeutschland an fünfter Stelle, noch vor der Arbeit, dem Einkommen und – nur in Ostdeutschland – auch deutlich vor dem Umweltschutz (vgl. Noll/Schröder 1995). Frauen ist der Schutz vor Kriminalität erwartungsgemäß wichtiger als Männern, und älteren Menschen ist er – mit einer

---

169 Die entsprechende Frage lautet: „Die Bereiche, über die wir bisher gesprochen haben, können für das Wohlbefinden und die Zufriedenheit der Menschen unterschiedlich wichtig sein. Sagen Sie mir bitte für die nachfolgenden Bereiche, ob sie für Ihr Wohlbefinden und Ihre Zufriedenheit – sehr wichtig, wichtig, weniger wichtig oder unwichtig sind."

kleinen Ausnahme – wichtiger als jüngeren (siehe Abbildung 5.5.1). Die Wichtigkeit der öffentlichen Sicherheit sinkt mit steigendem Bildungsniveau, im Hinblick auf die Gemeindegrößenklasse liegt sie im klein- und mittelstädtischen Bereich am höchsten, und was die subjektive Schichteinstufung betrifft, so erreicht sie in der oberen Mittel- und Oberschicht die geringsten Anteile.

Abbildung 5.5.1: Subjektive Wichtigkeit des Schutzes vor Kriminalität nach ausgewählten sozialstrukturellen Merkmalen in Ost- und Westdeutschland 1993 – Anteil der Nennung „sehr wichtig" in %

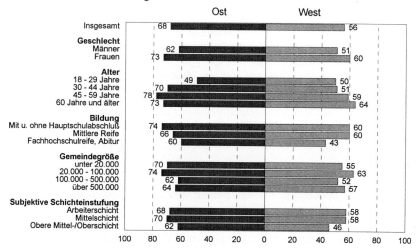

Datenbasis: Wohlfahrtssurvey 1993.
Quelle: Noll 1996a.

Einen noch höheren Stellenwert nimmt die öffentliche Sicherheit gemessen an den Besorgnissen der Bevölkerung ein. „Große Sorgen" über die Entwicklung der Kriminalität machten sich 1993 fast drei Viertel der ostdeutschen Bürger sowie mehr als die Hälfte der westdeutschen (siehe Abbildung 5.5.2).[170] Nach der Arbeitslosigkeit ist die Kriminalität damit das gesellschaftliche Problem, das der Bevölkerung derzeit die größten Sorgen bereitet. Wiederum gilt, daß sich Frauen häufiger Sorgen als Männer machen und daß die Häufigkeit der Sorgen mit steigendem Alter zunimmt und mit steigender Bildung

---

[170] Die entsprechende Frage lautet: „Wie ist es mit den folgenden Gebieten, die ich Ihnen gleich nenne? Machen Sie sich da jeweils große Sorgen, einige Sorgen oder keine Sorgen?"

Öffentliche Sicherheit und Kriminalität 415

abnimmt. Interessant ist, daß die Sorgen um die Entwicklung der Kriminalität mit höherer Schicht im Osten zunehmen, im Westen dagegen abnehmen. Zusammenfassend läßt sich sagen, daß – gemessen an den Indikatoren der Wichtigkeit für das Wohlbefinden und der Besorgnisse der Bürger – die Fragen der öffentlichen Sicherheit mit gutem Grund immer wieder im Mittelpunkt des öffentlichen Interesses und der gesellschaftspolitischen Diskussion stehen.

Abbildung 5.5.2: Sorgen über die Entwicklung der Kriminalität nach ausgewählten sozialstrukturellen Merkmalen in Ost- und Westdeutschland 1993 - Anteil der Nennung „große Sorgen" in %

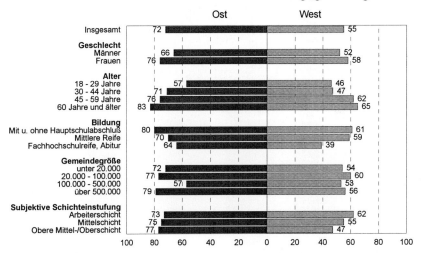

Datenbasis: Wohlfahrtssurvey 1993.
Quelle: Noll 1996a.

Kriminalitätsbelastung nach der offiziellen Kriminalitätsstatistik

Bei der Interpretation der Polizeilichen Kriminalitätsstatistiken (PKS) muß stets davon ausgegangen werden, daß die amtlich registrierte Kriminalität, wie sie in diesen Daten zum Ausdruck kommt, nur einen Ausschnitt aus dem gesamten Kriminalitätsgeschehen darstellt. Es handelt sich um eine prozeßproduzierte Statistik, die nur jene Straftaten dokumentiert, die der Polizei bekannt werden. Neben diesem sogenannten „Hellfeld" gibt es aber bekanntlich auch ein in seiner Größe und Struktur weitgehend unbekanntes „Dunkelfeld" der nicht entdeckten Kriminalität. Bei der Interpretation der Daten der PKS besteht vor allem die Schwierigkeit, daß die Relation von Hell- und Dunkelfeld, die insbesondere vom Anzeigeverhalten der Bevölkerung und der Strafverfolgungsintensität der Behörden bestimmt wird, nicht nur von Delikt zu Delikt, sondern auch über die Zeit variieren kann.[171]

Die folgende Analyse stützt sich auf Häufigkeitsziffern, die die Zahl der Straftaten zur Bevölkerungsgröße in Relation setzen. Im Hintergrund steht dabei die Gesamtkriminalitätsziffer für Westdeutschland, die sich in den vergangenen drei Jahrzehnten nahezu verdreifacht hat. In den achtziger Jahren hatte sich der Anstieg etwas abgeflacht, am Ende der Dekade war dann wieder eine allerdings kräftige Zunahme zu beobachten, die verschiedentlich mit der Öffnung der Grenzen zu den Ländern Mittel- und Osteuropas und einer freizügigeren Migration in Verbindung gebracht wird.

Abbildung 5.5.3: Gesamtkriminalitätsziffern für Ost- und Westdeutschland 1991 bis 1995

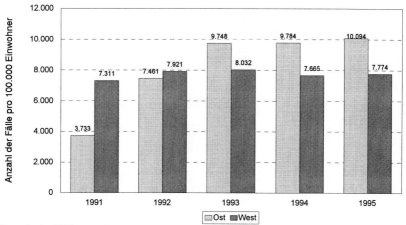

Datenbasis: PKS.
Quelle: Noll 1996a.

---

171 Zu diesen allgemeinen Vorbehalten gegenüber der PKS kommen gegenwärtig eine ganze Reihe von speziellen Problemen, die aus der Umstellung der Statistik in den neuen Bundesländern resultieren und Ost-West-Vergleiche, wie sie in diesem Bericht besonders interessieren, zur Zeit noch erheblich beeinträchtigen: Dazu zählt u.a., daß die in den neuen Bundesländern erstmals durchgeführte PKS 1991 sowie die PKS 1992 nach Experteneinschätzung aus organisatorischen und erfassungstechnischen Gründen offenbar noch recht fehlerhaft waren und vermutlich zu einer deutlichen Untererfassung geführt hatten. Die Ergebnisse wurden zum Teil gar nicht oder erst mit erheblicher Verspätung veröffentlicht, und Zeitvergleiche sind nur sehr bedingt möglich. Die Vergleichbarkeit der Ergebnisse wird zudem – wie im Falle Berlins, das in der PKS nun vollständig dem Gebiet der früheren Bundesrepublik zugeordnet wird – auch durch Reklassifikationen erschwert. All dies ist bei der Interpretation der Indikatoren zu berücksichtigen.

Öffentliche Sicherheit und Kriminalität

In den neuen Bundesländern hatte die Gesamtkriminalitätsziffer mit 7.461 Straftaten pro 100.000 Einwohner bereits 1992 nahezu das Niveau der westdeutschen Länder erreicht (siehe Abbildung 5.5.3) und lag 1993 mit 9.748 Straftaten bereits deutlich darüber (West: 8.032 Straftaten). Die Werte für 1995 liegen bei 10.094 (Ost) bzw. 7.774 (West) Straftaten pro 100.000 Einwohner. Die jährlichen Anstiege in den neuen Bundesländern sind von 1991 bis 1993 drastisch, wenngleich man dabei berücksichtigen muß, daß dieser Vergleich nur bedingt zulässig ist und der Anstieg vermutlich auch auf eine verbesserte statistische Erfassung zurückzuführen ist.

Eine plausible Erklärung für die Zunahme der Kriminalität in den neuen Bundesländern ist die sogenannte Wohlstandskriminalitätsthese. Danach ist der Anstieg der Straftaten das Ergebnis gestiegener Erwartungen und Ansprüche bei gleichzeitiger Vermehrung von Gelegenheiten durch den Wegfall von Kontrollmechanismen und die Zunahme „lohnender Objekte". Hinzu kommt eine Wanderungsbewegung westdeutscher und ausländischer Straftäter, die in das sich langsam herausbildende ostdeutsche kriminelle Milieu eindringen (vgl. Schattenberger 1991).

Abbildung 5.5.4: Diebstahlkriminalitätsziffern für Ost- und Westdeutschland 1991 bis 1995

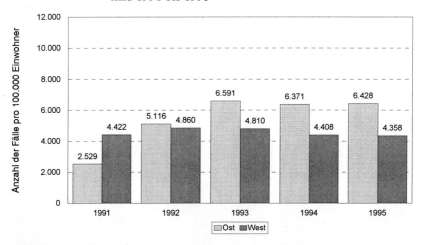

Datenbasis: PKS.
Quelle: Noll 1996a.

Betrachtet man die Diebstahlsziffer (siehe Abbildung 5.5.4) in den neuen Bundesländern, so überstieg diese bereits 1992 leicht das westdeutsche Niveau und liegt seit 1993 deutlich darüber. Bei den Einbrüchen ist die Ost-

West-Differenz weniger gravierend, doch auch hier liegt der ostdeutsche Wert (1993) höher als der westdeutsche. Auch bei der Gewaltkriminalität stellen wir für Ostdeutschland eine drastische Zunahme der Ziffern seit 1991 fest, wobei hier jeweils der Vorbehalt eines nur sehr eingeschränkt zulässigen Vergleichs anzubringen ist (siehe Abbildung 5.5.5). Dennoch lagen die ostdeutschen Kriminalitätsziffern 1992 noch sämtlich – zum Teil sogar erheblich – unter den westdeutschen. 1993 näherten sich die Ziffern der Gewaltkriminalität weiter an, aber lediglich die ostdeutsche Raubüberfallsziffer übersteigt die westdeutsche Ziffer (in der Abbildung nicht ausgewiesen). Die Belastungsziffern von Körperverletzung und Vergewaltigung sind 1995 in Ostdeutschland immer noch niedriger als in Westdeutschland. Auch die Belastungsziffern weiterer ausgewählter Gruppen von Straftaten, wie z.B. von Vermögens- und Fälschungsdelikten oder Delikten im Wirtschaftsbereich und Umweltsektor liegen ebenfalls noch unter dem westdeutschen Niveau. Die Tatsache, daß die Gesamtkriminalitätsziffer in Ostdeutschland inzwischen das westdeutsche Niveau überstiegen hat, ist vor allem auf den Diebstahl unter erschwerenden Umständen – und hierbei insbesondere auf den Diebstahl von Kraftwagen, Mopeds, Krafträdern und Fahrrädern – zurückzuführen. Unter Vernachlässigung der um 40% höheren ostdeutschen Diebstahlsziffer von 4.622 pro 100.000 Einwohnern gegenüber 2.816 Straftaten in Westdeutschland (inklusive Gesamt-Berlin), würden sich die Gesamtkriminalitätsziffern in Ost- und Westdeutschland gegenwärtig kaum unterscheiden.

Abbildung 5.5.5: Ausgewählte Ziffern der Gewaltkriminalität für Ostdeutschland 1991 bis 1993

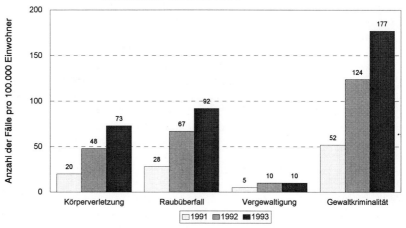

Datenbasis: PKS.
Quelle: Noll 1996a.

Bewertung von Verhaltensweisen und persönliche Devianzbereitschaft

Kriminelles Verhalten stellt stets einen gerichtlich festgestellten Verstoß gegen gesetzliche Normen dar; es erfolgt um so eher, je weniger diese Normen geteilt werden. In jeder Gesellschaft gibt es unterschiedlichen Konsens über Normen, im Fall des vereinigten Deutschland stellt sich dieses Problem besonders nachdrücklich, weil vor der Vereinigung verschiedene Normensysteme Gesetzeskraft hatten und auch die Wertesysteme partiell voneinander abwichen (siehe Abschnitt 5.7). In einer viktimologischen Studie, die in Ost-Berlin durchgeführt wurde (vgl. Gutsche/Hennig 1995), wurde für einige aus der Sicht des westdeutschen Strafrechts krimineller Verhaltensweisen (schwere Gewaltverbrechen waren in die Befragung nicht einbezogen) erhoben, inwieweit

- diese Verhaltensweisen als „sehr schlimm" bzw. „gar nicht schlimm" bewertet werden;
- die Möglichkeit besteht, daß jemand eine solche Handlung begeht bzw. dies für ausgeschlossen hält.

Hohe Übereinstimmung, was die Bewertung als „sehr schlimme" Verhaltensweise betrifft, besteht im Hinblick auf das Schlagen von Ausländern bzw. Angehörigen von Minderheiten sowie den Verkauf von Drogen (siehe Tabelle 5.5.1). In beiden Fällen halten jeweils weniger als 1% der Bevölkerung dies für „gar nicht schlimm"; ähnlich gering sind die Anteile derjenigen, die es für sich selbst für möglich halten, daß sie diese Taten begehen. Die öffentliche Diskussion vermittelt den Eindruck, als ob Straftaten gegenüber Ausländern und Drogenhandel an der Tagesordnung seien. Es handelt sich beim Täterkreis aber um extreme Minderheiten, die von den herrschenden Einstellungen abweichen und damit die gesellschaftliche Aufmerksamkeit auf sich ziehen. Diese Diagnose bagatellisiert die Ausländerfeindlichkeit in keiner Weise – sie bleibt wegen des Leides, das sie hervorruft ein zentrales gesellschaftliches Problem – sie weist aber darauf hin, daß der Versuch einer Problemlösung eher in den Sozialisationsprozessen von Randgruppen als in den Einstellungen von Bevölkerungsmehrheiten zu suchen ist.

Die Rangordnung der Bewertung von Verhaltensweisen erscheint als ein „gutes Abbild des vorher in der DDR gültigen Normensystems: Der Drogenkonsum erscheint als ein schlimmeres Vergehen als die Umweltverschmutzung und der Schwangerschaftsabbruch ist weit davon entfernt, von der Bevölkerung in irgendeiner Weise ‚kriminalisiert' zu werden." (Gutsche/Hennig 1995: 50)

Bezüglich der persönlichen Devianzbereitschaft ergab sich: „Alles was mit Drogen zusammenhängt wie auch die Mißhandlung von Ausländern und anderen Angehörigen von Minderheiten, jegliche Prostitution und Autos aufbrechen gehören bei den Ostberlinern zu den absolut randständigen Formen anomischen Verhaltens." (Gutsche/Hennig 1995: 53) Davon gibt es wichtige sozialstrukturelle Ausnahmen wie z.b. die Akzeptanz des Drogenkonsums bei jungen Erwachsenen.

Tabelle 5.5.1: Bewertung von Verhaltensweisen und persönliche Devianzbereitschaft in Ost-Berlin 1992 – in %

Verhaltensweise	Bewertung von Verhaltensweisen		Persönliche Devianzbereitschaft	
	sehr schlimm	gar nicht so schlimm	möglich	ausgeschlossen
Schwarzfahren	4,5	24,2	70,9	29,1
Steuerhinterziehung	16,0	7,3	32,3	67,7
Ladendiebstahl	19,0	7,1	18,8	81,2
Appartement-Prostitution	21,7	15,8	5,9	94,1
Ausländer/Angehörige von Minderheiten schlagen	89,2	0,8	1,1	98,9
Autos aufbrechen	66,5	1,1	1,5	98,5
Drogen verkaufen	83,6	0,6	0,6	99,4
Drogen konsumieren	71,5	1,5	6,4	93,6
Umweltverschmutzung	69,4	0,0	11,3	88,7
Straßenprostitution	33,3	10,2	2,9	97,1
Schwangerschaftsabbruch	3,2	64,7	24,7	75,8
Hausbesetzung	5,8	37,0	83,5	16,5

Quelle: Gutsche/Hennig 1995: 49 und 52.

Unzufriedenheit mit der öffentlichen Sicherheit

Betrachtet man, wie zufrieden die Bürger mit der öffentlichen Sicherheit sind, so zeigt sich, daß dieser Aspekt der Lebensverhältnisse im Vergleich zu anderen ausgesprochen kritisch beurteilt wird.[172] In Ostdeutschland belegt die Zufriedenheit mit der öffentlichen Sicherheit mit einem Durchschnittswert von 3,6 (auf einer Skala von 0 = „ganz und gar unzufrieden" bis 10 = „ganz und gar zufrieden") den letzten Platz in einer Rangfolge von Lebensbereichen. In Westdeutschland nimmt die öffentliche Sicherheit in der Rangfolge der Zufriedenheiten mit einzelnen Lebensbereichen mit einem Wert von 5,0 den drittletzten Platz ein, knapp vor der Zufriedenheit mit dem Umweltschutz. (vgl. Noll 1994: 523f.; Datenbasis: Wohlfahrtssurvey 1993) Wie sich bei näherer Betrachtung zeigt (siehe Abbildung 5.5.6), sind Frauen mit der öffentlichen Sicherheit noch unzufriedener als Männer und – abweichend

---

172 Die entsprechende Frage lautet: „Wie zufrieden sind sie – alles in allem – mit der öffentlichen Sicherheit und der Bekämpfung der Kriminalität?"

Öffentliche Sicherheit und Kriminalität 421

von Westdeutschland – sind in Ostdeutschland die Jungen deutlich zufriedener als die übrigen Altersgruppen.

Abbildung 5.5.6: Zufriedenheit mit der öffentlichen Sicherheit nach ausgewählten soziodemographischen Merkmalen in Ost- und Westdeutschland 1993 – Durchschnitt auf der Zufriedenheitsskala von 0 bis 10

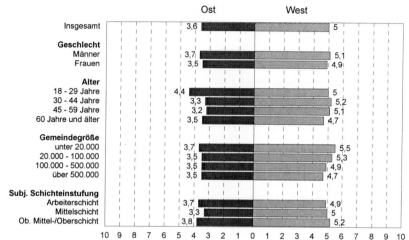

Datenbasis: Wohlfahrtssurvey 1993.
Quelle: Noll 1996a.

Während sich die Zufriedenheit mit der öffentlichen Sicherheit in Ostdeutschland im Vergleich zu 1990 nur unwesentlich gesteigert hat (von 3,4 auf 3,6), ist in Westdeutschland im Vergleich zu 1988 ein deutlicher Rückgang zu verzeichnen (von 5,8 auf 5,0). Die Auseinanderentwicklung von objektiver Sicherheitslage und subjektiver Zufriedenheit in Ostdeutschland wurde mit Gewöhnungseffekten erklärt, aber auch mit dem gestiegenen Vermögen, Bedrohung und Schädigungen durch Kriminalität auf einem gestiegenen Wohlstandsniveau leichter verkraften zu können.

Kriminalitätsangst

Ein weiterer subjektiver Indikator der öffentlichen Sicherheit ist die Kriminalitätsangst, genauer gesagt die Viktimisierungserwartung. Während die Zufriedenheit mit der öffentlichen Sicherheit zum Ausdruck bringt, wie die aktuelle Situation vor dem Hintergrund individueller Ansprüche und Wertorientierungen summarisch beurteilt wird, geht es bei diesem Indikator ganz explizit um die Erwartung, persönlich innerhalb eines konkreten, begrenzten Zeitraums Opfer kriminellen Verhaltens zu werden. Die entsprechende Frage im Rahmen des Wohlfahrtssurveys dazu lautete: „Bitte sagen Sie mir für jede der Situationen, die ich Ihnen gleich nenne, ob Sie es für sehr wahrscheinlich, wahrscheinlich, weniger wahrscheinlich oder für unwahrscheinlich halten, daß Ihnen persönlich innerhalb der nächsten 12 Monate einmal so etwas passiert: Angepöbelt oder bedroht zu werden, bestohlen zu werden, geschlagen und verletzt zu werden, überfallen und beraubt zu werden, zu sexuellen Handlungen gezwungen zu werden, Opfer eines Einbruchs zu werden." Betrachtet man die Ergebnisse in Tabelle 5.5.2, so ist zunächst bemerkenswert, wie verbreitet die Erwartung ist, persönlich Opfer eines Verbrechens zu werden, und es fällt auf, daß die ostdeutsche Bevölkerung die Viktimisierungsrisiken durchgängig höher einschätzt als die westdeutsche.

Tabelle 5.5.2: Subjektive Erwartung, Opfer verschiedener Delikte zu werden 1993 – Anteil „sehr wahrscheinlich" und „wahrscheinlich" in %

Wahrscheinlichkeit ... zu werden	überfallen und beraubt		Opfer eines Einbruchs		geschlagen und verletzt		angepöbelt und bedroht		zu sexuellen Handlungen gezwungen[a]		bestohlen	
	Ost	West	Ost	West	Ost	West	Ost	West	Ost	West	Ost	West
Insgesamt	48	29	63	42	37	20	52	36	17	10	66	45
Geschlecht												
Männer	46	25	63	40	36	20	48	34	5	4	64	42
Frauen	50	33	63	44	38	20	55	38	27	16	68	46
Alter												
18-29 Jahre	41	23	51	32	31	19	45	43	37	23	57	42
30-44 Jahre	50	27	63	42	41	18	59	35	36	21	69	42
45-59 Jahre	50	33	73	50	36	23	54	33	27	16	71	48
60 und älter	50	34	64	44	39	20	47	33	13	8	67	46
Gemeindegröße												
unter 20.000 Einw.	44	24	66	34	31	16	42	27	26	17	63	37
20.000-100.000 Einw.	52	28	72	45	41	17	61	32	23	14	75	46
100.000-500.000 Einw.	49	27	54	39	42	19	51	37	34	14	67	45
500.000 u. mehr Einw.	49	34	60	47	39	23	58	42	27	17	64	48

Anmerkung: a) Bei der Differenzierung nach Alter und Gemeindegröße sind nur Frauen ausgewiesen.
Datenbasis: Wohlfahrtssurvey 1993.
Quelle: Noll 1994: 527.

Von den ostdeutschen Befragten sehen es 81% als „sehr wahrscheinlich" oder „wahrscheinlich" an, innerhalb eines Jahres das Opfer von mindestens einem der vorgegebenen Delikte zu werden, von den westdeutschen sind es immerhin 59% (vgl. Noll 1994: 526). Im einzelnen erwarten nicht weniger als zwei Drittel der Ostdeutschen und 45% der Westdeutschen, bestohlen, und beinahe ebenso viele, Opfer eines Einbruchs zu werden. Angepöbelt und bedroht zu werden, halten 52% der Ostdeutschen und 36% der Westdeutschen für wahrscheinlich, und immerhin noch fast die Hälfte der Ostdeutschen und ein Drittel der Westdeutschen, „überfallen und beraubt zu werden". Von den Frauen sind es 16% in den alten und 27% in den neuen Bundesländern, die es als wahrscheinlich ansehen, zu sexuellen Handlungen gezwungen zu werden. Welche einzelnen Bevölkerungsgruppen es als mehr oder weniger wahrscheinlich ansehen, Opfer eines Verbrechens zu werden, ist von Delikt zu Delikt unterschiedlich. Zumeist ist jedoch die Erwartung bei Frauen höher als bei Männern, und oft fühlen sich die unteren und oberen Altersgruppen stärker bedroht als die mittleren. In der Regel wird die Wahrscheinlichkeit, Opfer zu werden, zudem in kleineren Gemeinden geringer eingeschätzt als in Städten, vor allem als in Großstädten. Auch wenn diese subjektiven Erwartungen im einzelnen nicht sehr realistisch sein mögen, sind sie Teil eines sozial wirksamen subjektiven Wohlbefindens, das durch sie Komponenten der Deprivation erhält. Sie dokumentieren in ihrem Ausmaß insgesamt eindringlich, daß große Teile der Bevölkerung gegenwärtig erhebliche Zweifel an der Gewährleistung ihrer persönlichen Sicherheit und des Schutzes vor Kriminalität haben.

Tabelle 5.5.3: Subjektive Einschätzung der Sicherheit auf Straßen und Plätzen durch die Bürger 1990 bis 1995 – Anteil „bedroht" oder „nicht bedroht" in %

	1990	1991	1992	1993	1995
Ostdeutschland					
Bedroht	65	92	93	89	86
Nicht bedroht	34	7	7	11	14
Westdeutschland					
Bedroht	56	67	71	70	70
Nicht bedroht	44	33	27	29	30

Frage: „Was meinen Sie: Wird die Sicherheit der Bürger auf Straßen und Plätzen durch Kriminalität bedroht oder nicht bedroht?"
Quelle: Murck 1996.

Die Angst vor Kriminalität ist besonders stark unmittelbar nach der Wende gestiegen, sowohl in Ostdeutschland wie in Westdeutschland (siehe Tabelle 5.5.3). Danach sank die Kriminalitätsangst in Ostdeutschland wieder leicht, während sie in Westdeutschland – auf deutlich niedrigerem Niveau – stabil blieb (vgl. Murck 1996). Allem Anschein nach korrespondiert dies mit den vorhandenen Viktimisierungsstudien.

Subjektives Sicherheitsempfinden in der Wohngegend

Die subjektiv empfundene Sicherheit in der eigenen Wohngegend ist ein Indikator für die Beurteilung der öffentlichen Sicherheit, mit dem die Aufmerksamkeit ganz bewußt auf das unmittelbare Lebensumfeld gelenkt wird. Die entsprechende Frage des Wohlfahrtssurveys lautet: „Wie sicher fühlen Sie sich oder würden Sie sich fühlen, wenn Sie hier in dieser Gegend nachts draußen alleine sind? Fühlen Sie sich sehr sicher, ziemlich sicher, ziemlich unsicher oder sehr unsicher?" Die Ergebnisse in Abbildung 5.5.7 dokumentieren, daß sich etwa die Hälfte der ostdeutschen Bürger sowie ein Viertel der westdeutschen unter diesen Umständen in ihrer Wohngegend ziemlich unsicher oder sehr unsicher fühlen.

Abbildung 5.5.7: Subjektiv empfundene Sicherheit in der eigenen Wohngegend 1993 – Anteil „ziemlich unsicher" und „sehr unsicher" in %

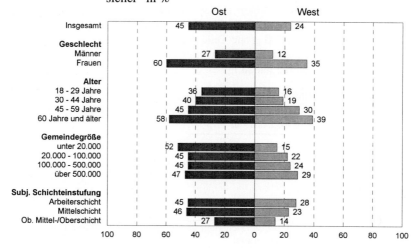

Datenbasis: Wohlfahrtssurvey 1993.
Quelle: Noll 1996a.

Hier wie dort hängt das Sicherheitsempfinden wiederum mit dem Geschlecht und dem Alter zusammen: Frauen fühlen sich viel weniger sicher als Männer, und die Unsicherheit nimmt mit steigendem Alter zu. Nur in den alten Bundesländern findet sich übrigens ein eindeutiger Zusammenhang mit der Gemeindegröße in der Weise, daß die Empfindung von Unsicherheit mit zunehmender Größe des Wohnorts wächst. Aus der Kombination von Viktimisierungserwartungen und der Beurteilung der Sicherheit in der Wohngegend läßt sich erschließen, daß das Sicherheitsempfinden – wie zu erwarten – besonders durch Delikte beeinträchtigt wird, die die Privatsphäre verletzen und/oder mit Gewalttätigkeit verbunden sind.

Öffentliche Sicherheit als Herausforderung in Ost- und Westdeutschland

Als Fazit läßt sich festhalten, daß alle subjektiven Indikatoren darauf hindeuten, daß die Bürger der öffentlichen Sicherheit in Ost- und Westdeutschland ein außerordentlich schlechtes Zeugnis ausstellen und ihr Wohlbefinden durch kriminelle Bedrohungen nachdrücklich beeinträchtigt sehen. Überraschend und insofern auch besonders erklärungsbedürftig ist das gegebene Ausmaß der Ost-West-Unterschiede. Warum sind die Bürger der neuen Bundesländer mit der öffentlichen Sicherheit soviel weniger zufrieden als die Westdeutschen, warum erwarten sie so viel häufiger Opfer eines Delikts zu werden, und warum fühlen sie sich in ihrer Wohngegend so viel weniger sicher, obwohl die faktische Kriminalitätsbelastung – gemessen an den Daten der Polizeilichen Kriminalstatistik – für die Mehrzahl der Delikte nicht grundsätzlich anders ist als in den alten Bundesländern? Analysen deuten darauf hin, daß materialistische Wertorientierungen in den neuen Bundesländern, die in der Regel mit einem höheren Sicherheitsbedürfnis einhergehen, aber auch möglicherweise aus der Umbruchsituation resultierende Orientierungsdefizite und Unsicherheitsgefühle – Faktoren, die in diesem Zusammenhang als Erklärung genannt werden – dafür nicht ausreichen. Allem Anschein nach ist es vor allem die explosionsartige Zunahme der faktischen Kriminalitätsbelastung in Ostdeutschland von einem sehr niedrigen Ausgangsniveau auf ein den westdeutschen Verhältnissen weitgehend entsprechendes Niveau, wodurch die dramatische Wahrnehmung der Kriminalitätsbelastung in Ostdeutschland hervorgerufen wurde. Die faktische Begrenzung der Kriminalität wird eine zentrale gesellschaftliche Herausforderung bleiben; auch wenn eine Gesellschaft ganz ohne Kriminalität und Kriminalitätsangst illusionär erscheint, gibt es doch erfolgversprechende Wege zu größerer Sicherheit. Öffentliche Sicherheit im Sinne des Schutzes vor Übergriffen auf Eigentum, Leib und Leben entspricht menschlichen Grundbedürfnissen. Ihre Gefährdung bedeutet, daß andere Bedürfnisse an ihrer Entfaltung gehindert werden. Angst vor kriminellen Handlungen hemmt die Menschen, beeinträchtigt die Lebensqualität und hat negative Folgen für das Gemeinwesen.

5.6 Wahrgenommene Lebensqualität: Zufriedenheit und Anomie

Das Konzept der Lebensqualität stellt einen mehrdimensionalen Wohlfahrtsbegriff dar, der gute „objektive" Lebensbedingungen und hohes „subjektives" Wohlbefinden umfaßt und neben der individuellen Bedürfnisbefriedigung auch die kollektive Wohlfahrt mit einbezieht. Für die zentrale Frage, wem die Kompetenz zukommt, Lebensqualität zu bewerten, gibt es prinzipiell zwei Antworten: Lebensqualität kann entweder aus der Sicht wissenschaftlicher Experten oder aus der Sicht der betroffenen Individuen beurteilt werden. Im ersten Fall bestimmen natur- bzw. sozialwissenschaftliche Experten, die über Spezialwissen und Meßtechniken verfügen, über die Qualität des Lebens, aber sie treffen ihre Entscheidungen über die Betroffenen hinweg (vgl. Glatzer/Zapf 1984). Im zweiten Fall – und um diesen geht es in der folgenden Darstellung – stimmen die Betroffenen selbst über ihre Lebensqualität ab.[173] Dies ist für die Beurteilung von Lebensqualität eine unverzichtbare Komponente, auch wenn das Risiko einer unzureichenden Information, verzerrten Wahrnehmung und einseitigen Meinungsbildung nicht von der Hand zu weisen ist.

Für die Wahrnehmung von Lebensqualität durch die Individuen gibt es unterschiedliche Möglichkeiten der Messung. Vor allem mit dem Begriff „Zufriedenheit" wird die Einschätzung der allgemeinen Lebenssituation von Individuen erfragt und darüber hinaus die Bewertung spezifischer Lebensumstände vorgenommen – etwa die Zufriedenheit mit der Wohnung, dem Einkommen, der Gesundheit, dem Ehepartner. Dies sind sehr unterschiedliche Dimensionen der wahrgenommenen Lebensqualität, doch eine herausragende Eigenschaft des Zufriedenheitskonzeptes ist es, daß Individuen keine Probleme haben, grundverschiedene Sachverhalte mit dem Prädikat „zufrie-

---

173 In diesem Abschnitt werden vorwiegend Daten aus den Wohlfahrtssurveys (siehe Anhang) und aus dem Eurobarometer (Stichprobenumfang für Ost- und Westdeutschland jeweils ca. 1.000 Befragte) verwendet. Die Analyse beschränkt sich hier aus Gründen der Übersichtlichkeit auf die ostdeutsche und die westdeutsche Gesamtbevölkerung. Für spezielle Bevölkerungsgruppen vgl. die entsprechenden Abschnitte in diesem Band sowie Habich 1994 und Winkler 1995a. Erläuterungen zu den Besonderheiten von Umfragedaten und von subjektiven Indikatoren finden sich im Anhang.

den" oder „unzufrieden" zu bewerten. Die Gründe – ebenso wie die Folgen – der Zufriedenheit bzw. Unzufriedenheit sind freilich vielfältig und stellen je nach Lebensbereich eine eigene Problemstellung dar.

Messungen des Wohlbefindens, die vor dem Hintergrund eines universellen Strebens nach Glück und Zufriedenheit erfolgen, betreffen nur die positive Seite des Wohlbefindens. Sie müssen durch Konzepte ergänzt werden, die explizit die negativen Seiten des Wohlbefindens ansprechen (vgl. Glatzer 1992). Dabei wird alltagssprachlich vor allem auf „Sorgen" und sozialwissenschaftlich insbesondere auf „Anomie" Bezug genommen. „Sorgen" sind ebenso wie „Glück" menschliche Universalien. Das Konzept der „Anomie" erhält seinen Stellenwert dadurch, daß es an die klassische Hypothese anknüpft, der zufolge schneller sozialer Wandel sich bei den Individuen in anomischen Gefühlen der Sinnlosigkeit, Entfremdung und Einsamkeit äußert. Die Geschwindigkeit des Transformationsprozesses legt die Hypothese nahe, daß auch in Ostdeutschland ein hohes Maß an Anomie erzeugt worden sein könnte.

Lebenszufriedenheit und Glück

Die Verteilung von „Zufriedenheit" und „Glück" in Ostdeutschland erhält seine Aussagekraft erst im Vergleich mit Westdeutschland. Schon seit langem nahmen stets über zwei Drittel der Bundesbürger für sich in Anspruch, weder „sehr unglücklich" noch „sehr glücklich", sondern „ziemlich glücklich" zu sein. Es dominiert also eine gemäßigt positive Gefühlslage. In den neuen Bundesländern stufte sich zwar die große Mehrheit – wie in den alten Bundesländern – bei „ziemlich glücklich" ein, doch der Anteil in der Kategorie „sehr glücklich" ist dort nur halb so groß und in den Kategorien „ziemlich" bzw. „sehr unglücklich" mehr als doppelt so groß (siehe Tabelle 5.6.1). Ein hoher Anteil unglücklicher Personen und ein vergleichsweise niedriges durchschnittliches Glücksniveau kennzeichnen somit die neuen Bundesländer; dabei fanden zwischen 1990 und 1993 nur geringfügige Anpassungen an das höhere westdeutsche Niveau statt.

In den neuen Bundesländern liegt auch die allgemeine Lebenszufriedenheit deutlich niedriger als in den alten. Der Mittelwert auf der Zufriedenheitsskala von „0" (ganz und gar unzufrieden) bis „10" (ganz und gar zufrieden) lag 1990 in Ostdeutschland bei 6,6 (siehe Tabelle 5.6.2). „Die Gesamtbevölkerung im Osten Deutschlands wies damit Ende 1990 in der Gesamtbilanzierung ihrer Lebensumstände ein Zufriedenheitsniveau auf, wie es im Westen lediglich bei Arbeitslosen, Alleinlebenden, einsamen Älteren und dauerhaft gesundheitlich Beeinträchtigten – d.h. bei typischen Problemgruppen – anzutreffen ist." (Habich/Spellerberg 1994: 419) Der mittlere Zufriedenheitswert stieg zwar in den nächsten Jahren auf 6,9 an. Doch noch immer ist der Anteil der Hochzufriedenen (Wert 10) im Osten weniger als halb so hoch wie im Westen, der Anteil der Unzufriedenen (Werte 0 bis 4) hingegen rund dreimal so hoch.

Tabelle 5.6.1: Emotionales Wohlbefinden in Ostdeutschland 1990, 1993 und Westdeutschland 1988, 1993 – in %

Jahr	sehr glücklich	ziemlich glücklich	ziemlich unglücklich	sehr unglücklich
Ost				
1990	10,4	74,4	13,9	1,2
1993	11,9	75,4	12,1	0,5
West				
1988	23,0	72,4	4,0	0,6
1993	24,4	70,2	4,9	0,5

Frage: „Ist Ihr Leben im Augenblick sehr glücklich, ziemlich glücklich, ziemlich unglücklich oder sehr unglücklich?"

Datenbasis: Wohlfahrtssurvey 1988, 1990, 1993.

Quelle: Eigene Berechnungen.

Tabelle 5.6.2: Zufriedenheit mit dem Leben in Ostdeutschland 1990, 1993 und Westdeutschland 1988, 1993 – in %

Jahr	0-4	5	6	7	8	9	10	Durchschnitt
Ost								
1990	11,3	16,7	13,5	20,7	23,9	8,2	5,6	6,6
1993	9,3	11,7	13,4	23,6	26,9	9,4	5,6	6,9
West								
1988	3,4	4,6	7,3	15,2	33,8	18,8	16,8	7,9
1993	3,2	5,0	6,5	15,9	32,9	22,4	14,0	7,9

Frage: „Was meinen Sie, wie zufrieden sind Sie gegenwärtig – alles in allem – heute mit Ihrem Leben?"

Datenbasis: Wohlfahrtssurvey 1988, 1990, 1993.

Quelle: Eigene Berechnungen.

Eine Steigerung der „allgemeinen Zufriedenheit" in Ostdeutschland weist auch der Sozialreport 1995 aus (vgl. Winkler 1995c: 39), während im Eurobarometer für das Jahr 1994 das gleiche Niveau der „Zufriedenheit mit dem Leben, das man führt" wie 1990 gemessen wurde. Es ist offensichtlich, daß leichte Variationen der Fragestellung große sachliche Unterschiede bedeuten können und die Ergebnisse damit anders ausfallen. Auch die Indikatoren des Eurobarometers (siehe Tabelle 5.6.3) bestätigen deutlich das geringere Zufriedenheitsniveau in Ostdeutschland im Vergleich mit Westdeutschland. Zusammenfassend läßt sich für die neuen Bundesländer feststellen, daß die

Wahrgenommene Lebensqualität 429

Ungleichheit hinsichtlich Lebenszufriedenheit und Glück größer und das durchschnittliche Zufriedenheitsniveau geringer ist als in den alten Bundesländern. Für das vereinigte Deutschland kann man konstatieren, daß von 1990 bis 1994 der Anteil der „sehr Zufriedenen" gesunken und der Anteil der „nicht sehr Zufriedenen" angestiegen ist.

Tabelle 5.6.3: Zufriedenheit mit dem Leben, das man führt – in Ostdeutschland und Westdeutschland 1990 und 1994 – in %

Jahr	sehr zufrieden	ziemlich zufrieden	nicht sehr zufrieden	überhaupt nicht zufrieden
Ost				
1990	10	68	19	3
1994	11	65	20	3
West				
1990	24	68	7	1
1994	19	68	11	1
Gesamt				
1990	21	68	9	2
1994	17	68	12	2

Frage: „Sind Sie insgesamt gesehen mit dem Leben, das Sie führen, sehr zufrieden, ziemlich zufrieden, nicht sehr zufrieden oder überhaupt nicht zufrieden?"
Anmerkung: Zu 100 fehlende Prozent: keine Antwort.
Datenbasis: Eurobarometer 1990, 1994.
Quelle: Europäische Kommission 1994: 5.

Bis in die fünfziger Jahre zurück reichenden Daten des Allensbacher Instituts für Demoskopie zufolge ist die Zufriedenheit mit dem Leben in der Bundesrepublik im Zeitablauf gestiegen und der Wunsch nach Veränderungen gesunken (vgl. Noelle-Neumann/Köcher 1993: 24). Auf ganz lange Sicht gesehen scheinen sich Glück und Lebenszufriedenheit in Deutschland erhöht zu haben; sie bleiben erst seit dem Beginn der siebziger Jahre ziemlich konstant. Eine naheliegende Erklärung ist, daß in den fünfziger und sechziger Jahren das Wirtschaftswachstum und der Ausbau der wohlfahrtsstaatlichen Leistungen zur Zunahme des Wohlbefindens beigetragen haben. Entsprechend dem Theorem abnehmenden Grenznutzens des Einkommens haben sich Wohlstandssteigerungen und Verbesserungen der sozialen Sicherheit als Steigerungsfaktoren für die wahrgenommene Lebensqualität erschöpft und neue gesellschaftliche Probleme wie Arbeitslosigkeit traten als beeinträchtigende Faktoren hinzu. So kam es zur Stagnation des westdeutschen Niveaus von Lebenszufriedenheit und Glück. Es bildet dennoch einen Maßstab, an dem gemessen in Ostdeutschland noch erhebliche Steigerungsmöglichkeiten bestehen. Der Rückblick auf die langfristige Entwicklung in der alten Bundesrepublik gibt Anlaß zu der Vermutung, daß in der jetzigen Situation in Ostdeutschland die Lebenszufriedenheit stärker als in Westdeutschland von Wohlstandssteigerungen und wohlfahrtsstaatlicher Sicherheit abhängt.

Anomie- und Besorgnissymptome

Auf der negativen Seite der wahrgenommenen Lebensqualität zeigen verschiedene Indikatoren erhebliche Beeinträchtigungen der ostdeutschen Bevölkerung durch Sorgen, Belastungen und Erkrankungen an. Beispielsweise geben 27% bzw. 26% der ostdeutschen Bürger (1990 und 1993) an, immer wieder von Ängsten und Sorgen belastet zu sein, und der Anteil derjenigen, die „ständig aufgeregt und nervös" sind, liegt bei 14% bzw. 18% (siehe Tabelle 5.6.4). In beiden Fällen liegen die Werte weit höher als für die westdeutschen Bürger. Hoch über dem Wert der alten Bundesländer liegt auch der Anteil derjenigen, die sich „gewöhnlich unglücklich oder niedergeschlagen" fühlen. Frei von solchen Besorgnissymptomen sind in den Jahren 1990 und 1993 38% bzw. 43% der ostdeutschen Bevölkerung, aber es ist wahrscheinlich, daß manche unter nicht abgefragten Beeinträchtigungen leiden. Alles in allem zeigen diese Besorgnis-Indikatoren für die neuen Bundesländer eine weit höhere Belastung als für die alten Bundesländer an.

Tabelle 5.6.4: Besorgnissymptome in Ostdeutschland 1990, 1993 und Westdeutschland 1988, 1993 – Zustimmung in %

Besorgnis-symptome	Alle Befragte				Eher Unzufriedene				Hochzufriedene			
	Ost 1990	Ost 1993	West 1988	West 1993	Ost 1990	Ost 1993	West 1988	West 1993	Ost 1990	Ost 1993	West 1988	West 1993
Öfters erschöpft oder erschlagen	50	43	44	39	65	58	75	80	42	32	37	30
Immer wieder Ängste und Sorgen	27	26	19	17	48	58	57	64	20	13	14	10
Ständig aufgeregt oder nervös	18	14	12	10	31	25	23	48	13	8	9	6
Gewöhnlich unglücklich oder niedergeschlagen	17	16	10	10	40	52	55	61	14	15	5	6
Öfters Zittern oder Schütteln	7	6	6	6	10	16	23	27	9	4	4	5
Keines der angegebenen Symptome	38	43	48	52	20	21	15	7	47	60	56	64

Anmerkung: „eher unzufrieden" = Werte 0 bis 4 auf der 11-stufigen Zufriedenheitsskala, „hochzufrieden" = Wert 10.
Datenbasis: Wohlfahrtssurvey 1988, 1990, 1993.
Quelle: Eigene Berechnungen.

Wahrgenommene Lebensqualität 431

Anzumerken bleibt, daß durch die Messung von Besorgnissen das Konzept der Zufriedenheit relativiert wird. Selbst die „Hochzufriedenen" (Skalenwert 10) weisen ein gewisses Maß an Sorgen und Problemen auf. Die erwartete Tendenz trifft freilich zu, daß die mit ihrem Leben Zufriedenen weniger Sorgen und Probleme haben. Die Individuen können offensichtlich in unterschiedlichem Maße positive und negative Gefühle miteinander vereinbaren.

Tabelle 5.6.5: Anomiesymptome in Ostdeutschland 1990, 1993 und Westdeutschland 1988, 1993 – in %

Anomiesymptome	Jahr	stimmt ganz und gar	stimmt eher	stimmt eher nicht	stimmt ganz und gar nicht
Ich fühle mich oft einsam	Ost 1990	10,4	11,8	25,0	52,8
	Ost 1993	6,6	9,5	29,9	54,0
	West 1988	4,6	9,3	29,7	56,4
	West 1993	3,9	9,2	28,0	58,9
Das Leben ist heute so kompliziert geworden, daß ich mich fast nicht mehr zurecht finde	Ost 1990	12,2	27,7	36,5	23,6
	Ost 1993	9,5	22,6	39,3	28,6
	West 1988	3,0	8,0	28,6	60,3
	West 1993	3,0	9,9	33,1	54,0
Meine Arbeit macht mir eigentlich keine Freude	Ost 1990	9,1	13,0	25,8	52,1
	Ost 1993	6,2	11,2	32,1	50,6
	West 1988	4,2	9,4	30,1	56,3
	West 1993	3,9	7,2	31,2	57,7

Datenbasis: Wohlfahrtssurvey 1988, 1990, 1993.
Quelle: Eigene Berechnungen.

Ähnlich wie bei den Besorgnissymptomen verhält es sich bei den Anomiesymptomen (vgl. Glatzer/Bös 1996). „Einsamkeit" ist ein Problem, dessen Verbreitung in den neuen Bundesländern geringer geworden ist; es ist aber immer noch stärker vorhanden als in den alten Bundesländern (siehe Tabelle 5.6.5). Auch das Gefühl einer „entfremdeten" Arbeit ist im Osten etwas zurückgegangen, dennoch liegt der Anteil der Betroffenen deutlich höher als im Westen. Besonders oft wird die Kompliziertheit der Lebensverhältnisse in Ostdeutschland als belastend eingeschätzt. Im Jahr 1993 stimmte etwa jeder Dritte in den neuen Bundesländern (ganz und gar oder eher) der Aussage „das Leben ist heute so kompliziert geworden, daß ich mich fast nicht mehr zurechtfinde" zu. Dies kann zweifellos auf den raschen gesellschaftlichen Wandel zurückgeführt werden. Damit bestätigt dieses Beispiel die oben erwähnte These, daß beschleunigter sozialer Wandel auf der individuellen Ebene verstärkte anomische Reaktionen hervorruft. Es ist auch zu beobachten, daß bei allen drei Anomie-Indikatoren ein Rückgang beim Extremwert der Belastung (stimmt ganz und gar) stattgefunden hat. Dies kann auf die sich im Zeitablauf vollziehende Veralltäglichung der Transformation und ihrer Konsequenzen zurückgeführt werden.

Insgesamt gesehen zeigt die auf der negativen Seite der wahrgenommenen Lebensqualität erhobene „Leidbilanz" die gleichen Unterschiede zuungunsten der ostdeutschen Bevölkerung auf wie auf der positiven Seite die „Glücksbilanz". Die Bewohner der neuen Bundesländer unterscheiden sich in mehreren Aspekten durch eine geringere wahrgenommene Lebensqualität von den westdeutschen Bundesbürgern und haben zwischen 1990 und 1993/94 keinen substantiellen Abbau des Defizits erreicht. Der Eindruck der Stabilität herrscht vor, aber die wenigen auftretenden Änderungen deuten darauf hin, daß es sich um eine labile Konstanz handelt, die sich zum Besseren wie zum Schlechteren wandeln kann.

Zufriedenheitsniveaus nach Lebensbereichen

In den neuen Bundesländern werden zahlreiche Lebensbereiche schlechter beurteilt als in den alten. Dies gilt für die Bereiche Lebensstandard, soziale Sicherung, Haushaltseinkommen, öffentliche Sicherheit, Freizeit, Wohnung und Arbeitsplatz (nach der Größe des Abstandes zu Westdeutschland geordnet). In allen diesen Fällen kann davon ausgegangen werden, daß die ostdeutschen Bürger mit ungünstigeren Lebensbedingungen (z.B. Wohnung) oder neuen Problemen (z.B. öffentliche Sicherheit und Kriminalität) konfrontiert sind (siehe Tabelle 5.6.6).

Wichtige Ausnahmen mit keinen oder nur geringen Unterschieden zu Westdeutschland bilden die Bereiche Ehe/Partnerschaft, Familienleben, Gesundheit und Umweltschutz. Bei Ehe/Partnerschaft und Familienleben erreicht die Zufriedenheit in Ostdeutschland das hohe westliche Niveau. Es spricht alles dafür, daß Ehe und Familie – trotz unbestrittener Beeinträchtigungen und Krisen – besonders hohe Beiträge zur wahrgenommenen Lebensqualität leisten können. Sie haben sich nicht zuletzt deshalb auch unter der sozialistischen Lebensweise behaupten können und dort u.a. einen privaten Schutzbereich gegenüber den Ansprüchen des Staates dargestellt. Auf einem mittleren Zufriedenheitsniveau liegt die Zufriedenheit mit der Gesundheit und ist dabei in Ost- und Westdeutschland etwa gleich hoch. Auf einem im Vergleich der Problembereiche sehr niedrigen, aber im Ost-West-Vergleich übereinstimmenden Niveau liegt die Zufriedenheit mit dem Umweltschutz. Der Umweltschutz ist also in Ost wie West ein Bereich, in dem die Erwartungen der Bürger nicht erfüllt werden.

Wahrgenommene Lebensqualität 433

Tabelle 5.6.6: Zufriedenheit mit Lebensbereichen in Ostdeutschland 1990, 1993 und Westdeutschland 1988, 1993 – in %

Lebensbereich	Jahr	eher zufrieden	davon: hochzufrieden	eher unzufrieden	Durchschnitt
Ehe/Partnerschaft	Ost 1990	97	47	1	8,9
	Ost 1993	97	38	1	8,8
	West 1988	96	47	2	8,9
	West 1993	97	45	2	8,9
Familienleben	Ost 1990	88	35	4	8,2
	Ost 1993	90	27	5	8,2
	West 1988	92	37	4	8,5
	West 1993	93	35	3	8,5
Wohnung	Ost 1990	64	15	17	6,6
	Ost 1993	72	17	13	6,9
	West 1988	89	37	5	8,2
	West 1993	87	37	5	8,2
Freizeit	Ost 1990	67	17	16	6,7
	Ost 1993	68	13	15	6,7
	West 1988	85	29	8	7,8
	West 1993	85	27	8	7,8
Arbeitsplatz	Ost 1990	72	8	13	6,7
	Ost 1993	82	7	9	7,2
	West 1988	92	15	4	7,8
	West 1993	88	14	5	7,7
Lebensstandard	Ost 1990	59	6	19	6,1
	Ost 1993	65	3	15	6,3
	West 1988	83	16	7	7,5
	West 1993	84	16	8	7,5
Gesundheit	Ost 1990	71	15	17	6,8
	Ost 1993	79	18	13	7,3
	West 1988	78	20	13	7,3
	West 1993	77	20	13	7,3
Haushaltseinkommen	Ost 1990	41	5	42	4,8
	Ost 1993	57	3	26	5,8
	West 1988	78	14	11	7,1
	West 1993	78	12	11	7,1
Soziale Sicherung	Ost 1990	40	4	33	5,0
	Ost 1993	45	1	34	5,2
	West 1988	77	11	10	7,0
	West 1993	70	9	15	6,6
Öffentliche Sicherheit	Ost 1990	16	2	64	3,4
	Ost 1993	22	2	66	3,6
	West 1988	58	4	23	5,8
	West 1993	43	3	38	5,0
Umweltschutz	Ost 1990	7	1	83	2,2
	Ost 1993	35	1	39	4,8
	West 1988	30	2	46	4,5
	West 1993	37	3	42	4,8

Anmerkungen: „eher zufrieden" = Werte 6 bis 10 auf der Zufriedenheitsskala, „hochzufrieden" = Wert 10, „eher unzufrieden" = Werte 0 bis 4; Ehe/Partnerschaft: nur Befragte mit Partner oder Ehepartner; Arbeit: nur ganz- oder halbtags abhängig Beschäftigte.
Datenbasis: Wohlfahrtssurvey 1988, 1990, 1993.
Quelle: Eigene Berechnungen.

Eine besonders interessante Frage ist, in welchen Bereichen seit der Vereinigung höhere Zufriedenheiten zu verzeichnen sind. Am stärksten angestiegen ist in den neuen Bundesländern zwischen 1990 und 1993 die Zufriedenheit mit dem Umweltschutz, mit dem Haushaltseinkommen und dem Arbeitsplatz. Bei der Umwelt und dem Haushaltseinkommen spiegelt dies sicher auch tatsächliche Verbesserungen wider, denn reale Einkommenssteigerungen (siehe Abschnitt 3.2.2) und eine umweltfreundlichere Produktion wurden zweifellos erreicht. Die hohe Zufriedenheit mit dem Arbeitsplatz ist eine Einschätzung, nach der nur abhängig Beschäftigte befragt wurden; darin kommt weitergehenden Untersuchungen zufolge auch die Zufriedenheit damit zum Ausdruck, daß jemand unter den Bedingungen struktureller Arbeitslosigkeit überhaupt einen Arbeitsplatz besitzt. Dieser Effekt ist auch in Westdeutschland zu beobachten.

Abgerundet wird dieses Bild von den weitgehend unverändert bleibenden Zufriedenheiten mit der öffentlichen Sicherheit und der sozialen Sicherheit. Hier erfolgten neue Entwicklungen mit Verbesserungen und Verschlechterungen für die ostdeutschen Bürger, deren Beurteilung kontrovers bleibt.

Tabelle 5.6.7: Zufriedenheit damit, wie die Demokratie funktioniert, in Ostdeutschland und Westdeutschland 1990 und 1994 – in %

Jahr	sehr zufrieden	ziemlich zufrieden	nicht sehr zufrieden	überhaupt nicht zufrieden
Ost				
1990	5	44	34	14
1994	6	35	43	14
West				
1990	19	62	13	2
1994	9	56	28	6

Frage: „Sind Sie mit der Art und Weise, wie die Demokratie in Deutschland funktioniert, alles in allem gesehen, sehr zufrieden, ziemlich zufrieden, nicht sehr zufrieden oder überhaupt nicht zufrieden?"
Anmerkung: Zu 100 fehlende Prozent: keine Antwort.
Datenbasis: Eurobarometer 1990, 1994.
Quelle: Europäische Kommission 1994: 22f.

Ein weiterer Bereich, der in der soziologischen Gesellschaftsdiagnose besondere Bedeutung hat, ist die Zufriedenheit mit der Demokratie, weil darin die Legitimität des politischen Systems zumindest ausschnitthaft zum Ausdruck kommt. In den neuen Bundesländern liegt die Zufriedenheit mit dem Funktionieren der Demokratie deutlich niedriger als in den alten und hat seit 1990 abgenommen. 1994 äußerten sich dort 41% der Befragten sehr oder ziemlich zufrieden, während 57% ziemlich oder völlig unzufrieden waren (siehe Tabelle 5.6.7). In Westdeutschland gab es 1994 immerhin 65% sehr oder ziemlich Zufriedene; aber dies ist im Zeitvergleich ein für die alten Bundesländer eher niedriger Wert. Dies läßt sich als eine gewisse Ernüchterung über die alltäglichen Schwierigkeiten und Probleme demokratischer Prozesse im allgemeinen und der Vereinigung im besonderen interpretieren; dies wird in Ost- wie in Westdeutschland ein Zukunftsproblem darstellen.

Zukunftserwartungen

Neben den beschriebenen positiven und negativen Aspekten sind auch die Zukunftserwartungen eine eigenständige Dimension der wahrgenommenen Lebensqualität. Menschen mit derselben Beurteilung ihrer momentanen Lage können sich hinsichtlich ihrer Zukunftserwartungen unterscheiden. Je nachdem, ob diese optimistisch oder pessimistisch sind, kennzeichnet dies unter sonst gleichen Bedingungen eine unterschiedliche Lebensqualität. Die Zukunftserwartungen, die hier betrachtet werden, beziehen sich auf den speziellen Fall der erwarteten Lebenszufriedenheit, allgemein auf erwartete Verbesserungen bzw. Verschlechterungen sowie auf Hoffnungen bzw. Befürchtungen. Je nach Frageformulierung fallen die Antworten etwas unterschiedlich aus und hängen von verschiedenen Einflußfaktoren ab.

Die Zukunftserwartungen hinsichtlich der Lebenszufriedenheit erhalten ihre eigentliche Bedeutung, wenn sie nicht isoliert, sondern im Rahmen individueller Zufriedenheitsverläufe betrachtet werden. Die allgemeine Zufriedenheit mit dem Leben wird dazu für drei Zeitpunkte mit Hilfe der sonst auch verwendeten Zufriedenheitsskala erfragt: für die Gegenwart, für die Zeit vor fünf Jahren und für die Zeit in fünf Jahren. Mit den Angaben für diese drei Zeitpunkte erhält man für jedes Individuum einen Zufriedenheitsverlauf, der eine subjektive Gesamtbeurteilung des Lebensverlaufes in einer Dekade darstellt. Die Befragten bringen damit zum Ausdruck, ob sie ihren vergangenen Lebensverlauf als Aufstieg, als Stagnation oder als Niedergang subjektiv wahrnehmen. Und sie zeigen an, in welchem Maß sie optimistische oder pessimistische Zukunftserwartungen haben. Zukunftserwartungen reagieren ziemlich sensibel auf gesellschaftlichen Situations- und Klimawandel. Dies weiß man aus den Schwankungen der (vergangenen, gegenwärtigen und zukünftig erwarteten) Lebenszufriedenheit in den letzten beiden Jahrzehnten – und dies kommt auch in den Unterschieden zwischen alten und neuen Bundesländern zum Ausdruck.

In den neuen Bundesländern herrschten 1990 bis 1993 klare optimistische Zukunftserwartungen: Die zukünftig erwartete Lebenszufriedenheit lag höher als die gegenwärtige, und diese lag über der Lebenszufriedenheit in der Vergangenheit (siehe Abbildung 5.6.1). 1993 war der Optimismus allerdings weniger ausgeprägt als 1990, was einen gewissen Abbau hoher Erwartungen im Verlauf des Transformationsprozesses indiziert. Neuere Erhebungen zeigen, daß der Optimismus 1995 völlig verschwunden ist und die gegenwärtige Lebenszufriedenheit mit der zukünftig erwarteten geichauf liegt (vgl. Zapf/Habich 1996: 352). In den alten Bundesländern weisen die Indikatoren auf eine leicht pessimistische Richtung hin; 1995 sind sie eindeutig von negativen Erwartungen gekennzeichnet. Damit erfolgt eine pessimistische Anpassung der Zukunftserwartungen zwischen Ost- und Westdeutschland, die auch in weiteren Untersuchungen zum Ausdruck kommt (vgl. Brähler/Richter 1995: 16).

Abbildung 5.6.1: Lebenszufriedenheit vor fünf Jahren, heute und in fünf Jahren – Mittelwerte auf der Zufriedenheitsskala von 0 bis 10

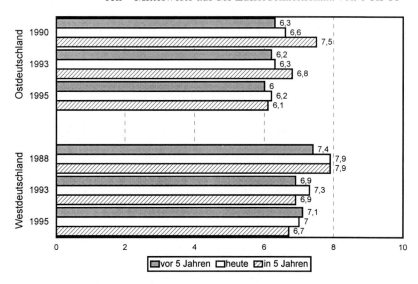

Anmerkung: Im Wohlfahrtssurvey 1993 wurde nicht die Zufriedenheit mit dem Leben, sondern die Einschätzung der Lebensbedingungen für die drei Zeitpunkte abgefragt.
Datenbasis (für 1988, 1990 und 1993): Wohlfahrtssurvey 1988, 1990, 1993.
Quelle: Eigene Berechnungen; für 1995: Zapf/Habich 1996: 352.

Die wahrgenommene Lebensqualität in Ostdeutschland, die im Hinblick auf das subjektive Wohlbefinden in Westdeutschland markante Defizite aufweist, erhielt anfangs durch den hohen Zukunftsoptimismus, den die ostdeutsche Bevölkerung ausstrahlte, einen besonderen positiven Akzent. Heute hat sich

Wahrgenommene Lebensqualität 437

dieser Optimismus verbraucht und für Deutschland besteht in der starken Verbreitung negativer Erwartungen ein Problemszenario.

Bei Zukunftserwartungen im Hinblick auf „Verbesserungen" und „Verschlechterungen" ihrer Situation geben die Befragten allgemeine Beurteilungen ab, bei denen sie ihnen wichtige Aspekte berücksichtigen können (siehe Abbildung 5.6.2). In Ostdeutschland herrschte im Jahr 1990 zunächst ein großer Zukunftsoptimismus vor, der inzwischen einer etwas zurückhaltenderen Einschätzung gewichen ist – so erwarten im Jahr 1994 32% der Befragten eine Verbesserung für das nächste Jahr, 21% eine Verschlechterung und 40% ein Gleichbleiben ihrer Situation. Trotz des Rückgangs der optimistischen Erwartungen im Verlauf des Transformationsprozesses um 25 Prozentpunkte liegen die Zukunftserwartungen in Ostdeutschland weit über den Werten in Westdeutschland. Dort ist ab 1991 eine größere Zahl von Pessimisten als Optimisten vorhanden. Die Differenz ist 1994 geringer geworden; während 25% an eine Verbesserung im nächsten Jahr glauben, erwarten 27% eine Verschlechterung. Der Tendenz nach gilt auch hier: Die Ostdeutschen sind optimistischer als die Westdeutschen, sie verlieren im Transformationsprozeß einen Teil dieses Optimismus und passen sich den pessimistischen westdeutschen Erwartungen teilweise an.

Abbildung 5.6.2: Erwartungen für das nächste Jahr in Ostdeutschland und Westdeutschland 1990 bis 1994 – in %

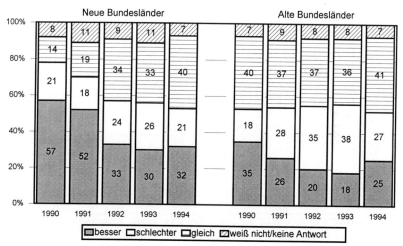

Frage (1994): „Gauben Sie, daß das nächste Jahr – 1995 – soweit es Sie betrifft, besser oder schlechter werden wird als 1994?"
Datenbasis: Eurobarometer 1990-1994.
Quelle: Europäische Kommission 1994: 219.

438 Ausgewählte sozialpolitische Dimensionen

Eine ähnliche Grundtendenz zeigen die Antworten auf die vom Allensbacher Institut für Demoskopie seit Jahrzehnten gestellt Frage nach „Hoffnungen", „Befürchtungen" und „Skepsis" für das nächste Jahr (siehe Abbildung 5.6.3). Allerdings ergibt sich unter Verwendung dieser Begriffe ein viel größeres Hoffnungspotential als zuvor. Von 1991 bis 1995 blicken die Ostdeutschen wiederum zuversichtlicher in die Zukunft als die Westdeutschen (1990 bildet in diesem Datensatz eine Ausnahme). Diese Frage, die nicht auf die persönliche Situation eingeengt ist, reagierte in der Vergangenheit sehr stark auf weltpolitische Ereignisse. Sie verzeichnet auch im Jahr 1992, als die Auseinandersetzungen auf dem Balkan an Heftigkeit zunahmen, die größten Einbrüche. 1994 weist sie in Ostdeutschland wie in Westdeutschland die meisten Hoffnungen und die wenigsten Befürchtungen auf. Im Jahr 1995 ähneln sich die entsprechenden Verteilungen in Ost- und Westdeutschland ziemlich stark und der Überschuß an Hoffnungen in den neuen Bundesländern ist nicht mehr allzu hoch.

Abbildung 5.6.3: Hoffnungen und Befürchtungen für das kommende Jahr in Ostdeutschland und Westdeutschland 1990 bis 1995 – in %

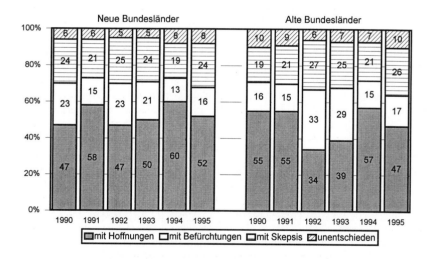

Frage: „Sehen Sie dem neuen Jahr mit Hoffnungen oder Befürchtungen entgegen?"
Quelle: Noelle-Neumann/Köcher 1993: 1102 und Institut für Demoskopie Allensbach 1993, 1994 und 1995a.

Fazit: Lebensqualität und Gesellschaftspolitik

Die Realisierung einer hohen Lebensqualität erfordert, daß objektiv gute Lebensbedingungen bestehen und zugleich die Menschen sich wohl fühlen. Eine „sich verschlechternde Stimmung ist eine ‚soziale Tatsache' ... und kann sich rasch im politischen und ökonomischen System fortpflanzen" (Zapf/Habich 1996: 354). Die wahrgenommene Lebensqualität – wie sie in Deutschland und anderen modernen Gesellschaften beobachtet wird – ist ein differenziertes Phänomen und weist ambivalente Aspekte auf. Auf der positiven Seite stehen Glück und Zufriedenheit mit dem Leben; sie sind in Ostdeutschland in großem Umfang vorhanden, aber deutlich seltener als in Westdeutschland. Negative Aspekte subjektiven Wohlbefindens sind in den neuen Bundesländern häufiger als in den alten vorhanden, wie aus der Verbreitung von Besorgnissymptomen (Erschöpfung, Angst, Nervosität, Niedergeschlagenheit) und Anomiesymptomen (Einsamkeit, Orientierungslosigkeit, Entfremdung von der Arbeit) hervorgeht. Alles in allem ist das subjektive Wohlbefinden in Ost- und Westdeutschland von einem Nebeneinander („Ambivalenz") von Glück und Zufriedenheit einerseits und von Besorgnissen und anomischen Beeinträchtigungen andererseits gekennzeichnet. Dies gilt im Prinzip für Ost- und Westdeutschland, aber auf unterschiedlichen Niveaus, weil die wahrgenommene Lebensqualität in Ostdeutschland der Tendenz nach niedriger liegt als diejenige in Westdeutschland.

In Übereinstimmung damit steht, daß viele Lebensbereiche im Osten ein relativ niedriges Zufriedenheitsniveau aufweisen. In den Bereichen Lebensstandard, soziale Sicherheit, Haushaltseinkommen und öffentliche Sicherheit ist das Zufriedenheitsdefizit der Ostdeutschen gegenüber den Westdeutschen am größten. Keine Unterschiede sind bei der Zufriedenheit mit Ehe/Partnerschaft einerseits und dem Umweltschutz andererseits vorhanden.

Was die Kumulation von Deprivationen über verschiedene Bereiche hinweg betrifft, so ergeben entsprechende Untersuchungen ein übereinstimmendes Bild: Bei den meisten von „subjektiven Problemlagen" betroffenen Bürgern liegt eine Problemlage vor; Problemkumulationen sind insgesamt eher selten, konzentrieren sich allerdings auf bestimmte Gruppen (z.B. Alleinerziehende). Auch der Unterschied zwischen Ost- und Westdeutschland findet sich hier in einer etwas höheren Häufigkeit mehrfacher subjektiver Problemlagen bei ostdeutschen Befragten (vgl. Habich 1994a: 586ff.).

Aus Untersuchungen des Zusammenhangs zwischen objektiven Lebensbedingungen und wahrgenommener Lebensqualität wissen wir, daß diejenigen, die bessere Lebensbedingungen haben, auch zufriedener mit ihnen sind, und daß Schlechtergestellte unzufriedener sind. Dies gilt nicht in jedem Einzelfall, aber im Durchschnitt aller Bundesbürger. Die Gesellschaftspolitik kann also damit rechnen, daß sich eine Verbesserung der Lebensbedingungen in einer höheren Zufriedenheit der Bürger äußert. Dies wird in Ostdeutschland besonders stark der Fall sein, da hier das Wohlstands- und Wohlfahrtsdefizit gegenüber Westdeutschland die Grundlage für eine wahrgenommene multiple Deprivation darstellt.

Negative Aspekte subjektiven Wohlbefindens sind in Ostdeutschland deutlich häufiger vorhanden als in Westdeutschland. Die Frage, inwieweit und wie schnell sie sich reduzieren ließen, ist nicht einfach zu beantworten. Ein gewisses Maß an subjektiven Beeinträchtigungen ist in einer Gesellschaft, in der Konflikte und Konkurrenz institutionelle Bestandteile sind und zudem ein schneller sozialer Wandel abläuft, unvermeidlich. Andererseits gibt es kaum Zweifel daran, daß die Gesellschaftspolitik ihre Möglichkeiten zur Überwindung von gesellschaftlichen Problemen und zur Verbesserung der Lebensbedingungen nicht ausschöpft und deshalb manche Chancen zur Reduzierung von Unzufriedenheiten, Sorgen und Ängsten ungenutzt bleiben. Die Vereinigung Deutschlands bedeutet aus der Perspektive der wahrgenommenen Lebensqualität, daß zwei Länder mit offensichtlich sehr unterschiedlichen Niveaus der wahrgenommenen Lebensqualität zusammengefügt wurden und damit im vereinigten Deutschland ein höheres Maß an Ungleichheit des Wohlbefindens als in der alten Bundesrepublik existiert. Kennzeichnend war lange Zeit die optimistische Grundstimmung in Ostdeutschland und die Konstanz der wahrgenommenen Lebensqualität in Westdeutschland. Viele Anzeichen deuten darauf hin, daß die günstige Situation der letzten Jahre nicht fortbestehen wird.

5.7 Werte- und Einstellungswandel

Die Angleichung der „Lebensverhältnisse" zwischen Ost- und Westdeutschland ist nicht nur eine Frage der materiellen Lebensbedingungen, sondern insbesondere auch der Wertvorstellungen und Einstellungen, also des Maßes an Übereinstimmung im Hinblick auf das, was die Menschen als wünschenswert sowie als ethisch-moralisch und gesellschaftspolitisch richtig ansehen. Die Gemeinsamkeit übergreifender Wertvorstellungen stellt die zentrale Integrationsform moderner Gesellschaften dar. Dementsprechend wird die gesellschaftliche Integration des vereinten Deutschland erreicht sein, wenn die Gemeinsamkeit an Wertvorstellungen eine stabile Grundlage für die Aufrechterhaltung der Verfassung und im weiteren Sinn gesellschaftlicher Basisinstitutionen wie Konkurrenzdemokratie, Marktwirtschaft und Wohlfahrtsstaat bildet. Wann genau die gemeinsamen Wertvorstellungen ausreichend für eine integrierte Gesellschaft sein werden, läßt sich nicht eindeutig angeben, sondern bleibt der kritischen Abwägung überlassen. Die Konsensanforderungen an die Ostdeutschen scheinen allerdings oft überzogen zu sein, z.b. dann, wenn eine „Ostidentität" oder ein „Regionalbewußtsein Ost" als drohende Gefahr an die Wand gemalt werden (vgl. hierzu Pollack 1996). Eine moderne Gesellschaft kann einige soziale Spannungen aushalten, und sie bedarf geradezu der positiven Funktionen von Konflikt und Dissens. Die diskursive Austragung von Gegensätzen ist ihrer Unterdrückung in jedem Fall vorzuziehen. Wie sich die Wertvorstellungen und Einstellungen in beiden Teilen Deutschlands entwickeln und zueinander verhalten, ist die Fragestellung, der anhand ausgewählter Dimensionen nun nachgegangen wird.[174]

Postmaterialistischer Wertewandel in der Defensive

Wertewandel ist ein Begriff, der auf Westdeutschland seit längerem selbstverständlich angewendet wird, aber auf Ostdeutschland nicht zu passen scheint (vgl. Meulemann 1996: 177). Die üblichen Indikatoren für materialistische und postmaterialistische Werthaltungen machen in einem sozialistischen System wenig Sinn. „Materialisten" geben der Aufrechterhaltung von Ruhe und Ordnung sowie dem Kampf gegen steigende Preise Priorität, „Postmaterialisten" geben demgegenüber dem Einfluß der Bürger auf Regierungsentscheidungen und dem Schutz des Rechtes auf freie Meinungsäußerung den Vorzug. Die Diagnosen für Westdeutschland waren immer etwas umstritten: Einerseits wurde ein Umbruch von materialistischen zu postmaterialistischen Wertorientierungen konstatiert (vgl. Inglehart 1989), andererseits wurde dies als zu eindimensionale Sichtweise kritisiert. Man konstatierte stattdessen eine Wertedifferenzierung und eine Ablösung von Pflicht- und Akzeptanzwerten hin zu mehr Selbstentfaltungswerten (vgl. Klages 1993). Übereinstimmung besteht jedoch darüber, daß der Wertewandel in engem Zusammenhang mit der Wohlstandsentwicklung und mit gesellschaftlichen Differenzierungsprozessen insgesamt zu sehen ist. Dementsprechend wurde die Wohlstandsentwicklung in Westdeutschland lange Zeit von einer Zunahme des „postmaterialistischen" Wertetyps begleitet. Doch in den krisenhaften neunziger Jahren verlor dieser Wertetyp wieder an Boden, sein Anteil an der westdeutschen Bevölkerung sank von 32% (1990) auf 22% (1994) (vgl. Terwey 1995: 675). Dieses Wertekonzept wurde sehr schnell auch für Erhebungen in Ostdeutschland herangezogen. Für das Jahr 1990 zeigte sich er-

---

174 In diesem Abschnitt werden in Umfragen erhobene Wertvorstellungen und Einstellungen präsentiert. Erläuterungen zu den Besonderheiten von Umfragedaten und von subjektiven Indikatoren finden sich im Anhang.

wartungsgemäß eine geringere Verbreitung „postmaterialistischer" Werte, als sie in den alten Bundesländern bestand. Der Anteil postmaterialistischer Werthaltungen betrug in der ostdeutschen Bevölkerung 1990 15% und ging im Jahr 1994 auf 11% zurück; insgesamt vermitteln verschiedene Erhebungen ein Bild relativer Stabilität im Verlauf des ostdeutschen Transformationsprozesses (vgl. Bauer-Kaase 1994: 281 und Terwey 1995: 675). Den Wertewandel in Richtung Postmaterialismus betreffend hat Ostdeutschland also einen „Rückstand" gegenüber Westdeutschland aufzuweisen, während dort postmaterialistische Werte im Verlauf der wirtschaftlichen Strukturkrise auf dem Rückzug sind. Damit ist das vereinte Deutschland materialistischer geprägt als die alte Bundesrepublik.

Die Wertvorstellungen der Ostdeutschen lassen sich zu einem erheblichen Anteil aus ihrer spezifischen Geschichte ableiten, aus der „erzwungenen Säkularisierung" während der DDR-Zeit und aus der anhaltenden „Wertepolitik" der Machthaber, mit der versucht wurde, die Wertvorstellungen der Bevölkerung an sozialistische Vorstellungen zu binden. Insoweit hat das sozialistische Gesellschaftssystem versucht, den Wertorientierungen der Bürger seinen Stempel aufzudrücken. Das Fehlen geeigneter Basisinstitutionen führte in der realsozialistischen Gesellschaft dazu, daß individuelle Entfaltungsmöglichkeiten weder gefördert noch in besonderem Maße genutzt wurden und somit u.a. das wirtschaftliche Leistungspotential ungenutzt blieb (vgl. Gensicke 1995: 112f.). Die realsozialistische „Modernisierung", kam „von oben", und unterschied sich von der Modernisierung westlicher Prägung, in der sich eher „subjektive" Potentiale der einzelnen entfalten konnten, was in diesem Sinne als Modernisierung „von unten" bezeichnet werden kann (vgl. Hradil 1992a).

Folgt man der markantesten Diagnose, so vollzog sich in der DDR kein Wertewandel, vielmehr herrschte nach der seit den fünfziger Jahren einsetzenden Säkularisierung eine lang anhaltende Werte-Stagnation vor (vgl. Meulemann 1996). Entgegen dieser These wurden bei Umfragen unter Lehrlingen in der DDR in den achtziger Jahren postmaterialistische Tendenzen festgestellt, die in dieser Untergruppe einen Wertewandel belegen (vgl. Klages/Gensicke 1993: 55). Wie auch immer dieses Analyseproblem entschieden wird, die „friedliche Revolution" ist als Mißerfolg der sozialistischen Wertepolitik zu interpretieren. Dahingestellt muß jedoch bleiben, ob die „friedliche Revolution" von einem Ansteigen systemkritischer Einstellungen oder aber von einem fundamentalen Wertewandel getragen wurde (vgl. Meulemann 1996).

Werte- und Einstellungswandel

Rückblick auf die Idee des Sozialismus

Die Idee des Sozialismus ist durch den Zusammenbruch der sozialistischen Staatenwelt weder in Ost- noch in Westdeutschland völlig diskreditiert worden. Unter den Ostdeutschen sind es immerhin zwei Drittel, die glauben, daß es sich um eine gute Idee handelt, die schlecht ausgeführt wurde (siehe Abbildung 5.7.1). Zwar teilt 1995 auch ein Drittel der Westdeutschen diese Einsicht, damit stellt diese Auffassung aber bei weitem keine Mehrheitsmeinung dar. Diese Ergebnisse deuten darauf hin, daß mit bzw. nach der Wende kein vollständiger Bruch mit der Vergangenheit vollzogen wurde, sondern daß durch die Unterscheidung der „guten Idee" des Sozialismus von ihrer unzureichenden Realisierung zugleich Distanzierung und Identifikation mit der Vergangenheit erfolgen.

Abbildung 5.7.1: Wertschätzung gegenüber dem Sozialismus in Ost- und Westdeutschland 1990 bis 1995 – Zustimmung in %

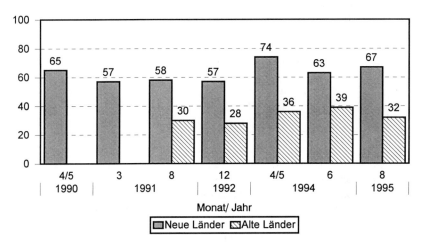

Frage: „Ist der Sozialismus eine gute Idee, die schlecht ausgeführt wurde?"
Quelle: Gensicke 1996: 92.

Dem gegenüber steht, daß die Einführung der politischen Grundordnung nach dem westdeutschen Vorbild von den Ostdeutschen heute mit Dreiviertel-Mehrheit begrüßt wird (siehe Abbildung 5.7.2). Das Festhalten an der „guten Idee" des Sozialismus bedeutet also nicht den Wunsch nach einem „Zurück" in die alten Verhältnisse. Vielmehr hat sich der Anteil derjenigen, die die Übernahme der westlichen politischen Ordnung bejahen, von 1992 (68%) bis 1995 (77%) erhöht. Etwas anders verhält es sich freilich mit den Einstellungen zum Wirtschaftssystem der Bundesrepublik. Der Anteil derjenigen, die eine positive Meinung dazu haben, verringerte sich von einer Dreiviertel-Mehrheit auf eine Eindrittel-Minderheit (siehe Abbildung 5.7.3).

Abbildung 5.7.2: Bewertung der Einführung einer politischen Ordnung nach westlichem Vorbild 1990 bis 1995 (ostdeutsche Befragte) – in %

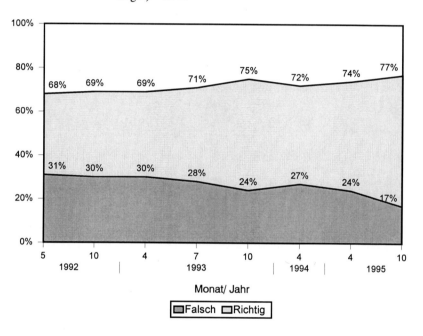

Anmerkung: Zu 100 fehlende Prozent: keine Angabe.
Frage: „Die Einführung einer politischen Ordnung nach westlichem Vorbild war ..."
Quelle: Gensicke 1996: 89.

Somit ergibt sich eine eigentümliche Mischung, bei der sozialistische Bindungen und demokratiefreundliche Werthaltungen mit partieller Bejahung bzw. Ablehnung westdeutscher Institutionen verbunden sind.

Werte- und Einstellungswandel 445

Abbildung 5.7.3: Einstellung zum Wirtschaftssystem der Bundesrepublik in Ost- und Westdeutschland 1990 bis 1995 – in %

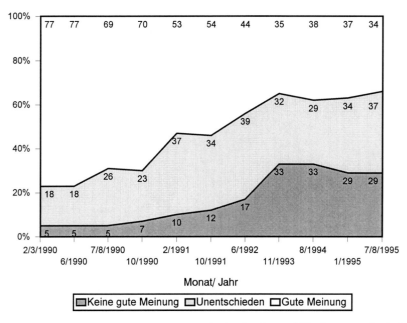

Frage: „Haben Sie vom Wirtschaftssystem in der Bundesrepublik eine gute oder keine gute Meinung?"
Quelle: Gensicke 1996: 89.

Politische Orientierung

Viele Werte und Einstellungen sind mit gesellschaftspolitischen Standpunkten verbunden. Eine starke Besetzung der Extreme im politischen Spektrum könnte eine Gefahr für die demokratische Willensbildung darstellen. Von einer solchen Situation ist Deutschland gegenwärtig weit entfernt. Die gesellschaftspolitische Verortung der Ostdeutschen innerhalb einer Links-Rechts-Skala zeigt eine deutliche Dominanz der Mitte, wie sie auch im Westen Deutschlands vorhanden ist (siehe Abbildung 5.7.4). Allerdings erfolgen Einordnungen im linken Skalenspektrum im Osten etwas häufiger als im Westen, während im Westen ein etwas höheres „rechtes" Wählerpotential zu erkennen ist. Die bisherigen Wahlergebnisse in Ostdeutschland haben demonstriert, daß die in Westdeutschland dominierenden Parteien CDU und SPD die meisten Wählerstimmen erhalten; anders als im Westen zeigen allerdings relativ hohe Stimmenanteile für die PDS Nachwirkungen der sozialistischen Vergangenheit an, die eine Herausforderung für die gesellschaftspolitische Diskussion darstellen.

Abbildung 5.7.4: Selbsteinschätzung auf der politischen Links-Rechts-Skala (von 0 bis 100) in Ost- und Westdeutschland 1995 – in %

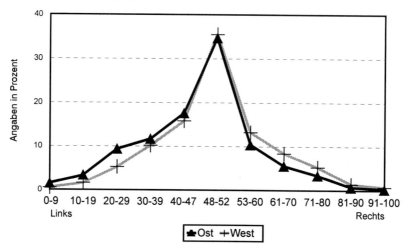

Quelle: Gensicke 1996: 92.

Freiheit und Gleichheit

Die Betonung der *Gleichheit* im sozialistisch-planwirtschaftlichen System gehört ebenso wie die Betonung der *Freiheit* im demokratisch-marktwirtschaftlichen System zu den Grundideen des jeweiligen Gesellschaftssystems. Gleichheit war in der DDR ein wichtiges Steuerungselement der staatlichen Politik und besaß Legitimationscharakter. Zwar garantierte die DDR-Verfassung formale Chancengleichheit, ordnete sie aber dem proklamierten Ziel materialer Gleichheit (Ergebnisgleichheit) unter (vgl. Meulemann 1996: 188f.). Im Grundgesetz stehen demgegenüber Freiheitsrechte im Vordergrund, die im Recht zur freien Entfaltung der Persönlichkeit zusammenfassend ihren

Werte- und Einstellungswandel

Ausdruck finden. Die Betonung des Gleichheitsideals hat in den Einstellungen der Ostdeutschen einen Niederschlag gefunden, der sie deutlich von den Westdeutschen unterscheidet (siehe Abbildung 5.7.5). Lediglich im Jahr der Vereinigung 1990 traten in Ostdeutschland fast so viele für die „Freiheit des einzelnen" wie für „soziale Gleichheit" ein; danach verlor – vor dem Hintergrund neuer Entwicklungen der sozialen Ungleichheit – das Freiheitsideal wieder an Akzeptanz. Die Ostdeutschen würden ein Leben in Gleichheit einem Leben in Freiheit mehrheitlich vorziehen. Umgekehrt verhält es sich in Westdeutschland, wo „Freiheit" stets der „Gleichheit" vorgezogen wird. Dieser Gegensatz bei grundsätzlichen gesellschaftspolitischen Gestaltungsprinzipien wird in der Zukunftsdiskussion für Deutschland zentralen Stellenwert erhalten.

Abbildung 5.7.5: Stellenwert von sozialer Gleichheit und Freiheit für den einzelnen in Ost- und Westdeutschland 1990 bis 1995 – in %

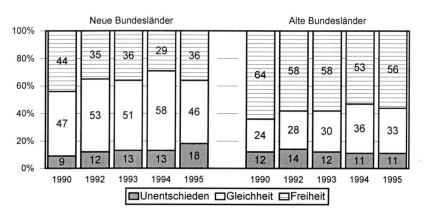

Frage: „Sind sie eher für die Freiheit des einzelnen oder eher für soziale Gleichheit?"
Quelle: Gensicke 1996: 91.

Gerechtigkeit

Gerechtigkeit ist ein zentraler Wert für die Legitimation einer Gesellschaftsordnung. In einer Gesellschaft, die von ihren Mitgliedern als „ungerecht" angesehen wird, drohen starke soziale Spannungen und desintegrative Tendenzen. Gerechtigkeit zu definieren ist ein komplexes – hier nicht zu lösendes –

Problem, doch es besteht eine Tendenz, sie im Sinne von Verteilungsgerechtigkeit zu verstehen und dabei das Verhältnis von Geben und Nehmen in unterschiedlichen Zusammenhängen zu betrachten.

In diesem Bezugsrahmen steht eine Frage, die 1991 und 1992 im ALLBUS[175] gestellt wurde: „Im Vergleich dazu, wie andere hier in Deutschland leben: Glauben Sie, daß Sie ihren gerechten Anteil erhalten, mehr als Ihren gerechten Anteil, etwas weniger als Ihren gerechten Anteil oder sehr viel weniger?" Zwischen Ost- und Westdeutschland ergeben sich dabei dramatische Unterschiede. Vier von fünf Ostdeutschen konstatieren in beiden Jahren eine „ungerechte" Gesellschaft, in der sie nicht erhalten, was ihnen zusteht. Demgegenüber geht in Westdeutschland eine große Mehrheit von einer gerechten Gesellschaft aus: Zwei Drittel glauben zu bekommen, was ihnen gerechterweise zusteht. Das ostdeutsche Gerechtigkeitsdefizit spiegelt sich auch in der 1994 erfolgten Beurteilung „der sozialen Unterschiede in unserem Lande" wider. Sie werden von 12% der Ostdeutschen, aber von 45% der Westdeutschen im großen und ganzen als gerecht betrachtet. „Alle Befunde sprechen dafür, daß es vor allem das Wohlstandsgefälle zwischen den alten und neuen Bundesländern ist, das als ungerecht empfunden wird, und daß es sich bei der weit verbreiteten Attitüde eines ungerechtfertigten ‚Zu-Kurz-Kommens' der ostdeutschen Bürger um das kollektive Gefühl der relativen Deprivation im Vergleich mit den westdeutschen handelt." (Noll 1996b: 497)

Leistung und soziale Sicherheit

In der DDR, die sich als Arbeiterstaat verstand, war der Begriff der *Leistung* eng an den der Arbeit gekoppelt. Doch die Chancen, sich durch Leistung selbst zu verwirklichen und die eigene Lebenslage zu verbessern, waren institutionell sehr gering. Leistung besaß zum Ende der DDR-Zeit dennoch einen hohen Wert, wohingegen in Westdeutschland bei hohen institutionellen Chancen ein nachlassendes Leistungsbewußtsein im Erwerbsbereich zu verzeichnen war (vgl. Meulemann 1996: 210f.). Auch nach der Vereinigung erachten im Jahr 1993 48% der Ostdeutschen „Leistung, Leistungsbereitschaft" für wichtig, während dies nur auf 36% der Westdeutschen zutrifft (vgl. Meulemann 1996: 295). Die stärkere Leistungsorientierung des Ostens bestätigt sich also weiterhin; zumindest für das Leistungsbewußtsein gilt, daß die ostdeutsche Gesellschaft eher eine Leistungsgesellschaft darstellt als die westdeutsche.

---

175 Die Allgemeine Bevölkerungsumfrage der Sozialwissenschaften (ALLBUS) wird seit 1980 alle zwei Jahre durchgeführt und umfaßt seit einer zusätzlichen Erhebung 1991 auch die neuen Bundesländer.

Eine gewisse Relativierung erfährt das Leistungsbewußtsein durch den Blick auf die *soziale Sicherheit*, die von drei Vierteln der Ostdeutschen als sehr wichtig eingestuft wird und damit neben „Recht und Ordnung" und „persönlicher Sicherheit" an der Spitze der Wertehierarchie steht (vgl. Institut für Demoskopie Allensbach 1996: 20f.). Diese Dominanz wird nicht auf Nachwirkungen sozialistischer Wertvorstellungen zurückgeführt, sondern auf neue Erfahrungen mit existentieller Unsicherheit. „Neben die für Ostdeutsche völlig neuen Erfahrungen mit Arbeitslosigkeit, Ersatzbeschäftigung in befristeten und Billigarbeitsplätzen, fehlenden Arbeitsplätzen für Jugendliche, Frauen und Behinderte ist Sorge um steigende Kriminalität und Gewalt getreten." (Winkler 1995c: 44)

Religion und Moralität

In der Verfassung der DDR war das *Recht des religiösen Bekenntnisses* und der *Religionsausübung* verankert. Dennoch versuchte der Staat, die Kirche zu schwächen, um die einzige staatsfreie Institution der DDR in das System zu integrieren und „alle Bereiche des sozialen Lebens in ihrem Sinne [der Partei] ‚homogenisieren' oder ‚organisieren'" zu können (vgl. Meulemann 1996: 229).

Die Beteiligung an den kirchlichen rituellen Praktiken (Taufe, Kommunion/Konfirmation, Trauung, Bestattung, Kirchenbesuch) nahm sowohl in der DDR als auch in der Bundesrepublik mindestens seit Ende der vierziger Jahre stark ab, jedoch ist die Säkularisierung in der DDR Ergebnis einer planmäßigen Kirchenfeindlichkeit, während sie sich in der Bundesrepublik als ein spontaner sozialer Prozeß der Modernisierung darstellt (vgl. Meulemann 1996: 232). Die Zugehörigkeit zu einer Kirche ist in Westdeutschland wesentlich stärker verbreitet, als in Ostdeutschland: Im Westen beläuft sich der Anteil der Konfessionslosen an der Bevölkerung zwischen 1991 und 1994 konstant auf 11%, im Osten hingegen gehören 1991 65% und 1994 bereits 68% keiner Religionsgemeinschaft an (vgl. Meulemann 1996: 335 und Priller 1995: 365f.). Doch nicht nur in der Kirchenmitgliedschaft, sondern ebenso in kirchlichen Praktiken und (Gottes-)Glauben entwickeln sich die beiden Landesteile auseinander, so daß Meulemann (1996: 336f.) die den Osten betreffende Struktur- und Verzögerungshypothese in diesem Punkt als widerlegt sieht.

Wie Tabelle 5.7.1 zeigt, nimmt die Anzahl der Menschen, die sich als religiös verstehen, in Ostdeutschland ab, während sie in Westdeutschland eher auf gleichem Niveau verharrt. Die beiden Landesteile bewegen sich sowohl in institutioneller als auch in diffuser Religiosität auseinander, denn während im Westen die Veränderungen gering sind, säkularisiert sich der Osten noch weiter.

Tabelle 5.7.1: Religiöse Selbsteinstufung in Ost- und Westdeutschland 1990 bis 1995 – in %

Selbsteinstufung als	Ostdeutschland				Westdeutschland		
	1990	1991	1994	1995	1990	1994	1995
ein religiöser Mensch	32	31	23	24	54	49	56
kein religiös. Mensch	37	43	43	44	26	32	25
überzeugter Atheist	18	15	21	19	3	5	4
unentschieden	13	11	13	13	17	14	15

Quelle: Noelle-Neumann/Köcher 1987: 168 und Institut für Demoskopie Allensbach 1995b: 61.

Tabelle 5.7.2: Akzeptanz moralischer Gebote in Ost- und Westdeutschland 1990 bis 1995: Verurteilungen im Fall der Übertretung – in %

	Ostdeutschland			Westdeutschland		
	1990	1994	1995	1990	1994	1995
Werte: Ehe und Familie						
Geschlechtsbez. zwischen Minderjährigen	83	73		66	60	
Außereheliches Verhältnis	76	58		64	59	
Prostitution	66	49		48	38	
Homosexualität	52	33		42	35	
Sich scheiden lassen	27	14		21	16	
Werte: fremdes Leben						
Abtreibung	33	21		39	40	
Mord aus politischen Gründen	94	95		87	90	
In Notwehr töten	41	30		31	27	
Werte: eigenes Leben						
Euthanasie	51	34		47	32	
Selbstmord	70	52		55	51	
Regel der Reziprozität						
Schwarzfahren	93	85	80	78	78	75
Steuern hinterziehen	88	72	63	68	67	63
Gefundenes Geld behalten	69	51	53	62	52	55
Für den eigenen Vorteil lügen	69	47	43	56	45	44
Mißbrauch v. Sozialleistungen	91	88		83	88	

Quelle: Institut für Demoskopie Allensbach 1995b: 64ff.

Hinsichtlich der *Moralität* kann in Ostdeutschland eine deutlich höhere Verurteilung von Verbotenem – unabhängig von einer religiösen Begründung – ausgemacht werden. Im Vergleich zu Ostdeutschen sind die Westdeutschen moralisch weniger streng und erkennen die Gebote und Verbote von Instanzen weniger an. Im Osten herrscht demnach ein stärkerer „moralischer Konventionalismus", der sich insbesondere auch an den Institutionen Ehe und Familie aufzeigen läßt (vgl. Meulemann 1996: 364). In der kurzen Zeitspanne seit der Vereinigung verminderte sich jedoch im Osten die Moralität und ist heute vor allem in den Normen des öffentlichen Lebens den Wertvorstellungen in Westdeutschland angepaßt (siehe Tabelle 5.7.2).

Wertekonflikt: Gesetzgebung zum Schwangerschaftsabbruch

In der Debatte um die Gesetzgebung zum Schwangerschaftsabbruch (§ 218 StGB) manifestiert sich exemplarisch ein Konflikt um die rechtliche Durchsetzung von Werten. Mit der Vereinigung beider deutscher Staaten bedurfte es einer einheitlichen Regelung für Abtreibung, da in Westdeutschland seit 1976 ein Indikationsmodell und in Ostdeutschland seit 1972 eine Fristenregelung galt. Erst nach der Entscheidung des Bundesverfassungsgerichtes vom Mai 1993 trat für beide Teile Deutschlands eine Fristenlösung mit Beratungspflicht in Kraft. In der öffentlichen Kontroverse werden die drei insgesamt wenig umstrittenen klassischen Indikationen (medizinische, eugenische und kriminologische) der viel debattierten sozialen Indikation entgegengesetzt. Für das Jahr 1992 lassen sich keine nennenswerten Unterschiede hinsichtlich eines Schwangerschaftsabbruchs nach den klassischen Indikationen zwischen Ost- und Westdeutschland feststellen, denn Ostdeutsche stimmen mit 98% bis 99% und Westdeutsche mit 95% bis 97% für eine Legalisierung des Schwangerschaftsabbruchs aus diesen Gründen (siehe Abbildung 5.7.6). Hingegen geht die Zustimmung für eine gesetzliche Freigabe von Schwangerschaftsabbrüchen innerhalb einer Drei-Monats-Frist bei verschiedenen Notlagen einer sozialen Indikation deutlich auseinander: Die Akzeptanz eines Abbruchs aus sozialen Gründen liegt bei der befragten ostdeutschen Bevölkerung um 20 bis 30 Prozentpunkte höher als bei der westdeutschen.

Diese Differenz ist wahrscheinlich zum einen auf die bis 1993 geltende liberalere Rechtslage im Osten zurückzuführen und zum anderen auf die durch die Wende hervorgerufenen wirtschaftlichen und sozialen Umwälzungen und Unsicherheiten, die das Bedürfnis nach Selbstbestimmung über das eigene Leben verstärken (vgl. Koch 1994: 213).

Wichtige Faktoren, die die Einstellung zum Schwangerschaftsabbruch beeinflussen, bestehen weniger in sozialstrukturellen Merkmalen, wie z.B. Bildung, Alter und Geschlecht (vgl. Rattinger 1993), vielmehr stellen Religiosität und Konfession, jedoch auch bestimmte gesellschaftliche, ethische und sexualmoralische Orientierungen die dominanten Determinanten dar (vgl. Koch 1994: 217ff.). Sowohl in Ost- wie auch in Westdeutschland spielt die Zugehörigkeit zur katholischen bzw. evangelischen Kirche für die Einstellung zur Legalisierung des Schwangerschaftsabbruchs eine zentrale Rolle, wobei die Katholiken eine deutlich restriktivere Einstellung zur Legalisierung ausdrücken. Für die Ostdeutschen läßt sich aber 1992 für beide Konfessionen eine liberalere Haltung als für die Westdeutschen konstatieren (vgl. Koch 1994: 220ff.). Während sich kaum signifikante Unterschiede in der Einstellung zur staatlichen Regelung des Schwangerschaftsabbruchs zwischen den Geschlechtern ausmachen lassen, bildet sich hingegen seit der Vereinigung zunehmend sowohl im Osten wie im Westen eine liberalere Haltung heraus (vgl. Rattinger 1994: 114). Vermutlich hängt diese Entwicklung mit der Sensibilisierung der Bevölkerung für diese Thematik während der öffentlichen Debatte um die einheitliche gesetzliche Regelung des § 218 zusammen.

Abbildung 5.7.6: Zustimmung zur Legalisierung des Schwangerschaftsabbruchs in Ost- und Westdeutschland im Jahr 1992 – in %

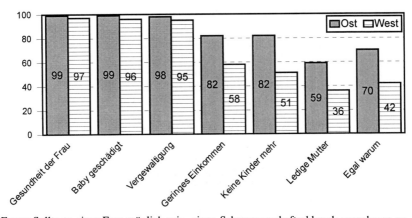

Frage: Sollte es einer Frau möglich sein, einen Schwangerschaftsabbruch vornehmen zu lassen, wenn ...?
Datenbasis: ALLBUS 1992.
Quelle: Koch 1994: 212.

Persönliche Werte

„Die persönlichen Lebenswerte der Ostdeutschen sind im Durchschnitt etwas konventioneller (mehr Fleiß und Sicherheit) und etwas materieller (mehr Lebensstandard) als die der Westdeutschen." (Gensicke 1996: 72) Insgesamt gesehen orientieren sich die ostdeutschen Bürger jedoch nahezu am gleichen Wertemuster wie die westdeutschen (siehe Abbildung 5.7.7).

Werte- und Einstellungswandel

Abbildung 5.7.7: Wertorientierungen in Ostdeutschland 1991, 1995 und Westdeutschland 1995 – in %

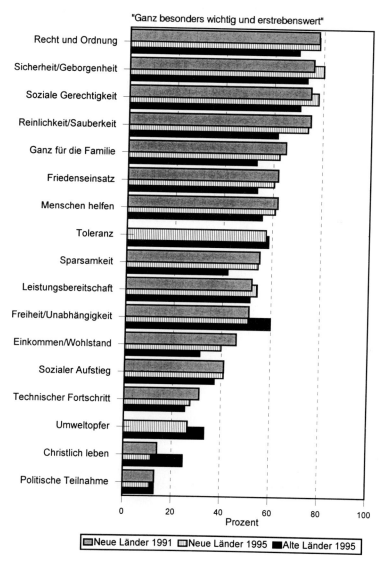

Datenbasis: Noelle-Neumann/Köcher 1993: 38 und Inst. f. Demoskopie Allensbach 1996.

Es spricht viel dafür, die vorhandenen geringen Unterschiede situativ zu erklären. Trotz der Gemeinsamkeit der Werte sind die gegenseitigen Einschätzungen der West- und Ostdeutschen aber völlig verschieden, so daß die „kollektive Diskriminierungshypothese" (Gensicke 1996: 74) zuzutreffen scheint. Den Ostdeutschen werden von den Westdeutschen vor allem die Kompetenzeigenschaften wie „Fleiß", „Ehrgeiz", Selbstbewußtsein" abgesprochen, und sie werden als „unzufrieden", „mißtrauisch", „traurig", „bedrückt" beschrieben. Die Ostdeutschen ihrerseits schätzen „die Westdeutschen stärker als diese sich selbst als ‚aufs Geld aus', als ‚selbstbewußt' und als ‚bürokratisch' ein." (Gensicke 1996: 75)

Aus dieser Perspektive spricht alles dafür, daß eine Angleichung der gegenseitigen Einschätzungen zwischen Ost und West noch herzustellen ist, wobei die kulturellen Selbst- und Fremddefinitionen an Toleranz- und Fairneßnormen zu orientieren sind.

Wertekonsens und Wertedissens

Insgesamt gilt für die Werte der Deutschen, daß eine Werte-Übereinstimmung nur in wenigen Grundwerten gefordert und im allgemeinen Toleranz für Wertedissens hergestellt werden sollte. Die Funktion der Werte-Integration kann auch bei partiellem Wertedissens dadurch erreicht werden, daß Individuen jeweils einen Teil ihrer Werte mit einigen anderen Individuen teilen. So kann eine Integration durch Vernetzung erfolgen, ohne daß alle Individuen über gleiche Werte verfügen. Ein Regionalbewußtsein Ost muß keinesfalls eine Bedrohung der Werte-Integration in Deutschland darstellen. Der Transformationsprozeß ist durchaus nicht nur von einer Bewegung in Richtung der westdeutschen Wertvorstellungen gekennzeichnet. Wie festzustellen war, bedeutete aber die Distanz zu manchen westlichen Wertvorstellungen keine Reserviertheit gegenüber der staatlichen Vereinigung an sich. Der Wertedissens könnte durchaus zu einer produktiven Auseinandersetzung in der modernen deutschen Gesellschaft beitragen.

5.8 Die Problematik sozialpolitischer West-Ost-Transfers

Das souveräne Volk der DDR hat im Zuge der politischen Wende in friedlichen Massendemonstrationen und in den ersten freien Wahlen dafür plädiert, das „Angebot" des Grundgesetzes der Bundesrepublik Deutschland wahrzu-

Die Problematik sozialpolitischer West-Ost-Transfers

nehmen und die historische Chance des Beitritts der neuen Bundesländer zur Bundesrepublik zu nutzen. Mit dieser Entscheidung für eine Transformation durch Vereinigung mit der Bundesrepublik war nicht nur die Einzigartigkeit des ostdeutschen Transformationsprozesses, sondern entsprechend der – vielleicht nicht voll einschätzbaren – Lage der Wirtschaftskraft und des Wohlstandes in beiden Staaten auch die Konsequenz einer Transformation durch Transfers, also durch die Übertragung wirtschaftlicher Werte (Ressourcen) von West nach Ost, vorbestimmt. Nur das Ausmaß und die Art der Übertragungen, die zur Herausbildung eines sozialen Zusammenhalts und zum Zusammenwachsen der die beiden deutschen Staaten „tragenden" Gesellschaften in West- und Ostdeutschland erforderlich werden würde, war noch offen. Sie wurden im Ergebnis von politischen Zielfestlegungen, von den gewählten Strategien der Vereinigungspolitik und der – auch von den Reaktionen der Bürger auf die Politik abhängigen – wirtschaftlichen Entwicklung in der vereinten deutschen Volkswirtschaft, insbesondere aber in den neuen Bundesländern selbst, bestimmt.

Die in der Vereinigungsphase verantwortlichen westdeutschen Politiker haben eine Besserstellung aller Ostdeutschen und die rasche Angleichung der Lebensverhältnisse zwischen Ost und West versprochen (siehe Kapitel 1). Dadurch wurde die Eigendynamik der Konzentration des politischen Auswahlprozesses unter denkbaren Alternativen auf die Transformation durch Vereinigung verstärkt und das Tempo des Prozesses in dem schon durch die äußeren Umstände nur begrenzt geöffneten „historischen Fenster" für die Vereinigung weiter verschärft. Aus der – offenbar auch nach 40 Jahren der Trennung noch stark ausgeprägten – Vorstellung von der Einheit der Nation wurden an die Vereinigung Erwartungen und Ansprüche auf die baldige gleiche Teilhabe am „Wohlstand der Nation" gestellt, die wohl moralisch grundsätzlich anzuerkennen waren und von den „moralischen Institutionen" auch gefördert wurden („Einheit durch Teilen"), die aber ökonomisch kaum zu erfüllen waren.[176]

---

176 Zur Erfüllung dieser Erwartungen hätte es eines – auch diskutierten – „Lastenausgleichs" und eines Umverteilungsprozesses bedurft, wie er auch mit dem Lastenausgleich der Bundesrepublik Deutschland in der Nachkriegszeit nicht verwirklicht worden war. Die Vorstellung „wir sind ein Volk" hätte sich letztlich in einer Umverteilung der im Westen über mehr als 40 Jahre akkumulierten Vermögen niederschlagen müssen. Ein solcher Lastenausgleich mit einem Umverteilungsanspruch war in Westdeutschland in bezug auf die Kriegs- und Kriegsfolgelasten versucht worden. Er war jedoch auch damals nicht durch Umverteilung der Vermögens*bestände*, sondern als Einkommensumverteilung und teilweise durch die zweckgebundene Förderung investiver Einkommensverwendung (Sparförderung) als Beteiligung an der laufenden Vermögensbildung gestaltet worden, wodurch die Unterschiede der über Jahr-

Die Strategie der Vereinigungspolitik nahm zwar vorübergehende massive Einkommensübertragungen von West nach Ost für die Verwirklichung der Einheit und die Erfüllung der gesteckten Ziele und der offenen Erwartungen hin, ging aber von der Vorstellung aus, daß die vorweggenommene Angleichung der Arbeitseinkommen und Sozialleistungen durch eine (explosive) Entfaltung der Marktkräfte und durch eine, nur des kurzfristigen Anschubs bedürftige, sich selbsttragende, beschleunigende und verstärkende Expansion einer hochleistungsfähigen Wirtschaft rasch eingeholt werden könnte. Diese Vorstellung muß aufgrund der bisherigen Erfahrung und der gegenwärtigen Perspektiven im Sommer 1996 wohl als „Illusion" eingestuft werden (vgl. R. Pohl 1995b: 11ff.).[177]

Art und Umfang des West-Ost-Transfers von Ressourcen

Versucht man Arten und Umfang der West-Ost-Transfers in einem weiteren Sinne zu erfassen, dann wird man über die – auch in der Öffentlichkeit am meisten beachteten – öffentlichen Finanzströme hinaus auch reale Ressourcenübertragungen beachten und nicht nur die einseitigen Ströme von West nach Ost, sondern auch die noch nicht abschließend erfaßbaren Rückwirkungen von Ost nach West berücksichtigen müssen. Dabei kann nur der „Saldo" der Übertragungen als „sozialpolitischer West-Ost-Transfer" eingestuft werden. Schließlich sind im Grunde alle aus dem nationalen Anliegen der Herstellung der Einheit vorgenommenen Übertragungen auch als „Sozialpolitik" anzusehen, weil sie dem Verteilungsziel der Angleichung der Lebensverhältnisse zwischen West und Ost dienen sollten.

Zunächst sind *reale Transfers*[178] anzusprechen, die sich nur schwer quantifizieren lassen, die aber doch von erheblicher Bedeutung für die Transformation in Ostdeutschland gewesen sein dürften und dem oft in den Vordergrund gestellten Aspekt des „Überstülpens" der neuen Ordnung oder der „Kolonialisierung der DDR" (Dümcke/Vilmar 1995) gegenübergestellt werden können:

---

zehnte (oft über Generationen) akkumulierten Vermögensbestände nicht ausgeglichen werden können.

177 Allerdings sollte man bei diesem Urteil berücksichtigen, daß wir „im nachhinein immer klüger sind als zuvor" und daß das – in der Gegenwart wohl eher pessimistische – deutsche Volk ohne eine solche „Illusion" seinen Politikern möglicherweise die Zustimmung zum Wagnis der Vereinigung verweigert hätte.
178 Vgl. zur Terminologie aber auch zu den folgenden Aussagen die gründliche Analyse von Meinhardt u.a. 1995.

- Die – im eingeschlagenen Tempo des Vereinigungsprozesses wohl unvermeidbare – weitestgehende Übernahme der bewährten Verfassung des Grundgesetzes sowie des komplexen Wirtschafts-, Arbeits- und Sozialrechts der Sozialen Marktwirtschaft ersparte gesellschaftliche und politische Problemlösungskapazität, die in anderen Transformationsländern die politischen Organe über mehrere Jahre aus- bzw. überlastete.
- Beim Aufbau der Verwaltungen der Gebietskörperschaften und der Sozialversicherungseinrichtungen leisteten die westdeutschen Gebietskörperschaften und die Sozialversicherungsträger umfangreiche Hilfe in Form von Sachmitteln, Beratung und Personal. Vor allem die Bereitstellung qualifizierten Personals (auch von Managementkräften aus der privaten Wirtschaft für die Privatisierung im Rahmen der Treuhandanstalt) bedeutete einen *Transfer von Humankapital,* wie ihn in diesem Umfang keines der Transformationsländer für sich in Anspruch nehmen konnte. Obwohl diese technisch-organisatorischen und personellen Hilfen in der Öffentlichkeit wenig beachtet werden, dürfte ihr Beitrag für die Verwirklichung eines möglichst „nahtlosen" Übergangs und für die Vermeidung einer Verunsicherung der Menschen nicht zu unterschätzen sein. Der mit einzelnen Betrügern oder „Besserwessis" verbundene Schaden dürfte diese Übertragung von Rechts- und Institutionenwissen mit dem Personalaustausch insgesamt wohl nur geringfügig schmälern.

Die *monetären Transfers* im Vereinigungsprozeß sind – mindestens in bezug auf die öffentlichen Leistungen – besser belegbar und quantitativ zu bestimmen, wenngleich auch hier die inzwischen zahlreich vorliegenden Darstellungen und Analysen von (nicht unerheblich) unterschiedlichen Werten ausgehen (vgl. z.B. Meinhardt u.a. 1995, Institut der Deutschen Wirtschaft 1996a, Lichtblau 1995 und SVR 1995b), die ausgelöst sein können durch Doppelzählungen bei der Erfassung der Bruttoleistungen für Ostdeutschland, durch unterschiedliche inhaltliche Abgrenzungen, durch die Art der Erfassung indirekter oder impliziter Transfers sowie durch die Schätzung der Höhe der Rückflüsse (Steuern, Abgaben) (vgl. Meinhardt u.a. 1995: 16). Die folgende Übersicht über die öffentlichen Leistungen für die neuen Bundesländer aus dem Jahresgutachten 1995/96 des Sachverständigenrates zur Begutachtung der gesamtwirtschaftlichen Entwicklung (vgl. SVR 1995b: 151) sollte daher mit folgender Einschränkung gelesen werden: „Letztlich ist daher methodisch zufriedenstellend die gesamte Nettobelastung öffentlicher Haushalte durch die Vereinigung nur schwer zu ermitteln." (SVR 1995b: 152)

Tabelle 5.8.1: Öffentliche Leistungen [a] für Ostdeutschland 1991 bis 1995 – in Mrd. DM

Leistungen	1991	1992	1993	1994	1995[b]
Bund [c]	75,7	95,9	117,8	120,4	156,5
davon:					
an öffentliche Haushalte	18,4	20,1	23,3	26,4	33,0
an private Haushalte (einschließlich Bundeszuschüsse an die Sozialversicherung)	31,5	38,7	53,3	44,2	46,5
Sonstiges[d]	24,7	29,4	37,0	41,6	48,0
Zins- und Tilgungszahlungen[e]	1,1	7,7	4,2	8,2	29,5
Länder/Gemeinden West [f]	5,0	5,0	10,0	14,0	17,0
Fonds „Deutsche Einheit"	35,0	33,9	35,2	34,6	9,5
davon:					
Zuschüsse vom Bund[g]	4,0	9,9	14,2	19,5	2,5
Zuschüsse von den Ländern-West[g]	–	–	6,0	10,1	7,0
Kreditaufnahme	31,0	24,0	15,0	5,0	n.v.
Europäische Union [h]	4,0	5,0	5,0	6,0	7,0
Sozialversicherung insgesamt	30,2	50,8	56,4	49,8	51,5
davon:					
GRV der Arbeiter und Angestellten	5,6	12,3	16,9	22,2	28,5
davon:					
Defizit Ost[j]	–	4,6	7,9	10,7	15,5
Zuschuß Bund	5,6	7,7	9,0	11,5	13,0
Bundesanstalt für Arbeit (BA)	24,6	38,5	39,5	27,6	23,0
davon:					
Defizit der BA	18,7	29,6	15,1	17,4	15,5
Zuschuß Bund	5,9	8,9	24,4	10,2	7,5
(I) *Bruttoleistungen* [I]	134,4	164,1	170,8	173,5	211,5
(II) *Bruttoleistungen* [I] (ohne Zins- und Tilgungszahlungen für Altschulden)	133,3	156,4	166,6	165,3	175,0
darunter:					
an öffentliche Haushalte	56,0	51,1	50,3	47,8	45,5
an private Haushalte	50,2	72,9	76,3	72,3	77,5
(III) *Einnahmen aus den neuen Bundesländern insgesamt*	28,7	33,1	34,9	42,6	50,5
davon:					
dem Bund zustehendes Steueraufkommen [k]	26,7	31,1	32,9	40,6	48,5
Verwaltung	2,0	2,0	2,0	2,0	2,0
(I)-(III) *Nettoleistungen 1*	105,7	131,0	135,9	130,9	161,0
(II)-(III) *Nettoleistungen 2*	104,6	123,3	131,7	122,7	124,5
Nachrichtlich:					
Nettoleistungsquote 1 (in %) [l]	*3,8*	*4,5*	*4,6*	*4,2*	*5,0*

Anmerkungen: a) Einschließlich Sozialversicherung; b) Schätzung. Abweichungen in den Summen durch Runden der Zahlen; c) Einschließlich: Bundeszuschuß zum Fonds „Deutsche Einheit", zur Gesetzlichen Rentenversicherung-Ost und zur Bundesanstalt für Arbeit sowie ab 1995 Bundesergänzungszuweisungen; d) Im wesentlichen Ausgaben für die Eisenbahnen des Bundes sowie für Bundesaufgaben; e) Bis 1994 an den Kreditabwicklungsfonds, Zinsen auf Teile der Altschulden der ostdeutschen Wohnungswirtschaft vom

Die Problematik sozialpolitischer West-Ost-Transfers 459

1. Januar 1994 bis 30. Juni 1995, ab 1995 an den Erblastentilgungsfonds und den Fonds „Deutsche Einheit"; f) In den Jahren 1993 und 1994 einschließlich Zuschuß zum Fonds „Deutsche Einheit" sowie Steuerverzichte durch die Gewichtung der Einwohner der neuen Länder zu 100% im Finanzausgleich; einschließlich Verwaltungshilfen; 1995 einschließlich Zins- und Tilgungszahlungen; g) 1995: Zins- und Tilgungszahlungen; h) Schätzungen des Bundesfinanzministeriums; von den Leistungen der EU werden nach eigener Schätzung 40% der Mittel öffentlichen Haushalten zugewiesen; i) Defizit der Rentenversicherung-Ost und Ausgleichszahlungen der Rentenversicherung der Angestellten (West) an die Rentenversicherung der Arbeiter (Ost); ohne die knappschaftliche Rentenversicherung; j) Ohne Mehrfachzählungen der Zuschüsse des Bundes an den Fonds „Deutsche Einheit", die Rentenversicherung und die Bundesanstalt für Arbeit sowie der Zuschüsse der Länder an den Fonds „Deutsche Einheit"; k) Bundesanteil des Aufkommens der Gemeinschaftssteuern in den neuen Bundesländern sowie 20% des Aufkommens der Bundessteuern, ohne Bereinigung um Steuermindereinnahmen aufgrund von steuerlichen Sonderregelungen für das Beitrittsgebiet; l) Nettoleistungen 1 (ohne Leistungen der EU) in Relation zum Bruttoinlandsprodukt des früheren Bundesgebiets.
Quelle: SVR 1995b: 151.

Volkswirtschaftliche Probleme der Transfers für Ostdeutschland

Aussagen über die Problematik sozialpolitischer West-Ost-Transfers im Zuge des Vereinigungsprozesses setzen die Verwendung von Wertmaßstäben voraus, anhand deren Umfang und Strukturen der Leistungsströme zwischen den alten und den neuen Bundesländern beurteilt werden können. Selbst die Wahl der Perspektive und die Zuordnung bestimmter monetärer Transaktionen sind von Wertungen und Basisentscheidungen abhängig, die unterschiedlich ausfallen können, je nachdem, ob man eher von der Vorstellung der Einheit oder der Selbständigkeit und Selbstverantwortlichkeit der beiden Gebiete ausgeht. Die Beurteilung von Transfers kann sich einerseits an politisch gesetzten Maßstäben orientieren oder politische Forderungen „vom volkswirtschaftlichen Standpunkt" kritisch einschätzen, immer geht aber eine Wertentscheidung voraus, die auch mit bestimmten wertrelevanten Konsequenzen verbunden ist.

Starthilfe für die Transformation zur Sozialen Marktwirtschaft: Eine erste Kategorie von Transfers bildet die Starthilfe der Bundesrepublik Deutschland für die (souveräne) DDR im Rahmen der Währungsunion und des Fonds „Deutsche Einheit", der gleichzeitig mit dem Staatsvertrag über die Währungs-, Wirtschafts- und Sozialunion eingerichtet wurde. Die Währungsunion mit der Umstellung von Löhnen, Gehältern und Renten sowie der Grundbeträge der Spargutenhaben im Verhältnis von 1 Mark der DDR zu 1 DM wurde vom volkswirtschaftlichen Standpunkt aus verbreitet negativ beurteilt. Bei allen Schwierigkeiten eines Kaufkraftvergleiches wurde die reale Kaufkraft der Einkommen der Bürger Ostdeutschlands im Verhältnis zum Warenkorb der Arbeitnehmer der DDR zunächst um etwa 20% bis 30% und in bezug auf den Nachholbedarf bei langlebigen Konsumgütern und Auslandsreisen erheblich erhöht (vgl. Sinn/Sinn 1993: 65ff.). Für die alten Bundesländer wirkte diese zusätzliche Kaufkraft wie ein keynesianisches Konjunkturprogramm für Wachstum und Beschäftigung.[179] Die Geldmengenausweitung, der eine erhöhte Wertschöpfung nicht sofort voll folgte, bewirkte jedoch einen stärkeren Preisanstieg, durch den die Nachfrager – auch in Westdeutschland – an der Übertragung der Kaufkraft real beteiligt wurden.

Mit dem Fonds „Deutsche Einheit", der auch als Ersatz für die Beteiligung der neuen Bundesländer am Länderfinanzausgleich angesehen werden kann, und mit der Anschubfinanzierung des Bundes für die Arbeitslosenversicherung und die Arbeitsförderung (12 Mrd. DM) erfolgte ein Transfer vom Bund und den alten Bundesländern an die beitrittswilligen Länder zur sozialpolitischen Flankierung der Systemtransformation. Mit Hilfe dieses Transfers konnte dem neuen Risiko der Arbeitslosigkeit begegnet und mit knapp der Hälfte der 22 Mrd. DM des Fonds „Deutsche Einheit" im zweiten Halbjahr 1990 die Leistungsfähigkeit der ostdeutschen Sozialversicherung gewährleistet werden. Zu beachten ist außerdem, daß es sich bei den Angaben in Tabelle 5.8.1 nur um Stromgrößen (Sozialleistungen, Zuschüsse, Zinszahlungen, Tilgungsleistungen etc.) handelt. Nicht berücksichtigt sind darin die Veränderungen des Schuldenstandes der öffentlichen Hand, der – z.B. durch die Übernahme der in- und ausländischen Staatsschulden der DDR – stark angewachsen ist. Diese erste Kategorie von Transfers wird in der Literatur als notwendige soziale Flankierung der Transformation und als nicht problematisch beurteilt (vgl. SVR 1995b: 150ff.).

Mittelfristig andauernde West-Ost-Transfers für die Angleichung von Einkommen und Sozialleistungen: Seit der Vereinigung hat sich bis Mitte des Jahres 1996 ein ständiger und wohl auch noch auf mittlere Sicht andauernder Strom von Übertragungen wirtschaftlicher Leistungskraft von West nach Ost ergeben, der im Ausmaß und der relativen Bedeutung für die Wirtschaft des Geberlands und des Empfängerlands keinen historischen Vergleich findet. Von 1991 bis 1995 sind allein im Rahmen der öffentlichen Haushalte und der Sozialversicherung Nettoleistungen in Höhe von 665 Mrd. DM übertragen und damit jährlich 4% bis 5% des westdeutschen Bruttoinlandsproduktes beansprucht worden (siehe Tabelle 5.8.1). Für Ostdeutschland machte dieser Transfer im Durchschnitt etwa 43% des ostdeutschen Bruttoinlandsproduktes aus (siehe auch Abschnitt 2.3).

---

[179] Diese Aussage gilt entsprechend für alle in die neuen Bundesländer geleiteten kreditfinanzierten Übertragungen, die zum „Einigungsboom" beitrugen, dem 1991 rund 1,5 Prozentpunkte des Wachstums des nominalen Bruttoinlandsprodukts oder 40 Mrd. DM zugerechnet werden können (vgl. Meinhardt u.a. 1995: 82f.).

Die Problematik sozialpolitischer West-Ost-Transfers 461

Diese zweite Kategorie von Transfers umfaßt allerdings durchaus unterschiedlich begründete Leistungen. So können nicht alle Übertragungen auf die Bewältigung des Umstellungsprozesses zurückgeführt werden. Vielmehr ist ein Großteil der Leistungen nur der Vergrößerung des Gebietsstandes und der Anwendung bundesdeutschen Leistungsrechtes auf das Beitrittsgebiet zuzuschreiben (z.b. beim Wohngeld, BAföG, Kindergeld; vgl. SVR 1995b: 150). Ein Abbau oder eine Einschränkung solcher Übertragungen wäre nur bei einer politisch ausgeschlossenen Revision der Vereinigung und abweichender Gesetzeslage in den neuen Bundesländern denkbar. Allerdings kann auch hier von West-Ost-Transfers gesprochen werden, wenn man Ostdeutschland ebenso wie alle anderen Transformationsländer, die dem Grunde nach (nur) aus eigener wirtschaftlicher Leistungskraft Sozialleistungsgesetze erfüllen und Umverteilungen vornehmen können, als „eigenständige" Volkswirtschaft betrachtet.

Das Ausmaß dieser Transfers, ihre zeitliche Dauer sowie die mittelfristige Perspektive einer höchstens langsamen und eingeschränkten Abbaubarkeit müssen im Hinblick auf die Vorstellungen der Träger der Politik als *ungeplant* beurteilt werden (vgl. Lüdeke 1994: 246f.), auch wenn ihre Entstehung als unausweichliche volkswirtschaftliche Konsequenz der Strategie der raschen Einkommensanpassung zwischen Ost und West angesehen werden muß (vgl. Sinn/Sinn 1993: 193ff.).

In der kritischen Beurteilung der Vereinigung spielen auch die Tarifparteien und ihre Politik der zügigen Angleichung der Löhne zwischen Ost und West eine entscheidende Rolle. Die durch die beiden Staatsverträge vorgegebene Zielsetzung der Angleichung der Lebensverhältnisse wurde von – nur beschränkt im institutionellen Sinne der Tarifautonomie funktionsfähigen – Tarifparteien in Ostdeutschland in kräftigen Lohnanhebungen sowie in Rahmenvereinbarungen über die stufenweise Anhebung auf Westniveau bis Mitte der neunziger Jahre umgesetzt (vgl. Kleinhenz 1992a). Damit waren bis Anfang 1992 die Bruttostundenlöhne der verarbeitenden Industrie Ostdeutschlands zwar erst bei 50% des Westniveaus angelangt, aber gegenüber Anfang 1990 sehr stark gestiegen (vgl. Sinn/Sinn 1993: 195f.). Es war „völlig ausgeschlossen, daß sich die Produktivität der ostdeutschen Wirtschaft schnell genug erhöht, um diese Löhne mit einer Vollbeschäftigung oder auch nur einer geringen Arbeitslosigkeit vereinbar zu machen." (Sinn/Sinn 1993: 196)

Die eröffnete Lücke zwischen den Löhnen und der Produktivität in Ostdeutschland vergrößerte sich in der Phase des eigentlichen transformationsbedingten Einbruchs der Produktion von 1991 bis 1993 und konnte später trotz einer moderaten Verhandlungsstrategie der Gewerkschaften nicht annähernd wieder geschlossen werden. Die Lohnstückkosten, d.h. das Verhältnis der Arbeitskosten zur Produktivität, liegen für die ostdeutsche Wirtschaft insgesamt auch 1995 um ein Drittel – im produzierenden Gewerbe um 16% –

über dem Westniveau (vgl. Institut der Deutschen Wirtschaft 1996b: 134 und SVR 1995b: 117). Die Warnungen der ökonomischen Sachverständigen, daß diese Hochlohnstrategie und der Versuch der raschen Angleichung der Arbeitseinkommen die Beschäftigungsentwicklung in den neuen Bundesländern beeinträchtige und daher auch zu zunehmendem Transferbedarf in der Sozialversicherung, insbesondere der Arbeitslosenversicherung und der Arbeitsförderung führe (siehe Abschnitt 2.4.1), werden inzwischen auch von den Gewerkschaften nicht mehr einfach von der Hand gewiesen.

Sozialunion durch Transfers: Die rasche Anhebung der Arbeitseinkommen in Ostdeutschland führte in Verbindung mit der Angleichung des Sozialrechts infolge der Sozialunion zu einer doppelten (teilweise sich wechselseitig verstärkenden) Dynamik der Lohnersatzleistungen in der Sozialversicherung und damit zu einem zusätzlichen Bedarf an sozialpolitischen West-Ost-Transfers. Innerhalb der Sozialversicherung konnte in Ostdeutschland erwartet werden, daß die Unfallversicherung und die Gesetzliche Krankenversicherung nur einer Anschubfinanzierung bedurften, um anschließend eigenständig ausreichende Beitragseinnahmen zu erzielen. Nach dem bei den einzelnen Kassen in Abhängigkeit von der Versichertenstruktur unterschiedlich hohen, insgesamt aber geringfügigen Ausgabenüberhang von 200 Mio. DM im Januar 1992 stabilisierte sich die Finanzlage der GKV-Ost (vgl. Henke/Leber 1993: 29). Die Verstetigung der Einnahmenentwicklung war jedoch angesichts der sich ausbreitenden Massenarbeitslosigkeit auch von den indirekten finanziellen Transfers der Bundesanstalt für Arbeit und der Rentenversicherung (in Form der Übernahme des Beitrages für die Rentner) bestimmt. Für 1991 können diese Übertragungen auf 7,9 Mrd. DM oder ca. 37% der Gesamtausgaben der GKV-Ost geschätzt werden (vgl. Henke/Leber 1993: 35).

In der Gesetzlichen Rentenversicherung nahmen die Übertragungen zum Ausgleich des Defizits der Rentenversicherung-Ost von 4,6 Mrd. DM (1992) auf 15,5 Mrd. DM (1995) ebenso stetig zu wie der Bundeszuschuß für die Rentenversicherung-Ost (siehe Tabelle 5.8.1). Im steigenden Transferbedarf schlugen sich die beschleunigte Anpassung der allgemeinen Rentenleistungen, die Neuberechnungen der Renten mit Sonder- und Zusatzversorgung sowie die Altersrenten für Vorruheständler bei mäßiger Beitragsentwicklung nieder.

Für soziale Aufgaben der Gebietskörperschaften und innerhalb der Sozialversicherung war mittelfristig insgesamt ein West-Ost-Transfer erforderlich, dessen Volumen von 50 Mrd. 1991, über 59 Mrd. 1992 auf fast 75 Mrd. 1993 stieg (vgl. Meinhardt u.a. 1995: 48) und bis 1996 nur leicht auf ca. 70 Mrd. zurückgeführt werden konnte (siehe auch Tabelle 5.8.1). Dabei wurde der 1993 noch dominierende Anteil der (teilweise investiven) Transfers an die Bundesanstalt für Arbeit deutlich zugunsten des Anteils der Transfers in der Sozialversicherung, insbesondere in der Rentenversicherung, gemindert.

Die Problematik sozialpolitischer West-Ost-Transfers

Der Bedarf an sozialpolitischen West-Ost-Transfers mußte sich vor allem im Bereich der Arbeitslosenversicherung und der aktiven Arbeitsmarktpolitik der Bundesanstalt für Arbeit ergeben, von der auch die Renten- und Krankenversicherungsbeiträge für die Arbeitslosen zu übernehmen sind. Der größte Teil der West-Ost-Übertragungen, die privaten Haushalten zur sozialen Flankierung des Umstellungsprozesses zufließen, läuft über die Bundesanstalt für Arbeit und wird über die Beitragszahlungen der westdeutschen Versicherten und über Bundeszuschüsse aufgebracht. So wurden auf dem Höhepunkt der Massenarbeitslosigkeit in Ostdeutschland im Jahre 1992 von der Bundesanstalt für Arbeit insgesamt Leistungen in Höhe von 38,5 Mrd. DM erbracht, von denen 29,6 Mrd. DM aus westlichen Beitragszahlungen finanziert waren (siehe Tabelle 5.8.1). Die Bundesanstalt für Arbeit hat angesichts der Arbeitslosigkeit in Ostdeutschland über die Arbeitslosenversicherung und die aktive Arbeitsmarktpolitik als erster der Sozialversicherungsträger in massivem Umfang einen horizontalen Finanzausgleich zwischen West und Ost betrieben (vgl. Mackscheidt 1993) und nur im Jahr der Rezession in Westdeutschland 1993 war der Zuschuß des Bundes zu den Ausgaben für die Bekämpfung der Arbeitslosigkeit im Osten höher als der Anteil der Bundesanstalt (siehe Tabelle 5.8.1).

Allerdings dürfte gerade auch die Einkommenssicherung bei Arbeitslosigkeit und der massive Einsatz von Instrumenten der aktiven Arbeitsmarktpolitik als Flankierung der Hochlohnstrategie der Tarifparteien gewirkt haben. Zu vermuten ist daher, daß die wechselseitige Interdependenz von Lohnentwicklung und Beschäftigung einerseits sowie Absicherung im Falle der Arbeitslosigkeit und Lohnentwicklung andererseits den sozialpolitischen Transferbedarf für Ostdeutschland erheblich gesteigert hat. Länger dauernde (nicht konjunkturelle) Massenarbeitslosigkeit führt – wie sich in Westdeutschland seit Mitte der siebziger Jahre gezeigt hatte – nicht nur zu einer Schwächung und finanziellen Belastung von Arbeitslosen-, Renten- und Krankenversicherung, sondern offenbart überhaupt die Grenzen der überwiegend umlagefinanzierten sozialen Sicherungssysteme, die in Ostdeutschland dann nur durch Transfers gestärkt werden konnten.

Konsumtive versus investive Transfers: Eine Betrachtung der hohen sozialpolitischen West-Ost-Transfers im Hinblick auf ihre allgemeine Verwendungsstruktur offenbart eine Schieflage zugunsten konsumtiver und zu Lasten investiver Zwecke. Die konsumtive Ausrichtung der Transfers wird zum einen durch den Anteil der den privaten Haushalten zufließenden Übertragungen (siehe Tabelle 5.8.1) und zudem an den Verwendungsbereichen ablesbar (siehe Tabelle 5.8.2). In bezug auf die Verwendung zeigt sich seit 1994 u.a. ein Rückgang der West-Ost-Transfers für die Wirtschaft und ein Rückgang der wegen der darin enthaltenen Ausgaben für Bildungsmaßnahmen teilweise als investiv interpretierbaren Transfers in der Arbeitsmarktpolitik sowie ein Anstieg der Transfers für die Sozialpolitik. Dies ist vor allem angesichts der mangelhaften Ausstattung der neuen Bundesländer mit modernem Sachkapital und der daraus resultierenden (vergleichsweise) niedrigen Produktivität volkswirtschaftlich problematisch. Zwar ist seit 1990 ein Großteil des Kapitalstocks ersetzt oder ergänzt worden, doch beträgt das Ost-West-Verhältnis beim Bruttoanlagevermögen im Unternehmenssektor je Einwohner nach wie vor nur 52% (1991: 45%) und die Produktivität[180] der neuen Bundesländer 1995 lediglich 54% der Produktivität der alten Bundesländer (vgl. SVR 1995b: 78; siehe auch Abschnitt 2.3). Da Kapitalausstattung und Produktivität eine enge Korrelation aufweisen, wäre eine Schwerpunktverlagerung hin zu investiv zu verwendenden Transfers wünschenswert.

Tabelle 5.8.2: West-Ost-Transfers nach Verwendungsbereichen 1991 bis 1996 – in Mrd. DM

Verwendungsbereich	1991	1992	1993	1994	1995	1996[a)]
Wirtschaft	36,1	44,1	56,1	61,5	38,8	35,4
Infrastruktur	21,2	21,7	20,6	18,1	26,5	25,9
Finanzausgleich	35,0	33,9	35,2	34,6	39,0	42,0
Sonstiges	16,9	16,5	19,5	17,9	15,3	13,2
Arbeitsmarkt	38,4	44,8	49,5	40,8	38,1	31,4
Sozialpolitik	16,8	24,0	26,8	32,1	39,5	39,2
Bruttotransfers insgesamt	164,4	185,0	207,7	204,9	197,1	187,0
Rückflüsse	33,0	37,0	39,0	43,0	45,0	50,0
Nettotransfers	131,4	148,0	168,7	161,9	152,1	137,0

Anmerkung: a) Schätzung.
Quelle: Institut der deutschen Wirtschaft Köln 1996a: 5.

Soll der nach wie vor große Rückstand des bestehenden Anlagevermögens pro Kopf der Bevölkerung schneller abgebaut werden, dann sind in Ostdeutschland wesentlich höhere Anlageinvestitionen notwendig. Die vereinfachenden Szenariorechnungen in Abbildung 5.8.1 belegen anschaulich, bei welchen Investitionsentwicklungen die neuen Bundesländer bezüglich des Bruttoanlagevermögens pro Kopf den Stand der alten Bundesländer, für die – grob ausgedrückt – eine Fortsetzung des Investitionstrends der vergangenen fünf Jahre unterstellt wird, erreichen würden. Szenario I für die neuen Bundesländer geht dabei davon aus, daß auch dort der gegenwärtige Trend beibehalten wird, Szenario II hingegen unterstellt einen Anstieg der Nettoinvestitionen von 140 Mrd. DM (1994) auf 190 Mrd. DM (1995) und eine anschließende Wachstumsrate von 9,7% des Bruttoanlagevermögens pro Einwohner. Szenario III schließlich liegt der Fall einer Wachstumsrate des Bruttoanlagevermögens von 11,2% mit einer anfänglichen Erhöhung der Anlageinvestitionen von 140 Mrd. DM (1994) auf

---

180 Bruttoinlandsprodukt in jeweiligen Preisen je Erwerbstätigen.

Die Problematik sozialpolitischer West-Ost-Transfers 465

240 Mrd. DM (1995) zugrunde. Wie man aus Abbildung 5.8.1 erkennt, wird selbst im (unrealistischen) besonders optimistischen Szenario III eine Gleichstellung mit dem Westen erst etwa im Jahr 2010 erreicht werden. Weit wahrscheinlicher als Szenario III ist jedoch eine Entwicklung zwischen Szenario I und II; damit muß man bei der Angleichung des Anlagevermögens je Einwohner mit einer Zeitspanne von einem Vierteljahrhundert rechnen.

Abbildung 5.8.1: Modellrechnung der Entwicklung des Anlagevermögens in Unternehmen je Einwohner in Westdeutschland und Ostdeutschland (3 Szenarien) 1991 bis 2020

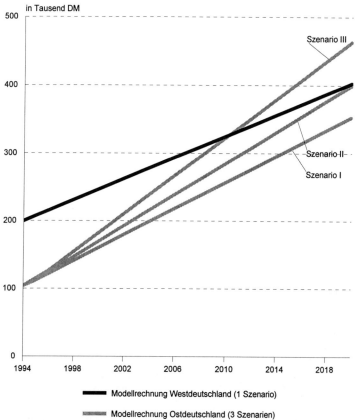

Anmerkung: Ostdeutschland: durchschnittliche jährliche Wachstumsrate der Nettoinvestitionen von 8,2% (Szenario I), 9,7% (Szenario II), 11,2% (Szenario III).
Quelle: Eigene Berechnungen.

Vor dem Hintergrund dieser Zusammenhänge ist der geringe Anteil investiv orientierter Transfers an den bisher an die neuen Bundesländer geleisteten Übertragungen sehr bedenklich. Soll die ostdeutsche Wohlfahrtsentwicklung langfristig von der eigenen Wertschöpfung getragen werden, dann sind überdurchschnittliche Produktivitätszuwächse erforderlich, die eine massive Erneuerung des Kapitalstockes voraussetzen. Hier könnten investiv zu verwendende Transfers einen wichtigeren Beitrag leisten als zum Konsum bestimmte, sozial orientierte West-Ost-Transfers. Das gilt vor allem für die Transferpolitik in der Zeit ab 1997, zu der sich die Investitionstätigkeit in den neuen Bundesländern voraussichtlich spürbar abgeschwächt haben dürfte (vgl. Gerstenberger/Neumann 1996: 21).

„Aktive" versus „passive" Sanierung durch Transfers: Der durch massive West-Ost-Transfers ermöglichte Prozeß rascher Einkommensangleichung und das hohe Maß sozialer Absicherung dürften in erheblichem Maße Garanten für die Akzeptanz des Systems der Sozialen Marktwirtschaft und für die Erhaltung des sozialen Friedens angesichts des gewaltigen transformationsbedingten und durch die Hochlohnstrategie ausgelösten Strukturumbruchs gewesen sein. Nach Lage der Dinge kann man politisch realisierbare Alternativstrategien in diesem historischen Prozeß schwerlich benennen, so daß eine negative ökonomische Beurteilung der mittelfristig notwendig gewordenen sozialpolitischen West-Ost-Transfers nicht zu andersgearteten Strategieempfehlungen hätte führen müssen. Dennoch stellt sich – vor allem für die Perspektive eines über die Jahrtausendwende hinausgehenden Transferbedarfs – die Frage einer Schwerpunktverlagerung der Verwendungsrichtung. West-Ost-Transfers, die vor allem der Abstützung einer von der Produktivitätsentwicklung losgelösten Lohnangleichung sowie der Ermöglichung einer dieser Lohnentwicklung folgenden Sozialleistungsdynamik dienen, dabei aber die Tarifpartner in ihrer Verantwortung für die Beschäftigungsentwicklung entlasten und in Öffentlichkeit und Politik den Zwang zur Offenheit für den Aufbau neuer Strukturen mindern, erweisen sich längerfristig als Hindernis auf dem Weg zur Gleichwertigkeit der Lebensverhältnisse in Ost- und Westdeutschland. Aktive Politik wird hier zukünftig verstärkt über Förderung der Investitionen erfolgen müssen, um die Beschäftigung zu erhöhen, die Produktivität der ost- und westdeutschen Ökonomien anzugleichen und die Erwirtschaftung der hohen Sozialleistungen zu sichern.[181]

West-Ost-Transfers durch Verschuldung: Die Notwendigkeit einer Umorientierung von den konsumtiven zu den investiven Transfers wird auch deutlich, wenn man zudem einen besonderen Aspekt der (realen) Aufbringung

---

181 Vielleicht könnte in diesem Zusammenhang auch eine Renaissance der Politik der Vermögensbildung in Arbeitnehmerhand, die von vielen Wissenschaftlern und Politikern gerade für die neuen Bundesländer empfohlen wurde, den für Unternehmen und Arbeitnehmer akzeptablen Ausweg darstellen.

der seit der Vereinigung geleisteten West-Ost-Transfers berücksichtigt. Eine Finanzierung des Transferbedarfs allein aus laufendem Steueraufkommen (entsprechend der moralischen Vorstellung vom „Teilen") hätte einer Steuerbelastung der Einkommen bedurft, die mit großer Wahrscheinlichkeit negative Effekte für die Wirtschaftstätigkeit in der Bundesrepublik gehabt und somit die Erfüllung ihres eigentlichen Zweckes selbst unmöglich gemacht hätte. Die West-Ost-Transfers im Vereinigungsprozeß wurden daher auch über eine zusätzliche Staatsverschuldung finanziert. Diese teilweise in „Neben- und Schattenhaushalten" verborgenen Schulden wurden zum 1. Januar 1995 durch das Gesetz zur Umsetzung des Föderalen Konsolidierungsprogramms in verschiedene Tilgungsfonds überführt, insbesondere in den Tilgungsfonds „Deutsche Einheit" (87,5 Mrd. DM) und den „Erblastentilgungsfonds" (335 Mrd. DM). Letzterer umfaßt die Verbindlichkeiten der Treuhandanstalt (204,6 Mrd. DM), des Kreditabwicklungsfonds (102,6 Mrd. DM) und einen Teil der Altschulden der ostdeutschen Wohnungswirtschaft (50,5 Mrd. DM). Als weitere in Nebenhaushalten verlagerte Verbindlichkeiten kommen die Schulden der ostdeutschen Wohnungswirtschaft (23 Mrd. DM), kommunale Altschulden (8 Mrd. DM) sowie die Schulden des ERP-Sondervermögens und des Lastenausgleichsfonds (zusammen: 34 Mrd. DM) hinzu (vgl. SVR 1995b: 144).

Die volkswirtschaftliche Problematik der Kreditfinanzierung eines Teils der West-Ost-Transfers wird insbesondere im Zusammenhang mit dem Gewicht der konsumtiven Verwendung der Transfers deutlich. So ist z.B. davon auszugehen, daß die Verbindlichkeiten der Treuhandanstalt nicht nur aus Verlusten bei den Unternehmensprivatisierungen, sondern auch durch die Übernahme von Lohnzahlungen in verlustbringenden Treuhandbetrieben entstanden sind (vgl. Lüdeke 1994: 244) und letztlich kreditfinanzierte Transfers nicht unerheblich der Stützung des laufenden privaten Verbrauchs in den neuen Bundesländern gedient haben. In der volkswirtschaftlichen Gesamtrechnung läßt sich die reale Aufbringung dieser kreditfinanzierten Übertragungen im Vereinigungsprozeß nachvollziehen, die sich u.a. im Abbau des Exportüberschusses und im Wechsel der Außenwirtschaftsposition Deutschlands vom Kapitalexport- zum Kapitalimportland niedergeschlagen hat.

Wenn es den zukünftigen Generationen im Sozialstaat Deutschland bei Aufrechterhaltung des erreichten Wohlstandes möglich sein soll, neben den übrigen auf sie zukommenden Belastungen (z.B. in der Renten-, Kranken- und Pflegeversicherung infolge der Änderung der Altersstruktur der Bevölkerung) auch die in die Zukunft verlagerten Lasten dieser West-Ost-Transfers zur Einkommensangleichung und sozialen Sicherung wirtschaftlich zu verkraften, dann wird auch die Wirtschaft in den neuen Bundesländern „selbsttragend" auf international wettbewerbsfähigem Niveau ihren Beitrag zum Abtragen dieser „Erblasten" leisten müssen.

5.9 Theoretische Aspekte postsozialistischer Transformationen[182]

Theoretische Überlegungen treten im Rahmen empirischer Transformationsforschung in dreifacher Weise auf. Erstens sind sie – ob gewollt oder ungewollt – präsent, wenn es um die analytische Orientierung von Forschung, um die theoretisch-methodische Fundierung bzw. um das Untersuchungsdesign geht. Zweitens werden sie immer dann (wieder) virulent, wenn innerhalb der Analysen mit den bestehenden theoretisch-methodischen Orientierungen nicht weiterzukommen ist, ernsthafte Defekte bzw. Desiderate auftreten, mithin begründete Korrekturen notwendig sind. Drittens lassen sich ex post theoretische Schlußfolgerungen aus den empirischen Analysen ziehen, d.h. Fokussierungen und theoretische Einordnungen vornehmen oder gar neue theoretische Gebäude konstruieren („Theorien der Transformation"), die dann wiederum für nachfolgende Analysen als Folien empirischer Forschung dienen.

Die folgenden Problematisierungen bewegen sich vor allem im Bereich der letztgenannten „Art" transformationstheoretischer Überlegungen. Dabei zielen diese Überlegungen weder auf die Präsentation einer geschlossenen postsozialistischen Transformationstheorie, noch berühren sie die Frage, ob bezüglich der postsozialistischen Umbrüche eine *Theorie der Transformation* im strikten Sinne des Wortes überhaupt vorgelegt werden kann. Es geht allein um zwischenbilanzierende sozialtheoretische Reflexionen der postsozialistischen Umbrüche, die zu allgemeinen theoretisch-methodologischen Schlußfolgerungen führen sollen. Dabei wird nicht nur auf Ostdeutschland Bezug genommen, sondern auf Mittelosteuropa.[183] Ein einziger Fall rechtfertigt keine theoretischen Überlegungen; im Gegenteil, erst eine neue Fall*gruppe* ermöglicht theoretische Erwägungen, stößt sie zugleich an und erlaubt endlich auch, „Sonderfälle" zu identifizieren. Die Transformation der DDR/der neuen Bundesländer wird also immer im Kontext Mittelosteuropas betrachtet (vgl. von Beyme 1994 und Wiesenthal 1995b).

Der vorliegende Bericht verfolgt keine vordringlich theoretischen, sondern vielmehr empirische Absichten. Es werden darin umfassend und präzise

---

182 Dieser Abschnitt stützt sich in weiten Teilen auf die KSPW-Expertise Kollmorgen 1996a. Weiterführende Literatur zum Problemkreis findet sich dort.
183 Dazu gehören DDR/neue Bundesländer, CSSR bzw. Tschechien/Slowakei, Polen und Ungarn. Viele Aussagen gelten auch für weitere Transformationsgesellschaften wie Bulgarien, Slowenien oder die baltischen Staaten. Für andere ost- bzw. südosteuropäische Gesellschaften oder für die ehemals asiatischen Sowjetrepubliken (Turkmenistan, Usbekistan etc.) beanspruchen die folgenden Aussagen hingegen keine bzw. nur sehr eingeschränkte Geltung.

Theoretische Aspekte des Transformationsprozesses

Grundlagen, Abläufe und Aussichten der sozialen Umformungen im Bereich der sozialen Ungleichheit und Sozialpolitik in den neuen Bundesländern beschrieben. Dies dient sowohl wissenschaftlichen Interessen als auch der Produktion instrumentellen Wissens für soziale und politische Maßnahmen und Eingriffe (siehe Kapitel 6). Gleichwohl kommt auch eine stark deskriptiv orientierte Analyse nicht umhin, ex ante fixierten theoretisch-methodischen Orientierungen zu folgen. Die Autoren beziehen sich in ihren (teil-)disziplinär durchaus heterogenen Analysen auf verschiedene Forschungstraditionen,[184] die freilich in einer „weichen" modernisierungstheoretischen Grundlage konvergieren. Der Bericht geht davon aus, daß es sich bei den im Herbst 1989 in der DDR und in den anderen mittelosteuropäischen Staaten begonnenen radikalen Umwälzungen insofern um Modernisierungen handelt, als sich konstitutive soziale Institutionen des Realsozialismus als regressiv und nicht (mehr) reformierbar erwiesen und daher durch zeitgemäße, d.h. durch die Masse der Bevölkerung gewünschte und international erfolgreichere, also moderne(re) ersetzt werden sollten. Die Systemwechsel waren und sind zentral ausgerichtet auf „parlamentarische Demokratie" und „soziale Marktwirtschaft", wie sie in den USA und Westeuropa musterhaft realisiert schienen. Dies bedeutet aber keine Vorentscheidung bezüglich der Frage, ob – speziell in der DDR – in bestimmten Bereichen bereits moderne, vielleicht sogar „modernere" Regelungen oder Sozialstrukturelemente existierten.

Eine theoretisch durchgestaltete und zugleich „härtere" Variante der Auffassung von Modernisierung im Osten hat Wolfgang Zapf (1991 und 1994) entwickelt. Diese oder im Kern analoge Modernisierungstheorien sind dann auch als Folien empirischer Forschungen verwandt worden und dominieren die Transformationsforschungen bis heute, obwohl praktisch alle gegenwärtig diskutierten sozialen und ökonomischen Grundlagentheorien in den Diskurs Eingang fanden (vgl. zur Übersicht Kollmorgen 1996b).

Zapf hat sein Konzept der „weitergehenden Modernisierung" wie folgt umrissen: Die Genese moderner Gesellschaften läßt sich prozessual als „Alphabetisierung, Urbanisierung und Industrialisierung, dann ... Take-Off, Wachstum und Massenwohlstand, ... Staaten- und Nationenbildung, politische Partizipation und wohlfahrtsstaatliche Umverteilung" ausdrücken (W. Zapf 1994: 300). Institutionell lassen sich mit Parsons folgende „evolutionäre Universalien" fixieren: „Konkurrenzdemokratie, Marktwirtschaft und Wohlstandsgesellschaft mit Massenkonsum und Wohlfahrtsstaat" (W. Zapf 1994:

---

184 Es handelt sich vor allem um Theorien der Wirtschaftssysteme und deren Vergleich, Sozialpolitiklehren, die Konzeption der modernen Sozialberichterstattung und moderne Ansätze der Sozialstrukturanalyse (Lebenslagen-, Lebensstil-, Milieuansätze usf.). Insbesondere in Kapitel 1 und den Abschnitten 3.1, 3.3, 5.1 und 5.3 finden sich entsprechende Erläuterungen und auch Literaturhinweise.

300). Gesellschaften, die jene institutionellen „Universalien" im geschichtlichen Prozeß (zuerst) entwickeln, sind „erfolgreicher, anpassungsfähiger, d.h. moderner ... als solche, die das nicht tun" (Zapf 1991: 34). Die Modernisierung im Osten ist insofern eine auf ein bekanntes Ziel gerichtete „nachholende Modernisierung". Die Transformation der postsozialistischen Gesellschaften besteht eben darin, die genannten universalen Basisinstitutionen nachhaltig zu implementieren, wobei als Mechanismen dafür bei allen gegenläufigen Tendenzen nur die „sachliche, zeitliche, soziale Teilung der Probleme" und „technische und soziale Innovationen zur weiteren Inklusion, Wertegeneralisierung, Differenzierung und Statusanhebung" in Frage kommen (Zapf 1991: 37). Zapf ergänzt, daß dieser Kern der Modernisierungstheorie „konflikt- und innovationstheoretischer Härtungen" bedarf, was handlungstheoretische Instrumente einschließt. So gilt es z.B. sowohl zu problematisieren, daß Innovationen „durch individuelle und kollektive Akteure im Kampf gegen etablierte Interessen, Trägheit und eigene Ungewißheit durchgesetzt" werden müssen und „nicht-intendierte Nebenfolgen" generieren, als auch Probleme der „Habitualisierung" basisinstitutioneller Umbauten einzuarbeiten (vgl. W. Zapf 1994: 300f. und 1991: 35). Unzweifelhaft verfügt der modernisierungstheoretische Ansatz mit seiner Betonung generalisierter Prozeß- und Strukturmerkmale über ein erhebliches heuristisches Potential, wobei die von Zapf erwähnten Konzepterweiterungen wesentliche Erklärungsfortschritte darstellen bzw. darstellen könnten.[185]

Indes bleibt die Frage, ob der dominierende Modernisierungsansatz in der Variante von Zapf, aber auch die „weichen" Modernisierungsannahmen des Berichtes als ex ante formulierte theoretische Hintergründe und Orientierungsrahmen für Transformationsforschung hinreichen und sich ex post im wesentlichen bestätigen. Zur Klärung dieser Fragen und als erster Schritt theoretisch-methodologischer Überlegungen werden die postsozialistischen Umwälzungen zusammenfassend umrissen.

Eigenschaften postsozialistischer Transformationen

Im folgenden wird eine empirisch gehaltvolle, auf die vorausgegangenen Analysen Bezug nehmende *sozialtheoretische Bestimmung des jeweils typischen Systemwechsels* (siehe hierzu Kapitel 1) vorgenommen. Die Eigentümlichkei-

---

185 Zum Teil analoge, teils auch weitergreifende Konzeptergänzungen im Kontext der osteuropäischen Umbrüche wurden z.B. vorgenommen von Klein mit seinem Begriff der „doppelten", d.h. den Westen einschließenden „Modernisierung" (1996) oder von Reißig mit der Thematisierung einer notwendigen „akteurstheoretischen Weiterung" (1996).

ten des Transformationstyps sollen insbesondere im Hinblick auf die modernisierungstheoretischen Annahmen entwickelt und zugespitzt werden.

Die Transformationen ehemals sozialistischer Gesellschaften gründen historisch auf „konservativ" (Brus) und autoritär, insofern „partiell" *modernisierten* Gesellschaften (Rueschemeyer). Obwohl dabei zwischen Mittelost- und Südost- bzw. Osteuropa erhebliche Niveauunterschiede bestehen und in Rücksicht auf die regional und national besonderen „Geschichten" je eigentümliche Formen des Realsozialismus entwickelt wurden, kann die Transformation insgesamt nur in bezug auf die westliche Moderne als „nachholende Modernisierung" interpretiert werden. Die sozialistische Moderne wurde ihrem Anspruch nach als totales und dabei pyramidal gedachtes *Gesamtsystem* entwickelt. Das zur Steuerung erforderliche Wissen sollte in der vollständig *rational gedachten Ideologie* des Marxismus-Leninismus vorliegen und eine rationale Umgestaltung *aller Lebensbereiche erlauben*. Nur diese Hintergründe der realsozialistischen Moderne erlauben eine angemessene Erklärung der Besonderheiten postsozialistischer Transitionen: des übergreifend „*revolutionären*" *Charakters* der Initiierung der Umbrüche, der insgesamt *geringen Gegenwehr der alten Eliten* und der Notwendigkeit des *Neuaufbaus einer demokratischen Institutionenordnung und Akteurstruktur („Zivilgesellschaft")*.

Ein Hauptelement der angestrebten Transformationen ist die radikale Umgestaltung der Ökonomie von einer „sozialistischen Planwirtschaft" in eine „soziale Marktwirtschaft". Diese Umgestaltungen divergieren freilich von der ursprünglichen Genese und Evolution der kapitalistischen Moderne. Deren Ausgangspunkte waren sowohl die sukzessive dezentrale Akkumulation ökonomischen Reichtums (Kapitals) als auch die (teils ungleichzeitige, teils parallele) Strukturierung der „bürgerlichen Gesellschaft", also eine im Kern spontane soziökonomische und politische Akteur- und Institutionenbildung aus der Mitte der Gesellschaft. Die postsozialistische „Kapitalisierung" findet eine seit Jahren fast akkumulationsfreie „*Mangel-*" *und zugleich* „*Staatswirtschaft*" vor und muß daher im Kern *politisch*, ja *staatspolitisch* betrieben werden,[186] weil es weder adäquate Ressourcenallokationen noch soziökonomische und politische Akteurstrukturen gibt bzw. mittelfristig geben wird.

Die postsozialistischen Transformationen kämpfen auch vor diesem Hintergrund mit den „*Dilemmas der Gleichzeitigkeit*" (vgl. Elster 1990 und Offe 1994), die sowohl die verschiedenen Sektoren als auch Ebenen der Transformation betreffen. Entscheidend ist sicher das Dilemma zwischen ökonomischen und politischen „Reformen", wobei die ökonomischen Umbauten wegen des tradierten *und* aktuell vermittelten sozialpolitischen Anspruchsni-

---

186 Zu diesem Problemkreis der (staats-)politischen Kapitalisierung aus sozialwissenschaftlicher Perspektive vgl. Offe 1994, Przeworski 1991, Wiesenthal 1994, 1995b.

veaus (Wohlfahrtsstaat) gegebenenfalls durch eine Abwahl von Reformkräften politisch behindert werden (und umgekehrt). Aber auch die Transformationsparadoxien zwischen Ebenen wiegen schwer und führen zu „gegenseitigen Obstruktionseffekten" (Offe). So müssen die staatspolitischen Akteure die Transformation vorantreiben, weil es an anderen „bürgerlichen" Akteuren mangelt. Jene „bürgerlichen" Akteure werden indes – gerade weil die staatspolitischen so mächtig agieren – in ihrer Entwicklung behindert und erscheinen zugleich als überflüssig. Obendrein beeinflussen sich die verschiedenen paradoxen Konstitutionen gegenseitig. Werden ökonomische Reformen verhindert, so bleibt der Nährboden für sozialstrukturelle und sozialpolitische Egalitäten erhalten, der die Ausbildung differenzierter (sozio-)politischer Akteurstrukturen behindert; dies befördert gegebenenfalls wiederum die Blockierung ökonomischer Reformen. Funktional läßt sich hier leicht ein *Circulus vitiosus* konstruieren. Bestimmte Dilemmas der Gleichzeitigkeit existieren allerdings nur, weil es zugleich die *Konstellation der partiellen Modernisierung im Realsozialismus* gibt, die auch Chancen verkörpert. Nur aufgrund der „modernen" sozialpolitischen „Errungenschaften" des *Staats*sozialismus und entsprechend entwickelter egalitärer und zugleich etatistischer Attitüden in der Bevölkerung läßt sich das wirtschaftliche „Tal der Tränen" mindestens teilweise aushalten. Zugleich versprechen politische Selbstbefreiung und verbreitete industriegesellschaftliche Einstellungen (wie Erwerbsneigungen und Arbeitsethos; siehe Abschnitt 5.1) Festigung bzw. Erfolg der demokratischen und ökonomischen Umgestaltungen in Mittelosteuropa. Die Dilemmas der Transformation werden nicht allein vor dem Hintergrund der realsozialistischen Vergangenheiten „entschärft", sondern darüber hinaus zwei alternativen „Lösungs"-Strategien zugänglich. Die Strategie des „Big Bang", d.h. des Versuchs gleichzeitiger und schockartiger Reformen bei hoher strategischer Selbstbindung der (Staats-)Akteure, kann dabei zum Teil Erfolge verbuchen, die der „gradualistischen Strategie", welche die Dilemmasituation material und zeitlich zu entflechten sucht, versagt blieben (vgl. Wiesenthal 1994 und 1995b).

Der hohe staatspolitische Gehalt postsozialistischer Transformationen, die zugleich historisch einmalig vor dem Hintergrund einer klaren Modellvorstellung (Marktwirtschaft und demokratischer Wohlfahrtsstaat) begonnen wurden, verändert die Beziehung zwischen *Projekt und Prozeß* gegenüber den westlichen „Transformationen" substantiell. Die postsozialistischen Umbrüche wurden zunächst – wenn auch national recht unterschiedlich – als politische Steuerungsobjekte nach Vorgabe der westlichen Moderne begriffen (Implementierung der bekannten Institutionen – siehe Modernisierungstheorie). Viele Projekte eines „Instant-Kapitalismus", insbesondere von ökonomischen Beraterteams, stießen indes auf eine rauhe Wirklichkeit, die sich den Modellen kaum beugen wollte. Die Folge waren abwechselnd Modell- und (versuchte) Wirklichkeits-Korrekturen. Strukturelle, einer entwickelten Konkurrenzdemokratie entsprechende Barrieren für solche im Kern „holistischen Politikansätze" (vgl. Wiesenthal 1994), die freilich in den Transitionen über erhebliche Steuerungsvorteile verfügen, gab und gibt es im Osten noch nicht. Diese in ihrer Dimension historisch einmalige Konzeption einer Modellimplementierung funktionierte freilich nie als Implementierung, d.h. als Einbau modellierter bzw. kopierter Institutionen mit planbaren bzw. identischen Wirkungen. Ganz generell kann man feststellen, daß substantielle und prozedurale „Kopien" des Westens im Osten sowenig zu haben sind, wie in den bereits geprüften „Entwicklungsländern" des Südens: Projekte werden durch die Prozesse immer gebrochen.

In Reflexion dieses versuchten Modelltransfers, in jedem Falle aber der sehr schnellen rechtlich abgesicherten Errichtung bürgerlich-kapitalistischer Basisinstitutionen erscheint die *Relation von Institution und Verhalten* neu. Während geschichtlich und grundlagentheoretisch die Errichtung kapitalistischer Institutionen den ideellen Revolutionen (Weber) oder den immer zunächst punktuell ansetzenden gewaltsamen ökonomischen Umverteilungen und Disziplinierungen (Marx) folgte, gehen im Postsozialismus bestimmte Institutionenbildungen den Bewußtseins- bzw. Verhaltensänderungen und Interessengenesen voraus: Dem Kapitalismus folgt der Kapitalist, dem demokratischen System die demokratische „Volkspartei". Diese besondere Relation ist substantiell mit dem versuchten Modell-Kapitalismus verbunden, der z.B. auch „künstliche" neokorporatistische Arrangements schuf, die zwar staatspolitisch zum Teil recht gut funktionieren, jedoch bestimmte endogene Konflikte bzw. Konfliktformen, für die jene geborgten Institutionenordnungen nicht entwickelt wurden, außer acht lassen bzw. nur mangelhaft bearbeiten können (anderweitige materielle Interessenlagen, sozialstrukturelle und ethnische Konflikte etc.). Dies führte zu essentiellen Friktionen, aber auch zu innovativen Umbauten (siehe die Abschnitte 2.4.7, 5.1, 5.3, 5.6, 5.7 und 5.8). Diese Priorität von Institutionenbildung ist jedoch nur vor den Hintergründen der institutionellen Defizite des Realsozialismus, des „Zusammenbruchs" der realsozialistischen Ideologie und der von ihr angestrebten „Lebensweise" angemessen zu verstehen. Dies alles verdichtet sich zu einer gesellschaftlichen Gemengelage, in der sich der Aufbau fragmentierter, in Teilen „kopierter" Institutionenkomplexe mit teils chaotischen soziokulturellen Adaptionsprozessen verbindet. Beide Vorhergehensweisen verweisen auf realsozialistische „Leerstellen", zeigen den hohen Orientierungswert der westlichen Moderne für Osteuropa und stehen zugleich für wichtige *Suchprozesse* in den sich umwälzenden Gesellschaften. Dabei ist wichtig zu betonen, daß realsozialistische „Leerstellen" nicht ein Abschneiden von sozialistischen Vergangenheiten bedeutet. Soziokulturelle Traditionsbestände, Erbschaften der konkreten Sozialstrukturen, realsozialistischen Politiken, Interessenlagen etc., all das fließt in die konkreten Suchen, Experimente und Stabilisierungsmöglichkeiten ein. Ob auf der institutionellen Seite solche „Copyright-Kapitalismen" zu dauerhaft effizienten und breit legitimierten Institutionenordnungen führen können, darf ebenso bezweifelt werden wie die Aufrechterhaltung der in den Transitionsphasen experimentierfreudigen und teils hochfragmentierten Soziokulturen. Gesellschaften bedürfen zu ihrer (relativ) stabilen Reproduktion sowohl einer basal homonomen Institutionenordnung als auch einer dominanten bzw. hegemonialen Soziokultur. Gleichwohl ist die Priorität der einerseits staatspolitisch zentrierten und andererseits den sich entwickelnden Interessenlagen, Konflikten und Soziokulturen vorausgehenden Institutionenbildung eine unabdingbare Voraussetzung für das mindestens partielle Gelingen von „Schocktherapien", mithin der Umgehung der oben genannten dilemmatischen Konstellationen. Großreformen bzw. gesellschaftliche Transformationen, zumal unter diesen knappen Ressourcenlagen und Zeitbudgets, wären nämlich unter Bedingungen entwickelter polyarchischer Ordnungen (Dahl) bzw. Konkordanzdemokratien schlicht undenkbar, wie Versuche im Westeuropa der Nachkriegszeit eindrucksvoll belegen.[187]

Konfrontiert man die wesentlichen realsozialistischen Erbschaften mit den Eigenheiten postsozialistischer Transformationen, wie sie bisher bestimmt wurden, dann erscheint als Fokus der *zentralen Problemkonstellation Institution und Verhalten* die Diskrepanz zwischen dem auf die westliche Moderne zugreifenden *Import von Institutionen- und Kulturformen* und den sozialgeschichtlich gewachsenen und sich seit 1989 gravierend umwälzenden *Soziokulturen, Sozialstrukturen, Interessenlagen und Akteurkonfigurationen.* Der Sozialismus zeichnete sich gegenüber der bürgerlich-kapitalistischen Moderne gerade durch einen Mangel auf der gesellschaftlichen *Mesoebene,* im Bereich rechtssicherer und interessenvermittelnder *Institutionen* und der sie „tragenden" *Akteure* aus. Der Postsozialismus bedurfte dessen und die maßgeblichen Akteure erstrebten daher genau den Import dieser auf der Mesoebene festsitzenden Institutionenordnung aus dem Westen. Gerade weil es die vorherigen Defizite gab, hängen jedoch die „fremden" Institutionen genau dort mittelfristig in der Luft (siehe die Abschnitte 2.4.1 bis 2.4.7 und 5.4). Ihre *systemintegrierende Rolle* bleibt wegen ihrer allgemeinen Unterentwicklung, Staatslastigkeit und Heterogenität bisher unbefriedigend. Die

---

187 Wiesenthal (1994 und 1995b) hat bezüglich dieser Gesamtproblematik ein nahestehendes, kategorial entfaltetes Konzept vorgelegt. Hier werden für die Transformationsgesellschaften antipodisch „preemptive" (d.h. präventive und autoritative) von „dilemmatischen" (d.h. reaktiven und deliberativen) Institutionengenesen unterschieden (Wiesenthal 1995b: 12).

sozialintegrative Rolle können sie noch nicht ausfüllen, weil sie den tradierten Soziokulturen aufgestülpt wurden und ihre bisherige Heterogenität die Orientierungsfunktion konterkariert.

Als eigentümlich kann auch das explosionsartige *Aufkommen ethnischer Konflikte* gelten, die unter dem Beton der autoritären Regime bis 1989 weitgehend begraben lagen. Dies führte zum massenhaften Phänomen zeitgleicher staatlicher Sezessionen und Transformationen (Jugoslawien, Sowjetunion, CSSR), die eigentümliche soziopolitische Dynamiken zur Folge hatten.

Die Transformationsgesellschaften des Ostens stehen vor ganz *anderen europäischen und globalen Rahmenbedingungen* als die sich kapitalisierenden Staaten des Westens. Die postsozialistischen Transformationen haben zunächst einmal *selbst* die *bipolare Weltordnung* der Nachkriegszeit abgeschafft. Für die eigenen Transformationen bleiben die dadurch mit ermöglichten globalen „Neuordnungen" allerdings ambivalent. Einerseits muß sich der neue Osten auf einem stark (westlich) liberalisierten Weltmarkt behaupten, andererseits gab es nie zuvor – wenn auch unter starken ökonomischen, z.T. auch politischen Auflagen – eine derartige Unterstützung für den Wechsel zu Demokratie und Kapitalismus. Überhaupt sehen sich gegenwärtige „Modernisierungen" in eine auf praktisch allen Gebieten (Militär, Ökonomie, Politik, Kultur) internationalisierte Welt eingebaut.

Obwohl sich die mittelosteuropäischen Transformationsgesellschaften in starkem Maße an den westlichen Industriegesellschaften orientieren, besteht weder eine Erfolgsgarantie für die Etablierung demokratisch-marktwirtschaftlicher Modernitätsmuster, noch dürfen Duplikate des selbst höchst vielgestaltigen Westens erwartet werden. *Transformationen sind offene, sich selbst organisierende Evolutionen, die Neues und je Eigenes zum Resultat haben.*

Theoretische und methodische Folgerungen

Nach diesen Bestimmungen lassen sich unter Hinzuziehung weiterer Überlegungen eine Reihe von theoretisch-methodischen Folgerungen ziehen, denen sich die Transformationsforschung gegenübersieht (vgl. Kollmorgen 1996a).

Transformationsforschung umfaßt nicht allein Zustandsanalysen in Relation zur realsozialistischen Ausgangssituation, zu vorherigen Phasen oder zu anderen Transformationsgesellschaften, sondern auch und wesentlich explizite Prozeßanalysen: Warum, unter welchen Voraussetzungen, wie (mit welchen Mitteln) und mit welchen (ggf. absehbaren) Resultaten transformieren sich Gesellschaften, darin Institutionen, Gruppen, Individuen usf.? Um solche Fragen der postsozialistischen Transformationsforschung zu bearbeiten, können nicht einfach die theoretischen und methodischen „sets" fortgeschrieben werden, die für die westliche Moderne der Nachkriegszeit und deren dominant fluktuativen, sukzessiven, teils kumulativen Wandlungsmodus elaboriert wurden: Gesellschaften im Prozeß „schöpferischer Zerstörung" können analytisch nicht mit (relativ) strukturstabilisierten Gesellschaften gleichgesetzt werden. Mit anderen Worten: Die bekannten Ansätze sind gegenstandsspezifisch zu überprüfen und dürfen nicht zu einfachen Subsumtionen neuer Erkenntnisobjekte führen.

Bei Systemtransformationen handelt es sich um hochkomplexe Prozesse, die einen komplexen Analyserahmen und ein weitgespanntes sozialwissenschaftliches Instrumentarium erfordern. Einzelne theoretische Traditionen bzw. Schulen oder Ansätze reichen nicht hin, um eine *gesellschaftsbezogen* angemessene theoretisch-methodische Folie zu entfalten. Dies kann am Modernisierungsansatz verdeutlicht werden, der verspricht, eine universale Theorie sowohl der westlichen Moderne *und zugleich* der originären wie der vielfältigen nachholenden Modernisierungen in allen Teilen der Welt zu sein, was kaum gelingt und gelingen kann.[188] Dies bedeutet aber nicht den Ausschluß der Modernisierungstheorie, sondern die Begrenzung ihrer Erklärungsansprüche. Modernisierungstheoretische Ansätze ermöglichen eine normative Fixierung der basisinstitutionellen Ziele sowie eine Bestimmung generalisierter Prozeßmerkmale der Umwälzungen, mithin makrosozialer Umbaunotwendigkeiten. Die inhaltlichen und prozessualen Differenzen postsozialistischer Transformationen gegenüber westlichen und anderen Modernisierungen und die Schwierigkeiten bzw. Defizite der „Modernisierungstheorie" verweisen hingegen auf die Notwendigkeit theoretischer Weiterungen und Perspektivenwechsel. Diese Einschätzung bestehender Erklärungsprobleme und -defizite gilt nun freilich auch für alle anderen grundlagentheoreti-

---

188 Dies, weil für die meisten Modernisierungsansätze gilt, daß sie (1) dominant „strukturell-funktionalen" Charakter tragen, (2) insofern eher Theorien der Moderne und zwar (3) genauer der westlichen Moderne sind, indem die empirisch breiten Analysen der Entstehung der westlichen Moderne zu „Universalien" kondensiert und dann der hoch differenten Wirklichkeit historisch folgender Modernisierungen gegenübergestellt werden. „Transformation und Transition" erscheinen dann (4) konsequenterweise nicht als offene Evolutionsprozesse, sondern als zielbekannte „nachholende Modernisierungen". (5) Die demgegenüber identifizierten prozessualen Unterschiede neuerer Modernisierungen, wie die umgekehrte Reihenfolge („erst ökonomisch, dann politisch und zuletzt gesellschaftlich-kulturell") in Asien oder das Problem der notwendigen und zugleich „unmöglichen" Gleichzeitigkeit ökonomischer und politischer Umbauten im Postsozialismus, bleiben (6) für das theoretische Gesamtgebäude am Ende entweder folgenlos oder werden durch die theoretischen Umstellungen nur unzureichend bearbeitet. Zur jüngsten Diskussion der Modernisierungstheorie vgl. Alexander 1994, Ettrich 1993, Kaase u.a. 1996, Klein 1996, Kollmorgen 1994a, 1996a, Müller 1995, Reißig 1996 und Wiesenthal 1995b.

Theoretische Aspekte des Transformationsprozesses 477

schen Ansätze wie z.B. systemtheoretische, institutionentheoretische, akteurtheoretische oder interpretativ-handlungstheoretische bzw. deren Kombinationen. Es muß insgesamt also um die Nutzung der analytischen Potentiale vieler Ansätze gehen, um der Vielfältigkeit gesellschaftlicher Systemwechsel gerecht zu werden. Gleichwohl haben sich – neben dem Modernisierungsansatz – vor allem akteur- und institutionentheoretische Ansätze als besonders produktiv und heuristisch wertvoll erwiesen, was angesichts der bisher beschriebenen empirischen Problemlagen kaum Verwunderung auslösen kann (vgl. Kollmorgen 1996b).

Um den Gesamtkomplex transformatorischer Prozesse angemessen analysieren zu können, bedarf es insgesamt eines theoretischen Zugangs, der Bereiche bzw. Sektoren, Ebenen, Räume, analytische Perspektiven und Zeit sowie eigentümliche Determinations- bzw. Steuerungskanäle beachtet, analytisch differenziert, dann aber auch wieder kombiniert (vgl. hierzu zusammenfassend Kollmorgen 1994a, 1996b und Merkel 1994). Genauer bedeutet dies: (1) Die Beachtung differenter Transformationsmodi von unterschiedlichen *gesellschaftlichen Bereichen* (Teilsystemen, Sektoren), wie Ökonomie, Politik, Recht, Wissenschaft, Kunst etc. (2) Die Notwendigkeit *ebenenspezifischer* Analysen, da durch die Defizite des Staatssozialismus gerade auf der Mesoebene der Interessenvermittlungen und durch das Basisinstitutionenprimat im Transformationsprozeß Ebenenkohärenzen und -funktionalitäten der neuen Institutionenordnungen nicht vorausgesetzt werden dürfen. Im Gegenteil, im Postsozialismus der Transitions- und Strukturierungsphase ist Ebenendivergenz im Umbau das „Normale". (3) Wichtig ist die Beachtung der *national, regional und lokal* verschiedenen Transformationen (siehe Abschnitt 3.2.7). (4) Um die Transformationen in ihrem Zeitverlauf angemessen begreifen zu können, bedarf es des Einsatzes phasenabgestimmter differenter *analytischer Perspektiven,* die in den bekannten Grundlagentheorien (Paradigmen) – wie moderner Systemtheorie, interpretativer Handlungstheorie oder auch erklärender Sozialtheorie – systematisiert vorliegen (vgl. Kollmorgen 1996b). Pointierend kann gesagt werden, daß, je turbulenter die gesellschaftlichen Zustände sind (Initiierungs- und Transitionsphase), desto analytisch gefragter ein handlungstheoretisches Paradigma wird (inkl. Akteursund weiter vermittelnd Institutionentheorien). Demgegenüber wird das systemtheoretische Paradigma umso wichtiger sein, je gefestigter soziale Reund Neuproduktion verläuft (Zustand vor der Transformation, späte Strukturierungsphase). (5) Endlich ist das Verhältnis von *Endogenität und Exogenität,* v.a. in bezug auf den diskutierten Institutionenimport aus dem Westen und die starke Einbindung in internationale Organisationen und finanzielle Unterstützungen, analytisch zu berücksichtigen. Für Ostdeutschland ergibt sich durch den staatsrechtlichen Beitritt zur Bundesrepublik Deutschland eine einmalige Relation von Endogenität und Exogenität. Wie problematisch und zugleich wichtig diese Trennung ist, zeigt z.b. das Phänomen der sogenannten „Ostalgie" in Ostdeutschland. Sind diese subjektiven Abstoßungsreaktionen in Richtung DDR eher als Folge des Neuen in der transformierten Gesellschaft oder eher als Abstandnahme gegenüber dem politisch dominierenden Westen zu interpretieren? Wichtig sind hier die analytischen Bezüge auf die „Ausgangsgesellschaft" (DDR), auf die ersten Abschnitte in der Transformation („Wende") und Vergleiche zwischen den Transformationsgesellschaften.

Gerade in den intensivsten Übergangsprozessen in der Initiierungs-, Transitions-, aber auch noch zu Beginn der Strukturierungsphase, während der „Verflüssigungen" tradierter Strukturen in allen sozialen Bereichen, versagen die eingeübten „normalen Methoden" der Sozialwissenschaften (so O'Donnell/Schmitter 1986). Bekannte strukturelle Determinationskanäle „funktionieren" nicht wie gewohnt, Ableitungsschematismen versagen (vgl. auch Merkel 1994). Hier gilt – wie schon vermerkt – ein handlungstheoretisches Primat, was folgende Ansätze bevorteilt bzw. als analytische Schwerpunkte ausweist: Kulturanalysen (in interpretativ-handlungstheoretischer Perspektive), Analysen zur Bildung von Institutionen und Kollektivakteuren und Studien zur Pfadabhängigkeit der Transitionen bzw. Transformationen („path dependency").

Für sozialstrukturelle Analysen sind die „objektiven" Bestimmtheiten sozialer Lagen (Einkommen, Bildung etc.), die einem gravierenden Wandel unterworfen sind, mit „subjektiven" Sozialstrukturdimensionen (Lebensstile, Milieus usf.) zu verbinden. Letztere „reagieren" zwar auch dynamisch auf derartige Lageveränderungen, indem neue soziokulturelle Distinktionen gesucht und in der westlichen Moderne oft auch gefunden werden (im Sinne des Kulturform-, einschließlich Lebensstilimports). Gleichwohl zeichnen sich Lebensformen, -stile, -führungen und Milieus gerade durch einen in der Substanz persistenten Charakter aus (auch intergenerationell), der auch und wesentlich dazu dient, sozial integrierte Gruppen gegen turbulente, verunsichernde soziale Systemumwelten „abzuschirmen". Ohne eine Kombination der Analyse „objektiver" und „subjektiver" Sozialstrukturbestimmtheiten, wobei in den besonders dynamischen Phasen letzteren besondere Bedeutung zukommt, ist eine angemessene Erschließung der Transformationen und ihrer Chancen nicht möglich. Der vorliegende Bericht versucht im Rahmen seiner Möglichkeiten, dieser notwendigen Kombinatorik Rechnung zu tragen (siehe Kapitel 1 und die Abschnitte 3.1, 3.3 und 5.1 und 5.3).

Für die sozialwissenschaftliche, empirisch orientierte Forschung ergibt die bisher skizzierte Auffassung bezüglich sozialwissenschaftlicher Transformationsforschung folgende Schlußfolgerungen:

Theoretische Aspekte des Transformationsprozesses 479

- Generell Orientierung auf komplexe Methoden-Sets,
- Notwendigkeit von quantitativen Zeitreihenanalysen (ggf. sogar Panelerhebungen) und Aufwertung qualitativer Methoden sowie
- Entroutinisierung der Methodengenerierung bzw. -anwendung. Eine schlichte Übertragung von repräsentativen Umfragen und Auswertungsmustern aus dem Westen auf Osteuropa wird der besonderen Situation und den sozialen Differenzen nicht gerecht. Aber auch bei qualitativen Methoden ist kritische Reflexion geboten.

Abschließend soll nochmals betont werden, daß nicht alle sozialstrukturellen bzw. sozialpolitischen Dynamiken und Problemlagen allein bzw. dominant den postsozialistischen Transformationen zuzurechnen sind. Analytisch zu bedenken sind sowohl bereits länger existierende säkulare Trends industriegesellschaftlich geprägter Gesellschaften (z.B. in der Demographie, Erwerbsverhalten, Lebensformen etc.) wie auch Überlappungen originärer Transformationsprozesse mit neuen, z.T. postindustriellen sozialen Dynamiken, die über die engen internationalen Verflechtungen (der Weltgesellschaft) mindestens in bestimmte Bereiche diffundieren und sich mischen (z.B. Produktionsverfahren und -kulturen, Dienstleistungsweisen, Subkulturen oder „neue soziale Bewegungen").

Der „Sonderfall" DDR/neue Bundesländer

Die grundsätzlich besonderen Ausgangs- und Rahmenbedingungen der Transformation in der DDR bzw. in den neuen Bundesländern wurden bereits in Kapitel 1 erläutert. Bezüglich der sozialstrukturellen und sozialpolitischen Problemlagen sind v.a. zwei Konstellationen von Bedeutung, aus denen auch theoretisch-methodische Konsequenzen zu ziehen sind.

Erstens erfolgte mit dem Beitritt zur Bundesrepublik auf rechtlicher Grundlage des Einigungsvertrages und des Grundgesetzes eine staatsrechtlich fixierte Bestimmung des *Transformationszieles* für die neuen Bundesländer. Ziel ist die vollständige rechtliche Integration in das Gesellschaftssystem der alten Bundesrepublik, was eine Angleichung der Lebensverhältnisse zwischen beiden Landesteilen einschließt. Zugleich wurde der Weg hin zu diesem Ziel, der Modus der Transformation, bestimmt: Mit dem „Beitritt" gab es in den neuen Bundesländern eine *schlagartige und vollständige Änderung der Basisinstitutionen nach dem Muster der Institutionenordnung der alten Bundesrepublik* (Institutionentransfer). Mithin zeichnete sich die oben diskutierte zweite Transformationsphase (Transition) in den neuen Bundesländern durch ihre zeitliche Dichte (Ende 1989 bis 3. Oktober 1990) und durch ihr Ende mit dem staatsrechtlichen Beitritt aus, was gleichbedeutend mit der Übernahme der Basisinstitutionen der Bundesrepublik war.

Zweitens entwickelt sich dadurch die ostdeutsche Transformation innerhalb eines größeren staatlichen und gesellschaftlichen Ganzen, bildet einen, wenngleich wesentlichen, *teilgesellschaftlichen Prozeß*. Eine Seite dieser Einbettung besteht in den *umfangreichen institutionellen, finanziellen und personellen Transfers* in die neuen Länder, die jene ökonomischen, politischen und insbesondere sozialpolitischen Spannungen der Transitions- und Strukturierungsphase abmildern und verkürzen, welche die anderen Transformationsgesellschaften im Umbau behindern und zum Teil vor gesellschaftliche Zerreißproben stellen. Diesem unzweifelhaften „Vorteil" der Transformation in Ostdeutschland stehen indes eben durch dieselben Mechanismen und Resultate auch tiefgreifende soziale Problemlagen gegenüber. Die gigantischen Transferleistungen bedeuten nämlich auch, daß wir es in Ostdeutschland mit einem insgesamt fertigen Staatsgebilde („ready made state" – Rose) und im Kern sogar mit fertigen Akteurkonfigurationen („ready made actors") unter Elitentransfer aus dem Westen zu tun haben: *„Beitritt" bedeutet basisinstitutionell eben Übernahme und Anpassung.*[189] Auf diese Weise kam und kommt es zu Defiziten an originär ostdeutschen Akteuren oder zu abweisenden Einstellungen bei ostdeutschen Bürgern, die sich durch Westdeutsche bzw. das westdeutsche System fremdbestimmt oder zu „Bürgern zweiter Klasse" degradiert sehen. Insgesamt ist somit – wie es Wiesenthal (1995a: 154ff.) formuliert – die „Systemintegration gelungen", bestehen aber gleichzeitig deutliche „Probleme der Sozialintegration" (vgl. auch Brie 1994, Koch 1993, Kurz-Scherf 1994 und Kupferberg 1994). Andererseits bedeutet die Feststellung eines Institutionentransfers nicht, daß es in den neuen Bundesländern keinerlei innovative Entwicklungen innerhalb jener transferierten *Basis*institutionen und Akteurkonfigurationen gegeben hat und geben wird. Als Beispiele für Eigentümlichkeiten in den neuen Ländern seien das Bildungssystem (z.T. 12-Klassen-Abitur, Versuche eines kombinierten Ethik-Religionsunterrichtes), das Wissenschaftssystem (geisteswissenschaftliche Zentren als neue Struktur und Strukturverschiebungen in der Wissenschaftsgemeinschaft „Blaue Liste"), die Agrarorganisation (Überzahl großer Unternehmen in z.T. genossenschaftlichem Eigentum), die Organisationen der Tarifpartner und der betrieblichen Mitbestimmung (Mitgliederstruktur, Strategiemuster) oder die Strukturen der freien Wohlfahrtspflege (veränderte Trägerstruktur, höherer Anteil privater Anbieter) genannt (vgl. Kollmorgen/ Reißig/Weiß 1996, Lehmbruch 1994 und Mayer 1996). Indes erbringt eine nähere Prüfung dieser und anderer Beispiele, daß diese Eigenheiten innerhalb

---

189 Zum Gesamtproblem vgl. von Beyme 1994, Brie 1994, Eisen/Wollmann 1996, Kaase u.a. 1996, Klein 1996, Kollmorgen u.a. 1996, Lehmbruch 1993, Lepsius zitiert nach Kollmorgen 1994a, Mayer 1996, Reißig 1996 und Wiesenthal 1995a. Eine Diskussion der Alternativen zu diesem Vereinigungsmodus kann hier nicht geführt werden.

einer länderpolitischen und regionalen Variationsbreite liegen, die bereits in der alten Bundesrepublik vorhanden oder doch mindestens möglich war. Und soweit dies nicht der Fall ist (z.B. bei den geisteswissenschaftlichen Zentren), stoßen diese Innovationen doch auf Interesse in den alten Bundesländern und erweisen sich obendrein keineswegs als durchgehend ostdeutsche „Originale". Was aus diesen ostdeutschen „Eigenheiten" in Zukunft wird, ist offen.

Theoretisch-methodisch heißt das: (a) Die ostdeutschen Transformationen sind als Teilprozesse innerhalb eines staatlichen Ganzen zu analysieren. (b) Staatsrechtlicher „Beitritt" Ostdeutschlands bedeutet nicht, daß die ostdeutsche Transformation in Gänze prädeterminiert, also nicht mehr als offene Evolution betrachtet werden kann. Daher sind teleologisch angelegte Analysen auszuschließen. (c) Mithin ist mit dem Transfer der Basisinstitutionen die Transformation auch in Ostdeutschland nicht zu Ende,[190] es besteht also weiterer Forschungsbedarf. (d) Zentralproblem der Transformationsforschung für Ostdeutschland ist die Differenz von Institutionen- und Ressourcentransfer (Exogenität) und den endogenen Transformations- und Anpassungspotentialen auf der kognitiven und normativen Ebene. In der Analyse der Anpassungen sind neben den angesprochenen methodischen Problemen zusätzlich die „Fallen" der gleichen Sprache und Nation zu beachten. (e) Bei der Frage der staatsrechtlich und -politisch gewollten „Angleichung" der ostdeutschen Lebensverhältnisse an die westdeutschen sind die institutionellen und akteurseitigen Variationen im Osten und die soziokulturellen Differenzen mit zu reflektieren. (f) Hieran anschließend soll und kann „Angleichung" auch deswegen nicht nur Übernahme westdeutscher Lebensmuster heißen, weil die regionalen Differenzen in Ost- und Westdeutschland bezüglich sozialpolitischer Infrastruktur, Inanspruchnahme sozialpolitischer Leistungen oder auch Lebensformen (Haushalte, Familien) heute schon teilweise größer sind als zwischen Ost und West. Die Vereinigung verweist insofern auf die föderale und regionale Struktur der Bundesrepublik. (g) Diese Sonderkonditionen bedingen unter komparativen Gesichtspunkten einerseits eine deutliche Beschränkung von Generalisierungsmöglichkeiten der Inhalte und Verläufe ost-

---

190 Seit 1992/93 wird in Deutschland und auch international eine Debatte darüber geführt, ob wegen des Transfermodus die Transformation in Ostdeutschland mit dem Beitritt im wesentlichen beendet sei. Neben terminologischen Fragen (Handelt es sich ab Ende 1990 um „Transformations*folgen*"?) werden hier auch theoretisch-methodologische sichtbar (vgl. Kollmorgen 1994b als Bericht über eine diesbezügliche Debatte; vgl. auch Kollmorgen 1994a). Die Autoren dieses Bandes gehen davon aus (siehe Kapitel 1), daß mit dem staatsrechtlichen Beitritt eine *wesentliche* Phase der Transformation abgeschlossen wurde, indes die „Strukturierungsphase", die Anpassungen (Annäherungen) und (wenn auch begrenzt) Innovationen umfassen wird, noch Jahrzehnte dauern wird, wie auch vergleichende Analysen nahelegen (siehe die Abschnitte 2.3, 2.4.7, 3.2 und 3.3, die Kapitel 5 und 6 sowie Zapf 1994).

deutscher Transformationsprozesse. Gleichwohl – und auch deshalb wurde hier eine mittelosteuropäische Perspektive gewählt – stecken in der Analyse der ostdeutschen Transformationen auch diesbezügliche Potentiale. Auch wenn die neuen Bundesländer sicher nicht der „Modellfall" einer ökonomischen Schock-Therapie und insgesamt einer radikalen Systemtransformation sind (vgl. Wiesenthal 1995a), entzieht sich Ostdeutschland keineswegs gänzlich komparativen Analysen, und zwar einerseits aufgrund der postsozialistisch geteilten Gesellschaftskonstitutionen resp. deren Zuspitzung (Institutionenimport vs. tradierte Soziokultur) und andererseits als Kontrastfall (vgl. Wiesenthal 1995b). In einer erweiterten Perspektive sei darauf verwiesen, daß zum einen noch staatsrechtliche Vereinigungen von kapitalistischen und realsozialistischen Staaten „anstehen" (Nord- und Südkorea oder als Spezifikum China mit Hongkong und Taiwan) und zum anderen gerade auch sozialpolitische Probleme in und zwischen zwei „Teilgesellschaften" unter einem institutionellen „Dach" nicht allein in manchem westlichen Staat (Nord- und Süditalien), sondern auch in der EU eine bedeutende Rolle spielen. Endlich bietet der ostdeutsche Sonderfall reichliches Material zur Analyse der Steuerungsmöglichkeiten und -grenzen von sozialem Wandel in „polyzentrischen Gesellschaften" (Willke) über die Problematik des Systemwechsel hinaus (vgl. Wiesenthal 1994 und 1995b).

Resümee

Als Resümee bleibt dreierlei: Erstens sind transformationstheoretische und methodische Überlegungen wichtig zur Orientierung und methodischen Fundierung von sozialwissenschaftlicher Transformationsforschung. Ein schlichter „Transfer" der eingeübten Forschungsansätze und -weisen in neu erschlossene Gebiete muß mit Erklärungsschwierigkeiten, -defiziten, ja fehlerhaften Ergebnissen rechnen. Nötig ist keine Tabula rasa, wohl aber kritische, gegenstandsbezogene Reflexion und Ein- bzw. Umstellung der Forschung. Indem dies versucht wird, werden sich zweitens auch innovative Horizonte für die Theorieentwicklung öffnen, wie dies bei allen Epochenumbrüchen der Fall war. Das bedeutet wiederum nicht, daß von transformationstheoretischen Überlegungen allein neue Grundlagentheorien erwartet werden können und sollten. Endlich und drittens, transformationstheoretische Überlegungen können weder anwendungsorientierte empirische Forschung ersetzen, sondern sollen diese orientieren und interpretieren, noch können sie „Werturteile" bzw. normative Aussagen schaffen. Letztere können durch Theorien lediglich begründet, gestrafft und vielleicht auch modifiziert werden (vgl. Kollmorgen 1996a).

6. Zukunftsperspektiven für Ost- und Westdeutschland

Prognosen vor 25 Jahren: Erfüllte Hoffnungen

Für die deutsche Bevölkerung hat sich mit der Vereinigung eine Wunschvorstellung erfüllt, die viele teilten, aber wenige für realisierbar hielten. Dies geht aus einer repräsentativen Umfrage hervor, die vor etwa 25 Jahren – im Jahr 1972, auf dem Höhepunkt der neuen Ostpolitik – mit folgender Fragestellung stattfand: „Eine Vereinigung von Bundesrepublik und DDR würde vermutlich einige Probleme und Schwierigkeiten mit sich bringen. Halten Sie es dennoch grundsätzlich für wünschenswert, daß die beiden deutschen Staaten vereinigt werden, oder sind Sie persönlich gegen eine Vereinigung oder ist Ihnen das persönlich gleichgültig?" (Materialien zum Bericht zur Lage der Nation 1974: 113f.) Den Antworten der westdeutschen Bevölkerung zufolge betrachteten:

- 78% die Wiedervereinigung als wünschenswert,
- 6% als nicht wünschenswert und
- 16% standen dieser Frage gleichgültig gegenüber.

Es handelt sich hier – wie gesagt – um die *Wünsche* der Westdeutschen, in denen eine überwältigende Mehrheit Präferenzen für die Wiedervereinigung zum Ausdruck brachte.[191] Davon wichen die realistischen *Erwartungen* jedoch erheblich ab, wie die Antworten auf die folgende Frage zeigten: „Deutschland ist nun schon mehr als 25 Jahre geteilt. Glauben Sie, daß es innerhalb der nächsten 25 Jahre zu einem Zusammenschluß oder einer Wiedervereinigung der Bundesrepublik Deutschland und der DDR kommen wird oder ist das ungewiß, oder sind Sie sicher, daß Deutschland in den nächsten 25 Jahren

---

[191] In späteren Jahren nahm die Zahl der Westdeutschen, die sich – bei allerdings etwas anderer Fragestellung – die Wiedervereinigung wünschten, leicht ab, blieb aber dennoch beachtlich. So antworteten auf die Frage „Wünschen Sie sehr, daß die Wiedervereinigung kommt, oder ist Ihnen das nicht so wichtig?" im Juli 1981 61% und im September 1989 52% der Befragten, daß sie sich die Wiedervereingung sehr wünschten (vgl. Noelle-Neumann/Köcher 1993: 432).

nicht vereinigt wird?" (Materialien zum Bericht zur Lage der Nation 1974: 114)

- 13% meinten, die Wiedervereinigung werde erfolgen,
- 45% meinten, sie sei ungewiß,
- 41% betrachteten sie als ausgeschlossen.

Vor knapp 25 Jahren hat also ungefähr jeder siebte Bundesbürger zutreffend prognostiziert, daß Deutschland heute – 25 Jahre später – wiedervereinigt sein wird; die Minderheit von 13% hat bei diesem „Hypothesentest" also voll und ganz recht behalten. Viele betrachteten die Entwicklung als offen; die Zahl derjenigen, die die Wiedervereinigung für möglich ansahen, war größer als die Zahl derjenigen, die sie für ausgeschlossen hielten. Zum Vergleich kann herangezogen werden, daß 25% der Bundesbürger in der gleichen Umfrage erwarteten, daß es heute – also 25 Jahre nach dem Interview – einen europäischen Gesamtstaat geben würde – eine Entwicklung, die nur ansatzweise eingetreten ist. Insofern hat die Geschichte Deutschlands eine für viele unerwartete Wendung genommen, aber nicht wenige haben sie vorhergesehen. Soziologisch gilt ohnehin, daß ein Vorgang wie die deutsche Vereinigung in den Köpfen vieler Bürger als Wunsch oder Erwartung verankert gewesen sein muß, damit er so friedlich und mit so geringen Konflikten vollzogen werden konnte, wie es geschehen ist.

Besonders interessant an der 25 Jahre zurückliegenden Untersuchung ist, daß sie auch nach den *Folgen* der Vereinigung fragte und dazu resümierte: „Der innenpolitische Vorstellungsraum wird bestimmt durch die Erwartungen, daß die staatsbürgerlichen Rechte für die Bürger der DDR verbessert, positive soziale Leistungen der DDR in der Bundesrepublik Deutschland übernommen werden und das Wirtschaftssystem der Bundesrepublik nicht gefährdet wird. ... Der außenpolitische Vorstellungsraum wird bestimmt durch die Meinung, Gesamtdeutschland werde sich nicht an das östliche Bündnis anschließen und die westeuropäische Einigung werde nicht gestört werden. Die Vorstellungen von Deutschland als einer europäischen Großmacht treten gegenüber der westeuropäischen Einigung zurück, und die Frage der Neutralisierung Gesamtdeutschlands wird ohne klare Mehrheiten beantwortet." (Materialien zum Bericht zur Lage der Nation 1974: 116) Es erstaunt, wie ähnlich die Probleme und Beurteilungskriterien, die heute bei der Vereinigung eine Rolle spielen, bereits vor 25 Jahren gesehen wurden.

Heute wie damals hat höchste Priorität, „daß die Deutschen in der DDR mehr politische Freiheit bekommen", und dies ist in den Augen der ost- und westdeutschen Bevölkerung auch erreicht worden. Es trifft zu, „daß die westeuropäische Einigung nicht gestört wurde", aber mit der Möglichkeit der Ost-Erweiterung der Europäischen Union sind neue Problemhorizonte entstanden. Eine Gefährdung des westdeutschen wirtschaftlichen Systems ist durch die Vereinigung nicht erfolgt, obwohl sie in einer schwierigen weltwirtschaftlichen Situation ablief, die mehr Belastungs- und Beschäftigungsprobleme hervorrief, als unter günstigen Bedingungen zu erwarten gewesen wären. Das politische System der Bundesrepublik ist nicht gefährdet worden, wenn auch der „Radikalismus" der PDS und demokratiekritische Einstellungen nicht zuletzt in der ostdeutschen Bevölkerung von manchen als Problem empfunden werden. Vor 25 Jahren ging man freilich davon aus, daß ein östliches und ein westliches Bündnis weiterbestehen würden, während die heutige weltpolitische Konstellation weit außerhalb der damaligen Vorstellungswelt lag.

Die stärksten Bedenken, ob sich alle Erwartungen von damals verwirklichen, kann man bei der Einschätzung haben „daß wir in der Bundesrepublik die positiven sozialen Leistungen aus der DDR übernehmen", wie dies von einer klaren Mehrheit der Westdeutschen geäußert wurde. Die Bürgerbewegungen der DDR, die mehrheitlich eine radikal reformierte DDR anstrebten, suchten nach der staatsrechtlichen Vereinigung in ähnlicher Weise eine Vermittlung zwischen den sozialpolitischen „Errungenschaften" der DDR und den Idealen einer „offenen Gesellschaft", wie dies in der Verfassungsdebatte deutlich wurde. Dieser Aspekt ist durch den Prozeß der Vereinigung in Form des Beitritts der DDR zum Geltungsbereich des Grundgesetzes und die Übertragung des westdeutschen sozialen Sicherungssystems und der Arbeitsmarktordnung in den Hintergrund geraten. Eine gewisse Rolle haben diese Erwartungen in Einzelbereichen dennoch gespielt, z.B. bei der Diskussion um die gesetzliche Garantie von Kindergartenplätzen, die Neugestaltung des Gesundheits- und des Bildungswesens oder um die Gesetzgebung zum Schwangerschaftsabbruch. Was 1972 hingegen völlig fehlte, war der Gedanke an Transferzahlungen und Solidaritätsbeiträge. Diese Problematik geriet nicht in den Blick, weil man anscheinend davon ausging, daß zwei leistungsfähige Volkswirtschaften, die in ihrem jeweiligen Bündnisbereich zu den erfolgreichsten gehörten, eine Verbindung eingehen würden. Insgesamt gilt, daß in der Realität zwar einige Aufbrüche in neue Entwicklungsdimensionen erfolgten, daß aber die Prognose einer Minderheit zur Wiedervereinigung vor 25 Jahren von erstaunlicher Treffsicherheit war, wenn sie auch vermutlich weniger durch fundierte politische und ökonomische Analysen als durch vage Hoffnungen begründet war.

In den Jahren 1990 und 1991 wurden ebenfalls viele Prognosen zur Entwicklung des vereinten Deutschlands – wie in der Einführung zu diesem Bericht geschildert – aufgestellt. Nach sechs Jahren der Transformation ist nun eine Zwischenbilanz möglich, in der sich manche dieser Vorhersagen als zu optimistisch herausstellen. Auch der Abschluß dieses Transformationsprozesses ist nunmehr in weitere Ferne gerückt als ursprünglich erwartet.

Zwischenbilanz: Getrennt vereint

Die Vereinigung ist aus der Perspektive Ostdeutschlands als radikaler Systemwechsel zu interpretieren, aus der Perspektive Westdeutschlands als Systemerweiterung. Es erfolgte die Übertragung des westdeutschen Institutionengefüges auf die DDR-Gesellschaft, wobei vor allem sozialistische Planwirtschaft und Einheitsparteiensystem gegen die neuen Institutionen der Sozialen Marktwirtschaft und das Mehrparteiensystem ausgetauscht wurden. Letzteres brachte demokratische Strukturen und politische Konkurrenz, das marktwirtschaftliche System führte private Unternehmen und ökonomische Konkurrenz ein. Die Übernahme erfolgte – dem westdeutschen Wirtschaftssystem entsprechend – als soziale Marktwirtschaft, in der die mit der Marktwirtschaft verbundene Ungleichheit sozialpolitisch abgemildert wird. Durch Umverteilung sorgen verschiedene wohlfahrtsstaatliche Einrichtungen dafür, daß die Verteilung der Nettoeinkommen (Sekundärverteilung) weniger ungleich wird als die Verteilung der Markteinkommen (Primärverteilung). Die entscheidende Rolle der Sozialpolitik im Zuge der Systemtransformation in Ostdeutschland bestand aber nicht nur in einer sozialpolitischen Flankierung der transformationsbedingten Wirtschafts- und Beschäftigungsprobleme. Im innerdeutschen Integrationsprozeß hat die Sozialpolitik zudem, vor allem innerhalb der Arbeitsmarktpolitik und der Rentenversicherung, durch sehr hohe West-Ost-Transfers die Absicherung der Akzeptanz der Systemtransformation übernommen, indem sie eine Angleichung der Einkommen und Sozialleistungen an die hohen Standards in Westdeutschland förderte.

Zum bisherigen Verlauf und zum gegenwärtigen Stand des Transformationsprozesses in den neuen Bundesländern kann man die folgenden Hauptergebnisse festhalten:

1. Die soziodemographische Entwicklung war gekennzeichnet durch einen Rückgang der Bevölkerung infolge von Übersiedlung nach Westdeutschland, durch einen extremen Geburtenrückgang, durch hohe Zahlen von Ost-West-Pendlern und durch eine Verminderung der durchschnittlichen Haushaltsgröße.

2. Die wirtschaftliche Entwicklung in bezug auf die Einkommen und die Verfügbarkeit der Güter verlief im Vergleich zum Ausgangszustand zwar sehr positiv, blieb aber hinter den anfänglichen euphorischen Erwartungen zurück. Die ostdeutsche Produktivität hat – ausgehend von einem Drittel – erst gut die Hälfte des westdeutschen Wertes erreicht. Im Ost-West-Vergleich hat sich das verfügbare Durchschnittseinkommen der privaten Haushalte von 47,7% (1991) auf 78% (1994) erhöht, wobei es besonders große einkommensmäßige Verbesserungen für ältere Men-

schen gab. Das Preisniveau ist zwar ebenfalls stark gestiegen, liegt jedoch immer noch etwas niedriger als im Westen, so daß der Unterschied in den Realeinkommen etwas geringer ist. Die Bruttoeinkommen aus unselbständiger Arbeit machen im Osten noch 91,5% des Volkseinkommens aus, während sie im Westen bei 70,1% liegen; der Anteil der empfangenen Transfers am Haushaltseinkommen ist im Osten noch weit höher als im Westen. In beiden Punkten wird sich eine Angleichung ergeben müssen.

3. Die Verteilung der Arbeitseinkommen und der bedarfsgewichteten Haushaltsnettoeinkommen pro Kopf war in der DDR wesentlich weniger ungleich als in den alten Bundesländern. Diese Ungleichheit hat in den neuen Bundesländern deutlich zugenommen, wenn sie auch noch nicht das westdeutsche Ausmaß erreicht hat. Relative Auf- und Abstiege waren anfänglich viel häufiger als im Westen, jedoch ist inzwischen eine Stabilisierung eingetreten. Der Anteil der Einkommensarmen hat ebenso wie der Anteil der Sozialhilfeempfänger deutlich zugenommen, entspricht aber noch nicht dem westdeutschen Niveau.

4. Bei den durchschnittlichen Vermögensbeständen der privaten Haushalte besteht ein deutlicher Rückstand des Ostens gegenüber dem Westen. Die Verteilung des Vermögens unter den privaten Haushalten ist in den neuen Bundesländern zudem weit ungleichmäßiger als in den alten. Dies rührt aber nicht in erster Linie von der starken Konzentration der Anteile am Unternehmensvermögen her, das im Osten erst im Aufbau begriffen ist, sondern von der stärkeren Konzentration von Grundstücken und Gebäuden. Der überwiegende Teil des privatisierten Unternehmensvermögens ist in die Hände von Westdeutschen und – in geringem Maße – von Ausländern übergegangen.

5. Die Arbeitsmarktlage ist durch einen Rückgang der Beschäftigung von 9,7 Mio. (1989) auf 6,4 Mio. (1995) Erwerbstätige gekennzeichnet. Trotz weitreichender Maßnahmen zum vorzeitigen Übergang in den Ruhestand, zur Umschulung und zur Beschäftigung in Sonderprogrammen ist die Arbeitslosenquote auf etwa 15% gestiegen. Besonders betroffen sind Frauen, Jugendliche und ältere Personen. Deshalb bleiben Arbeitsbeschaffungsmaßnahmen besonders dringlich.

6. Im Gefolge der Umstellung des Bildungswesens sind sowohl die Anteile der Abiturienten und Studenten als auch der Schulabgänger ohne Hauptschulabschluß angestiegen. Es hat sich also eine stärkere Differenzierung ergeben. Das berufliche duale Bildungswesen steht vor dem Problem, genügend Ausbildungsplätze für die auszubildende junge Generation bereitzustellen und ihr damit einen angemessenen beruflichen Start unter der transformierten Arbeitsmarktordnung zu ermöglichen.

7. Die Wohnungsversorgung ist immer noch durch geringere Wohnflächen, schlechtere Ausstattung, einen geringeren Anteil der Miete am Nettoeinkommen sowie eine weit geringere Eigentümerquote gekennzeichnet.
8. Zwischen den neuen Bundesländern bestehen zwar regionale Disparitäten, jedoch sind diese – wenn man Ost-Berlin als Sonderfall unbeachtet läßt – geringer als zwischen den alten Bundesländern. Keines der neuen Bundesländer liegt in allen Dimensionen zurück.
9. Zu den Gruppen mit besonderen Problemen und stärkerer Benachteiligung im Transformationsprozeß zählen insbesondere Arbeitslose, Alleinerziehende, Frauen, Jugendliche und „unfreiwillige" Vorruheständler.
10. Es waren die typischen Mentalitäten und Werthaltungen der Bauern- und Arbeiterschichten, die die DDR-Gesellschaft im Ganzen prägten. Hier haben sich bedeutende Verschiebungen vollzogen. Gruppierungen mit „bürgerlichen", aufstiegsorientierten, aber auch hedonistischen Werthaltungen und Lebenseinstellungen haben sich ausgeweitet. Insgesamt hat sich eine Pluralisierung der sozialen Milieus und Lebensstile vollzogen. Für die Erwartungen der Menschen im Hinblick auf Wohlstand und Aufstieg und die Nachfrage nach wohlfahrtsstaatlichen Leistungen haben diese Prozesse große Bedeutung.
11. Positive Aspekte der wahrgenommenen Lebensqualität (wie Glück und Zufriedenheit) werden in Ostdeutschland zwar häufig genannt, aber deutlich seltener als in Westdeutschland. Negative Aspekte sind in den neuen Bundesländern stärker verbreitet als in den alten, wie aus der Verteilung von Besorgnissymptomen und Anomiesymptomen hervorgeht. Die großen Hoffnungen, die in der Frühphase des Transformationsprozesses artikuliert wurden, werden heute nicht mehr in gleichem Maße geteilt.

Insgesamt gesehen kann man feststellen, daß der institutionelle Transformationsprozeß (Transitionsphase) weitgehend beendet ist, die hierdurch ausgelösten wirtschaftlichen und sozialstrukturellen Verschiebungen (Strukturierungsphase) aber noch lange anhalten werden (siehe Abschnitt 5.9).

Ostdeutschland stellt sich trotz der institutionellen Anpassung hinsichtlich gesellschaftlicher Problemlagen und Entwicklungen anders als Westdeutschland dar. Dies wird mit der Formel „getrennt vereint" zum Ausdruck gebracht. Nicht nur Problemlagen und Entwicklungen sind verschieden, sondern auch das ostdeutsche Selbstverständnis hat eigenständige Ausprägungen, und die wechselseitige Wahrnehmung von Ost- und Westdeutschen weist große Diskrepanzen auf. Vor diesem Hintergrund sollten die Angleichungstendenzen von Ost- an Westdeutschland nicht überschätzt und die Anpassungserwartungen nicht zu hoch gesteckt werden. Annäherung ist erforderlich im Hinblick auf die grundlegenden Lebensverhältnisse und die

Wahrung gleichartiger Lebenschancen, nicht zuletzt für die nachwachsenden Generationen. Unterschiede zwischen Ost- und Westdeutschland sollten toleriert und sogar gefördert werden, wenn sie soziokulturelle Besonderheiten betreffen, die von regionalen, historischen und anderen kollektiven Lebenserfahrungen geprägt wurden. „Getrennt vereint" soll heißen, die historisch gewachsene Verschiedenheit Ost- und Westdeutschlands zu akzeptieren, neue Problemlagen und Konfliktlinien in Deutschland anzuerkennen und den Anpassungsbedarf auf grundlegende sozio-ökonomische Lebensverhältnisse zu beschränken. Das vereinte Deutschland ist nicht einfach eine Maßstabsvergrößerung der alten Bundesrepublik, sondern ein Verbund neuer und alter Bundesländer: dies bedeutet eine neue Qualität und Pluralität.

Künftige Problemkonstellationen

Um künftige Problemkonstellationen und einen daraus resultierenden Handlungsbedarf erkennen zu können, bedarf es der Prognosen, welche Entwicklungen bei bestimmten Politiken und institutionellen Gegebenheiten zu erwarten wären. Auch wenn hierbei große Unsicherheiten bestehen, die jeweiligen Prognosen also nur „wahrscheinliche Entwicklungskorridore" aufzeigen können, sind sie doch das beste verfügbare Hilfsmittel, um den auf längere Sicht möglicherweise eintretenden Fehlentwicklungen frühzeitig politisch entgegenwirken zu können. Von besonderer Bedeutung sind hierbei Bevölkerungs-, Wirtschafts- und Arbeitsmarktprognosen.

Demographische Prognosen: Für die Bevölkerungsentwicklung liegen relativ gute Prognosen vor, die sich darauf stützen können, daß die heute vorhandenen Bevölkerungsbestände die zukünftigen Entwicklungen weitgehend mitbestimmen. Den dennoch vorhandenen unterschiedlichen Entwicklungsmöglichkeiten – insbesondere in bezug auf Wanderungen – wird in Alternativrechnungen Rechnung getragen. Die verschiedenen Bevölkerungsvorausschätzungen liegen aber nahe beieinander (vgl. Enquete-Kommission „Demographischer Wandel" 1994). Die hier wiedergegebene Vorausschätzung (siehe Tabelle 6.1) zeigt für die nächsten 35 Jahre einen kontinuierlichen Bevölkerungsrückgang auf 12 Mio. Einwohner für Ostdeutschland, während sich in Westdeutschland ein leichter Bevölkerungsanstieg ergibt.

Diese Status-quo-Prognose berücksichtigt bereits eine beachtliche Zuwanderung, die allerdings das größte Unsicherheitsmoment darstellt. Allein aufgrund der natürlichen Bevölkerungsveränderung würde sich ein noch stärkerer Bevölkerungsrückgang ergeben. Ein Grund hierfür ist vor allem in der niedrigen Geburtenrate zu suchen. In Ostdeutschland sank das Fertilitätsniveau im Zuge des Transformationsprozesses sogar noch weit unter das westdeutsche Niveau. Hier erwarten die Experten, daß es sich mittelfristig dem westdeutschen Niveau annähert. Die Lebenserwartung von Frauen und Männern war in der DDR niedriger als in der Bundesrepublik; man rechnet damit, daß in den neuen Bundesländern auf mittlere Sicht in etwa die jetzige Lebenserwartung in den alten Bundesländern erreicht sein wird (vgl. Enquete-Kommission „Demographischer Wandel" 1994: 29).

Tabelle 6.1: Entwicklung der Bevölkerungszahl in Ost- und Westdeutschland bis 2030

Zieljahr	Ostdeutschland	Westdeutschland	Deutschland	Deutschland ohne Wanderungen
1990	16,0	63,8	79,8	79,8
2000	15,0	66,5	81,5	78,4
2010	14,4	66,5	81,0	74,8
2020	13,4	65,7	79,1	69,7
2030	12,0	64,1	76,1	63,5

Anmerkung: Basis der Prognose ist der Bevölkerungsstand zum 31.12.1990.
Quelle: Birg/Flöthmann 1993.

Diese Aussage impliziert auch eine weitere Prognose (vgl. Bundesministerium für Familie und Senioren 1994). Der Altenquotient[192] in Deutschland steigt demzufolge bis zum Jahr 2030 von 35,2% auf 75,8%, der Jugendquotient sinkt demgegenüber etwas von 37,5% auf 35,8%. Für die neuen Bundesländer beginnt der Weg in diese Entwicklung mit anderen Ausgangsbedingungen, denn deren Jugendquotient ist höher als in alten Bundesländern und der Altenquotient ist etwas niedriger. Sozialpolitisch bedeutsam sind dabei auch die wachsenden Zahlen der Hochbetagten über 80 Jahre, von denen ein beachtlicher Anteil pflegebedürftig sein wird. In beiden Landesteilen wird der Anteil dieser Bevölkerungsgruppe bis zum Jahr 2030 stark ansteigen, und zwar in den neuen Bundesländern – ausgehend von einem niedrigerem Ausgangsniveau – stärker als in den alten.

Wirtschafts- und Arbeitsmarktprognosen: Die wirtschaftliche Entwicklung in Ost- und Westdeutschland wird sich auf lange Sicht – ausgehend von den vorhandenen Unterschieden – annähern und ähnlich verlaufen. Die zukünftige Entwicklung wird einem Prognos-Gutachten zufolge, das 1995 im Zusammenhang mit der Frage nach den langfristigen Perspektiven der Alterssicherung erstellt wurde, von Anpassungsprozessen der neuen an die alten Bundesländer bestimmt werden (siehe Abbildung 6.1).

---

192 Der Altenquotient ist das zahlenmäßige Verhältnis der ab 60jährigen zu den 21- bis 59jährigen; der Jugendquotient ergibt sich analog aus dem Verhältnis der bis 20jährigen zu den 21- bis 59jährigen.

Zukunftsperspektiven für Ost- und Westdeutschland

Abbildung 6.1: Die Entwicklung des Bruttoinlandsprodukts je Einwohner in jeweiligen Preisen in Ost- und Westdeutschland 1992 bis 2040 – in Tsd. DM

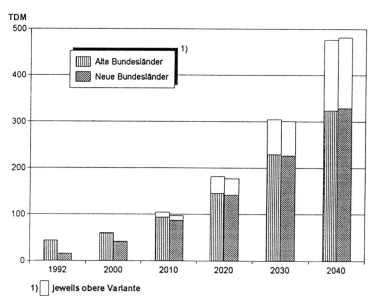

Quelle: Prognos 1995: 48.

Nach dieser Prognose wird der Aufholprozeß erst nach etwa einem Vierteljahrhundert soweit vorangeschritten sein, daß die Unterschiede zwischen Ost und West geringer geworden sein dürften als die Unterschiede zwischen einzelnen Bundesländern und damit eine annähernde regionale Gleichwertigkeit der Lebensverhältnisse erreicht sein wird. Selbst die für diesen langwierigen Angleichungsprozeß erforderliche Wachstumsratendifferenz zwischen Ost und West von 3% pro Jahr wird sich über einen so langen Zeitraum nur schwer aufrechterhalten lassen, so daß es auch noch länger dauern könnte. Zu begründen ist diese lange Anpassungsdauer mit dem erforderlichen Zeitbedarf für den Aufbau der öffentlichen Infrastruktur und des Sachkapitalbestandes sowie mit den Wettbewerbsnachteilen, die Unternehmen im Osten – auch wegen des nur allmählich abzubauenden Mißverhältnisses zwischen Löhnen und Produktivität – aufweisen (siehe die Abschnitte 2.3 und 5.8). Erst die Prognose für das Jahr 2040 könnte Optimismus wecken, weil dann die relative Wirtschaftskraft Ostdeutschlands jene Westdeutschlands überholt haben dürfte. Dies ist der Vorteil der nachholenden Modernisierung, den Westdeutschland in den fünfziger Jahren auch für sich nutzen konnte. Allerdings muß man festhalten, daß Prognosen um so unsicherer werden, je länger sie in die Zukunft reichen.

Abbildung 6.2: Vorausschätzung des Erwerbspersonenpotentials in Ostdeutschland und Westdeutschland bis 2030

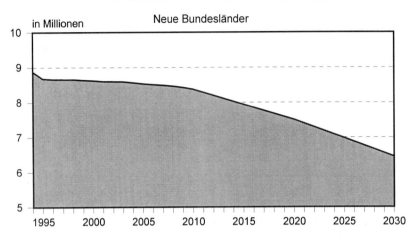

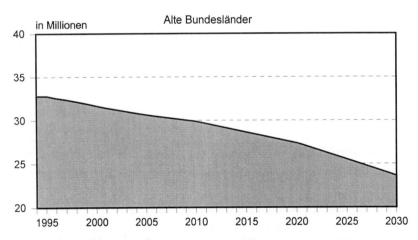

Quelle: Institut für Arbeitsmarkt- und Berufsforschung 1995: 15ff.

Von zunehmender politischer Bedeutung wird auch die Frage, wann die West-Ost-Transfers auf ein auch im früheren westdeutschen Länderfinanzausgleich übliches relatives Niveau zurückgegangen sein werden. Man kann kaum erwarten, daß dies wesentlich schneller geschehen wird, als der Aufholprozeß dauert. Um hier zu einer transparenteren Regelung zu kommen, ließe sich die Einstellung von spezifischen West-Ost-Transferzahlungen beispielsweise davon abhängig machen, daß sich die ost- und die westdeutschen Arbeitslosenquoten nicht mehr wesentlich unterscheiden. Dies wäre ein eindeutiger und markanter Indikator.

Besondere Beachtung verdienen die Arbeitsmarktprognosen bis zum Jahr 2030, weil in ihnen die zukünftigen Dimensionen der Arbeitslosigkeit sichtbar werden, die auch das Hauptproblem der Wirtschafts- und Gesellschaftspolitik am Ende dieses Jahrhunderts darstellen. Aller Voraussicht nach wird es in den nächsten 15 Jahren weiterhin eine Arbeitsmarktlage geben, die von einem hohen Sockel von Arbeitslosigkeit und von überdurchschnittlichen Quoten bei den gering qualifizierten Arbeitnehmern gekennzeichnet sein wird. Erst ab 2010 wird nach den gegenwärtig vorliegenden Arbeitsmarktprognosen (siehe Abbildung 6.2) – auch bedingt durch die demographischen Verschiebungen – ein starker Rückgang des Erwerbspersonenpotentials einsetzen und auch die Arbeitslosigkeit spürbar zurückgehen (vgl. auch Grütz u.a. 1993). Damit wird die Anforderung verbunden sein, die Wirtschaftsleistung mit einem im Durchschnitt stark gealterten Arbeitskräftepotential zu erzielen.

In ihrem Verlaufsmuster unterscheidet sich diese Arbeitsmarktentwicklung nicht zwischen Ost und West, wenn auch die Arbeitslosenquoten im Osten vermutlich noch lange über den westlichen Quoten liegen werden.

Weitere absehbare Entwicklungstrends: Eine Reihe weiterer, im Osten und Westen zum Teil unterschiedlich verlaufender Trends wird die politische Landschaft in der nächsten Dekade mitbestimmen. In den neuen Bundesländern

– wird die Ungleichheit in der Verteilung der Nettoeinkommen weiter zunehmen. Hierzu werden sowohl die zunehmende Ungleichheit der Lohnstruktur und der Arbeitseinkommen als auch die Zunahme der Selbständigen- und Vermögenseinkommen und die bereits festgelegte Rücknahme sozialpolitischer Sonderregelungen beitragen. Auch die relative Einkommensarmut wird noch weiter zunehmen, wobei diese Gefahr auch für Westdeutschland besteht;
– ist mit einem zunehmenden Anteil an Sozialhilfeempfängern zu rechnen, da die Sozialhilfegrenze im Osten relativ zum Lohnniveau höher liegt und sich die langfristige Arbeitslosigkeit weiter verfestigen wird; dies wird zunehmende Belastungen für die kommunalen Träger mit sich bringen, die nicht zuletzt deren Investitionspotential weiter einschränken;
– wird der Aufbau privater Vermögen noch langsamer vor sich gehen als die Angleichung der Einkommensniveaus und kaum innerhalb einer Generation das durchschnittliche westdeutsche Niveau erreichen. Damit

wird auch die Ergänzung der Alterssicherung im Osten durch Vermögenseinkommen und Vermögensverbrauch auf lange Zeit deutlich geringer ausfallen als im Westen. Auch die Verbreitung von Betriebsrenten wird sich nur ganz allmählich dem westdeutschen Ausmaß annähern. Die starke Konzentration der Privatvermögen im Osten, die sich hauptsächlich aus Haus- und Grundbesitz ergibt, wird allenfalls langsam abnehmen;
- wird der Rückstand im Wohnungswesen im Vergleich zum westdeutschen Stand nur langsam abgebaut werden, verbunden mit überproportionalen Mietsteigerungen und einem deutlich wachsenden Anteil des für Mietausgaben erforderlichen Anteils am verfügbaren Einkommen. Der höheren westdeutschen Eigentümerquote wird man sich allenfalls innerhalb einer Generation unter der Voraussetzung hoher staatlicher Förderung annähern können;
- wird es zu einer weiteren Expansion und Differenzierung der Bildungschancen einschließlich der Schulabschlüsse kommen;
- dürfte die Gefahr einer zunehmenden Jugendarbeitslosigkeit und eines großen Mangels an Lehrstellen auf längere Zeit größer sein als in den alten Bundesländern;
- werden sich die Arbeitsmarktprobleme aufgrund der durchlässigen Grenzen zu den östlichen, ökonomisch schlechter gestellten Anrainerstaaten verschärfen;
- wird die durchschnittliche Lebenserwartung und auch der Anteil der Hochbetagten stärker ansteigen als im Westen; insbesondere für die Hochbetagten entsteht eine stärkere Zunahme des Bedarfs an Pflegeeinrichtungen;
- werden Alleinerziehende wie auch im Westen eine besonders ungünstig gestellte Problemgruppe bleiben, aber ihre Anteile an allen Familien mit Kindern in Ost und West dürften sich in Zukunft annähern;
- wird sich die ehemals hohe Erwerbsbeteiligung der Frauen in der DDR in der kommenden Dekade kaum wieder erreichen lassen; es ist eher mit einer Steigerung der Frauenerwerbsquote im Westen auf das reduzierte Niveau des Ostens zu rechnen, so daß hierbei eine Konvergenz eintreten dürfte;
- wird sich die in den ersten Jahren des Transformationsprozesses extrem hohe Mobilität des beruflichen Status, der Arbeitseinkommen und auch der Nettoeinkommen weiter vermindern, d.h. es wird eine Verfestigung der sozialen Struktur eintreten, bei der die Chancen des Aufstiegs und die Gefahren des Abstiegs reduziert sind;
- werden sich individualistische, karriere- und statusorientierte sowie hedonistische Werthaltungen und Mentalitäten weiter verstärken. Die Stili-

sierung der eigenen Persönlichkeit und der eigenen Lebensführung wird für die Menschen in Ostdeutschland in Beruf und Freizeit immer wichtiger werden;
- werden wie auch in anderen modernen Gesellschaften die neuen Mittelschichten der Angestellten und akademischen Berufe wachsen. Gleichzeitig wird auf dem Weg in die Dienstleistungsgesellschaft die Gruppe der „neuen Selbständigen" größer werden. Allerdings sind bestimmte Bedingungen in den neuen Bundesländern dem Wachstum der selbständigen Mittelschichten nicht förderlich. Hierzu zählen der Mangel an Startkapital, die nur allmähliche Veränderung von Mentalitäten und die starke Stellung von Großunternehmen, die wenig Marktnischen belassen und hochqualifizierte Dienstleistungsberufe oft außerhalb Ostdeutschlands konzentrieren;
- dürfte sich in den nächsten Jahren keine Angleichung der subjektiv wahrgenommen Lebensqualität an das westdeutsche Niveau ergeben;

Diese Tendenzen führen zu einem besonderen sozialpolitischen Handlungsbedarf, wenn die Gleichwertigkeit der Lebensverhältnisse in Ost und West erreicht werden soll.

Sozialpolitischer Handlungsbedarf: Umbau des Sozialstaates unter der Perspektive ökonomischer Restriktionen und dem Ziel einer weiteren Annäherung zwischen den neuen und alten Bundesländern

Es wäre leicht, die vielen in diesem Bericht erläuterten sozialpolitischen Probleme und die daraus resultierenden sozialpolitischen Bedarfe an dieser Stelle zusammenfassend aufzuzählen und eine Erhöhung des Mitteleinsatzes zu fordern oder neue Instrumente zur Problemlösung zu skizzieren. Diese Vorgehensweise ließe jedoch die inzwischen sichtbar gewordenen „harten" ökonomischen Restriktionen außer acht. Deshalb muß der sozialpolitische Handlungsbedarf in einer Zusammenschau mit der wirtschaftlichen Entwicklung diskutiert und unter der Beachtung der ökonomischen Restriktionen evaluiert werden.

Weil Wirtschafts- und Sozialpolitik eng zusammenhängen, trägt eine erfolgreiche Wirtschaftspolitik, die das Wachstum fördert und die Beschäftigung erhöht, dazu bei, die Primäreinkommen zu steigern, ihre Verteilung weniger ungleich zu gestalten und damit das soziale Sicherungssystem von Lohnersatzleistungen zu entlasten. Für den Erfolg einer solchen Wirtschaftspolitik ist es aber erforderlich, daß der in den neuen Bundesländern bei weitem zu hohe Anteil der Einkommen aus unselbständiger Tätigkeit am Volkseinkommen in absehbarer Zeit auf ein auch im Westen gängiges Maß zurückgeführt, die bisherige Hochlohnstrategie also nicht fortgeführt wird. Wird keine Lohnzurückhaltung geübt, wird also weiterhin eine schnelle Anpassung an das westliche Niveau propagiert und in Tarifverträgen durchgesetzt, so wird die Bekämpfung der Arbeitslosigkeit in den neuen Bundesländern wesentlich erschwert werden. Allerdings stellt Lohnzurückhaltung allein zwar eine notwendige, aber noch keine hinreichende Voraussetzung für ein überdurchschnittliches wirtschaftliches Wachstum in den neuen Bundesländern dar. Als weitere Voraussetzung ist die Erhöhung der privaten und staatlichen Investitionsquote erforderlich; dies wird nur gelingen, wenn eine angemessene Rentabilität aus der laufenden Produktion zu erwarten ist und es zu einer veränderten Schwerpunktsetzung der West-Ost-Transfers von konsumtiven zu investiven bzw. investitionsfördernden Transfers kommt. In diesem Zusammenhang sollte auch nochmals die Einführung und die steuerliche Begünstigung der Vermögensbildung in Arbeitnehmerhand über Investivlohnpläne geprüft werden; denn eine derartige Neuregelung könnte nicht nur die Akzeptanz für eine zurückhaltende Lohnpolitik erhöhen, sondern auch gleichzeitig einen Beitrag zum Aufbau von (ostdeutschem) Mitbesitz am Unternehmensvermögen und zur Verminderung der Vermögenskonzentration leisten. Hinzu kommen müßte gleichzeitig eine verstärkte Förderung des Mittelstandes, um dessen Wachstumsbeitrag zu vergrößern sowie eine verstärkte Eigenheim- und Eigentumswohnungsförderung *für Ostdeutsche,* um die zu niedrige Eigentümerquote schnell zu erhöhen. Hierbei wäre eine Beschränkung auf Personen mit langer Wohnzeit in Ostdeutschland erforderlich.

Mit einer verzögerten Angleichung des ostdeutschen Lohnniveaus geht auch – wegen der Anbindung an die Lohnentwicklung – eine verzögerte Anpassung der meisten Sozialleistungen an das Westniveau einher. Auf diese Situation wird man sich einstellen müssen; für Parteien und Gewerkschaften entsteht damit eine unpopuläre Aufgabe.

Unter der Bedingung einer verzögerten Lohnniveauanpassung zwischen Ost und West kann auch die regional ausgleichende Funktion der Sozialversicherungen leichter beibehalten werden. Eine Erhöhung des Staatszuschusses würde die nicht sozialversicherungspflichtigen Westdeutschen über die Steuerzahlungen stärker an der Last dieses regionalpolitischen Ausgleichs beteiligen. Die im Gefolge der verzögerten Lohnniveauanpassung ebenfalls verzögerte Anpassung des Sozialleistungsniveaus erfordert jedoch eine sozialpolitischen Flankierung, insbesondere im Niedrigeinkommensbereich und am Arbeitsmarkt, da eine derartige Verzögerung die am ungünstigsten gestellten Bevölkerungsgruppen besonders schwer trifft. Es wäre daher angebracht, die Sonderregelungen im Bereich der Rentenversicherung und des

Arbeitsförderungsgesetzes einschließlich der Arbeitsbeschaffungsmaßnahmen – und auch deren finanzielles Volumen – noch für ungefähr eine Dekade aufrechtzuerhalten. Nicht zuletzt die Sicherung der beruflichen Ausbildung von Berufsanfängern bedarf verstärkter Anstrengungen von Wirtschaft und Politik, die auch Ausbildungskostenzuschüsse – finanziert über eine spezielle Ausbildungsumlage – nicht von vornherein ausschließen sollte.

Eine besondere Problematik entsteht in den neuen Bundesländern durch die nach den Bevölkerungsprognosen zu erwartende Zuwanderung von Ausländern aus Staaten außerhalb der Europäischen Union. Es wird verstärkter Aufklärungs- und Integrationsanstrengungen der neuen Bundesländer bedürfen, um den hier von einem weit niedrigeren Niveau ausgehenden und deshalb stark wachsenden Ausländeranteil gesellschaftspolitisch zu bewältigen. Die Gefahr einer Ausgrenzung scheint deshalb in den neuen Bundesländern größer als in den alten; dieses Problem könnte infolge der Durchlässigkeit der Grenzen zu den östlichen Anrainerstaaten noch verstärkt werden.

Auf lange Sicht werden die demographischen Verschiebungen die neuen und die alten Bundesländer in gleicher Weise belasten. Um so wichtiger ist es, daß bereits in den kommenden beiden Dekaden die besonderen Vereinigungsprobleme gelöst werden, so daß der Transformationsprozeß als abgeschlossen betrachtet werden kann.

Gesellschaftspolitik und Wohlfahrtsproduktion

Das Thema dieses Berichts, „Ungleichheit und Sozialpolitik", bezieht sich auf ein allgemeines Kernproblem moderner Gesellschaften, das im Rahmen der deutschen Vereinigung, die den Zusammenschluß von zwei Ländern ganz unterschiedlicher Leitideen und Strukturen der Ungleichheit darstellt, besondere Beachtung verdient. Die gesellschaftlichen Erfahrungen legen den Schluß nahe, daß sowohl extreme Gleichheit wie extreme Ungleichheit in den Lebensverhältnissen keine angemessene Grundlage für die Wohlfahrt der breiten Bevölkerung und die Zukunftschancen der Gesellschaft darstellen. Es ist eine schwierige gesellschaftspolitische Anforderung, die Gestaltung der die Ungleichheit regulierenden Institutionen und Akteure so vorzunehmen, daß Leistungs- und Innovationsbereitschaft stimuliert werden und zugleich den Postulaten der Gerechtigkeit und Akzeptanz entsprochen wird. Die Anerkennung der Ungleichheit erzeugenden Faktoren durch die Bevölkerung wird an Wichtigkeit zunehmen, wenn die allgemeine Wohlstandsentwicklung nicht wie bisher ansteigend verläuft. Doch davon sind die neuen Bundesländer im gleichen Maße betroffen wie die alten, auch wenn der gemeinsame ordnungspolitische Rahmen in Ostdeutschland bisher andere Ungleichheitsstrukturen erzeugt hat als in Westdeutschland.

Die Aufgabe von Sozialpolitik ist es, Lebenslagen so zu beeinflussen, daß sie Gerechtigkeitsvorstellungen stärker entsprechen als im „naturwüchsigen" Zustand, der von gesellschaftlichen Kräftekonstellationen – insbesondere den Marktkräften – herbeigeführt wird. Ihre Möglichkeiten dazu sind begrenzt. Am augenfälligsten wird dies am Beispiel der hohen strukturellen Arbeitslosigkeit, mit der sich die Bedingungen für eine kompensierende Sozialpolitik immer mehr verschlechtern.

Freilich ist die Sozialpolitik nur einer von mehreren zentralen Faktoren, die die gesellschaftliche Wohlfahrtsproduktion mitgestalten (vgl. Zapf 1981).

An der Wohlfahrtsproduktion sind vor allem vier zentrale Instanzen beteiligt:

- der Markt bzw. die Unternehmen, die eine Vielfalt von Gütern und Diensten produzieren und auf dem Markt anbieten;
- der Wohlfahrtsstaat, der einerseits ordnungspolitisch und gesellschaftspolitisch Einfluß nimmt und anderseits insbesondere kollektive Güter und Dienste bereitstellt;
- die Vielfalt intermediärer Organisationen, die an gesellschaftlichen Entscheidungsprozessen beteiligt sind und vor allem Dienstleistungen unterschiedlicher Art zur Verfügung stellen;
- die privaten Haushalte, die im Rahmen ihrer „Haushaltsproduktion" Endprodukte für ihre Haushaltsmitglieder erstellen und deren Lebensstile prägen.

Die Ungleichheit der Lebensverhältnisse, Wohlstand und Lebensqualität der Bevölkerung gehen wesentlich auf das Zusammenwirken dieser Instanzen der Wohlfahrtsproduktion zurück (vgl. Glatzer 1986). Dabei hat jede Leistungssinstanz spezifische Leistungstärken und Leistungsschwächen. Oft wird das Verhältnis dieser Instanzen substitutiv gesehen, aber in vielen Fällen der Leistungserstellung wirken diese vier Instanzen in einem komplexen Prozeß der Wohlfahrtsproduktion zusammen. Ob das heute gegebene Leistungsarrangement sinnvoll ist, steht zur Debatte. „Unterhalb der Oberfläche allfälliger Abbau-, Privatisierungs- und Deregulierungsstrategien wohlfahrstaatlicher Leistungen zeichnet sich in sämtlichen westlichen Ländern eine grundsätzliche Neuordnung institutioneller Arrangements wohlfahrtsstaatlicher Systeme ab, die auf eine Pluralisierung von Institutionen und Akteuren der Wohlfahrtsproduktion jenseits von Markt und Staat sowie auf eine Stärkung von Gemeinsinn, bürgerschaftlicher Mitwirkung und Selbsthilfe hinauslaufen." (Evers/Olk 1996) In den neuen Bundesländern ist zweifellos das Gesamtarrangement der wohlfahrtsproduzierenden Institutionen und Akteure umgestellt worden. Die gesellschaftspolitische Diskussion betraf aber vorrangig die Einführung marktwirtschaftlicher und wohlfahrtsstaatlicher Institutionen. Die Gesellschaftspolitik wie die anhaltende Transformationsforschung sollten künftig dem Gesamtarrangement der Wohlfahrtsproduktion mehr Beachtung schenken; auch hierin dürften bisher ungenutzte Potentiale zur Deckung sozialpolitischer Bedarfe liegen.

Reformbereitschaft in Ost und West

Entspricht das heutige Deutschland dem alten Westdeutschland? Rückwirkungen der Vereinigung auf Westdeutschland sind eher selten erfolgt. Als Beispiele können die Einführung des Rechtsanspruchs auf einen Kindergartenplatz, die Innovation der Arbeitsförderung nach § 249s AFG sowie die verstärkte Diskussion um die Erhöhung der Erwerbstätigkeit von Frauen und um die Reduzierung der Schulzeit auf zwöf Jahre genannt werden. Diese Rückwirkungen sind aber bisher nur marginal. Allerdings sind die mittel- und langfristigen Rückwirkungen der Vereinigung auf Westdeutschland zum gegenwärtigen Zeitpunkt noch keineswegs voll absehbar. Man kann bisher lediglich feststellen, daß

- Pluralität und Ungleichheit größer geworden sind,
- die internen Konflikt- und Spannungslinien sich verändert haben und
- sozialpolitische Probleme sich im Hinblick auf Qualität und Quantität verschärft haben.

Es erhebt sich damit die Frage nach der Reformbereitschaft der neuen deutschen und größer gewordenen Gesellschaft.

Eine moderne Gesellschaft wie die deutsche kann als „Reformgesellschaft" bezeichnet werden, weil sie eine „nachhaltige", d.h. sich selbst erhaltende Entwicklung über schrittweise Reformen sichergestellt hat. Das Risiko partieller Mißerfolge ist stets inbegriffen, aber erst bei einem Versagen gegenüber wesentlichen Herausforderungen auf längere Frist droht der Gesellschaft Gefahr. Für die Frage nach dem anstehenden Reformbedarf ist es unerheblich, ob und inwieweit er vereinigungsbedingt ist oder auf anderen Ursachen beruht. Die sozial- und wirtschaftspolitischen Probleme sind viel zu sehr verwoben, als daß eine substantielle Trennung vorgenommen werden könnte. Als Beispiel kann wiederum das zentrale Problem der Arbeitslosigkeit herangezogen werden. Sicher gibt es – was die Höhe und die Struktur der Arbeitslosigkeit betrifft – spezifisch ostdeutsche Probleme. Deren Ausprägung wird aber völlig relativiert durch die anhaltende strukturelle Arbeitslosigkeit in *beiden* Teilen Deutschlands. Gelöst werden müssen die gesellschaftlichen Probleme in Ost- und Westdeutschland, gleichgültig ob sie vereinigungsbedingt sind oder nicht.

Ein besonderes Problem stellt die Aufrechterhaltung der Bereitschaft zur langfristigen Aufbringung der erforderlichen West-Ost-Transfers dar. Wie kann es der westdeutschen Bevölkerung verständlich gemacht werden, daß hier Einkommens- und Konsumverzichte in einem gesamtdeutschen Interesse erfolgen sollten? Soweit sich dies übersehen läßt, werden die Möglichkeiten zur Aufklärung wenig genutzt, obwohl Überzeugungsbedarf besteht. Ein Vergleich der West-Ost-Transfers mit dem einzigartigen Lastenausgleichsprogramm zugunsten der Flüchtlinge und Vertriebenen nach dem Zweiten Weltkrieg könnte die Erinnerung an eine beispielgebende Teilung der Kriegslasten wachrufen und die Solidaritätsbereitschaft neuerlich stärken.

Die direkte Reformbereitschaft der Bürger ist über einen langen Zeitraum im Eurobarometer gemessen worden; dabei hat sich Westdeutschland als vergleichsweise konservative Gesellschaft erwiesen. Im Vereinigungsjahr 1990 war festzustellen, daß Ostdeutschland mit 79% einen hohen Anteil an Befürwortern von Reformen hatte, während Westdeutschland mit 58% unter dem Durchschnitt der Mitgliedsländer der Europäischen Union lag. Die Reformbereiten waren also in der Mehrheit, während revolutionäre Veränderungen nur von einer kleinen Minderheit befürwortet wurden, und auch die unveränderte Aufrechterhaltung der Ordnung nur von weniger als einem Drittel der Bevölkerung für wichtig gehalten wurde (14% in Ostdeutschland und 34% in Westdeutschland) (vgl. Europäische Kommission 1994: 40ff.). Die jüngsten Umfragebefunde für das Jahr 1995 deuten darauf hin, daß sich das gesellschaftliche Klima verschlechtert, das Unzufriedenheitspotential zunimmt und das Hoffnungspotential zurückgeht (vgl. Zapf/Habich 1996: 351ff.). Dabei sind in der ost- und westdeutschen Bevölkerung sehr unterschiedliche Interessenkonstellationen vorhanden, und konsensfähige Reformstrategien liegen nicht auf der Hand.

Forschungsperspektiven

Wohl noch nie wurde ein gesellschaftlicher Umbruch so intensiv erforscht wie die bisherige Transformation in Ostdeutschland. Allein die Kommission für die Erforschung des sozialen und politischen Wandels in den neuen Bundesländern (KSPW) hat 176 „Kurzstudien", 54 größere Forschungsprojekte und etwa 120 „Expertisen" in Auftrag gegeben. Neben anderen Publikationen ging hieraus eine Vielzahl von Veröffentlichungen hervor, die in Publikationsreihen der KSPW selbst erschienen: u.a. 28 Sammelbände, vier Sonderhefte des Berliner Journals für Soziologie, sechs Bände des Abschlußberichts und dazu 28 Expertisenbände. Im Schwerpunkt „Sozialer und politischer Wandel im Zuge der Integration der DDR-Gesellschaft" der Deutschen Forschungsgemeinschaft wurden mindestens weitere 40 Projekte gefördert. Das Informationszentrum Sozialwissenschaften hat festgehalten, daß von

1990 bis 1995 wenigstens 3.000 deutschsprachige sozialwissenschaftliche Publikationen über den sozialen Wandel in den neuen Bundesländern erschienen sind. Die Verfahrensweisen und Einrichtungen dieser umfangreichen sozial- und wirtschaftswissenschaftlichen Transformationsforschung waren der nicht selten turbulenten Art sowie den anfänglichen Irrungen und Wirrungen der Transformation angepaßt: Sie waren überwiegend punktuell angelegt, auf aktuelle Problemlagen ausgerichtet, in ihren Instrumenten vielgestaltig und flexibel, sie suchten in einer Vielzahl von Einzelprojekten sich des Sachverstands möglichst vieler zu versichern. Vernetzte Forschung im Sinne von thematischer und nationalstaatlicher Verflechtung wird in Sonderforschungsbereichen und in „Transformations-Kollegs" erfolgreich betrieben werden können. Vernetzte Transformationsforschung im Sinne enger interdisziplinärer Zusammenarbeit war das Kennzeichen der Arbeit der KSPW. Nie zuvor haben Ökonomen, Psychologen, Politikwissenschaftler, Soziologen, Juristen und Regionalplaner so lange, so eng und so intensiv (bis hin zur Publikation der sechs Bände des gemeinsamen Abschlußberichts) zusammengearbeitet. Diese Art der Transformationsforschung erbrachte eindrucksvolle Ergebnisse.

Allerdings ist die gesellschaftliche Transformation in Ostdeutschland im Begriff, in eine neue Phase einzutreten: Sie ist dabei, „normaler", geregelter, strategischer, systematischer und verschränkter in ihren Einzelprozessen zu werden. Damit wächst die Gefahr, daß die bisherigen Forschungsinstrumente den Anforderungen nicht mehr genügen. Es wird notwendig werden, zu vernetzteren, stetigeren, international vergleichenden (unter Einbeziehung der Länder Ost- und Mittelosteuropas) und „praktischeren" Verfahren überzugehen.

Außerdem hat der Transformationsprozeß ein Stadium erreicht, in dem die Unterschiede zwischen Ost- und Westdeutschland weiterhin wichtig sind, aber voraussichtlich an Bedeutung abnehmen und in wenigen Jahren nicht mehr die herausragende Problemkonstellation im vereinigten Deutschland darstellen werden. Deshalb ist davon auszugehen, daß es einer allein auf Deutschland bezogenen transformationsorientierten Sozialforschung nur noch in Einzelbereichen bedarf, wie dem Arbeitsmarkt, der politischen Kultur, der Altersproblematik u.ä. Integrative Analysen sollten sich immer mehr auf die Entwicklung von Wohlstand und Lebensqualität beziehen und dabei objektive und subjektive Aspekte der Lebensverhältnisse im Zusammenhang untersuchen.

Von weitreichender Bedeutung könnte eine Gesamtbilanz der Transformation Ostdeutschlands zum Jahr 2000 werden, in der das „größte Realexperiment" der deutschen Geschichte einer umfassenden Analyse unterzogen wird. Im Rahmen der Arbeit der KSPW ist ein Fundus der Erfahrung mit praktizierter Interdisziplinarität entstanden, die an anderen Stellen immer nur beschworen wird. Diese Erfahrungen und Netzwerke stellen ein Zukunftspotential der Transformationsforschung dar. So sollte u.E. einem Verbund von Sachverständigen aus den Wirtschafts-, Sozial- und Rechtswissenschaften die Aufgabe übertragen werden, Politik und Öffentlichkeit in regelmäßigen Abständen über die gesellschaftliche Entwicklung in den neuen Bundesländern Bericht zu erstatten. Begleitforschungen und Teams von Spezialisten sollten dies unterstützen.

Grundsätzlich gilt, daß die moderne deutsche Gesellschaft einer systematischen Sozialberichterstattung bedarf, in der Ost-West-Vergleiche neben anderen Ungleichheitsdimensionen und Konfliktlinien berücksichtigt werden sollten. Dabei ist Deutschland in den europäischen Zusammenhang zu stellen, und die innerdeutschen Probleme sind an den Problemen anderer europäischer Länder zu messen. Daher sollte der Vergleich mit den Transformationsprozessen in den übrigen postsozialistischen Ländern im Hinblick auf Verlaufsmuster und erfolgreiche Strategien fortgeführt werden (siehe auch Abschnitt 5.9).

Eine Verstetigung der Transformationsforschung, mithin vergleichende *gesellschaftliche Dauerbeobachtung*, sollte sich auf standardisierte, längerfristig eingerichtete Forschungorganisationen stützen. Dies können *Sonderforschungsbereiche* sein. Aber auch den Regierungen der neuen Bundesländer sollte daran gelegen sein, in Form von *Ländereinrichtungen* ihre Strukturentwicklungsprobleme zu analysieren und im Zusammenhang mit denen anderer Regionen zu untersuchen.

Für die vergleichende Analyse mit anderen ost- und mittelosteuropäischen Ländern und die sich hieraus ergebenden Politikberatungen sind nicht nur die eben genannten Einrichtungen, sondern darüber hinaus auch „*Transformations-Kollegs*" geeignet. Hier können erfahrene Forscher über längere Zeit zusammenkommen und den Fortgang der Transformation in ihren Ländern systematisch mit der ostdeutschen Entwicklung vergleichen. Um diese Forscherpersönlichkeiten sollte sich jeweils ein „Kranz" von Forschungsprojekten ansiedeln. Erfahrene Forscher haben auch die Kompetenz, Autorität und Eigenständigkeit, Handlungsempfehlungen mit Aussicht auf Berücksichtigung durch politische, wirtschaftliche und gesellschaftliche Instanzen auszusprechen.

Anhang

In diesem Anhang finden sich einige grundlegende Informationen zu den in diesem Bericht verwendeten Umfragedaten sowie kurze Erläuterungen zu einigen methodischen Konzepten.

Informationen zu den Umfragedaten

Die Ausführungen in diesem Bericht stützen sich in weiten Teilen auf amtliche Daten sowie auf wissenschaftliche Erhebungen aus dem Bereich der Umfrageforschung. Bei Befragungen ist in aller Regel eine Vollerhebung (eine Berücksichtigung sämtlicher Elemente der Grundgesamtheit, bspw. aller in Deutschland Wahlberechtigten) schon allein wegen des damit verbundenen Aufwands nicht möglich. Doch unter bestimmten Umständen ist es möglich, in einer Teilerhebung (Stichprobe) nur vergleichsweise wenige Elemente der Grundgesamtheit (bspw. einige tausend Wahlberechtigte) in die Untersuchung einzubeziehen und dennoch auf dieser Datengrundlage recht verläßliche Aussagen über die Grundgesamtheit zu machen. So wird die „Sonntagsfrage" (Was würden Sie wählen, wenn am kommenden Sonntag Bundestagswahlen wären?) nur wenigen tausend Personen aus der wahlberechtigten Bevölkerung gestellt, um die Verteilung von politischen Präferenzen in der Bevölkerung zu einem bestimmten Zeitpunkt, bei Wiederholung auch die Veränderung im Zeitablauf abzuschätzen.

Eine wichtige Voraussetzung für die Verallgemeinerung der Stichprobenergebnisse, d.h. den Schluß von einer Stichprobe von wenigen Tausend auf die Grundgesamtheit, stellt die Repräsentativität der Stichprobe dar, die nur durch eine zufällige Auswahl der Elemente der Stichprobe aus den Elementen der Grundgesamtheit (Zufallsstichprobe) erreicht werden kann. Mögliche Fehlerquellen beim Schluß von einer Zufallsstichprobe auf die Grundgesamtheit können u.a. für verschiedene Individuen differierende Wahrscheinlichkeiten, in die Stichprobe zu gelangen, oder eine zu geringe bzw. für verschiedene Bevölkerungsgruppen stark unterschiedliche Ausschöpfung der angesetzten Stichprobe sein. Bei den meisten sozialwissenschaftlichen Umfragen nehmen ungefähr zwei Drittel der ausgewählten Zielpersonen an der Befragung teil, wobei die Teilnahmebereitschaft schichtspezifisch differiert und es in den letzten beiden Jahrzehnten schwieriger geworden ist, hohe Ausschöpfungsraten zu erzielen. Durch eine Gewichtung der erhobenen Daten werden üblicherweise – soweit dies möglich ist – unterschiedliche Auswahlwahrscheinlichkeiten und Disproportionalitäten in der Stichprobe ausgeglichen.

Doch in jedem Fall ist bei der Interpretation von Umfragedaten der Zufallsfehlerspielraum zu beachten. Ein Ergebnis von 5% heißt bei einer Stichprobe von 1.000 Befragten, daß der wahre Wert für die Grundgesamtheit mit hoher Wahrscheinlichkeit zwischen 3,65% und 6,35% liegt.[193] Bei einem Wert von 50% liegt der wahre Wert dementsprechend sehr wahrscheinlich zwischen 53,1% und 46,9%. Diese Fehlerspannen muß man – wie weitere hier nicht behandelte Fehlerquellen – in Rechnung stellen.

Die Zuverlässigkeit von Umfragedaten sollte demnach nicht überschätzt werden. Aber jemand, der weiß, wie relativ ungenau wir die Einwohnerzahl, die Wohnungszahl oder das Bruttosozialprodukt der Bundesrepublik kennen, wird nicht sagen können, daß die Ergebnisse repräsentativer Umfragen besonders unzuverlässig seien. Quantitative Daten verringern die Unsicherheit der qualitativen Vermutungen über unsere Gesellschaft, sie überwinden diese Unsicherheit nicht völlig.

Die im Rahmen dieses Berichtes besonders häufig verwendeten Datensätze werden im folgenden kurz charakterisiert. Alle diese Datensätze stellen Zufallsstichproben dar; die meisten Auswertungen wurden mit gewichteten Daten gerechnet.

Sozio-ökonomisches Panel (SOEP)

Das vom Sonderforschungsbereich 3 „Mikroanalytische Grundlagen der Gesellschaftspolitik" der Universitäten Frankfurt am Main und Mannheim in Zusammenarbeit mit dem Deutschen Institut für Wirtschaftsforschung (DIW), Berlin, ins Leben gerufene Sozio-ökonomische Panel ist eine (inzwischen beim DIW angesiedelte) Wiederholungsbefragung, bei der einmal jährlich die Angehörigen der in der ersten Befragungswelle zufällig ausgewählten Haushalte und der später aus diesen hervorgegangenen Haushalte

---

193 Genauer: das Konfidenzintervall für einen Anteil von 5% reicht bei einer Stichprobengröße von 1.000 und einer Sicherheitswahrscheinlichkeit von 95% von 3,65% bis 6,35%.

interviewt werden. Die Grundgesamtheit für die Stichprobe der in Westdeutschland seit 1984 durchgeführten Umfrage umfaßte die dort wohnberechtigte Bevölkerung (also auch ausländische Staatsangehörige). Im Juni 1990 wurde das Sozio-ökonomische Panel auf die damalige DDR ausgeweitet. Die Grundgesamtheit für die ostdeutsche Stichprobe bildeten die Haushalte mit einer Bezugsperson („Haushaltsvorstand") deutscher Staatsangehörigkeit. In beiden Landesteilen werden jährlich im Frühjahr von der Bezugsperson eine Reihe von haushaltsbezogenen Informationen erfragt, darüber hinaus werden alle Personen ab 16 Jahre zu personenbezogenen Fragen interviewt. Die Fallzahlen in den jeweiligen Jahren sind in Tabelle A.1 aufgelistet. Den Schwerpunkt der Befragung bilden (neben wellenspezifischen Zusatzfragen) die Bereiche Haushaltszusammensetzung, Wohnen, Einkommen und Vermögen, Beruf und Erwerbstätigkeit sowie subjektive Einschätzungen und Einstellungen. Durch das Paneldesign sind nicht nur einfache Querschnittsauswertungen (für einen Zeitpunkt) oder vergleichende Querschnittsauswertungen (mehrere Zeitpunkte), sondern auch echte Längsschnittauswertungen unter Verwendung von Daten aus mehreren Befragungswellen für die gleichen Haushalte bzw. Personen möglich. Für weitere Informationen zum Sozio-ökonomischen Panel siehe Hanefeld 1987 und Wagner/Schupp/Rendtel 1994.

Tabelle A.1: Fallzahlen Sozio-ökonomisches Panel (SOEP)

Jahr	Westdeutschland		Ostdeutschland	
	Haushalte	Personen	Haushalte	Personen
1984	5.921	12.245	---	---
1985	5.322	11.090	---	---
1986	5.090	10.646	---	---
1987	5.026	10.516	---	---
1988	4.814	10.023	---	---
1989	4.690	9.710	---	---
1990	4.640	9.519	2.179	4.453
1991	4.669	9.467	2.030	4.202
1992	4.645	9.305	2.020	4.092
1993	4.667	9.206	1.970	3.973
1994	4.600	9.001	1.959	3.945
1995	4.508	8.798	1.938	3.892

Wohlfahrtssurvey (WS)

Die Reihe der Wohlfahrtssurvey-Untersuchungen wurde im Rahmen des Sonderforschungsbereichs 3 „Mikroanalytische Grundlagen der Gesellschaftspolitik" der Universitäten Frankfurt am Main und Mannheim begonnen und wird inzwischen am Wissenschaftszentrum Berlin für Sozialforschung (WZB) fortgeführt. Im Mittelpunkt der 1978, 1980, 1984 und 1988 in der Bundesrepublik, 1990 nach der Vereinigung in den neuen Bundesländern und 1993 in den alten und neuen Bundesländern durchgeführten Umfrage steht die Erhebung von objektiven Indikatoren der Lebensbedingungen und entsprechenden subjektiven Indikatoren der wahrgenommenen Lebensqualität der Befragten. Die Grundgesamtheit bilden dabei jeweils alle Personen ab 18 Jahren, welche die deutsche Staatsangehörigkeit besitzen und in Privathaushalten leben; in jedem ausgewählten Haushalt wird eine Person befragt. Die Fallzahlen der einzelnen Befragungen sind in Tabelle A.2 aufgelistet. Neben einzelnen thematischen Schwerpunkten enthalten die Wohlfahrtssurveys jeweils wiederholte Fragen, insbesondere zu den Bereichen Wohnen, Einkommen, Erwerbstätigkeit, Bildung und Ausbildung, Gesundheit, Haushalt, Ehe und Familie, Einstellungen und Werte sowie subjektives Wohlbefinden. Für weitere Informationen zu den Wohlfahrtssurveys siehe Habich/Zapf 1994.

Tabelle A.2: Fallzahlen Wohlfahrtssurvey (WS)

Jahr	Westdeutschland	Ostdeutschland
1978	2.012	---
1980	2.427	---
1984	2.067	---
1988	2.144	---
1990	---	735
1993	2.046	1.016

KSPW-Mehrthemenumfrage (KSPW-MTU)

Im Auftrag der KSPW wurde im Frühjahr 1993 eine Mehrthemenumfrage in den neuen Bundesländern durchgeführt. Die Grundgesamtheit hierfür bildeten alle Personen ab 18 Jahren, welche die deutsche Staatsangehörigkeit besaßen und in Privathaushalten lebten; in jedem ausgewählten Haushalt wurde eine Person befragt. Neben einer für die neuen Bundesländer insgesamt repräsentativen Stichprobe von 2.125 Befragten gibt es noch eine regional differenzierte Stichprobe (4.563 Befragte aus sieben ausgewählten Regionen der neuen Bundesländer). Das breite thematische Spektrum der in der KSPW-Mehrthemenumfrage erhobenen Daten erlaubt ihre Nutzung für eine Vielzahl von ökonomischen, soziologischen und politologischen Fragestellungen. Für nähere methodische Informationen zur KSPW-Mehrthemenumfrage siehe Hoffmeyer-Zlotnik 1995; erste Auswertungsergebnisse werden in Bertram 1995c präsentiert.

Anhang 507

Leben in Ostdeutschland (sfz/leben)

Die Untersuchungsreihe „Leben in Ostdeutschland" wurde 1990 unter dem Titel „Leben in der DDR" vom Institut für Soziologie und Sozialpolitik der Akademie der Wissenschaften der DDR begonnen und wird seit dessen Auflösung vom Sozialwissenschaftlichen Forschungszentrum Berlin-Brandenburg e.V. (SFZ) weitergeführt. Grundgesamtheit der jährlich wiederholten Umfrage sind jeweils die Personen ab 18 Jahren, welche die deutsche Staatsangehörigkeit besitzen und in Privathaushalten leben; in jedem ausgewählten Haushalt wird eine Person befragt. Die Fallzahlen der einzelnen Befragungen sind in Tabelle A.3 aufgelistet. Im Zentrum der in weiten Teilen die gleichen Themen und Fragen umfassenden Untersuchungsreihe steht die detaillierte Erfassung der subjektiven Befindlichkeiten der ostdeutschen Bürger. Neben einer ganzen Reihe von Fragen zu objektiven Daten und – teilweise wechselnden – vertiefenden Fragen zu einzelnen Lebensbereichen werden insbesondere Fragen zur Wichtigkeit von, zur Zufriedenheit mit und zur Informiertheit über die Bereiche Bildung, Arbeit, Preise/Löhne, Wohnen, Umwelt, Soziale Sicherheit, Partnerschaft, Gesundheit, Freizeit und Leben mit Kindern gestellt. Für nähere methodische Informationen zur Untersuchungsreihe „Leben in Ostdeutschland" siehe Häder/Nowossadeck 1993; aktuelle Auswertungsergebnisse werden vom SFZ in der Vierteljahreszeitschrift „Sozialreport" und gleichnamigen Buchpublikationen (vgl. Winkler 1995a) der Öffentlichkeit vorgestellt.

Tabelle A.3: Fallzahlen Leben in Ostdeutschland (sfz/leben)

Jahr	Ostdeutschland
1990	1.528
1991	1.466
1992	1.516
1993	1.548
1994	1.503
1995	1.475

Jugendstudien

In Abschnitt 4.6 werden Ergebnisse verschiedener empirischer Jugendstudien präsentiert. Es handelt sich hierbei um die Shell-Jugendstudie 92, die vom Deutschen Jugendinstitut 1992 durchgeführte Studie „Jugend und Politik", die Jugendstudie der Konrad-Adenauer-Stiftung von 1991/1992, die IPOS-Jugendstudie 1993, die IBM-Jugendstudien von 1992 und 1995 sowie Studien des Zentralinstituts für Jugendforschung Leipzig (ZIJ) von 1990. Da es keine eindeutig operationalisierbare Definition des soziologischen Konzepts der Jugend gibt, liegen den Studien jeweils sehr unterschiedliche Befragtengruppen zugrunde (siehe Tabelle A.4).

Tabelle A.4: Fallzahlen der in Abschnitt 4.6 überwiegend verwendeten Jugendstudien

	Adenauer 91/92	Shell 92	DJI 92	IBM 92	IPOS 93	IBM 95
Altersgruppen (Jahre)	15-25	13-29	16-29	16-24	14-27	14-24
Befragte gesamt	5.007	4.005	7.090	2.016	2.205	2.402
Anteil Befragte Ost	37,8%	21,5%	36,2%		54,0%	ca. 26%

Die Altersgruppe der 16-24jährigen ist in allen Befragungen enthalten; ansonsten gibt es jedoch deutliche Schwankungen. Zu beachten ist außerdem, und dies ist gerade für den Ost-West-Vergleich von Bedeutung, daß die Verteilung der Befragten auf Ost- und Westdeutschland sehr unterschiedlich ist. Während in der IPOS-Studie sogar mehr ost- als westdeutsche Jugendliche befragt wurden, waren es in den anderen Untersuchungen bis fast viermal so viele Jugendliche aus Westdeutschland. In der IBM-Studie von 1995 sind auch nichtdeutsche Jugendliche einbezogen; es handelt sich um 400 der 2.402 Befragten; ihr Anteil beträgt 21,7% im Westen und 2,8% im Osten.

Erläuterungen zu einigen methodischen Konzepten

Verteilungsmaße

Zur Bestimmung und Darstellung des Ausmaßes der Ungleichheit der Verteilung von Einkommen und Vermögen werden in diesem Bericht der Gini-Koeffizient, das Atkinson-Maß, Quintilsanteile und Lorenzkurven verwendet (vgl. zum folgenden Hauser/Wagner 1996).

– Der *Gini-Koeffizient*, das wohl am weitesten verbreitete Ungleichheitsmaß, variiert zwischen 0 bei völliger Gleichverteilung und 1 bei maximaler Ungleichheit, die vorliegt, wenn eine einzige Untersuchungseinheit das gesamte Einkommen bezieht bzw. das gesamte Vermögen besitzt. Der Gini-Koeffizient ist besonders sensitiv gegenüber Verteilungsänderungen im mittleren Einkommens-/Vermögensbereich.
– Das *Atkinson-Maß* variiert ebenfalls zwischen 0 (Gleichverteilung) und 1 (maximale Ungleichheit), basiert jedoch auf offengelegten (und variierbaren) normativen Annahmen. Ein Parameter ε läßt sich als Maß für die „Ungleichheitsaversion" des Betrachters interpretieren; je höher ε ist, de-

Anhang 509

sto größeres Gewicht erhält die Ungleichheit im unteren Einkommensbereich.
- Als *Quintilsanteil* wird der Einkommens-/Vermögensanteil von jeweils 20% der Untersuchungseinheiten bezeichnet, wobei die Population nach der Höhe des Einkommens/Vermögens geordnet ist. Bei Gleichverteilung betragen alle Quintilsanteile ebenfalls 20%. Je weiter die einzelnen Quintilsanteile von dieser Referenzgröße nach unten oder oben abweichen, desto größer ist die Ungleichheit. Dieses Maß zeigt maximale Ungleichheit an, wenn die Quintilsanteile der unteren vier Quintile Null betragen und der Anteil des obersten Quintils 100%.
- Eine *Lorenzkurve* gibt den Anteil an einer Gesamtsumme (Einkommen bzw. Vermögen) an, den ein bestimmter Anteil der Untersuchungseinheiten besitzt. Dabei sind die Untersuchungseinheiten nach der Höhe ihres Einkommens/Vermögens, mit dem niedrigsten Wert beginnend, geordnet. Wenn alle Untersuchungseinheiten über das gleiche Einkommen/ Vermögen verfügten, läge die sich ergebende Lorenzkurve auf der „Gleichverteilungsgerade" genannten Diagonalen. Je stärker die der tatsächlichen Verteilung entsprechende Kurve „durchhängt", desto ungleicher ist die Verteilung.

Nettoäquivalenzeinkommen

Das Nettoäquivalenzeinkommen ist ein bedarfsgewichtetes Haushaltseinkommen pro Kopf, das allgemein als besserer Wohlstandsindikator angesehen wird als das ungewichtete Haushaltseinkommen pro Kopf oder gar das Haushaltseinkommen ohne Berücksichtigung der Haushaltsgröße (vgl. zum folgenden Hauser/Wagner 1996). Gegenüber der Betrachtung der Einkommen von Einzelpersonen wird berücksichtigt, daß viele Personen kein Einkommen beziehen, ihr Bedarf aber dennoch über Transfers innerhalb eines Haushalts gedeckt wird.

Das Nettoäquivalenzeinkommen jedes Haushaltsmitglieds wird durch Division des Haushaltsnettoeinkommens durch die Summe der Personengewichte, die aus einer auf den Regelsatzproportionen der Sozialhilfe basierenden Äquivalenzskala abgeleitet werden, errechnet. Diese Vorgehensweise basiert auf vier Grundannahmen:

- Alle Haushaltsmitglieder bringen ihr gesamtes Einkommen in einen gemeinsamen Pool ein. Von Vorbehaltseinkommen oder verschwiegenen Einkommen wird also abgesehen.
- Das Haushaltsgesamteinkommen (bzw. die damit beschafften Konsumgüter, Dienstleistungen und Nutzungen) wird gemäß dem individuellen

Bedarf auf alle Haushaltsmitglieder aufgeteilt, so daß alle das gleiche Wohlstandsniveau erreichen – eine bezüglich der intrafamiliären Einkommensverteilung recht strenge Annahme.
- Der Bedarf der einzelnen Haushaltsmitglieder ist von deren Alter abhängig. Dies schlägt sich in der Altersdifferenzierung der Äquivalenzgewichte nieder.
- Bei der gemeinsamen Haushaltsführung entstehen Einsparungen. Dies wird dadurch berücksichtigt, daß nur der Haushaltsvorstand ein Äquivalenzgewicht von 1, die übrigen erwachsenen Haushaltsmitglieder Gewichte von 0,8 erhalten. Bei der „Sozialhilfeskala" erhalten Kinder im Haushalt mit steigendem Alter Gewichte von 0,45 bis 0,9.

Mobilität beruflicher Statuslagen

In Anlehnung an einen Vorschlag von Hoffmeyer-Zlotnik (1993), der den Beruf als zentrale Variable zur Messung des Sozioökonomischen Status verwendet und auf Grundlage des sozialrechtlichen Status (Selbständiger, Beamter, Angestellter, Arbeiter) und von Tätigkeitsmerkmalen (z.B. Teilung nach Betriebsgröße bei Selbständigen) eine Skala der „Stellung im Beruf" nach der „Autonomie des Handelns" entwickelt hat, haben Mathwig und Habich (1996) eine „Skala der beruflichen Statushierarchie" entworfen und dabei zusätzlich die realen Qualifikationsanforderungen des Arbeitsplatzes einbezogen (siehe Übersicht A.1; die Zahlen in Klammern bezeichnen die Höhe der Qualifikationsanforderung auf einer Skala von 0 bis 5).

Übersicht A.1: Zuordnung der Berufsbezeichnungen zu den Statusebenen

„Berufliche Statushierarchie"	Stellung im Beruf und Qualifikationsanforderung
1 geringer Status	un-/angelernte Arbeiter un-/angelernte Arbeiter aus der Landwirtschaft gelernte Arbeiter mit geringer Qualifikationsanforderung (0-2) Facharbeiter aus der Landwirtschaft mit geringer Qualifikationsanforderung (0-2)
2	gelernte Arbeiter mit hoher Qualifikationsanforderung (3-4) Facharbeiter aus der Landwirtschaft mit hoher Qualifikationsanforderung (3-4) Angestellte mit einfacher Tätigkeit Beamte im einfachen Dienst
3	Brigadiere/Meister aus der Landwirtschaft selbständige Landwirte Brigadiere/Vorarbeiter (Lohnempfänger) qualifizierte Angestellte mithelfende Familienangehörige Beamte im mittleren Dienst

Anhang

4	mittlere/höhere Leitung in der Landwirtschaft Meister (Lohnempfänger) angestellte Meister hochqualifizierte Angestellte mit geringer Qualifikationsanforderung (0-4) Selbständige bis 10 Mitarbeiter Beamte im gehobenen Dienst freie Berufe/selbst. Akademiker mit geringer Qualifikationsanforderung (0-4)
5 hoher Status	hochqualifizierte Angestellte mit hoher Qualifikationsanforderung (5) Angestellte mit Führungsaufgaben Selbständige ab 11 Mitarbeiter Beamte im höheren Dienst freie Berufe/selbst. Akademiker mit hoher Qualifikationsanforderung (5)

Quelle: Mathwig/Habich 1996.

Glass/Prais-Index zur Messung von Mobilität

Zur Messung und Darstellung der beruflichen und der Einkommensmobilität wird in diesem Bericht u.a. der Glass/Prais-Index verwendet. Dieser mißt die Mobilität indirekt durch die mittlere Dauer des Verbleibs in den definierten Statuslagen/Einkommensklassen (vgl. zum folgenden Mathwig/Habich 1996). Große Verbleibedauern bedeuten geringe Mobilität und umgekehrt. Zur Normierung der Mobilität einer Population verwendet der Glass/Prais-Index die Population mit totaler Mobilität. Eine Mobilität ist total, wenn die Zugehörigkeit zur jeweiligen Statuslage bzw. Einkommensklasse in der Folgephase unabhängig von der Zugehörigkeit der Vorphase ist.

Aus Gründen einer besseren Veranschaulichung wird der Kehrwert des Glass/Prais-Index verwendet. Der auf diese Weise modifizierte Glass/Prais-Index lautet somit:

$$M_i = \frac{1 - p_{ii}}{1 - p_i}$$

Dabei meint p_i den Anteil der Fälle/Personen in der Statuslage/Einkommensklasse i in der Folgephase, während p_{ii} den Anteil der Fälle/Personen in Status i beschreibt, die bei dem betrachteten zeitlichen Übergang keine Änderung ihrer Statuslage/Einkommensklasse erlebt haben, d.h. die Wahrscheinlichkeit des Verbleibs in Status i beim Übergang zwischen zwei Phasen.

Die Mobilität (der Wert des Index) steigt mit abnehmendem p_{ii}. Im Grenzfall totaler Immobilität ist $p_{ii} = 1$ und $M_i = 0$. Eine Obergrenze für M_i ist nicht normiert, sondern hängt von der „Besetzung" der Klasse i (d.h. p_i) ab. Je größer p_i ist, desto höher wird M_i und damit die Mobilität.

Subjektive Indikatoren

Als Beispiele für den Bereich der subjektiven Indikatoren werden hier Elemente der „wahrgenommenen Lebensqualität" erläutert. Ausgangspunkt der Messung von Zufriedenheit, Glück und anderen subjektiven Sachverhalten sind in der Regel einfache Skalen, in denen die Befragten ihr Wohlbefinden einstufen. Dies kann in verbal bezeichneten Kategorien erfolgen, etwa „sehr glücklich", „ziemlich glücklich", „ziemlich unglücklich" und „sehr unglücklich", oder notenmäßig, z.B. in einem Wert zwischen „0" (ganz und gar unzufrieden) und „10" (ganz und gar zufrieden). Es ist durchaus fraglich, ob es dasselbe bedeutet, wenn sich mehrere Individuen bspw. auf einer Elf-Punkte-Skala bei „7" einstufen. Wie bei allen Formen der „Benotung" liegt hier eine Quelle von Unsicherheit. Die Prüfung der Frage, ob die Individuen falsche oder leichtfertige Angaben über ihr Wohlbefinden machen (z.B. durch Wiederholungsbefragungen, ergänzende Tiefeninterviews oder Fremdeinschätzungen des Wohlbefindens durch Freunde), führte zu einer weitgehenden Bestätigung der Validität der Angaben.

Ein anderes Problem sind das Meßniveau der Daten und die darauf aufbauenden Analyseverfahren. Bei den üblichen Vorgehensweisen erfolgt die Messung des subjektiven Wohlbefindens auf ordinalem Meßniveau, jedoch werden die Skalenwerte oft wie metrische Daten behandelt. In der empirischen Sozialforschung wird dieser Punkt nicht sehr streng gehandhabt; es werden in diesem Zusammenhang – weil man bisher keine bedeutsamen Fehler entdecken konnte – häufig Analyseverfahren angewandt, die eigentlich ein metrisches Meßniveau voraussetzen.

Nur eine repräsentative Umfrage gewährleistet, daß im Prinzip jeder Bürger die gleiche Chance hat, seine Meinung einzubringen – und keine andere Instanz als das Individuum kennt letztlich das eigene Wohlbefinden und kann im Zweifelsfall darüber Auskunft geben. An Verläßlichkeit und Gültigkeit entsprechender Umfrageergebnisse werden nicht selten Zweifel angemeldet. Inzwischen liegt allerdings eine Vielzahl von Untersuchungen zur Prüfung dieser Frage vor. Ihr Ergebnis ist zusammengefaßt, daß die Befunde standardisierter Umfragen zu subjektiven Wahrnehmungen und Bewertungen den üblichen sozialwissenschaftlichen Qualitätskriterien durchaus genügen.

Literatur

Adler, Frank (1991a): Soziale Umbrüche. In: Reißig, Rolf/Glaeßner, Gert-Joachim (Hrsg.): Das Ende eines Experiments: Umbruch in der DDR und deutsche Einheit. Berlin: Dietz, S. 174-218.
Adler, Frank (1991b): Einige Grundzüge der Sozialstruktur der DDR. In: Projektgruppe „Das Sozio-ökonomische Panel" (Hrsg.): Lebenslagen im Wandel: Basisdaten und - analysen zur Entwicklung in den neuen Bundesländern. Frankfurt am Main und New York: Campus, S. 152-177.
Adler, Frank (1996): Früher sozialistischer Leiter oder politischer Funktionär, heute...? Zur vertikalen Mobilität der DDR-Dienstklasse im Transformationsprozeß. In: Hradil, Stefan/Pankoke, Eckart (Hrsg.): Aufstieg für alle? (KSPW: Beiträge zum Bericht „Ungleichheit und Sozialpolitik", Band 2.2) Opladen: Leske + Budrich.
Adler, Frank/Kretzschmar, Albrecht (1993): Ungleichheitsstrukturen in der ehemaligen DDR. In: Geißler, Rainer (Hrsg.): Sozialer Umbruch in Ostdeutschland. (Reihe „Sozialstrukturanalyse", Band 2) Opladen: Leske + Budrich, S. 93-118.
Adler, Frank/Kretzschmar, Albrecht (1996): Vertikale Mobilität im ostdeutschen Transformationsprozeß. In: Andreß, Hans-Jürgen (Hrsg.): Fünf Jahre danach. Zur Entwicklung von Arbeitsmarkt und Sozialstruktur im vereinten Deutschland. (Gesellschaften im Wandel 4) Berlin und New York: de Gruyter, S. 11-39.
Akerlof, George A./Rose, Andrew K./Yellen, Janet L./Hessenius, Helga (1991): East Germany in from the Cold. The Economic Aftermath of Currency Union. In: Brookings Papers on Economic Activity 21, 1, S. 1-105.
Alexander, Jeffrey C. (1994): Modern, Anti, Post, and Neo: How Social Theories Have Tried to Understand the „New World" of „Our Time". In: Zeitschrift für Soziologie 23, 3, S. 165-197.
Allerbeck, Klaus/Hoag, Wendy (1985): Jugend ohne Zukunft? München: Piper.
Andel, Norbert (1993): Die Rentenversicherung im Prozeß der Wiedervereinigung Deutschlands. In: Hansmeyer, Karl-Heinrich (Hrsg.): Finanzierungsprobleme der deutschen Einheit II. Aufbau und Finanzierung der sozialen Sicherung. (Schriften des Vereins für Socialpolitik N.F., Band 229/II) Berlin: Duncker & Humblot, S. 63-111.
Andreß, Hans-Jürgen (Hrsg.) (1996): Fünf Jahre danach. Zur Entwicklung von Arbeitsmarkt und Sozialstruktur im vereinten Deutschland. (Gesellschaften im Wandel 4) Berlin und New York: de Gruyter.
Angerhausen, Susanne/Backhaus-Maul, Holger/Schiebel, Martina (1994): In „guter Gemeinschaft"? Die sozial-kulturelle Verankerung von intermediären Organisationen im Sozialbereich der neuen Bundesländer. In: Sachße, Christoph (Hrsg.): Wohlfahrtsverbände im Wohlfahrtsstaat. Kassel: Universität-Gesamthochschule Kassel, S. 115-154.

Angerhausen, Susanne/Backhaus-Maul, Holger/Schiebel, Martina (1995): Nachwirkende Traditionen und besondere Herausforderungen: Strukturentwicklung und Leistungsverständnis von Wohlfahrtsverbänden in den neuen Bundesländern. In: Rauschenbach, Thomas/Sachße, Christoph/Olk, Thomas (Hrsg.): Von der Wertgemeinschaft zum Dienstleistungsunternehmen. Wohlfahrts- und Jugendverbände im Umbruch. Frankfurt am Main: Suhrkamp, S. 377-403.

Anweiler, Oskar/Fuchs, Hans-Jürgen/Dorner, Martina/Petermann, Eberhard (Hrsg.) (1992): Bildungspolitik in Deutschland 1945-1990. Ein historisch vergleichender Quellenband. (Schriftenreihe „Studien zur Geschichte und Politik", Band 311) Bonn: Bundeszentrale für politische Bildung.

Apelt, Peter (1991): Gleichheit und Ungleichheit im Gesundheitswesen der DDR. In: Medizin Mensch Gesellschaft 16, 1, S. 27-33.

Bach, Hans Uwe/Jung-Hammon, Thomas/Otto, Manfred (1996): Aktuelle Daten vom Arbeitsmarkt 1996. (Institut für Arbeitsmarkt- und Berufsforschung der Bundesanstalt für Arbeit, IAB- Werkstattbericht, Heft 1.7) Nürnberg.

Bach, Hans Uwe/Kohler, Hans/Leikeb, Hanspeter/Magvas, Emil (1996): Der Arbeitsmarkt 1995 und 1996 in der Bundesrepublik Deutschland. In: Mitteilungen aus der Arbeitsmarkt- und Berufsforschung 29, 1, S. 5-22.

Bach, Heinz W. (1995): Pauschalierte Lohnkostenzuschüsse zur produktiven Arbeitsförderung (§§ 249h, 242s AFG). In: Sozialer Fortschritt. Unabhängige Zeitschrift für Sozialpolitik 45, 8-9, S. 220-230.

Bäcker, Gerhard/Steffen, Johannes (1991): Reichtum im Westen – Armut im Osten? – Neue Gesellschaftsspaltungen machen soziale Mindestsicherung erforderlich. In: WSI-Mitteilungen 44, 5, S. 292-307.

Backhaus-Maul, Holger (1993): Kommunale Sozialpolitik. In: Roth, Roland/Wollmann, Hellmut (Hrsg.): Kommunalpolitik. Politisches Handeln in den Gemeinden. (Schriftenreihe der Bundeszentrale für politische Bildung, Band 320) Bonn, S. 527-537.

Backhaus-Maul, Holger/Olk, Thomas (1992): Die Konstitution kommunaler Sozialpolitik: Probleme des Aufbaus sozialer Versorgungsstrukturen in den neuen Bundesländern In: Rühl, Christof (Hrsg.): Institutionelle Reorganisation in den neuen Ländern – Selbstverwaltung zwischen Markt und Zentralstaat. (Probleme der Einheit, Band 5) Marburg: Metropolis, S. 83-112.

Backhaus-Maul, Holger/Olk, Thomas (1993): Von der „staatssozialistischen" zur kommunalen Sozialpolitik. Gestaltungsspielräume und -probleme bei der Entwicklung der Sozial-, Alten- und Jugendhilfe in den neuen Bundesländern. In: Archiv für Kommunalwissenschaften 32, 1, S. 300-330.

Backhaus-Maul, Holger/Olk, Thomas (1994): Von Subsidiarität zu „outcontracting": Zum Wandel der Beziehungen von Staat und Wohlfahrtsverbänden in der Sozialpolitik. In: Streeck, Wolfgang (Hrsg.): Staat und Verbände. (Sonderheft 25 der Politischen Vierteljahresschrift) Opladen: Westdeutscher Verlag, S. 100-135.

Backhaus-Maul, Holger/Olk, Thomas (1995): Institutionentransfer im föderalen Staat. Kooperation zwischen öffentlicher und freier Wohlfahrtspflege in den neuen Bundesländern. In: Staatswissenschaften und Staatspraxis 6, 2, S. 261-289.

Backhaus-Maul, Holger/Olk, Thomas (1996): Vom Korporatismus zum Pluralismus? – Aktuelle Tendenzen in den Staat-Verbände-Beziehungen am Beispiel des Sozialsektors. In: Clausen, Lars (Hrsg): Gesellschaften im Umbruch. Verhandlungen des 27. Kongresses der Deutschen Gesellschaft für Soziologie. Frankfurt am Main und New York: Campus, S. 578-592.

Literatur

Bahrmann, Hannes/Links, Christoph (1994): Chronik der Wende. Berlin: Links.
Bartholmai, Bernd/Bach, Stefan (1996): Immobilienvermögen der privaten Haushalte. In: DIW-Wochenbericht 63, 4, S. 61-72.
Bartsch, Heinz (1990): Aufgaben und Struktur der öffentlichen Verwaltung. In: König, Klaus (Hrsg.): Verwaltungsstrukturen der DDR. Baden-Baden: Nomos, S. 104-134.
Baske, Siegfried (1990): Die Erweiterte Oberschule in der DDR. In: Bundesministerium für innerdeutsche Beziehungen (Hrsg.): Vergleich von Bildung und Erziehung in der Bundesrepublik Deutschland und in der Deutschen Demokratischen Republik. Köln: Verlag Wissenschaft und Politik, S. 210-217.
Bast, Kerstin/Ostner, Ilona (1992): Ehe und Familie in der Sozialpolitik der DDR und Bundesrepublik Deutschland – ein Vergleich. In: Schmähl, Winfried (Hrsg.): Sozialpolitik im Prozeß der deutschen Vereinigung. Frankfurt am Main und New York: Campus, S. 228-270.
Bauer-Kaase, Petra (1994): Die Entwicklung politischer Orientierungen in Ost- und Westdeutschland seit der Deutschen Vereinigung. In: Niedermayer, Oskar/Richard Stöss (Hrsg.): Parteien und Wähler im Umbruch. Parteiensystem und Wählerverhalten in der ehemaligen DDR und den neuen Bundesländern. Opladen: Westdeutscher Verlag, S. 266-297.
Baur, Michaela (1995): Auswirkungen arbeitsmarktpolitischer Maßnahmen in den neuen Bundesländern auf die soziale Lage der Frauen. In: Sozialer Fortschritt. Unabhängige Zeitschrift für Sozialpolitik 44, 1, S. 9-11.
Beck, Ulrich (1986): Risikogesellschaft. Auf dem Weg in eine andere Moderne. Frankfurt am Main: Suhrkamp.
Becker, K.-P. (1988): Pädagogische Rehabilitation als Bestandteil der komplexen Rehabilitation. In: Renker, Karlheinz/Renker, Ursularenate (Hrsg.): Grundlagen der Rehabilitation. Berlin: Volk und Gesundheit, 6. überarbeitete Auflage.
Beer, Siegfried/Berteit, Herbert/Wilhelm, Manfred (1995): Die Erneuerung des öffentlichen und privaten Kapitalstocks. In: Pohl, Rüdiger (Hrsg.): Herausforderung Ostdeutschland. Fünf Jahre Währungs-, Wirtschafts- und Sozialunion. Berlin: Analytica, S. 107-120.
Behnken, Imbke/Günther, Cordula/Kabat vel Job, Otmar/Keiser, Sarina/Karig, Ute/Krüger, Heinz-Hermann/Lindner, Bernd/Wensierski, Hans-J. von/Zinnecker, Jürgen (1991): Schülerstudie ,90. Jugendliche im Prozeß der Vereinigung. Weinheim und München: Juventa.
Bekavac, Jasenka (1996): Einfluß der Aktivitäten der Treuhandanstalt auf die Verteilung des Produktivvermögens in Ostdeutschland. In: Glatzer, Wolfgang/Kleinhenz, Gerhard (Hrsg.): Wohlstand für alle? (KSPW: Beiträge zum Bericht „Ungleichheit und Sozialpolitik", Band 2.1) Opladen: Leske + Budrich.
Below, Susanne von (1996): Bildung und soziale Ungleichheit in Ostdeutschland. In: Hauser, Richard/Olk, Thomas (Hrsg.): Soziale Sicherheit für alle? (KSPW: Beiträge zum Bericht „Ungleichheit und Sozialpolitik", Band 2.3) Opladen: Leske + Budrich.
Berg, Frank/Nagelschmidt, Martin/Wollmann, Helmut (1996): Kommunaler Institutionenwandel. Regionale Fallstudien zum ostdeutschen Transformationsprozeß. (KSPW: Transformationsprozesse Band 12) Opladen: Leske + Budrich
Berger, Peter A. (1992): „Was früher starr war, ist nun in Bewegung" – oder: Von der eindeutigen zur unbestimmten Gesellschaft. In: Thomas, Michael (Hrsg.): Abbruch und Aufbruch. Sozialwissenschaften im Transformationsprozeß. Erfahrungen – Ansätze – Analysen. Berlin: Akademie-Verlag, S. 128-151.

Berger-Schmitt, Regina (1996): Mobilität sozialer Lagen in den neuen Bundesländern seit 1990. In: Hradil, Stefan/Pankoke, Eckart (Hrsg.): Aufstieg für alle? (KSPW: Beiträge zum Bericht „Ungleichheit und Sozialpolitik", Band 2.2) Opladen: Leske + Budrich.

Berghahn, Sabine (1993): Frauen, Recht und langer Atem. Bilanz nach über 40 Jahren Gleichstellungsgebot in Deutschland. In: Helwig, Gisela/Nickel, Hildegard Maria (Hrsg.): Frauen in Deutschland 1945-1992. (Schriftenreihe „Studien zur Geschichte und Politik", Band 318) Bonn: Bundeszentrale für politische Bildung, S. 71-138.

Berking, Helmuth/Neckel, Sighard (1992): Die gestörte Gemeinschaft. Konfliktpotentiale in einer ostdeutschen Gemeinde. In: Hradil, Stefan (Hrsg.): Zwischen Bewußtsein und Sein. Opladen: Leske + Budrich, S.151-171.

Bernet, Wolfgang (1991): Zur landes- und kommunalrechtlichen Entwicklung in der DDR. In: Recht in Ost und West. Zeitschrift für Rechtsvergleichung und innerdeutsche Rechtsprobleme, 2, S. 33-41.

Bernet, Wolfgang/Lecheler, Helmut (1991): Zustand einer DDR-Stadtverwaltung vor den Kommunalwahlen vom 6.5.1990. In: Landes- und Kommunalverwaltung 1, 2, S. 68-71.

Bernien, Maritta (1995): Umbruch der Arbeit in der Landwirtschaft der neuen Bundesländer. In: Schmidt, Rudi/Lutz, Burkart (Hrsg.): Chancen und Risiken der industriellen Restrukturierung in Ostdeutschland. (KSPW: Transformationsprozesse, Band 4) Berlin: Akademie-Verlag, S. 357- 374.

Bernien, Maritta/Dahms, Vera/Schäfer, Reinhard/Schiemann, Frank/Wahse, Jürgen (1996): Der Arbeitsmarkt in Ostdeutschland 1989-1994. (Graue Reihe der KSPW, Nr. 96-04) Berlin: GSFP.

Bertram, Hans (1995a): Regionale Vielfalt und Lebensformen. In: Bertram, Hans (Hrsg.): Das Individuum und seine Familie: Lebensformen, Familienbeziehungen und Lebensereignisse im Erwachsenenalter. (DJI: Familien-Survey 4) Opladen: Leske + Budrich, S. 157-195.

Bertram, Hans (1995b): Strukturwandel der Lebensbedingungen, Strukturwandel der Wissenschaft. In: Berliner Journal für Soziologie 5, 4, S. 435-441.

Bertram, Hans (Hrsg.) (1995c): Ostdeutschland im Wandel: Lebensverhältnisse – politische Einstellungen. (KSPW: Transformationsprozesse, Band 7) Opladen: Leske + Budrich.

Bertram, Hans/Dannenbeck, Clemens (1990): Pluralisierung von Lebenslagen und Individualisierung von Lebensführungen. Zur Theorie und Empirie regionaler Disparitäten in der Bundesrepublik Deutschland. In: Berger, Peter A./Hradil, Stefan (Hrsg.): Lebenslagen, Lebensläufe, Lebensstile. (Soziale Welt, Sonderband 7) Göttingen: Schwartz, S. 207-229.

Bertram, Hans/Hradil, Stefan/Kleinhenz, Gerhard (Hrsg.) (1995): Sozialer und demographischer Wandel in den neuen Bundesländern. (KSPW: Transformationsprozesse, Band 6) Berlin: Akademie-Verlag.

Beyme, Klaus von (1994): Systemwechsel in Osteuropa. Frankfurt am Main: Suhrkamp.

Bielenski, Harald/Brinkmann, Christian/Kohler, Bärbl (1995): Erwerbsverläufe seit der Wende in Ostdeutschland: Brüche und Kontinuitäten. Ergebnisse des Arbeitsmarkt-Monitors über berufliche Veränderungen 1989 bis 1994. (Institut für Arbeitsmarkt- und Berufsforschung der Bundesanstalt für Arbeit, IAB- Werkstattbericht, Heft 6) Nürnberg.

Bird, Edward J./Schwarze, Johannes/Wagner, Gert G. (1994): Wage Effects of the Move Toward Free Markets in East Germany. In: Industrial and Labor Relations Review 47, 3, S. 390-400.

Literatur

Birg, Herwig/Flöthmann, Ernst-Joachim (1993): Bevölkerungsprojektionen für das vereinigte Deutschland bis zum Jahr 2100. Bielefeld.
Böhm, Stefan/Pott, Arno (1992): Verteilungspolitische Aspekte der Rentenüberleitung. Eine Analyse ausgewählter Verteilungswirkungen der Übertragung des bundesdeutschen Rentenrechts auf die neuen Bundesländer. In: Schmähl, Winfried (Hrsg.): Sozialpolitik im Prozeß der deutschen Vereinigung. (Schriften des Zentrums für Sozialpolitik, Band 1) Frankfurt am Main und New York: Campus, S. 166-227.
Bothin, Gabriele/Wunsch, Regina (1992): Arbeitslos – ein „Fall" für die Sozialhilfe? Leben in Armut in Ost-Berlin – untersucht am Beispiel des Bezirks Köpenick. In: Sozialer Fortschritt. Unabhängige Zeitschrift für Sozialpolitik 41, 7, S. 170-172.
Brähler, Elmar/Richter, Horst-Eberhard (1995): Deutsche Befindlichkeiten im Ost-West-Vergleich. Ergebnisse einer empirischen Untersuchung. In: Aus Politik und Zeitgeschichte. Beilage zur Wochenzeitung „Das Parlament", B40-41, S. 13-20.
Bretzinger, Otto N. (1994): Die Kommunalverfassung der DDR: ihre Einordnung in die Tradition und ihr Beitrag zur Fortentwicklung des deutschen Kommunalrechts. Baden-Baden: Nomos.
Brie, Michael (1994): Die Ostdeutschen auf dem Wege vom „armen Bruder" zur organisierten Minderheit? Arbeitspapiere der Arbeitsgruppe „Transformationsprozesse in den neuen Bundesländern" der Max-Planck-Gesellschaft, Heft 94/4. Berlin: Humboldt-Universität zu Berlin.
Brinkmann, Christian/Müller, Karin/Wiedemann, Eberhard (1993): Problemgruppen am ostdeutschen Arbeitsmarkt. In: Neubäumer, Renate (Hrsg.): Arbeitsmarktpolitik kontrovers. Analysen und Konzepte für Ostdeutschland. Darmstadt: Wissenschaftliche Buchgesellschaft, S. 176-203.
Brinkmann, Christian/Wiedemann, Eberhard (1995): Arbeitsmarktrisiken im ostdeutschen Transformationsprozeß: Ergebnisse des Arbeitsmarkt-Monitors 1989 bis 1994. In: Mitteilungen aus der Arbeitsmarkt- und Berufsforschung 28, 3, S. 323-338.
Bullmann, Udo/Schwanengel, Wito (1995): Zur Transformation territorialer Politikstrukturen. Landes- und Kommunalverwaltung in den neuen Bundesländern. In: Benzler, Susanne/Bullmann, Udo/Eißel, Dieter (Hrsg.): Deutschland-Ost vor Ort. Opladen: Leske + Budrich, S. 193-224.
Bundesamt zur Regelung offener Vermögensfragen (Hrsg.) (1996): Pressemitteilung. Statistische Übersicht des Bundesamtes zur Regelung offener Vermögensfragen zum Bearbeitungsstand per 30. Juni 1996. Berlin.
Bundesanstalt für Arbeit (1994): Arbeitsmarkt 1993. In: Amtliche Nachrichten der Bundesanstalt für Arbeit 42, Sondernummer.
Bundesanstalt für Arbeit (1995a): Arbeitsmarkt 1994. In: Amtliche Nachrichten der Bundesanstalt für Arbeit 43, Sondernummer.
Bundesanstalt für Arbeit (1995b): Strukturanalyse 1994. In: Amtliche Nachrichten der Bundesanstalt für Arbeit 43, Beilage zum Heft 5/95.
Bundesanstalt für Arbeit (1995c): Amtliche Nachrichten der Bundesanstalt für Arbeit 43, 5.
Bundesanstalt für Arbeit (1996): Arbeitsmarkt 1995. In: Amtliche Nachrichten der Bundesanstalt für Arbeit 44, Sondernummer.
Bundesarbeitsgemeinschaft der Freien Wohlfahrtspflege (1994): Gesamtstatistik der Einrichtungen der Freien Wohlfahrtspflege. Stand: 1.1.1993. Bonn.
Bundesminister für Bildung und Wissenschaft (Hrsg.) (1992): Grund- und Strukturdaten, Ausgabe 1992/1993. Bonn.

Bundesminister für Gesundheit (Hrsg.) (1995): Daten des Gesundheitswesens. Baden-Baden: Nomos.
Bundesministerium für Arbeit und Sozialordnung (Hrsg.) (1994a): Der Sozialstaat eint. Zur sozialen Einheit Deutschlands – Entwicklungen und Eindrücke. Eine Aufzeichnung von Hans-Ulrich Spree. Baden-Baden: Nomos.
Bundesministerium für Arbeit und Sozialordnung (Hrsg.) (1994b): Die Lage der Behinderten und die Entwicklung der Rehabilitation. Dritter Bericht der Bundesregierung. Leck: Clausen & Bosse.
Bundesministerium für Arbeit und Sozialordnung (Hrsg.) (1995a): Übersicht über das Sozialrecht. Bonn.
Bundesministerium für Arbeit und Sozialordnung (Hrsg.) (1995b): Statistisches Taschenbuch. Arbeits- und Sozialstatistik. Bonn.
Bundesministerium für Bildung, Wissenschaft, Forschung und Technologie (Hrsg.) (1995): Grund- und Strukturdaten, Ausgabe 1995/96. Bonn.
Bundesministerium für Familie und Senioren (Hrsg.) (1991): Leitsätze und Empfehlungen zur Familienpolitik im vereinigten Deutschland. Gutachten des Wissenschaftlichen Beirats für Familienfragen. Stuttgart, Berlin, Köln: Kohlhammer.
Bundesministerium für Familie und Senioren (Hrsg.) (1993): Erster Altenbericht der Bundesregierung. (Bundestags-Drucksache 12/5897) Bonn.
Bundesministerium für Familie und Senioren (Hrsg.) (1994): Die Alten der Zukunft – bevölkerungsstatistische Datenanalyse. Forschungsbericht. (Schriftenreihe des Bundesministeriums für Familie und Senioren, Band 32) Stuttgart, Berlin und Köln: Kohlhammer.
Bundesministerium für Familie, Senioren, Frauen und Jugend (Hrsg.) (1994): Neunter Jugendbericht. Bericht über die Situation der Kinder und Jugendlichen und die Entwicklung der Jugendhilfe in den neuen Bundesländern. Bonn.
Bundesministerium für Gesundheit (Hrsg.) (1994): Statistisches Taschenbuch Gesundheit. Bonn.
Bundesministerium für innerdeutsche Beziehungen (Hrsg.) (1971): Bericht der Bundesregierung und Materialien zur Lage der Nation 1971. Bonn.
Bundesministerium für innerdeutsche Beziehungen (Hrsg.) (1972): Bericht der Bundesregierung und Materialien zur Lage der Nation 1972. Bonn.
Bundesministerium für innerdeutsche Beziehungen (Hrsg.) (1974): Materialien zum Bericht zur Lage der Nation 1974. Bonn.
Bundesministerium für innerdeutsche Beziehungen (Hrsg.) (1975): DDR-Handbuch. Köln: Verlag Wissenschaft und Politik.
Bundesministerium für innerdeutsche Beziehungen (Hrsg.) (1979): DDR-Handbuch. Köln: Verlag Wissenschaft und Politik, 2. völlig überarbeitete und erweiterte Auflage.
Bundesministerium für innerdeutsche Beziehungen (Hrsg.) (1985): DDR-Handbuch. Köln: Verlag Wissenschaft und Politik, 3. überarbeitete und erweiterte Auflage.
Bundesministerium für innerdeutsche Beziehungen (Hrsg.) (1987): Materialien zum Bericht zur Lage der Nation im geteilten Deutschland 1987. Bonn.
Bundesministerium für Raumordnung, Bauwesen und Städtebau (Hrsg.) (1994): Wohngeld- und Mietenbericht 1993. Bonn.
Bütow, Birgit (1994): Politische Nichtpartizipation von Frauen? In: Bütow, Birgit/ Stekker, Heidi (Hrsg.): EigenArtige Ostfrauen. Frauenemanzipation in der DDR und den neuen Bundesländern. (Theorie und Praxis der Frauenforschung 22) Bielefeld: Kleine, S. 261-268.

Literatur

Bütow, Birgit (1995): Jugend im politischen Umbruch. In: Hoffmann-Lange, Ursula (Hrsg.): Jugend und Demokratie in Deutschland. (DJI: Jugendsurvey 1). Opladen: Leske + Budrich, S. 85-107.

Crow, Kimberly/Hennig, Maria (1995): Wohnen und soziale Infrastruktur von Familien in den neuen Bundesländern. In: Bertram, Hans (Hrsg.): Ostdeutschland im Wandel: Lebensverhältnisse – politische Einstellungen. (KSPW: Transformationsprozesse, Band 7) Opladen: Leske + Budrich, S. 99-123.

Deininger, Martin (1993): Einrichtungen der Jugendhilfe in den neuen Bundesländern und Berlin-Ost 1991. In: Wirtschaft und Statistik 45, S. 292-293.

De Nike, Howard J./Ewald, Uwe/Nowlin, Christopher J. (Hrsg.) (1995): Victimization Perception after the Breakdown of State Socialism. (Graue Reihe der KSPW, Nr. 95-03) Berlin: GSFP.

Deutsche Bundesbank (1990): Monatsbericht Juli 1990 42, 7.

Deutsche Bundesbank (1992): Monatsbericht Mai 1992 44, 5.

Deutsche Bundesbank (1993): Monatsbericht Mai 1993 45, 5.

Deutsche Bundesbank (1994): Monatsbericht Mai 1994 46, 5.

Deutsche Bundesbank (1995): Monatsbericht Mai 1995 47, 5.

Deutscher Bundestag (1995): Armut in der Bundesrepublik. Antwort der Bundesregierung auf die Große Anfrage der Abgeordneten Konrad Gilges, Gerd Andres, Ernst Bahr, weiterer Abgeordneter und der Fraktion der SPD. (Bundestags-Drucksache 13/3339) Bonn.

Deutsches Institut für Wirtschaftsforschung (DIW) (Hrsg.) (1995): Schwerpunktheft. Fünf Jahre Deutsche Einheit. In: Vierteljahreshefte zur Wirtschaftsforschung 64, 3, S. 362-568.

Deutsches Institut für Wirtschaftsforschung (DIW)/Institut für Weltwirtschaft an der Universität Kiel/Institut für Wirtschaftsforschung Halle (1995a): Gesamtwirtschaftliche und unternehmerische Anpassungsfortschritte in Ostdeutschland, Zwölfter Bericht. In: DIW-Wochenbericht 62, 3, S. 71-98.

Deutsches Institut für Wirtschaftsforschung (DIW)/HWWA-Institut für Wirtschaftsforschung-Hamburg/ifo Institut für Wirtschaftsforschung/Institut für Weltwirtschaft an der Universität Kiel/Institut für Wirtschaftsforschung Halle/Rheinisch-Westfälisches Institut für Wirtschaftsforschung (1995b): Die Lage der Weltwirtschaft und der deutschen Wirtschaft im Herbst 1995. In: DIW-Wochenbericht 62, 42-43, S. 715-747.

Diewald, Martin (1995): „Kollektiv", „Vitamin B" oder „Nische"? Persönliche Netzwerke in der DDR. In: Huinink, Johannes/Mayer, Karl Ulrich/Diewald, Martin/Solga, Heike/Sørensen, Annemette/Trappe, Heike: Kollektiv und Eigensinn. Lebensverläufe in der DDR und danach. Berlin: Akademie-Verlag, S. 223-260.

Dohnke, Dieter/Frister, Siegfried/Liljeberg, Holger (1995): Arbeitslosenreport 1995 – Auszüge. In: Sozialreport. (Sonderheft 1/1995) Berlin: Sozialwissenschaftliches Forschungszentrum Berlin-Brandenburg e.V., S. 3-31.

Dorbritz, Jürgen (1993): Sozialer Systemwandel und die Folgen für die Familienbildung. In: Berliner Journal für Soziologie 3, 3, S. 355-368.

Dorbritz, Jürgen/Gärtner, Karla (1995): Bericht 1995 über die demographische Lage in Deutschland. In: Zeitschrift für Bevölkerungswissenschaft 20, 4, S. 339-447.

Dorbritz, Jürgen/Menning, Sonja (1992): Wandel des generativen Verhaltens und der Familienbildung in den neuen Bundesländern infolge des Austausches der Wirtschafts- und Sozialordnung und der sozialstrukturellen Transformation. (Graue Reihe der KSPW, Nr. 602) Halle: KSPW.

Döring, Diether (1995): Soziale Sicherung in der Defensive. Einige kritische Betrachtungen zur gegenwärtigen Sozialpolitik. In: Döring, Diether/Hauser, Richard (Hrsg.): Soziale Sicherheit in Gefahr. Frankfurt am Main: Suhrkamp, S. 11-50.

Drauschke, Petra (1992): Einige Gedanken zur Familienpolitik in der 40jährigen Geschichte der DDR. In: Faber, Christel/Meyer, Traute (Hrsg.): Unterm Kleid der Freiheit das Korsett der Einheit. Auswirkungen der deutschen Vereinigung für Frauen in Ost und West. Berlin: edition sigma, S. 41-46.

Drauschke, Petra/Stolzenburg, Margit (1994a): Alleinerziehen und Emanzipation. In: Berliner Debatte INITIAL 5, 4, S. 64-70.

Drauschke, Petra/Stolzenburg, Margit (1994b): Alleinerziehende Frauen in Berlin Ost – sie wohnen wie immer, nur anders. In: Bundesforschungsanstalt für Landeskunde und Raumordnung (Hrsg.): Wohnsituation Alleinerziehender II. (Materialien zur Raumentwicklung, Heft 62) Bonn, S. 85-96.

Drauschke, Petra/Stolzenburg, Margit (1995a): Alleinerziehen, eine Lust? Chancen und Risiken für Ostberliner Frauen nach der Wende. Pfaffenweiler: Centaurus.

Drauschke, Petra/Stolzenburg, Margit (1995b): Familie. In: Winkler, Gunnar (Hrsg.): Sozialreport 1995. Daten und Fakten zur sozialen Lage in den neuen Bundesländern. Berlin: Sozialwissenschaftliches Forschungszentrum Berlin-Brandenburg e.V., S. 276-328.

Dümcke, Wolfgang/Vilmar, Fritz (Hrsg.): Kolonialisierung der DDR. Kritische Analysen und Alternativen des Einigungsprozesses. Münster: agenda.

Dunskus, Petra/Roloff, Juliane (1991): Die Chancen für ostdeutsche Frauen am Arbeitsmarkt nach der Währungsunion. In: Assenmacher, Marianne (Hrsg.): Frauen am Arbeitsmarkt. (Probleme der Einheit, Band 4) Marburg: Metropolis, S. 81-92.

Durkheim, Emile (1973) [1897]: Der Selbstmord. Neuwied und Berlin: Luchterhand.

Ebert, Elvir (1993): Probleme der Einkommensentwicklung, -differenzierung und -verwendung im Transformationsprozeß. In: Berliner Journal für Soziologie 3, 3, S. 319-341.

Ebert, Elvir (1996): Zur Entwicklung des Konsums in den neuen Bundesländern von 1990 bis 1994/95. In: Glatzer, Wolfgang/Kleinhenz, Gerhard: Wohlstand für alle? (KSPW: Beiträge zum Bericht „Ungleichheit und Sozialpolitik", Band 2.1) Opladen: Leske + Budrich.

Eisen, Andreas/Wollmann, Hellmut (Hrsg.) (1996): Institutionenbildung in Ostdeutschland. Zwischen externer Steuerung und Eigendynamik. (KSPW: Transformationsprozesse, Band 14) Opladen: Leske + Budrich.

Elster, Jon (1990): The Necessity and Impossibility of Simultaneous Economic and Political Reform. In: Ploszajski, Piotr (Hrsg.): Philosophy of Social Choice. Warsaw: IFiS Publishers, S. 309-316.

Emmerich, Knut (1994): Mega-Arbeitsbeschaffungsmaßnahmen in den neuen Bundesländern – Bestandsaufnahme und Perspektiven. In: Heinelt, Hubert/Bosch, Gerhard/Reissert, Bernd (Hrsg.): Arbeitsmarktpolitik nach der Vereinigung. Berlin: edition sigma, S. 115-136.

Engelbrech, Gerhard (1994): Frauenerwerbslosigkeit in den neuen Bundesländern. Folgen und Auswege. In: Aus Politik und Zeitgeschichte. Beilage zur Wochenzeitung „Das Parlament", B6, S. 22-32.

Engelbrech, Gerhard/Beckmann, Petra (1994): Förderung von Frauen im Beruf im Kontext theoretischer Konzepte und aktueller empirischer Ergebnisse. In: Beckmann, Petra/Engelbrech, Gerhard (Hrsg.): Arbeitsmarkt für Frauen 2000 – Ein Schritt vor oder ein Schritt zurück? Kompendium zur Erwerbstätigkeit von Frauen. (Beiträge

Literatur

zur Arbeitsmarkt- und Berufsforschung, Band 179) Nürnberg: Institut für Arbeitsmarkt- und Berufsforschung der Bundesanstalt für Arbeit, S. 7-44.

Enquete-Kommission „Demographischer Wandel" (1994): Herausforderungen unserer älter werdenden Gesellschaft an den einzelnen und die Politik. (Bundestagsdrucksache 12/7876) Bonn.

Ernst, Jochen (1993): Der vorzeitige Ruhestand in Ostdeutschland und einige Aspekte der sozialen Lage der Frührentner in den neuen Ländern. In: Sozialer Fortschritt. Unabhängige Zeitschrift für Sozialpolitik 42, 9, S. 211-217.

Ettrich, Frank (1993): „Modernisierung ohne Entwicklung" – Transformation als „Überlagerung"? In: BISS public. Wissenschaftliche Mitteilungen aus dem Berliner Institut für Sozialwissenschaftliche Studien 3, 10, S. 43-54.

Euler, Manfred (1990): Geldvermögen und Schulden privater Haushalte Ende 1988. Ergebnis der Einkommens- und Verbrauchsstichprobe. In: Wirtschaft und Statistik 42, 11, S. 798-808.

Europäische Kommission (1994): Eurobarometer. Public Opinion in the European Union. Trends 1974-1994. Brüssel.

Evers, Adalbert/Olk, Thomas (Hrsg.) (1996): Wohlfahrtspluralismus. Vom Wohlfahrtsstaat zur Wohlfahrtsgesellschaft. Opladen: Westdeutscher Verlag (im Erscheinen).

Expertenkommission Wohnungspolitik (1995): Wohnungspolitik für die neuen Länder. Tübingen: Mohr.

Fabig, Holger (1996): Die Mobilität der Nettoäquivalenzeinkommen der 1990 Beschäftigten in Ost- und Westdeutschland. Eine Materialsammlung. (unveröffentlichtes Manuskript) Frankfurt am Main.

Faik, Jürgen (1996): Die Verteilung und Bildung der Geldvermögen in Ostdeutschland seit 1990. In: Glatzer, Wolfgang/Kleinhenz, Gerhard: Wohlstand für alle? (KSPW: Beiträge zum Bericht „Ungleichheit und Sozialpolitik", Band 2.1) Opladen: Leske + Budrich.

Fickermann, Detlef (1996): Konsequenzen der demographischen Entwicklung Ostdeutschlands für das Gymnasium. In: Marotzki, Winfried/Meyer, Meinert A./Wenzel, Hartmut (Hrsg.): Erziehungswissenschaft für Gymnasiallehrer. Weinheim: Deutscher Studien Verlag, S. 320-349.

Fischer, Andreas (1992): Das Bildungssystem der DDR. Entwicklung, Umbruch und Neugestaltung seit 1989. Darmstadt: Wissenschaftliche Buchgesellschaft.

Fischer, Catrin/Heller, Peter (1995a): Arbeitslosigkeit Jugendlicher unter besonderer Berücksichtigung der Situation in den neuen Bundesländern. KSPW-Expertise (unveröffentlicht). Neubrandenburg.

Fischer, Catrin/Heller, Peter (1995b): Zur Bedeutung des gesellschaftliche Phänomens Arbeitslosigkeit in den Zukunftsoptionen von Schülern und Auszubildenden in Ostdeutschland. KSPW-Expertise (unveröffentlicht). Neubrandenburg.

Fischer, Wolfram/Hax, Herbert/Schneider, Hans Karl (Hrsg.) (1993): Treuhandanstalt. Das Unmögliche wagen. Berlin: Akademie-Verlag.

Fleischhacker, Jochen (1994): Geburtenausfälle in Deutschland – ein sozialgeschichtlicher Exkurs. In: BISS public. Wissenschaftliche Mitteilungen aus dem Berliner Institut für Sozialwissenschaftliche Studien 4, 14, S. 77-84.

Frenzel, Albrecht (1995): Eigendynamik und politische Steuerung im Prozeß der ostdeutschen Kreisgebietsreformen. In: Archiv für Kommunalwissenschaften 34, 2, S. 295-317.

Frenzel, Paul (1964): Zu einigen Problemen der Einkommensbildung im Sozialismus. In: Wirtschaftswissenschaft 12, 7, S. 1122-1138.

Frerich, Johannes/Frey, Martin (1993): Handbuch der Geschichte der Sozialpolitik in Deutschland, Band 2: Sozialpolitik in der Deutschen Demokratischen Republik. München und Wien: Oldenbourg.

Frick, Joachim (1996): Mobilität sozialer Lagen: Wohnsituation und Wohnkosten deutscher Privathaushalte im Zeitraum 1990 bis 1995. KSPW-Expertise (unveröffentlicht). Berlin.

Frick, Joachim/Krause, Peter/Vortmann, Heinz (1990): Die ökonomische Situation von Alleinerziehenden in der DDR und der Bundesrepublik Deutschland in den 80er Jahren. Kinderbetreuung muß erhalten und ausgebaut werden. In: DIW-Wochenbericht 57, 42, S. 598-603.

Frick, Joachim/Lahmann, Herbert (1993): Aktuelle Tendenzen der Wohnkosten und der Wohnungsmodernisierung bei ostdeutschen Privathaushalten. Ergebnisse des Soziooekonomischen Panels. In: DIW-Wochenbericht 60, 20, S. 287-292.

Frick, Joachim/Lahmann, Herbert (1994): Wohnungsmieten in Ost- und Westdeutschland 1993. Ergebnisse des Sozio-oekonomischen Panels (SOEP). In: DIW-Wochenbericht 61, 21, S. 350-355.

Frick, Joachim/Lahmann, Herbert (1995): Neue Bundesländer: Wohnungsmieten 1994 und Stand der Modernisierungsmaßnahmen. Ergebnisse des Sozio-oekonomischen Panels (SOEP). In: DIW-Wochenbericht 62, 8, S. 181-187.

Frick, Joachim/Lahmann, Herbert (1996): Wohnungsmieten in Deutschland im Jahr 1995. Ergebnisse des Sozio-oekonomischen Panels (SOEP). In: DIW-Wochenbericht 63, 22-23, S. 379-386.

Friebel, Harry (Hrsg.) (1983): Von der Schule in den Beruf. Alltagserfahrungen Jugendlicher und sozialwissenschaftliche Deutung. (Jugend zwischen Familie, Bildung, Beruf und Freizeit, Band 1) Opladen: Westdeutscher Verlag.

Friedrich, Peter (1995): Die Politik der Treuhandanstalt – Erfolge und unbewältigte Probleme. In: Gutmann, Gernot (Hrsg.): Die Wettbewerbsfähigkeit der ostdeutschen Wirtschaft. Ausgangslage, Handlungserfordernisse, Perspektiven. (Schriften des Vereins für Socialpolitik N.F., Band 239) Berlin: Duncker & Humblot, S. 95-166.

Fröhner, Klaus-Dieter (Hrsg.) (1996): Sicherheit und Gesundheit im Betrieb. Deutsch-deutsche Transformation und europäischer Wandel. (KSPW: Transformationsprozesse, Band 15) Opladen: Leske + Budrich.

Fuchs, Marianne (1994): Zur Geburtenentwicklung und Geburtenprognose in den neuen Bundesländern. In: BISS public. Wissenschaftliche Mitteilungen aus dem Berliner Institut für Sozialwissenschaftliche Studien 4, 14, S. 85-91.

Fuchs, Peter/Buhrow, Dietrich/Krüger, Michael (1994): Die Widerständigkeit der Behinderten. Zu Problemen der Inklusion/Exklusion von Behinderten in der ehemaligen DDR. In: Fuchs, Peter/Göbel, Andreas (Hrsg.): Der Mensch – Das Medium der Gesellschaft. Frankfurt am Main: Suhrkamp, S. 239-263.

Funk, Lothar/Knappe, Eckhard (1996): Wege aus der Arbeitslosigkeit. In: Aus Politik und Zeitgeschichte. Beilage zur Wochenzeitung „Das Parlament", B3-4, S. 17-25.

Galuske, Michael/Rauschenbach, Thomas (1994): Jugendhilfe Ost. Entwicklung, aktuelle Lage und Zukunft eines Arbeitsfeldes. Weinheim und München: Juventa.

Gawlik, Marion/Krafft, Elena/Seckinger, Mike (1995): Jugendhilfe und sozialer Wandel. Die Lebenssituation Jugendlicher und der Aufbau der Jugendhilfe in Ostdeutschland, München: DJI-Verlag.

Geißler, Rainer (1983): Bildungschancen und Statusvererbung in der DDR. In: Kölner Zeitschrift für Soziologie und Sozialpsychologie 35, 4, S. 755-770.

Literatur

Geißler, Rainer (1992): Die Sozialstruktur Deutschlands. Ein Studienbuch zur Entwicklung im geteilten und vereinten Deutschland. Opladen: Westdeutscher Verlag.

Geißler, Rainer (Hrsg.) (1993): Sozialer Umbruch in Ostdeutschland. (Reihe „Sozialstrukturanalyse", Band 2) Opladen: Leske + Budrich.

Geißler, Rainer (Hrsg.) (1994): Soziale Schichtung und Lebenschancen in Deutschland. Stuttgart: Enke, 2. Auflage.

Geißler, Rainer (1995): Neue Strukturen der sozialen Ungleichheit im vereinten Deutschland. In: Hettlage, Robert/Lenz, Karl (Hrsg.): Deutschland nach der Wende. Eine Zwischenbilanz. München: Beck, S. 119-141.

Genosko, Joachim (1986): Der wechselnde Einfluß des Subsidiaritätsprinzips auf die wirtschafts- und sozialpolitische Praxis in der Bundesrepublik Deutschland. In: Jahrbücher für Nationalökonomie und Statistik 201,4, S. 404-421.

Gensicke, Thomas (1993): Unzufrieden, aber aktiv und optimistisch. Zur Mentalität der jungen Generation in den neuen deutschen Bundesländern. In: Journal für Sozialforschung 33, 2, S. 171-192.

Gensicke, Thomas (1995): Modernisierung, Wertewandel und Mentalitätsentwicklung in der DDR. In: Bertram, Hans/Hradil, Stefan/Kleinhenz, Gerhard (Hrsg.): Sozialer und demographischer Wandel in den neuen Bundesländern. (KSPW: Transformationsprozesse, Band 6) Berlin: Akademie-Verlag, S. 101-140.

Gensicke, Thomas (1996): Deutschland im Wandel. Sozialer Wandel und Wertewandel in Deutschland vor und nach der Wiedervereinigung. Speyer: Forschungsinstitut für öffentliche Verwaltung.

Genz, Monika (1995): Veränderungen und Kontinuitäten der Lebenslage und des Gesundheitszustandes älterer Menschen zwischen 1989 und 1992: Ergebnisse der Halleschen Längsschnittstudie Seniorenkolleg (HALSEKO). In: Bertram, Hans/Hradil, Stefan/Kleinhenz, Gerhard (Hrsg.): Sozialer und demographischer Wandel in den neuen Bundesländern. (KSPW: Transformationsprozesse, Band 6) Berlin: Akademie-Verlag, S. 307-327.

Gerstenberger, Wolfgang/Neumann, Frauke (1996): Der Um- und Neubau der ostdeutschen Wirtschaft im Spiegel der Investitionstätigkeit. In: ifo Schnelldienst 49, 13, S. 8-21.

Geske, Otto-Erich (1992): Der Länderfinanzausgleich wird ein Dauerthema. In: Wirtschaftsdienst 72, 5, S. 250-259.

Gille, Martina/Kleinert, Corinna/Ott, Sybille (1995): Lebensverhältnisse. In: Hoffmann-Lange, Ursula (Hrsg.): Jugend und Demokratie in Deutschland. (DJI: Jugendsurvey 1) Opladen: Leske + Budrich, S. 23-83.

Glaeßner, Gert-Joachim (1992): Der schwierige Weg zur Demokratie. Vom Ende der DDR zur deutschen Einheit. Opladen: Westdeutscher Verlag, 2. Auflage.

Gläser, Jochen/Melis, Charles/Puls, Claus (1995): Durch ostdeutsche WissenschaftlerInnen gegründete kleine und mittlere Unternehmen. Eine Problemskizze. Paper P95-403. Berlin: Wissenschaftszentrum Berlin für Sozialforschung, Forschungsgruppe Wissenschaftsstatistik.

Glatzer, Wolfgang (1986): Haushaltsproduktion, wirtschaftliche Stagnation und sozialer Wandel. In: Glatzer, Wolfgang/Berger-Schmitt, Regina (Hrsg.): Haushaltsproduktion und Netzwerkhilfe. Die alltäglichen Leistungen der Familien und Haushalte. Frankfurt am Main und New York: Campus, S. 9-50.

Glatzer, Wolfgang (1992): Lebensqualität und subjektives Wohlbefinden. Ergebnisse sozialwissenschaftlicher Untersuchungen. In: Bellebaum, Alfred (Hrsg.): Glück und Zufriedenheit. Opladen: Westdeutscher Verlag, S. 49-85.

Glatzer, Wolfgang (Hrsg.) (1996): Lebensverhältnisse in Osteuropa. Prekäre Entwicklungen und neue Konturen. (Soziale Indikatoren XIX) Frankfurt am Main und New York: Campus.

Glatzer, Wolfgang/Bös, Mathias (1996): Anomietendenzen in Deutschland 1978-1993: Analysen mit den Wohlfahrtssurveys. In: Heitmeyer, Wilhelm (Hrsg.): Was zerreißt diese Gesellschaft? – Folgeprobleme von Desintegrationsprozessen, Anomie und Auswirkungen auf innerethnische Konflikte. Frankfurt am Main: Suhrkamp (im Erscheinen).

Glatzer, Wolfgang/Noll, Heinz-Herbert (Hrsg.) (1995): Getrennt vereint: Lebensverhältnisse in Deutschland seit der Wiedervereinigung. (Soziale Indikatoren, Band XVIII) Frankfurt am Main und New York: Campus.

Glatzer, Wolfgang/Zapf, Wolfgang (Hrsg.) (1984): Lebensqualität in der Bundesrepublik. Objektive Lebensbedingungen und subjektives Wohlbefinden. Frankfurt am Main und New York: Campus.

Golz, Lutz/Heller, Peter (1996): Jugend im Transformationsprozeß. Untersuchungen zum Sozialisationsprozeß Jugendlicher in der strukturschwachen Region Neubrandenburg. (Graue Reihe der KSPW, Nr. 96-01) Halle: KSPW.

Gornig, Martin/Schmidt-Faber, Claudius (1995): Strukturwandel und Nachfrage von Produktion in Ostdeutschland. Veränderte Einschätzungen durch Berücksichtigung von Preisunterschieden. In: Deutsches Institut für Wirtschaftsforschung (Hrsg.): Schwerpunktheft. Fünf Jahre Deutsche Einheit. In: Vierteljahreshefte zur Wirtschaftsforschung 64, 3, S. 461-476.

Gräb, Christopher (1994): Sterbefälle 1993 nach Todesursachen. In: Wirtschaft und Statistik 46, 12, S. 1033-1041.

Grabe, Wanda (1996): Handlungsspielräume ostdeutscher Kommunen zur Sicherung preiswerten Wohnraums – dargestellt am Fallbeispiel Leipzig. Diplomarbeit (unveröffentlicht): Fachbereich Gesellschaftswissenschaften der Johann Wolfgang Goethe-Universität Frankfurt am Main.

Großmann, Heidrun/Huth, Sabine (1995): Sozialhilfeabhängigkeit Alleinerziehender als Folge gesellschaftlichen Umbruchs. In: Bertram, Hans/Hradil, Stefan/Kleinhenz, Gerhard (Hrsg.): Sozialer und demographischer Wandel in den neuen Bundesländern. (KSPW: Transformationsprozesse, Band 6) Berlin: Akademie-Verlag, S. 159-187.

Grundmann, Siegfried (1995): Die Ost-West-Wanderung in Deutschland (1989-1992). In: Bertram, Hans/Hradil, Stefan/Kleinhenz, Gerhard (Hrsg.): Sozialer und demographischer Wandel in den neuen Bundesländern. (KSPW: Transformationsprozesse, Band 6) Berlin: Akademie-Verlag, S. 3-46.

Grünert, Holle/Lutz, Burkart (1994): Transformationsprozeß und Arbeitsmarktsegmentation. In: Nickel, Hildegard Maria/Kühl, Jürgen/Schenk, Sabine (Hrsg.): Erwerbsarbeit und Beschäftigung im Umbruch. (KSPW: Transformationsprozesse, Band 2) Berlin: Akademie-Verlag, S. 3-28.

Grütz, Jens/Lankes, Fidelis/Tautz, Roland/Roppel, Ulrich (1993): Modellrechnung zum Erwerbspersonenpotential und zur Arbeitsmarktbilanz bis zum Jahre 2030. In: Deutsche Rentenversicherung, 7, S. 449-462.

Gürtler, Joachim/Ruppert, Wolfgang/Vogler-Ludwig, Kurt (1990): Verdeckte Arbeitslosigkeit in der DDR (Ifo-Studien zur Arbeitsmarktforschung 5). München: Weltforum-Verlag.

Gutsche, Günter/Hennig, Carmen (1995): Viktimisierung und Umgang mit Kriminalität in Berlin-Ost. In: De Nike, Howard J./Ewald, Uwe/Nowlin, Christopher J. (Hrsg.):

Literatur

Victimization Perception after the Breakdown of State Socialism. (Graue Reihe der KSPW, Nr. 95-03) Berlin: GSFP, S. 41-57.

Gysi, Jutta/Meyer, Dagmar (1993): Leitbild: berufstätige Mutter – DDR-Frauen in Familie, Partnerschaft und Ehe. In: Helwig, Gisela/Nickel, Hildegard Maria (Hrsg.): Frauen in Deutschland 1945-1992. (Schriftenreihe „Studien zur Geschichte und Politik", Band 318) Bonn: Bundeszentrale für politische Bildung, S. 139-165.

Habermann, Bärbel (1990): Sozialhilfe und Jugendhilfe in Deutschland – Auswirkungen der Sozialunion. In: Nachrichtendienst des Deutschen Vereins für öffentliche und private Fürsorge 70, 9, S. 261-265.

Habich, Roland (1994a): Problemgruppen. In: Statistisches Bundesamt (Hrsg.): Datenreport 1994. Zahlen und Fakten über die Bundesrepublik Deutschland. (Schriftenreihe der Bundeszentrale für politische Bildung, Band 325) Bonn, S. 582-588.

Habich, Roland (1994b): Zufriedenheit in Lebensbereichen. In: Statistisches Bundesamt (Hrsg.): Datenreport 1994. Zahlen und Fakten über die Bundesrepublik Deutschland. (Schriftenreihe der Bundeszentrale für politische Bildung, Band 325) Bonn, S. 428-437.

Habich, Roland/Krause, Peter (1994): Armut. In: Statistisches Bundesamt (Hrsg.): Datenreport 1994. Zahlen und Fakten über die Bundesrepublik Deutschland. (Schriftenreihe der Bundeszentrale für politische Bildung, Band 325) Bonn, S. 598-607.

Habich, Roland/Noll, Heinz-Herbert/Zapf, Wolfgang (1994): Soziale Schichtung und soziale Lagen. In: Statistisches Bundesamt (Hrsg.): Datenreport 1994. Zahlen und Fakten über die Bundesrepublik Deutschland. (Schriftenreihe der Bundeszentrale für politische Bildung, Band 325) Bonn, S. 574-581.

Habich, Roland/Spellerberg, Annette (1994): Komponenten des Wohlbefindens. In: Statistisches Bundesamt (Hrsg.): Datenreport 1994. Zahlen und Fakten über die Bundesrepublik Deutschland. (Schriftenreihe der Bundeszentrale für politische Bildung, Band 325) Bonn, S. 417-427.

Habich, Roland/Zapf, Wolfgang (1994): Gesellschaftliche Dauerbeobachtung – Wohlfahrtssurveys: Instrument der Sozialberichterstattung. In: Hauser, Richard/Ott, Notburga/Wagner, Gert (Hrsg.): Mikroanalytische Grundlagen der Gesellschaftspolitik. Band 2: Erhebungsverfahren, Analysemethoden und Mikrosimulation. Berlin: Akademie-Verlag, S. 13-37.

Hackenberg, Helga/Tillmann, Katja (1996): Zur Entwicklung der Lebenslage von behinderten und gesundheitlich eingeschränkten Personen in den neuen Bundesländern. In: Hauser, Richard/Olk, Thomas (Hrsg.): Soziale Sicherheit für alle? (KSPW: Beiträge zum Bericht „Ungleichheit und Sozialpolitik", Band 2.3) Opladen: Leske + Budrich.

Häder, Michael/Häder, Sabine (1995): Turbulenzen im Transformationsprozeß. Die individuelle Bewältigung des sozialen Wandels in Ostdeutschland 1990-1992. Opladen: Westdeutscher Verlag.

Häder, Michael/Nowossadeck, Sabine (1993): Anstieg der Lebenszufriedenheit in Ostdeutschland. Ergebnisse aus der Untersuchungsreihe „Leben DDR/Ostdeutschland". In: ZUMA-Nachrichten 17, 33, S. 25-44.

Hahn, Toni (1995): Frauen und Arbeitslosigkeit. In: Sydow, Hubert/Schlegel, Uta/Helmke, Andreas (Hrsg.): Chancen und Risiken im Lebenslauf: Beiträge zum gesellschaftlichen Wandel in Ostdeutschland. (KSPW: Transformationsprozesse, Band 5) Berlin: Akademie-Verlag, S. 171-186.

Hahn, Toni/Miethe, Horst (1995): Arbeitslosigkeit in Ostdeutschland und individuelle Bewältigung. Versuch einer Typologie. In: Arbeitskreis sozialwissenschaftlicher Arbeitsmarktforschung (Hrsg.): Empirische Arbeitsmarktforschung zur Transformation in Deutschland. SAMF-Arbeitspapier 1995-4, S. 123-143.

Hahn, Toni/Schön, Gerhard (1996): Arbeitslos – chancenlos? Verläufe von Arbeitslosigkeit in Ostdeutschland. (KSPW: Transformationsprozesse, Band 11) Opladen: Leske + Budrich.

Hampele, Anne (1993): „Arbeite mit, plane mit, regiere mit" – Zur politischen Partizipation von Frauen in der DDR. In: Helwig, Gisela/Nickel, Hildegard Maria (Hrsg.): Frauen in Deutschland 1945-1992. (Schriftenreihe „Studien zur Geschichte und Politik", Band 318) Bonn: Bundeszentrale für politische Bildung, S. 281-321.

Hanefeld, Ute (1987): Das Sozio-ökonomische Panel. Grundlagen und Konzeption. Frankfurt am Main und New York: Campus.

Hanesch, Walter/Adamy, Wilhelm/Martens, Rudolf/Rentzsch, Doris/Schneider, Ulrich/Schubert, Ursula/Wißkirchen, Martin (1994): Armut in Deutschland. Der Armutsbericht des DGB und des Paritätischen Wohlfahrtsverbands. Hamburg: Rowohlt.

Hartfiel, Günter/Hillmann, Karl-Heinz (1982): Wörterbuch der Soziologie. Stuttgart: Kröner.

Harych, Horst/Gerbatsch, Katrin (1996): Zur Situation von Behinderten und Pflegebedürftigen in Ostdeutschland. In: Hauser, Richard/Olk, Thomas (Hrsg.): Soziale Sicherheit für alle? (KSPW: Beiträge zum Bericht „Ungleichheit und Sozialpolitik", Band 2.3) Opladen: Leske + Budrich.

Hauschild, Christoph (1991): DDR: Vom sozialistischen Einheitsstaat in die föderale und kommunale Demokratie. In: Blanke, Bernhard (Hrsg.): Staat und Stadt. Systematische, vergleichende und problemorientierte Analysen „dezentraler" Politik. (Sonderheft 22 der Politischen Vierteljahresschrift) Opladen: Westdeutscher Verlag, S. 213-236.

Hauser, Richard (1992): Die personelle Einkommensverteilung in den alten und neuen Bundesländern vor der Vereinigung – Probleme eines empirischen Vergleichs und der Abschätzung von Entwicklungstendenzen. In: Kleinhenz, Gerhard (Hrsg.): Sozialpolitik im vereinten Deutschland II. (Schriften des Vereins für Sozialpolitik N.F., Band 208/II) Berlin: Duncker & Humblot, S. 37-72.

Hauser, Richard (1995): Das empirische Bild der Armut in der Bundesrepublik Deutschland – ein Überblick. In: Aus Politik und Zeitgeschichte. Beilage zur Wochenzeitung „Das Parlament", B31-32, S. 3-13.

Hauser, Richard/Neumann, Udo (1992): Armut in der Bundesrepublik Deutschland. Die sozialwissenschaftliche Thematisierung nach dem zweiten Weltkrieg. In: Leibfried, Stephan/Voges, Wolfgang (Hrsg.): Armut im modernen Wohlfahrtsstaat (Sonderheft 32 der Kölner Zeitschrift für Soziologie und Sozialpsychologie) Opladen: Westdeutscher Verlag, S. 237-271.

Hauser, Richard/Wagner, Gert (1996): Die Einkommensverteilung in Ostdeutschland: Darstellung und Determinanten im Vergleich zu Westdeutschland für die Jahre 1990 bis 1994. In: Glatzer, Wolfgang/Kleinhenz, Gerhard (Hrsg.): Wohlstand für alle? (KSPW: Beiträge zum Bericht „Ungleichheit und Sozialpolitik", Band 2.1) Opladen: Leske + Budrich.

Hedtkamp, Günther (1974): Wirtschaftssysteme. Theorie und Vergleich. München: Vahlen.

Heimpold, Gerhard/Junkernheinrich, Martin (1995): Konzeptionen der Wirtschaftsförderung. In: Pohl, Rüdiger (Hrsg.): Herausforderung Ostdeutschland. Fünf Jahre Währungs-, Wirtschafts- und Sozialunion, Berlin: Analytica, S. 371-392.

Literatur

Hein, Birgit (1995): Schwerbehinderte 1993. In: Wirtschaft und Statistik 47, 5, S. 376-381.

Heinelt, Hubert (1994): Instrumentenlogik und Instrumentenwandel in der Entwicklung der Arbeitsmarktpolitik nach der Vereinigung. Diskussionspapiere und Materialien Nr. 1, Abteilung Sozialpolitik und Public Policy Universität Hannover. Hannover.

Heinelt, Hubert/Bosch, Gerhard/Reissert, Bernd (Hrsg.) (1994): Arbeitsmarktpolitik nach der Vereinigung. Berlin: edition sigma.

Heinze, Rolf G./Olk. Thomas (1981): Die Wohlfahrtsverbände im System sozialer Dienstleistungsproduktion. Zur Entstehung und Struktur der bundesrepublikanischen Verbändewohlfahrt. In: Kölner Zeitschrift für Soziologie und Sozialpsychologie 33, 1, S. 94-114.

Helwig, Gisela (1993): Einleitung. In: Helwig, Gisela/Nickel, Hildegard Maria (Hrsg.): Frauen in Deutschland 1945-1992. (Schriftenreihe Studien zur Geschichte und Politik, Band 318) Bonn: Bundeszentrale für politische Bildung, S. 9-21.

Henke, Klaus-Dirk/Leber, Wulf-Dietrich (1993): Territoriale Erweiterung und wettbewerbliche Neuordnung der gesetzlichen Krankenversicherung (GKV). In: Hansmeyer, Karl-Heinrich (Hrsg.): Finanzierungsprobleme der deutschen Einheit II. Aufbau und Finanzierung der sozialen Sicherung. (Schriften des Vereins für Socialpolitik N.F., Band 229/II) Berlin: Duncker & Humblot, S. 11-62.

Henkel, Dieter (1993): Arbeitslosigkeit und Alkoholismus in den neuen Bundesländern der EX-DDR. In: Kieselbach, Thomas/Voigt, Peter (Hrsg.): Systemumbruch, Arbeitslosigkeit und individuelle Bewältigung in der Ex-DDR. (Psychologie sozialer Ungleichheit 4) Weinheim: Deutscher Studien Verlag, 2. Auflage, S. 124-137.

Hickel, Rudolf/Priewe, Jan (1991): Der Preis der Einheit. Bilanzen und Perspektiven der deutschen Vereinigung. Frankfurt am Main: Fischer Taschenbuch.

Hilf, Ellen (1994): Weibliche Beschäftigte im Einzelhandel in den neuen Bundesländern – Veränderungen in einer Frauenbranche. In: BISS public. Wissenschaftliche Mitteilungen aus dem Berliner Institut für Sozialwissenschaftliche Studien 4, 14, S. 93-98.

Hinrichs, Wilhelm (1992): Wohnungsversorgung in der ehemaligen DDR – Verteilungskriterien und Zugangswege. Paper P92-105. Berlin: Wissenschaftszentrum Berlin für Sozialforschung, Arbeitsgruppe Sozialberichterstattung.

Hinrichs, Wilhelm (1994): Wohnsituation von Rentnerhaushalten in den neuen Bundesländern. In: Arbeit und Sozialpolitik 48, 9/10, S. 41-49.

Hinrichs, Wilhelm (1995): Wohnen. In: Winkler, Gunnar (Hrsg.): Sozialreport 1995. Daten und Fakten zur sozialen Lage in den neuen Bundesländern, Berlin: Sozialwissenschaftliches Forschungszentrum Berlin-Brandenburg e.V., S. 207-233.

Hinrichs, Wilhelm (1996): Wohnungsversorgung in Ostdeutschland – Kontinuität und Neuformierung. In: Zapf, Wolfgang/Habich, Roland (Hrsg.): Wohlfahrtsentwicklung im vereinten Deutschland. Sozialstruktur, sozialer Wandel und Lebensqualität. Berlin: edition sigma, S. 253-282.

Hinz, Thomas (1996): Existenzgründungen in Ostdeutschland: Ein erfolgreicher Weg aus der Arbeitslosigkeit? In: Diewald, Martin/Mayer, Karl Ulrich (Hrsg.): Zwischenbilanz der Wiedervereinigung. Strukturwandel und Mobilität im Transformationsprozeß. (Reihe „Sozialstrukturanalyse", Band 8) Opladen: Leske + Budrich, S. 111-134.

Hoffmann-Lange, Ursula (Hrsg.) (1995a): Jugend und Demokratie in Deutschland. (DJI-Jugendsurvey 1) Opladen: Leske + Budrich.

Hoffmann-Lange, Ursula (1995b): Politische Grundorientierungen. In: Hoffmann-Lange, Ursula (Hrsg.): Jugend und Demokratie in Deutschland. DJI-Jugendsurvey 1. Opladen: Leske + Budrich, S. 159-193.

Hoffmeyer-Zlotnik, Jürgen H.P. (1993): Operationalisierung von „Beruf" als zentrale Variable zur Messung von sozio-ökonomischem Status. In: ZUMA-Nachrichten 17, 32, S. 135-141.

Hoffmeyer-Zlotnik, Jürgen H.P. (1995): KSPW-Repräsentativumfrage 1993: Methodische Anlage und Durchführung. In: Bertram, Hans (Hrsg.): Ostdeutschland im Wandel: Lebensverhältnisse – politische Einstellungen. (Reihe KSPW: Transformationsprozesse, Band 7) Opladen: Leske + Budrich, S. 287-309.

Holst, Elke (1991): Frauenpolitische Aspekte der Arbeitsmarktentwicklung in Ost- und Westdeutschland. In: DIW-Wochenbericht 58, 30, S. 421-426.

Holst, Elke/Schupp, Jürgen (1992): Umbruch am ostdeutschen Arbeitsmarkt benachteiligt auch weiterhin die erwerbstätigen Frauen – dennoch anhaltend hohe Berufsorientierung. In: DIW-Wochenbericht 59, 18, S. 235-241.

Holst, Elke/Schupp, Jürgen (1995a): Aspekte der Arbeitsmarktentwicklung in Ostdeutschland. Berufliche Aufstiege vorwiegend von Männern verwirklicht, öffentlicher Dienst bislang wichtiger Stabilisator für die Beschäftigung von Frauen. In: DIW-Wochenbericht 62, 23, S. 401-410.

Holst, Elke/Schupp, Jürgen (1995b): Erwerbsbeteiligung und Erwerbsorientierung von Frauen nach der Wende. In: Sozialer Fortschritt. Unabhängige Zeitschrift für Sozialpolitik 44, 1, S. 5-9.

Holst, Elke/Schupp, Jürgen (1995c): Erwerbsbeteiligung von Frauen in West- und Ostdeutschland. In: Glatzer, Wolfgang/Noll, Heinz-Herbert (Hrsg.): Getrennt vereint. Lebensverhältnisse in Deutschland seit der Wiedervereinigung. (Soziale Indikatoren, Band 18) Frankfurt am Main und New York: Campus, S. 49-70.

Holtmann, Everhard (1990): Kommunalpolitik im politischen System der Bundesrepublik. In: Aus Politik und Zeitgeschichte. Beilage zur Wochenzeitung „Das Parlament", B25, S. 3-14.

Hormuth, Stefan E./Heinz, Walter R./Kornadt, Hans-Joachim/Sydow, Hubert/Trommsdorff, Gisela (1996): Individuelle Entwicklung, Bildung und Berufsverläufe. (KSPW: Berichte zum sozialen und politischen Wandel in Ostdeutschland, Band 4) Opladen: Leske + Budrich.

Hörner, Wolfgang (1995): Bildungseinheit: Anpassung oder Reform? Die Integrationsfrage im Bildungswesen der neuen Bundesländer. In: Hettlage, Robert/Lenz, Karl (Hrsg.): Deutschland nach der Wende. Eine Zwischenbilanz. München: Beck, S. 142-170.

Hradil, Stefan (1987): Sozialstrukturanalyse in einer fortgeschrittenen Gesellschaft. Von Klassen und Schichten zu Lagen und Milieus. Opladen: Leske + Budrich.

Hradil, Stefan (1992a): Die „objektive" und die „subjektive" Modernisierung. Der Wandel der westdeutschen Sozialstruktur und die Wiedervereinigung. In: Aus Politik und Zeitgeschichte. Beilage zur Wochenzeitung „Das Parlament", B29-30, S. 3-14.

Hradil, Stefan (1992b): „Lebensführung" im Umbruch. Zur Rekonstruktion einer soziologischen Kategorie. In: Thomas, Michael (Hrsg.): Abbruch und Aufbruch. Sozialwissenschaften im Transformationsprozeß. Erfahrungen – Ansätze – Analysen, Berlin: Akademie-Verlag, S. 183-197.

Hradil, Stefan (1995a): Die „Single-Gesellschaft". München: Beck.

Hradil, Stefan (1995b): Die Modernisierung des Denkens. Zukunftspotentiale und „Altlasten" in Ostdeutschland. In: Aus Politik und Zeitgeschichte. Beilage zur Wochenzeitung „Das Parlament", B20, S. 3-15.

Literatur

Huinink, Johannes/Mayer, Karl Ulrich/Diewald, Martin/Solga, Heike/Sørensen, Annemette/Trappe, Heike (1995): Kollektiv und Eigensinn. Lebensverläufe in der DDR und danach. Berlin: Akademie-Verlag.

Huinink, Johannes/Mayer, Karl Ulrich/Trappe, Heike (1995): Staatliche Lenkung und individuelle Karrierechancen: Bildungs- und Berufsverläufe. In: Huinink, Johannes/Mayer, Karl Ulrich/Diewald, Martin/Solga, Heike/Sörens, Annemette/Trappe, Heike: Kollektiv und Eigensinn. Lebensverläufe in der DDR und danach. Berlin: Akademie-Verlag, S. 89-144.

Hurrelmann, Klaus (1995): Lebensphase Jugend. Eine Einführung in die sozalwissenschaftliche Jugendforschung. Weinheim und München: Juventa, 4. Auflage.

Inglehart, Ronald (1989): Kultureller Umbruch. Wertewandel in der westlichen Welt. Frankfurt am Main und New York: Campus.

Institut der Deutschen Wirtschaft (Hrsg.) (1996a): Informationsdienst (iwd) Nr. 24.

Institut der Deutschen Wirtschaft (Hrsg.) (1996b): Zahlen zur wirtschaftlichen Entwicklung der Bundesrepublik Deutschland 1996, Köln: Deutscher Instituts-Verlag.

Institut für Arbeitsmarkt- und Berufsforschung (Hrsg.) (1995): Zahlen-Fibel. Ergebnisse der Arbeitsmarkt- und Berufsforschung in Tabellen. (Beiträge zur Arbeitsmarkt- und Berufsforschung 101) Nürnberg: Institut für Arbeitsmarkt- und Berufsforschung der Bundesanstalt für Arbeit.

Institut für Demoskopie Allensbach (1993): Die Stimmung wird besser. Aber weiterhin: In Ostdeutschland wesentlich mehr Optimismus als im Westen (Allensbacher Berichte 28/1993). Allensbach am Bodensee.

Institut für Demoskopie Allensbach (1994): Viel Optimismus für 1995. Ein Stimmungshoch liegt über West- und Ostdeutschland (Allensbacher Berichte 31/1994). Allensbach am Bodensee.

Institut für Demoskopie Allensbach (1995a): Die Stimmung zum Jahreswechsel: nicht schlecht. Jeder zweite Deutsche geht gut gelaunt ins neue Jahr (Allensbacher Berichte 29/1995). Allensbach am Bodensee.

Institut für Demoskopie Allensbach (Hrsg.) (1995b): Demoskopie und Aufklärung: Ein Symposium. München: Saur.

Institut für Demoskopie Allensbach (Hrsg.) (1996): Allensbacher Markt- und Werbeträgeranalyse. Berichtsband I: Marktstrukturen. München: Saur.

Institut für Empirische Psychologie (Hrsg.) (1992): IBM-Jugendstudie '92. Tabellenband. Köln: Institut für Empirische Psychologie (unveröffentlicht).

Institut für Empirische Psychologie (Hrsg.) (1995a): „Wir sind o.k.!". Die IBM-Jugendstudie ‚95. Köln: Bund.

Institut für Empirische Psychologie (Hrsg.) (1995b): IBM-Jugendstudie '95. Tabellenband. Köln: Institut für Empirische Psychologie (unveröffentlicht).

Institut für Medizinische Statistik und Datenverarbeitung (Hrsg.) (1990): Das Gesundheitswesen. Jahresgesundheitsbericht 1989 für das Gebiet der ehemaligen DDR. Berlin und Leipzig: Ärztebuch Verlag und Medizinischer Fachverlag Leipzig.

Jakob, Gisela/Olk, Thomas (1995): Die Statuspassage des Vorruhestands im Transformationsprozeß Ostdeutschlands. In: Löw, Martina/Meister, Dorothee/Sander, Uwe (Hrsg.): Pädagogik im Umbruch. Opladen: Leske + Budrich, S. 35-57.

Jenschke, Bernhard (1993): Der Arbeitsmarkt und die Ausbildungssituation in den neuen Bundesländern. In: Berufliche Rehabilitation 7, 2, S. 29-41.

Jugendwerk der Deutschen Shell (Hrsg.) (1992): Jugend '92. Lebenslagen, Orientierungen und Entwicklungsperspektiven im vereinten Deutschland. Band 4: Methodenberichte – Tabellen – Fragebogen. Opladen: Leske + Budrich.

Kaase, Max/Eisen, Andreas/Gabriel, Oscar W./Niedermayer, Oskar/Wollmann, Hellmut (1996): Politisches System. (KSPW: Berichte zum sozialen und politischen Wandel in Ostdeutschland, Band 3) Opladen: Leske + Budrich.

Kalich, Peter/Sigmund, Peter (1995): Die Herstellung marktwirtschaftlicher Rahmenbedingungen. In: Pohl, Rüdiger (Hrsg.): Herausforderung Ostdeutschland. Fünf Jahre Währungs-, Wirtschafts- und Sozialunion. Berlin: Analytica, S. 77-90.

Kanders, Michael (Bearbeiter) (1994): IFS-Umfrage. Die Schule im Spiegel der öffentlichen Meinung. Ergebnisse der achten IFS-Repräsentativbefragung der bundesdeutschen Bevölkerung. In: Rolff, Hans-Günter/Bauer, Karl-Oswald/Klemm, Klaus/ Pfeiffer, Hermann/Schulz-Zander, Renate (Hrsg.): Jahrbuch der Schulentwicklung. Daten, Beispiele und Perspektiven, Band 8. Weinheim und München: Juventa, S. 13-55.

Kanders, Michael (Bearbeiter) (1996): IFS-Umfrage. Die Schule im Spiegel der öffentlichen Meinung. Ergebnisse der neunten IFS-Repräsentativbefragung der bundesdeutschen Bevölkerung. In: Rolff, Hans-Günter/Bauer, Karl-Oswald/Klemm, Klaus/ Pfeiffer, Hermann (Hrsg.): Jahrbuch der Schulentwicklung. Daten, Beispiele und Perspektiven, Band 9. Weinheim und München: Juventa (im Erscheinen).

Karrenberg, Hanns/Münstermann, Engelbert (1993): Gemeindefinanzbericht 1993 In: der städtetag 46, 2, S. 60-153.

Karrenberg, Hanns/Münstermann, Engelbert (1995): Gemeindefinanzbericht 1995. Städtische Finanzen ,95 – unter staatlichem Druck. In: der städtetag 48, 3, S. 115-193.

Kaufmann, Franz-Xaver (1995): Zukunft der Familie im Vereinten Deutschland. München: Beck.

Keiser, Sarina (1995): Die Familien in den neuen Bundesländern zwischen Individualisierung und „Notgemeinschaft". In: Hettlage, Robert/Lenz, Karl (Hrsg.): Deutschland nach der Wende. Eine Zwischenbilanz. München: Beck, S. 171-193.

Keller, Berndt (1996): Arbeitspolitik in den neuen Bundesländern. Eine Zwischenbilanz der Transformationsprozesse. In: Sozialer Fortschritt. Unabhängige Zeitschrift für Sozialpolitik 46, 4, S. 88-102.

Kieselbach, Thomas (1993): Massenarbeitslosigkeit und Gesundheit in der Ex-DDR: Soziale Konstruktion und individuelle Bewältigung. In: Kieselbach, Thomas/Voigt, Peter (Hrsg.): Systemumbruch, Arbeitslosigkeit und individuelle Bewältigung in der Ex-DDR. (Psychologie sozialer Ungleichheit 4) Weinheim: Deutscher Studien Verlag, 2. Auflage, S. 43-72.

Kieselbach,Thomas/Voigt, Peter (1993): Beschäftigungskatastrophe im Osten Deutschlands: die individuellen Kosten der deutschen Vereinigung – Einleitende Bemerkungen. In: Kieselbach, Thomas/Voigt, Peter (Hrsg.): Systemumbruch, Arbeitslosigkeit und individuelle Bewältigung in der Ex-DDR. (Psychologie sozialer Ungleichheit 4) Weinheim: Deutscher Studien Verlag, 2. Auflage, S. 15-39.

Kirschen, Etienne Sadi (Hrsg.) (1974): Economic Policies Compared. West and East, Band 1: General Theory. Amsterdam: North Holland Press.

Klages, Helmut (1993): Wertewandel in Deutschland in den 90er Jahren. In: Rosenstiel, Lutz/Djarrahzadeh, Maryam/Einsiedler, Herbert/Streich, Richard K. (Hrsg.): Wertewandel: Herausforderung für die Unternehmenspolitik in den 90er Jahren. Stuttgart: Schäffer-Poeschel, S. 1-15.

Literatur

Klages, Helmut/Gensicke, Thomas (1993): Geteilte Werte? Ein deutscher Ost-West-Vergleich. In: Weidenfeld, Werner (Hrsg.): Deutschland. Eine Nation – doppelte Geschichte. Köln: Wissenschaft und Politik, S. 47-59.

Klein, Dieter (1996): Zwischen ostdeutschen Umbrüchen und westdeutschem Wandlungsdruck. In: Kollmorgen, Raj/Reißig, Rolf/Weiß, Johannes (Hrsg.): Sozialer Wandel und Akteure in Ostdeutschland. Empirische Befunde und theoretische Ansätze. (KSPW: Transformationsprozesse, Band 8) Opladen: Leske + Budrich, S. 17-40.

Klein, Thomas (1987): Sozialer Abstieg und Verarmung von Familien durch Arbeitslosigkeit. Eine mikroanalytische Untersuchung für die Bundesrepublik Deutschland. Frankfurt am Main und New York: Campus.

Kleinhenz, Gerhard (1979): Die Forderung nach einem „Recht auf Arbeit". Eine Analyse ihrer wirtschafts- und sozialpolitischen Problematik. In: Herder-Dorneich, Philipp (Hrsg.): Die Sicherung des Arbeitsplatzes. (Schriften des Vereins für Socialpolitik N.F., Band 104) Berlin: Duncker & Humblot, S. 73-95.

Kleinhenz, Gerhard (1989): Der Verlust des Arbeitsplatzes: Wirkungen auf das Leben und die sozioökonomische Stellung des Arbeitslosen. In: Scherf, Harald (Hrsg.): Beschäftigungsprobleme hochentwickelter Volkswirtschaften. (Schriften des Vereins für Socialpolitik N.F., Band 178) Berlin: Duncker & Humblot, S. 519-531.

Kleinhenz, Gerhard (1992a): Tarifpartnerschaft im vereinten Deutschland. In: Aus Politik und Zeitgeschichte. Beilage zur Wochenzeitung „Das Parlament", B12, S. 14-24.

Kleinhenz, Gerhard (1992b): Die Zukunft des Sozialstaats. In: Hamburger Jahrbuch für Wirtschafts- und Gesellschaftspolitik 37, S. 43-71.

Kleinhenz, Gerhard/Lampert, Heinz (1971): Zwei Jahrzehnte Sozialpolitik in der Bundesrepublik Deutschland – eine kritische Analyse. In: ORDO. Jahrbuch für die Ordnung von Wirtschaft und Gesellschaft 22, S. 103-158.

Klenner, Christina (1992): Arbeit und Leistung von Frauen in der DDR. Brauchen wir eine feministische Kritik des Leistungsbegriffs? In: Faber, Christel/Meyer, Traute (Hrsg.): Unterm neuen Kleid der Freiheit das Korsett der Einheit. Auswirkungen der deutschen Vereinigung für Frauen in Ost und West. Berlin: edition sigma, S. 23-31.

Knemeyer, Franz-Ludwig (1990): Aufbau kommunaler Selbstverwaltung in der DDR. Baden-Baden: Nomos.

Knuth, Matthias (1994): ABS-Gesellschaften als dezentrale Akteure der Arbeitsmarkt- und Strukturpolitik: Problemlösung „vor Ort"? In: Heinelt, Hubert/Bosch, Gerhard/Reissert, Bernd (Hrsg.): Arbeitsmarktpolitik nach der Vereinigung. Berlin: edition sigma, S. 172-184.

Koch, Achim (1994): Einstellungen zur Legalisierung des Schwangerschaftsabbruchs. In: Braun, Michael/Mohler, Peter Ph. (Hrsg.): Blickpunkt Gesellschaft 3: Einstellungen und Verhalten der Bundesbürger. Opladen: Westdeutscher Verlag, S. 209-235.

Koch, Thomas (1991): Deutsch-deutsche Einigung als Kulturproblem: Wird die Bundesrepublik in Deutschland aufgehen? In: Reißig, Rolf/Glaeßner, Gert-Joachim (Hrsg.): Das Ende eines Experiments: Umbruch in der DDR und deutsche Einheit. Berlin: Dietz, S. 317-338.

Koch, Thomas (1993): Die Ostdeutschen zwischen Einheitsschock und „doppeltem Zukunftshorizont" – Deutungs- und Handlungsmuster sozialer Akteure im Transformationsprozeß. In: Reißig, Rolf (Hrsg.): Rückweg in die Zukunft. Über den schwierigen Transformationsprozeß in Ostdeutschland. Frankfurt am Main und New York: Campus, S. 159-200.

Kohl, Helmut (1990): Regierungserklärung am 21. Juni 1990 vor dem Deutschen Bundestag. In: Presse- und Informationsamt der Bundesregierung (Hrsg.): Der Vertrag über die Schaffung einer Währungs-, Wirtschafts- und Sozialunion zwischen der Bundesrepublik Deutschland und der DDR. Bonn, S. 55-72.

Köhler, Claus (1995): Die Privatisierung der ostdeutschen Wirtschaft. Die Rolle der Treuhandanstalt. In: Pohl, Rüdiger (Hrsg.): Herausforderung Ostdeutschland. Fünf Jahre Währungs-, Wirtschafts- und Sozialunion. Berlin: Analytica, S. 171-184.

Kollmorgen, Raj (1994a): Auf der Suche nach Theorien der Transformation. Überlegungen zu Begriff und Theoretisierung der postsozialistischen Transformationen. In: Berliner Journal für Soziologie 4, 3, S. 381-399.

Kollmorgen, Raj (1994b): Zwischen Institutionentransfer und kulturellem Eigensinn. Theoretische Ansätze der Transformationsforschung in der Diskussion. Bericht über eine Tagung der KSPW am 7./8. Mai 1993. In: Berliner Journal für Soziologie 4, 3, S. 431-435.

Kollmorgen, Raj (1996a): Theoretische Aspekte postsozialistischer Transformationsprozesse. In: Hauser, Richard/Olk, Thomas (Hrsg.): Soziale Sicherheit für alle? (KSPW: Beiträge zum Bericht „Ungleichheit und Sozialpolitik", Band 2.3) Opladen: Leske + Budrich.

Kollmorgen, Raj (1996b): Schöne Aussichten? Zur Kritik integrativer Transformationstheorien. In: Kollmorgen, Raj/Reißig, Rolf/Weiß, Johannes (Hrsg.): Sozialer Wandel und Akteure in Ostdeutschland. (KSPW: Transformationsprozesse, Band 8) Opladen: Leske + Budrich, S. 281-332.

Kollmorgen, Raj/Reißig, Rolf/Weiß, Johannes (Hrsg.) (1996): Sozialer Wandel und Akteure in Ostdeutschland. Empirische Befunde und theoretische Ansätze. (KSPW: Transformationsprozesse, Band 8) Opladen: Leske + Budrich.

König, Klaus (1993): Die Transformation der öffentlichen Verwaltung. In: Pitschas, Rainer (Hrsg.): Verwaltungsintegration in den neuen Bundesländern. (Schriftenreihe der Hochschule Speyer, Band 110) Berlin: Duncker & Humblot, S. 29-46.

Krähmer, Rolf (1993): Ansätze zur Bestimmung der finanziellen Leistungsfähigkeit von Gemeinden (II). In: Finanzwirtschaft 47, 3, S.68-73.

Kraus, Rudolf (1994): Strukturen und Einrichtungen der Rehabilitation in der DDR und in den neuen Bundesländern. In: Aus Politik und Zeitgeschichte. Beilage zur Wochenzeitung „Das Parlament", B3, S. 26-37.

Krause, Detlev/Schäuble, Gerhard (1988): Jenseits von Klasse und Schicht. Verteilung von Lebenschancen zwischen traditionellem Reduktionismus und aktueller Formenvielfalt. Stuttgart: Enke.

Krause, Peter (1994): Zur Messung von Einkommensarmut am Beispiel des vereinigten Deutschlands – Theoretische Ansätze und empirische Analysen auf Grundlage der Daten des Sozio-oekonomischen Panels (SOEP). Diss. Universität Bochum.

Krause, Peter (1995): Ostdeutschland fünf Jahre nach der Einheit: Rückgang der Erwerbsbeteiligung scheint gestoppt, Einkommen gleichen sich weiter an, Armut stagniert. In: DIW-Wochenbericht 62, 50-51, S. 863-869.

Kretzschmar, Albrecht/Wolf-Valerius, Petra (1995): Vorruhestand – eine neue soziale Realität in Ostdeutschland. In: Bertram, Hans/Hradil, Stefan/Kleinhenz, Gerhard (Hrsg.): Sozialer und demographischer Wandel in den neuen Bundesländern. (KSPW: Transformationsprozesse, Band 6) Berlin: Akademie-Verlag, S. 361-379.

Krömmelbein, Sylvia/Schmid, Alfons (1995): Strukturierungsprozesse der Langzeitarbeitslosigkeit in den neuen Bundesländern. In: Arbeitskreis sozialwissenschaftlicher Arbeitsmarktforschung (Hrsg.): Empirische Arbeitsmarktforschung zur Transformation in Deutschland. SAMF-Arbeitspapier 1995-4, S. 145-157.

Literatur

Krüger, Winfried (1995): Vertrauen in Institutionen. In: Hoffmann-Lange, Ursula (Hrsg.): Jugend und Demokratie in Deutschland. (DJI: Jugendsurvey 1) Opladen: Leske + Budrich, S. 245-274.

Kühl, Jürgen (1996): Warum schaffen zwei Millionen Betriebe nicht genügend gute Arbeitsplätze für alle? In: Aus Politik und Zeitgeschichte. Beilage zur Wochenzeitung „Das Parlament", B3-4, S. 26-39.

Kühnel, Wolfgang (1995): Fremdenfeindlichkeit und Nationalismus. Korrelate sozialer Deprivation und politischer Unzufriedenheit? In: Bertram, Hans (Hrsg.): Ostdeutschland im Wandel: Lebensverhältnisse – Politische Einstellungen. (KSPW: Transformationsprozesse, Band 7) Opladen: Leske + Budrich, S. 207-230.

Kultusministerkonferenz (1993): Schüler, Klassen, Lehrer und Absolventen der Schulen 1983 bis 1992. (Statistische Veröffentlichungen der Kultusministerkonferenz, Heft 126) Bonn.

Kultusministerkonferenz (1995): Schüler, Klassen, Lehrer und Absolventen der Schulen 1985 bis 1994. (Statistische Veröffentlichungen der Kultusministerkonferenz, Heft 134) Bonn.

Kunzendorff, Eberhard (1994): Soziale Differenzierungen in epidemiologischen und medizinsoziologischen Untersuchungen auf dem Gebiet der DDR. Gab es soziale Ungleichheit als medzinisch relevantes Problem? In: Mielck, Andreas (Hrsg.): Krankheit und soziale Ungleichheit. Sozialepidemiologische Forschungen in Deutschland. Opladen: Leske + Budrich, S. 53-92.

Kupferberg, Feiwel (1994): Alte Steuerungssysteme billig zu verkaufen: Veränderungsbereitschaft und Systemexport im Transformationsprozeß. In: BISS public. Wissenschaftliche Mitteilungen aus dem Berliner Institut für Sozialwissenschaftliche Studien 4, 15, S. 45-65.

Kurz-Scherf, Ingrid (1994): Nachbemerkung: Die blockierte Transformation. In: Kurz-Scherf, Ingrid/Winkler, Gunnar (Hrsg.): Sozialreport 1994: Daten und Fakten zur sozialen Lage in den neuen Bundesländern. Berlin: Sozialwissenschaftliches Forschungszentrum Berlin-Brandenburg e.V., S. 331-355.

Kurz-Scherf, Ingrid/Winkler, Gunnar (Hrsg.) (1994): Sozialreport 1994: Daten und Fakten zur sozialen Lage in den neuen Bundesländern. Berlin: Sozialwissenschaftliches Forschungszentrum Berlin-Brandenburg e.V.

Kusch, Günter/Montag, Rolf/Specht, Günter/Wetzker, Konrad (1991): Schlußbilanz – DDR. Fazit einer verfehlten Wirtschafts- und Sozialpolitik. Berlin: Duncker & Humblot.

Ladensack, Klaus/Buchholz, Karl/Fröhlich, Gert/Schulz, Uwe (1994): Der vorzeitige Ruhestand in den neuen Bundesländern. Bedingungen, Erleben, Lebensperspektiven. Gesellschaft zur Förderung der Unternehmensführung e.V. (Forschungsbeiträge zur Praxis der Unternehmensführung und Wirtschaftspolitik, Heft 2) Merseburg.

Lampert, Heinz (1990): Soziale Flankierung der Reformprozesse in der DDR. In: Zeitschrift für Wirtschaftspolitik 39, 3, S. 375-386.

Lampert, Heinz (1994): Lehrbuch der Sozialpolitik. Berlin u.a.O.: Springer, 3. überarbeitete Auflage.

Lampert, Heinz (1995): Die Wirtschafts- und Sozialordnung der Bundesrepublik Deutschland. München und Landsberg am Lech: Olzog, 12. Auflage.

Lampert, Heinz (1996): Zur Lage der Familien und den Aufgaben der Familienpolitik in den neuen Bundesländern. In: Hauser, Richard (Hrsg.): Sozialpolitik im vereinten Deutschland III. (Schriften des Vereins für Socialpolitik N.F., Band 208/III) Berlin: Duncker & Humblot, S. 11-52.

Lampert, Heinz/Schubert, Friedel (1977): Sozialpolitik – V: In der Deutschen Demokratischen Republik. (Handwörterbuch der Wirtschaftswissenschaft, Band 7) Stuttgart und New York/Tübingen/Göttingen und Zürich: Gustav Fischer/Mohr/Vandenhoeck & Ruprecht: S. 130-169.

Landesamt für Datenverarbeitung und Statistik Brandenburg (Hrsg.) (1995): Statistisches Jahrbuch des Landes Brandenburg. Brandenburg.

Lappe, Lothar (1992): Der verzögerte sektorale Wandel in der ehemaligen DDR und seine Folgen für erwerbstätige Frauen und Jugendliche. In: Heidenreich, Martin (Hrsg.): Krisen, Kader, Kombinate. Kontinuität und Wandel in ostdeutschen Betrieben. Berlin: edition sigma, S. 199-212.

Lehmann, Heiko (1994). Muster biographischer Verarbeitung des Transformationsprozesses von Vorruheständlern. In: Nickel, Hildegard Maria/Kühl, Jürgen/Schenk, Sabine (Hrsg.): Erwerbsarbeit und Beschäftigung im Umbruch. (KSPW: Transformationsprozesse, Band 2) Berlin: Akademie-Verlag, S. 283-312.

Lehmbruch, Gerhard (1993): Institutionentransfer. Zur politischen Logik der Verwaltungsintegration in Deutschland. In: Seibel, Wolfgang/Benz, Arthur/Mäding, Heinrich (Hrsg.): Verwaltungsreform und Verwaltungspolitik im Prozeß der deutschen Einigung. Baden-Baden: Nomos, S. 41-66.

Lehmbruch, Gerhard (1994): Institutionen, Interessen und sektorale Varianten in der Transformationsdynamik der politischen Ökonomie Ostdeutschlands. In: Journal für Sozialforschung 34, 1, S. 21-44.

Leibfried, Stephan/Leisering, Lutz/Buhr, Petra/Ludwig, Monika/Mädje, Eva/Olk, Thomas/Voges, Wolfgang/Zwick, Michael (1995): Zeit der Armut. Lebensläufe im Sozialstaat. Frankfurt am Main: Suhrkamp.

Leibfried, Stephan/Tennstedt, Florian (Hrsg.) (1985): Politik der Armut und die Spaltung des Sozialstaates, Frankfurt am Main: Suhrkamp.

Leipold, Herbert (1988): Wirtschafts- und Gesellschaftssysteme im Vergleich. Grundzüge einer Theorie der Wirtschaftssysteme. Stuttgart: Fischer, 5. Auflage.

Licht, Georg/Steiner, Viktor (1994): Where Have All the Workers Gone? Employment Termination in East Germany After Unification. In: Schwarze, Johannes/Buttler, Friedrich/Wagner, Gert G. (Hrsg.): Labour Market Dynamics in Present Day Germany. Frankfurt am Main und New York: Campus, S. 40-66.

Lichtblau, Karl (1995): Abbau von Transfers nach Ostdeutschland – eine realistische Politikoption? In: Wirtschaftsdienst 75, 11, S. 602-610.

Liebscher, Reinhard/Menning, Sonja/Nowossadeck, Enno (1995): Bevölkerungsentwicklung und Bevölkerungsstrukturen. In: Winkler, Gunnar (Hrsg.): Sozialreport 1995. Daten und Fakten zur Sozialen Lage in den neuen Bundesländern. Berlin: Sozialwissenschaftliches Forschungszentrum Berlin-Brandenburg e.V., S. 48-80.

Liljeberg, Madlon (1994): Alleinerziehende in den neuen Bundesländern. Ein Beitrag zur veränderten Lebenssituation nach der Wende. In: Nachrichtendienst des Deutschen Vereins für öffentliche und private Fürsorge 74, 8, S. 300-306.

Lingelbach, Petra (1992): Das Kinder- und Jugendhilfegesetz in den neuen Bundesländern. In: Landes- und Kommunalverwaltung 2, 2, S. 38-41.

Lötsch, Manfred (1988): Die soziale Schicht der Intelligenz. In: Weidig, Rudi (Hrsg.): Sozialstruktur der DDR. Berlin: Dietz, S. 125-160.

Lüdeke, Reinar (1994): Drei Jahre Wirtschafts-, Währungs- und Sozialunion in Deutschland: Vorbild oder Mahnung für eine europäische Integrationspolitik? In: Rübel, Gerhard (Hrsg.): Perspektiven der Europäischen Vereinigung. Heidelberg: Physika, S. 209-264.

Literatur

Lüders, Klaus (1991): Zur sozialpolitischen Funktion der kommunalen Ebene in der DDR. In: Blanke, Bernhard (Hrsg.): Staat und Stadt. Systematische, vergleichende und problemorientierte Analysen „dezentraler" Politik. (Sonderheft 22 der Politischen Vierteljahresschrift) Opladen: Westdeutscher Verlag, S. 337-343.

Lüthi, Ambros P. (1981): Messung wirtschaftlicher Ungleichheit. Berlin u.a.O.: Springer.

Lutz, Burkart (1995): Arbeitsmarktforschung im Rahmen der KSPW. In: Arbeitskreis sozialwissenschaftlicher Arbeitsmarktforschung (Hrsg.): Empirische Arbeitsmarktforschung zur Transformation in Deutschland. SAMF-Arbeitspapier 1995-4, S. 13-26.

Lutz, Burkart/Nickel, Hildegard M./Schmidt, Rudi/Sorge, Arndt (Hrsg.) (1996): Arbeit, Arbeitsmarkt und Betriebe. (KSPW: Berichte zum sozialen und wirtschaftlichen Wandel in Ostdeutschland, Band 1) Opladen: Leske + Budrich.

Mackscheidt, Klaus (1993): Die Transferaktivität der Bundesanstalt für Arbeit nach der Deutschen Einigung – Dynamik und Effizienz. In: Hansmeyer, Karl-Heinrich (Hrsg.): Finanzierungsprobleme der deutschen Einheit II. Aufbau und Finanzierung der sozialen Sicherung. (Schriften des Vereins für Sozialpolitik N.F., Band 229/II) Berlin: Duncker & Humblot, S. 113-153.

Maizière, Lothar de (1990): Erklärung des Ministerpräsidenten der DDR anläßlich der Unterzeichung des Vertrages über die Schaffung einer Währungs-, Wirtschafts- und Sozialunion am 18. Mai 1990. In: Presse- und Informationsamt der Bundesregierung (Hrsg.): Der Vertrag über die Schaffung einer Währungs-, Wirtschafts- und Sozialunion zwischen der Bundesrepublik Deutschland und der DDR. Bonn, S. 9-11.

Manz, Günter (1992): Armut in der „DDR"-Bevölkerung. Lebensstandard und Konsumtionsniveau vor und nach der Wende. Bremen: Maro.

Manzel, Karl-Heinz (1995): Zur Entwicklung des Wohnungsbaus in Deutschland in der ersten Hälfte der neunziger Jahre. In: Wirtschaft und Statistik 47, 5, S. 350-360.

Marggraf, Hans-Jörg (1993): Bildungswesen der ehemaligen DDR. In: Statistisches Bundesamt (Hrsg.): Einführung in die Bundesstatistik in den neuen Bundesländern. Stuttgart: Metzler-Poeschel, S. 119-131.

Mathwig, Gasala/Habich, Roland (1996): Berufs- und Einkommensverläufe in Deutschland nach der Wiedervereinigung. In: Hradil, Stefan/Pankoke, Eckart (Hrsg.): Aufstieg für alle? (KSPW: Beiträge zum Bericht „Ungleichheit und Sozialpolitik", Band 2.2) Opladen: Leske + Budrich.

Maydell, Bernd von (1990): Auf dem Wege zu einer einheitlichen deutschen Sozialordnung. In: Zeitschrift für Sozialreform 36, 8, S. 515-528.

Maydell, Bernd von/Boecken, Winfried/Heine, Wolfgang/Neumann, Dirk/Pawelzig, Jürgen/Schmähl, Winfried/Wank, Rolf (1996): Die Umwandlung der Arbeits- und Sozialordnung. (KSPW: Berichte zum sozialen und politischen Wandel in Ostdeutschland, Band 6) Opladen: Leske + Budrich.

Mayer, Karl Ulrich (1996): Lebensverläufe und Transformation in Ostdeutschland – eine Zwischenbilanz. In: Diewald, Martin/Mayer, Karl Ulrich (Hrsg.): Zwischenbilanz der Wiedervereinigung. Strukturwandel und Mobilität im Transformationsprozeß. (Reihe „Sozialstrukturanalyse", Band 8) Opladen: Leske + Budrich, S. 329-345.

Meinhardt, Volker/Seidel, Bernhard/Stille, Frank/Teichmann, Dieter (1995): Transferleistungen in die neuen Bundesländer und deren wirtschaftliche Konsequenzen. (DIW-Sonderheft 154) Berlin: Duncker & Humblot.

Meinhart, Peter (1991): Berufliche Rehabilitation in der DDR. In: Knappe, Eckard/Hammerschmidt, Markus/Walger, Martin (Hrsg.): Behinderte und Rehabilitation. Beiträge zum vierten Sozialpolitischen Symposium Trier. (Trierer Schriften zu Sozialpolitik

und Sozialverwaltung, Band 6) Frankfurt am Main und New York: Campus, S. 165-178.
Melzer, Manfred/Vortmann, Heinz (1986): Das Kaufkraftverhältnis zwischen D-Mark und Mark der DDR. In: DIW-Wochenbericht 53, 21, S. 259-268.
Menning, Sonja (1995): Geburten- und Heiratsverzicht in den neuen Ländern – Abschied von der Familie? In: Sydow, Hubert/Schlegel, Uta/Helmke, Andreas (Hrsg.): Chancen und Risiken im Lebenslauf: Beiträge zum gesellschaftlichen Wandel in Ostdeutschland. (KSPW: Transformationsprozesse, Band 5) Berlin: Akademie-Verlag, S. 138-150.
Merkel, Wolfgang (1994): Struktur oder Akteur, System oder Handlung: Gibt es einen Königsweg in der sozialwissenschaftlichen Transformationsforschung? In: Merkel, Wolfgang (Hrsg.): Systemwechsel 1. Opladen. Leske + Budrich, S. 303-332.
Meulemann, Heiner (1996): Werte und Wertewandel. Zur Identität einer geteilten und wieder vereinten Nation. Weinheim und München: Juventa.
Mielck, Andreas/Apelt, Peter (1994): Krankheit und soziale Ungleichheit in der DDR: das Beispiel Görlitz. In: Mielck, Andreas (Hrsg.): Krankheit und soziale Ungleichheit. Sozialepidemiologische Forschungen in Deutschland. Opladen: Leske + Budrich, S. 243-252.
Mielck, Andreas/Helmert, Uwe (1994): Empirische Studien in Westdeutschland. In: Mielck, Andreas (Hrsg.): Krankheit und soziale Ungleichheit. Sozialepidemiologische Forschungen in Deutschland. Opladen: Leske + Budrich, S. 93-124.
Ministerium für Arbeit, Soziales und Familie (Hrsg.) (1994): Erster Behindertenbericht für das Land Brandenburg. Potsdam.
Mittelbach, Hans (1994): Familienpolitik und Lage der Familien in den neuen Bundesländern. In: Zerche, Jürgen (Hrsg.): Vom sozialistischen Versorgungsstaat zum Sozialstaat Bundesrepublik. Ausbau oder Abbau der sozialen Lage in den neuen Bundesländern? Regensburg: Transfer, S. 55-95.
Mittelbach, Hans (1995): Zur Lage der Landwirtschaft in den neuen Bundesländern. In: Aus Politik und Zeitgeschichte. Beilage zur Wochenzeitung „Das Parlament", B33-34, S. 14-24.
Möhle, Marion (1996a): Frauen in den neuen Bundesländern. In: Hauser, Richard/Olk, Thomas (Hrsg.): Soziale Sicherheit für alle? (KSPW: Beiträge zum Bericht „Ungleichheit und Sozialpolitik", Band 2.3) Opladen: Leske + Budrich.
Möhle, Marion (1996b): Alleinerziehende in den neuen Bundesländern. In: Hauser, Richard/Olk, Thomas (Hrsg.): Soziale Sicherheit für alle? (KSPW: Beiträge zum Bericht „Ungleichheit und Sozialpolitik", Band 2.3) Opladen: Leske + Budrich.
Müller, Dagmar/Hofmann, Michael/Rink, Dieter (1996): Diachrone Analysen von Lebensweisen in den neuen Bundesländern: Zum historischen und transformationsbedingten Wandel der sozialen Milieus in Ostdeutschland. In: Hradil, Stefan/Pankoke, Eckart (Hrsg.): Aufstieg für alle? (KSPW: Beiträge zum Bericht „Ungleichheit und Sozialpolitik", Band 2.2) Opladen: Leske + Budrich.
Müller, Klaus (1995): Der osteuropäische Wandel und die deutsch-deutsche Transformation. Zum Revisionsbedarf modernisierungstheoretischer Erklärungen. In: Schmidt, Rudi/ Lutz, Burkart (Hrsg.): Chancen und Risiken der industriellen Restrukturierung in Ostdeutschland. (KSPW: Transformationsprozesse, Band 4). Berlin: Akademie-Verlag, S. 1-42.
Müller, Klaus/Frick, Joachim (1996a): Die Äquivalenzeinkommensmobilität in den neuen und alten Bundesländern 1990 bis 1994. In: Hradil, Stefan/Pankoke, Eckart (Hrsg.): Aufstieg für alle? (KSPW: Beiträge zum Bericht „Ungleichheit und Sozialpolitik", Band 2.2) Opladen: Leske + Budrich.

Müller, Klaus/Frick, Joachim (1996b): Die regionale Verteilung von Wohlstand in den neuen Bundesländern. In: Glatzer, Wolfgang/Kleinhenz, Gerhard (Hrsg.): Wohlstand für alle? (KSPW: Beiträge zum Bericht „Ungleichheit und Sozialpolitik", Band 2.1) Opladen: Leske + Budrich.

Müller, Klaus/Frick, Joachim/Hauser, Richard (1996): Die hohe Arbeitslosigkeit in den neuen Bundesländern und ihre Verteilungswirksamkeit. In: Glatzer, Wolfgang/Kleinhenz, Gerhard (Hrsg.): Wohlstand für alle? (KSPW: Beiträge zum Bericht „Ungleichheit und Sozialpolitik", Band 2.1) Opladen: Leske + Budrich.

Müller-Hartmann, Irene/Henneberger, Sabine (1995): Regionale Bildungsdisparitäten in Ostdeutschland. In: Nauck, Bernhard/Bertram, Hans (Hrsg.): Kinder in Deutschland. Lebensverhältnisse von Kindern im Regionalvergleich. (DJI: Familien-Survey 5) Opladen: Leske + Budrich, S. 295-332.

Münder, Johannes (1995): Umsetzungsprobleme des neuen Kinder- und Jugendhilfegesetzes. In: Recht der Jugend und des Bildungswesens 43, 4, S. 388-398.

Murck, Manfred (1980): Soziologie der öffentlichen Sicherheit. Eine staatliche Aufgabe aus der Sicht der Bürger. Frankfurt am Main und New York: Campus.

Murck, Manfred (1996): Die Angst vor Kriminalität – Umfang, Ursachen und Auswirkungen. In: Bayerische Landeszentrale für Politische Bildungsarbeit (Hrsg.): Brennpunkt Kriminalität. München.

Naegele, Gerhard (1994): Einkommen und Konsum im Alter. In: Reimann, Helga/Reimann, Horst (Hrsg.): Das Alter. Einführung in die Gerontologie. Stuttgart: Enke, 3. neu bearbeitete Auflage, S. 167-202.

Naegele, Gerhard/Frerichs, Frerich (1996): Situation und Perspektiven der Alterserwerbsarbeit in der Bundesrepublik Deutschland. In: Aus Politik und Zeitgeschichte. Beilage zur Wochenzeitung „Das Parlament", B35, S. 33-45.

Nauck, Bernhard/Bertram, Hans (Hrsg.) (1995): Kinder in Deutschland: Lebensverhältnisse von Kindern im Regionalvergleich. (DJI: Familien-Survey 5) Opladen: Leske + Budrich.

Neckel, Sighard (1992): Das lokale Staatsorgan. Kommunale Herrschaft im Staatssozialismus der DDR. In: Zeitschrift für Soziologie 21, 4, S. 252-268.

Neubäumer, Renate (1991): Die Verteilungswirkungen des Aufbaus in den neuen Bundesländern. In: Wirtschaftsdienst 71, 5, S. 239-245.

Neugebauer, Gero (1988): Zur Situation der Kommunalpolitik in der DDR. In: Spittmann-Ruhle, Ilse/Helwig, Gisela (Hrsg.): Veränderungen in Gesellschaft und politischem System der DDR. Ursachen, Inhalte und Grenzen. 21. Tagung zum Stand der DDR-Forschung in der BRD. Köln: Edition Deutschland-Archiv im Verlag Wissenschaft und Politik, S. 117-128.

Neuhäuser, Jenny (1995): Sozialhilfeempfänger 1993. In: Wirtschaft und Statistik 47, 9, S. 704-718.

Nickel, Hildegard Maria/Schenk, Sabine (1994): Prozesse geschlechtsspezifischer Differenzierungen im Erwerbssystem. In: Nickel, Hildegard Maria/Kühl, Jürgen/Schenk, Sabine (Hrsg.): Erwerbsarbeit und Beschäftigung im Umbruch. (KSPW: Transformationsprozesse, Band 2) Berlin: Akademie-Verlag, S. 259-282.

Niemeyer, Frank/Voit, Hermann (1995): Lebensformen der Bevölkerung 1993. In: Wirtschaft und Statistik 47, 6, S. 437-445.

Noelle-Neumann, Elisabeth/Köcher, Renate (1987): Die verletzte Nation: Über den Versuch der Deutschen, ihren Charakter zu ändern. Stuttgart: Deutsche Verlagsanstalt.

Noelle-Neumann, Elisabeth/Köcher, Renate (Hrsg.) (1993): Allensbacher Jahrbuch für Demoskopie 1984-1992. München u.a.O.: Saur.

Noll, Heinz-Herbert (1994): Öffentliche Sicherheit und Kriminalitätsbedrohung. In: Statistisches Bundesamt (Hrsg.): Datenreport 1994. Zahlen und Fakten über die Bundesrepublik Deutschland. (Schriftenreihe der Bundeszentrale für politische Bildung, Band 325) Bonn, S. 521-529.
Noll, Heinz-Herbert (1996a): Öffentliche Sicherheit und Schutz vor Kriminalität. KSPW-Expertise (unveröffentlicht). Mannheim.
Noll, Heinz-Herbert (1996b): Ungleichheit der Lebenslagen und ihre Legitimation im Transformationsprozeß: Fakten, Perzeptionen und Bewertungen. In: Clausen, Lars (Hrsg.): Gesellschaften im Umbruch.Verhandlungen des 27. Kongresses der Deutschen Gesellschaft für Soziologie. Frankfurt am Main und New York: Campus, S. 488-504.
Noll, Heinz-Herbert/Schröder, Helmut (1995): Öffentliche Sicherheit und subjektives Wohlbefinden in Ost- und Westdeutschland. In: Glatzer, Wolfgang/Noll, Heinz-Herbert (Hrsg.): Getrennt vereint. Lebensverhältnisse in Deutschland seit der Wiedervereinigung. (Soziale Indikatoren XVIII) Frankfurt am Main und New York: Campus, S. 305-328.
Noll, Heinz-Herbert/Schuster, Friedrich (1992): Soziale Ungleichheit: Strukturen und subjektive Bewertung. In: Statistisches Bundesamt (Hrsg.): Datenreport 1992. Zahlen und Fakten über die Bundesrepublik Deutschland. (Schriftenreihe der Bundeszentrale für politische Bildung, Band 309) Bonn, S. 536-545.
O'Donnell, Guillermo/Schmitter, Philippe C. (1986): Transitions from Authoritarian Rule: Tentative Conclusions about Uncertain Democracies. Baltimore: John Hopkins University Press.
Offe, Claus (1994): Der Tunnel am Ende des Lichts. Erkundungen der politischen Transformation im Neuen Osten. Frankfurt am Main und New York: Campus.
Olk, Thomas (1985): Jugend und gesellschaftliche Differenzierung. Zur Entstrukturierung der Jugendphase. In: Heid, Helmut/Klafki, Wolfgang (Hrsg.): Arbeit-Bildung-Arbeitslosigkeit. Beiträge zum 9. Kongreß der Deutschen Gesellschaft für Erziehungswissenschaft. (19. Beiheft der Zeitschrift für Pädagogik) Weinheim und Basel: Beltz, S. 290-307.
Olk, Thomas (1995): Sozialpädagogik in den neuen Bundesländern – Hilfen für „Randgruppen" und „Außenseiter"? In: Krüger, Heinz-Hermann/Kühnel, Martin/Thomas, Sven (Hrsg.): Transformationsprobleme in Ostdeutschland. Arbeit, Bildung, Sozialpolitik. Opladen: Leske + Budrich, S. 89-116.
Olk, Thomas (1996): Wohlfahrtsverbände im Transformationsprozeß Ostdeutschlands. In: Kollmorgen, Raj/Reißig, Rolf/Weiß, Johannes (Hrsg.): Sozialer Wandel und Akteure in Ostdeutschland. Empirische Befunde und theoretische Ansätze (KSPW: Transformationsprozesse, Band 8) Opladen: Leske + Budrich, S. 189-216.
Olk, Thomas/Bertram, Kerstin (1994): Jugendhilfe in Ostdeutschland vor und nach der Wende. In: Krüger, Heinz-Hermann/Marotzki, Winfried (Hrsg.): Pädagogik und Erziehungsalltag in der DDR: zwischen Systemvorgaben und Pluralität, Opladen: Leske + Budrich, S. 321- 349.
Olk, Thomas/Mädje, Eva/Rentzsch, Doris (1996): Sozialhilfedynamik in den neuen Bundesländern. Arbeits- und Ergebnisbericht des Teilprojekts YE2 des Sfb 186 Risikolagen und Statuspassagen im Lebenslauf. Bremen.
Olk, Thomas/Pabst, Stefan (1996): Der Aufbau der verbandlichen Wohlfahrtspflege in Ostdeutschland. Die ersten 5 Jahre nach der Wende. In: Niedermayer, Oskar (Hrsg.): Intermediäre Strukturen in Ostdeutschland. (KSPW: Beiträge zum Bericht „Politisches System", Band 3.1) Opladen: Leske + Budrich.

Olk, Thomas/Rentzsch, Doris (1994): Zur Transformation von Armut in den neuen Bundesländern, In: Riedmüller, Barbara/Olk, Thomas (Hrsg.): Grenzen des Sozialversicherungsstaates. (Leviathan Sonderheft 14). Opladen: Westdeutscher Verlag, S. 248-276.

Osterland, Martin/Wahsner, Roderich (1994): Der schwierige Weg zur Demokratie – Zur Reinstutionalisierung der kommunalen Selbstverwaltung in der Ex-DDR. (Hans-Böckler-Stiftung: HBS-Forschung 15) Köln: Bund, S. 390-413.

Pankoke, Eckart (1996): Grenzen der Arbeit: Mobilität und Solidarität in der Beschäftigungskrise Deutschland-Ost. In: Hradil, Stefan/Pankoke, Eckart (Hrsg.): Aufstieg für alle? (KSPW: Beiträge zum Bericht „Ungleichheit und Sozialpolitik", Band 2.2) Opladen: Leske + Budrich.

Pflaumer, Hans/Walcha, Henning (Hrsg.) (1994): Wohnraum schaffen. Elemente eines Aktionsprogrammes. (Interne Studien und Berichte Nr. 75) Sankt Augustin bei Bonn: Konrad-Adenauer-Stiftung, Bereich Forschung und Beratung – Kommunalwissenschaften.

Piachaud, David (1992): Wie mißt man Armut? In: Leibfried, Stephan/Voges, Wolfgang (Hrsg.): Armut im modernen Wohlfahrtsstaat. (Sonderheft 32 der Kölner Zeitschrift für Soziologie und Sozialpsychologie) Opladen: Westdeutscher Verlag, S. 63-87.

Piesch, Walter (1975): Statistische Konzentrationsmaße. Formale Eigenschaften und verteilungstheoretische Zusammenhänge. Tübingen: Mohr.

Pitschas, Rainer (1988): Kommunale Sozialpolitik. In: Maydell, Bernd von/Ruland, Franz (Hrsg.): Sozialrechtshandbuch. Darmstadt und Neuwied: Luchterhand, S. 1011-1040.

Pogundke, A. (1991): Eine Chance für die Jugendverbände? In: Gotschlich, Helga/ Hoffmann, I. Pastillé, R. u.a. (Hrsg.): Kinder und Jugendliche aus der DDR. Jugendliche in den neuen Bundesländern. Reporttexte. Berlin.

Pohl, Katharina (1995): Kinderwunsch und Familienplanung in Ost- und Westdeutschland. In: Zeitschrift für Bevölkerungswissenschaft 20, 1, S. 67-100.

Pohl, Rüdiger (Hrsg.) (1995a): Herausforderung Ostdeutschland. Fünf Jahre Währungs-, Wirtschafts- und Sozialunion. Berlin: Analytica.

Pohl, Rüdiger (1995b): Die Entfaltung der Marktwirtschaft. Die ostdeutsche Wirtschaft fünf Jahre nach der Währungsunion. In: Pohl, Rüdiger (Hrsg.): Herausforderung Ostdeutschland. Fünf Jahre Währungs-, Wirtschafts- und Sozialunion, Berlin: Analytica, S. 11-32.

Pollack, Detlef (1990): Das Ende der Organisationsgesellschaft. Systemtheoretische Überlegungen zum gesellschaftlichen Umbruch in der DDR. In: Zeitschrift für Soziologie 19, 4, S. 292-307.

Pollack, Detlef (1996): Alles wandelt sich, nur der Ossi bleibt stets der gleiche? Ein Widerspruch zu den gängigen Deutungsmustern der mentalen Spaltung zwischen Ostdeutschen und Westdeutschen. In: Frankfurter Rundschau, Dokumentation, 29. Januar 1996, Nr. 149.

Pöschl, Hannelore (1995): Ausstattung privater Haushalte mit langlebigen Gebrauchsgütern im Januar 1993 (Ergebnis der EVS). In: Wirtschaft und Statistik 47, 7, S. 924-928.

Presse- und Informationsamt der Bundesregierung (1996): Sozialpolitische Umschau, 19/1966.

Priller, Eckhard (1995): Demokratieentwicklung und gesellschaftliche Mitwirkung. In: Winkler, Gunnar (Hrsg.): Sozialreport 1995. Daten und Fakten zur sozialen Lage in den neuen Bundesländern. Berlin: Sozialwissenschaftliches Forschungszentrum Berlin-Brandenburg e.V., S. 329-368.

Prognos (1995): Prognos-Gutachten 1995. Perspektiven der gesetzlichen Rentenversicherung für Gesamtdeutschland vor dem Hintergrund veränderter politischer und ökonomischer Rahmenbedingungen. Herausgegeben vom Verband Deutscher Rentenversicherungsträger. (DRV-Schriften, Band 4). Frankfurt am Main.

Prützel-Thomas, Monika (1995): Kein „Ausverkauf" der DDR. Anspruch und Wirklichkeit des Einigungsvertrages. In: Altenhof, Ralf/Jesse, Eckhard (Hrsg.): Das wiedervereinigte Deutschland. Zwischenbilanz und Perspektiven. Düsseldorf: Droste, S. 129-162.

Przeworski, Adam (1991): Democracy and the Market. Political and Economic Reforms in Eastern Europe and Latin America. Cambridge: Cambridge University Press.

Rabe-Kleberg, Ursula (1995): Wird die Frauenfrage zur Privatsache? Geschlechterpolitik in den neuen Bundesländern. In: Krüger, Heinz-Hermann/Kühnel, Martin/Thomas, Sven (Hrsg.): Transformationsprobleme in Ostdeutschland. Arbeit, Bildung, Sozialpolitik. Opladen: Leske + Budrich, S. 117-126.

Ramprakash, Deo (1994): Poverty in the Countries of the European Union. A Synthesis of Eurostat's Statistical Research on Poverty. In: Journal of European Social Policy 4, 2, S. 117-128.

Rattinger, Hans (1993): Einstellungen zur staatlichen Regelung des Schwangerschaftsabbruchs in Ost- und Westdeutschland. Determinanten und politische Konsequenzen. In: Zeitschrift für Soziologie 22, 2, S. 111-124.

Reimann, Bettina (1996): Restitution: Verfahren, Umfang und Folgen des vermögensrechtlichen Grundsatzes für die Stadtentwicklung und Wohnungsversorgung in Ostdeutschland. In: Schäfer, Uta (Hrsg.): Städtische Strukturen im Wandel. (KSPW: Beiträge zum Bericht „Räumliche Folgen des Transformationsprozesses", Band 5.2). Opladen: Leske + Budrich.

Reißig, Rolf (1996): Perspektivenwechsel in der Transformationsforschung – Inhaltliche Umorientierungen, räumliche Erweiterung, theoretische Innovation. In: Kollmorgen, Raj/Reißig, Rolf/Weiß, Johannes (Hrsg.): Sozialer Wandel und Akteure in Ostdeutschland. Empirische Befunde und theoretische Ansätze. (KSPW: Transformationsprozesse, Band 8) Opladen: Leske + Budrich, S. 245-262.

Renker, Karlheinz (1988): Inhalt und Bedeutung der Rehabilitation für den einzelnen und die Gesellschaft. In: Renker, Karlheinz/Renker, Ursularenate (Hrsg.): Grundlagen der Rehabilitation. Berlin: Volk und Gesundheit, 6. überarbeitete Auflage.

Roggemann, Herwig (1987): Kommunalrecht und Regionalverwaltung in der DDR. Einführung in das Recht der Gemeinden, Städte, Kreise und Bezirke. Berlin: Berlin-Verlag Spitz.

Rolff, Hans-Günter/Bauer, Karl-Oswald/Klemm, Klaus/Pfeiffer, Hermann (Hrsg.) (1996): Jahrbuch der Schulentwicklung. Daten, Beispiele und Perspektiven, Band 9. Weinheim und München: Juventa.

Rolff, Hans-Günter/Bauer, Karl-Oswald/Klemm, Klaus/Pfeiffer, Hermann/Schulz-Zander, Renate (Hrsg.) (1994): Jahrbuch der Schulentwicklung. Daten, Beispiele und Perspektiven, Band 8. Weinheim und München: Juventa.

Roloff, Juliane (1996): Alternde Gesellschaft in Deutschland. Eine bevölkerungsstatistische Analyse. In: Aus Politik und Zeitgeschichte. Beilage zur Wochenzeitung „Das Parlament", B35, S. 3-11.

Rosenow, Joachim (1994): Die Altersgrenzenpolitik in den neuen Bundesländern: Trends und Regulationsmechanismen im Transformationsprozeß – Differenzen zur Entwicklung in den alten Bundesländern. In: Zeitschrift für Sozialreform 40, 11/12, S. 682-697.

Sachße, Christoph (1994): Subsidiarität: Zur Karriere eines sozialpolitischen Ordnungsbegriffes. In: Zeitschrift für Sozialreform 40, 11, S. 717-738.
Sachße, Christoph/Tennstedt, Florian (1988): Geschichte der Armenfürsorge in Deutschland. Band 2: Fürsorge und Wohlfahrtspflege 1871-1929. Stuttgart, Berlin und Köln: Kohlhammer.
Sachverständigenrat für die Konzertierte Aktion im Gesundheitswesen (SVRKAiG) (1991): Das Gesundheitswesen im vereinten Deutschland. Jahresgutachten 1991. Baden-Baden: Nomos.
Sachverständigenrat für die Konzertierte Aktion im Gesundheitswesen (SVRKAiG) (1992): Ausbau in Deutschland und Aufbruch nach Europa. Jahresgutachten 1992. Baden-Baden: Nomos.
Sachverständigenrat für die Konzertierte Aktion im Gesundheitswesen (SVRKAiG) (1994): Gesundheitsversorgung und Krankenversicherung 2000. Eigenverantwortung, Subsidiarität und Solidarität bei sich ändernden Rahmenbedingungen. Sachstandsbericht 1994. Baden-Baden: Nomos.
Sachverständigenrat zur Begutachtung der gesamtwirtschaftlichen Entwicklung (SVR) (1990a): Auf dem Wege zur wirtschaftlichen Einheit, Jahresgutachten 1990/91. (Bundestagsdrucksache 11/8470) Bonn.
Sachverständigenrat zur Begutachtung der gesamtwirtschaftlichen Entwicklung (SVR) (1990b): Zur Unterstützung der Wirtschaftsreform in der DDR: Voraussetzungen und Möglichkeiten, Sondergutachten vom 20. Januar 1990. Bonn.
Sachverständigenrat zur Begutachtung der gesamtwirtschaftlichen Entwicklung (SVR) (1990c): Brief des Sachverständigenrates vom 9. Februar 1990 an den Bundeskanzler. Zur Frage einer Währungsunion zwischen der Bundesrepublik Deutschland und der DDR. In: Sachverständigenrat zur Begutachtung der gesamtwirtschaftlichen Entwicklung: Auf dem Wege zur wirtschaftlichen Einheit, Jahresgutachten 1990/91. (Bundestagsdrucksache 11/8470) Bonn, S. 306-308.
Sachverständigenrat zur Begutachtung der gesamtwirtschaftlichen Entwicklung (SVR) (1991): Jahresgutachten 1991/92. (Bundestagsdrucksache 12/1618) Bonn.
Sachverständigenrat zur Begutachtung der gesamtwirtschaftlichen Entwicklung (SVR) (1993): Jahresgutachten 1993/94. (Bundestagsdrucksache 12/6170) Bonn.
Sachverständigenrat zur Begutachtung der gesamtwirtschaftlichen Entwicklung (SVR) (1995a): Den Aufschwung sichern – Arbeitsplätze schaffen. Jahresgutachten 1994/95. Stuttgart: Metzler-Poeschel.
Sachverständigenrat zur Begutachtung der gesamtwirtschaftlichen Entwicklung (SVR) (1995b): Jahresgutachten 1995/96. (Bundestagsdrucksache 13/3016) Bonn.
Sandbrink, Stefan/Schupp, Jürgen/Wagner, Gert (1994): Ost-West-Pendeln gehört zur Normalität des gesamtdeutschen Arbeitsmarktes. In: DIW-Wochenbericht 61, 51/52, S. 861-866.
Schäfers, Bernd (1994): Soziologie des Jugendalters: Eine Einführung. Opladen: Leske + Budrich, 5. aktualisierte und überarbeitete Auflage.
Schattenberger, Bernd (1991): Entwicklung der Kriminalität in den neuen Bundesländern. In: PFA, Schriftenreihe der Polizei-Führungsakademie, 1.
Scheewe, Peter (1995): Struktur und Nutzung von Gebäuden. Ergebnis der 1%-Gebäude- und Wohnungsstichprobe 1993. In: Wirtschaft und Statistik 47, 4, S. 287-291.
Scheewe, Peter (1996): Wohnverhältnisse älterer Menschen in den neuen Bundesländern. Ergebnis der 1%-Gebäude und Wohnungsstichprobe vom 30. September 1993. In: Wirtschaft und Statistik 48, 4, S. 228-238.

Schenk, Sabine (1995): Neu- oder Restrukturierung des Geschlechterverhältnisses in Ostdeutschland? In: Berliner Journal für Soziologie 5, 4, S. 475-488.

Schlegel, Uta (1995): Ostdeutsche Frauen in neuen gesellschaftlichen Strukturen. In: Sydow, Hubert/Schlegel, Uta/Helmke, Andreas (Hrsg.): Chancen und Risiken im Lebenslauf: Beiträge zum gesellschaftlichen Wandel in Ostdeutschland. (KSPW: Transformationsprozesse, Band 5) Berlin: Akademie-Verlag, S. 111-128.

Schlomann, Heinrich/Faik, Jürgen (1996): Die Verteilung des Haus- und Grundvermögens in den Bundesländern seit 1990. In: Glatzer, Wolfgang/Kleinhenz, Gerhard (Hrsg.): Wohlstand für alle? (KSPW: Beiträge zum Bericht „Ungleichheit und Sozialpolitik", Band 2.1) Opladen: Leske + Budrich.

Schmähl, Winfried (1991): Alterssicherung in der DDR und ihre Umgestaltung im Zuge des deutschen Einigungsprozesses – Einige verteilungspolitische Aspekte. In: Kleinhenz, Gerhard (Hrsg.): Sozialpolitik im vereinten Deutschland. (Schriften des Vereins für Socialpolitik N.F., Band 208/I) Berlin: Duncker & Humblot, S. 49-95.

Schmähl, Winfried (Hrsg.) (1992): Sozialpolitik im Prozeß der deutschen Vereinigung. (Schriften des Zentrums für Sozialpolitik, Band 1) Frankfurt am Main und New York: Campus.

Schmidt, Bernd (1990): Ältere und geschädigte Bürger. In: Thiele, Wilhelm (Hrsg.): Das Gesundheitswesen der DDR: Aufbruch oder Einbruch? Denkanstöße für eine Neuordnung des Gesundheitswesens in einem deutschen Staat. (Schriftenreihe „Forum Sozial- und Gesundheitspolitik", Band 1) Sankt Augustin: Asgard, S. 115-120.

Schmidt, Michael (1994): Die Alterssicherung der Frau in der DDR und deren Berücksichtigung im geltenden Recht. In: Zeitschrift für Sozialreform 40, 12, S. 820-837.

Schmidt, Rudi (1995): Die Bedeutung der sozialen Beziehungen für die ostdeutsche Produktionsmodernisierung. In: Berliner Journal für Soziologie 5, 4, S. 455-462.

Schmidt-Eichstaedt, Gerd (1993): Kommunale Gebietsreform in den neuen Bundesländern. In: Aus Politik und Zeitgeschichte. Beilage zur Wochenzeitung „Das Parlament", B36, S. 3-17.

Schmidtke, Heidrun (1996): Gesundheitsversorgung und Gesundheit in den neuen Bundesländern. In: Hauser, Richard/Olk, Thomas (Hrsg.): Soziale Sicherheit für alle? (KSPW: Beiträge zum Bericht „Ungleichheit und Sozialpolitik", Band 2.3) Opladen: Leske + Budrich.

Schmidtke, Heidrun/Schwitzer, Klaus-Peter (1993): Lebensbedingungen und Handlungsintensionen älterer Menschen im Zuge des Transformationsprozesses in den neuen Ländern. (Graue Reihe der KSPW, Nr. 601), Halle: KSPW.

Schneider, Helmut (1995): Politische Partizipation – zwischen Krise und Wandel. In: Hoffmann-Lange, Ursula (Hrsg.): Jugend und Demokratie in Deutschland. (DJI: Jugendsurvey 1) Opladen: Leske + Budrich, S. 275-335.

Schneider, Ulrich/Sengling, Dieter (1993): Im Osten durchaus Neues – Ein Appell zum Verhältnis öffentlicher und freier Träger. In: Nachrichtendienst des Deutschen Vereins für öffentliche und private Fürsorge 73, 5, S. 175-178.

Schramm, Florian (1994): Arbeitslosigkeit in Ostdeutschland: Wie betroffen sind die Nichtbetroffenen? In: Nickel, Hildegard Maria/Kühl, Jürgen/Schenk, Sabine (Hrsg.): Erwerbsarbeit und Beschäftigung im Umbruch. (KSPW: Transformationsprozesse, Band 2) Berlin: Akademie-Verlag, S. 55-74.

Schröder, Harry (1993): Gesundheitspsychologische Probleme im sozialen Umbruch. In: Kieselbach, Thomas/Voigt, Peter (Hrsg.): Systemumbruch, Arbeitslosigkeit und in-

dividuelle Bewältigung in der Ex-DDR. (Psychologie sozialer Ungleichheit 4) Weinheim: Deutscher Studien Verlag, 2. Auflage, S. 95-100.
Schröder, Harry/Reschke, Konrad (1995): Psychosoziale Gesundheitsrisiken im Transformationsprozeß. In: Sydow, Hubert/Schlegel, Uta/Helmke, Andreas (Hrsg.): Chancen und Risiken im Lebenslauf: Beiträge zum gesellschaftlichen Wandel in Ostdeutschland. (KSPW: Transformationsprozesse, Band 5) Berlin: Akademie-Verlag, S. 255-272.
Schröder, Helmut (1995): Materiell gesichert, aber häufig isoliert. Zur Lebenssituation älterer Menschen im vereinten Deutschland. In: Informationsdienst Soziale Indikatoren, 13, S. 11-15.
Schubert, Ursula (1995): Armut von Alleinerziehenden, Kindern und Jugendlichen in den neuen Bundesländern. In: Kind, Jugend, Gesellschaft 40, 1, S. 9-13.
Schulz, Hans-Jürgen u.a. (1980): Das Hochschulwesen der DDR. Ein Überblick. Berlin: Deutscher Verlag der Wissenschaften.
Schupp, Jürgen/Wagner, Gert (1990): Die DDR-Stichprobe des Sozio-oekonomischen Panels – Konzeption und Feldarbeit der ‚Basiserhebung ‚90' in der DDR. In: Vierteljahrshefte zur Wirtschaftsforschung 59, 2-3, S. 152-159.
Schwartau, Cord/Vortmann, Heinz (1989): Die materiellen Lebensbedingungen in der DDR. In: Weidenfeld, Werner/Zimmermann, Hartmut (Hrsg.): Deutschland-Handbuch. Eine doppelte Bilanz. (Schriftenreihe Studien zur Geschichte und Politik, Band 275) Bonn: Bundeszentrale für politische Bildung, S. 292-307.
Schwarze, Johannes/Wagner, Gert G. (1993): Earnings Dynamics in the East German Transition Process. Diskussionspapier Nr. 93-8 aus der Fakultät für Sozialwissenschaft der Ruhr-Universität Bochum. Bochum.
Schwenk, Otto G. (1995): Lebensbedingungen und Bausteine für die Konstruktion sozialer Lagen in Ostdeutschland – Werkstattbericht. In: Bertram, Hans (Hrsg.): Ostdeutschland im Wandel: Lebensverhältnisse – Politische Einstellungen. (KSPW: Transformationsprozesse, Band 7) Opladen: Leske + Budrich, S. 3-30.
Schwitzer, Klaus-Peter (1992a): Behinderte in der DDR. In: Voigt, Dieter/Mertens, Lothar (Hrsg.): Minderheiten in und Übersiedler aus der DDR. (Schriftenreihe der Gesellschaft für Deutschlandforschung, Band 34) Berlin: Duncker & Humblot, S. 131-140.
Schwitzer, Klaus-Peter (1992b): Ältere Menschen in den neuen Bundesländern. In: Aus Politik und Zeitgeschichte. Beilage zur Wochenzeitung „Das Parlament", B29-30, S. 39-47.
Schwitzer, Klaus-Peter (1995a): Lebensbedingungen und Handlungsintentionen älterer Menschen im Zuge des Transformationsprozesses in den neuen Ländern. In: Bertram, Hans/Hradil, Stefan/Kleinhenz, Gerhard (Hrsg.): Sozialer und demographischer Wandel in den neuen Bundesländern. (KSPW: Transformationsprozesse, Band 6) Berlin: Akademie-Verlag, S. 277-305.
Schwitzer, Klaus-Peter (1995b): Ungleichheit und Angleichung von Lebensverhältnissen im vereinten Deutschland am Beispiel älterer Menschen. In: Glatzer, Wolfgang/Noll, Heinz-Herbert (Hrsg.): Getrennt vereint. Lebensverhältnisse in Deutschland seit der Wiedervereinigung. (Soziale Indikatoren XVIII) Frankfurt am Main und New York: Campus, S. 133-164.
Schwitzer, Klaus-Peter/Winkler, Gunnar (Hrsg.) (1993): Altenreport 1992. Zur sozialen Lage und Lebensweise älterer Menschen in den neuen Bundesländern. Berlin: Morgenbuch.

Seewald, Hermann (1995): Wohngeld in den neuen Ländern und Berlin-Ost 1993. In: Wirtschaft und Statistik 47, 3, S. 243-249.
Seidenstücker, Bernd (1990): Jugendhilfe in der DDR. In: Münder, Johannes/Seidenstücker, Bernd (Hrsg.): Jugendhilfe in der DDR. Münster: Votum, S. 9-59.
Sell, Stefan (1994): Strukturwandel der Arbeitsbeschaffungsmaßnahmen. In: Zeitschrift für Sozialreform 40, 12, S. 797-819.
Sen, Amartya (1992): Inequality Re-examined. New York und Oxford: Clarendon Press.
Sinn, Gerlinde/Sinn, Hans-Werner (1991): Kaltstart. Volkswirtschaftliche Aspekte der deutschen Vereinigung. Tübingen: Mohr.
Sinn, Gerlinde/Sinn, Hans-Werner (1993): Kaltstart. Volkswirtschaftliche Aspekte der deutschen Vereinigung. München: Deutscher Taschenbuchverlag, 3. überarbeitete Auflage.
Solga, Heike (1995): Auf dem Weg in eine klassenlose Gesellschaft? Klassenlagen und Mobilität zwischen Generationen in der DDR. Berlin: Akademie-Verlag.
Solga, Heike (1996): Der Verbleib der Angehörigen der oberen Dienstklasse der DDR nach 1989: Heißt ihr Schicksal nach der Wende beruflicher Abstieg? In: Hradil, Stefan/Pankoke, Eckart (Hrsg.): Aufstieg für alle? (KSPW: Beiträge zum Bericht „Ungleichheit und Sozialpolitik", Band 2.2) Opladen: Leske + Budrich.
Sommer, Bettina (1995): Eheschließungen, Geburten und Sterbefälle 1993. In: Wirtschaft und Statistik 47, 6, S. 446-451.
Sopp, Peter (1994): Das Ende der Zwei-Drittel-Gesellschaft? Zur Einkommensmobilität in Westdeutschland. In: Zwick, Michael M. (Hrsg.): Einmal arm, immer arm? Neue Befunde zur Armut in Deutschland. Frankfurt am Main und New York: Campus, S. 47-74.
Sozialwissenschaftliches Forschungszentrum Berlin-Brandenburg e.V. (SFZ) (Hrsg.) (1995): Seniorenreport 1994. Daten und Fakten zur sozialen Lage älterer Bürger in den neuen Bundesländern. Berlin: Sozialwissenschaftliches Forschungszentrum Berlin-Brandenburg e.V.
Spellerberg, Annette (1994): Lebensstile in West- und Ostdeutschland. Verteilung und Differenzierung nach sozialstrukturellen Merkmalen. Paper P94-105. Berlin: Wissenschaftszentrum Berlin für Sozialforschung, Arbeitsgruppe Sozialberichterstattung.
Staritz, Dieter (1996): Geschichte der DDR. Erweiterte Neuausgabe. Frankfurt am Main: Suhrkamp.
Statistisches Bundesamt (Hrsg.) (1991): Statistisches Jahrbuch 1991 für das vereinte Deutschland. Stuttgart: Metzler-Poeschel.
Statistisches Bundesamt (Hrsg.) (1992a): Statistisches Jahrbuch 1992 für die Bundesrepublik Deutschland. Stuttgart: Metzler-Poeschel.
Statistisches Bundesamt (Hrsg.) (1992b): Zur wirtschaftlichen und sozialen Lage in den neuen Bundesländern, Sonderausgabe August 1992. Wiesbaden.
Statistisches Bundesamt (Hrsg.) (1992c): Fachserie 13 „Sozialleistungen", Reihe 2 „Sozialhilfe". Stuttgart: Metzler-Poeschel.
Statistisches Bundesamt (Hrsg.) (1993a): Statistisches Jahrbuch 1993 für die Bundesrepublik Deutschland. Stuttgart: Metzler-Poeschel.
Statistisches Bundesamt (Hrsg.) (1993b): Fachserie 1 „Bevölkerung und Erwerbstätigkeit", Reihe 4.1.2 „Berufliche Ausbildung und Arbeitsbedingungen der Erwerbstätigen". Stuttgart: Metzler-Poeschel.
Statistisches Bundesamt (Hrsg.) (1993c): Fachserie 13 „Sozialleistungen", Reihe 2 „Sozialhilfe". Stuttgart: Metzler-Poeschel.

Literatur 545

Statistisches Bundesamt (Hrsg.) (1994a): Statistisches Jahrbuch 1994 für die Bundesrepublik Deutschland. Stuttgart: Metzler-Poeschel.
Statistisches Bundesamt (Hrsg.) (1994b): Datenreport 1994. Zahlen und Fakten über die Bundesrepublik Deutschland. (Schriftenreihe der Bundeszentrale für politische Bildung, Band 325) Bonn.
Statistisches Bundesamt (Hrsg.) (1994c): Fachserie 11 „Bildung und Kultur", Reihe 1 „Allgemeinbildende Schulen 1992". Stuttgart: Metzler-Poeschel.
Statistisches Bundesamt (Hrsg.) (1994d): Fachserie 1 „Bevölkerung und Erwerbstätigkeit", Reihe 2 „Ausländer 1993". Stuttgart: Metzler-Poeschel.
Statistisches Bundesamt (Hrsg.) (1994e): Fachserie 13 „Sozialleistungen", Reihe 2 „Sozialhilfe". Stuttgart: Metzler-Poeschel.
Statistisches Bundesamt (Hrsg.) (1994f): Fachserie 1 „Bevölkerung und Erwerbstätigkeit", Reihe 3 „Haushalte und Familien 1994". Stuttgart: Metzler-Poeschel.
Statistisches Bundesamt (Hrsg.) (1995a): Statistisches Jahrbuch 1995 für die Bundesrepublik Deutschland. Stuttgart: Metzler-Poeschel.
Statistisches Bundesamt (Hrsg.) (1995b): Tabellensammlung zur wirtschaftlichen und sozialen Lage in den neuen Bundesländern. (Arbeitsunterlage 4/1995) Wiesbaden.
Statistisches Bundesamt (Hrsg.) (1995c): Fachserie 1 „Bevölkerung und Erwerbstätigkeit", Reihe 1 „Gebiet und Bevölkerung 1993". Stuttgart: Metzler-Poeschel
Statistisches Bundesamt (Hrsg.) (1995d): Fachserie 15 „Wirtschaftsrechnungen, Einkommens- und Verbrauchsstichprobe 1993", Heft 2 Vermögensbestände und Schulden privater Haushalte. Stuttgart: Metzler-Poeschel.
Statistisches Bundesamt (Hrsg.) (1995e): Fachserie 12 „Gesundheitswesen", Reihe 1 „Ausgewählte Zahlen für das Gesundheitswesen 1993". Stuttgart: Metzler-Poeschel
Statistisches Bundesamt (Hrsg.) (1995f): Fachserie 12 „Gesundheitswesen", Reihe 6.1 „Grunddaten der Krankenhäuser und Vorsorge- oder Rehabilitationseinrichtungen 1993". Stuttgart: Metzler-Poeschel.
Statistisches Bundesamt (Hrsg.) (1995g): Fachserie 13 „Sozialleistungen", Reihe 5.1 „Schwerbehinderte 1993". Stuttgart: Metzler-Poeschel.
Statistisches Bundesamt (Hrsg.) (1996a): Fachserie 18 „Volkswirtschaftliche Gesamtrechnungen", Reihe 1.1 „Konten und Standardtabellen. Erste Ergebnisse der Inlandsproduktsberechnung 1995". Stuttgart: Metzler-Poeschel.
Statistisches Bundesamt (Hrsg.) (1996b): Tabellensammlung zur wirtschaftlichen und sozialen Lage in den neuen Bundesländern. (Arbeitsunterlage 1/1996) Wiesbaden.
Steenbergen, Berendineke (1994): Soziale Beziehungen alleinerziehender Mütter in den neuen Bundesländern. In: Bütow, Birgit/Stecker, Heidi (Hrsg.): EigenArtige Ostfrauen. Frauenemanzipation in der DDR und den neuen Bundesländern. (Theorie und Praxis der Frauenforschung, Band 22) Bielefeld: Kleine, S. 238-260.
Steiner, Viktor/Puhani, Patrick A. (1996): Die Entwicklung der Lohnstruktur im ostdeutschen Transformationsprozeß. Discussion Paper 96-03. Mannheim: Zentrum für Europäische Wirtschaftsforschung.
Stelter, Manfred (1993): Vermögensbildung in Ostdeutschland. In: BISS Public. Wissenschaftliche Mitteilungen aus dem Berliner Institut für Sozialwissenschaftliche Studien 3, 12, S. 59-78.
Streit, Manfred E. (1991): Theorie der Wirtschaftspolitik. Düsseldorf: Werner, 4. Auflage.
Ströhl, Gerd (1994): Zwischenörtlicher Vergleich des Verbraucherpreisniveaus in 50 Städten. In: Wirtschaft und Statistik 46, 6, S. 415-434.

Strubelt, Wendelin/Genosko, Joachim/Bertram, Hans/Friedrichs, Jürgen/Gans, Paul/Häußermann, Hartmut/Herlyn, Ulfert/Sahner, Heinz (1996): Städte und Regionen. Räumliche Folgen des Transformationsprozesses. (KSPW: Berichte zum sozialen und politischen Wandel in Ostdeutschland, Band 5) Opladen: Leske + Budrich.

Süß, Walter, 1988: Gesellschaftliche Interessen und gesellschaftliche Organisationen in der DDR. In: Weidenfeld, Werner/Zimmermann, Hartmut (Hrsg.): Deutschland-Handbuch. Eine doppelte Bilanz 1949-1989. (Schriftenreihe „Studien zur Geschichte und Politik", Band 275) Bonn: Bundeszentrale für politische Bildung, S. 152-164.

Sydow, Hubert/Schlegel, Uta/Helmke, Andreas (Hrsg.) (1995): Chancen und Risiken im Lebenslauf: Beiträge zum gesellschaftlichen Wandel in Ostdeutschland. (KSPW: Transformationsprozesse, Band 5) Berlin: Akademie-Verlag.

Terwey, Michael (1995): Weltanschauliche Selbstbestimmung und Einstellung zu sozialer Ungleichheit: Unterschiede im Deutschen Post-Sozialismus? In: Sahner, Heinz/ Schwendtner, Stefan (Hrsg.): 27. Kongreß der Deutschen Gesellschaft für Soziologie. Kongreßband II: Berichte aus den Sektionen und Arbeitsgruppen. Opladen: Westdeutscher Verlag, S. 674-679.

Tews, Hans Peter (1993): Altern Ost – Altern West: Ergebnisse zum deutsch-deutschen Vergleich. In: Naegele, Gerhard/Tews, Hans Peter (Hrsg.): Lebenslagen im Strukturwandel des Alters. Opladen: Westdeutscher Verlag, S. 314-325.

Thimann, Christian (1995a): Die „Angleichung der Lebensverhältnisse" in den neuen Bundesländern und die Bedeutung von Vermögen. In: Staatswissenschaften und Staatspraxis 5, 1, S. 83-110.

Thimann, Christian (1995b): Aufbau von Kapitalstock und Vermögen in Ostdeutschland. Der lange Weg zur Einheitlichkeit der Lebensverhältnisse. Diss. Universität München/Volkswirtschaftliche Fakultät.

Thimann, Christian/Breitner, Michael (1995): Eastern Germany and the Conflict between Wage Adjustment, Investment, and Employment: A Numerical Analysis. In: Weltwirtschaftliches Archiv 131, 3, S. 446-469.

Trenk-Hinterberger, Peter (1989): Kommunale Sozialpolitik. Bemerkungen aus rechtswissenschaftlicher Sicht. In: Gemper, Bodo B. (Hrsg.): Symbiose oder Konflikt? Föderalismus, Demokratie, Marktwirtschaft. Hamburg: Weltarchiv, S. 212-222.

Treuhandanstalt (Hrsg.) (1994): Dokumentation 1990 – 1994, Bände 1-15. Berlin.

Tümmler, Sven (1993): Ergebnisse einer Bestandserhebung in den neuen Bundesländern und in Berlin-Ost. In: Kreft, Dieter (Hrsg.): Jugendhilfe und KJHG, Frankfurt am Main: ISS-Eigenverlag, S. 57-76.

Ueltzhöffer, Jörg/Flaig, Bodo Berthold (1993): Spuren der Gemeinsamkeit? Soziale Milieus in Ost- und Westdeutschland. In: Weidenfeld, Werner (Hrsg.): Deutschland. Eine Nation – doppelte Geschichte. Köln: Verlag Wissenschaft und Politik, S. 61-82.

Veen, Hans-Joachim (Hrsg.) (1994): Eine Jugend in Deutschland? Orientierungen und Verhaltensweisen der Jugend in Ost und West. Opladen: Leske + Budrich.

Vester, Michael (1995): Deutschlands feine Unterschiede. Mentalitäten und Modernisierung in Ost- und Westdeutschland. In: Aus Politik und Zeitgeschichte. Beilage zur Wochenzeitung „Das Parlament", B20, S. 16-30.

Vester, Michael/Hofmann, Michael/Zierke, Irene (Hrsg.) (1995): Soziale Milieus in Ostdeutschland. Gesellschaftliche Strukturen zwischen Zerfall und Neubildung. Köln: Bund.

Vogel, Berthold (1995): Sozialstrukturelle Folgen der Erwerbslosigkeit in Ostdeutschland und deren Verarbeitung durch die Betroffenen. In: Arbeitskreis sozialwissenschaftli-

cher Arbeitsmarktforschung (Hrsg.): Empirische Arbeitsmarktforschung zur Transformation in Deutschland. SAMF-Arbeitspapier 1995-4, S. 108-121.
Wagner, Alexandra (1993): Der Paragraph 249h AFG. Ein neues arbeitsmarktpolitisches Instrument in Ostdeutschland. In: WSI-Mitteilungen 46, 7, S. 464-466.
Wagner, Gert/Schupp, Jürgen/Rendtel, Ulrich (1994): Das Sozio-oekonomische Panel (SOEP) – Methoden der Datenproduktion und -aufbereitung im Längsschnitt. In: Hauser, Richard/Ott, Notburga/Wagner, Gert (Hrsg.): Mikroanalytische Grundlagen der Gesellschaftspolitik. Band 2: Erhebungsverfahren, Analysemethoden und Mikrosimulation. Berlin: Akademie-Verlag, S. 70-112.
Wahl, Jürgen (1996): Kommunale Sozialpolitik in den neuen Bundesländern im Umbruch. In: Hauser, Richard/Olk, Thomas (Hrsg.): Soziale Sicherheit für alle? (KSPW: Beiträge zum Bericht „Ungleichheit und Sozialpolitik", Band 2.3) Opladen: Leske + Budrich.
Wasem, Jürgen (1995): Wandel der Strukturen des Gesundheitswesens in Ostdeutschland. In: Maydell, Bernd von (Hrsg.): Transformation der Sozialordnung in den neuen Bundesländern. Tagungsband des Sozialrechtlichen Colloquiums der Berichtsgruppe VI der KSPW. (Graue Reihe der KSPW, Nr. 95-05) Berlin: GSFP, S. 11-47.
Weck, Michael (1994): Staat, Markt und Arbeitslosigkeit. Rekonstruktion des arbeitsmarktpolitischen Entscheidungsprozesses nach der Vereinigung. Diskussionspapiere und Materialien Nr. 3, Abteilung Sozialpolitik und Public Policy, Universität Hannover. Hannover.
Weidenfeld, Werner/Zimmermann, Hartmut (Hrsg.) (1989): Deutschland-Handbuch. Eine doppelte Bilanz 1949-1989. (Schriftenreihe „Studien zur Geschichte und Politik", Band 275) Bonn: Bundeszentrale für politische Bildung.
Weishaupt, Horst/Zedler, Peter (1994): Aspekte der aktuellen Schulentwicklung in den neuen Ländern. In: Rolff, Hans-Günter/Bauer, Karl-Oswald/Klemm, Klaus/Pfeiffer, Hermann/Schulz- Zander, Renate (Hrsg.): Jahrbuch der Schulentwicklung. Daten, Beispiele und Perspektiven, Band 8. Weinheim und München: Juventa, S. 395-429.
Weiß, Peter (1990): Auswirkungen und Perspektiven des Einigungsvertrages für die deutsche Sozialpolitik. In: caritas 91, 12, S. 556-563.
Westle, Bettina (1995): Nationale Identität und Nationalismus. In: Hoffmann-Lange, Ursula (Hrsg.): Jugend und Demokratie in Deutschland. DJI-Jugendsurvey 1. Opladen: Leske + Budrich, S. 195-243.
Wielgohs, Jan (1995): Transformationspolitik zwischen Liberalisierungsambitionen und Erfordernissen sozialer Stabilitätssicherung: Die Transformation des ostdeutschen Wohnungswesens. In: Wiesenthal, Helmut (Hrsg.): Einheit als Interessenpolitik. Studien zur sektoralen Transformation Ostdeutschlands. Frankfurt am Main und New York: Campus, S. 194-259.
Wienand, Manfred (1996): Sozialhilfe. In: Wienand, Manfred/Neumann, Volker/Brockmann, Iris: Fürsorge. (KSPW: Beiträge zum Bericht „Die Umwandlung der Arbeits- und Sozialordnung", Band 6.8) Opladen: Leske + Budrich.
Wiesenthal, Helmut (1994): Die Krise holistischer Politikansätze und das Projekt der gesteuerten Systemtransformation. Arbeitspapiere der Arbeitsgruppe „Transformationsprozesse in den neuen Bundesländern" der Max-Planck-Gesellschaft, Heft 94/10. Berlin: Humboldt-Universität zu Berlin.
Wiesenthal, Helmut (1995a): Die Transformation Ostdeutschlands: Ein (nicht ausschließlich) privilegierter Sonderfall der Bewältigung von Transformationsproblemen. In: Wollmann, Hellmut/Wiesenthal, Helmut/Bönker, Frank (Hrsg.): Transformation so-

zialistischer Gesellschaften: Am Ende des Anfangs. (Leviathan Sonderheft 15) Opladen: Westdeutscher Verlag, S. 134-162.
Wiesenthal, Helmut (1995b): Preemptive Institutionenbildung: Korporative Akteure und institutionelle Innovationen im Transformationsprozeß postsozialistischer Staaten. Arbeitspapiere der Arbeitsgruppe „Transformationsprozesse in den neuen Bundesländern" der Max-Planck-Gesellschaft, Heft 95/4. Berlin: Humboldt-Universität zu Berlin.
Wiesner, Reinhard (1991): Rechtliche Grundlagen. In: Wiesner, Reinhard/Zarbock, Walter H. (Hrsg.): Das neue Kinder- und Jugendhilfegesetz (KJHG) und seine Umsetzung in die Praxis. Köln, Bonn, Berlin und München: Heymann, S. 1-31.
Willgerodt, Hans (1990): Vorteile der wirtschaftlichen Einheit Deutschlands. Gutachten. Köln: Institut für Wirtschaftspolitik an der Universität zu Köln.
Windhoff-Heritiér, Adrienne (1989): Kommunale Sozialpolitik. In: Gabriel, Oscar W. (Hrsg.): Kommunale Demokratie zwischen Politik und Verwaltung. (Beiträge zur Kommunalwissenschaften, Band 29) München: Minerva, S. 261-275.
Winkler, Gunnar (Hrsg.) (1990): Sozialreport 1990. Daten und Fakten zur sozialen Lage in der DDR. Berlin: Die Wirtschaft.
Winkler, Gunnar (Hrsg.) (1993): Sozialreport 1992. Daten und Fakten zur sozialen Lage in den neuen Bundesländern. Berlin: Morgenbuch.
Winkler, Gunnar (1994): Das andere deutsche Alter. Lebenslagen und Lebensweisen älterer Menschen in den neuen Bundesländern. In: Verheugen, Günther (Hrsg.): 60 plus. Die wachsende Macht der Älteren. Köln: Bund, S. 75-88.
Winkler, Gunnar (Hrsg.) (1995a): Sozialreport 1995. Daten und Fakten zur sozialen Lage in den neuen Bundesländern. Berlin: Sozialwissenschaftliches Forschungszentrum Berlin-Brandenburg e.V.
Winkler, Gunnar (1995b): Behindertenreport 1994. Daten und Fakten zur sozialen Lage von behinderten Bürgern in den neuen Bundesländern. Berlin: Sozialwissenschaftliches Forschungszentrum Berlin-Brandenburg e.V.
Winkler, Gunnar (1995c): Leben in Ostdeutschland. In: Winkler, Gunnar (Hrsg.): Sozialreport 1995. Daten und Fakten zur sozialen Lage in den neuen Bundesländern. Berlin: Sozialwissenschaftliches Forschungszentrum Berlin-Brandenburg e.V., S. 13-47.
Wissenschaftlicher Beirat beim Bundesministerium für Wirtschaft (1993): Lohn- und Arbeitsmarktprobleme in den neuen Bundesländern. In: Der Wissenschaftliche Beirat beim Bundesministerium für Wirtschaft (Hrsg.): Gutachten vom Juni 1990 bis Juli 1992. Göttingen: Otto Schwarz.
Wittich, Dietmar (Hrsg.) (1994): Momente des Umbruchs. Sozialstruktur und Lebensqualität in Ostdeutschland. Berlin: edition sigma.
Wollmann, Hellmut (1991): Kommunalpolitik und -verwaltung in Ostdeutschland: Institutionen und Handlungsmuster im „paradigmatischen" Umbruch. Eine empirische Skizze. In: Blanke, Bernhard (Hrsg.): Staat und Stadt. Systematische, vergleichende und problemorientierte Analysen „dezentraler" Politik. (Sonderheft 22 der Politischen Vierteljahresschrift) Opladen: Westdeutscher Verlag, S. 237-258.
Wollmann, Hellmut (1993): Kommunalpolitik und -verwaltung in Ostdeutschland im Umbruch und Übergang. In: Roth, Roland/Wollmann, Hellmut (Hrsg.): Kommunalpolitik. Politisches Handeln in Gemeinden. (Schriftenreihe der Bundeszentrale für politische Bildung, Band 320) Bonn, S. 20-33.
Wollmann, Hellmut/Berg, Frank (1994): Die ostdeutschen Kommunen: Organisation, Personal, Orientierungs- und Einstellungsmuster im Wandel. In: Naßmacher, Hiltrud/

Literatur

Niedermayer, Oskar/Wollmann, Hellmut (Hrsg.): Politische Strukturen im Umbruch. (KSPW: Transformationsprozesse, Band 1) Berlin: Akademie-Verlag, S. 239-273.

Wollmann, Hellmut/Schnapp, Kai-Uwe (1995): Kommunale Sozialpolitik in den neuen Bundesländern. Zwischen Herausforderung und struktureller Überforderung „kommunaler Sozialstaatlichkeit". In: Hanesch, Walter (Hrsg.): Sozialpolitische Strategien gegen Armut. Opladen: Westdeutscher Verlag, S. 195-220.

Zapf, Katrin (1994): Veränderte Lebensweisen und die neue Wohnungsfrage in Deutschland. In: Peisert, Hansgert/Zapf, Wolfgang (Hrsg.): Gesellschaft, Demokratie und Lebenschancen. Festschrift für Ralf Dahrendorf. Stuttgart: Deutsche Verlags-Anstalt, S. 369-382.

Zapf, Wolfgang (1981): Wohlfahrtsstaat und Wohlfahrtsproduktion. In: Albertin, Lothar/Link, Werner (Hrsg.): Politische Parteien auf dem Weg zur parlamentarischen Demokratie in Deutschland. Entwicklungslinien bis zur Gegenwart Düsseldorf: Droste.

Zapf, Wolfgang (1989): Sozialstruktur und gesellschaftlicher Wandel in der Bundesrepublik Deutschland. In: Weidenfeld, Werner/Zimmermann, Hartmut (Hrsg.): Deutschland-Handbuch. Eine doppelte Bilanz 1949-1989. (Schriftenreihe „Studien zur Geschichte und Politik", Band 275) Bonn: Bundeszentrale für politische Bildung, S. 99-124.

Zapf, Wolfgang (1991): Modernisierung und Modernisierungstheorien. In: Zapf, Wolfgang (Hrsg.): Die Modernisierung moderner Gesellschaften. Frankfurt am Main und New York: Campus, S. 23-39.

Zapf, Wolfgang (1994): Die Transformation in der ehemaligen DDR und die soziologische Theorie der Modernisierung. In: Berliner Journal für Soziologie 4, 3, S. 295-306.

Zapf, Wolfgang/Breuer, Sigrid/Hampel, Jürgen/Krause, Peter/Mohr, Hans-Michael/Wiegand, Erich (1987): Individualisierung und Sicherheit. Untersuchungen zur Lebensqualität in der Bundesrepublik Deutschland. München: Beck.

Zapf, Wolfgang/Habich, Roland (1996): Wohlfahrtsentwicklung im vereinten Deutschland. Sozialstruktur, sozialer Wandel und Lebensqualität. Berlin: edition sigma.

Zerche, Jürgen (1996): Investitionen in den neuen Bundesländern und ihre verteilungspolitische Problematik. In: Hauser, Richard (Hrsg.): Sozialpolitik im vereinten Deutschland III. Familienpolitik, Lohnpolitik und Verteilung. (Schriften des Vereins für Socialpolitik N.F., Band 208) Berlin: Duncker & Humblot, S. 129-150.

Zierke, Irene (1991): Neue Erfahrung Arbeitslosigkeit: Wer sind die Wendeverlierer? In: Zeitschrift für Sozialreform 37, 11/12, S. 746-758.

Zierke, Irene/Segert, Astrid/Schweigel, Kerstin (1994): Der Wandel von Milieus im sozialen Raum Ostdeutschland. Ein Beitrag zur Erkundung alter/neuer Ungleichheiten am regionalen Beispiel. KSPW-Forschungsbericht (unveröffentlicht). Berlin.

Die Autoren dieses Bandes

Susanne v. Below, geb. 1965, Diplom-Soziologin, Studium am Leibniz Kolleg Tübingen und an der Ludwig-Maximilians-Universität München, 1993-1994 wissenschaftliche Mitarbeiterin der Arbeitsgruppe Soziale Infrastruktur an der Johann Wolfgang Goethe-Universität Frankfurt am Main, 1994-1996 wissenschaftliche Mitarbeiterin der Berichtsgruppe „Soziale Ungleichheit und Sozialpolitik" der KSPW; Doktorandin am Fachbereich Gesellschaftswissenschaften der Johann Wolfgang Goethe-Universität Frankfurt am Main. Forschungsschwerpunkte: Soziale Ungleichheit, Bildungschancen, regionale Disparitäten. Neuere Veröffentlichung: Bildung und soziale Ungleichheit, in: R. Hauser/Th. Olk (Hrsg.): Soziale Sicherheit für alle? (Opladen 1996).

Wolfgang Glatzer, geb. 1944, Dr., Professor für Soziologie am Fachbereich Gesellschaftswissenschaften der Johann Wolfgang Goethe-Universität Frankfurt am Main. Forschungsschwerpunkte: Sozialstruktureller und kultureller Wandel, internationale Vergleiche, Haushalts- und Techniksoziologie. Autor und Herausgeber zahlreicher Bücher und Aufsätze, u.a.: Lebensqualität in der Bundesrepublik (1984), Haushaltsproduktion und Netzwerkhilfe (1986), Haushaltstechnisierung und gesellschaftliche Arbeitsteilung (1990), Lebensverhältnisse in Osteuropa (1996). 1989-1994 Vorsitzender der Sektion Sozialindikatoren in der Deutschen Gesellschaft für Soziologie, 1994-1996 Sprecher der Interdisziplinären Arbeitsgruppe Technikforschung an der Johann Wolfgang Goethe-Universität Frankfurt am Main, seit 1995 Mitglied im Vorstand der Deutschen Gesellschaft für Soziologie.

Richard Hauser, geb. 1936, Dr. oec. publ., Professor für Sozialpolitik am Fachbereich Wirtschaftswissenschaften der Johann Wolfgang Goethe-Universität Frankfurt am Main. Forschungsschwerpunkte: System der sozialen Sicherung, Einkommens- und Vermögensverteilung, Armutsprobleme, internationaler Vergleich von Sozialpolitik. Neuere Veröffentlichungen: Arme unter uns, Teil I und II (zus. mit W. Hübinger; Freiburg 1993); Soziale Sicherheit in Gefahr (Hrsg. zus. mit D. Döring; Frankfurt 1995); Die Einkommensverteilung in Ostdeutschland – Darstellung, Vergleich und Determinanten für die Jahre 1990 bis 1994 (zus. mit G. Wagner), in: R. Hauser (Hrsg.): Sozialpolitik im vereinten Deutschland III (Berlin 1996); Ziele und Möglichkeiten einer sozialen Grundsicherung (Baden-Baden 1996).

Stefan Hradil, geb. 1946, Dr. phil., Dr. h.c., ordentlicher Professor für Soziologie an der Universität Mainz. Forschungsschwerpunkte: Soziologie der Sozialstruktur und sozialen Ungleichheit in modernen Industriegesellschaften, der Modernisierung, der sozialen Milieus und Lebensstile. Neuere Veröffentlichungen: Sozialer und demographischer Wandel in den neuen Bundesländern (Hrsg. zus. mit H. Bertram/G. Kleinhenz; Berlin 1995); Die Familie der Zukunft (Hrsg. zus. mit U. Gerhardt/D. Lucke/B. Nauck; Opladen 1995); Die „Single-Gesellschaft" (München 1995); Die westeuropäischen Gesellschaften im Vergleich (Hrsg. zus. mit S. Immerfall; Opladen 1996).

Gerhard Kleinhenz, geb. 1940, Dr. rer. pol. (Berlin 1969), Dr. rer. pol. habil. (Augsburg 1976), ordentlicher Universitätsprofessor für Volkswirtschaftslehre mit Schwerpunkt Wirtschafts- und Sozialpolitik an der Universität Passau. Forschungsschwerpunkte: Wirtschaftsordnung und Transformation, Arbeitsmarkt- und Sozialpolitik. Neuere Veröffentlichungen: Sozialpolitik im vereinten Deutschland I und II (Hrsg.; Berlin 1991/1992); Soziale Ausgestaltung der Marktwirtschaft (Hrsg.; Berlin 1995); Sozialer und demographischer Wandel in den neuen Bundesländern (Hrsg. zus. mit H. Bertram/S. Hradil; Berlin 1995); Soziale Integration in Europa I und II (Hrsg.; Berlin 1993/1996).

Wolfgang Knoke, geb. 1968, Diplom-Volkswirt, 1994-1996 wissenschaftlicher Mitarbeiter der Berichtsgruppe „Soziale Ungleichheit und Sozialpolitik" der KSPW, seit 1996 wissenschaftlicher Mitarbeiter am Fachbereich Wirtschaftswissenschaften der Johann Wolfgang Goethe-Universität Frankfurt am Main. Neuere Veröffentlichung: Inanspruchnahme und Bewertung sozialer Dienste der freien Wohlfahrtspflege aus der Sicht ihrer Klienten (zus. mit. W. Hübinger), in: W. Hübinger/R. Hauser (Hrsg.): Die Caritas-Armutsuntersuchung. Eine Bilanz (Freiburg 1995).

Raj Kollmorgen, geb. 1963, Diplom-Philosoph, Sozialwissenschaftler, wissenschaftlicher Mitarbeiter bei der Kommission für die Erforschung des sozialen und politischen Wandels in den neuen Bundesländern. Forschungsschwerpunkte: Soziologische Theorie, soziologische und ökonomische Evolutionstheorien, Transformationstheorie. Neuere Veröffentlichungen: Die Evolution der „Evolutionary Economics", in: INITIAL, Heft 5/1992; Das Schumpeter-Phänomen. Überlegungen zur Schumpeter-Rezeption in der späten DDR, in: INITIAL, Heft 6/1993; Auf der Suche nach Theorien der Transformation, in: Berliner Journal für Soziologie, Heft 3/1994; Schöne Aussichten? Eine Kritik integrativer Transformationstheorien, in: R. Kollmorgen/R. Reißig/J. Weiß (Hrsg.): Sozialer Wandel und Akteure in Ostdeutschland (Opladen 1996).

Thomas Olk, geb. 1951, Dr. phil. habil., Studium der Soziologie und Erziehungswissenschaft in Bonn und Bielefeld, Wissenschaftlicher Assistent an der Universität Bielefeld, 1989-1991 wissenschaftlicher Projektleiter am Zentrum für Sozialpolitik Bremen, seit 1991 Gründungsprofessor für Sozialpädagogik an der Martin-Luther-Universität Halle-Wittenberg Forschungsschwerpunkte: Soziologie der sozialen Dienste, Kommunale Sozialpolitik, intermediäre Organisationen in der Sozialpolitik. Neuere Veröffentlichungen: Der Neue Sozialstaat (zus. mit R.G. Heinze/J. Hilbert; Freiburg 1988); Grenzen des Sozialversicherungsstaates (Hrsg. zus. mit B. Riedmüller; Opladen 1994); Von der Wertgemeinschaft zum Dienstleistungsunternehmen. Jugend- und Wohlfahrtsverbände im Umbruch (Hrsg. zus. mit R. Rauschenbach/Chr. Sachße; Frankfurt am Main 1995); Wohlfahrtspluralismus. Vom Wohlfahrtsstaat zur Wohlfahrtsgesellschaft (Hrsg. zus. mit A. Evers; Opladen 1996).

Eckart Pankoke, geb. 1939, Dr. phil., Universitätsprofessor für Soziologie an der Universität Gesamthochschule Essen. Lehr- und Forschungsthemen: Arbeits- und Organisationssoziologie, Kultursoziologie und Werteforschung, Sozialer Wandel und Gesellschaftspolitik. Veröffentlichungen (Auswahl): Sociale Frage – Sociale Bewegung – Sociale Politik (Stuttgart 1971); Neue Formen sozialer Selbststeuerung (zus. mit T. Beine/H. Nokielski; Göttingen 1975); Verwaltungssoziologie (zus. mit H. Nokielski; Stuttgart 1977); Kultur als Arbeit (Essen 1984); Die Arbeitsfrage. Arbeitsmoral, Beschäftigungskrisen und Wohlfahrtspolitik im Industriezeitalter (Frankfurt am Main 1990); Gesellschaftslehre (Frankfurt am Main 1991); Innovationsmanagement und Unternehmenskultur. Chancen innovativer Industriekultur im Ruhrgebiet (zus. mit W. Bußkamp; Essen 1993). Seit 1989 Mitherausgeber der Zeitschrift „Sociologia Internationalis. Zeitschrift für Kultursoziologie und Kommunikationsforschung".

Joachim Ritter, geb. 1961, Diplom-Soziologe, 1994-1996 wissenschaftlicher Mitarbeiter der Berichtsgruppe „Soziale Ungleichheit und Sozialpolitik" der KSPW, seit 1996 wissenschaftlicher Mitarbeiter am Fachbereich Gesellschaftswissenschaften der Johann Wolfgang Goethe-Universität Frankfurt am Main.

Ungleichheit und Sozialpolitik

Die Veröffentlichungen der Berichtsgruppe II der Kommission für den sozialen und politischen Wandel in den neuen Bundesländern (KSPW) und die thematisch zugehörenden Bücher der Reihe „Transformationsprozesse"

Der Bericht

Bericht 2
Richard Hauser
Wolfgang Glatzer
Stefan Hradil
Gerhard Kleinhenz
Thomas Olk
Eckart Pankoke
Ungleichheit und Sozialpolitik
Unter Mitarbeit von Susanne von Below, Wolfgang Knoke, Raj Kollmorgen, Joachim Ritter
1996. Ca. 400 S. Kart.
Ca. 56,– DM/53,20 SFr/ 409 ÖS
ISBN 3-8100-1637-3

Die Beiträge

Wolfgang Glatzer
Gerhard Kleinhenz (Hrsg.)
Wohlstand für alle?
Beiträge 2.1
1996. Ca. 300 S. Kart.
Ca. 48,– DM/45,60 SFr/ 350 ÖS
ISBN 3-8100-1727-2

Stefan Hradil
Eckart Pankoke (Hrsg.)
Aufstieg für alle?
Beiträge 2. 2
1996. Ca. 300 S. Kart.
Ca. 48,– DM/45,60 SFr/ 350 ÖS
ISBN 3-8100-1728-0

Richard Hauser
Thomas Olk (Hrsg.)
Soziale Sicherheit für alle?
Beiträge 2.3
1996. Ca. 300 S. Kart.
Ca. 48,– DM/45,60 SFr/ 350 ÖS
ISBN 3-8100-1729-9

Transformationsprozesse

Band 6:
Hans Bertram
Stefan Hradil
Gerhard Kleinhenz (Hrsg.)
Sozialer und demographischer Wandel in den neuen Bundesländern
2. Auflage 1996
390 S. Kart.
48,– DM/ 45,60 SFr/ 350 ÖS
ISBN 3-8100-1529-6

Band 7:
Hans Bertram (Hrsg.)
Ostdeutschland im Wandel: Lebensverhältnisse – politische Einstellungen
2. Auflage 1996
315 S. Kart.
48,– DM/ 45,60 SFr/ 350 ÖS
ISBN 3-8100-1433-8

Band 8:
Raj Kollmorgen
Rolf Reißig
Johannes Weiß (Hrsg.)
Sozialer Wandel und Akteure in Ostdeutschland
1996, 377 S. Kart.
48,– DM/ 45,60 SFr/ 350 ÖS
ISBN 3-8100-1435-4

Band 11:
Toni Hahn
Gerhard Schön
Arbeitslos – chancenlos?
Verläufe von Arbeitslosigkeit in Ostdeutschland
1996, 185 S. Kart.
36,– DM/SFr/263 ÖS
ISBN 3-8100-1614-4

Band 24:
Elvir Ebert
Einkommen und Konsum im Transformationsprozeß
Vom Plan zum Markt – vom Mangel zum Überfluß
1996. Ca. 300 S. Kart.
Ca. 48,–DM/45,60 SFr/ 350 ÖS
ISBN 3-1746-9

Leske + Budrich

Information:
Postfach 30 05 51
51334 Leverkusen